근대중국사상의 흥기 4

现代中国思想的兴起

汪晖 著, 生活·读书·新知三联书店, 2008年 出刊本

근대중국사상의 흥기 4
하권―제2부 과학담론공동체

왕후이 지음

김소영, 백광준, 서광덕, 천진, 김수연 옮김
차태근 감수

2024년 7월 15일 초판 1쇄 발행

펴낸이 한철희 | 펴낸곳 돌베개 | 등록 1979년 8월 25일 제406-2003-000018호
주소 (10881) 경기도 파주시 회동길 77-20 (문발동)
전화 (031) 955-5020 | 팩스 (031) 955-5050
홈페이지 www.dolbegae.co.kr | 전자우편 book@dolbegae.co.kr
블로그 blog.naver.com/imdol79 | 트위터 @Dolbegae79 | 페이스북 /dolbegae

편집 이경아
표지디자인 김민해 | 본문디자인 이은정·이연경
마케팅 심찬식·고운성·김영수·한광재 | 제작·관리 윤국중·이수민·한누리
인쇄·제본 영신사

ISBN 979-11-92836-76-8 (94150)
     979-11-92836-71-3 세트

책값은 뒤표지에 있습니다.

이 책은 중국 청화대학교의 출판 지원을 받아 제작되었습니다.

근대중국사상의 흥기 4

下

現代中國思想的興起 4

하권 ── 제2부 　과학담론공동체

왕후이汪暉 지음
김소영, 백광준, 서광덕, 천진, 김수연 옮김/ 차태근 감수

돌베개

차 례

과학담론공동체로서의 신문화운동 135

제13장
동서문화 논쟁과 지식/도덕 이원론의 기원　233

일러두기

1   이 책은 왕후이의 『現代中國思想的興起』(北京: 生活·讀書·新知三聯書店, 2004.7)의 재판본(重印本, 2008.3) 하권下卷 제2부第二部를 번역한 것으로, 제11장은 김소영, 제12장은 백광준, 제13장은 서광덕, 제14장은 천진, 제15장은 김수연이 각각 번역하였다.

2   원서의 제목은 '현대중국사상의 흥기'지만, 여기서 '현대'는 우리말의 '근대'에 해당하므로, '근대중국사상의 흥기'로 서명을 바꾸었다.

3   고유명사 표기 원칙
    — 중국 인명의 경우 신해혁명(1911)을 기준으로 그 이전에 사망한 사람은 한자 독음으로, 이후까지 생존한 사람은 원어 발음으로 표기하였다.
    — 중국 지명의 경우 한자 독음으로 표기하였다.
    — 여타 국가의 인명과 지명의 경우 원어 발음으로 표기하였다.
    — 중국 서명은 고문인 경우 한자 독음에 한자를 병기하였고, 백화문이나 다른 언어인 경우 번역된 제목과 한자를 병기하였으며, 여타 언어의 서적인 경우는 원어명으로 표기하되, 국내에 번역된 책인 경우 한국어명도 병기하였다.
    — 서명은 『 』, 편명은 「 」으로 표기하였다.
    — 고유명사의 한자 병기는 장별로 처음 나올 때만 병기하였고, 그 이후로는 한자 독음으로만 표기하는 것을 원칙으로 하였다.

4   개념어 번역 원칙
    — 원어의 개념이 최대한 손실되지 않는 범위 내에서 번역어가 있는 경우 이를 사용하되 원어의 한자를 병기하였으며, 원어의 개념에 적합한 번역어가 없거나 의미 손실이 크다고 판단되는 경우는 원어의 한자 독음을 그대로 사용하되 한자를 병기하였다.
    — 개념어가 장별로 처음 나올 때만 한자를 병기하는 것을 원칙으로 삼되, 개념어가 한 글자이거나 다른 의미의 한글 단어와 의미가 혼동될 우려가 있는 경우 모두 한자를 병기하였다.
    — 원서에서 사용하고 있는 '현대'라는 용어는 경우에 따라 국내 담론 체계의 의미 맥락에 맞게 '근대'로 바꾸어 번역하였으며, 나머지 경우에는 '현대'로 번역하였다.

5   인용문
    — 원서에서 인용문 문단으로 되어 있거나 본문 내에 직접 인용으로 삽입되어 있는 인용문의 경우, 독자의 이해와 학술적 검토의 편의를 위해 고문인 경우에 한하여 번역문 다음에 원문을 병기했으며, 백화문의 경우는 번역문만 실었다.

6   각주 및 미주
    — 저자 원주는 미주로, 역주는 각주로 달았으며, 미주는 번호로, 각주는 • 로 구분했다. 단, 왕후이가 쓴 '한국어판 서문'의 경우, 저자 왕후이의 원주를 각주로 달았다.
    — 간단한 단어 설명의 경우, 본문 내에 '(-역자)'의 형태로 설명을 삽입했다.
    — 원주에 있는 중국 서적의 저자명과 서명은 번역하지 않고 원문대로 표기했으며, 여타 언어의 서적인 경우는 원어명에 중국어명을 병기하되, 국내에 번역된 책인 경우 한국어명도 병기했다.

제11장　　담론의 공동체와 과학의
　　　　　분류 계보

과학의 근본 또한 형이상학과 근원을 같이한다.
― 런홍쿼

'두 문화'와 과학담론공동체

'5·4' 신문화운동은 몇몇 문인에 의해 형성된 고립적인 사회운동이 아니라 청나라 말기 이래 지식 동향과 제도 수립 과정의 산물이다. 그러나 지금까지도 '5·4' 신문화운동과 관련한 연구들은 여전히 『신청년』新靑年, 『신조』新潮와 직접 문화 논쟁에 참여한 간행물 및 단체에만 집중되어 있다. 신문화운동에서 형성되기 시작하여 오랫동안 유행한 신/구, 전통/근대, 동양/서양, 낙후/진보 등 이분법적 담론 형식은 모두 그것들을 구분하는 새로운 지식을 조건으로 수립되었다. 만약 청말·민국民國 이래 교육 제도와 지식 계보의 지대한 변화가 없었다면, 이 운동이 근대 중국의 역사에서 이처럼 중요한 지위를 지니기는 어려웠을 것이다. 청말에서 '5·4' 시기까지 지식인들의 정치관과 사회적 입장은 각기 달랐지만, 결국 문제는 어떤 역량이, 또 어떤 종류의 지식을 바탕으로 새로운 지식 집단이 스스로를 '새로운', '근대적인' 혹은 '서구화된' 사회집단으로 인식할 수 있었나 하는 것이다. 이 문제와 관련하여 주목할 것은, 중국 근대 사상 연구에서 과학 공동체와 그들의 문화 실천이 항상 홀시됨으로써 일반적인 역사적 구도에서 보면 근대 계몽운동은 인문 지식인들 활동의 산물처럼 보이게 되었다는 점이다. 왜 근대 문화 운동을 연구할 때 의식적 혹은 무의식적으로 과학 공동체를 시야 밖에 놓게 되는 것일까? 여기에서 우선 언급할 것은 여전히 우리의 지식 체제와 관념을 제약하고 있는 '두 문화'의 구분, 즉 과학 문화와 사회 문화의 구분(찰스 스노우Charles Percy Snow의 분류에서는 과학과 인문학으로 되어 있다. ─역자)이다. 청말과 민국 초기의 분위기 속에서, 이러한 구분은 사회관계의 재구성 과정을 나타낸다. 그것은 공간적 의미에서 과학 문화와 여타 문화를 구분하는 것일 뿐 아니라, 이러한 구분 자체를 일종의 시간적이고 문명론적인 틀 속에 넣는 것이기도 하다. 과학은 한편으로는 신/구, 근대/전통, 서양/동양, 진보/낙후의 기본 경계를 제공했으며, 다른 한편으로는 스스로를 다른 영역과는 완전히 구분되는, 사회, 정치, 문화의 영향에서 완전히 독립된 위치에 두었다. 그런데 바로 사회와 구분된 독특한 위치가 과학 집단과 그들의 실천에 사회 영역에서의 권위를 부여하였다. 이러한 의미에서 자연과학의 발전, 과학 지식의 보급 및 그에 따라 생겨난 '두 문화'의 구조를 이해하지 못하면, 근대 사상과 문화 운동의 기본 맥락을 이해할 수가 없다. 또한 근대 과학 집단의 활동과 지식 분류의 변화, 그리고 그러한 활동에 의한 사회와 문화 영역의 재구성을 이해하지 못하면, '5·4' 신문화운동의 배경 조건과 그들이 어떤 지식 역량으로 그 문화적 사명을 수행했는지를 깊이 이해할 수 없다.

근대 과학 정기간행물의 간행, 과학 교육의 보급과 과학 공동체의 형성은 근대 계몽운동의 선결 조건이자 유기적인 일부분이었다. 특수한 분야로서의 과학 간행물의 탄생은 근대 사회의 '두 문화' 형성의 표지였다. 이른바 '계몽' 또한 '두 문화' 형성의 역사적 과정으로 볼 수 있다. 청말의 혁명과 변혁의 조류 속에서 상대적으로 전문적인 많은 과학 간행물이 때맞춰 생겨났는데, 수많은 사회 문화 간행물과 서로 호응하면서도 고유한 특색을 지니고 있었다. 통계에 따르면 1900년에서 1919년 '5·4' 운동 전까지 20년도 되지 않는 기간 동안 모두 100여 종의 과학기술 정기간행물이 창간되었다고 한다. 그중 자연과학 정기간행물이 24종(종합잡지 9종, 수리과학 9종, 지구과학 2종, 생물학 2종, 기상학 2종), 기술과학 정기간행물이 73종(종합잡지 13종, 공업

12종, 교통 운수 14종, 농업 29종, 수리水利 5종), 의학 정기간행물이 29종이었다. 신해혁명 이후의 6~7년간 창간된 정기간행물은 이전 간행물들의 총계보다 2배 증가했다. 1912년 농림부가 펴낸『농림공보』農林公報와 1907년 광동 농·공·상 총국에서 펴낸『농공상보』農工商報 등 정부가 간행한 소수의 간행물을 제외한 대다수의 과학기술 정기간행물이 과학 단체, 대학 그리고 개인에 의해 창간된 것이었다. 그중에 가장 유명한 것은 단연 중국과학사의 월간『과학』과 잔텐유詹天佑가 대표를 맡고 있던 중화엔지니어학회(中華工程師學會)에서 출간한『중화엔지니어학회 회보』(中華工程師學會會報), 최초의 과학 단체인 중국지구과학회(中國地學會)에서 출간한『지구과학잡지』(地學雜誌) 등이다.[1] 청말·민국초의 과학 정기간행물은 각종 전문 지식과 기술 영역을 다루고 있는데, 다음과 같은 간행물들의 제목에서 그 일부를 엿볼 수 있다.『중외산학보』中外算學報(상해, 1902, 두야취안杜亞泉),『실업계』實業界(상해, 1905, 미주학보사美洲學報社),『북직농화보』北直農話報(보정保定, 1905, 보정고등농업학당保定高等農業學堂),『호북농회보』湖北農會報(1905, 무창武昌, 호북전성농무총회편집湖北全省農務總會編輯),『학보』學報(1906, 상해, 상해학보사上海學報社),『의약학보』醫藥學報(1907, 일본 치바, 중국 유학생 조직 '중국의약학회'中國醫藥學會 기관 간행물),『이공』理工(1907, 상해, 이공학보사편집理工學報社編輯),『위생백화보』衛生白話報(1908, 상해, 위생백화보사衛生白話報社),『철도』鐵道(1912, 상해, 중화민국철도협회편집中華民國鐵道協會編輯, 이 협회 회장은 쑨원孫文, 부회장은 황싱黃興),『절강성농회보』浙江省農會報(1913, 항주, 절강성농회편집浙江省農會編輯),『운남실업잡지』雲南實業雜誌(1913, 곤명昆明, 운남행정공서실업사편집雲南行政公署實業司編輯),『전기』電氣(1913, 북경, 중화전국전기협회편집中華全國電氣協會編輯),『박물학잡지』博物學雜誌(1914, 상해, 중화박물학회편집中華博物學學會編輯),『중화의학잡지』中華醫學雜誌(1915, 상해, 중화의학회기관간행물[中華醫學會機關刊物]),『청화학보』清華學報(1915, 북경),『정신잡지』精神雜誌(1919, 일본 고베, 중국정신연구회편집中國精神硏究會編輯)…. 이 간행물들은 대부분 보급이나 소개를 위한 것이어서 크게 독창적인 성과는 없었지만, 신세대 전문 지식인과 전문적인 문화의 형성에 자양분을 제공했을 뿐 아니라 문화 방면에 적지 않은 영향을 미쳤다. 과학 잡지의 창간자들은 전국 각지에 포진해 있었고, 대다수가 전문적인 과학 및 기술 단체였으며, 그중 수준이 비교적 높은 정기간행물은 (미국이나 일본 등) 외국에서 유학한 젊은 지식인 집단에서 나온 것이었다. 과학 지식의 보급과 과학 사상의 선전, 과학 조직 네트워크의 형성을 통해, 새로운 지식 집단과 문화적 분위기가 형성되었다. 그때부터 사회 구성원들의 조직과 출판물의 분류에서 과학 문화와 인문 문화(혹은 일상 문화)의 차이가 선명하게 드러났다. '두 문화'의 형성은 근대 사회의 매우 중요한 성과이다. 그것은 전문 지식과 전문화된 지식 체계의 방식으로 사회 문화를 새롭게 분류했다. 어떤 의미에서는 이러한 특수한 지식 분류와 그것이 사회생활에 미치는 극히 지대한 영향을 이해하지 못하면, '계몽' 혹은 '근대성' 문제가 그 사회 문맥에서 갖는 의미를 이해할 수 없다. 따라서 과학 지식과 과학 체계, 과학 관념의 측면에서 과학자 공동체와 신문화운동 사이의 유기적 호응 관계를 재구성할 필요가 있다.

청말 신학新學 운동에서부터 민국 성립 후 과학 공동체의 점진적인 형성에 이르기까지는 하나의 연속된 역사적 과정이었다. 만약 청말 지식인의 과학 선전과 실천을 민국 이후의 과학 공동체 및 그들의 실천과 비교해 본다면, 다음과 같은 명확한 전환을 발견할 수 있다. 즉, 중국과학사 등의 과학 공동체의 성립과 그들의 전문적인 학술 정기간행물의 출현을 이정표로 하여 민국 시기의 문화 영역에는 과학 문화와 인문 문화의 명확한 구분이 생겼지만, 청말 시기의 과학 선전은 변법 개혁과 혁명 선전의 유기적인 일부였고, 옌푸嚴復 등 선구자들은 사회적 분업의 측면에서 다른 지식인과 구별된 독특한 커뮤니티를 구성하지 않았다. 상대적으로 전문적인 청말의 과학 간행물들은 주로 계몽 선전과 교육 보급을 목적으로 했고, 과학의 가치와 의의는 항상 사회·

정치와의 내적 관계 속에 놓여 있었다. 근대 최초의 과학 간행물은 프라이어John Fryer가 주편을 맡고 1876년 상해격치서실上海格致書室에서 판매하기 시작한 『격치휘편』格致彙編(처음에는 월간이었다가 후에 계간으로 바뀜, 1890년에 정간됨)으로, 이는 통속 과학 간행물이었다. 중국인이 창간한 과학 간행물은 『아천잡지』亞泉雜誌,[2] 『과학세계』科學世界,[3] 『과학일반』科學一斑[4] 등의 간행물로 거슬러 올라갈 수 있다. 이 간행물들의 출현은 근대 사회의 날로 증가하는 지식의 보급 및 교육 개혁과 직접적인 관계가 있다. 과학/정치, 과학/시대, 과학/문명은 이들 간물에서 유행하던 서술 방식으로, 이러한 서술 방식은 과학의 정치·시대·문명적 의의를 통해 제도화된 과학 연구에 정당성을 부여했을 뿐 아니라, 근대 사회체제 속에서의 과학과 과학자들의 지위와 의의에 대해서도 합법성을 입증해 주었다.

전문화된 과학 연구의 형성과 대비되는 것은, 청말의 과학 간행물들은 과학/정치, 과학/문명, 과학/사회, 과학/문화, 과학/국가라는 '계몽'의 틀 속에서 과학의 의의를 논하고, 과학의 성과를 소개했다는 점이다. 20세기 이래, 과학의 개념과 사유 습관은 점차 사람들의 사회에 대한 이해에 깊은 영향을 끼치게 되었지만, 그 발전 초기에 과학은 오히려 일상생활 개념의 도움을 받아 그 연구 대상을 해석해야 했다. 바로 이런 이유 때문에 과학 사상은 점차 우리의 사회 이해를 지배하는 기본 방법으로 변화되어 간 것으로 보인다. 변혁의 분위기 속에서, 과학 개념의 운용 범위는 특수 기술(지나치게 신비롭고 교묘한 기예)의 범주를 훨씬 넘어서서 합법성의 원천이 되었다. 비록 그 자신의 합법성은 아직 정치, 경제, 문화 그리고 새로운 시간관념(특히 시대 개념)의 증명을 필요로 했지만 말이다. 과학 공동체가 진리와 오류에 대해서 논쟁을 벌였듯이, 사람들은 진보와 퇴보, 혁명과 개량에 대해 논쟁을 벌였다. 그러므로 사회운동의 합법성 모델과 과학의 합법성 모델은 극히 유사했다. 이 시기에 과학은 다른 영역으로부터 역량을 흡수하여 자신의 의의를 증명하는 데 힘쓰기도 했지만, 정치·경제·문화 및 기타 사회 업무에 인식의 원리를 제공하는 데에도 힘썼다. 합법성의 원천이자 합법화를 필요로 하는 지식이라는 과학의 이중적 특징은 과학/정치, 과학/문명, 과학/시대 등 과학과 관련된 서사 방식 속에 깊이 체현되어 있다.[5]

　과학과 다른 지식 영역의 이러한 미분화 상태는 과학에 대한 사람들의 최초의 명칭에서 잘 드러난다. 많은 지식인과 사대부는 '이학'理學, '격치학'格致學 등의 전통적인 개념으로 과학을 명명했다. '과학' 개념은 일본 사상계의 science에 대한 번역에서 유래한 것인데, 최초의 사용자는 니시 아마네西周(1829~1897)로, 그는 1874년 『메이로쿠잡지』明六雜誌에서 처음으로 science를 카가쿠科學라고 번역했다. 중국에서는, 과학이라는 단어가 1894년을 전후하여 중국으로 유입되었지만, 비교적 널리 쓰이게 된 것은 1902년 이후였다. 상당히 긴 기간 동안 이 개념은 '이학', '격치' 등의 개념과 혼용되었다.[6] 사실 니시 아마네 본인은 엄격한 주자학의 훈련을 받은 적이 있으며, 후에는 또한 소라이학徂來學에 심취하기도 했다. 저명한 『백일신론』百一新論이란 글에서 그는 처음으로 philosophy를 철학哲學이라고 번역했지만, 그 이전에는 그도 '성리학'性理學, '이학'理學, '궁리학'窮理學, '희현학'希賢學, '희철학'希哲學 등 이학 개념으로 철학을 번역했다. 『백학연환』百學連環에서 그는 '백과학술'을 '보통학'과 '특수학'(殊別學)으로 구분하고, 또 후자를 '심리상학'心理上學과 '물리상학'物理上學으로 구분했으며, '물리상학'에 '격치학'과 기타 학문을 포함시켰다. 이 시대의 철학과 과학은 여전히 서로 연결되어 있고 아직 완전히 구분되지 않은 상태에 있었음을 알 수 있다. 『상백차기』尙白箚記에서 니시 아마네는 '백과학술'과 '통일된 관점 수립'의 관계를 강조하여 '철학'에 '여러 학문의 상위 학문'의 지위를 부여했다.[7] 여러 개별 학문과 그것을 통합하는 영혼적인 학문의 관계는 옌푸도 언급한 적이 있는데, 옌푸는 니시 아마네가 말한 여러 개별 학문과 철학의 관계를 여러 개별 학문과 사회학(群學: 군학은 사회학의 옛 중국 번역어다.—역자)의 관계로 치환하여 사회학을 백과학술의 영혼이자 사령관으로 삼았다. '통일된 관점'을 수립하는 것이나 '사회학'으로 여러 학문을 통솔하는 것은 모두 초기의 이학, 궁리학, 격치학, 과학 등의 개념과 송명 이학이 기능 면에서 유사성을 지니고 있음을 보여 준다. 즉, 그들은 모두 우주와 세계에 대한 보편적 지식의 수립을 목적으로 하고 있다. 다시 말해, 이 명명들은 '리'理의 개념과 질서(條理), 규율 등의 개념의 오랜 연관성 속에서 만들어진 것일 뿐 아니라, 이 개념의 운용 범위와 폭 안에서 만들어진 것이기도 하다. 1902년 이후에도 '이학' 개념은 여전히 유행했다. 예를 들어 1906년 11월 15일 상해에서 창간된 월간 『이학잡지』理學雜誌(소설림小說林·굉문관宏文館의 합자회사 편집 발행, 쉐저룽薛蟄龍 주편)는 '이학'이라는 명칭을 그대로 사용했는데, 그것의 주지는 중국의 부강을 위한 과학 보급이었다. 『아천잡지』 제7, 8, 9책에 게재된 「일본 이학과 수학 도서목록」(日本理學及數學書目)이라는 글에는 '이학총기'理學總記 도서목록 36종, 물리학 도서목록 64종, 화학 도서목록 86종, 천문학 도서목록 4종, 기상학 도서목록 7종, 박물학 도서목록 18종, …여기에 생물학, 인류학, 동물학, 식물학, 지질학, 지진학, 광물학, 산술, 대수학, 기하학 등등 각 과목의 도서목록을 더하여 총계 이과 도서목록 377종, 수학 도서목록 531종을 열거하고 있다. 수학을 제외한 다른 과목은 모두 '이학'의 범주에 포함시켰다.[8] 두야취안은 『정성분석』定性分析 번역 후기에서 화학 서적을 언급하면서, 그 속에 "천하 만물의 원리"를 담고 있어 "원질을 판별하는 책을 읽게 되면 정성定性을 분류하는 이치(理)를 알 수 있다"고 했다. 이런 '이치'는 이미 76종의 원소를 포함한 화학원소 도표와 각종 '신학리'新學理로 표현되고 있다.[9] 이른바 "정성을 분류하는 이치"란 총체인 '이치'가 가분성可分性 혹은 '분리'分理(대진戴震이 사용했던 '분리'의 개념과 같다)를 포함하고 있음을 의미하는데, 이는 근대 학술의 분과에 원리상의 근거를 제공했다. 『과학세계』에 실린 '사설' 4편 중 3편에서 과학을 '이과'理科, '이학'理學이라고 명명하고 있다.[10] 위허친虞和欽의 「원리학」原理學은 명백히 이치(理) 개념을 우주 세계와 인류 사회의 연결체로 보고 있다. 그는 다음과 같이 말한다.

> 이학理學이란 지극히 넓고 지극히 오묘한 세계 관념으로서 사회
> 에 직접적인 이익을 준다. 그 항목은 비록 많지만, 실용성이 있
> 는 지식을 특히 중요시한다. 아득히 먼 천체, 태고의 지질地質은
> 인간이 알지 못하던 것인데, 이학이 있으면 모르던 것을 알게 된
> 다. 하늘로 치솟는 세찬 천둥소리, 산을 가득 채운 광석은 인간
> 이 이용하지 못하던 것인데, 이학이 있으면 이용하지 않던 것을
> 이용하게 된다.[11]

자연 지식과 사회생활의 이러한 밀접한 관계는 민족주의의 조류 속
에서 생겨났기 때문에, 과학 담론은 민족주의 담론의 유기적인 부분을
구성했다. 과학 담론에서의 '이치'나 '공리'公理에 대한 강조는 어떤 경
우에는 심지어 곧바로 민족국가의 관념으로 변화되기도 했다.

이러한 의미에서 과학적 분석 방법은 새로운 우주관의 기초 위에서
수립됐을 뿐 아니라, 근대 국가와 사회의 형성 또한 새로운 과학 우주
관이라는 버팀목을 필요로 했다. 과학 간행물의 편집자는 모두 과학
자체의 중요성을 강조했으나, 또한 모두 사회·정치의 측면에서 과학의
의의와 가치를 논증했다. 이는 중국에서의 '과학' 개념 형성에 중요한
영향을 끼쳤다. 두야취안의 「아천잡지 서문」, 린썬林森의 『과학세계』
「발간사」, 『과학일반』 「발간사」는 모두 과학과 정치의 관계를 가장 중
요한 문제로 다루고 있다. 이러한 간행물들은 모두 '과학' 개념을 사용
하고 있기는 하지만, 동시에 여러 종류의 다른 용법들도 남겨 두고 있
어, 과학 개념이 아직 형성 중에 있었음을 말해 준다. 두야취안은 '정
치와 기예·학술의 관계'를 그의 주요 용어로 쓰고 있는데, '정치'는 국
내 정치와 외교, 군사 행정과 상공업, 지식사회와 교육 행정 등의 각종
사회생활 영역을 가리키며, '기예·학술'(藝術)은 '항해술'·'병기학'·'증
기, 전력 기계'·'활자, 석판 인쇄법' 등 명백히 과학기술, 실업實業 등

의 영역과 관련된다. 여기에서 '기예·학술'은 실업으로부터 완전히 분화되어 독립적인 개념을 이루고 있지도 않고, 과학 지식과 기예·학술 영역의 경계가 엄격히 구분되어 있지도 않다. 두야취안은 특정한 의미에서 '기예·학술'이 어떤 성질의 사물이든, 사물의 규칙에 대한 인식이라고 분명히 강조한다.

> 그 내부로부터 말하자면 정치의 발달은 전부 이상理想에 근거하며, 이상의 실제는 기예·학술이 아니면 발견할 수 없다. 외부에서 그것을 보면 기예·학술이란 본래 정치의 중추를 차지하고 있다.[12]

'정치'와 '기예·학술'의 관계는 대뇌와 신체의 각 기관 혹은 선장과 선원의 관계와 같아서, 만약 후자가 없으면 전자는 한낱 공론만 일삼는 정치로 전락할 것이다. 주의할 것은 위에서 말한 '기예·학술'/'정치'의 관계에서 '정치'가 자연화되었다는 점이다. 즉, 정치는 자연 규율에 복종하는 모종의 행위가 된 것이다. 여기에는 물론 아직 기술 통치의 관념은 없지만, 정치를 기술화하는 이러한 구상은 직업적인 정치 활동에 기초를 제공했을 뿐 아니라, 정치가 나날이 사회의 핵심 문제가 되어 가는 근대의 맥락 속에서 과학과 기술의 정치적 의미를 증명해 주었다.

민족주의는 의심할 나위 없이 가장 중대한 정치다. 그렇다면 과학과 이 정치의 관계는 대체 어떻게 수립되어야 하는가? 두야취안은 다음과 같이 말한다.

> 나는 우리나라 사람들이 일국 내에서 앞다투어 나아가려고 경쟁하면서도 만국의 실제 속에서 생존을 다투는 것을 소홀히 할까 걱정된다. 직업을 부흥시켜 사회가 부유해지면, 그 외의 모든 것은 걱정할 것이 없다. 문명의 혜택은 부강해진 후의 자연스러

운 결과이다. 천하에 불가능한 일은 없고 단지 자본의 결핍이 우려될 뿐임을 제군들이 유의하기를 바란다. 아천학관에서 편집한 『아천잡지』는 격치, 수학, 화학, 농업, 상업, 공업, 기예·학술 등 여러 과학을 게재하고 있는데, 그 목적은 이와 같다.[13]

두야취안은 사람들에게 시끌벅적한 경쟁을 국내에서 세계로 전환할 것을 요구하고, 부강을 다툴 '자본'은 바로 과학 지식 자체임을 지적했다. 이러한 의미에서 과학의 의의는 사물에 내재하는 규율에 대한 이해에 있을 뿐 아니라 더 높은 사업을 위한 것이기도 했다. 국가의 부강, 문명의 혜택, 그리고 사물에 대한 인식은 의미의 연쇄 관계를 형성했다. 왕번샹王本祥은 「이과와 군치의 관계를 논함」(論理科與群治關係)이라는 글에서, 분명 량치차오梁啓超의 「소설과 군치의 관계를 논함」(論小說與群治之關係)과 호응을 이루며, 또 다른 측면에서 두야취안의 논리를 논증했다. '군치'群治는 사회제도와 질서를 가리키는 것으로, 이 개념은 '군학'群學(사회학)의 의미로 사용된 것이다. 이른바 '이과'와 '군치'의 관계는 실제로 과학과 사회 정치의 관계이다. 왕번샹의 입론은 '제국주의' 시대에 중국의 부강에 대한 절박한 인식 위에서 세워진 것이다. 그는 예컨대 "세계 만국에는 급격한 전쟁도 있고 평화로운 전쟁도 있는데, 때로는 공업으로 싸우고 때로는 농업으로 싸우니, 이과에 의지하지 않는 것이 없다. 그러므로 이과는 실로 무형의 군대이며 안전한 폭탄이다. …생존경쟁은 그것으로 점칠 수 있고, 적자생존은 그것으로 예측할 수 있다"라고 했다.[14]

과학을 "무형의 군대이며, 안전한 폭탄"에 비유한 것은 물론 기능적인 측면에서 나온 판단이지만, 이 판단은 시대에 대한 판단에서 기원한 것이다. 즉, 과학은 일종의 과업으로, 이 시대에 필요할 뿐 아니라 필수적인 것이다. 이러한 과업을 소홀히 하는 것은 이 시대와 이 시대가 지향하는 미래의 방향을 등지는 것이다. 이와 같이 과학에 대한 견해는 이른바 근대적인 태도와 관계를 맺게 된다. 왕번샹은 「증기기관

대발명가 와트 전기」의 결론에서 다음과 같이 말하고 있다.

지금 우리 중국에서 이과 실업이 발달하지 못한 원인은 무엇인
가? 높은 관직에 있거나 있었던 사람들, 명교名敎의 대유학자들
은 구체적인 사물에 입각하여 이치를 탐구하는 것을 지엽적이고
자질구레한 학문으로 보며, 농·공 실업을 경멸스럽고 수치스러
운 일이라고 여긴다. 이것은 수천 년간 전해 내려온 나쁜 요인이
다. 근년 구미의 비바람이 인도양과 태평양을 통해 휘몰아쳐 오
자, 젊은 학자들은 손에 책 한 권 들고선 기개만 높아져 매일같
이 정치, 법률, 군비에 관해서만 얘기하면서, 그것이 저 족속이
팽창할 수 있었던 이유인 것처럼 말한다. 또한 이과 실업 등의
학문을 형이하학이라고 경시하고, 고상하고 아름답지 않은 것은
배울 만하지 않으며 나의 큰 뜻에 부합하지 못하고 중국을 구할
수 없다고 한다. …20세기는 생산 경쟁이 가장 격렬한 시대이
다. 생산력의 발달을 도모하고자 한다면, 필히 실업에 힘써야 한
다. 실업을 부흥시키려고 한다면 또한 반드시 이과에 의지해야
하니, 이것은 모두가 아는 바이다. 오늘날 저들은 시급하게 생산
력에 힘쓸 준비를 하지만, 우리는 탁상공론만 하면서 현실을 돌
아보지 않으니 수십 년 후 어찌 우리 4억 동포가 모두 굶어 죽지
않을 수 있겠는가. 그 뜻을 헤아려 보면 실업이라는 것은 이과가
아니면 할 수 없는 것이다. 그러나 이과의 학문은 정밀하고 심오
하여 쉽게 이해하기 어렵기 때문에, 미친 소리로 남을 속인다고
여겨진다. 이렇게 된 까닭을 생각해 보면 역시 우리나라 이과 교
육이 본래 주목받지 못하고 연구자 또한 매우 적고 세력이 약해
서 사회를 일깨우기 부족하기 때문이다. 내가 와트 전기를 쓰는
것은 우리 국민이 실업이 생산 경쟁을 위한 철갑 군함, 유탄이
며, 이과는 또한 실업을 위한 기본 자산임을 알도록 하기 위해서
이다.[15]

이 글에서 왕번상은 이과와 사회 정치, 특히 구국 생존과의 관계를 언급했을 뿐 아니라 시대의 개념 또한 언급했는데, 이 시대의 개념은 '생산 경쟁'과 '생산력의 발달'을 특징으로 한다. 실업의 기초로서 과학은 생산 경쟁과 생산력 발전의 근본 요소이다. 이러한 의미에서 과학의 과업은 일종의 시대적 과업이었다. 과학은 세계를 개조할 역량을 지니고 있다.[16] 과학의 계몽적 의미는 주로 그것과 시대의 내재적 관계 속에 존재한다. '이과 교육'의 중요성은 시대적 의의에서 충분히 드러날 뿐 아니라, (문文을 중시하고 실實(실학 혹은 실업—역자)을 경시하는) 전통 사상의 방식과 대립각을 형성하기도 했다. 시대 범주를 과학에 대한 서술 속으로 끌어들임으로써 과학/정치의 서술 모델도 동시에 과학(근대)/전통의 대립 관계로 전환되었다.

『아천잡지』, 『과학세계』와 비교하여, 『과학일반』이 다루고 있는 지식 영역은 더 간명하지만 내용은 훨씬 더 복잡하다. 다루는 문제는 교육, 국문, 역사, 지리, 수학, 이과, 박물, 그림, 체조, 음악, 수공, 부록, 법정法政 등 모두 13개의 항목으로 매우 많다. 이 항목들의 설정에서 우리는 그것이 내용상으로 당시 신식 학당에서 가르치는 교과 과정과 유사하다는 것을 발견할 수 있다. 이것은 과학 간행물의 출현과 중국 근대 교육 제도의 수립이 내적으로 관련이 있으며, 근대 중국 사회의 기본 정체성의 형성에는 근대적인 직업화 교육이 중요한 기초로서 요구되었다는 사실을 말해 준다. 이 간행물의 「발간사」에서는 중국 사회 개조의 관건이 교육을 세우는 데에 있다고 하면서, "국민이 갖춘 뛰어난 능력을 환기시키고, 공동생활의 목적을 달성하는 데 힘써야 한다"고 했다. 주목할 만한 것은 『과학일반』이 중국의 문제를 '공리公理 사상, 도덕 사상' 그리고 '단결력'의 부족으로 귀결시키고, 해결책으로 교육의 보급을 내세웠으며, 교육의 내용은 모든 것을 망라하는 과학 지식, 즉 분과를 특징으로 하는 전문화 교육이라고 한 점이다. '공리'는 각종 유형의 지식 속에 존재한다. 바로 그렇기 때문에 『과학일반』은 다음과 같이 말하였다. 수십 년간 중국은 "군사 전쟁에서, 상업 전쟁에서, 공업·기술 전쟁에서, 정치 전쟁에서, 철로·항로·광산·공장 전쟁에서, 조차지 조약·외교 수단·세력 범위 전쟁에서, 식민주의·제국주의·민족주의 전쟁에서 어느 하나 실패하지 않은 것이 없으며, 하루도 지탱하기 힘든 불안한 상황에 있다."무엇 때문인가? "학술의 쇠락이 우리 국세國勢를 쇠락시킨 큰 원인이다." 코페르니쿠스, 애덤 스미스, 루소, 몽테스키외, 데카르트, 프랭클린, 뉴턴, 와트, 벤담, 스펜서 등 각종 지식 영역의 사람들이 모두 정부와 세계 발전을 좌우할 능력을 갖고 있었다. 이런 의미에서 "과학은 문명 발생의 원동력이다."[17]

문명과 그것의 상호 경쟁 문제는 중국 과학 개념에서 중요한 역사적 함의를 지닌다. 이 시대에 사람들은 과학 연구와 그것이 창조한 사회 규범이 서구 사회가 문명 경쟁에서 승리를 얻은 주요 원인임을 누구나 인정했다. 따라서 객관 지식의 개념과 문명 개념 사이에는 긴밀한 관계가 존재했다. 바로 이러한 배경하에서 청말 과학 간행물은 문명충돌론 속에서 과학을 이해하는 방식을 발전시켰으며, 그 주요한 특징은 바로 과학의 의미를 동양 문명/서양 문명, 정신문명/물질문명의 관계 속에서 고찰한다는 점이다. '5·4' 이후 과학과 현학에 관련된 논쟁에서, 이러한 문명 이원론은 근대 지식 체계의 분화에 역사적 배경을 제공했다. 『과학일반』「발간사」에서 중국/서양의 문명을 비교하면서, 중국은 "문학이 홍성하고 과학이 쇠하다"라고 했는데, 여기서 문학은 경학經學·이학理學·노자학·불교학·박학樸學·사장학詞章學을 가리키며, 과학은 정치·군사·경제·의학·철학·물리·화학·수학·윤리·외교 등을 가리킨다. 『과학일반』 제3기에 발표된 「윤리학 치언」倫理學后言에서는 다음과 같이 적고 있다.

정신문명은 우리나라에 고유한 것이고, 서양에 못 미치는 것은 물질문명뿐으로, 이는 다소 자랑스러워할 만하다. 오늘날 서양은 바야흐로 물질문명을 기초로 정신을 합해 하나로 만들고 있다. 중국은 물질문명을 흡수해 정신문명과 결합하여 단점을 보완할 줄은 모르고, 오히려 고유한 정신을 버리고 별도로 물질문명을 추구하려 한다. 정신이 존재하지 않으면 물질이 장차 어찌 따르겠는가?[18]

내가 본래 가진 것을 단련시키고 내게 없었던 것을 취해 보충하여, 일반적인 학문에서 전문적인 것으로 나아감으로써 개혁 사업에 참여해야 한다. 일부분에서 시작해 계속해 나가 전체에 이르러야 한다.[19]

과학/사회 정치, 과학/제국주의 시대, 과학/생산력과 경쟁, 과학/전통, 과학/문명 충돌은 이 시기 과학 개념 운용에서의 몇 가지 중요한 이해 방식을 구성했다. 그러나 과학 간행물의 중요한 영향은 이러한 간행물들이 상술한 관계들 속에서의 과학의 독특하고 대체할 수 없는 기능을 강조했기 때문만이 아니라, 과학 간행물들이 그 특수한 지식 경관을 통해 자연과 인류에 대한 사람들의 기본적인 이해를 재구성했기 때문이기도 하다. 이런 면에서 가장 중요한 것은 과학 간행물이 각종 구체적 학과 개념들을 일반 사회에 소개했고, 나아가서 이러한 개념들을 바탕으로 세계와 자아에 대한 사람들의 이해를 재구성했다는 것이다. 우리가 이해하고 있는 세계상은 세계를 관찰할 때 사용하는 개념 체계에 크게 의존하고 있는데, 이러한 개념 체계는 궁극적으로 우리 자신과 우리와 환경의 관계를 다루는 근거를 제공해 줄 수 있다. 시간, 공간, 원소, 전기, 증기, 에너지, 지구 역사 체계 등등의 개념은 우주 자연에 대한 사람들의 견해를 확장시켰으며, 또한 세계에 대한 사람들의 상상을 근본적으로 변화시켰다. 이러한 추상 개념의 출현으로 세계 관계를 구성하는 사람들의 능력이 크게 강화되었다. 이러한 개념들은 새로운 발견과 발명의 출현, 그리고 이러한 발명과 발견을 통한 자연에 대한 통제를 의미한다.

새로운 우주관의 형성 과정에서 모든 구체적인 과학 발견은 인간에 대한 이해에 영향을 미칠 수 있다. 여기에는 자연에 대한 탐색 및 통제와 인간에 대한 탐구 및 통제 사이의 관계가 암시되어 있다. 만약 인간의 희로애락도 일종의 자연현상으로 이해될 수 있다면, 인간은 곧 자신의 객체가 될 수 있을지도 모른다. 예를 들어, 위허친은 기상학을 논할 때 다음과 같이 말했다.

> 기상학은 풍토, 날씨, 지문地文• 등 여러 학문을 포함하며, 대기의 여러 물리 현상을 연구함으로써 그 변화의 원인을 정밀하게 측정해 내는 것이다. 간략하게 말하자면 이른바 대기학이라고 할 수 있다. 비바람, 흐리고 갬, 추위와 더위, 건조하고 습함 등은 모두 이 학문이 통괄하는 바이다. 그러므로 대기는 실로 육지, 해양, 하천, 호수, 산림, 식물, 금수禽獸 및 인류 생명에 관련된 것이다. 이것이 없으면, 우주는 텅 비고 만물은 모두 죽는다. 또 궁극에는 모든 인류의 희로애락 역시 이와 서로 관련되지 않은 것이 없다. 그렇다면 기상학은 그 범위가 지극히 넓고 관계가 지극히 깊으니 인류가 연구할 필요가 있는 학문이 아니겠는가?[20]

기상에 대한 과학적 연구는 인간의 일상적 감각과 관련을 맺기 시작했다. 이는 근대 역사에서 끊이지 않는 환경 결정론적 문화 서술 양식에 중대한 영향을 끼쳤다. 실제로는 자연에 대한 통제 자체가 점차 사회 통제의 모델이 되어 갔다. 예를 들어, 왕번샹은 생물학의 효용에 대해 논하면서, 생물학은 공업, 농업 등의 각종 인류 생활에 중대한 영향을 미칠 뿐 아니라 사회, 국가의 구성에서도 불가결한 역할을 하고 있다고 했다.

• 지문(地文): 지구와 지표 가까이에서 발생하는 온갖 현상을 의미한다.

생물학 연구가 사회에 미치는 영향이 이와 같으니, 독자 여러분 중에는 그것의 가치와 지위를 모르는 사람이 없을 것입니다. 무릇 국가가 유기체와 같다면, 이 학문은 몸속에 없어서는 안 될 하나의 기관器官입니다. 사회를 미묘한 기계에 비유한다면, 이 학문은 특히 원활하게 돌아가는 기관機關이라 한시도 없어서는 안 됩니다. 이것이 오늘날 학계의 공론입니다.[21]

『과학세계』가 출판된 시기에, 량치차오는 독일의 국가주의 이론, 특히 블룬칠리Johann Kasper Bluntschli와 본학Conrad Bornhak의 국가 유기체 이론을 소개하였다. 이러한 국가 이론에서, 국가는 정신과 의지, 신체 구조, 자유행동, 그리고 발육 과정을 지닌 유기적 총체이다. 그러므로 국가와 개인, 조정, 이민족 및 세계의 관계 속에서, 국가와 그 주권은 논쟁의 여지 없는 우선성을 지닌다. 이러한 국가 이론이 청말의 문맥 속에서 갖는 실제 정치적 함의는 군주입헌을 통해 근대 국가를 수립하자는 것이다. 여기서 우리는 과학 이론이 사회 정치에 대해 갖는 의미를 알 수 있으며, 과학 간행물의 정치적 경향도 분명히 알 수 있다. 그러나 이러한 정치적 경향은 이미 과학의 원리를 통해 우의적으로 표현된 것이어서, 과학을 설명하는 것은 이제 새로운 정치 논설의 메타 이론이 된다.

과학의 진보는 국가와 사회의 안정을 요구한다. 이러한 의식은 거의 모든 초기 과학 간행물들이 자연스럽게 개량과 군주입헌으로 기울고 혁명과는 거리를 유지하도록 하였다. 과학자 집단에게 군주입헌이라는 정치 주장은 두 가지 의미를 지닌다. 즉 하나는 사회생활 전체를 직업과 기능의 업무 속으로 끌어들여 사회의 정치성을 약화시키는 것이다. 다른 하나는 과학기술의 연구와 운용 과정은 사회와 국가에 대한 책임을 구현하고 있기 때문에 사회의 진보를 확보하며, 직업화된 작업 자체는 정치적이고 도덕적인 의미를 내포하고 있다는 것이다. 『아천잡지』에는 다음과 같은 문장이 실려 있다.

우리나라 지식인들이 정치에 힘쓴다고는 해도, 재야에서는 광분하여 소리만 지르고 맨손으로 아무것도 발휘 못 한 채, 늙어 죽도록 아무것도 생산하지 못하는 자가 될 뿐이며, 조정에서는 서로 경쟁하고 싸우기를 멈추지 않는다. 이럴 바에는 차라리 격을 낮추고 실제에 몰두해 기능을 잘 익히고 각기 고등의 직업을 담당하여 확고한 기초를 이루는 편이 나을 것이다.[22]

『과학세계』는 "과학 발명으로 실업의 기초를 닦아, 우리 국민의 지식, 기능을 나날이 증진 시킨다"[23]는 것을 종지로 삼고 있다.

성실하게 탐구하여 실업의 개량을 꾀하고 종족성(種性)의 진보를 도모하는 것은 사회와 국가에 대한 우리의 의무로서, 하루라도 그만둘 수 없다.[24]

현재 세계의 대세는 철리哲理를 공허하게 논하거나 정권을 확장하는 데에 힘쓰지 않고, 오직 이학을 존숭하고 노동력을 절감하기만 한다면 효과는 이루 다 말할 수 없으며 부강을 기대할 만하다.[25]

과학에 대한 이러한 제창은 한편으로는 청말 정부의 무능과 우매, 그리고 중국 문화의 문文을 중시하고 실제적인 것을 경시하는 점을 겨냥한 것이었으며, 다른 한편으로는 과학과 실업을 통한 구국의 방책으로, 지나치게 과격한 혁명에 반대하는 것이기도 했다. 그래서 과학의 제창과 입헌 정치의 주장은 특정한 맥락에서 모종의 상관성을 갖는다. "입헌을 실행해야 하는가? 그 권한은 본래 국민이 주관하며 정부가 줄 수 없다. 영국에서 헌법을 행하게 된 것은 삼백 수십만 명이 연명한 서한으로 애써서 얻은 것이 아니던가? 일본에서 헌법을 행하게 된 것은 다수의 국민이 협박하고 요구하여 얻은 것이 아니던가?"[26] 여기에서 가장 과격한 요구는 청 정부에 입헌을 요구하는 상소를 올리는 것이었다.

과학이 개량의 이론적 기초로부터 급진적인 문화와 정치 이념으로 전환된 것은 과학의 범주 내에서만으로는 설명할 수 없다. 그러나 변화의 급진성은 우선 자연관의 측면에서 표출되어 나왔다. 과학의 지식, 특히 원소, 원자, 유類의 진화 등의 추상적 개념과 현실 생활에서 그것의 기술적 적용은 점차 그러나 상당히 철저하게 원래 갖고 있던 자연 관념을 바꿨다. 객관적이고 파악될 수 있는 대상으로서의 자연은 차츰 본연의 자연과 도덕적 우주로부터 분화되어 나왔다. 이 자연과 자연에 대한 통제의 과정은 오늘날과 같이 시적 정취를 결핍한 것이 아니라 오히려 인간 창조성을 나타냈다. 새로운 자연 개념의 급진성은, 자연의 기술화를 드러냄으로써 이전에 인간들에게 도덕 자원과 정치 합법성을 제공했던 천天과 천리天理가 더 이상 초월적인 것이 아닌, 과학 인식과 기술 진보를 통해서 통제하고 이해할 수 있는 것이 되었기 때문에, 우리가 자유로이 우리의 세계를 구축할 수 있다는 데에 있다. 여기에서 근본적인 전환은 기술 발명에 대한 시적인 인식이다. 다시 말해서, 자연의 오묘함은 더 이상 그 자신의 신비성이 아니라, 기술·도구·측량 기구로부터 드러나는 무한의 가능성이며, 이러한 가능성은 통제하고 파악할 수 있는 것이기 때문에 동시에 세계의 필연성이 되기도 했다. 과학의 각종 성과가 어떻게 사람들의 일상적 상상 공간을 불러일으키고 재구성했는지, 이러한 일상의 상상 공간은 또 어떻게 사람들의 자연에 대한 기술적 통제를 이끌어 냈는지를 살펴보자. 『과학세계』의 1, 3, 5, 8, 10, 12기에는 소설 『나비서생 유람기』(蝴蝶書生漫遊記)가 연재되어 있는데, 이 작품은 일본인 키무라 쇼슈木村小舟가 쓴 것으로, 시게하라 츠키에茂原築江가 뜻을 옮기고 왕번샹이 윤문을 했다. 이 소설의 주인공은 동식물과 광물 연구를 좋아하는 '나비서생'으로, 그는 화원에서 곤충 표본을 채집하다가 꿈에서 자칭 '조물주'라고 하는 80세 노인을 만난다. 노인은 그에게 지구의 형성과 생물의 진화에 관한 많은 이치를 알려주며, 그에게 "비행기는 바람을 타고 아득히

먼 곳을 다니고, 무선 전자통신은 적적하고 쓸쓸한 것을 위로하며",
"달나라를 여행해 보니 광한궁廣寒宮•의 옛 흔적은 어렴풋하고, 화성을
처음 항해하는 탐험가의 정신은 생기발랄하고", "처음 잠수함을 타고
해저를 유람하고, 전자학을 강의하여 신세계를 예측하며", "신기루로
인간들의 미신을 일깨우고, 용궁 별장에서는 수족水族 백성을 실컷 보
게 하며", 친히 "연병장에서의 성대한 연회"를 경험하고, "8행성에서
혜성을 논하는 것"을 목도하며, 마지막으로 "세계 바깥의 유람에서 구
세계로 다시 돌아와, 진화론의 편달과 자극을 받은 소년은", 박사 부
친의 격려하에 과학을 정밀하게 연구할 것을 결심하게 된다. 소설의
의의는 대체로 예술적 측면이 아니라, 그것이 상상의 공간을 제공했다
는 데에 있다. 이러한 상상의 공간 속에서, 인간은 비행기·잠수함·무
선전신·망원경 등의 상상 속의 과학 기계들을 통해 자신과 우주 자연
의 관계를 바꿨다. 신세계의 이미지는 바로 이러한 상상적인 경관 속
에서 드러나고 있다.

 과학 정기간행물은 청말 사회·문화의 분위기로부터 나온 역사적 산
물인 동시에 그 분위기의 창조자이기도 했다. 상술한 과학 정기간행물
들의 과학의 의미에 대한 표현들은 이 시기 과학 정기간행물이 결코
사회·정치 문제에 전념했던 다른 정기간행물들과 완전히 구별되는 문
화를 형성하지 않았다는 것을 보여 준다. 그러나 민국 성립 이후, 이
지식 구조에 중대한 변화가 생겼다. 전문적인 과학 연구 체제의 형성
과 교육 체제에서의 과학 학과와 인문 학과의 엄격한 구분에 따라 새
로운 유형의 사회집단 혹은 공동체가 출현한 것이다. 이 공동체의 객
관적인 것, 진리 탐구를 유일한 목적으로 삼는 방식은 그 자신을 기타
정치, 문화 영역과 구분해 냄으로써, 과학 문화와 기타 문화 사이에 두
문화의 명확한 구분을 구축했다. '두 문화' 개념은 명확하고 경계가 분
명한 구분을 의미한다. 즉 과학 정기간행물이 싣고 있는 글들은 주로

• 광한궁(廣寒宮): 고대 중국 전설에 달에 존재한다는 궁전.

사회문제와 무관한 지식 문제를 소개하거나 제시하는 것이었다.[27] 과학자의 문제 토론 방식은 특수한 훈련의 결과이며, 그들의 지식은 교육 체제, 지식 분류, 기능 훈련 등의 요소들을 포함하고 있다. 이러한 의미에서 과학자의 권위에 대한 존중은 체제적인 힘으로부터 기원한다. 이른바 '두 문화'의 구분은 과학의 특권에 이론적 기초를 제공했다. 제도적 측면에서 볼 때, 과학 공동체와 근대 국가의 관계는 깊이 분석해 볼 만한 과제이다. 베버Max Weber는 일찍이 체제화된 자연과학 연구를 지식 관료화의 특징으로 여겼으며, 연구 기관의 설립과 확대는 관료 제도의 발전을 한층 더 촉진했다. 또한 이 때문에 과학 연구의 체계화는 필연적으로 국가와 기타 제도적인 요소를 통해 사회 문화 영역까지 확장되었으며, 그 속에서 매우 중요한 역할을 하게 되었다. 예를 들어, 중국 과학사와 『과학』 잡지의 초기 활동은 특수한 의미를 지니는데, 그것을 중국 과학 공동체의 탄생으로 볼 수 있을 뿐 아니라, 근대 중국에서의 '두 문화'의 제도화 실천의 시작이라고도 할 수 있다.

'두 문화'의 구분이나 이른바 정치와 무관하다는 과학자의 선언은 모두 과학 공동체와 그들의 과학 실천의 사회성을 드러내지 못한다. 나는 여기서 과학 공동체의 개념과는 구별되는 새로운 개념을 제시하고 이로써 '두 문화' 사이의 복잡한 상호 작용의 관계를 서술하려 하는데, 그것은 바로 '과학담론공동체'다. 어떤 의미에서 '두 문화' 개념은 과학 문화에 대한 합법적 논증이며, 이 구분은 과학자의 활동을 사회생활에서 분리하게 만들지만, 동시에 오히려 사회생활에 대한 깊은 영향을 유지하게 한다. 이른바 '과학담론공동체'가 가리키는 것은 이런 하나의 사회단체로, 그들은 사람들이 사용하는 일상 언어와는 다른 과학 언어를 사용하며, 서로 교류하고 나아가 일종의 담론 공동체를 형성했다. 이 담론 공동체는 처음에 과학 단체와 과학 간행물을 중심으로 시작했으나, 그 외연이 끊임없이 확대되어 결국에는 인쇄 문화와 교육 체제, 기타 전파 네트워크를 통해 자기의 영향을 전 사회에 펼쳐서 과학 담론과 일상 담론의 경계를 다시금 모호하게 만들기에 이르렀다. 이것은 쌍방향의 과정이다. 한편으로는 과학자 집단의 과학 사상이 중요한 사회 문화적 함의를 지니고 있으며, 과학과 도덕, 과학과 사회 정치, 과학과 인생관, 과학 사상에서의 진화론, 그리고 과학의 지식 분류 등과 같은 일련의 문제에 대한 그들의 해석은 당시의 문화 논쟁에 대한 직접적인 참여였다. 다른 한편으로, 점점 더 많은, 이 공동체에 속하지 않은 사람들이 과학자들의 언어를 사용하기 시작했고, 이러한 언어를 과학과 무관한 사회와 정치, 문화 문제를 묘사하는 데에 사용해, 매우 심각하고 거대한 역사적 결과를 낳았다. 이 두 방면의 효과적인 상호작용으로 다음과 같은 새로운 국면이 형성되었다. 과학담론 공동체의 담론 실천과 사회 실천이 점차 완전한 과학 지식 계보를 사용하여 천리天理 우주관을 대체했고, 자연관의 차원에서 반전통의 문화 실천에 전제를 제공했다. 옌푸, 량치차오가 제창한 그러한 관념들은 여기에서 일종의 사회제도적인 운동으로 전환된다.

'과학담론공동체'의 관념이 특히 강조하는 것은 과학 담론의 전파는 복잡한 사회 과정이며, 과학 실천 자체는 사회 실천의 유기적인 일부분이라는 점이다. 개별 과학자들의 작업은 일반 사회에 보편적으로 인정되는 과학 개념을 직접 제공할 수는 없다. 그들의 성과는 반드시 일정한 전파 수단이 있어야만 사회의 인정을 받을 수 있다. 여기서 내가 가리키는 것은 과학자들이 직접 관계한 사상 계몽 활동, 예를 들어 과학 간행물에 연구 논문을 발표함과 동시에 기타 인문 간행물과 같이 간행물의 첫머리의 '사설', '논설', '시평', '독자 기고' 등을 통해 과학 사상으로 사회 선전을 행했다는 것만이 아니다. 더 중요한 것은 과학자의 작업이 다른 문화 활동의 기본 범례가 된 것으로, 그들이 과학 언어를 이용하여 일상 언어에 대한 개조를 행했던 것이 바로 가장 중요한 예증이다. 청말 이후 심각하고 중대한 언어 개혁 운동이 시작되었으며, 그중 지식인과 과학자 공동체가 과학 전문용어, 표점 부호와 가로쓰기의 사용의 초안을 수립한 것은 특수한 예이다. 이런 성과들의 보급은 국가와 사회의 승인을 얻었을 뿐 아니라, 국가의 지지하에서 이루어진 제도적 실천의 일부분이기도 했다. 중국의 근대 인문 언어와 일상 언어의 어떤 형식들은 과학 언어의 실천 속에서 점차 형성된 것이다. 이러한 제도적 실천의 배후에는 과학 발전과 문명 진화의 관계와 관련된 인식이 숨겨져 있다. 즉, 과학의 발전 양식은 문명 진보 양식이어야 했고, 과학 연구의 이성화 양식 또한 사회 발전의 이성화의 목표여야 했다. 과학과 그것의 제도적 실천에 대한 합법화 과정을 통해서, 서로 다른 문명(주로 서양 문명과 동양 문명을 가리킴)의 등급 관계가 '과학'적 기준을 통해 견고해지게 되었다.

이 문명론의 기준은 근대 중국 문화와 사회 논쟁의 핵심 내용이다. 바로 그 때문에, 문화 논쟁은 결국 항상 과학과 지식 문제에 관련된 논쟁으로 향하게 되고, 과학 문제에 관한 토론 또한 항상 문화 논쟁의 중요한 주제가 되었다. 이러한 의미에서 과학담론공동체는 결코 과학자 공동체와 같은 것이 아니며, 그 범위가 후자보다 훨씬 폭넓다. '과학담론공동체'의 중심 위치에 있었던 것은 과학자, 과학 간행물 그리고 각지식 영역에 산재하던 지식인과 그들의 출판물이었고, 그들은 공동으로 문화 운동을 추진했다.『동방잡지』,『신청년』등의 간행물과 그 단체를 예로 들면, 그 저자들은 대부분 과학자 집단에 속하지 않았지만, 오히려 '과학 언어'를 사용해 사회 문화 문제를 분석했고, 근대 과학담론공동체를 부단히 확장시키는 중요한 주체였다. 실제로 중국 최초의 과학 간행물인『아천잡지』의 창간자인 두야취안은 '5·4' 시기『동방잡지』의 주요 편집인이면서 동서문화 논쟁에서 일방의 대표이기도 했다. 1923년을 전후해 발생한 '과학과 인생관' 논쟁에서 과학파를 지지한 것은 후스胡適, 딩원장丁文江 등 월간『과학』에 직접 원고를 싣던 사람들만이 아니라, 우즈후이吳稚暉, 천두슈陳獨秀 등의 문인도 있었다. 그들은 공동으로 독특한 담론 분위기를 형성했으며, 심지어는 량치차오처럼 그들에 반대하는 사람들조차도 그들의 언어를 사용하지 않을 수 없었다. 그래서 과학담론공동체는 과학파와 그들의 반대자들을 함께 과학의 담론 제국 내부로 끌어들였다. 이 논쟁의 주요 내용을 보면, 거의 모든 문제가 초기 과학 간행물에서의 각종 과학과 사회 문제와 관련된 토론에 대한 반복이자 재사유였다. '5·4'신문화운동은 과학담론공동체의 문화 운동이라고 할 수 있다. 각기 다른 문화 단체가 같은 문화 운동으로 간주되는 이유는 그들이 상호 교류할 수 있는 모종의 언어와 기호 체계를 갖고 있었기 때문이다. 내가 앞으로 좀 더 논하고자하는 것은, 중국 근대 지식 체계와 서로 다른 학과 담론들, 즉 자연과학의 학과 담론뿐 아니라 중국의 사회과학과 인문과학의 담론을 포함한 학과 담론들이 처음에는 모두 과학자 공동체의 과학 언어에 대한실험과 개조 속에서 형성되었다는 점이다. '과학담론공동체'의 가장자리에 위치한 것은 신지식 교육을 받은 학생과 관리, 그리고 시민계급이었다. 새로운 교육 제도와 지식 제도의 산물로서, 혹은 신문화운동의 참여자로서, 그들은 과학 지식과 그 관념을 세계를 보는 정확한 방법으로 이해했고, 이러한 이해를 일상생활의 각 방면으로까지 확장시켰다. 그래서 새로운 사회 윤리와 행위 방식의 형성에 가장 폭넓은 사회적 기초를 제공했다. 여기에서 제도적인 창조와 실천이 없었다면, 광범위한 과학담론공동체를 형성할 수 없었을 것이다. 또, 과학 간행물과 과학 공동체, 초등학교부터 대학과 연구소에 이르는 교육과 연구제도가 없었다면, 과학 담론의 권위는 형성될 수 없었을 것이고, 과학담론을 핵심 내용으로 하는 문화 운동도 진정한 승리를 획득하지 못했을 것이다.

중국과학사의 초기 활동과 과학자의 정치

　　과학담론공동체의 형성과 국가 건설의 조류는 밀접한 관련을 맺고 있지만, 그것은 결코 단일 사회의 산물이 아니라 국제적인 사건이다. 민족국가가 새로운 국제적 규칙의 산물인 것과 마찬가지로, 중국 과학담론공동체의 형성은 보편 지식 헤게모니로서의 근대 과학과 밀접한 관계가 있다. 중국과학사는 1914년에 성립되었다. 당시 과학을 연구한다고 할 수 있는 기관은 지질조사소地質調査所뿐이었고, 전문 학술 단체는 잔텐유 등이 조직한 중국엔지니어학회(中國工程師學會)뿐이었다. 중국과학사와 월간 『과학』은 근대 중국에서 가장 중요하고, 가장 오래 지속되었던 과학 단체와 과학 정기간행물이다. 그것의 결성과 활동, 출판은 국가 경계를 넘어서는 과정이었으며, 또한 국가의 개방 정책의 결과이기도 했다. 중국과학사의 성립은 중국 과학 단체의 건립에 중요한 모범적 역할을 했다. 중국과학사 이후 중국공정학회中國工程學會(후에 구 중국엔지니어학회와 합병함), 중국화학회, 화학공정학회, 물리학회, 생물학회, 식물학회, 동물학회 등이 연이어 창립되었다.[28] 중국 근대 맥락에서 과학 체제의 형성, 과학 단체의 건립, 과학 간행물의 출판, 과학 개념의 유행은 다른 사회 영역과 유리된 고립적인 사건이 아니라 사회와 문화의 중대한 동력과 영향력을 지닌 사건이다. 조직적인 과학 연구는 과학담론공동체의 형성에 전제 조건을 제공했을 뿐 아니라, 스스로를 사회 문화 활동의 중심 지대에 견고하게 조직하기도 했다.

1914년 여름, 1차 세계대전이 발발하기 직전, 중국과학사의 성립은 민감한 시대의 시국에 대해 토론하던 미국 코넬대학의 몇몇 중국 학생들에 의해서 시작되었다. 그들의 시국 토론은 구체적인 정치 방안의 제시가 아니라 과학 간행물의 창간으로 귀결되었다. 비록 처음의 동기는 "과학 발명의 일상 사물에의 효용과 국가 경제와 민생에의 영향"을 고려한 것이었지만, 간행물의 주지는 "오로지 과학의 정수와 그 효용을 밝히는 것을 위주로 하며, 모든 현학적인 정치 담론은 포함하지 않는" 것이었다.[29] 『과학』 잡지가 진정으로 정치를 논하지 않는다는 주지를 실현했는지는 잠시 논외로 하고, 중요한 것은 이러한 과학과 정치를 완전히 분리하는 방식이 이미 청말의 과학 간행물이 습관적으로 사용했던 과학/정치, 과학/문명, 과학/시대의 서술 방식을 일정 정도 벗어났다는 점이다. 이들 청년 학자들은 자신들이 독특한 과학 언어를 갖고 있다고 깊이 믿었는데, 이러한 과학 언어는 한편으로는 사회, 정치와 단절된 것이었고, 다른 한편으로는 '국민의 생계'에 대해 근본적인 영향을 지닌 것이었다. 바꿔 말하면, 과학 단체, 과학 연구, 과학 언어, 과학자의 생활 방식은 사회와 무관한 방식으로 사회에 시범적인 역할을 할 수 있었다. 가령 과학이 장차 또는 이미 국가와 사회의 지식 생활을 지배하는 정신 운동과 정신 진보의 표징으로 되었다면, 그 특징 중 하나는 바로 정치, 도덕과는 관계가 없다는 점이다. 이 현상을 사회 문화와는 구별되는 과학의 독특한 본질이라기보다는, 사회 문화의 일종으로서의 과학의 사회적 특권이라고 보는 편이 낫다. 그렇다면 과학의 이러한 특권, 나아가 과학자의 이러한 특수한 사회적 신분은 어떻게 획득된 것인가? 나는 이미 이 문제의 여러 방면을 개괄적으로 언급한 바 있지만, 이제 보다 심도 있는 이해를 위해 과학 간행물의 내용을 구체적으로 분석할 필요가 있다.

우선 중국과학사 조직 체제의 형성을 보자. 1920년, 중국과학사는 남경南京 사무소에서 제5차 연례회의를 개최하고 도서관과 사무소의 설립을 경축했다. 다음에서 인용한 글은 당시 회장을 맡고 있던 런훙 쥔任鴻隽의 회의 개막사로, 특별히 중국과학사 체제의 사회적 의의를 언급하고 있다.

> 현재 일국 문명 수준에 대한 관찰은 영토와 인구수, 견고한 갑옷 과 날카로운 무기를 기준으로 삼는 것이 아니라, 국민 지식의 뛰 어남, 사회조직의 완비와 일반 생활의 진화 정도를 평가의 기준 으로 삼고 있습니다. 근대 과학의 발달과 응용은 이미 인류의 생 활, 사상, 행위, 희망 등에서 새로운 국면을 열었습니다. 한 나 라에 과학 연구가 없다면 지식이 불완전하다고 할 수 있고, 과 학 조직이 없다면 사회조직이 불완전하다 할 수 있습니다. 이 두 가지가 불완전하다면 그 사회생활의 정황은 가히 짐작할 만합니 다. 과학사의 조직은 이 두 방면의 결함을 보충하려는 것입니다. 그렇기에 오늘 본사의 사무소 내에서 제5차 연차 회의를 여는 동시에 사무소와 도서관의 설립을 기념하게 된 것은 대단히 기 뻐할 만한 일이라 하겠습니다.[30]

런훙쥔의 견해는 다음과 같은 기본 전제 위에 세워진 것이다. 과학 의 발전과 운용이 전 인류의 생활을 바꾸었으며, 과학 체제의 양식은 사회의 양식이 되어야 할 뿐 아니라 문명 수준의 척도이기도 하다. 과 학적 양식은 사회 진화의 범례를 제공했으며, 인류의 완벽함에 대한 추구는 반드시 과학의 궤도 속으로 편입되어야 한다. 지식, 사회조직 과 일반 생활의 진화는 여기에서 나열된 문명 진보의 기준이 되며, 이 는 문명의 진보가 자연 규율에 따라 해석될 수 있는 현상임을 의미한 다. 아주 분명한 것은 일단 과학의 지고한 지위를 인정한다면, '과학문 명'(서양 문명)의 지고한 지위도 인정해야만 한다는 사실이다. 이 또 한 근대 문명 혹은 문화 논쟁이 왜 항상 '과학' 문제와 긴밀하게 관련되었는지를 설명해 준다. 즉, 과학 체제의 합법성의 근원은 과학의 관념과 '근대 문명'(서양 문명)의 성취의 기초 위에 세워진 것이다. 그래서 과학사가 비록 과학 연구를 사명으로 삼았지만, 그 의의는 오히려 사회조직의 개선과 과학 지식의 개선 등의 부분에서 평가되어야 할 필요가 있다. 여기에서 런훙쥔이 베버식의 '이성화'라는 개념을 사용하지는 않았지만, 그가 말한 "사회조직의 완비와 일반 생활의 진화"라는 개념은 명백히 근대 사회와 문명이 이성화 정도를 가지고 검증되어야 할 필요가 있음을 지적한 것이다. 그리고 근대 과학의 발전과 운용은 공교롭게도 근대 사회를 위해 이성화의 구체적인 경로를 제공하고 있었다. 바꿔 말하자면 조직적인 과학 연구 혹은 과학 연구의 조직 체제는 근대 사회와 근대 국가의 최선의 모델에 지나지 않았다.

바로 이 때문에, 중국과학사의 활동은 결코 과학 연구에 제한되지 않았다. 전문적인 연구를 특징으로 하는 월간 『과학』을 출간한 것 외에, 1933년에 중국과학사는 보급형 간행물인 『과학화보』科學畫報를 창간했다.[31] 중국과학사는 한편으로는 논문 특집(외국 글이 많았다), 과학총서,[32] 과학역서총집[33]을 출판하여 과학 공동체 내부 활동에 기반을 제공하고, 다른 한편으로는 도서관,[34] 생물연구소[35] 건립, 연례 회의와 강연의 개최,[36] 전람회 개최,[37] 포상금 제정,[38] 과학 도서·실험기구회사(科學圖書儀器公司) 설립(1929), 국제 학술회의의 조직 및 참가, 다른 교육기관과 연합해 과학 교육 강연회 개최, 과학 자문소 수립 등 국내 교육활동에도 참가했다. 비록 초기에 이러한 활동들은 완전히 국부적인 것이었지만, 중국 사회가 막 기술화의 방향으로 재구성되어 가고 있음을 예고하고 있다.

보편적 지식과 초국적 조직의 형성은 한 민족국가의 문명 수준의 표지로 간주된다. 이러한 논리상의 역설은 계몽 시기의 조직적인 연구로서의 과학과 관련한 구상 속에 뿌리를 두고 있다. 사회 기구와 과학 연구 조직의 관계는 이미 베이컨Francis Bacon의 『새로운 아틀란티스』(the New Atlantis)의 주요 내용 중 하나다. 『새로운 아틀란티스』에서 베이컨의 대담한 환상은 사회 기구와 지식의 관계의 특수 방안, 즉 엄격한 의미에서의 과학기술의 조직적인 연구를 그리고 있다. 많은 서양 학자가 인식했던 것처럼, 조직적인 과학 연구를 발전시킨다는 이 사상은 깊은 영향을 끼쳤고, 그것은 선진 산업국가가 이미 실현한, 17세기의 사상 수준을 훨씬 뛰어넘는 영원한 유산을 제공했다.[39] 지금 이 유산은 중국의 후계자들을 갖게 되었다. 자연에 대한 탐색 그 자체가 사회와 국가적 행위의 일부분이 됐을 뿐 아니라, 이러한 탐색의 조직 방식도 근대 사회와 국가의 모범이 되었다. 만일 과학 조직의 방식이 과학적 방식이라면, 근대 사회도 이러한 방식을 따라야만 했다. 자연에 대한 조직적인 연구는 이런 의미에서 일종의 정치적 은유가 되었고, 과학적 방식 그 자체 또한 정치적 함의를 지녔다. 주목할 만한 것은 과학 연구와 사회생활 간의 관계는 직접적인 것이 아니라, 정반대로 과학 연구자는 반드시 정치, 도덕이나 기타 사회 이익과 거리를 유지해야 했으며, 이러한 거리가 바로 근대 사회의 모델이자 이상으로서의 지위를 과학 체제에게 보장해 주었다는 점이다.

새로운 과학 공동체는 과학적 연구와 발견의 임무를 담당하는 동시에 과학의 운용에 직접적으로 영향을 끼치고 있었다. 이러한 운용의 과정은 사회의 여타 발전 과정과 밀접하게 연계되어 있었다. 그렇기 때문에 과학 종사자의 작업 방식은 전체 사회 제도의 발전과 도덕의 진화를 촉진하는 정신을 포함하고 있다. 중국과학사가 정식으로 성립되었을 때, 이사회는 회원들의 동의를 얻어, 후밍푸胡明復, 쩌우빙원鄒秉文, 런훙쥔 세 사람에게 11장 60조에 이르는 사규(社章)를 기안하게 했으며, 이는 전 회원의 토론을 거쳐 표결로 통과되었고, 이와 동시에 런훙쥔을 회장으로, 자오위안런趙元任을 서기로 후밍푸를 회계로, 양취안楊銓을 편집부장으로 선출했으며, 이 다섯 명의 이사위원회는 매년 10월 25일을 중국과학사의 창립 기념일로 정했다. 중국과학사가 처음부터 이처럼 엄숙하고 진지하게 '민주화'하고 '절차화'한 것은 한편으로는 내부로부터 이 사회단체가 장기적으로 운영될 수 있도록 보장했고, 다른 한편으로는 참여자들이 명백히 실제적인 조직 행동으로 사회의 개조에 참여하려 했음을 말해 준다. 중국과학사는 조직적인 과학 연구 사상을 구현했을 뿐 아니라, 연구 조직이 어떻게 국가 건립과 관계를 맺는가 하는 사상도 구현했다.

과학사의 조직은 '과학적' 방식을 기초로 하였다. 이러한 '과학적' 조직 방식 그 자체는 사회 행위일 뿐 아니라, 더욱 광범위하고 심원한 사회 과정, 즉 사회 조직과 사회생활의 이성화를 예고하고 있다. 즉, '과학' 자체가 사회 체제 구성의 원리였다. 중국과학사는 민간 조직 학술 단체로, 처음부터 영국의 왕립학회를 모범으로 삼아 과학을 소개하는 것 외에 과학 연구의 실천에 중점을 두었으며 민중 공익을 위한 사업에 봉사했다.[40] 과학사의 회원들은 입회 원칙에 따라 일반 회원, 영구 회원, 특별 회원, 준회원, 찬조 회원과 명예 회원의 여섯 부류로 나뉘었다.[41] 이 여섯 부류의 회원 분포를 통해 우리는 과학 단체로서의 과학사의 내부 조직과 외부 연계를 알 수 있다. 과학사의 구성원들은 일반 회원인 과학기술 부문 종사자를 위주로 하고 있으며, 1914년 성립 당시에는 단 35명이었던 것이 1949년에는 3776명으로 크게 증가했다.[42] 특별 회원 10여 명 중에는 차이위안페이蔡元培, 마쥔우馬君武, 장이어우張軼歐, 저우메이취안周美權, 그레이보Amadeus William Grabau 등이 있었고, 찬조 회원 20여 명 중에는 쉬스창徐世昌, 리위안훙黎元洪, 슝커우熊克武, 푸쩡샹傅增湘, 판위안롄范源廉, 위안시타오袁西濤, 왕보사王搏沙 등이 포함되어 있었다. 명예 회원은 장젠張謇과 미국의 에디슨이었다. 과학사의 사무 처리 기구는 처음에 이사회가 있었다가, 1922년 남퉁南通에서 열린 제7차 회의 때 이사회와 평의회로 나뉘었다. 평의회는 주커전쓰可楨, 후밍푸, 런훙쥔, 딩원장丁文江 등의 과학자들이 담당했고, 이사회는 모두 9명으로 장젠, 마량馬良, 차이위안페이, 왕자오밍汪兆銘, 슝시링熊希齡, 량치차오, 옌슈嚴脩, 판위안롄, 후둔푸胡敦腹 등 정치가와 사회 명사들이 대부분이었다. 이 밖에 과학사는 미국에 지사가 설립되었고, 중국에도 10여 곳 도시에 사우회社友會가 세워졌다. 과학사의 조직망에서 명확히 확인할 수 있는 것은 과학사가 과학 연구를 목표로 하는 사회단체이긴 했지만 그 형성과 발전은 복잡한 사회 공정工程이 었다는 점이다.

민국 시기의 여러 중요 정치가들의 참여는 정치가 극도로 불안정한 역사적 형세 속에서 과학사가 지속적으로 발전하고 생존할 수 있게 해 주었을 뿐만 아니라, 동시에 민간 조직인 과학사가 중국 근대 국가의 건설 및 근대 사회의 조직과 중요한 관련이 있음을 증명하기도 했다. 중국과학사는 해외에서 세워졌고 3년 후 중국으로 돌아와, 처음에는 상해대동대학上海大同大學에, 그다음에는 남경동남대학南京東南大學에 있다가, 마지막에는 남경의 회원 왕보추王伯秋 등의 제안과 사회의 유력 인사들의 찬조하에, 북양北洋 정부 재정부에서 남경 성현가成賢街 문덕리文德里의 관청 한 곳을 사무소로 내주었다. 청말에서 근대 중국에 이르는 역사 속에서, 민간 사회단체와 간행물은 즐비했으나 거의 모두가 단명했다. 3년 이상을 유지할 수 있었다면 아주 오래 지속된 것이라고 할 수 있다. 중국과학사가 이렇게 오래 존속할 수 있었던 근본 원인은 다음과 같다. (1) 중국 각 정파의 정치 세력들이 과학 문제에서는 공통된 인식을 갖고 있었다. 즉 과학은 근대 사회가 반드시 구비해야 할 조건이고, 과학이 발달하지 못한 것이 중국이 국제 경쟁에서 뒤처진 주요 원인이며, 과학은 진보의 표지라는 것이다. 바로 이 때문에, 과학사는 사실상 다양한 사회 세력들의 지지하에 활동했던 것이다. (2) 사회의 유력 인사들의 참여는 경제적으로 과학사와 월간『과학』의 생존을 보장해 주었을 뿐 아니라, 이들 참여자들의 특수 지위는 국가의 과학 공동체에 대한 지지를 암시하는 것이기도 했다. 과학사의 자금은 회원들의 회비 및 사업으로 벌어들이는 수입 외에 기부금에 크게 의존하고 있었다. 1918년 과학사는 국내로 사무소 이전을 마친 후 곧 5만 위안 기금 모집 활동을 시작했고, 차이위안페이, 판위안렌 등 교육계의 지도적인 인물들의 지지를 얻었다. 그들은 각각 「과학사를 위한 기금 모금을 알림」과 「중국과학사를 위해 공공사업에 열심인 여러분께 삼가 아룁니다」라는 글을 썼다. 차이위안페이는 글에서, 과학 만능의 시대에 중국이 과학사 하나만을 갖고 있는 것은 중국의 수치인데, 만약 이 하나뿐인 과학사의 발전도 유지할 수 없다면 그것은 더욱 중국의 수치라고 했다. 그는 특히 구미 각국 정부의 과학에 대한 투자를 지적하고, "우리나라 정부와 사회의 유력자는 반드시 분연히 떨쳐 일어나 회원들이 희망하는 액수의 몇 배를 출자하여 우리나라 사람들의 과학 경시라는 수치를 씻어 내야 한다"고 호소했다.[43] 판위안렌은 지금 이 "과학 세계"의 실업, 전쟁 등을 볼 때 "과학이 발달하지 못하면 그 나라는 반드시 가난하고 약하다"고 설명하고, 사회에 기부를 호소했다.[44] 과학사의 기금 관리 감독자는 처음에 차이위안페이, 판위안렌, 그리고 후둔푸 등 세 명이었다가, 후에 중국은행 회장이자 과학사 이사인 쑹한장宋漢章을 추가로 추천해 관리와 경영의 임무를 담당케 했다. 1935년까지 과학사의 기금은 상해 사무소와 도서관에 투자한 것 외에, 각종 경비로 대략 40만 위안 정도를 보유하고 있었다. 과학사는 의식적으로 정치·경제(실업)계로 조직 구성원을 확장하고, 실험실에 갇힌 세상물정에 어두운 유생이 아니라 정치경제적 안목을 갖춘 근대 지식인을 표방하였다. 바로 이렇게 복잡한 사회 관계망 속에서 비로소 과학사와 『과학』 잡지는 정치와의 단절을 주장하는 한편 그들의 활동이 사회에 중요하고 심지어 결정적인 영향을 지니고 있음을 확신할 수 있었다. 과학자의 작업이야말로 일반인들에게 이해되지 않으면서도 한편으로는 일반인들에게 시범적인 역할을 할 수 있는 것이다.

과학자의 작업은 시범 능력뿐 아니라 특수한 지배 능력을 지니고 있다. 이러한 특수한 지배 능력은 정치 영역에서 타인에 대한 강력한 통제로 표현되는 것이 아니라 규범을 만들고 타인을 자발적으로 복종하게 만드는 능력으로 표현된다.[45] 이러한 지배 능력은 표면적으로 보면 특수한 지식 혹은 기능이 제공하는 것 같지만, 더욱 중요한 역량은 사회의 체제적 요소에서 나온다. 즉 근대 자본주의 세계 체제의 확장이 민족국가 체제의 형식으로 전개되고, 교육·과학기술 체제가 민족국가 건설의 기본 조건이 되는 것이다. 이 두 방면은 상호 침투한다. 조직적인 과학 연구는 민족국가의 체계 내에서만 발전할 수 있으며, 근대 국가 권력의 실천 또한 과학의 발견과 그 조직 모델을 자신의 모범으로 삼는다.[46] 상술한 배경은 두 가지의 상반되면서도 상생하는 결과를 낳았다. 한편으로 과학자의 사회 지위의 형성은 근대 국가의 건립과 직접적으로 관련되고, 과학자의 중요성은 그들의 지식에 대한 장악에서 나올 뿐 아니라 체제적 수요에서 나오는 것이기도 하다. 다른 한편, 과학 지식은 보편적으로 승인된 객관 지식으로서, 문화 다원적인 요소와는 다른 필수 요소를 제공함으로써, 인류 생활의 많은 부분이 객관적으로 평가할 수 있는 상황 속에 놓이게 되었다. 객관 지식 관념은 지식이 생산될 수 있는 사회 체제와 지식 규범의 필수 요소를 은폐했고, 나아가 근대인들이 보편적으로 받아들이는 신앙이 되었다. 이러한 신앙이 궁극적으로 증명한 것은 과학의 각종 정리와 방법에 대한 진술이 사회 문화 전체의 변화에 중요한 작용을 한다는 점이다. 나는 역사가 가장 길고 영향력이 가장 컸던『과학』잡지의 초기 활동을 주요 대상으로 삼았다. 나의 역사 기술의 중심 내용을 이루는 것은 근대 과학 공동체의 형성과 근대 사회 체제의 관계, 과학 사상이 어떤 사회 체제(교육 체제, 과학 연구 체제 등)를 기초로 하여 특정한 지식을 사회의 신념으로 바꾸었는가, 과학자의 지식 활동이 어떻게 근대 국가에서의 규범적 역량이 되었는가, 과학 연구에서의 개념이 어떻게 우리의 세계 경험을 재구성하는가, 근대 사상이 어떻게 이러한 개념의 창제 속에서 역량을 획득하였나, 왜 전문적 학과 개념이 사회 문화의 영역에서 사용되었나, 그리고 사회사상의 출현에서의 과학 사상의 역할 등등이다.

제3절

세계주의와 민족국가: 과학 담론과 '국어'의 창제

과학자의 권력은 우선 그들이 새로운 개념을 만들어 내고 그 새로운 개념들을 사용해 세계의 여러 현상을 명명할 권력을 갖고 있다는 점에서 드러난다. 내가 말하는 근대 세계관이란 우리의 외부 세계와 우리 자신, 그리고 그 상관관계에 대한 견해를 지배하는 개념 체계로, 그것은 한편으로는 우리에게 세계를 이해하고 통제하는 개념과 범주를 제공하고, 다른 한편으로는 우리가 이 범주 체계 속에서(따라서 이 세계 속에서도) 자기의 위치를 다시 세우도록 돕는다. 이러한 근대 세계관의 형성은 과학자의 작업과 별로 관련이 없어 보이지만, 실제로는 어느 정도 과학자의 작업에 의존하고 있다. 이러한 작업은 과학 사업의 사회적 의의를 확립했을 뿐만 아니라 최종적으로 과학 영역의 기본 성과들과 규범들을 사회의 상식으로 널리 확산시켰다. 과학 지식의 합법성의 수립은 새로운 판단 기준의 수립이기도 해서, 근대 세계의 모든 것은 그것의 검증을 거쳐야만 하는 것 같았으며, 따라서 과학 지식은 일종의 '객관적' 방식으로 세계를, 올바름과 착오, 정상과 비정상, 선진과 낙후, 문명과 우매, 합리와 불합리 등으로 재편했다. 리오타르 Jean-Francois Lyotard는 과학 담론의 합법화 문제를 입법 과정과 비교한 적이 있다. 그는 "플라톤 이후로 과학의 합법성 문제는 입법자의 합법성 문제와 밀접한 관련을 맺어 왔다. 이를 통해 본다면, 진정한 권력이란 무엇인가를 결정하는 것은 결코 정의란 무엇인가라는 문제에서 독립되어 있을 수 없다. 설령 이 두 종류의 권력으로부터 나온 진술들은 성격상 차이가 있다 하더라도 그렇다. 결정적인 문제는 과학의 언어라고 불리는 것과 윤리와 정치의 언어라고 불리는 것 사이에는 엄격한 내재적 관계가 존재한다는 것이다. 즉, 그들은 모두 동일한 시각, 동일한 '선택'——원한다면, 이러한 선택은 서양적(Occident)이라고 불릴 수 있다——에서 발원하였다"[47]라고 했다. 근대 문명의 충돌 속에서 과학은 이중의 역할을 했으니, 그것은 입법자이면서 또한 서양 문명의 특징이었다. 그 오묘한 의미를 리오타르 자신은 명시적으로 드러내지는 않았지만 그의 글 속에 이미 분명하게 표현돼 있다.

중국과학사의 '과학 실천'은 언어적 측면에서 중요한 결과를 낳았다. 바로 그들의 활동을 통해 중국어가 기술화技術化 과정을 겪기 시작한 것이다. 이 기술화 과정의 첫 단계는 일의적—意的이며 정확하고 기술 조작에 적합한 개념의 생산과 제정이었다. 내가 여기서 가리키는 것은 과학 명사의 제정과 심사 작업이다. 일찍이 1908년, 청 정부는 학부學部(교육부)를 증설하고, 그 안에 명사 심의관을 설치했으며, 학부 상서尚書 룽칭榮慶이 옌푸를 명사 심의관 총교습으로 초빙했다.[48] 그 후 이 작업은 옌푸와 같은 번역가와 문인의 손에서 과학 공동체의 집단 연구로 넘어갔다. 1916년에 과학사는 '명사 토론회'를 설치하고 토론 결과를 수시로 『과학』 잡지에 발표했다. 과학사 동인들은 명확히 명사의 번역을 '정명正名의 작업'으로 간주했다.

번역을 할 때 이름을 정하는 것이 어렵다. 과학에는 새로운 명사가 특히 많다. 명사가 정해지지 않으면 과학은 의지할 것이 없게 된다. 본지에서 사용하는 각 명사들은 이미 옛 번역어가 있는 것은 동인들이 가장 적당한 것을 심의하여 선택했으며, 아직 번역어가 없는 것은 동인들이 상세히 논의하여 새로 만들었다. 좁은 식견이나마 정명의 작업의 기반으로 삼고자 한다. 세상의 군자

들이 만약 주저하지 않고 이를 교정해 준다면 무한한 영광이겠다.[49]

1922년 이후, 과학사는 강소교육회江蘇教育會, 중화의학회 등의 단체의 명사 심사회에 참여했고, 매년 심사 회의를 통해 다량의 자료를 축적했다. 1934년 국민당 정부가 국립 편역관編譯館을 설립하여 정부 차원에서 심사 작업을 도맡았지만, 모든 자료가 대부분 과학사를 비롯한 서너 단체가 이미 이루어 놓은 성과에 근거한 것이었다.[50] 과학 전문 용어의 확정은 일반적인 명사의 유행과는 다르다. 후자는 주로 사회적 약속에 의거하며 교류 과정에서 언어의 다의성을 유지하고 있기에 전문적인 기구에서 일일이 심의해 정할 필요가 없다. 그러나 과학 명사는 전문적인 심의 제정 과정이 필요하다. 과학 명사의 심의 제정은 또한 과학자 개인의 과학 연구와도 달라 새로운 명사는 국가와 사회의 공인을 얻어야만 하며, 그 전제는 과학 공동체의 승인이다. 과학 명사를 심의 제정하는 작업은 과학 공동체 내부의 교류와 이해를 뒷받침했으며 과학담론공동체의 확장을 위한 조건을 제공했다. 과학 공동체가 심의하여 확정한 명사는 국가의 확인을 거쳐, 초등학교, 중고등학교 그리고 대학교의 교과서에 반영되었으며, 각종 출판물을 통해 일반 사회로 전파되었다. 과학 담론의 유행은 과학 공동체, 국가 교육 체제 그리고 인쇄 문화의 사회적 역할에 의존한 것이다. 오늘날 유행하는 물리, 화학, 생물, 지리, 천문 및 기타 학과의 개념들은 모두 과학사 등의 과학 공동체의 작업을 통해 확정된 것이다. 예를 들어, 각종 원소의 개념, 신체의 개념, 지리의 개념, 그리고 천체의 개념은 지금 이미 우리의 일상 용어의 일부분이다. 이러한 개념들은 우주, 세계, 인류에 대한 우리의 인식을 근본적으로 재구성했을 뿐만 아니라, 사람들이 점차 '자연적으로 형성된(天然) 언어'를 버리도록 압박하기도 했다. 우주와 자연, 인간 자신은 이러한 정밀하고 명확한 언어 속에서 하나의 방식으로 표현됨으로써 고대의 언어가 보여 주었던 우주 존재의 다양한 가능성은 나날이 사라져 갔다. 근대 중국어 속의 많은 새로운 어휘들은 특정 방향과 목적하에 의식적으로 설계하여 완성한 것이며, 기술화 과정의 산물이지 자연의 산물이 아니다. 이러한 새로운 개념의 일의성과 명확한 방향 지향으로 인해, 이들 언어 속에서 드러나는 세계 또한 특정한 방향에 따라 구성되었다. 언어의 기술화는 과학 공동체 내부의 요구였을 뿐만 아니라 기술화된 사회인 근대 사회구조의 내재적 요구이기도 했다.[51]

과학 언어의 유행은 또한 세계와 지식에 대해 분류하는 과정을 수반하고 있었고, 이 과정은 우선 과학 간행물의 난欄 구분을 통해 '자연스럽게' 진행되었다. '난'은 여기에서 일종의 과학의 세계 구조로 이해될 수 있다. 1915년에 창간되어 1950년에 정간될 때까지(1957년에 다시 계간 형식으로 계속 간행됨), 『과학』 잡지는 모두 32권이 출간되었고, 매권 12기期, 매기 6만 자로 계산하면 2천여만 자에 이른다. 런훙쥔의 통계에 따르면, 각 기에서 과학 소식, 과학 통신 등을 제외한 후 나머지 논문 수를 8편 정도로 계산하면, 논문이 3천여 편 된다고 한다. 평균 한 사람이 논문 3편을 썼다고 가정하면, 저자 1천여 명이 『과학』을 통해 연구 논문을 세상에 발표한 셈이다.[52] 창간 초기에, 『과학』 잡지는 내용에 따라 난을 나누었다. 그 속에는 통론, 물질 운용 및 응용, 생물과학 및 응용, 역사·전기, 잡문 등 다섯 항목이 있었다. 그 밖에 "나머지 미술, 음악의 부류는 비록 과학의 범주 내에 있지는 않지만, 국민 성격과의 관계가 매우 중요하고 또 우리 국민에게 가장 결핍되어 있는 것이므로, 버리지 않고 맨 뒤에 붙였다."[53] 미술, 음악을 『과학』 잡지의 내용에 넣은 것은 극히 중요한 배치였으니, 이것은 중국의 초기 과학 공동체의 공통된 인식 속에 과학은 인류의 지식일 뿐만 아니라 인류의 감각과 심리를 처리한다는 생각이 있었음을 보여 준다. 이후의 서술에서, 나는 이러한 배치에는 다음과 같은 지식학적 기초가 있었음을 증명할 것이다. 즉 일종의 완전히 객관적인 지식 체계인 과학 내부에는 비록 단계상의 차이는 존재하지만 성격상의 차이는 전혀 없다는 것이다. 왜냐하면 적어도 당시에는 인지 영역과 도덕 영역, 심미 영역이 아직 뚜렷하게 분화되지 않았기 때문이다.

이 점은 매우 중요하다. 과학사와 월간『과학』의 실천이 전문화라는 특징을 구현했다고 하더라도, 지식 영역의 이러한 미분화 상태 또한 과학 공동체의 과학 언어와 다른 언어의 관계 속에 뚜렷이 드러난다. 『과학』은 전문적인 과학 간행물이며, 잡지 언어 형식에서의 창조성은 주로 과학 연구의 기본적 필요에서 나왔다. 이 간행물은 최초로 가로쓰기와 신식 표점을 채택한 인쇄물 중 하나였다(더 이른 시기에 선교사들이 편찬한 중서 사전이 가로쓰기 형식을 채택한 바 있다). 과학 논문과 거기에 포함된 공식, 도표 등은 세로쓰기와 무無표점의 방식으로는 표현할 수가 없었기 때문이다. 이에 대해『과학』은 특별히 다음과 같이 설명하기도 했다.

> 본 잡지의 인쇄법은 왼쪽 위에서부터 가로로 쓰고, 서양어의 구두점을 겸용하여 산술과 물리, 화학의 여러 방정식, 공식을 넣어 쓰기에 편하게 하였다. 신기한 것을 좋아해서가 아님을 독자들이 이해해 주기를 바란다.[54]

그러나 이러한 기술상의 필요는 신속히 근대 언어의 규범으로 받아들여졌고, 중국 근대 문화 운동의 돌파구가 되었다. 초기 과학 언어와 일상 언어 혹은 문학 언어는 형식상에서 확연히 구분되지 않았으며, 바로 그 때문에 과학 언어의 변혁이 새로운 일상 언어와 문학 언어 창조의 원천이 될 수 있었다. 비록 한자와 그 글쓰기가 오랜 전통의 산물이기는 했지만 중국 근대 언어, 특히 중국 근대 언어의 글쓰기 형식은 과학 언어를 메타 형식으로 한 것이기도 했다. 주의해야 할 점은 근대 중국어에 관한 토론에서 표준어 문제를 제외하면 가장 중요한 연구와 토론은 근대 중국어의 문법 문제에 집중되어 있다는 것이다. 그리고 '문법' 문제의 특징은 메타언어의 형식을 가지고 현존 언어에 대한 규범화와 개조를 행해, 그것이 일의적이고 명확한 방향 위에서 의미를 드러내게 만든다는 점이다. 가로쓰기, 신식 표점의 사용은 근대 문법 연구에 극히 중요한 내용과 도구를 제공했다. 이 문법학의 틀 속에서 언어는 순수한 형식, 도구, 수단으로 이해될 수 있다.[55] 이것은 물론 일회적 완성의 상태가 아니라 기나긴 '이성화'의 과정이다.

내가 이와 같이 근대 백화문이 기술화의 과정을 거쳤음을 강조하는 까닭은 백화문 자체가 완전히 새로 창제된 것이 아니기 때문이다. 당나라 때의 구어 문학의 존재는 돈황敦煌에서 발견된 고사본古寫本으로 확인되었다. 송대의 평화評話, 원대의 잡극雜劇, 그리고 송대 이후의 유학자와 승려들의 어록, 원대의 몽골어에서 번역된 황제 칙어勅語·성지聖旨·반포된 법률, 그리고 명대의 소설 등은 모두 백화 구어의 증거들이다. 바로 이 때문에 근대 백화문 운동의 명확한 특징은 백화 자체가 아닌 백화에 대한 과학화와 기술화의 세례였다. 백화문과 문학 언어의 특수한 관계는 '5·4' 신문화운동 이후에 형성되었다. 후스 등의 신문학 관련 역사 서술은 백화를 위한 역사적 합법성을 찾는 데에 치중되어 있었고, 이러한 근대 언어와 과학 언어의 관계에 대해서는 소홀했다. 사실 1916년 『신청년』 잡지가 백화문 운동을 시작하기 이전에, 후스는 1915년 6월 『과학』 제2권 제2기에 쓴 장문의 「구두와 문자부호를 논함」(論句讀及文字符號)과 두 편의 부록 「인용부호 부재의 폐해를 논함」(論無引語符號之害)과 「11번째 부호(줄표)를 논함」(論第十一種符號[破號])을 발표했다. 이 글들은 가로쓰기와 표점을 처음 사용한 『과학』에 발표됐을 뿐 아니라 어떤 의미에서는 『과학』의 형식에 대한 일종의 설명이기도 했다. 「구두와 문자부호를 논함」은 세 부분으로 나뉘는데, 각각 '문자부호 개념(부호 없음의 폐해)', '구두론'句讀論, '문자의 부호와 그 용법'이다. 이 글에서 부호 10가지를 규정하고, 서론 부분에서 그는 문자부호가 없는 경우의 3대 병폐를 논했다. 첫째, 의미를 확정할 수 없고 오해하기 쉽다. 둘째, 문법적인 관계를 표시할 수 없다. 셋째, 교육을 보급할 수 없다.[56] 이는 실로 언어 개혁의 기본 방향을 명확히 밝힌 것이었다.

후스가 1915년에 중국 언어의 변혁 문제를 사고하기 시작한 것은 우연이 아니다. 일찍이 1887년 황준헌黃遵憲은 『일본국지』日本國志 「문학지」文學志에서 이미 문자 개혁의 '간소화 방법'을 언급하고 있으며, 1888년 추팅량裘廷梁은 명확히 백화를 '유신의 근본'으로 여겼다.[57] 1911년 이전에 우즈후이 등은 『신세기』新世紀에서 한자를 폐지하고 에스페란토어 혹은 다른 서구 문자를 배우는 문제를 토론한 적이 있다. 후스와 같은 시기에 미국에 있었던 중원아오鍾文鰲는 한문을 극력 비방하는 전단을 배포하면서 알파벳을 채택하여 교육의 보급을 꾀할 것을 주장했다.[58] 그해에 마침 미국 동부의 중국학생회가 새로 '문학과 과학 연구부'(Institute of Arts and Sciences)를 세웠고, 후스가 문학 부문의 위원이 되었다. 그는 자오위안런과 상의하여 '중국 문자의 문제'를 그해의 문학 부문 논제로 삼고, 각자 글을 써서 이 문제의 두 가지 방면을 토론키로 했다. 자오위안런은 「우리나라 문자에 알파벳제(字母制)를 채택할 수 있는지 여부와 그 진행 방법」이라는 전문 논고를 썼고, 후에 그는 또 몇 편의 장문의 글을 통해 중국어가 음성기호인 병음을 사용할 수 있음을 논증했다. 자오위안런은 후에 『국어로마자』의 주요 제작자가 되었는데, 그가 이때 쓴 중국 병음 문자에 관한 논문은 이미 그것을 위한 준비였던 셈이다.[59] 1915년 8월, 자오위안런의 논제와 상응하여 후스가 영문 논문인 「어떻게 하면 우리나라의 문언문을 가르치기 쉽게 만들까」라는 글을 썼다. 그 주요 내용은 한문과 교육 보급의 관계에 관한 논의였다. 그의 주요 견해는, 당시의 조건하에서 문언은 폐지될 수 없으므로 한문 문제의 중심은 "한문이 과연 교육하기에 이로운 도구가 될 수 있는가?"라는 점이라는 것이었다. 그의 답은 한문이 보급되기 쉽지 않은 이유는 그 원인이 한문에 있는 것이 아니라 '그것을 교육하는 기술'이 좋지 않기 때문이라는 것이다. 그가 보기에 한문은 '반쯤 죽은 문자'로, (백화나 영어, 불어 등과 같이) 살아 있는 문자를 가르치는 방법으로 가르치면 안 된다. 살아 있는 문자를 가르치는 방법은 '낭송'의 방법을 많이 사용해야 하지만, 죽은 문자를 가르치는 방법은 오히려 번역의 방법을 사용할 수밖에 없다. 그는 중국어는 시각적인 문자이며 서양 언어는 청각적인 문자라고 여겼다. 알파벳 문자는 소리를 전할 수는 있지만 뜻을 드러낼 수 없다. 상형·회의 문자는 뜻을 나타낼 수 있으나 소리는 전할 수가 없다. "지금의 한문은 이미 상형·회의·지사의 장점을 잃었으며, 가르치는 자들도 더 이상 설문학說文學 (한자의 구조, 조직, 의미 등을 연구하는 학문 — 역자)을 알지 못한다. 그 결과 마침내 우리나라 문자는 소리를 전할 수도 없고 뜻을 나타낼 수도 없게 되었다." 그는 문법을 열심히 공부할 것(그는 분명 『마씨문통』馬氏文通의 영향을 깊이 받았다)과 "규정 부호를 채택하여 문법을 명료하고 이해하기 쉽게 하고, 의미를 바꾸지 않게 확정해야 한다"라고 주장했다.[60] 그때 후스는 알파벳 병음의 중국 문자를 반대하지 않았지만, 백화가 문언을 완전히 대체할 수 있다고까지는 생각하지 않았다. 그래서 단지 문언의 교수 방법을 개량할 것만을 제기했다. 후스와 자오위안런의 논의 주제는 대체로 중국어 근대화 혹은 과학화에 있어서 가장 기본적인 몇 가지 부분들, 즉 병음화, 부호화, 문법의 수립 등을 제시한 것이다.

중국 문자에 관한 토론에서 처음에 언급된 것은 일상 언어의 문제였다. 그러나 1915년 여름, 후스와 런훙쥔, 양취안, 탕웨唐鉞, 메이광디梅光迪 등의 논쟁은 이 문제를 중국 문학의 문제로까지 확장시켰다. 즉 문학 혁명의 문제는 "중국 문자에서 중국 문학으로 전환"된 것이다. 이들 중에서 메이광디는 비교적 보수적이어서, 중국 고문이 반쯤 혹은 완전히 죽은 문자라는 것을 인정하지 않았다. 주목할 점은 메이광디를 제외한 다른 사람들은 모두 『과학』 잡지의 창립 멤버이고 주요 저자였다는 사실이다. 더욱 중요한 사실은 이때의 월간 『과학』은 이미 가로쓰기와 신식 표점을 사용하기 시작했다는 점이다. 이로써 후스의 견해가 전혀 근거 없는 것이 아님을 충분히 알 수 있다. 후스의 회상을 자세히 분석하면, 당시 백화 문자와 문법, 부호가 과학에 적합한가에 관한 논쟁은 제기된 적이 없음을 알 수 있다. 반대로 신식 백화가 진정한 문학 혁명을 낳을 수 있을지에 대해서는 오히려 심각한 의견 차이가 존재했다. 런훙쥔은 과학에 대해 매우 깊은 신념을 갖고 있었으나 백화가 심미적 혁명을 일으킬 수 있으리라고는 믿지 않았다. 그는 "오늘날 문학을 혁명함에, 노래를 지어 후스 그대에게 보낸다"는 풍유로 후스의 문학 언어 실험에 대해 불신을 표했다.[61] 1916년, 후스의 친구들 사이에서 '산문 쓰듯 시 쓰기'(作詩如作文)에 관해 열띤 논쟁이 벌어졌다. 이것은 신문화운동의 전주이기도 했다. 이른바 '산문 쓰듯 시 쓰기'의 핵심은 (구어화를 지향하고, 소리를 중심으로 하는) 일상 언어가 (서면어, 의미를 중심으로 하는) 문학 언어가 될 수 있는가 하는 것이었다. 표면적으로 봐서는 과학 언어와는 무관한 것 같지만, 이런 종류의 언어와 과학 언어의 내적 연관성이 분명 이미 전제되어 있다.

이 문제는 황준헌의 "내 손이 나의 입을 써 내려가니, 옛것이 어찌 구속할 수 있으랴"(我手寫吾口, 古豈能拘牽. 「잡감」雜感)를 참조하여 이해할 수 있다. 황준헌의 "나의 입"은 옛 시 격률의 구속을 겨냥해서 한 말이며, 그가 문체상에서 "백화를 높이고 문언을 폐지할 것"을 주장한 것이나, 그것을 "지금에 적용하고 세속에 통용되게" 하여, "천하의 농·공·상민, 부녀자, 어린이 들이 모두 문자의 쓰임에 통달할 수 있게 하고자 한다"라는 주장과 직접적으로 관련이 있다.[62] '백화' 혹은 '나의 입'은 '문언'과 상대되는 서면어이지, 지방의 구어口語를 특징으로 하는 구어가 아니다. 바꿔 말하면, '백화' 혹은 '구어'는 여전히 일종의 표준적인 통용 서면어이지 진정한 구어는 아니었다. 중국은 표준이 되는 구어가 없으므로 구어는 곧 방언이었다. 비록 근대 문학의 초기 실험 속에서 류반눙劉半農과 류다바이劉大白의 시기詩歌처럼 방언을 사용한 예도 적지 않지만, 기본적인 방향은 새로 통일된 '국어'를 창조하는 것이었다. 병음화, 부호화, 문법 문제가 바로 표준 국어 창조의 기본 경로였다.

따라서 국어 문제는 언어의 과학화 문제와 역사적인 관련이 있으며, 그 출발점은 표준 서면어의 개조였다. 다른 측면에서 보면, 이 논쟁은 문언과 백화의 논쟁일 뿐 아니라 과학 언어가 문학 창작, 특히 시가의 창작에 적용될 수 있을까 하는 문제였다. 그러나 당시에 문제는 결코 이렇게 제기되지 않았다. 반대로 '5·4' 신문화운동의 주류는 이미 보편적으로 적용된 과학 관념을 문학과 다른 인문 영역의 변혁에 합법성을 제공하는 증거로 삼았다. 1916년 2월 메이광디와의 서신 왕래 중에, 특히 그해 6~7월에 런수융任叔永, 양취안, 탕웨 등과의 토론에서, 후스의 백화 문학 주장은 그가 후에 반복해서 언급한 견해 외에도, 백화는 "문언의 진화"라는 문제도 언급하였는데, 전체 4가지 논거 가운데 첫 번째와 두 번째 논거는 각각 "단음單音이 진화하여 복합음이 된다", "부자연스러운 문법이 진화하여 자연스러운 문법이 된다"였다.[63] 문언과 백화의 차이는 부자연스러운 것과 자연스러운 것의 차이로 이해되었으며, 이러한 차이는 과학 관념의 영향하에 중국 문자와 서양 문자를 비교하는 과정에서 형성된 것이다. 백화문 운동이 서양 언어의 부호 체계를 들여오기 시작했을 때, 처음으로 이러한 부호 체계를 실행하고 관련 이론을 발표한 간행물은 인문 간행물이 아니라 과학 간행물이었다. 월간『과학』의 과학 명사 심의 제정 작업에 대한 중시에서부터, 먼저 새로운 문법과 표점 부호를 주창하고 논한 것에 이르기까지 모두 과학 공동체가 일종의 새로운 언어를 창조하는 일에 착수하고 있었음을 보여 주고 있다. 당시의 언어 환경 속에서 이러한 새로운 언어란 곧 과학의 언어였다. 후스 등의 토론에서 보면, 이러한 과학 언어는 또한 당연히 일상 언어와 새로운 문학 언어의 전범이어야 했다. '5·4' 신문화운동의 참여자들에게는 근대 언어, 나아가 근대 문학을 평가하는 척도는 분명히 합당성, 정확성, 진실이었다. 이것은 근대 문학 운동에서의 리얼리즘 주장이 시종 주도적인 지위를 점한 데에는 더욱 깊은 배경 조건이 있었음을 말해 준다. 즉 설령 객관적 실재의 반영을 강조하는 레닌의 리얼리즘의 '거울' 이론이 없었다 하더라도, 과학화된 언어의 내재적 요구에 따라 상세한 표준은 구축되었을 것이다.

근대 언어의 어떤 형식들은 과학 언어의 형식을 채택했는데, 그것은 다음과 같은 사실을 말해 준다. 근대 언어는 과학과 마찬가지로 마땅히 세계주의적이어야 한다. 비록 중국은 한자를 폐지하고 에스페란토어를 채택하자는 지식인들의 주장을 채택하지는 않았지만, 과학 규칙과 그 언어는 일종의 중성적 규칙과 언어로서 보편적인 것으로 승인되었고 따라서 일종의 세계주의적 언어이기도 했다. 청말 이래, 중국의 언어 변혁에는 줄곧 세계주의의 관성이 존재하고 있었다. 서양 언어를 규범으로 삼아 자기의 언어학을 세운 것에서부터(『마씨문통』), '5·4' 시기 한자를 폐지하자는 극단적 주장까지, 또 30~40년대의 라틴어화 운동과 1949년 이후의 병음화 운동에 이르기까지, 서구화 경향의 지배 하에서 형성된 중국어의 세계주의적 경향은 매우 분명한 것이었다. 한국, 일본의 근대 언어 운동과 비교했을 때, 이 특징은 특히 두드러진다. 한국과 일본 양국의 문자 운동은 우선 한자의 속박에서 벗어나는 것이었고 나아가 방언을 기초로 새로운 문자를 창조하는 것이었다. 따라서 한·일 양국의 언어 변혁은 한편으로는 민족 정체성에 자원을 제공했고, 다른 한편으로는 민족주의를 그 동력으로 삼았다. 이와 대조적으로 중국의 언어 변혁은 '세계를 향한' 문화 운동의 일부였다. 그것의 특징은 언어의 전통적 혹은 민족적 특성을 버리는 것이었으며, 일종의 보편주의적(과학적, 세계주의적) 원칙으로 서면어를 개조하려 했다. 물론 이것은 결코 중국의 근대 언어 변혁이 민족주의와 무관하다는 것을 의미하지는 않는다. 반대로 과학의 세계주의 시각 속에서 근대 언어는 동시에 일종의 민족국가의 언어로서 창조되었다. 주목할 점은 '5·4' 신문화운동은 시작부터 언어의 근대화 운동이었으며, 구어와 백화, 신식 표점은 근대 민족국가를 수립하는 '국어' 운동이자 근대 문화와 근대 문학을 형성하는 계몽운동으로 이해되었지만, 그것의 문화상의 경향은 오히려 세계주의적이고 보편주의적이었다는 점이다.

백화문 운동이 언문일치를 표방하며 표면적으로는 구어로써 서면어를 개조한 것이지만, 결국에는 서면어만 개조되었을 뿐만 아니라 근대의 구어도 그에 따라 변화되었다. 보편 규범으로 방언의 특징, 특히 방언의 어음語音을 제거하는 것을 기본 방향으로 삼았다. 따라서 근대 중국의 보편 언어의 형성 과정은 세계주의와 민족주의의 이중적 특징을 지녔다. 당시에 이 두 가지 경향은 모두 과학화 경향으로 간주되었다. 이 운동 발전의 심화와 국가의 직접 참여(백화 교과서 제정 등)로, 20세기 20년대 이후 중국의 언어—우선은 서면어—는 근본적인 변화를 겪었다. 이 사실은 중국에서 근대 일상 언어, 문학 언어, 인문 담론이 모두 과학 담론의 실천 속에서 배태되고 성숙했으며, 과학화를 변혁의 방향이자 근거로 삼았음을 의미한다. 이와 관련된 또 다른 사실은, 적어도 1923년의 '과학과 인생관' 논쟁 이전에, 중국 근대 인문학자들의 주요 작업은 현재 '문학', '철학', '역사학'이라고 불리는 '과학 작업'에 종사하는 것이었다는 점이다. 이 이중의 사실은 중국 근대 초기의 문화 맥락 속에서 과학 담론은 인문 담론의 타자가 아니라 반대로 인문 담론의 기초였음을 증명한다. 언어 형식의 변혁이라는 측면에서 보면, 중국 신문화운동과 과학담론공동체의 형성은 거의 동일한 사건이다. 과학 담론과 인문 담론의 이러한 '통약성'通約性은 1923년의 '과학과 인생관' 논쟁 이후에야 점차로 해체되며, 그것의 전주가 바로 동서문화 논쟁이었다.

인문 담론(humanistic discourse)의 형성은 서양 근대 문화의 중요한 사건 중 하나이다. 이른바 '인문 담론'이 가장 일반적인 의미에서 가리키는 것은 사회과학과 자연과학과는 상반된 인문 학과의 언어다. '인문적'(humanistic)이라는 말은 모든 민족, 모든 시대의 남자와 여자가 모종의 공통된 본질을 지니고 있음을 암시한다. 이러한 본질이 사람과 동물, 무생물을 구별한다. 이러한 구별은 인문 담론과 과학 담론의 상호 구별의 전제이다. 왜냐하면 인문 담론은 인류 주체 자신의 반성적 담론으로 이해되기 때문이다. 인문 담론과 과학 담론의 이러한 근대 분화의 이론적인 논증은 칸트의 '순수이성'과 '실천이성'의 통약 불가능 관련 정의로까지 거슬러 올라갈 수 있다. 물론, '인문적'이란 말은 유럽의 언어 환경에서는 또 비종교 혹은 반종교적 의미와 관련이 있다.

과학적인 것과 인문적인 것의 구별은 종교 쇠락의 결과 중 하나였고, 베버가 말한 서양 문화 이성화의 결과라고 할 수 있다. 하버마스Jürgen Habermas는 일찍이 근대적 지식의 산물을 지식과 도덕, 심미 등의 영역의 합리적 분화라고 해석했으며, 이러한 구분은 분명 칸트가 그의 3대 비판에서 쓴 순수이성, 실천이성, 판단력의 구분과 관계가 있다. 그중 가장 중요한 것은 근대성의 지식 체계가 현상적 지식, 도덕적 지식, 심미적 지식으로 구분되며, 각각의 원리가 근본적으로 차이를 갖는다는 점이다. 과학 인식은 현상계만을 해석할 수 있지 도덕이나 심미의 문제를 해결할 수 없다. 그것은 실천이성과 판단력의 영역이다. 인문 담론과 과학 담론의 구별은 순수이성과 실천이성의 구별에서 생겨난다.

자각적 언어 창조의 과정으로서 중국 근대 언어의 창조자들은 과학 담론을 원본으로 새로운 인문 담론을 창조하고자 했으며, 과학 담론의 문법으로 인문 담론의 내재적 언어 구조를 세우려고 애썼다. 근대 인문 담론은 물론 그것의 전통적 언어 기반이 있지만, 그것은 확실히 근대 언어의 규범에 따라 새롭게 창조한 결과이기도 했다. 더욱 중요한 것은 중국 근대 문화의 특징은 문화 충돌의 과정으로 묘사될 수 있는데, 이 과정에서 지식 문제를 포함한 각종 문제가 모두 더 기본적인 문명 충돌 혹은 문화 충돌의 틀로 조직되어 전개됐다는 점이다. 이 문명 문제 혹은 문화 문제의 핵심은 바로 과학 문제였다. 그것은 근대 문명/서양 문명이 과학문명으로 이해됐기 때문이었다. 근대성 문제와 문명 충돌 문제가 내적 연관을 맺고 있기 때문에, 바로 과학과 그 세계관이 이처럼 중요해지는 것이다. 그것은 근대 문명의 특질로 지적된다. 도덕과 예술은 독립된 영역으로서, 유럽 사회와 같이 옛 종교 세계관에서 분화되어 나온 것이 아니라 과학 실천과 그 담론에서 점차로 분화되어 나온 것이었다. 그러나 이 과정은 이미 중국 근대 지식 체계의 내부 분화였다.

이제 논의가 필요한 것은 중국의 근대 문화 운동에서 과학담론공동체가 어떤 논리에 근거하여 현상 지식, 도덕 지식, 심미 지식을 일종의 과학 지식으로 통합했느냐는 것이다. 이런 문제 제기는 이해의 편리를 위한 것일 뿐 실제의 문제는 상반된 것이다. 당시의 과학자들에게 과학 지식 내부에는 이른바 분화의 문제가 나타난 적이 없었고, 문학, 도덕, 역사, 철학은 단지 과학의 유기적인 부분일 뿐이었다. 그러므로 진정한 문제는 과학 지식이 언제 그리고 어떤 조건하에서 자연과학, 사회과학, 인문과학의 지식으로 분화되었는가 하는 것이다. 이 문제로부터 출발해야만 우리는 과학, 도덕, 예술, 이 세 영역의 분화를 논의할수가 있다(이러한 분화는 발생했는가? 상관관계는 어떠한가?). 중국의 근대성 담론의 형성 과정에서 왜 전통 세계관에 대한 반발이 직접적으로 지식 문제, 도덕 문제, 심미 문제의 이성 분화로 표현되지 않았는가? 이런 역사의 전제하에서 지식 문제의 도덕적 측면과 심미적 측면은 어떻게 전개되었나? 이 문제에 대한 대답은 동시에 내가 이 절의 첫머리에서 제기한 문제, 왜 중국 과학자들은 다음과 같은 신념, 즉 사회 일상 언어와 무관한 그들의 과학 언어가 사회의 일상 문제를 해결할 수 있다는 신념, 사회 일상생활과 무관한 그들의 작업 방식이 사회에 대해 모범적 역할을 한다는 신념을 갖게 되었는가에 대한 대답이기도 하다.

상술한 문제를 규명하기 위해서, 중국과학사와 그 기관의 간행물이 드러낸 과학관에 대해서 체계적으로 정리해 보겠다.

후밍푸와 실증주의 과학관

1. 실증주의의 틀 속에서 실증주의에 대해 의심하기

중국과학사의 회원은 대부분 해외에서 체계적인 과학 훈련을 받았다. 그들의 지식적 준비와 논리의 체계성은 『아천잡지』, 『과학세계』와 『과학일반』 등의 간행물보다 훨씬 뛰어났다. 이들 신세대 과학자들은 이미 과학 인식의 내부에서 도덕, 정치, 심미에 대한 의견을 펼치기 시작했다. 그러나 더 이상 단순히 정치, 문명, 시대 등의 외재적 요소를 가지고 과학에 합법적 설명을 제공하려 하지는 않았다. 중국과학사 동인들은 과학적 관념, 과학적 지식 분류, 과학적 우주관, 과학적 인생관 등의 문제들에 대해 장기적이고 비교적 체계적인 분석과 토론을 했고, 최종적으로 자연 일원론의 기초 위에서 비교적 완전한 지식의 분류 계보를 제공했다. 내가 보기에, '5·4' 신문화운동의 지식상의 기반은 이 지식의 계보에 근거하고 있다. 과학/정치, 과학/문명, 과학/공리 등의 수사 방식은 전혀 사라지지 않았지만, 과학은 자연에 대한 연구의 일부로서 반드시 정치, 문명, 공리 및 관련 논리를 내부에 포함해야 한다는 새로운 서술 형식을 획득했다.

이 시기의 보편적 사조와 마찬가지로, 중국과학사 동인의 과학관은 분명 근대 실증주의 과학관의 영향을 받은 것이었다. 이 과학관은 '진리를 구하여 실제에 응용함'(求眞致用)[64]을 가장 기본으로 삼는다. 이런 까닭에 많은 사상사가가 '과학주의'라는 개념으로 그들의 과학 개념과 운용을 기술하고 있으며, 그들은 포퍼Popper와 하이에크Hayek의 이론을 빌려 중국 근대 사상에서의 이른바 '과학주의'와 실증주의를 비판한다. '과학주의'라는 개념은 사전에 과학과 사회의 본질적인 구별을 설정하고 있으며, 근대 사회의 많은 위기가 일종의 방법론의 오용에서 발생한 것이라고 생각했다. 즉 실증주의의 과학 방법이 잘못해서 대상을 자연에서 인류 사회 자체로 전환했다는 것이다. 그러나 과학주의는 단순한 사상 방법의 문제가 아니라 역사적 관계이자 역사의 과정이며, 이 과정에서 과학은 공업, 기술, 군사 등 과학의 운용 과정과 관련 있다는 것을 발견했을 뿐만 아니라 사회와 국가를 조직하는 기본 방식으로 간주되었다. 실증주의의 인식 방법은 이 과정의 산물이지, 그 역이 아니다. 과학기술의 인류 사회에의 침투와 재구성은 조직적인 연구와 생산과정과 더불어 발전해 온 것이므로, 과학 방법과 기술 수단의 인류 생활에서의 운용은 처음부터 단순한 방법론적 착오의 산물이 아니었다. 중국과학사의 조직과 언어 실천, 그리고 근대 중국의 국가 건설과 사회 조직에 대한 중국과학사의 의의는 이 과정의 광범위함을 재차 증명했다. 다시 말해서 과학 방법을 사회 실천과 지식 영역에서 운용하는 것은 근대 경제 체계와 민족국가 건설의 기본 요구였고, 그것의 핵심 논리는 과학의 발견, 과학의 공업에 대한 촉진, 과학의 근대화에 대한 의의가 그것들과 상응하는 정치, 사회, 문화 체계에 달려 있다는 것이다. 한 사회가 근대화의 경쟁 궤도 속에 진입할 때, 과학의 양식에 따라 국가와 사회, 윤리, 문화, 언어를 재구성하는 것이 근대화 과정의 구체적인 아젠다가 된다. 따라서 사람들이 중국 과학자의 과학관과 그 안에 내포된 과학주의를 비판할 때는 이러한 이론과 이 진행 과정의 관계를 고려할 필요가 있다. 사실 중국 과학 공동체 내부에는 실증주의 과학관에 대한 회의적인 태도도 존재하고 있었으며, 그들은 과학 영역과 사회 영역 사이에 경계를 선명히 그으려고 애썼다. 그러나 방법론상의 자각이든 지식 영역상의 경계 나누기이든 모두 과학 단체와 문화 단체가 자유롭게 과학 문제를 사회 정치 문제로 확대하는 것을 방해하지 않았다. 따라서 중요한 문제는 오히려 왜 실증주의에 대한 비판과 '두 문화'에 대한 구분 자체가 과학의 경계를 넘나드는 여행의 기본 전제가 되었는가 하는 점이다.

과학적 우주관, 과학적 정신과 과학적 방법 등의 측면에서 이 문제를 탐구해 보자. 월간 『과학』의 제1권 제1기에는 런훙쥔의 「중국에 과학이 없는 원인을 논함」이라는 글이 실렸다. 저자는 글에서 중국의 진한秦漢 시대 이래의 문화가 마땅히 그러함(當然)을 중요시하고 그렇게 되는 까닭(所以然)을 소홀히 했으며, 방법적 측면에서 "공허에 힘을 쏟고 실제를 피해"서 과학 연구 방법이 출현하지 않았다고 비판했다. 중국 문화에 대한 이러한 공허하지만 유행했던 비판은 그의 과학 관념을 바탕으로 수립된 것이었다.

> 과학은 지식 가운데 체계성을 갖춘 것에 대한 큰 이름이다. 광의로 말하면 지식의 분류 배열은 유에 따라 서로 묶고 정연하게 오로지 하나의 사물만을 연구하는 것을 모두 과학이라 할 수 있다. 협의로는 지식이 어떤 현상에 관해 그 추리는 실험을 중시하고, 사물을 관찰하는 것은 조리가 있으며, 또한 관련된 것을 분별하여 그것의 예를 추출해 제시할 수 있는 것이 과학이다.[65]

이러한 과학 개념에서 출발하여 그는 동시대의 많은 사람들과 마찬가지로 과학을 방법으로, 특히 귀납적 방법으로 귀결시킨다. 런훙쥔의 말을 빌리자면 "귀납법은 실험적"이고, "귀납법은 진보적이다." 귀납법의 합리성은 실험과 진보라는 이중적 기준에서 기원하며, 실험과 진보는 또 근대 문화의 가치 기준이기도 하다. 이 점으로부터 추론하면, 지식의 체계성 문제는 결코 귀납법이 다른 방법들보다 우월한 진정한 근거가 아니다. 왜냐하면 귀납적 방법이 체계적 지식을 낳기는 하지만, "공상을 펼쳐, 깊이 생각하고, 심오한 것을 깨닫는"[66] 전통 또한 체계적인 지식을 낳지 않았는가? 왜 전자의 지식이 더 진실하거나 정확한가? 여기에는 일련의 가치 판단 문제가 결부되며, 과학 철학에서 오랫동안 토론된 문제와도 관련된다. 즉 과학적 지식 및 이론과 다른 지식 및 이론 사이의 경계는 무엇인가? 귀납법의 우월성은 어떤 전제 위에 세워지는가? 그리고 '체계'와 '지식'의 개념을 어떻게 정의할까 등등.

런훙쥔은 한편으로는 과학이 실험과 추리를 통해 얻어진 정확한 지식이라고 간주하여 과학이 가져온 물질적 진보를 찬양하지만, 다른 한편으로는 과학을 '사물의 이치를 탐구하는'(窮理) 학문으로 여기고 과학의 목적이 공리를 초월한 것임을 강조했다.

> 과학의 근본 또한 형이상학과 근원을 같이한다. …이 이성파의
> 주장은 지금의 현학 혹은 형이상학을 이루었다(현학도 철학의
> 일부분이다). 실험파의 주장은 지금의 과학을 이루었다. 저 둘
> 은 …비록 형상은 다르지만 한 아버지에서 나왔다.[67]

런훙쥔은 '정확한 지식'과 형이상학의 관계에 대해 좀 더 깊은 논의를 하지 않았지만, 실증주의 과학관의 유행이라는 맥락 속에서 그가 강조한 것은 실증, 실험의 과학 방법이었고, 물질과 정신 등의 방면에서의 과학의 실질적인 효과였다. 내가 주목하는 것은 만약 귀납을 과학 지식 방법론의 기초로 삼는다면, 근대 중국의 문맥 속에서 이러한 귀납적 인식론 원칙이 스스로 상정한 인식 대상은 무엇인가 하는 점이다. 이미 귀납이 상상 혹은 추리 등의 인식 원칙과 구별되는 일종의 과학 방법으로 간주되었다면, 이 두 종류의 서로 다른 방법은 어떻게 각자 다른 인식 대상을 가정했을까? 이 두 가지 문제를 역사적 방법으로 표현하면 다음과 같다. 과학담론공동체가 과학을 일종의 진정한 지식으로 삼았을 때, 그것은 이미 지식의 대상, 즉 우주의 본질을 전제로

하고 있는 것이다.

문화 변천의 측면에서 보면, 과학 개념 제기의 진정한 함의는 우주의 본질을 새로 확인한 것이다. 여기에 존재하는 것은 과학자의 관심의 문제만이 아니라 사상을 가진 모든 사람이 흥미를 느낄 문제이다. 칼 포퍼가 말한 것처럼, "이것은 우주학의 문제이다. 이 세계를 이해하는 문제는 이 세계의 일부분인 우리 자신, 우리의 지식을 이해하는 문제를 포함한다."[68] 과학 전체는 그것의 형이상학적 부분을 포함하고, 또 과학자들이 이해하는 과학 방법을 포함한다. 과학과 비과학의 경계 문제는 철학과 마찬가지로 우주학에 대한 이해와 관련된다. 다시 말해서, 과학/전통의 이원론 속에서 귀납법의 의의를 논하자면, 핵심적인 문제는 과학적 우주관으로 전통적 우주관을 대체하는 것이다. 우주관의 변화는 반드시 일련의 가치관의 변화와 관련되는데, 왜냐하면 우주관의 변화에 따라 인간과 세계의 관계가 변하고, 인간은 세계 속에서의 자신의 위치를 새로 정립하지 않을 수 없으며, 자신의 위치를 새로 정립하는 과정은 또한 새롭게 판단하는 일련의 과정과 관련되기 때문이다. 문제는 귀납법을 중시하느냐 중시하지 않느냐에 있을 뿐만 아니라 어떻게 귀납법을 이해하는가에도 있다. 즉, 귀납법은 과학이 만들어 낼 수 있는 원칙인가 아니면 일종의 (귀납법으로 검증할 수 없는) 선험 원리의 전제 위에 세워진 방법인가? 과학의 결과(귀납적 방법을 써서 얻은 결과)가 자명하게 하나의 우주관을 낳는가 아니면 과학도 우주관의 지지를 필요로 하는가? 귀납과 실증의 관념이 유행하는 정황 속에서 과학과 우주관의 관계는 종종 생산하는 것과 생산되는 것의 관계로 이해되곤 했다. 1923년 '과학과 인생관' 논쟁은 과학의 결과가 정확한 인생관을 낳을 수 있는지에 집중되어 있었지만, (종종 인생관의 과학적 기초로 여겨지곤 했던) 과학적 우주관은 대체 일종의 가설인지 아니면 과학 실험의 객관적 결과인지는 여전히 해결되지 않은 채로 남아 있었다. 결국 이러한 문제들에 결부되는 것은 근대 중국의 과학 사상의 세속화 운동이 일종의 과학 운동인가 아니면 일종의 형이상학 운동인가 하는 것이다. 형이상학이란 단어는 여기에서 부정적인 의미가 아니다. 만약 이 운동을 추진한 과학자가 이 운동의 형이상학적 전제를 분명하게 알고 있었다면, 그들과 실증주의의 관계는 표면적으로 보이는 것처럼 그렇게 단순하지는 않을 것이다.

일찍이 1915년에 후밍푸는 이미 '과학적 우주관'이 과학 지식의 성립에 대해 갖는 결정적 의의를 진지하게 사고했다. 「근세 과학의 우주관」(近世科學的宇宙觀)이라는 글에서 후밍푸는 과학적 우주관의 기본 특징을 규정할 때 다음과 같이 말했다. 과학적 우주관은 과학의 산물인 동시에 "과학 발달의 필수적인 동인動因"이다.

> 과학의 관점에서 우주를 관찰하는 것은 상술한 세 가지 특성을 지닌다. 그러나 상술한 세 가지 특성은 또한 과학 발달의 필수 원인이다. 상술한 세 가지 특성이 없다면 과학도 없다. 그러므로 과학이 있고자 하면, 과학 자체의 가능성을 먼저 가정하는 것을 출발점으로 삼지 않을 수 없다. 즉 우주의 이 세 가지 특성을 우선 가정하지 않을 수 없다. 먼저 과학적 우주관이 있은 후에 과학이 있고, 과학이 있은 후에 과학적 우주가 진정 가치를 지니게 된다. 과학적 우주관은 과학의 결과이자 과학의 출발점이다.

후밍푸가 말한 과학의 전제를 구성하는 '세 가지 특성'은 우주 사물의 세 가지 특징을 말한다. 1. 사물의 상호 관계는 임시적이지도 예외적이지도 않고 불변적이면서 공공적이다. 관계가 없으면 사물도 없다. 따라서 우주는 여러 가지 관계들의 총칭이다. 2. 우주의 사물은 통례를 엄수한다. 이것은 우주가 하나의 체계로서 불변의 보편 법칙이 있기 때문이다. 모든 사물은 이 체계의 일부분이고 사물의 관계는 모두 이 체계의 보편 법칙의 한 예이며, 사물은 모두 그 원인과 결과가 서로 연결되어 있다. 따라서 그 보편 법칙을 알면 미래의 사물을 미루어 알 수 있다. 3. 우주의 조직에는 질서가 있다. 큰 체계는 각각의 작은 체계를 거느리며, 비교적 작은 체계들 또한 각기 자신의 보편 법칙이 있다. 물질계는 우주 속의 한 체계이며 생물계도 우주 속의 한 체계일 뿐만 아니라 사상계 또한 우주 속의 한 체계이므로, 사상과 그것의 상호 영향 또한 마찬가지로 우주의 기본 규칙을 준수한다.[69]

상술한 견해의 중요성은, 중국 근대 과학의 세계관이 세계를 인식하는 두 가지의 근본적으로 다르며 서로 용납될 수 없는 방법을 포함하고 있다는 데 있다. 그러나 이러한 방법상에 내재한 모순이 하나의 세계관 속에 병존했으며, 이러한 병존의 방식으로써 하나의 통일된 것 같은 세계관을 구축했다. 이러한 과학 세계관에 내재한 모순이 첨예한 충돌로 표현되지 않은 것은, 이 두 측면 모두가 상대방을 대립 측으로 여기지 않고 둘이 함께 전통적 세계관의 어떤 부분을 대립 측으로 여겼기 때문이다.[70] 한편으로 후밍푸는 완전히 실증주의적인 과학 개념에 따라 우주의 규칙을 규정했지만, 다른 한편에서 그는 이러한 실증주의적인 과학 정리를 과학의 성립을 위해 가설적 전제(즉 검증을 거치지 않은 전제)로 해석했으며, 나아가 과학은 자명한 존재가 아니라 일종의 우주관(신앙)을 그 가설의 기점으로 삼는다고 명확히 지적했다. 만약 과학이 신앙을 출발점으로 삼는다면, 그 기원에서 그것은 실증할 방법이 없다. 이 점에서, 후밍푸의 과학적 우주관은 실증주의 과학 개념에 대한 중요한 수정이다. 특히 중요한 것은, 그는 과학의 결과가 또한 과학의 기점임을 발견했다는 점이다. 즉 귀납, 실증, 실험의 원칙에 따라 얻어 낸 구체적인 과학의 결과는 하나의 가설적 전제를 지니며, 따라서 순수한 객관적 진리라고 볼 수 없다. 여기에는 일종의 해석학적 순환이 존재하고 있다. 이러한 의미에서 후밍푸의 경험과학과 그 규칙에 대한 강조는 결코 형이상학에 반하는 것이 아니라, 반대로 그의 과학적 우주관에 대한 논술은 실증과 귀납을 방법론적 특징으로 삼는 경험과학과 형이상학 사이에 엄격한 경계가 없다는 것을 드러낸다. 만약 대다수의 중국 근대 지식인이 실증주의 과학관을 근거로 중국 전통 사상 방법, 특히 이른바 "공상을 펼치는" 형이상학적 방법을 비판했던 것을 고려한다면, 후밍푸의 상술한 관점은 분명 이채롭다.

2. 형이상학적 전제와 실증주의 과학관에 대한 확증

앞의 논증에 근거하면, 후밍푸의 소박한 관찰은 칼 포퍼가 1934년에 출판한 『과학적 발견의 논리』와 그 후의 『추측과 논박』 등 일련의 중요 저작에서 보여 준 자연과학적 인식론에 대한 검토와 매우 유사하다.[71] 그러나 이러한 이론상의 유사성이 그들의 사회 판단도 유사했음을 의미하지는 않는다. 반대로 유사한 이론의 전제하에서 그들은 서로 다른 사회적, 정치적 경향을 도출해 냈다. 그들의 경향이 왜 이렇게 달랐는지에 대해서는 또 다른 사회 문화적 맥락 속에서 분석할 필요가 있다. 포퍼의 출발점은 귀납 문제와 구획 문제이다. 이른바 귀납 문제란 귀납적 추리가 증명될 수 있는지, 혹은 어떤 조건하에서 증명할 수 있는 문제인지 하는 것이다. 간단히 말해서, 포퍼가 관심을 가졌던 문제는 귀납의 기초 위에 세워진 보편 언명이 진실인가 하는 것이다. 예를 들어, 경험과학의 가설과 그 이론 체계는 귀납적 추리에 따라 증명될 수 있는가 하는 문제였다.[72] 포퍼의 귀납 논리에 대한 비판은 곧바로 구획 문제로 연결된다. 그는 귀납 논리를 버리는 주된 이유는 바로 그것이 이론 체계에 경험적이고 비형이상학적인 성격의 적절한 식별 표지를 제공하지 않기 때문이라고 분명히 밝히고 있다. 바꿔 말하면, 그것이 적절한 '구획의 기준'을 제공하지 않는다는 것이다.[73] 근대 실증주의자들은 그들이 반드시 경험과학과 형이상학 사이에서 사물의 본성에 존재한다고 할 수 있는 차이를 발견해야 하며, 나아가서 귀납 논리로 형이상학과 종교 언명이 모두 터무니없는 말임을 증명해야 한다고 여겼다. 그래서 실증주의자들이 진정으로 완성하고자 한 것은 성공적인 구획이라기보다는 형이상학을 최종적으로 전복시키고 소멸시키는 것이었다. 그러나 귀납주의자들은 과학적 체계와 형이상학적 체계 사이에 경계선을 그을 수 없었기 때문에, 이 둘에게 동등한 지위를 부여해야 했다. 실증주의는 형이상학을 경험과학으로부터 뿌리 뽑지 못하고 오히려 형이상학이 과학의 영역에 침입해 들어오게 했다.[74] 이 논리에 따라, 포퍼는 구획의 기준으로 삼아야 하는 것은 검증 가능성이 아니라 반증 가능성(可證僞性: 국내 번역서에는 허위화 가능성으로 번역되어 있다—역자)이라고 지적한다. 또한 반증법(證僞法)은 어떠한 귀납적 추리도 전제로 하지 않고, 그 정확성이 논쟁의 여지가 없는 연역적 논리학의 동어반복적 변형 조작들만을 전제한다고 한다.[75] 매우 분명한 것은 포퍼의 반증 관념의 전제는, 만약 과학이 형이상학적인 전제를 갖는다면 검증의 방식을 통해 어떤 과학적 결론이 '진리'인지를 증명할 수 없다는 것이다. '진리'(검증 가능성)와 형이상학은 대립된다.

내가 여기에서 후밍푸와 포퍼의 과학관을 서로 비교하는 것은 절대로 포퍼를 통해 후밍푸의 관점의 정확성이나 오류를 증명하기 위해서가 아니다. 내가 지적하려는 문제는 중국 근대 과학 사상이 많은 사람들이 상상하는 것과 같이 완전히 실증주의적인 것이 아니었고, 과학 사상의 전통 형이상학에 대한 비판도 논리상에서 과학과 형이상학의 경계를 증명하지 않았다는 점이다. 그러나 과학에 대한 형이상학적 전제에 긍정적인 판단을 내린 후에 후밍푸는 오히려 포퍼와는 상반된 방향으로 그의 과학관을 발전시켰다. 우선 인지적 측면에서, 후밍푸는 '진리'가 형이상학과 완전히 대립적인 것이라고 여기지 않았다. (과학적 우주관과 같은) 진리의 형이상학과 (전통적 우주관 같은) 거짓 형이상학의 구별이 존재하고 있기 때문에, '진리' 자체는 가치 판단의 영역에 속하지, 사실의 영역이 아니라는 것이다. 다음으로, 사회 문화적 측면에서, 그의 과학에 대한 형이상학적 가설, 바로 실증주의 과학관과 같은 가설은 전통적 세계관을 폄하하고 배척할 가장 유력한 전제를 제공했을 뿐 아니라, 과학 인식과 사회·국가 및 기타 생활 영역의 관계에 대한 견해로 발전해 나아갔다. 따라서 우리가 분석해야 할 것은 유사한 전제 아래에서 왜 후밍푸와 포퍼는 완전히 다른 방향으로 사상을 발전시켰는가 하는 문제이다.

후밍푸는 한편으로는 과학이 형이상학적 전제를 지니고 있음을 인정하면서, 다른 한편으로는 과학적 우주관이 정확한 우주관으로서 신사회의 건설과 일상생활 영역의 계획에 도움이 된다고 생각했다. 이는 포퍼의 과학 사상이 정치 영역에서 취한 태도와 완전히 상반된다. 포퍼의 과학적 인식 원칙으로서의 귀납에 대한 회의는 '오류 가능론'(易錯論)으로 발전한다. 설령 최고의 성취에서라 해도 원칙상 인간의 이성은 잘못을 범할 수 있고, 인식은 부단히 진보하지만 의심할 수 없고 수정할 수 없는 진리는 결코 존재하지 않는다는 것이다. 포퍼의 이러한 과학 이론은 그의 정치철학, 사회철학에서 기본 원칙을 이룬다. 이 점에서 토마스 쿤Thomas S. Kuhn의 말이 맞다. 그가 제공한 것은 과학적 경계 기준과 검증 원칙만이 아니라 일종의 이데올로기와 행동 준칙이었던 것이다.[76] 만약 과학 영역의 결론을 사회 영역에 적용하는 것을 과학주의라고 한다면, 포퍼야말로 과학주의자다.[77] 포퍼에 대해서 말하자면, 그가 과학에서 유효한 것이 정치에서도 유효한 것이라고 의심 없이 확실하게 믿을 때, 그가 원칙적으로 사회과학과 자연과학, 그리고 인문학과 방법의 구별을 거부할 때, 그는 분명 과학주의자다.[78] 토마스 쿤이 정상 과학과 비정상 과학의 구별에서 출발하여 지적한 것처럼, 포퍼가 "제공한 것은 일종의 이데올로기이지 논리가 아니다. 그가 제공한 것은 행동의 준칙이지 방법론적 규칙이 아니다."[79] 내가 보기에, 과학주의는 일종의 단순한 사상 방법일 뿐 아니라 사회의 구조 법칙이기도 하다. 즉 자연에 대한 정복 그 자체는 사회에 대한 통제와 계획을 필연적으로 포함하고 있으므로, 사회의 내부 통제는 지금까지 자연을 정복하는 기술 조건 및 사회 조건의 발전과 밀접한 관련이 있었다. 이런 의미에서, 자연과 사회에 대한 구분은 바로 자연 정복 활동의 사회적 성질을 은폐해 버렸다. 따라서 이론상으로 과학 방법의 한계를 이해했다고 해도 반드시 과학 방법의 운용 범위를 자연 방면에 한정하는 것이 보장되는 것은 아니다. 반대로 자연과학의 방법을 사회 영역에서 운용하는 것이 반드시 직접적으로 사회 통제의 사상을 야기하는 것도 아니다. 포퍼는 후자의 예증이고, 후밍푸는 전자를 설명하고 있다.

후밍푸는 과학 방법이 형이상학의 가설 위에 수립된다는 것을 확인함으로써 실제로 과학 영역과 다른 일상생활 영역에 분명한 경계가 없음을 증명하였다. 만약 과학이 올바른 신앙의 일종이라면, 사람들의 일상생활에 대한 과학의 영향은 의심할 나위 없는 것일 것이다. 우리가 따져 봐야 하는 문제는 그가 어떻게, 혹은 어떤 방식으로 자연에 대한 인식과 사회, 국가 관념을 상호 연관시키는가 하는 것이다. 이 문제를 몇 가지 측면에서 전개할 필요가 있다. 우선, 과학의 형이상학적 전제를 긍정한 후에 후밍푸는 포퍼처럼 귀납 원칙에 대해 비판하지 않았으며, 반대로 귀납 원칙을 여전히 과학의 본질로 여겼다. 「과학 방법론 1. 과학 방법과 정신의 대략과 그 실용」이라는 글에서, 그는 과학의 본질을 과학의 방법에 귀결시켰다. 이러한 과학적 방법은 비록 귀납과 연역 두 방식을 모두 포함하지만, "내가 특별히 중시하는 것은 그 귀납의 특성이다. 이 특성이 없으면 과학은 이미 그것의 과학됨을 상실하게 된다."[80] 다른 한편, 후밍푸는 이러한 귀납적 과학 방법이 실제로는 일종의 '정신'이며, 방법과 정신 사이에는 아무런 중간 경계나 구별이 없다고 생각했다. 그것은 과학 지식이 인류 도덕, 사상, 문화 등의 비과학의 영역에 중대한 영향을 끼치기 때문이다.

> 따라서 과학의 방법과 정신 두 가지는 함께 논할 수밖에 없다. 정신은 방법의 골수이며, 방법은 곧 정신의 외형이다. 그러므로 과학의 정신은 곧 과학 방법의 정신이다.[81]

형이상학의 영역인 정신이 어째서 실증적 과학 방법과 합일을 이루는가? 이는 문제의 두 번째 측면, 즉 어떻게 귀납 원칙을 이해할 것인가와 관련된다. 정신과 방법에 대한 이해에 기초하여, 후밍푸는 귀납적 과학 방법을 '진리 추구'의 정신과 동일시했다. 이러한 '진리 추구'

의 정신은 "미신과 맹종을 배척함"에 있어서 중요한 비판적 역할을 할 뿐 아니라 결과적으로 과학의 발전을 수반할 수 있으며, "풍속 도덕과 종교"를 더욱 순수하게 하여 '실제 그대로의 참다운 경지'에 도달할 수 있게 한다.[82]

그렇다면 이러한 '진리' 혹은 '참다운 경지'는 성격적으로 귀납법에 의해 실증될 수 있는 객관적 본질일까 아니면 주관적 견해일까? 만약 전자라면, 귀납 문제는 곧 증명될 수 있다. 만약 후자라면, 귀납 논리 의 진리성은 다시금 고려되어야 한다. 후밍푸는 「과학 방법론 2. 과학 의 법규」라는 글에서 이원론에 가까운 견해를 펼쳤다. '진리'는 여기에 서 '사물 변화의 통칙'으로 간주된다. 그렇다면 이러한 통칙은 "자연 의 진리" 즉 "참된 세계의 진정한 사물의 변화"인가, 아니면 "외계 사 물의 변화가 나의 뇌에 찍힌 영상"인가? 후밍푸에 의하면 외계 사물 이 사람의 뇌에 반영될 때 중개 영역은 극히 복잡하므로 과학이 발견 한 사물의 법칙은 객관적인 사물의 변화일 수 없고 틀림없이 "우리 뇌 에 있는 외물의 영상일 뿐"이다. "과학의 법규는 대개 진정한 진리가 아니고, 우리 이미지 속에서의 진정한 사물이다." 이러한 주관론적 관 점에서 출발하여 후밍푸는 '진리'를 실증을 기다리는 객관 법칙으로 간주했을 뿐 아니라 이러한 '진리' 혹은 '규율'을 인간의 주관적 창조 ("인류를 위하여 만들어 낸 것")로 이해했다. "과학의 목적은 머릿속 에 쉽게 통하는 이미지의 세계를 구성해서 그것으로써 외부 자연의 참 된 모습을 대표하고, 그와 완전히 닮기를 힘써 추구하여 그렇게 된 후 에야 멈춘다."[83] 이 추론에 따르면, 귀납법은 진리를 실증하는 방법이 아니라 진리를 구축하는 방법이다. 다시 말해서, '진리 추구'의 과학 방법이 구종교, 구도덕, 구풍속에 대해 비판을 전개한 목적은 원칙적 으로 형이상학의 신앙을 배척하는 것이 아니라, 그러한 신앙을 '정화' 하는 것이다.[84] 귀납주의적 과학 원칙의 각종 구舊관념, 구습관, 구신 앙에 대한 격렬한 비판이 드러내는 것은 사실이 아니라 언명되지 않은 입장과 태도이다. 이러한 입장과 태도는 세계관을 대체하는 역할을 하며, 사실의 진상眞相을 천명하는 중성적인 과학 도구는 아니다.

후밍푸의 상술한 관점은 모호한 방식으로 과학적 방법(귀납적 방법)이 한편으로는 인지 기능을 가지고 있으며 다른 한편으로는 의미 창조의 기능을 가지고 있음을 논증했다.

> 진리를 '안다'(知)는 것은 사물의 이치를 밝히고(인지), 시비를 드러내며(판단), 염치를 낳는다(도덕)는 것이다. '진리'를 알면 맹종하거나 역행하지 않는다. 이것은 중국이 과학을 연구해야만 하는 가장 큰 이유이다.[85]

후밍푸는 원칙적으로 사회에 관한 지식과 자연에 관한 지식이 성격적으로 구별된다는 것을 전혀 인정하지 않았다. 그는 "사회에서의 사물의 변화도 바로 자연현상이니, 어찌 과학의 방법으로 유독 사회에서의 문제를 해결할 수 없겠는가?"[86]라고 했다. 그러나 과학의 사회적 결과(부국강병, 민지民智와 민덕民德의 발육 촉진 등등)는 결코 과학의 실용성의 표지가 아니며, 반대로 과학이 따르는 것은 '순수한 지식'(純智)의 원칙이다. "과학은 실용에서 비롯되지 않고, 실용으로 끝나지도 않는다." 과학 정신으로서의 '진리 추구'는 공리를 초월한 '자연의 추세'이다.[87] 이러한 '자연의 추세'의 결과는 실용적인 것, 즉 인지상에 과학의 새로운 발견과 우주관의 대변혁을 일으키고, 일상생활에서 인간의 생활 태도, 교류 방법, 사회 행위, 도덕 사상을 변화시키며, "사회에 신사조, 신문화를 조성"하니, 물질문명의 발전은 더 말할 필요도 없다.[88]

후밍푸의 '진리 추구' 규정에는 형이상학적인 가설이 은근히 내포되어 있었다. 즉 '자연의 추세', 자연 자체에는 내재적 논리가 담겨 있는데, 이러한 논리는 인간의 주관석 실용 요구와는 무관하지만, 오히려 항상 도덕, 지혜, 심미와 물질의 발전과 조화를 보증할 수 있다.

그 유용함을 알지 못하나 평생 동안 그것을 힘써 구하는 것은, 그 사이에 대개 불가사의한 정신이 있다. …푸앵카레Jules Henri Poincaré는 "순수한 지식 중에서 지극한 아름다움은 자존적인 것이고, 절대적인 것이며, 최고의 자기애다. 과학이라는 것은 그러므로 과학자가 기꺼이 평생을 바치는 것으로, 어떤 인생의 즐거움과 이로움도 그것에 못 미친다"라고 하였다.

자연의 아름다움은 그것의 단순함(簡)과 통함(通)에 있다. …단순하면서도 통하기 때문에 지식에 적합하다. 지식에 적합하기 때문에 실용에 가장 적합하다. …논자는 절대로 오늘날의 구미 문화가 그 과학의 실용으로 말미암은 것이라고 여겨서는 안 되며, …그 주요 원칙은 그 민족이 자연의 지극한 아름다움을 사랑하는 데 달려 있으니, 자연의 지극한 아름다움을 사랑하기에 기꺼이 진리를 구하는 것이다. …방법과 정신은 본래 하나이니, 그 정신이 없이 그 방법에 능통하기를 구할 방도는 없다.[89]

따라서 후밍푸의 실증주의적 과학 원칙은 일종의 심미주의적 우주론을 전제로 한 것이다. 이러한 심미주의적 우주론은 자연이 행함이 없는 행함, 쓸모없음의 쓸모의 '추세'(勢) 혹은 논리 질서를 지녔음을 명확히 인정한다. 이러한 '자연의 추세' 때문에, 자연에 대한 심미 정감은 인지적 염원으로 바뀔 수 있었고, 이러한 인지적 염원은 또 '실용'으로 논리적 전환을 할 수 있었다. 방법과 정신이 하나라고 하는 까닭은 방법이 자연의 논리를 따랐던 것뿐이기 때문이며, 자연의 논리는 일종의 자연의 형이상학이고, 이러한 자연의 형이상학은 일단 사람들에게 파악되면 곧 방법으로 전환된다. '자연의 추세'는 한편으로 우주의 형이상학이며, 다른 한편으로 인간의 주관적 체득인데, 그것은 주체의 입장에서 보면 '자연의 추세'도 "쉽게 통하는 이미지의 세계"에 다름 아니기 때문이다.

요약하자면, 후밍푸의 '진리'에 대한 이해는 구성주의의 기초 위에 세워진 것이다. 과학 인식의 구성 과정은 임의적인 것이 아니며, 오로지 창조와 이용만을 추구하는 것도 아니며, 반드시 '자연의 추세'를 따라야 하는 것이다. 구성주의 방식과 '자연의 추세'에 순응하는 성향은 보통 이른바 실증주의적 성향과는 완전히 다르다. 이 두 가지의 기본 가설을 따르더라도, 이성을 남용하여 세계를 통제한다는 결론을 전혀 도출해 낼 수가 없다.

3. 관계로서의 진리와 선험 원리로서의 사회와 국가

후밍푸는 자연과학과 사회과학 사이에는 원칙적으로 경계가 없으며, 자연 영역과 사회 영역은 모종의 원리를 공유한다고 여겼다. 이 견해는 앞서 말한 포퍼의 견해와 유사하다. 그러면 그들의 주요한 차이는 어디에 있는가? 포퍼에 대해 말하자면, 인간의 이성은 틀릴 수 있다는 이 원칙은 동시에 (스스로 틀릴 수 있다는 것을 인정하는 정치 체제인) 민주 제도의 원칙이기도 하다. 여기에서, "인간의 이성은 틀릴 수 있다"는 말에서의 이성은 개인의 이성을 가리킨다. 후밍푸 또한 마찬가지로 민주적 국가 제도와 개인주의적 문화를 주장하지만, 이러한 사회 사상은 오히려 상술한 '자연의 추세'에 기초하여 세워진 것이고, 이러한 자연의 추세는 '개인의 이성'이 아니라, 일종의 자연적 이성이다.

> 사회, 국가의 건강과 안정은 전적으로 사회, 국가 속 개인의 책임감과 관계된다. 인류는 무리가 없으면 스스로 존재할 수 없기 때문에 사회가 있고 국가가 있다. 따라서 국가, 사회는 민民을 위해 있고, 민을 위해 만들어지고, 민을 주인으로 하며, 국민國民은 국가, 사회에 대해 나해야 하는 책임이 있다. 과학은 사물의 이치를 자세히 알아 억측을 취하지 않고 오직 진리만을 따르므로, 국민의 자격을 가르치고 기르는 데 가장 적합하다. 사물의

이치를 자세히 알면, 국가, 사회와 개인의 이해관계에 밝아진다. 억측을 따르지 않으면 사물을 대함에 사심이 없어진다. 오직 진리만을 따르기 때문에 사람들은 그 책임의 소재를 안다.[90]

후밍푸는 여기에서 이미 '국가', '사회', '개인' 등 근대의 범주와 그 상관관계를 일종의 '자연의 질서'로 받아들였으며 동시에 추론의 전제로 삼았다. 접속사 '~때문에/따라서'(故)를 쓴 문장 속에서 인과관계는 선험적으로 확정되었다. 그러나 또한 바로 이러한 선험적 인과관계의 설정에서 우리는 후밍푸의 '자연의 추세'의 역사적 함의를 볼 수 있다. 즉, 사회, 국가는 자연적으로 존재하는 질서로서, '개인의 책임감'에 기초하여 세워진다는 것이다. 사회, 국가라는 이 자연 범주에서 개인은 집체적인 방식, 즉 '민'(民)의 방식으로 존재하며, 개인의 책임은 '국민'의 책임으로 표현된다. 사회, 국가가 일종의 자연적 범주로 이해되기 때문에, 개인의 사회, 국가에 대한 책임은 자연의 진리에 대한 복종으로 이해된다. 그러나 개인은 자연의 진리를 자연스럽게 이해하고 파악할 수가 없고, 반드시 '과학'적 방법과 실천을 통해야만 이러한 '자연의 진리'를 이해하고 파악할 수 있으며 나아가 '억측'에서 벗어날 수 있다. 후밍푸의 글에서 '진리'는 개인 혹은 개별 사물, 개별 원소로 환원될 수 없으며, 국가, 사회와 개인의 관계와 같은 의존과 이해利害의 관계로 서술되어야만 했다. 이 논리 방식은 근대 국가와 사회의 합법성이 자연주의 범주에 의존하고 있음을 분명하게 설명해 준다. 비록 이 범주 자체가 이미 과학의 낙인을 찍은 것이었다고 하더라도 말이다.

후밍푸의 과학 개념과 포퍼의 과학 개념의 주요한 차이는 최종적으로 그들의 사회, 국가, 개인 및 그와 연관된 관계에 대한 이해 속에서 드러난다. 방법론상에서 그들의 '진리'에 대한 논증은 각각 관계와 개체로 귀납된다. 이에 대해서는 포퍼가 후밍푸보다 훨씬 실증주의적인 특징을 지니고 있다. 자연과학과 사회과학을 포함한 근대 과학은 그 방법론적 특징에 따라, 기본적으로 '개인주의적' 과학, 혹은 분석 환원과 이지理智 재건의 원자론으로 묘사될 수 있다. 이러한 개인주의적 과학 혹은 원자론적인 과학은 자연과 사회, 전체를 환원 분석의 방법을 써서 그들의 구성물들로 분해할 수 있다고 보고, 그 상호작용의 관계에 따라 이 전체에 대해 이론적 재구성을 하려고 한다. 근대 과학, 특히 실증과학의 인식론 모델 속에는 형이상학적 가설이 하나 있다. 즉 원자 혹은 개인이 최종의 진실한 존재이며, 개체론을 우선시한다는 것이다. 사회 영역에서 이러한 사상 모델은 '사회학적 개인주의'(sociological individualism)로 묘사될 수 있는데, 그것은 사회가 개인의 집합이며 개인 사이의 관계는 완전히 외재적인 것이고, 사회의 배치는 능력과 바람과 수요를 지닌 개인의 요구에 대한 일종의 반응이라고 본다.[91] 이런 의미에서 개인에 비해 사회는 제2의 현실, 혹은 본체론적 의미에서의 제2의 상태일 뿐이고, 고립된 개인의 인위적 창조물일 뿐이다. 포퍼가 비록 논리 실증주의를 냉혹하게 비판했다고는 하지만, 그의 개인주의 관념과 과학 방법의 관계에 대해서 말하자면, 그는 사실 여전히 수정된 신실증주의자이다. 저명한 『열린사회와 그 적들』이라는 책에서 포퍼는 다음과 같이 말했다.

> 모든 사회현상, 특히 모든 사회체제의 기능은 항상 인간 개인(human individual)의 결정과 행동, 태도의 결과로 이해되어야 하며, …우리는 이른바 '집단'(국가, 민족, 인종 등등)으로 설명하는 것에 결코 만족해서는 안 된다.[92]

그는 밀John Stuart Mill의 심리주의를 평하면서, 심리주의(psychologism)는 (국가 혹은 사회단체와 같은) 집단의 '행위'(behaviours)와 '행동'(actions)이 반드시 개별 인간의 행위 혹은 행동으로 환원되어야 한다는 주장을 견지한다고 칭찬했다. 포퍼는 사회적, 경제적, 정치적 등등의 다양한 현상들 모두가 집단 혹은 개인의 범주 안에서만 해석될 수 있다고 주장했다. 그의 플라톤, 헤겔에 대한 비판은 그들의 이러한 가정, 즉 사회 혹은 국가가 개인에 비해 더 '진실하다'는 가정에 집중되어 있으며, 그는 이러한 사유 방식이 결국 반反개인적인 전체주의를 야기할 수 있다고 확신했다. 이러한 사유 입장(either collectives or individuals)에서 출발하여, 포퍼는 개인이 사회에 비해 더욱 진실하며, 각종 현상은 순수한 개인주의적 개념을 통해서만 해석할 수 있다고 강하게 강조했다(이러한 개인주의의 설명 방식은 공리적公理的, 경험적 과학의 요구에 부합하며, 결코 주관적이거나 반성적인 것이 아니다). 이것은 철저한 분석적 경험주의이다.

후밍푸의 관념은 포퍼와 비슷해 보이지만, 근본적인 차이가 있다. 그것은 그가 개인이 아니라 (인간의 선험적 본성인) 관계를 최종적 '진리'로 삼았기 때문이다. 후밍푸는 사회, 국가의 건강과 안정은 사회, 국가 속의 개인의 책임감에 의존한다고 말한다. 따라서 사회/국가/개인의 상관관계는 이미 선험적 관계로서 받아들여졌으며, 사회, 국가를 초월한 개인은 존재하지 않는다. 이와 같이 한편으로는 국가, 사회가 개인에 의존하는 것처럼, 혹은 개인이 국가, 사회보다 더 진실한 것처럼 말하고, 다른 한편으로는 개인의 책임감이 국가, 사회를 기본 지향으로 삼는다고 말한다. 동시에, 국가, 사회의 형성은 "인류는 무리(群)가 없으면, 스스로 존재할 수 없기" 때문에, 사회, 국가는 인간 개인의 선천적인 유類적 본성, 즉 '무리'에 의존하는 것이다. 우리는 '무리'라는 개념이 근대 중국의 맥락 속에서 '사회'와 '국가'를 지칭하던 개념이었다는 사실을 잊어서는 안 된다. 국가는 민이 만들고(民造) 민이 소유하고(民有) 민이 주인이며(民主), '민'으로서의 개인은 따라서 국가에 대해 책임을 지닌다. 과학은 사물의 이치 혹은 진리에 대한 탐구이며, 후밍푸는 이러한 진리가 국가/사회/개인의 책임 관계를 증명할 수 있고, 나아가 국민, 즉 집단의 일원으로서 개인의 책임감을 형성하는 데 유익하다고 단언했다. 개인의 책임감은 사회/국가/개인의 이미 정해진 관계를 전제로 하는 것이다.

후밍푸의 이러한 추론 방식은 비록 매우 소박하고 단순하며, 완전한 사회 이론의 단계로까지 올라서지는 못했지만, 그의 과학 관념의 기초 위에 세워진 사회 이론으로서 중요한 의의를 지닌다. 그의 이러한 추론 방식은 포퍼의 사회학적 개인주의와는 다른데, 그것은 그가 최종적 실재로서의 원자적 개인을 미리 설정한 적이 없기 때문이다. 이 점에서 출발해서 우리는 아마도 역설적 관계로부터 후밍푸의 과학관에서의 '사회주의' 혹은 '자연주의'와 하이에크의 방법론적 개인주의(methodological individualism)의 유사점을 찾아낼 수 있을 것이다.[93] 하이에크는 이것을 일종의 '진정한 개인주의'라고 했다.

> 그것은 인류의 사회생활을 결정하는 힘을 이해하는 데 목적을 둔 사회 이론이다. 다음으로 그것은 이러한 사회관을 근원으로 한 정치 행위 규범이다. 이 사실 자체는 다음과 같은 가장 어리석은 일반적 오해를 반박하기에 충분하다. 그 오해란 개인주의가 당연히 고립적이거나 자족적인 개인의 존재를 선결 조건(혹은 그 관점을 이 가설 위에 세우는 것)으로 삼고, 사람들의 모든 성질과 특징이 사회에서의 그 존재에 의해 결정된다는 그런 사상 관념에서 출발하지 않는다고 여기는 것이다.[94]

따라서 우리는 사회현상을 이해할 때 다른 방법은 없고, 단지 다른 사람에게 작용하는 그리고 그의 예기된 행위에 의해 나오는 개인 활동들에 대한 이해를 통해서만 이해할 수 있다.[95] 방법론적 개인주의자와 마찬가지로, 후밍푸는 개인은 단독적인 개인일 수 없고 집단 속의 개인이며, 사회질서와 인류 행위는 둘 다 한 개인의 활동으로부터 설명될 수 없다고 믿었다.

그러나 이러한 유사성은 극히 표면적인 것이고, 그것은 서로 다른 가설 위에 세워졌기 때문에 서로 다른 이론적 경향을 지닌다. 그중 가장 중요한 구분은, 후밍푸가 비록 사회 행위를 그의 기본 전제로 삼았지만, 이러한 사회 행위의 전제는 일종의 초개인적, 객관적 자연 조화를 출발점으로 한 것이지, 그는 결코 개인 행위가 자발적으로 사회의 조화를 이룰 수 있다고는 믿지 않았다는 점이다. 그렇기 때문에 이른바 관계는 일종의 선험적 존재와 규범이지 경험의 결과가 아니었다. 다시 말해서 개인이 자연의 조화에 복종해야만, 사회가 자기의 질서를 획득할 수 있다. 후밍푸의 과학관은 명백히 과학의 형이상학적 전제를 보존하려 했으며, 이러한 전제를 일종의 객관성의 근거로 삼으려 했다. 여기서 보게 되는 것은 중국의 '천'天, '천리'天理와 '공'公 윤리의 구조이며, 또한 근대 정감주의와 주관주의 사회 윤리 관념에 대한 저항도 보게 된다. 바로 이러한 면에서 후밍푸의 과학 사상은 칸트 이래의 서양 사상에서의 이원론과 구분되는데, 왜냐하면 그의 '자연' 개념은 객체와 주체, 과학과 윤리, 순수이성과 실천이성 등의 이원 구분을 인정하지 않기 때문이다. 그러나 후밍푸는 '객관성'의 진정한 의미가 무엇인지에 대해 답하지 않았을 뿐 아니라, 그 문제를 의식하지조차 못했다. 그는 다만 일종의 독단적인 신념으로 그 문제에 대한 진지한 탐구를 대신했다. 그는 기껏해야 과학적 우주론이 '진리'를 기초로 하는지 아닌지를, 그리고 무엇을 기준으로 '진리' 판단의 문제를 가늠할까를 대략적으로 사고하는 데 그쳤을 뿐이다. 그는 과학적 우주론과 그것의 인생론이 순수한 형이상학적 허구인가, 아니면 어떤 사회체제를 기초로 한 지식인가와 같은 훨씬 더 핵심적인 문제에 대해서는 전혀 언급한 적이 없다. 바꿔 말해서, 그가 가정한 국가와 사회, 개인의 관계는 도덕의 객관적 기초인가, 아니면 과학 합리성이 논증하려는 질서인가? 이러한 사회체제의 운영은 그 내부 성원이 자각적으로 이러한 우주론과 그것의 논증 논리를 믿고 따르는 것을 보장할 수 있는가, 아니면 이러한 사회체제의 운영을 보장하기 위해 강제적으로 그 내부 성원이 믿고 예정된 규칙에 따라 행동하도록 요구하는가? 후자의 측면에 대한 분석을 떠나서는 이른바 도덕 논증의 객관적 전제를 제공할 수가 없다.[96]

개인주의의 정치적 함의는 인식론의 측면에서 다음과 같이 표현된다. 이성(대문자 R)은 자아적 존재로서의 개인의 한 구성 부분으로 이해될 수 없다. 이성은 기본적으로 주체들 사이에 존재한다. 이성은 고립된, 동물적인 개인에 속하는 것이 아니라, 사회 구성원인 개인에 속하는 것이고, 구체적인 주체들 사이의, 교제 활동의 복잡한 네트워크 속에 놓인 참여자에 속하는 것이다.[97] 『과학의 반혁명』(The Counter-Revolution of Science)이라는 책에서 하이에크는 다음과 같이 말한다.

> 비록 우리의 문명이 개인 지식의 집적의 결과이긴 하지만, 그것은 개인 머릿속의 모든 지식이 자각적으로 명확히 결합되어 만들어진 것은 아니다. 반대로 우리가 아직 이해하지 못하면서 사용하는 상징 형식들, 예를 들어 습관, 체제, 도구, 개념 등은 사회 속의 인간이 그로부터 이익을 얻지만 완전히 점유할 수는 없는 것들이다. 인간이 이미 획득한 많은 위대한 성취들은 자각적이고 명확한 사상의 성과가 아니며, 많은 개인의 세심한 협력의 결과 또한 아주 적은 부분일 뿐이다. 그것은 과정의 결과인데, 이 과정에서 개인은 언제나 자신이 한 번도 충분히 이해한 적이 없는 역할을 맡아 왔다.[98]

개인 지식의 한계에 대한 인식으로부터, 하이에크는 그의 중요한 실천적인 결론을 도출했다. 즉, 모든 강권 혹은 전제에 대해 엄격한 제한을 가할 필요가 있다는 것이다. 그러나 하이에크는 즉각 덧붙여 말하기를, 그의 진정한 개인주의가 반대하는 것은 강권을 이용하여 조직 혹은 협력을 만들어 내는 것이지 이러한 연계 혹은 협력 자체가 아니며, 반대로 확고한 개인주의자는 반드시 자발적으로 협력하는 사람이어야 한다고 했다. 따라서 한편으로 진정한 개인주의는 무정부주의가 아니며, 강제력의 필요성과 어떤 유효한 개인주의 질서도 반드시 아주 조직적이어야 한다는 것을 부정하지 않는다. 다른 한편으로 그것은 다음과 같은 사실을 강조한다. 인류 이성이 의식적으로 창조한 그 사회 질서는 단지 전체 사회 역량의 체현일 뿐이다. 다시 말해 정교한 조직과 의식적 지도指導 역량의 체현으로서 국가는 당연히 우리가 '사회'라고 부르는 극히 풍부한 유기체의 작은 일부분에 불과하다. 분명히 하이에크는 인식론의 영역에서의 과학주의에 대한 비판을 정치 영역으로 끌어들였고, 그 결과 계획적인 강제력으로서의 국가에 제한을 가했으며, 국가를 그저 일종의 틀, 이 틀 속에서 사람들이 최대한 자유로이 연합할 수 있는 (따라서 의식적인 지도가 아닌) 틀로 삼기를 강구하였다.[99]

후밍푸의 논술과 하이에크, 포퍼의 논술의 주요한 차이는 이론상의 차이에서 비롯된 것이기도 하고, 사회적 맥락의 차이에서 야기된 것이기도 하다. 하이에크의 과학주의에 대한 비판은 그 지식 원천이 있다.[100] 그러나 더 중요한 문제는, 하이에크의 관점이 포퍼와 마찬가지로 자유주의와 사회주의의 논쟁이라는 맥락 속에서 생겨났다는 점이다. 이 두 사람 사이의 과학, 이성 등의 문제를 대하는 데 있어서의 미묘하고 중요한 차이는 정치철학상에서 심각한 불일치를 낳지는 않았다. 국가 권력의 제한에 관한 구상은 사회주의를 반대하는 이성 설계, 자유주의를 보호하는 민주 제도에 대한 고려와 긴밀히 연관되어 있다. 여기에 암시되어 있는 전제는, 매킨타이어Alasdair MacIntyre가 『덕의 상실』(After Virtue)이라는 책에서 언급한 것처럼, 근대 정치 논쟁 속에서 "우리는 단지 두 가지 사회 형식만을 선택할 수 있다. 첫째는 개인의 자유와 임의 선택이 주도적 지위를 점하고, 둘째는 관료정치에 의해 통치되므로 개인의 자유와 임의 선택을 제한한다. 이러한 매우 일치된 문화 조건하에서, 근대 사회의 정치학이 자유와 집단주의 관점 사이에서 동요한 것은 전혀 이상한 일이 아니었다. 이러한 자유는 개인 행위의 규칙이 결여된 것 이외에는 아무것도 아니며, 집단주의적 통제 방식은 그저 개인 이익의 무정부 상태를 제한하는 데 쓰일 뿐이다."[101] 그러나 만약 이 두 종류의 모델이 모두 사람들에게 받아들여지기 어렵다면, 단지 이론적인 차원에서라도 또 다른 가능성은 없을까?

대다수의 서양 저자들의 유럽 민족국가의 복지 제도 및 권력 집중 경향에 대한 비판에서는 민족국가의 정치 형식과 그들이 동경하고 숭배하는 자유주의 경제 제도 사이에 내재하는 불가분의 역사 관계를 언급하는 일이 없거나 매우 적다. 역사 분석적 측면에서 보면, 유럽 사상가들의 국가 권력 집중에 대한 비판은 근대 국가의 자주성 확립을 전제로 하는 것이다. 문제는 정치 제도의 선택일 뿐이므로, 국가와 민족의 정체성 문제는 토론할 필요가 전혀 없다. 다시 말해서, 개인의 자유와 개인의 자유를 제한하는 문제는 하나의 암묵적 전제하에서 진행된 것인데, 그것은 민족국가라는 전제이다. 따라서 개인의 자유와 개인의 자유를 제한하는 것에 대한 토론이 다루는 것은 국가 범위 내에서의 권리와 그것의 한계 문제이다. 이와는 대조적으로 후밍푸의 과학과 그것의 사회적 기능에 대한 고려는 어떻게 개인의 국가 정체성과 사회 정체성을 촉진시키는가에 집중되어 있었지, 이 국가가 어떠한 정치 윤리 원칙에 의거해야 하는가, 그리고 어떤 정체를 세워야 하는가 하는 문제에 집중된 것이 아니었다. 왜 후밍푸에게는 한 국가, 한 사회 공동체의 총체적 의미로서의 중국이 선험적인 것이었을까? 왜 그는 과학 인식 자체가 중국인이 자기 자신과 사회 국가의 관계를 이해하는 데 도움이 되며, 이러한 관계를 원칙으로 개인의 윤리와 행위 방식을 새로 기획하는 데 도움이 된다고 여겼을까? 그것은 그가 전제국가와 개인의 권리 사이에서 전자에 유리한 판단을 내리려고 했기 때문일까, 아니면 민족국가 체계의 확장이 당대의 세계 모든 지역을 망라한 나머지 개인의 권리 범주가 민족국가의 관계 양식 속에 편입되어야만 법리 상의 확립이 가능했기 때문일까? 국가와 사회가 이 관계 속에서 선험적이었던 것은 바로 그것들이 개인 생활의 경험적 현실이 아니었기 때문이다. 여기서 국가 합법성의 논거가 되는 것은 하이에크가 지적한 개인의 이성이 아니라, 그가 이론적으로 특히 자세히 설명한 '관계' 자체다. 다시 말해서, 민족국가는 개인 권리의 선결 조건을 이루고, 따라서 이 선결 조건 자체가 개인 권리의 기본 한계를 규정했다. 하이에크의 사회계약론과 자연권 관념에 대한 비판은 민족국가의 권리 체계에 대한 비판을 포함했지만, 만약 이 권리 체계와 자연 정복, 시장 확장과 민족국가 체계 확장의 역사적 관계를 보여 주지 못하고 단지 문제를 국가와 개인의 관계적 측면에서만 설정한다면, 이 과정의 진정한 동력을 드러낼 방법이 없다. 그는 (국가 제도를 포함한) 제도 자체를 개인 간의 상호 관계의 자연적 산물로 보았으며, 일종의 공동체로서의 민족국가에 대한 잠재적 가설을 포함했을 뿐 아니라, 일종의 정치 체계인 민족국가가 형성한 중대한 경제, 군사, 정치 성격을 모호하게 했다. 개인을 '공민'公民 혹은 '사회 성원'으로 이해하는 것은 근대 정치학의 전제인데, 근대 중국 지식인들의 이론 활동은 마치 이 전제에 전제를 제공하는 듯하다. 중국 근대 과학자들에게, 일종의 관계로서의 개인은 반드시 이러한 관계에 따라 일을 처리해야 했는데, 왜냐하면 이러한 관계는 자연의 본질이자, 인간의 속성이기 때문이다. 후밍푸가 보기에, 과학적 우주관은 근대 중국의 정체성(modern Chinese identity)의 형성에 도움이 될 뿐 아니라, (민족국가의 일종의 권리와 책임의 체계로서) 개인의 자주성 확립에도 도움이 되는 것이었다. 그것은 자연에 관한 관념이었을 뿐만 아니라 윤리적 요구였다. 과학적 우주관이 내포하고 있는 보편적으로 연계된 관점은 국가, 사회, 개인 등의 범주와 그들 상호 관계의 인식론적 기초를 제공했다. 여기에는 강권을 이용해 협력과 조직을 세우는 어떠한 암시도 존재하지 않지만, 국가에 대한 가설은 포함되어 있다.

민족국가의 건립과 부강 추구의 역사적 관계 속에서, 후밍푸는 근대 중국 과학 사상에서의 그러한 과학/정치, 과학/국가, 과학/문명의 서술 양식을 벗어나지 않았고, 더 나아가 그의 독특한 방식을 통해 이러한 서술 양식을 강화했다고 해야 할 것이다. 그는 한편으로는 이상주의적 과학관을 견지했으며, 과학적 귀납 논리는 형이상학적 전제 위에서 세워지므로 "과학은 실용에서 비롯하지 않은 까닭에 실용으로 끝나지 않는다"라고 생각했다. 그는 또한 실증주의적 원자론의 관점을 비판하고, (원자가 아니라) '관계'를 세계의 기본 요소로 삼았다. 그러나 다른 한편으로는 또한 실리적이지 않은 과학이 부국강병, 덕과 지혜의 증진이라는 실제적인 효과를 이룰 수 있다고 암시한다. 이러한 역설적 방식 속에, 포퍼와도 다르고 하이에크와도 다른 형이상학적 가설이 숨겨져 있다. 이러한 가설을 나는 선험적 '공'公이라고 부른다. 이러한 '공'은 개인의 이성(reason)도 아니며, 인류의 이성(Reason)도 아닌, 자연의 이성, 후밍푸의 말을 빌리자면 '자연의 형세'(自然之勢)이다. 이러한 '자연의 형세'는 사물에 내재된 선험적인 관계이며, 사회/국가/개인 사이에서 그것은 정확한 질서로 체현되는데, 이러한 질서는 또한 국가, 사회, 개인의 선험적 본질이다. 과학적 방법은 사실상 인간의 선험적 본질을 드러내는 것이고, 인간의 선험적 본질은 곧 '자연의 형세' 그 자체이다. 이러한 의미에서, 과학적 방법은 자연의 선험적 본질을 전제로 한다. 이것은 당연히 순환 논증이다. 이러한 순환 논증의 비밀은, 그것이 국가, 사회, 개인 등의 근대적 범주와 그 상관관계의 역사 양식을 선험적 본질로 삼고, 자연의 본질을 탐구하는 방법인 과학은 사람들이 그 본질을 이해하고 나아가 그 본질을 전제로 자아를 확인하는 데 도움이 된다는 것에 있다. '공' 혹은 '자연의 형세'가 개인에게 예속되지도, 인류 및 인류의 역사적 관계에 예속되지도 않으며, 선험적이고 편재된 형이상학적 가설이기 때문에, 그것은 자연의 진리이자 도덕과 정치의 진리이며 심미적 진리이다. 여기에서 문제는 왜 '공' 혹은 '공리'公理 식의 과학 관념이 국가, 사회, 개인 및 그들의 상호 관계에 기본 논증을 제공할 수 있었는가 하는 것이다. 왜 '자연의 형세'와 과학의 공리가 민족주의 국가 서술의 철학적 기초로 전환될 수 있었을까? 그것은 실증주의적 사상 방법 때문인가, 아니면 중국 사상 속의 '공' 혹은 '공리'의 형이상학적 가설에 기초하여 이 가설의 역사적 관계, 즉 근대적 국가와 그것의 권리 체계를 형성하는 역사적 맥락을 운용했기 때문일까? 나의 대답은 후자이다.

호르크하이머Max Horkheimer는 "실증주의자가 이해한 근대 과학은 주로 사실에 관한 판단과 관련이 있기 때문에, 보편적인 생활과 특수한 지각의 분화를 미리 설정했다. 근대 과학은 세계를 사실과 사물의 세계로 여겼지만, 세계의 사실과 사물로의 전환을 사회 과정과 연결시키지는 못했다. 사실 개념은 하나의 생산품, 즉 사회적 소외의 생산품이다. 이 개념 속에서, 교환의 추상적 목표는 특정한 범주 안에서 모든 경험 목표의 모델로 이해된다"고 말한 바 있다.[102] 후밍푸의 논증에서, 특히 주의할 점은 그가 분명 사실이 아니라 관계를 우위에 두고 있다는 점이다. 그는 비록 역으로 사실 개념의 상대성을 자각적으로 고려한 적은 없으나, 정신 원칙의 의미로서의 과학을 특별히 강조했다. 그는 실증주의적 과학 원리가 실증할 수 없는 신앙을 전제로 한다고 여겼기 때문에, 인간의 주관성과 사회성을 떠나서 과학 문제를 토론하지 않았다. 그의 형이상학적 전제에 대한 보존은 과학을 가지고 주관성 자체를 논증하기 위한 것이 아니라, 오히려 사회 운용의 측면에서 주객 관계 모델을 가지고 사회 윤리와 가치의 객관성을 보존하려 한 것이다. '공'의 의미는 인간의 주관적 가치를 말하는 것이 아니며, 인지 대상으로서의 객관성을 말하는 것도 아니다. 그것은 우주 안에서의 관계를 지시한다. 과학은 '자연의 형세'의 구현이기 때문에, 그것이 드러내는 이성은 일반적 인지 관계 속의 지성(이러한 지성은 세계에 구조를 부여한다)이 아니라 일종의 관계이며, 그것은 세계의 복잡한 관계에 대한 사람들의 주관적 파악 능력으로 구현될 수 있다. 동시에, 객관성에 대한 이러한 보존 또한 순수한 객관성으로 바뀌지 않는데, 그것은 이러한 객관성이 과학적 우주관의 설정을 전제로 한 것이기 때문이다. 과학관의 측면에서 객관성에 대한 보존은 과학 자체가 실리적 목적을 지닌다는 것을 부정하는 이상주의적 과학 관념으로 구현된다. 앞으로 우리는 이러한 (형이상학적 자연관을 근거로 한) 이상주의적 과학관의 핵심이 과학이 실제적인 사회적 결과를 지니는지 여부에 있는 것이 아니라(중국 사상가들에게는 이것은 말할 필요도 없는 것이다),

반대로 그것이(전제 국가, 등급제도 등등) 전통의 외재적 권위를 부정한 후 도덕과 가치의 객관성의 근원을 제공할 수 있는가에 있다는 것을 보게 될 것이다. 왜 과학과 '공'의 자연 질서는 근대 중국 사상에서 이러한 관계를 구축할 수 있었을까? 논증해야 할 가설 중 하나는, 이 사상가들이 주관적 방면으로부터가 아니라 객관적 방면으로부터 도덕과 가치의 합리성의 원천을 찾았다는 것이다. 후밍푸의 견해와 중국의 천도 관념과 '공'의 윤리 구조에는 잘 드러나지 않는 관계가 존재하는 듯하다. 내가 보기에, 이러한 연계의 결과는 이중적이다. 그것은 새로운 사회관계의 합법성에 대한 논증이면서, 또한 이 새로운 사회관계에 대한 도덕적 비판이기도 하다. 형이상학적 '관계'관으로 실증주의적 원자론을 부정하는 것은 바로 국가와 사회에 대한 합법성 논증의 필요로부터 기인한 것이고, '자연의 형세'로써 도덕적 판단의 객관성을 유지한 것은 과학을 전제로 도덕 법칙을 재건하기 위한 것이다.

제5절

'공리'로서의 과학과 그 사회적 전개

1. 과학적, 도덕적 그리고 합리적

과학과 도덕의 관계는 줄곧 중국 근대 과학관의 핵심적인 부분이었
고, 이것은 1923년의 '과학과 인생관' 논쟁에서 선명하게 드러난다.
'5·4' 이후의 중국 사상의 분위기 속에서, 도덕 문제에 대한 논증은 이
미 직접적으로 베르그손Henri-Louis Bergson의 직관주의, 니체Friedrich
Wilhelm Nietzsche의 초인(Übermensch) 관념 등 비이성주의 혹은 정감주의
와 관련이 있다. '인생관'파가 논증한 것은 주로 주체의 자유의지 문제
였다. 과학자 단체는 과학이 인생 문제를 해결할 수 있다는 견해를 견
지했고, 그들과 도덕주의자들의 분기점은 그들이 도덕 문제에 무관심
하다는 것이 아니라, 그들이 도덕은 모종의 객관적 기준 혹은 개인의
경험을 넘어선 기준을 지녀야만 한다는 견해를 견지하는 데 있다. 그
러므로 이런 의미에서 그들은 도덕주의자들보다 더 자연의 형이상학
적 성격을 견지하고 있었다. 주목할 것은 중국과학사가 제1차 세계대
전 기간에 성립됐고, 그때 유럽의 지식인들은 전쟁 등의 불의한 행위
와 과학의 관계를 사고하고 있었다는 점이다. 중국과학사의 과학 선전
은 처음부터 내적 긴장을 갖고 있었다. 그들은 반드시 과학이 '불의'와
아무런 필연적 관계가 없음을 증명해야만 했다. 그들의 과학 사상 속

에는 더욱 깊은 신념이 스며들어 있었다. 즉 과학은 이용될 수 있는 지식일 뿐만 아니라 이상적인 정치, 도덕, 심미적 경지의 기초이며, 과학 지식은 서양 문명의 특징이자 보편적인 우주 원리라는 것이다. 이런 시각 속에서, 과학은 도구가 아니라 내재적 모형이며, 전 세계가 이 추상적 모형을 모범으로 삼아 펼쳐진다. 중국과학사의 과학의 도덕적, 심미적 특성에 대한 언술은 공교롭게도 유럽의 전쟁 위기와 지식인의 과학과 전쟁의 역사적 관계에 대한 사고를 바탕으로 하고 있다. 그들이 과학을 전 세계의 미래 규범이자 가치의 원천으로까지 끌어올린 것은 바로 과학과 사회 위기의 내재적 대립을 논증하기 위해서였다. 과학의 도덕 충동은 의심할 여지 없이 중국과학사의 과학 관념의 내적 장력을 강화했다. 과학은 사회와는 무관한 자연 연구이자, 사회와 무관한 방식으로 문명 범례를 제공할 수 있는 지식 실천이다.

과학의 상술한 형이상학적 가설은 후밍푸 개인의 관념이 아니라 과학자 집단의 보편적 신념이었다. 과학은 우주의 선험적 공리公理(우리가 이미 알고 있듯이, 이러한 선험적 전제가 과학의 출발점이자 그 결과, 즉 정확한 지식이기도 하다)를 전제로 하는 것이며, 이러한 선험적 공리는 보편적 원리이다. 따라서 과학에 대한 탐구는 인류의 물질문명을 풍부하게 할 수 있을 뿐 아니라 인류의 도덕과 심미적 취미를 배양할 수도 있다. 세계관을 재건하는 과정에서, 과학에 대한 질의는 종종 도덕 영역에서 비롯된다. 따라서 과학에 대한 변호 또한 도덕 영역에서 먼저 주창되어야 했다. 과학자 공동체가 과학에 대한 낙관주의 분위기로 충만했던 것은, 같은 시기(제1차 세계대전 전후) 유럽 지식인들의 과학문명에 대한 비관적 견해와 대조를 이룬다. 슈펭글러Oswald Spengler의『서구의 몰락』과 그것의 사회적 반향으로부터 보면, 이성에 대한 문제 제기는 이 시기 서양 사상의 기조 중 하나였다. 이와 선명한 대조를 이루는 것은 전쟁이 수많은 사람의 근대에 대한 꿈을 파괴한 그때, 중국 사상가들이 논증하려 한 것이 바로 과학의 합리성과 필요성이라는 점이다. 이러한 필요성과 합리성이 먼저 과학과 도덕의 관계

위에 세워졌던 것은 제1차 세계대전 전후의 위기가 유럽과 미국의 많은 지식인에게 과학문명에 대한 우려를 불러일으켰기 때문이다. 중국 과학자 집단은 서양의 담론 환경 내부에서, 지금 발생하고 있는 전쟁의 위기와 그로 인해 나온 심각한 비관주의를 이해했다. 다시 말해서, 그들의 과학에 대한 낙관적 견해 그 자체가 근대 문명의 위기에 대한 사고를 은연중에 내포하고 있으며, 낙관주의적 태도 자체가 위기와 비판에 대한 반응이었던 것이다. 따라서 그들의 과학관은 한편으로는 중국의 사상 및 사회적 맥락과 밀접하게 연관되어 있고, 다른 한편으로는 문명의 위기에 대한 그들의 진단과도 관련이 있다. 즉 근대 문명의 위기는 과학의 위기인가? 만약 근대 문명의 위기의 핵심이 도덕의 위기라면, 과학이나 다른 어떤 역량이 도덕의 가능성과 합리성을 파괴했는가? 나아가 근대 도덕 위기의 근원은 무엇인가? 과학은 이러한 도덕의 위기를 해결하는 데 어떤 역할을 할 수 있는가? 요약해 말하자면, 과학의 합법성을 지키려면 반드시 먼저 과학과 도덕의 관계를 진술해야만 했다.

월간 『과학』의 「발간사」에는 과학과 도덕, 종교의 관계가 명확히 언급되어 있다.

> 단지 그뿐 아니라 과학과 도덕은 또한 떼어 놓을 수 없는 관계에 있다. …인간이 악해서, 진실로 반드시 옳은 것을 즐거움으로 삼지는 않는다. 사리를 변별하는 마음은 얕고, 이해관계에 대한 견해는 어지럽다. 그러므로 때로 감히 잔혹한 짓을 저지르고도 후회하지 않는다. 과학을 크게 제창하면서부터, 자연의 법칙을 명확히 익히고 남과 나의 관계를 자세히 살피니, 옳고 그름에 대한 견해가 진실해지고 좋고 나쁜 감정을 얻게 된다. 사람이 경제학의 이치에 밝으면 남에게 손해를 입히면 결국 자기에게 손해가 됨을 알아 절대 화를 남에게 전가시키는 행동을 하지 않는다. 사회학의 원리에 밝으면 자신이(小己) 홀로 존재할 수 없음을 알고

인생에 있어서 서로 돕는 것을 유용하게 여기니, 사람들 사이에 협력하며 자비와 화합의 마음이 저절로 생긴다. 또한 과학 발명으로, 교통은 크게 발전하고 세계는 화합한다. 머리카락과 전신의 관계와 같은 개체와 집단의 관계에 대한 관심은 예전보다 훨씬 절실하다. 협애한 자신의 사심은 마음속에서 사라진다. 널리 베풀어 민중을 구하니 그 은택이 짐승에게까지 이른다. 다치고 어려운 이를 구제한다. 적의 땅까지 베풂이 이른다. 세계가 한 가족이 된다. 영원한 평화는 모두 과학에서 구할 뿐이다. 어찌 다른 곳에서 찾겠는가. …많은 중생이 생명을 위탁하는 바는 오직 과학일 뿐이로다, 과학일 뿐이로다![103]

과학이 도덕적 필연성을 갖는 까닭은 경제학, 사회학 등을 포함한 과학 지식이 우주 사이의 관계에 대한 명시이기 때문이며, 이러한 우주 사이의 관계는 선험적으로 가지고 있는 공리로, 모든 '사사로움'(私, 즉 고립적인 혹은 부정확한 관계)과는 반대되는 것이다. 월간 『과학』 제1권 제4기는 '전쟁호'戰爭號로, 과학자들은 그들이 제창한 과학이 전쟁 중에 일으킨 파괴의 작용을 직접 대면했다. 그러나 이것은 결코 그들의 과학에 대한 도덕적 신념을 방해하지는 못했다. 왜 그럴까? 그 핵심은 과학의 성과에 대한 올바르지 못한 사용이 있을 수는 있지만 과학 자체의 형이상학적 전제(공리) 자체는 그로 인해 파괴되지 않는다는 데 있다.

이러한 논법은 이학자理學者들의 리理와 기氣의 관계 관념과 매우 비슷하다. 전통의 천리관은 과학자 집단에 과학 기술과 문명의 위기라는 역사적 관계를 초월한 인식론적 틀을 제공했다. 이 논리에 따르면, 주관적인 개인의 의지, 심지어 집단의 의지까지도 모두 과학의 올바르지 못한 사용에 영향을 줄 수 있다. 그러나 과학의 근거는 결코 (개인과 집단을 포함한) 인간의 의지와 선택에 있지 않고, 객관적 우주의 원리(공公의 원리)에 있다. 과학의 성과에 대한 올바르지 못한 운용은 결국에는 과학의 내적 논리 혹은 선험적 전제에 의해 극복될 것이다. 양취안은 「전쟁과 과학」이란 글에서 다음과 같이 말하고 있다.

> 과학은 그 원리가 대동주의大同主義를 응용한 것이다. 우리가 가진 근세 문명은 실로 과학, 공화共和, 과전寡戰* 이 세 가지의 성과이다. 과학이 우리에게 공화를 주면, 과전은 실현되게 된다. …과학은 인류 평등의 기초이다.[104]

'대동주의'는 과학의 선험적 전제이다. 왜냐하면 '대동'大同은 우주의 자연적 관계이기 때문이다. 공화제는 과학을 기초로 한다. 이 말은 공화제는 자연적 제도라고, 혹은 자연 질서와 관계를 체현한 제도라고 말하는 것과 다르지 않다. 여기에서 과학의 도덕적 의미는 분명히 '공'과 '사'의 관계와 관련된 해석을 통해서만 획득되는 것이다. 즉 과학적 인식은 일종의 '공리'이고, '공리'는 '사견' 혹은 '편견'에 대한 극복이다. 도덕적 합리성은 개인 주체로부터 나올 수 없고, 개인의 사사로움(私)에 대한 극복에서 나온다. 이러한 극복 과정은 인지 과정에서 개인 주체가 자신에게 내재되어 있으면서 객관세계에도 편재되어 있는 '공리'를 발견하고 따르는 것으로 표현된다. 이런 의미에서 도덕은 선험성을 지닌 공공적인 원칙으로서, '사사로움'에 대한 극복, 혹은 '사사로움'에 대한 규범이다. 과학과 도덕은 모두 '공'에 대한, 즉 절대 지식에 대한 확인 방식이다. 또한 이러한 의미에서 과학과 도덕의 관계는 『대학』大學의 이른바 격물치지格物致知로 이해된다. 예를 들어, 탕웨는 "'대학'은 마음을 바르게 하고 뜻을 진실하게 하고 사물의 도리를 파고들어 지식을 명확히 하는 데(格物致知)서 근본을 추론하는 것이다"[105]라고 했다. 「과학과 덕행」이란 글에서 그는 몇 가지 방면에서 과학과

---

* 과전(寡戰): 원래는 적은 수로 다수의 적을 상대로 싸우는 것을 말하지만, 여기서는 전쟁이 줄어듦을 일컫는 말로 봐야 할 것 같다.

도덕의 관계를 논했는데, 그중 핵심적인 논제는 과학과 도덕이 비록 서로 다른 영역에 속하지만, 종국의 목적이 사실에 대한 인식과 공리에 대한 체득이라는 점에서 근본적인 차이는 없다는 것이다.

> ……그러나 공리公理는 하나다. 그렇지만 인간사에서 보이는 것은 종종 서로 다른 소아小我(때론 한 몸, 때론 한 집안, 때론 한 나라가 모두 그러하다)의 차이에 의해 뒤섞여 있다. 인간은 각기 자신의 사사로운 바를 공공의 일로 여기니, 공리는 결국 천하를 갈라지게 한다. 그 폐단은 오직 과학만이 고칠 수 있다. 과학은 객관적 사물의 이치를 문제로 삼으며, 종교, 정치와 같이 주관적 견해를 논하는 것과는 다른 부류이다. 비록 과학자가 지지하는 학설 간에 차이는 있지만 학설은 과정이지 그 종착점이 아니다. 종착점은 무엇인가, 사실事實이 그것이다. …그러므로 과학의 진리는 인류를 공公으로 삼는다. 인간이 오직 여기에 침윤되어야만 공리를 따르는 마음이 절실해진다. 그러나 사견을 공리로 여기고 공리가 있음을 부인하는 모든 폐해는 개인이 공을 따르는 마음의 절실함과 그 사회의 강한 단합력을 해칠 수 있다. 이것이 과학이 덕으로 나아가게 돕는 네 번째이다.[106]

상술한 논리에 따르면, 과학의 진리는 "인류를 공으로 삼는" 도덕적이고 사회적인 필연성을 포함하며, 과학의 인과율은 또한 필연적으로 "평범하고 매일 사용하는 것 사이"에 적용된다. 과학 인지의 깊은 뜻과 몸소 실천하는 덕행은 상통한다.

이런 의미에서 실증주의적 과학 관념이 도덕 영역에서 쓰이게 된다. 자연의 규율과 도덕의 규칙 사이에는 근본적이고도 명확한 경계가 없기 때문이다.

> 실증이란 단지 과학적 근거를 말할 뿐이다. 집단성이 종족 보존

의 요건이라는 점 등 여러 사실을 생물학이 실증한 이래, 사람들은 도덕 법칙이 바로 자연의 법칙이며, 성인聖人이 만든 것도 상제上帝의 권력도 아님을 알게 되었다. 도덕이 과학적 근거를 갖게 된 것이다. 과학적 근거가 있고 나서야 인생이 순리를 따르고 선을 행함이 외부에서 주입된 것이 아니라 진심으로 기쁘게 탄복하는 마음에서 나오게 되는 것이다. 이것이 과학이 도덕에 유익한 여섯 번째이다.[107]

인과율과 검증 원칙을 도덕의 영역으로 끌어들이는 것은 필시 결정론적 논리가 비과학적 영역에도 똑같이 적용됨을 의미한다. 왜냐하면 원리상 서로 다른 영역들이 공동의 공리를 공유하기 때문이다. 탕웨는 맹자의 "편안하게 지내면서 공부하지 않으면 금수에 가깝다"는 말을 '윤리가의 숙명론'으로 보고, 근대 법률에서 백치에게 죄를 묻지 않는 것을 '법률가의 숙명론'이라고 보았다. "무릇 윤리와 법률은 의지의 자유를 근거로 한다. 가르침을 시행하고 법을 집행하는 데에는 이 숙명론을 채택하지 않을 수 없다. 그 밖의 인간사는 더욱 말할 필요도 없다."[108] 자유의지의 영역은 이렇게 해서 인과율의 영역과 관련을 맺게 된다. 과학이 선험적 공리에 대한 논증이므로, 현실 세계에서 과학의 효용이 어떻든(덕으로 나아가든 덕을 잃든) 간에, 과학 자체의 의의는 변하지 않는다.[109]

중국 과학자 단체의 과학에 대한 존중은 주로 도덕적 객관성에 대한 존중에서 나왔다. 이러한 객관성은 과학의 원리와 과학의 운용 과정을 구분하게 만든다. 그들은 근대 문명의 위기가 '사견'이 횡행하기 때문, 즉 각종 주관주의와 정감주의가 근대 사회의 도덕 영역을 주재했기 때문이라고 믿었다. 이러한 잠재된 신념은 체계적인 이론으로 발전하지는 않았지만, 그들의 모든 서술 방식 속에서 매우 뚜렷하다. 런훙쥔의 「'합리적인' 의미를 말하다」라는 글은 더욱 분명하게 '리'理의 선험성을 논증했다. 이러한 '리'를 따르는 것은 일종의 도덕 명령이며, 일종의 과학 방법이기도 하다. 그는 '합리적인' 의미는 추리(반성과 판단의 연속 작용)로 얻은 일정한 방식에 부합하는 것이지만, '합리적인'은 추리의 주관 관념에 부합하는 것이 아니라 오히려 추리의 객관적 결과에 부합하는 것이라고 보았다. 그렇다면 이러한 객관적 결과는 무엇인가?

> 객관적 결과는 추리에 의해서 구해지며, 가장 중요하고 또 가치 있는 것은 하늘과 땅 사이의 사물들의 관계 하나뿐이다. 이 일은 때로 저 일의 원인이 되고, 저 일은 때로 이 일의 결과가 되는데, 우리 또한 원인과 결과의 관계라고 할 수 있다.[110]

그러나 인과관계는 무엇으로 검증하는가? 한 사물과 다른 사물의 관계가 인간에 의해 지목된 것이라면, 곡물의 성장과 비료의 인과관계는 또 어떻게 곡물의 성장과 기도의 관계와 구별될까? 런훙쥔은 '합리적인' 것과 미신, 옛 이론에 대한 맹종, 감정의 임의적 사용의 구별을 각각 예로 들었는데, 사실상 '합리적인' 것은 실증적 방식으로 증명할 수 있는 진리라고 보았다. 그는 특히 '합리적인'이란 말이 비록 서구 논리에서의 이성과 관계가 있지만, 이러한 '합리'의 '리'理는 결코 인간의 이성이 아니라 객관적 자연 관계라고 하였다. 포퍼가 논증한 바와 같이, 실증적 방법으로 그러한 관계가 '합리적인' 것임을 증명하는 것은 귀납적 원리에 의거하지만, 이러한 귀납 원리는 귀납법에 의해 증명할 수 없으며 오직 선험적인 것일 수밖에 없다. 포퍼는 이것을 근거로 실증주의적 과학 관념에 대해 강하게 비판했지만, 이미 (자각적이든 비자각적이든) 과학의 형이상학적 전제를 분명히 인정한 중국 과학자들에게 이것은 결코 실증주의의 과학 규칙이 틀렸음을 말해 주는 증거가 되지 못했다. 왜냐하면 처음부터 그들은 귀납 원리에 형이상학적 (그리고 비실증적) 증명을 제공했기 때문이다. '객관적'이라는 말은 이런 의미에서 '합리적'인 것이며, 객관적 자연 관계로서의 '리'

는 동시에 형이상학적 가정이기도 하다. 이러한 논리에서의 곤란함은 의심할 여지 없이, 인간의 이성은 비록 잘못될 수 있지만 '리'는 잘못이 없는(객관적이고, 따라서 형이상학적인) 것이라고 말하는 데 있다. 이것은 또한 격물과 치지가 동일한 사건인 것과 마찬가지로 도덕과 인지는 완전히 통일된 것이라고 확실히 말하는 것이다. 세계관의 대체라는 점에서 볼 때, 이러한 과학 세계관은 당연히 이학理學 세계관을 구조적으로 대체한 것이지만, 대체의 과정에서 이학 세계관의 내적 구조는 여전히 유지되었다. 이 내적 구조 속에서 자연 영역과 윤리 영역은 진정한 분화를 낳기 어렵다.

'리'가 보편적인 것이라면, '리'에 대한 탐구 또한 자연현상에만 한정될 리 없다. 황창구黃昌谷가 말한 바와 같이, "과학의 범위는 오로지 자연현상만을 논하는 학문뿐 아니라, 모든 철리와 정치 제 학문을 모두 포함하는 것이다."[111] 이렇게 해석한 뒤, 그는 특별히 중국의 지행知行 관념과 과학 문제를 연결하는데, 이는 그가 보기에 과학이 실증을 중시하는 것 외에도 "지식과 쓰임을 구한다는 주지를 인정하고, 힘써 행하며 게으름을 피우지 않는"데, "이런 정신이 바로 왕양명이 주장하는 '지행합일'의 학설과 서로 부합하며 …그 결과 학문과 사업이 나날이 발달할 뿐 아니라 도덕, 인생의 방면에도 간접적으로 영향을 끼치기"[112] 때문이다. 주의할 점은 과학과 도덕 실천의 관계에 대한 이해에는 중국 도덕의 쇠락에 대한 중국 과학담론공동체의 역사적 판단이 자리 잡고 있다는 점이다. 이러한 역사적 판단에 근거했기에 과학의 도덕적 기능은 이렇듯 중시를 받았다.

> 중국의 '지행'의 문제는 본래 도덕의 문제이다. 중국은 도덕적 측면을 줄곧 매우 중시해 왔는데, …그러나 천 년간 도덕은 어찌 나아감이 없이 오히려 날로 퇴보했는가? 근래의 학자들은 더욱 행함이 없어져서, 명리만 중시하고 말에 신의가 없으며 행동이 말을 고려치 않으니, 구미에 비해 훨씬 못하게 되었다. 이것은

무슨 까닭인가? 도덕의 개량은 결코 단순히 도덕만 논해서 성공할 수 있는 것이 아니다. …나는 지행의 문제에 있어서, 그것이 서양에서와 중국에서 서로 다른 원인을 논하려면 과학의 유무에서 착상해야 한다고 생각한다. 우리가 상술한 과학의 두 가지 특성(실증과 지식을 탐구하고 실천에 응용하는 것을 가리킨다 - 인용자)을 상세히 연구하니, 그것들이 전적으로 '지행합일'의 정신을 대표한다고 할 수 있다. 나아가 서양에서 이러한 '지행합일'의 정신은 과학의 산물이라고 할 수 있다. …지행합일을 이야기하려면 반드시 어떻게 행할 수 있을지를 탐구해야 하기 때문에 먼저 지식을 명확히(致知) 해야 한다. 지식을 명확히 하려면 사물의 이치를 파고들어야(格物) 한다. 사물의 이치를 파고들려면 관찰하고 실험해야 한다. 관찰과 실험이 아직 부족하므로 이론의 도움을 받고, 이론이 불완전하면 실험으로 다시 보완한다. 이론이 확립되면 사물의 이치가 자명해지고, 그러면 나아가 응용을 추구하고 이상을 실행할 수 있게 된다. 따라서 과학은 지식을 탐구하고 행동을 추구하는(求知求行) 정신을 갖고 있을 뿐 아니라, 지식을 명확히 하고 전력으로 실천할 수 있는 능력도 갖고 있다. 이 능력을 가지고 있기 때문에, 그 정신이 항상 광대함을 보존할 수 있다. 이러한 정신은 더욱이 교육에 용해되어, 점차 사회생활에까지 미치게 되니, 곧 '지행합일'의 아름다운 습관이 되었다. 이렇게 보면, 과학의 공이 크도다.[113]

지식과 도덕, 아름다움은 '지행합일'의 과학 실천 속에서 완벽하게 통일됐으며, 이러한 통일이 바로 중국 부흥의 목표이자 전제였다. '지행합일'에 대한 과학적 해석을 통해서, 황창구는 '실천' 개념의 함의를 변화시켰다. 실천은 도덕 개념이기에 앞서 과학 개념이었지만, 이 과학 개념 자체는 도덕적 함의를 포함하고 있었다. 서구 사상의 범주에서 보자면, 새로운 '지행합일'론은 이미 이론 실천과 윤리 실천을 동일한 하나의 과정으로 통일했다고 하겠다.

과학에 대한 도덕적 이해는 중국 과학자들이 1차 세계대전이라는 상황 속에서도 여전히 과학에 대한 낙관적인 견해를 지니도록 한 주요 원인이었다. 앞에서 인용한 글에서 황창구는 일찍이 독일과 일본의 과학 발전을 언급했는데, 그는 독일의 실패는 결코 과학의 실패가 아니라 실리를 지나치게 중시한 탓에 과학의 도덕적 본의를 잃었기 때문이라고 여겼다. 또한 일본의 메이지 유신은 양명학설의 영향을 지극히 받아서, "비록 과학의 혜택을 받긴 했지만 양명학설에 공을 돌리지 않을 수 없다. 현재 우리 중국은 마땅히 일본을 본받아, 과학 연구에 종사하여 힘써 지식을 명확히 하고 행동에 전력을 다함(致知致行)을 추구하면, 곧바로 큰 진전이 있을 것이다"[114]라고 하였다. 이러한 낙관적 예언은 금세 일본의 군사 확장에 의해 깨졌지만, 이 예언이 의존하고 있는 윤리는 여전히 근대 중국 사상에서의 뿌리 깊은 주제 중 하나이다.

2. 과학과 정치 및 기타 사회 업무

과학과 도덕의 상술한 연관 방식은 과학과 정치, 과학과 교육, 과학과 전쟁(과 평화), 과학과 철학(과 인생관) 등의 관계 속에도 보편적으로 존재하고 있다. 과학은 선험적 공리에 대한 명시이고, 정치, 교육, 도덕 등등의 합리성은 모두 이러한 공리 위에 세워진다. 그러므로 과학이 다른 사회 영역에 제공한 것은 공리로 통하는 길이다.

2.1 과학과 대동 그리고 국제 관계

양취안은 전쟁 문제를 언급하면서 과학은 대동주의를 그 원리로 하며, 인류 평등의 기반이자 반전反戰 평화의 근거이고, "과학을 계속 발전시키면 결국 대동의 꿈을 실제로 보는 날이 있을 것이다"[115]라고 하였다. 왜 과학이 선천적으로 평화적 경향을 지니는가? 허루何魯의 「과학과 평화」라는 글에서는, 우선 과학과 도덕의 관계로부터 과학이 '덕으로 들어가는 문'임을 논증하고 있다. 그의 논리에 따르면 과학은 진리에 대한 탐구이고 진리를 탐구하는 사람은 판단력이 있어야 하는데, 이러한 판단력은 일반적 실리를 뛰어넘기에 사람이 '진실'(誠)할 수 있게 한다.

> 깊이 사유하고 정밀하게 연구해야 창조물의 숨겨진 이치를 밝힐 수 있고 또한 그래서 오래간다. 그것은 말단의 이익을 좇고 염치를 모르는 것을 가치 없게 여긴다. 이익이 있는 곳에서 사람들은 분쟁을 벌인다. 권력이 있는 곳에서 사람들은 서로 경쟁한다. 이것은 모두 인간 사회의 화목을 막는다. 오직 진리가 있는 곳에서 사람들은 원인을 구하고 그것을 명확하게 밝힌다. 구미의 과학 단체는 수없이 많고 명성도 높다. 서로 인류를 계몽하니, 사회 계급과 국가 경계가 모두 자연스럽게 타파된다. 인류의 지식은 유한하나 우주 만물의 이치는 무궁하니, 이와 같이 하지 않으면 행할 만하지 못하다.[116]

허루는 또한 과학의 기능적 측면에서 과학이 인류의 생존, 교류의 조건을 개선했음을 논하였다. '사람들이 쉽게 다가간다'면 '대동의 기초'가 비로소 이루어진다. 이것이 기능적 측면에서 증명하는 것은, 평화에 대한 과학의 공헌은 주로 그것이 자연 원리를 드러내는 데서 나오며, 이러한 자연 원리는 인간의 도덕 원리이자 인류 사회의 교류 원리이기도 하다. "민족의 진정한 평화는 오직 과학으로 말미암은 평화다! 과학은 국경도 없고, 종족의 경계도 없고, 의식의 경계도 없으며, 오로지 진리로 귀착된다. 근거가 있으므로 다툼이 없고, 다툼이 없으니 평화롭다."[117]

2.2 과학과 공화정체

과학과 전쟁의 관계는 민족국가 간의 관계와 관련되고, 과학과 공화정체의 관계는 민족국가의 내부 관계이다. 이 문제와 관련된 논의는 후밍푸의 국가, 사회, 개인에 대한 선험적 공리에 대한 설명을 보충하고 있다. 이러한 관계는 중국적 맥락에서 과학과 혁명의 이데올로기적 관계와 관련된 것이기도 하다. 양취안은 미국의 인디애나 대학 교수인 해저리M. E. Haggery의 논문 「과학과 공화」를 번역했는데, 그 글에서 다음과 같이 말하고 있다.

> 혁명은 오늘날 세계의 일부분이다. 국가 흥망의 관건은 백성과 하나가 되는 데 있다. …혁명의 불꽃은 표면에서 타오르지 않고 은밀한 곳에서 일어난다. 으슥한 곳에서 그 세력을 결집하여 현존의 학설을 뒤엎는다. …우리가 참으로 새로운 공화를 이루게 된다면, 그것은 과학이 수많은 공격을 통해 구舊사상을 분쇄하고 옛 도학을 일소하여, 쉽게 새로운 재료를 건설하기 때문이다. (중략)
>
> 세 번째 과학과 공화의 관계를 더 구체적으로 말하면, 양자 모두 제자리에 답보하기를 원치 않고, 또 옳은 것을 결정함에 있어 사람을 기준으로 할 수 없다는 것이다. 과학은 이미 수립한 세계 학설을 영원히 고수할 수 없으며, 공화도 영구불변의 법칙을 거부한다.
>
> 세계지도를 그리고자 하거나 수미일관된 사상과 제도를 만들고자 하는 자는 보통 과학이나 과학자에 뜻을 둘 수 없다. …과학자는 자연계의 복잡하고 형체가 있는 실제 모습을 깊이 파고들어, 이로부터 간단하고 일치된 견해를 발견하기 어려움을 안다. (중략)
>
> 공화 역시 그러하다. …안정된 정부를 추구하고자 하는 자는 황제 제도를 추구하는 것이 공화보다 더 나을 것이다.[118]

공화와 과학은 원리상 일치하기 때문에, 과학의 발전은 공화 제도가 가장 합리적인 제도임을 자명하게 논증할 수 있다. 과학적 원리로 공화 제도를 논증하는 것은 과학적 원리가 완전한 공화 제도의 청사진을 구축해 낼 수 있다는 것을 의미하지는 않는다. 왜냐하면 과학 자체는 최종적인 지식을 의미하는 것이 아니라, 최종적인 지식(공리)에 대한 무궁무진한 탐구를 의미하기 때문이다. 이런 의미에서 공화 원리로서의 과학은 사회 제도와 사회 과정에 대한 완전한 이성적 설계와 동일한 것이 아니다. 귀탄셴過探先은 월간『과학』제4권 제8기에 코넬대학 농대 학장인 페레의 논문「영구적인 농업과 공화」를 번역 게재했다. 이 글에서 작가는 중국의 농업 사회적 특징을 두고, 공화 제도를 역사화하려 했지만, 공화 제도 자체를 절대적으로 이상적인 제도로 보고 있지는 않다.

> 전제 군주를 제거하는 것을 사람들은 공화의 증거로 여긴다. 그러나 그 백성의 수준은 간혹 공화와 큰 차이가 있기도 하다. 한 군주의 왕위를 복권하는 것을 사람들은 공화 실패의 증거로 여기지만, 진정한 공화는 이로써 공고해진다. 그러므로 공화라고 하는 것은 정치의 형식이 아니라 사회에서 사람들이 저마다 덕과 지혜를 발육하고 공공사업이 스스로 작동하는 것 등으로 말미암은 현상이다. 자유는 공화가 아니며, 공화적인 인민은 법률의 제한을 받아야만 하고, 법률에 의거해야만 국민을 제한하고, 스스로 움직여 나가야 한다. 이른바 자치가 이것이다.[119]

공화는 정치 제도의 일종일 뿐 아니라 "개인 감각의 표현"이며, 일상생활, 문명 정도, 지식의 진보, 직업의 분배, 사상의 자유를 기초로 한다. 농업국인 중국으로 말하자면, 공화의 전제는 토지와 그 소유권의 자유이며, 만약 토지 독점을 벗어날 수 없다면 공화는 실현할 수 없다.[120] 과학 사상이 사람들의 도덕적 요구를 환기하고, 세계의 올바른 질서를 선포하는 주요한 근원이었기 때문에, 사회 실천의 측면에서조차도 과학은 공화 제도의 기초이자 전제였다.

2.3 과학과 학술 및 교육

월간 『과학』의 「발간사」에서 표명하기를 "세계 강국은 민권과 국력의 발전이 반드시 학술 사상의 진보와 평행선을 이루며, 학술이 황폐한 나라는 불행하다"[121]라고 하였다. 유럽의 경험을 보면, "문예부흥 이후 사람들은 문예적 재능을 겨루었지만, 헉슬리Thomas Henry Huxley, 스펜서Herbert Spencer 등은 또 자연과학을 학생 교육의 중요한 방법으로 삼을 것을 주장했다." 이것은 과학이 지식의 증가를 촉진하기 때문일 뿐 아니라, 도덕의 발전에 대해 결정적 의미를 지니고 있기 때문이기도 하다. "수많은 중생이 목숨을 기탁하는 바는 과학뿐이로구나, 과학뿐이로구나!"[122] 과학/문명 충돌의 서술 방식에 있어서, 중국 학자들은 중국의 낙후로 인해 중국 학술, 그리고 중국 학술과 서양 과학의 관계를 반성적으로 성찰하게 되었을 것이다.

> 어찌하여 오늘날 중국의 학문과 사업이 여전히 이렇게 발달하지 못하고 있는가? 이는 과학의 지식을 명확히 하고 행동에 전력을 다하는(致知致行) 방법이 아직 요령을 터득하지 못해, 지식을 탐구하고 행동을 추구하는 정신 역시 발육될 길이 없었으며, 성대해질 수 없었기 때문이다. 발육의 방법에 대해서는 더욱 연구가 아직 없어서, 지식을 명확히 하고 행동에 전력을 다하는 방법과 정신 모두에 주의를 기울이지 않기에, 지식을 명확히 하고 행동에 전력을 다하는 습관이 없는 것이다.[123]

만약 과학과 지행합일이 내재적인 관계를 지닌다면, 과학의 결핍은 방법이나 기술의 결핍일 뿐 아니라 도덕과 아름다움의 결핍이다. 황창구는 중국에서 과학이 발달하지 않은 것을 "지식을 명확히 하고 행동에 전력을 다하는 방법이 없는 것"과 "지식을 명확히 하고 행동에 전력을 다하는 습관이 없는 것" 이 두 항목의 죄로 돌리고 있으며, 이미 전체적인 문명 비교 속에서, 중국은 과학과 도덕 두 방면 모두 열세에 있음을 인정하고 있다.

> 왜 동서 교류가 시작된 이래, 학문과 사업을 이야기하는 것은 정신적인 면이든 물질적인 면이든, 중국인이 서양인을 배우기만 하는가? …바로 우리 중국인이 어릴 때부터 늙어서까지 전혀 실행하는 습관을 기르지 않았기 때문이다.[124]

중국 사회의 쇠퇴에 대한 역사 서술은 결국 중국 학술사에 대한 총결산으로 귀결된다.

왕진王璡은 「중국의 과학 사상」이란 글에서, 역사와 국민성 두 방면에서 중국 학술의 변천 과정을 분석했다. 그의 견해에 따르면, 제자학에는 근대 과학 사상과 동일한 많은 내용이 내포되어 있었다. 예를 들어, 묵가墨家와 명가名家의 '이름을 정함에 있어서의 엄격함', 장자莊子의 '자연현상 관찰에 있어서의 미세함', 혜시惠施의 '초탈과 합리의 사상', 묵적墨翟과 공수반公輸班 등의 '사상의 실제 응용 중시' 등이 있다. 더욱 분명한 것은 물론 송대 유가의 '격물치지'와 우주 현상에 대한 관찰과 사색이다. 그러나 이 모든 것은 결코 중국 과학 발전의 역사적 추세를 형성하지 못했다. 방법론적 측면에서 말하자면, 1. 송유宋儒들이 말하는 격물의 물物은 정의되지 않았기 때문에 격물의 방법도 없다. 2. 송유들이 천도를 말하는 것은 음양가들의 분배 학설에 빠진 것이다. 3. 송유들의 심성은 안을 관찰하는 학문으로, 실험과 관찰을 경시했다. 역사적 측면에서 보면, 중국의 학술 전제專制가 중국 학술이 발전하지 못한 원인이다.

> 학술의 전제로 말하자면, 전 세계에 중국보다 더한 곳이 없다.

학술의 전제에는 정부의 전제와 학자의 전제가 있다. 정부의 전제가 있은 연후에 학자의 전제가 있다. 우리나라 정부의 학술 전제를 개창한 자는 바로 우리나라의 '선왕'先王이다. 미신으로 백성을 우롱하는 우리나라 '선왕'의 학술 전제가 있은 후에, 진秦나라의 역사가 학술을 관리하는 전제가 있었고, 그 후 한漢나라 음양가 학술의 전제가 있었으며, 그 후 당송 사부詞賦 학술의 전제가 있었으며, 명청 팔고八股 학술의 전제가 있었다. 우리나라는 수천 년간 학풍의 성쇠, 학술의 변천이 모두 조정의 제창 여부에 의해 결정되었다.[125]

과학의 입장에서, 사상적 측면에서 정치적 측면에 이르기까지 중국 학술사에 대해 내린 최종 결론은 전제 제도와 그 문화에 대한 철저한 부정이다.

이러한 부정의 다른 일면은 바로 서양 근대 교육을 모범으로 삼는 것으로, 초등학생 때는 아이들이 자연현상을 관찰하고 노는 습관을 배우게 하고, 중고등학생 때는 소년들이 선악을 상세히 연구하고 실천을 모방하는 미덕을 기르게 하고, 대학생 때는 더욱 "조리 있고 체계적인 이론"으로 가르치는 "동시에 시험으로 다시 가르쳐, 그들 스스로가 지식을 탐구하고 행동을 추구하게 함으로써 실천하기를 좋아하는 습관을 양성한다." 결국에는 이러한 학교 교육의 방법을 사회에 응용한다.[126] 왜 학생에 대한 훈련은 전면적이고 광범위한 도덕과 심미審美, 지식이 아니라 과학을 중심으로 한 것일까? 이것은 중국 과학담론공동체가 보편적으로 "과학의 마땅한 목적은 인생의 본능을 발휘하는 데 있으니, 이로써 세계의 진리를 밝혀 자연계의 주인이 되고 노예가 되지 않는 것이다. 그러므로 과학이란 지력과 이치상의 일이고, 물질 이외의 일이다"라고 믿었기 때문이다. 과학은 "직접적으로 사회와 개인의 행위에 영향을 줄" 뿐 아니라 심미적인 일과도 관계가 있으며, "미술은 다름 아니라, 자연현상을 언어, 문자, 그림, 소리로써 형용하는 것이다. 우리의 자연현상에 대한 앎이 깊어질수록, 자연현상에 대한 느낌 또한 절실해진다." 교육에 대한 과학의 중요성은 "물질에 대한 지식에 있는 것이 아니라 사물을 연구하는 방법에 있다. 더 나아가 사물을 연구하는 방법에 있는 것이 아니라 심적 능력에 부여된 훈련에 있다." 만약 교육의 본래 취지가 "스스로를 알고 세계를 아는 것"이라면, 과학은 바로 "스스로를 알고 세계를 아는" 조건이자 방법이다.[127]

3. '과학과 현학 논쟁'의 서막: 과학과 인생관 문제(양취안을 예로)

1923년 2월, 북경대학 교수 장쥔마이張君勱가 청화대학에서 강연을 했는데, 이 강연은 후에 「인생관」人生觀이란 제목으로 『청화주간』淸華週刊 272기에 발표되었다. 장쥔마이의 강연은 중국 근대 사상사에 깊은 영향을 끼친 '과학과 인생관' 혹은 '과학과 현학' 논쟁을 불러일으켰다. 그러나 사실 과학과 인생관 토론은 이 대논쟁보다 훨씬 이른 시기에 시작되었다. 1915~1923년, 이 시기에 월간 『과학』의 필자들은 이미 이 문제에 대해 여러 차례 토론을 했으며, '과학과 인생관' 논쟁의 기본 문제 또한 이미 이 토론에서 제기되었다. 과학과 도덕 및 기타 문제의 관계와 관련된 토론에서, 사실상 이미 '과학과 인생관' 문제가 언급되었다. 나는 앞에서 이미 과학담론공동체의 다음과 같은 기본 신념을 언급한 바 있다. 즉 과학은 지식의 증가와 물질의 발전을 촉진했을 뿐만 아니라, 신앙과 도덕, 심미 습관을 재구성하는 데 결정적인 의의를 지닌다. "그러므로 과학 지식이 없는 자는 필시 인생 문제를 해결할 수 없다."[128] —이것은 런훙쥔이 「과학과 교육」이라는 글에서 단언한 것이다.

과학담론공동체는 보편적으로 과학이 인생 문제를 해결할 수 있다고 믿었지만, 조금도 의심이 없었던 것은 아니다. 내가 보기에, '과학

만능'에 대한 명확한 문제 제기 또한 월간 『과학』에서 나왔다. 1919년에 월간 『과학』 제5권 제8기 '잡조'란에 필명 포佛(아마도 양싱포楊杏佛, 즉 양취안—필자)의 글이 발표됐는데, 제목이 바로 「'과학은 만능'이 아니다」였다. 필자는 다음과 같이 쓰고 있다.

> 과학만능설이 어떤 사람에게서 나왔는지는 아마 고증할 수가 없다. 처음 과학에 발을 디딘 사람은 매번 그것을 가지고 과학을 찬양하고, 과학을 비방하는 자 역시 이 주장에 비난의 화살을 집중하는데, 사실 둘 다 과학을 진정 아는 것이 아니다. 과학의 재료는 진실로 한이 없고, 그 연구로 말하자면 만물이 가능하다. 그러나 만물을 연구하는 것이라고 꼭 만능인 것은 아니다. 시험삼아 과학으로 이미 알고 있는 사물을 아직 모르는 것과 비교해보면, 하늘에 있는 작은 구름과 같을 뿐이다. 질병, 기아, 천재지변, 인재人災는 이루 다 헤아릴 수 없다. 즉 이 물질세계는 우리가 꿈꾸는 극락과 비교하면 아직 멀고도 아득하다. 과학이 어찌 감히 하나를 얻은 것으로 만능을 자처하겠는가. (중략)
> 그러나 과학이 만능일 수 없음을 과학의 병폐로 여기는 것 또한 불가하다. 과학은 이미 가진 성과에 자만하지 않고, 또한 미지의 무한함에 낙심하지 않는다. 원래 과학의 방법은 노력하여 앞으로 나아가는 것이고, 비록 반드시 진리의 마지막 과녁에 도달할 것을 약속하지는 못하지만, 그것을 따라 나아가면 반드시 인류를 나날이 광명한 곳으로 이끌게 된다는 것은 자신할 수 있다. 쉽게 말해서, 과학이 만능이라고 하는 것은 틀린 것이고, 과학이 절대 아무것도 못한다는 말도 틀린 것이다. 대서양을 날아서 건너고, 세계에 전기가 통하는 것을 예전에는 황당한 말이라고 여겼으나, 지금 모두 사실이 되었다. 미래는 알 수 없다. 과학은 사실의 학문이고 사실에 의거하여 사실을 말하면 과학의 진정한 가치가 스스로 드러나니, 만능인가 아닌가는 모두 현학적 담론

에 불과한 것으로 과학의 주된 취지와는 무관하다.[129]

이미 알고 있는 것과 아직 모르는 것의 관계로부터 과학을 논하면
서, 한편으로는 과학이 만능이 아님을 강조하고, 다른 한편으로는 과
학이 모든 문제를 해결할 가능성을 가지고 있음을 단언하고 있다. 이
러한 문제의식에 작자는 과학과 비과학의 영역을 나누지 않았고, 따라
서 과학이 인생 문제를 해결할 수 있는지 여부에 대한 진정한 답을 제
시할 수 없었다.

진정으로 상술한 문제를 제기한 것은 유럽과 러시아의 반근대 사상
을 접한 사람들이었다. 1919년에도『신교육』新敎育 2권 1기에 장멍린蔣
夢麟의 톨스토이 인생관에 관한 논문이 발표되었고,『민심주보』民心周
報 2권 5, 6기에도 후쉬안밍胡宣明, 녜치제聶其杰 두 사람이 공동 번역한
톨스토이의 명언이 발표됐다. 톨스토이의 반전사상과 그의 과학문명
에 대한 비판적 태도는 중국 사상계에 뚜렷한 영향을 끼쳤다. 이러한
맥락에 대한 반응의 하나로, 월간『과학』 제5권 제5기에 양취안의「톨
스토이와 과학」이라는 장문의 글이 발표되었다.

> 톨스토이는 19세기의 대개혁가이자 문학계, 사상계의 대가다.
> …그의 언행은 인류 행복을 귀결점으로 삼지 않는 바가 없다. …
> 종교가 쇠락하고 근세 문명의 해로움이 심한 것을 개탄하며, 모
> 든 문화가 온전한 것이 거의 없다고 비난한다. …톨스토이의 언
> 어는 격하게 나오는 것이 많아, 독자가 잘 살피지 않으면 때로
> 단장취의하는 실수를 면하기 어렵다. 그의 과학을 공격하는 말
> 은 특히 오해하기가 쉽다.[130]

톨스토이의 저명한 도덕적 명성 때문에, 양취안의 과학에 대한 변호
는 신중하고 자세한 분석적 태도를 취할 수밖에 없었다. '과학과 인생
관' 논쟁에서의 과학파의 견해와 비교했을 때, 양취안의 견해와 태도

는 분명 그렇게 독단적이지 않다. 그는 톨스토이의 과학에 대한 비판의 4대 요점을 일일이 소개하고, 평론을 덧붙였다. 그중 첫 번째가 가장 중요한데, "과학은 생명의 취지를 설명할 수 없다"는 것으로, 이것은 기본적으로 '과학과 현학 논쟁'에서 의견이 나뉜 주요 문제이기도 하다. 양취안은 톨스토이의 논점을 네 개의 작은 명제로 나눴는데, 핵심적인 문제는 다음과 같다. 만약 생명 속에 영원한 의도(물질상의 사망으로도 사라지지 않는 의지)가 존재한다면, 과학의 물질세계에 대한 해석 능력은 생명 문제에 대한 해석 능력과 반비례를 이룰 것이다. 또 인류의 형이하학적 필요에 의한 연구를 갖고서, "중요하고 유일한 이 생명 문제를 설명하는 것은 불가능하다." 다시 말해서, 실증과학의 인과율에 대한 명시는 인류의 생명 활동을 설명할 수 없다.[131] 이 문제에 대하여, 양취안의 대답은 분명 타협적인 색채를 띠고 있다.

> 우리가 이 점에서 마땅히 관찰해야 할 첫 번째는 '생명'이라는 단어의 함의이다. 톨스토이가 지적한 것은 실은 정신계의 생명으로, 이는 종교와 철학의 범위에 속하며, 과학은 당연히 관여할 수 없다. 과학이 연구하는 사물은 우리의 감각 능력으로 지각할 수 있는 것에 한한다. 감각 능력이 지각할 수 있는 것을 넘어선 바깥의 것은 과학적 방법으로 검증하고 해석할 수 있는 것이 아니며, 과학 역시 스스로 알지 못함을 인정할 수밖에 없는 것이다.
> 과학은 과연 주제에서 벗어난 언급으로 무리하게 생명의 문제를 해석하는가? …그것이 가리키는 정신계의 생명은 물론 과학에 속하지 않는다. 비록 과학자가 억지로 주장하더라도, 과학이 되지 않는다. 그저 그 개인이 발표한 철학 관념으로 간주될 수 있을 뿐이다.[132]

양취안은 과학의 지위를 옹호하는 동시에 검증할 수 있는가를 척도로 과학과 종교나 철학 관념의 경계를 명확히 했고, 정신 영역과 물질 영역을 서로 다른 두 성질을 지닌 영역으로 구분하였다. 이러한 타협은 과학의 적용 범위에 대한 제한을 통해 실증주의적 과학 개념을 견지하면서 또 '인생관' 영역을 위해 형이상학적 여지를 남겨 두었으나, 원리상으로 후밍푸의 과학의 형이상학적 전제와 관련한 해석에 배치되는 것이었다.

톨스토이의 과학에 대한 두 번째 질의는 "과학이 인류의 행복을 목적으로 하지 않는다"는 것이다.[133] 톨스토이의 견해는 사회 계급과 과학 명제 선택의 관계로부터 착안한 것이었다. 톨스토이의 관점은, 과학 명제의 선택이 과학자 자신의 문제의 중요성에 대한 판단과 관계가 있고, 과학자는 대부분 상류사회에 속하기 때문에 문제를 선택하는 데 있어서도 상류사회가 관심을 가지고 있는 문제와 관련이 있는 문제를 많이 고른다는 것이다. 이런 의미에서, 이른바 '과학을 위해 과학에 온 힘을 다한다'는 것은 발붙일 수가 없었다. 더욱 중요한 것은 불합리한 사회구조라는 조건 속에서, "모든 자연 정복의 승리는 다만 이 압제의 힘을 증가시킬 뿐이다."[134] 이 문제에서, 양취안의 관점은 비교적 명확하다. 그는 과학이 문제 선택을 할 때 눈앞의 이익으로써 취사 선택을 한다는 것을 인정하지도 않았으며, 과학이 이용당하는 것이 과학의 책임임을 인정하지도 않았다. 이렇게 그도 정치, 사회와 경제 제도의 불량을 과학의 발견 및 응용과 구분했다. 이것은 과학 발견의 논리가 사회, 정치, 경제 문제를 자명하게 해결할 수 없다는 것을 의미하기도 한다.

톨스토이의 세 번째 논점은 과학과 미신이 서로 엇비슷하며, "과학과 미신의 다른 점은 그 지식의 시대의 전과 후에 있을 뿐"이라는 것이다.[135] 이 문제에 대한 양취안의 대답은 과학의 요소가 그 방법에 있다는 논점을 반복했으며 지식과 과학을 구분하려 했다. "과학의 요소는 방법에 있고, 과학 지식은 이 방법을 통해 얻어지는 결론에 불과하다."[136] 과학적 지식은 변할 수 있지만 실증적 방법은 변할 수 없다. 이러한 실증주의적 과학 관념에서 출발하여, 그는 바렛W. F. Barrett의 『정신 연구』(Psychical Research)의 논점을 인용하여 "확정된 원인은 근거 없는 의심의 영향과 무관하며, 사실에 근거하지 않고 생겨난 신앙과 신앙으로 인해 화를 입고 복을 받을 수 있다는 미신적 행동은, 모두 미신이다"[137]라고 주장하였다. 그의 결론은 다음과 같다.

> 비과학적 방법으로 비록 새로운 지식을 늘린다 해도, 미신을 과학으로 바꿀 수 없다. …미신과 과학의 차이는 지식의 폭에 있지 않고, 방법의 유무에 있음이 분명하다.[138]

톨스토이의 과학에 대한 질의의 마지막 요점은 "과학이 직업인 이상은 인류에게 도움이 된다고 할 수 없다"[139]는 것이다. 직업화의 방식은 실리적 행위이고, 톨스토이가 말하는 도덕 행위는 반드시 실리를 초월한 것이어야 했다. 양취안은 도덕 행위와 실리적 행위의 경계를 부정하지는 않았고, 단지 과학자의 작업에 대해 다시 경계를 설정했다. 그의 견해로는 대다수의 중요한 과학자들이 과학을 생활의 수단으로 여기지 않고 있는데 그들의 정식 직업이 교육 혹은 공업 등등이기 때문이다. "다윈, 외르스테드, 앙페르, 패러데이, 켈빈 등의 발견과 발명이 세계의 공유물이며 문화의 기초임에도 그들 개인의 의식주에는 무관하여 더욱더 사람들의 눈길을 끌고 있음은 말할 필요 없다. 이뿐 아니라, 가령 과학자가 과학을 직업으로 삼는다 해도, 그 업적이 인류를 이롭게 함이 그가 받는 사회적 보수를 훨씬 능가하면, 여전히 사회의 숭배를 받을 가치가 있다."[140]

이 글의 결론에서, 양취안은 루소의 자연으로의 회귀와 톨스토이의 인도人道 중시를 함께 논하면서, 톨스토이의 과학문명에 대한 비판의 역사적 합리성을 십분 긍정하고 있다. 그러나 그의 결론은 다음과 같다.

19세기 유럽과 미국의 물질문명의 진화는 그 속도가 매우 빨라, 사회 도덕이 종종 그 추세를 따라잡지 못했다. 톨스토이가 원래의 상태로 회복시키려고 불합리함을 무릅쓰고 추구하였으니, 그 행적은 이해할 만하며 그의 인격에는 더욱 도달할 수가 없다. 우리나라 과학은 아직 제 모습을 갖추지 못했고, 물질문명은 더욱 꿈같이 이르지 못하고 있는데, 지금 과학의 폐단과 물질문명의 유해함을 말하는 것은 정말 너무 이른 셈이다. 유럽과 미국의 물질의 힘은 자본가에게 집중되어 사회구조가 이로 인해 불안하니, 이 또한 우리나라의 응용과학을 익히는 자가 마땅히 그 실패를 거울로 삼아야 할 것이며, 미래의 톨스토이가 다시 우리나라를 애석히 여기게 해서는 안 된다.[141]

처음부터 양취안은 신앙, 도덕 영역과 실증과학 영역이 통약 불가하다는 판단을 받아들였기 때문에, 그의 과학에 대한 변호는 사실상 과학과 인생관 논쟁에서 인생관파의 관점을 반증하고 있다. 만약 인생의 의미 문제가 과학적 방법으로 검증하고 논증할 수 없는 것이라면, 과학의 문화 변천에서의 역할은 매우 의심스러운 것이 된다. 왜냐하면 과학이 어떤 신앙 혹은 도덕 관념을 증명할 수도 없고 거짓임을 밝힐 수도 없다면, 이 두 영역은 본질적인 차이를 지니며 통약 불가하기 때문이다. 이 논리에 따르면, 양취안은 사실상 구미 과학문명이 도덕 쇠퇴를 가져왔다는 톨스토이의 비판에 반대하지 않는다. 다만 다소 수정하여 중국 문명 진화의 현 단계에서는 이러한 위기가 아직 존재하지 않는다고 말했을 뿐이다.

아마도 이러한 분석 방식이 과학에 진정한 도덕적 기초를 제공할 수 없음을 의식했기에, 양취안은 과학적 인생관 문제에 대해 계속 사고했던 것 같다. 1921년 10월, 그는 남경고등사범학교 부속중고등학교(南京高師附中)의 보충 학습반에서 「과학적 인생관」科學的人生觀이라는 제목으로 강연을 했고, 후에 이를 월간 『과학』 제6권 제11기에 발표했다. 이 글에서, 양취안은 인생관을 '생명 목적의 지침'으로 보고, 과학적 인생관은 다른 인생관들, 예를 들어 종교적 인생관, 예술적 인생관, 전쟁적 인생관, 실리적 인생관 등과 근본적인 차이가 있다고 하였다. 이러한 차이는 주로 상술한 각종 인생관이 인간의 주관성을 근거로 하기 때문에 정도의 차이는 있지만 모두 주관주의, 정서주의, 실용주의, 공리주의功利主義적이지만, 과학적 인생관은 주체의 실리와 정감을 초월하여 객관성을 기초로 한다는 데 있다. 양취안은 다음과 같이 구체적으로 분석했다. 톨스토이가 지닌 것과 같은 종교적 인생관은 "난국을 탄식하고 고통받는 백성을 불쌍히 여기며, 세상을 구원하는 것에 마음을 둔다."그 바탕은 물론 주체의 신념이다. 또 아놀드Arnold, 골드스미스Goldsmith와 중국의 시인, 문인들이 지닌 것과 같은 예술적 인생관은 "감정을 중시하는 데 치우쳐, 예술적 안목으로 인생을 해석하며"그 바탕에는 정서주의가 있다. 다윈, 니체는 전쟁의 인생관을 갖고 있는데, 생존경쟁과 자연도태의 생물학설을 인류에 적용하기 때문에 전쟁적 인생관이라고 한다. 초인 학설도 마찬가지로 전쟁적 인생관의 일종인데, 그것은 전쟁이 인생의 중요한 요소라고 믿기 때문에, 전쟁이 사라지면 우수한 것이 퇴화할 수 있다고 보는 명백히 강자의 철학이다. 실리적 인생관은 실용, 실리를 행위와 학설의 주지로 삼는데, 중국 학설은 대개가 이러한 공리주의와 실용주의로, "우리나라 고금의 각 서적들은 인생관을 우주관으로 삼고 오로지 실제에 응용하기(致用)만을 구하였다. 그것이 연구한 학문은 정치, 사회의 범위를 초월할 수 없었고, 인간사의 바깥에서 초탈하여 순수하게 우주 현상을 연구하는 자를 찾으려 해도 거의 찾을 수 없었으며, 모든 것이 이익으로 귀결되니, 이 때문에 과학은 미숙하고 시종 발달할 수 없었다."[142]

과학적 인생관은 상술한 여러 인생관과 완전히 다르다. 그것은 주체의 의지와 신념, 정서, 힘, 이익을 기초로 하는 것이 아니라, 우주의 의지와 규칙을 기초로 한다.

과학적 인생관은 객관적이고, 자애롭고, 근면하며, 면밀하고 신중한 인생관이다. 무엇을 객관적이라고 하는가? 한 개인의 시비를 시비로 삼지 않고, 모든 사물을 객관적 태도로 관찰하는 것이다. 무엇을 자애롭다고 하는가? 우주의 가지각색의 것들에 동정을 표하는 것이다. …무엇을 근면하다고 하는가? 진리를 구하는 것을 필생의 업으로 삼는 것이다. 진리를 구하는 것은 끝이 없으니, 과학자 역시 일을 멈추는 날이 없고, …다만 진리를 구할 뿐, 실리를 알지 못한다. …무엇을 면밀하고 신중하다고 하는가? 들은 바가 있으면 반드시 그 일의 자초지종과 조건을 분명히 알고, 통째로 귀에 들어오는 말이 없으며, 또한 경솔하게 나오는 대로 말하는 시비도 없다. 과학자는 모든 사물에 대해 의심하는 태도를 갖고, 인내하며 그것을 구하여, 진리라는 목적에 도달하지 않으면 그만두지 않는다.[143]

과학적 인생관은 객관적인 것이지만, 이러한 객관적 인생관이 니체가 비난한 것처럼, 객관적이고 이타적인 인간(selfless man)을 만든다는 것을 의미하지는 않는다. 왜냐하면 과학의 진리를 지키는 데에는 사회를 벗어나 혼자 살면서 흔들리거나 굽힘이 없는 호연지기가 필요하기 때문이다.

다른 한편 과학적 인생관이 비록 실용과 실리에 초연할 것을 강조하고 있지만, 이러한 초연한 인생관 자체도 실제적 의미를 지니는데, 그것은 나라와 민족을 멸망의 위기로부터 구하여 생존을 도모하는 역사적 임무다.

우리는 당연히 무력적 위세가 비록 다른 나라를 망하게 할 수는 있어도 인격을 없앨 수는 없음을 알며, 오직 학술이 파산하면 남이 나를 망하게 하지 않아도 내가 스스로 망함을 안다. 오늘날 과학적 인생관을 말하는 까닭은 제군들이 모두 학술로 나라를

구할 뜻을 품고, 그리하여 이로써 서로를 격려하기를 바라는 것이다.[144]

더욱 중요한 것은 이러한 객관적 인생관도 물론 가치의 선택이며, 양취안은 과학적 인생관이 사실을 토대로 하여 진리를 탐구하며 스스로 만족하고 공명에 무심한 인생관임을 논증함과 동시에, 또 이러한 인생관은 선천적으로 데모크라시 정신을 지니고 있음도 지적한다.

강약은 없고, 시비는 있다. …그것은 진리를 옹호한다. 종교도 없고, 계급도 없고, 국가도 없으며, 오직 진리가 있음을 알 뿐이다. …과학적 인생관은 계급도 없고 허영심도 없으며 지극히 평등하며 지극히 고상함을 알 수 있다.[145]

민주와 과학은 일종의 대동주의로 이해되었고, 대동주의는 또 우주의 원리의 일종으로 이해되었다. 민족주의든 절대 평등의 가치관이든 간에, 모두 역사나 민족, 계급을 초월한 이념과 가치는 아니었지만, 양취안의 논증 방식을 통해 그가 이성에 부합하고 절대적으로 공정한 도덕 원칙을 발견하려 했음을 알 수 있다. 이러한 도덕 원칙은 보편적이고 절대적인 것이었고, 모든 역사적인 문화 전통, 종교 배경, 정치 질서와 도덕 구조를 초월한 것이었다. 왜냐하면 그것은 우주적 자연 질서를 기초로 한 것이었기 때문이다. 혹은 그것이 이러한 자연 질서 자체였기 때문이라고 할 수 있다. 유럽 사상을 잘 아는 사람은 물론 이러한 노력이 18세기의 계몽운동에서 얼마나 강렬했고 광범위한 영향력을 지녔었는지를 발견하게 될 것이다.

4. 진화론에 대한 회의와 근대 문화 논쟁

청말 이후, 진화론은 진보적 사회 관념에 자연관적 기반을 제공했다. 근대의 변혁 개념―정치 변혁과 도덕 변혁, 문화 변혁―은 진화의 관념을 전제로 한다. 진화의 개념은 미래에 관한 지향과 현재에 대한 정의, 전통에 대한 비판의 틀을 제공했으며, 또한 이러한 직선적 진보의 이념을 사회와 문화의 각 영역에까지 펼쳤다. 과학의 도덕적 기초 중 일부분 또한 진화론의 관념으로부터 구성된 것이기 때문에, 과학 자체가 진보의 체현일 뿐 아니라 미지의 영역에 대한 과학의 무궁한 탐색 또한 진화와 진보 정신의 자기표현이었다. '새로운' 개념, '근대'적 개념은 19세기 말에서 20세기에 이르는 대부분의 시기에, 중국의 근대적 사유 논리를 위해 목적론적 틀과 가치의 지향을 다져 놓았다. 이 모든 것에는 자연관적 기반이 있었으니, 그것이 바로 진화론이다. 이와 관련한 저널 중 널리 알려진 것은 『신청년』, 『신조』新潮 등 '새롭다'(新)고 명명한 간행물들이다. 그들의 전통 비판에서 가장 주목을 끄는 특징 중 하나가 바로 과학과 민주에 대한 찬양이며, 이 양대 기치는 모두 또한 진화론을 자연관과 역사관의 전제로 삼는 것이었다. 바로 진화론이 중국 사상 문화계에 근대적 시간관념을 제공한 것이다. 따라서 진화를 대하는 태도는 어느 정도 중국 사상 문화계가 근대성을 대하는 태도를 결정했다. 앞의 글에서 언급한 톨스토이와 니체의 과학과 물질문명에 대한 비판은 근대성에 대한 그들의 격렬한 비판적 태도를 도드라지게 한다. 중국 과학담론공동체의 톨스토이와 니체에 대한 배척과 비판이 드러내는 것은 근대와 반근대의 충돌이며, 이러한 충돌의 가장 중요한 표현이 시간관념의 충돌이다. 니체의 영구 회귀의 시간관념과 진화 관념 시기의 역설적 구조, 톨스토이가 강력하게 요구한, 자연과 도덕 영역 사이에 완전히 다른, 상반되기까지 한 경계를 긋는 사상, 이 둘은 모두 진화적 자연관과 진보적 역사관에 대한 심각한 문제 제기이다.

당대의 학술 토론에서, 근대성에 대한 세부적인 논제 중 하나—진보나 진화의 시간관념에 대한 질의—는 이미 중심 논제 중 하나가 되었다. 그러나 대다수의 토론이 이 질의를 단순히 인문 영역의 주제로 여긴다. 예를 들어 『학형』學衡파에 대한 재평가에 있어서, 거의 아무도 자연과학의 발견과 운영의 시각에서 이것을 평가하고 서술하지 않는다. 그렇지만 역사적 사실이 우리에게 알려주는 것은 상반된 현상이다. 즉 중국의 근대성 문제에 대한 검토는 시종 과학주의에 대한 청산과 관련을 맺어 왔으며, 이 청산의 이론적 전제 중 하나가 바로 자연 영역과 인문 영역의 이원적 분화이다. 그러나 근대적 지식 기획은 바로 이러한 주체와 객체를 완전히 분화하는 과정에서 생겨났다. 이러한 시각에서 근대성에 대한 질의는 여전히 근대적 지식 구조의 일부분이다. 진화론에 대한 비판은 우선은 과학 사건이고, 문화 사건은 그다음이다. '5·4' 시기에 출현한 여러 문화 논쟁, 예를 들어 『신청년』과 『학형』의 논쟁에는 과학 영역에서의 전주가 있는데 그것은 바로 과학 공동체의 진화론에 대한 과학적 검증이다. 여기에서 중요한 사실은 비록 근대 중국 사상이 부단히 과학 사상, 특히 진화론을 그들의 사회 관념의 기초로 인증해 왔다 하더라도, 중국의 과학자 집단 사이에 사회 진화론에 대한 유보적인 태도가 전혀 없지는 않았다는 점이다. 이 점은 다소 예상을 벗어난 것이다. 1915년에서 1923년까지의 기간에 월간 『과학』은 첫 호부터 진화론을 소개하고 운용하는 문장을 발표하는 동시에, 진화론을 비판하는 글을 다수 발표했다. 이 사실, 즉 과학자 집단의 진화론에 대한 모순적 태도는 거의 주목받은 적이 없다. 과학자 집단이 왜 중국의 반전통적 문맥 속에서 진화론의 결점을 반복적으로 사고했을까? 월간 『과학』 집단과 『신청년』 집단은 왜 이 문제에서 태도가 서로 다른가(비록 교차하는 점이 있긴 하지만)? 만약 진화 관념이 근대의 정체성에 자연관적 기반을 제공했다면, 과학자 집단의 진화론에 대한 질의와 그들의 '근대'에 대한 태도 사이의 관계는 어떠한가? (우리는 물론 과학과 과학자가 이 시기의 문화적 문맥 속에서 바로 진보와 근대의 대명사였음을 잊지 않을 것이다.)

상술한 문제를 심층적으로 분석해 보면, 과학자들의 진화론을 대하는 태도가 그들의 문화 태도와 긴밀하게 연결되어 있다는 것을 발견하게 된다. 그러나 이것은 과학자 공동체가 진화론에 대해 문화와는 무관하게 진행한 과학적 검증의 사회적 결과이다. 월간『과학』의 진화론에 대한 질의는 이 간행물의 제1권 제7기에 첸충수錢崇樹의「천연신의」天然新義라는 글에서 시작되었다. 이 글은 영국의 유전학자 버트슨William Buteson의 관점을 인용해, 생물학적 시각에서 다윈의 생물진화론에 대해 문제 제기하고 있으며, 진화론의 기타 영역에서의 의미는 언급하고 있지 않다.[146] 가장 먼저 이 논의를 문화와 기타 영역에 끌어들인 것은 식물학자인 후셴쑤胡先驌이다. 어린 시기부터 일찍이 경서를 읽었던 이 학자는 1913년에서 1916년 사이에 캘리포니아대학교 버클리캠퍼스에서 공부했다. 1923~1925년에 미국으로 돌아가 하버드대학에서 식물학 박사학위를 취득했고, 배빗Irvine Babbitt의 신인문주의를 경정했다. 그러나 그것은 이미 그가 진화론을 비판하는 글을 발표하고, '5·4' 시기의 문화 논쟁에 참여한 이후의 일이다. 식물학자로서 후셴쑤는 '5·4' 신문화운동에서『학형』파의 주요 논객 중 하나였고, 그의 신문화운동에 대한 비판과 진화론에 대한 사유는 밀접한 관련이 있다. 만약 그와 후스가 각각 월간『과학』에 진화론과 관련한, 관점이 완전히 상반되는 문장을 발표했다는 것을 고려한다면, 진화론의 문제와 관련한 논쟁을 사소하게 여기지 않게 될 것이다.

후셴쑤의 논문「다윈 진화 학설의 오늘날의 지위」(達爾文天然學說今日之位置)가 월간『과학』제1권 제10기와 제2권 제7기에 연재되었다. 이 글은 다윈 학설에 대한 분석을 시도하고 있는데, 비판의 예봉은 주로 진화론을 인류 사회에 적용하고 있는 다윈주의를 향하고 있다. 후셴쑤는 유럽, 특히 독일에서 과학자들의 다윈 학설에 대한 비판이 비록 완전히 그 기초를 흔들어 놓은 것은 아니지만, 진화론의 약점은 이미 무시할 수 없는 것이라고 지적한다. 그는 다윈의 이론을 '천연학설'天然學

說(Darwinism), '유생천연'有生天然(유기진화론, organic evolution) 과 '만물의 근원은 하나'(庶物同源: 종種 진화론, theory of decent)의 세 가지로 구분하고, 지식계의 주된 착오는 이 세 가지의 차이를 뒤섞은 데 있다고 여겼다. 서로 다른 영역의 '분화', 서로 다른 영역 사이의 통약 불가성은 후셴쑤의 전체 논증의 초석이다. 주의할 만한 것은 이러한 '분화'와 '통약 불가성'은 훗날 『학형』파의 주된 이론적 전제였을 뿐 아니라 과학과 인생관 논쟁 중 '인생관'파의 주요 논점이기도 했다는 점이다. "그러므로 다윈 진화론의 쇠망할 운명은, 유기 진화 혹은 만물 동원설의 쇠망이 아니"라, 진화론의 사회 영역에서의 운용, 즉 사회 다윈주의에 있는 것이다.

> 오늘날 다윈 학설을 반대하는 추세가 있다. 비록 그러하나, 다윈 학설이 인간 심리에 끼친 영향은 이미 깊다. 50년간 사회학과 철학은 이에 의거하여 논의를 세웠고, 정치와 종교는 이 때문에 방향을 바꾸었다. 일단 다윈 학설이 동요한다는 소문이 생겨나면, 인류의 사유 흐름은 이로 인해 술렁거리게 될 것이다. 가장 강력하게 다윈 학설을 공격하는 자는 독일인이다. …그리하여 최근 책과 신문은 진화의 진상을 상세하게 논하고 있으며… 자연의 선택을 유일한 종種의 근원으로 볼 수 없다는 이론이 대두되고 있다. 그렇지만 또 다윈의 주장이 곧 전부 지탄받는다고 말하는 것은 아니다.[147]

후셴쑤는 글에서 다윈의 진화 학설을 완전히 부정하지 않았지만, 그는 드리쉬Driesch 등의 진화론에 대한 호된 비난을 인용했으며, 그 기본 경향은 비판적인 것이었다.[148]

1916년에 발표한 속편에서, 후셴쑤는 또 미국 스텐포드 대학의 곤충학 교수 켈로그Kellogg의 관점을 소개했다. 그는 생물진화론과 종교철학, 교육 및 사회학의 관계를 일일이 분석했고, 마지막의 최종 결론은 명백히 근대 이후 중국에서도 성행한 사회학 관념을 기초부터 동요시키는 것이었다.

> 다윈 학설이 창시된 이후, 생물로써 사회문제의 처리(群治)를 말하는 자들이 일시에 벌떼처럼 일어났으나, 이 학문을 연구하는 자마다 생물학이 상세하지 않음을 알고 있으니, …예를 들어 성품의 유전, 생존 경쟁의 큰 성과, 상호 협력의 발달(development of mutual aid) 등은 모두 생물학에서 아직 결정되지 않은 논의이지만, 지금 사회학자들이 입론의 근본으로 삼고 있다.[149]

후셴쑤의 진화론에 대한 비판의 요점은 진화론은 보편적인 법칙이 아니며 특히 사회 문화 영역에 적용할 수 없다는 것이다. '5·4' 신문화 운동 중에 이 요점은 『학형』파가 자연과학과 인문과학을 구분하고, 급진적 반反전통을 반대하며, 평화적이고 절충적인 태도로써 문화 문제를 해결하려 시도하는 기초가 되었다. 바꿔 말하면, 후셴쑤의 진화론에 대한 비판은 최종적으로 그의 근대적 역사관에 대한 거부로 나타났다.

과학의 측면에서 진화론을 비평했든 아니면 사회의 측면에서 했든, 모두 중국 근대 사상의 핵심 문제를 건드리고 있다. 바로 이 때문에, 구미와 중국 과학계의 진화론에 대한 문제 제기는 격렬한 문화 논쟁을 일으키지 않을 수 없었다. 문제의 전개는 우선 진화론에 대한 과학 논증에 의존했으며, 이 때문에 첸톈허錢天鶴가 번역한 「천연신론」天然新論과 같은 진화론에 대한 과학적 해설이 나왔던 것이다.[150] 그러나 매우 분명한 것은 진화론에 관한 토론은 자연과학의 토론이었을 뿐 아니라 근대 역사관에 관한 논쟁이었고, 그 핵심은 진화론을 자연과학의 기초로 하는 시간관념 혹은 역사 목적론이 '진리'인가 아닌가 하는 문제였다. 문제는 과학적 측면에서 해결할 필요가 있을 뿐 아니라 더욱이 문화와 역사, 사회의 측면에서 확증을 얻을 필요가 있었다.

바로 이 결정적인 역사적 상황 속에서, 1917년 초, 후에 신문화운동의 지도자 중 한 사람이 된 후스가 월간 『과학』에 「선진 제자 진화론」先秦諸子進化論을 발표했다. 서론을 제외하고, 후스는 노자, 공자, 열자, 장자, 순자, 한비자의 진화론을 일일이 논증했고, 인문 역사 영역에서 공리公理로서의 진화론을 논증했다.

> 선진先秦 여러 학자의 진화론은… 비록 서로 다르지만, 그 사이
> 에는 끊이지 않고 계속된 흔적이 있다. 먼저 노자의 자연진화론
> 이 있어서, "천지는 생명을 좋아하고", 상제를 "임금으로 삼고,
> 스승으로 삼는" 등의 갖가지 미신을 타파했다. 그 후로 신화의
> 시대가 가고, 철학의 시대가 왔다. 공자의 '역'易은 이러한 자연
> 진화론에서 착상한 것이다. …후에 열자, 장자, 순자가 모두 이
> '단순한 데서 복잡한 것으로'라는 진화의 공식을 인정했다. 열자
> 와 장자의 시대의 과학적 이상은 공자 시대보다 진보하였다. 묵
> 자 시대의 과학자는 기하학, 역학, 광학의 이치를 잘 알고 있었
> 다. …그래서 열자, 장자의 진화론은 노자에 비해 더욱 과학의
> 성질에 근접했으며 …그들 두 사람은 모두 진화를 일종의 신神
> 이 없는 천명으로 여겼다. 그렇기 때문에 하늘에 의지하고, 운명
> 에 만족하고, 옛것을 고수하고, 속세를 싫어하는 사상을 낳은 것
> 이다. 그러자 순자와 한비자가 나와 "사람의 힘으로 운명을 극
> 복할 수 있다"고 강력히 주장함으로써 하늘에 의지하는 미신으
> 로부터 구하려 한 것이다. …그러나 예상치 못하게 …이사李斯에
> 의해 극단으로 나아갔다.[151]

자연의 진화론으로부터 철학의 진화론으로, 다시 과학의 진화론으로, 후스에게서 진화론의 개념은 전 역사의 시야를 에워쌌고, 역사와 생활에서 인간이 마땅히 취해야 할 적극적인 인생의 자세를 규정하고 논증했다.

또 다른 진화론의 수호자인 탕웨 또한 후스와 마찬가지로 진화의 보편 법칙과 인간의 주관 능동성의 관계를 거듭 밝히고자 했다. 그는 니체식의 강자를 떠받들고 약자를 억누르는 것을 진화론의 죄라고 하는 지탄을 거부하고, 옌푸가 번역한『천연론』「군치편」群治篇에서의 '공리'公理를 거듭 설명했다.

> 인위적인 다스림(治化)이 적을수록 자연 운행의 위엄은 더욱 강렬하다. 오직 인위적 다스림이 진보하면 자연 운행의 위엄이 줄어든다. 태평의 궁극에서는, 다스림의 공로만이 홀로 작용하고 자연 운행은 힘이 없게 된다. 이때에 이르면, 그 마땅함이 자리하는 곳은 자연 운행에 의지하는 강력함과 많음이 아니라, 덕德·현賢·인仁·의義이며, 이는 생명 중 가장 뛰어난 것이다. …그러므로 자연 운행은 만물의 경쟁을 방임하여 그 행위의 선택을 따른다. 다스림의 도道는 다툼을 배반으로 보고, 다툼을 평정하고 대중을 구제하는 것을 최고의 공로로 여긴다.[152]

후스에서 탕웨까지 진화론에 대한 변호는 바로 비판자들이 주의를 기울인 부분, 즉 과학적 진리가 사회와 역사, 도덕, 정치에 완전히 적용되는 부분이었다.

진화론에 관한 토론이 최종적으로 언급한 것은 근대 문명에 대한 평가이다. 이러한 평가와 그로 인해 생긴 분열의 초점은 바로 서양 근대 역사의 전개 과정과 서양에서 탄생한 근대성의 방안이 역사를 진보시켰는가 아니면 역사의 재난을 가져왔는가, 중국은 이러한 근대성의 방안을 받아들여야 하는가 하는 것이었다. 중국의 젊은 과학자 단체에게 근대 문명에 대한 태도는 또한 동시에 과학에 대한 태도였는데, 그것은 서양의 근대 문명이 보편적으로 과학문명으로 여겨졌기 때문이다. 1924년 1월, '과학과 인생관' 논쟁의 여운이 가시기 전, 월간『과학』은 사설을 발표하여 이 논쟁에 답했는데, 문제의 핵심이 어디에 있는지를 분명히 지적하고 있다.

유럽에 큰 전쟁이 일어나 세계가 진동하고 있다. 논자들이 그 화가 시작된 원인을 추론하여, 국제 자본주의의 충돌로 인한 것으로 보아 물질문명의 과도한 발달을 탓하고, 물질문명으로 인한 것이라고 보아 과학에 화풀이를 한다. 그래서 19세기에 톨스토이, 니체 등의 과학을 저주하는 논조가 다시 구세의 복음이 되고 있다. 예전에는 물질문명으로 인해 과학을 숭배했으나, 오늘날에는 똑같은 물질문명 때문에 그것을 비방한다. 그러한 조류에 의해 중국도 그 여파의 영향을 받았으니, 이것이 바로 오늘날 학술이 황폐하고 민생이 고생스러운 이때 중국 사상계에 반과학 운동이 갑작스레 일어난 원인이다. 올해 들어 국사가 나날이 엉망이 되고 풍속이 사치스러워지고 공업과 상업이 다시 쓰러져 부진하며, 사람들은 소극적이 되어 모든 새로운 정치와 새로운 학문을 의심하는 태도를 보이며, 종교와 현묘한 사상이 때를 만나 일어나니, 이것이 국내 반과학 운동의 첫 번째 원인이다. 이를 분석해 보면, 오늘날 반과학 사조는 국내와 국외의 영향이 각각 반반인데, 그 근본 원인은 모두 서양 문물을 과학 그 자체로 오인한 데서 기인한 것이다. 설사 서양 국가처럼 이미 물질 발전의 혜택을 받고 나서 전쟁의 화를 입었어도 죄명을 날조하고 연좌하여 과학에 죄를 물을 수가 없는데, 더욱이 중국이 시대의 흐름에 역행하면서 자진하여 포기하는 것은 본래 과학과 전혀 관계가 없는 일이다. 과학의 과학다움은 나름대로 그 자체의 가치가 있으니, 물질문명의 유무와 증감에 기인하는 것이 아니다. 물질문명 자체 역시 그저 모든 물자의 기능을 충분히 발휘하여 백성을 부유하게 하고 인류를 행복하게 했을 뿐, 인간에게 땅을 빼앗고 남을 죽이도록 가르친 적이 없다. (중략)
비록 그러하지만, 반과학 운동은 과학에 반드시 공로가 없다고는 할 수 없다. 과학에 대한 맹종과 과학을 억지로 끌어다 붙이는 누습을 타파하여 과학의 진정한 정신을 크게 밝혔고, 과학자의 각오를 제창하여 환기시키고, 빈말로 현실에 맞지 않는 공론연구를 조장하는 것이 무익한 일임을 알게 한 것, 이 모두가 오늘날 과학 사업에 종사하는 자에게 약이 되는 것이다.[153]

　여기에 인용한 것은 이미 뒷이야기지만, 분명 과학 공동체 내부에서 다년간의 토론을 통해 도달한 기본적인 합의점이다. 과학자 공동체는 과학을 지향이자 직업으로 여기고, 그들의 작업은 과학 바깥의 요소를 목적으로 삼지 않는다고 계속해서 주장했다. 그러나 1차 세계대전이 야기한 각종 문명 논쟁은 지속적으로 그들의 작업의 의미에 대해 의문을 제기했다. 과학을 위한 과학의 이상주의, 부강을 위한 과학의 현실주의, 인생을 위한 과학의 도덕주의, 완전무결을 위한 과학의 심미주의는 병행해도 서로 모순되지 않았고, 과학자 공동체의 과학 관념 속에 번갈아 나타났다. 서로 다른 문제를 대하면서, 상술한 입장을 끊임없이 바꾸는 것은 과학자 공동체의 의식적 혹은 무의식적인 논쟁 책략이었고, 그 기본 방향은 근대 문명과 과학을 위한 변호이며, 또한 과학과 근대성을 중국 사회 발전의 기본 전략이자 미래의 방향으로 삼는 것이었다.

　문제는 우선 중국 문명과 중국 학술 사상에 대한 평가이다. 일찍이 1916년에 런훙쥔은 학술을 '주관'적인 문학과 '객관'적인 과학, 그리고 그 둘 사이의 철학으로 구분했다. 그는 청말에서 근대까지의 중국 지식계에서 유행한 화법을 반복했는데, 그것은 중국의 문화 혹은 문명과 그 학술 사상은 '문학적'이며, 근대의 발전은 이미 과학만이 '정확한 지식의 근원'임을 보여 주고 있다는 것이었다. "과학으로써 이치를 궁리하니, 근래의 물질문명은 과학의 자연스러운 결과이지 과학의 처음 목표는 아니"며, 과학은 일종의 객관을 추구하는 학술상의 '물질주의'이지, 실리상의 물질주의는 아니다. 만약 이러한 과학의 방법을 따르지 않는다면, "사람의 본성을 다하기에 부족하고" 근대의 복잡한 사회조직에 대한 효과적인 관리는 더더욱 할 수 없다. 그는 반문하기를, "우리는 어찌하여 황제黃帝와 우虞임금 3대의 무위 통치의 의의를 견지하지 않고", 오히려 더욱 복잡한 정치사상을 추구하는가? "답하자면, 과학 진화의 학문으로 인해, 예전으로 돌아가는 것이 불가능함을 알기 때문이다."[154]

또한 바로 이러한 진화론적 역사관에서 출발하여, 런훙쥔은 수년 후 어느 강연에서 다음과 같이 단언했다.

> 내가 말하는 근세 문화는 동양 문화를 포함하지 않는다. 왜냐하면 우리는 동양 문화가 매우 오래전에 발생하여 근대에 속하지 않는다고 보기 때문이다. …우리가 말하는 것은 서양의 문예부흥 이후에 생겨난 문화이다. …내가 말하는 근세의 문화는 과학이며, 근래 사람들이 말하는 근세 문화의 특색이 과학 발명, 과학 방법 등등이라는 것과는 다소 다르다. 전자가 근대인의 생활을 말하는 것으로, 사상, 행동, 사회조직을 막론하고 모두 하나의 과학을 그 안에 함유하는 것이라면, 후자는 과학의 존재와 과학의 결과를 말하는 것으로, 근대인 생활의 일부분에 영향을 미칠 뿐이다.[155]

런훙쥔이 말하는 근대 문화는 과학의 문화로, 문화의 근대성 혹은 근대성 자체가 '과학적' 혹은 과학을 표지로 삼는 것임을 의미한다. 중국 혹은 동양의 문화는 비록 근대 문화와 함께 현재의 세계에 있지만, 근대 문화의 일부분은 아니다. 동양과 서양의 문화 충돌은 이러한 의미에서는 고대와 근대의 충돌로 처리되고, 내용상에서는 비과학과 과학의 충돌이 된다. 이러한 문화의 역사적 서술의 기조는 진보의 역사 관념이다. 그는 마빈Francis Sydney Marvin의 견해에 따라, 근대 사회의 발전을 지식과 권력, 사회조직의 '진보'로 귀결시켰다. 지식과 권력은 자연에 대한 이해 및 장악과 관련된 것이고, 사회조직의 발전은 이른바 전체 근대 자본주의 사회의 구조와 관련되는데, 그중 가장 중요한 것은 민주 제도(정치 참여권의 보급)의 건립, 기회균등의 평민 체제의 형성과 효율을 추구하는 사회적 경향으로, 이 세 가지는 독재정치, 봉건 등급 제도와 그러한 사회적 경향에 대한 부정이다.

런훙쥔은 이 과정을 '합리적'인 과정으로 이해했는데, 이는 인류의 자연, 사회, 도덕에 대한 추세가 모두 보편적으로 적용된 과학을 기초로 하고 있기 때문이다. 국가 제도, 사회조직(민족국가 내부의 정치, 경제와 문화 조직을 포함할 뿐 아니라, 각종 단체의 국제 조직과 각종 주의의 세계 동맹과 같이 국가와 종족의 경계를 초월한 국제 조직도 포함한다)과 효율을 추구하는 방식은 근대 사회의 기본 특징, 즉 과학적(또는 '합리적') 특징을 나타낸다. 이에 수반된 것이 '합리적'인 인생 태도와 가치 경향이다.

> 우리는 과학적 정신이 진리를 구하는 것이고, 진리의 작용은 인류가 아름답고 선한 방향으로 가도록 인도하려는 것임을 안다. …과학이 인생의 태도에 끼치는 영향은 매사에 합리성을 요구하는 것이라고 할 수 있다. 이성으로써 자연의 오묘함을 밝히고, 인생의 행위를 이끌며, 인류의 관계를 규정하는 것은 근세 문화의 특색이며, 과학의 최대 공헌이자 가치다. …"과학은 인도人道의 규범에 복종하여 생명의 영역을 확대하려고 하는 것이다."[156]

과학이 합리와 같다는 것은 과학이 자연의 규율에 대해 탐구할 뿐 아니라 인도적인 법칙을 따르기 때문이다. 만약 근대 문화가 과학적인 문화라면, 근대 문화가 합리적이고 인도적인 문화라고 말하는 것과 다르지 않다. 근대적 지식 체계와 통제 시스템, 사회조직의 틀의 합리성은 바로 이로부터 세워지기 시작했다.

일단 과학, 진보와 근대 문화의 '합리'적 관계가 수립되자, 중국 사회 발전의 기본 방향 또한 명확해졌다. 그러나 서양 과학계와 사회사상계의 진화론과 과학문명, 근대성에 대한 갖가지 문제 제기에 직면하여, 역사 발전에 대한 직선적 서술은 믿기 어렵게 되었다. 더 중요한 것은 진화론의 법칙이 역사의 영역에서는 추상적인 것이고, 진보의 개념 또한 사회 변혁에 구체적인 방안을 제공할 수 없다는 점이다. 과학 담론공동체가 근대 문명에 대해 완전히 긍정적인 태도를 지녔다 해도, 이 공동체에서의 서로 다른 유파가 정치와 문화 전략에서 일치를 이룰 것임을 보증할 수는 없었다. 후셴쭈 등의 진화론에 대한 문제 제기는 마지막에는 보수주의적 문화 태도와 현실 전략으로 나타났는데, 이러한 태도와 전략은 청말 이래 중국 과학자 단체의 보수주의, 개량주의적 정치 태도와 정치 전략에 부합하는 것으로, 『신청년』 등 인문학자 공동체와는 전혀 달랐다. 과학자 공동체는 한편으로는 과학의 존엄과 보편적 의의를 지키려 했고, 또 다른 한편으로는 다른 공동체와는 구별되는 문화적, 정치적 태도와 전략을 세우려고 했기 때문에, 과학적 역사관에 대해 더욱 복잡한 해설을 덧붙일 수밖에 없었다. 따라서 똑같이 진화론을 합리성의 기초로 삼았지만, 과학자 공동체는 『신청년』 단체와 같이 진화론을 급진주의적 정치 변혁과 문화 변혁의 근거로 삼지 않고, 오히려 사회 진보를 일종의 보수와 혁신의 장력 속에서 완성되는 것으로 보았다.

1918년 봄, 월간 『과학』은 제4권 제4기의 머리기사로 런훙쥔이 번역한, 오벌린Oberlin 대학 교수 멧칼프Maynard M. Metcalf의 1917년 중국학생회에서의 연설을 발표했는데, 제목은 「과학과 근세 문명」이었다.[157] 이 글에서 저자는 "상반된 힘이 서로 보완한다"는 역학力學 원리로 자연에서부터 사회까지의 모든 현상을 해석하면서, 진보의 동력은 역학의 균형에서 온다고 지적했다. 이러한 새로운 역사 동력학적 해석의 의의는 역사 진보에 대한 서술이 더 이상 단순한 직선적 진화가 아니라, 두 가지의 상반된 힘이 서로 대항한 결과라는 데 있다. 비록 이러한 대항 자체는 역사 발전의 기본 경향을 바꿀 수는 없지만 말이다. 그렇다면 사회 영역에서 이러한 상반된 힘은 각각 무엇일까?

> 두 힘은 무엇인가? 보수와 혁신이다. 『주역』에서 말하기를, 전
> 자는 구습에 딱 달라붙어 사회가 그로 인해 오래 유지될 수 있
> 다. 후자는 새로운 지식을 즐기고 중히 여겨 사회가 그로 인해
> 앞으로 나아간다. 오늘날 이 두 힘을 명명할 명사를 찾고자 한다
> 면, 전자를 나는 전통주의(traditionalism)라 명명하고, 후자는 과
> 학 정신(scientific spirit)이라고 명명하겠다.
> 오늘날의 과학자들은 걸핏하면 보수주의의 해로움을 헐뜯지만,
> 우리는 자연법칙에 대한 연구에서 타성과 원동력의 상부상조를
> 일찍이 본 적이 없는가. 또한 타성을 중시해도 원동력이 줄어들
> 지 않음을 보지 못했는가.
> 그 사회에서 보수와 혁신이라는 두 주의는 진실로 마땅히 각기
> 적당한 위치를 점하고 상부상조해야 한다. 이 두 주의가 없다면
> 종종 조절하여 평형을 얻기가 쉽지 않을 것이다. 유럽의 중세 암
> 흑시대에는 보수와 전통주의가 사람들 마음 깊은 곳을 점하고
> 있어, 그 결과 침체 현상이 사회에 만연했다. 반대로 프랑스혁명
> 은 혁신주의를 위한 또 다른 극단적 빛의 시대를 이루었다. 제방
> 이 무너지고 강이 범람하는데 제어하지 않으니, 그 결과 맹렬한
> 불길이 폭발한 듯, 옥석이 모두 불에 탔다.[158]

이 글에서 저자는 보수와 급진을 절충적으로 처리했는데, 실제로는
정치와 문화의 급진주의 조류 속에서 보수주의를 위해 학리상의 근거
를 제공한 것이었다. 보수주의의 의의는 '새로운 이치'(新理)를 단련하
여 투쟁을 통해 더욱 완벽하게 하는 데 있었을 뿐 아니라, 더 나아가서
는 사회의 안정을 보호하고 촉진하는 데 있었다. "습관은 사회 생명의
근원이며 그것이 없으면 사회도 없다." 그러나 저자의 견해에 따르면,
보수주의도 '이치에 맞는 것'(有理)과 '이치에 맞지 않는 것'(無理)의 구

별이 있으며, '과학 정신'은 대부분 '이치에 맞는 보수주의'를 포함한다.[159] 근대의 문화 급진주의는 개인의 독립과 해방을 강조하고, 이러한 개인의 자유야말로 근대 사회가 형성될 수 있는 전제라고 여긴다.

그러나 중국 근대 사회 발전에서 중요한 일보는 바로 근대 민족국가를 건설하는 것이었고, 따라서 사회 전체의 동원이 개인의 발전보다 더 근본적이었다. 앞에서 자세히 분석한 후밍푸의 개인과 사회, 국가에 관한 견해와 유사한 논리 구조가 여기에서 이미 보수주의 문화 정치에 대한 '과학 변론'으로 나타나고 있다.

> 구속받지 않는 독립 정신에 그 집단의 생명이 달려 있다. 그러나 개인주의를 지나치게 주장하면 사회에 화가 될 수 있다. 수구守舊와 독립, 사회와 개인, 상반되는 것이 서로의 쓰임이 되면, 후세대의 기운이 여기에서 나올 것이다.[160]

그러나 중국의 실제 상황에서 보면, "중국이 보수주의의 통치를 받은 지 거의 수천 년, …오늘날의 급선무는 과학 정신의 보급만 한 게 없고, 사상이 한쪽으로 기울어지게 함으로써 평형을 얻은 후에야 진보를 말할 만하다."[161] 이 때문에 저자의 결론은 여전히 과학으로써 나라를 구하는 것이었다.

> 개인 및 국가에게 중요한 것은 진리를 발명하고, 굳센 의지로 진리를 위해 노력하고도 후회하지 않는 것이다. 중국 부흥의 기회는 반드시 이로부터 구해야 한다.[162]

진보적 역사관은 모종의 개조를 거쳐, 보수주의 문화와 정치에 과학적 기반을 제공했을 뿐 아니라, 직선적 진화 관념이 받은 도전을 해명했다. 진화론적 역사 관념이 얼마나 호된 과학적 문제 제기를 받았든지 간에, 과학자 집단에서는 근대성과 그것의 시간관념에 대한 심각한 비판으로까지는 발전되지 않았다. 그러나 이러한 문제 제기들은 확실히 과학자 집단으로 하여금 사회의 과정과 그것의 변혁에 대해 동시대의 문화 지식인에 비해 더욱 신중한 태도를 취하게 했다. 더 중요한 것은 진화론에 대한 과학의 문제 제기가 처음으로 과학 내부에 '근대'와 관련한 각종 신화적 시각에 대한 반성을 제공했다는 점이다.

근대 세계관과 자연 일원론적 지식 분류

과학담론공동체 내부에 얼마나 많은 차이가 있었든지 간에, 반복적인 토론을 통해 보편적이고 객관적인 지식 체계가 점차 형성되었다. 과학 관념이 근대 사상에서 이처럼 중요하고, 심지어 결정적인 영향을 끼쳤던 것은, 우선 과학담론공동체가 자각적으로 구체적인 연구 영역에서부터 보편성을 지닌 과학 방법으로 나아갔기 때문이며, 다음으로는 이러한 과학 방법이 형식상 그리고 내용상 모든 사물을 검증할 수 있는 경로와 표준임이 보편적으로 인정되었기 때문이다. 과학 방법의 보편적 적용을 통해서 근대 사상은 전체 경험 영역을 새로 해석하려고 했고, 이러한 해석 활동은 통일적인 체계적 지식을 절박하게 요구했다. 여기에서 통일적인 체계적 지식의 의미는 지식이 처리하는 것이 자연 문제든 사회문제든, 아니면 인간 자신의 문제든 모두 같은 규칙을 따르는 것을 말한다. 과학은 바로 지식 영역 전체에 관련된다. 과학 실천과 사회 실천, 도덕 실천의 관계로 말하자면, 모두 같은 종류의 실천인 것이다. 따라서 총체적 과학 지식 계보는 지식의 내용을 새로 정의했을 뿐만 아니라, 관련된 또 다른 핵심 개념 즉 실천 개념을 정의했다.

과학과 인생관의 관계, 과학과 근대 문명의 관계, 그리고 진화론 문제를 둘러싼 논쟁은, 과학 지식이 도덕적 기초와 역사적 목표를 제공할 수 있고, 객관적 지식 논증을 통해 사회 정의의 기준을 제공할 수 있으며, 인식 주체의 정신적 활동, 특히 권리와 도덕, 신앙의 근원을 해석할 수 있어야만, 과학 지식이 유일한 지식이 될 수 있으며 과학 실천이 유일한 실천이라는 확신을 얻을 수 있다는 것을 보여 준다. 바꿔 말하면, 과학 지식의 총체는 반드시 과학을 초월하는 (도덕 지식, 종교 지식 혹은 심미적 직관과 같은) 다른 지식이 존재하지 않으며, 과학 실천을 초월하는 (도덕 실천과 신앙 실천, 심미 실천과 같은) 다른 실천이 존재하지 않음을 증명해야만 했다. 이상에서 본 과학 공동체의 과학 관념에 대한 서술에 근거해, 우리는 이미 과학적 세계관에 관한 논증이 두 단계, 즉 과학 방법이 어떻게 우주 속 모든 사물의 보편적 연계를 예비해 두었는가와 과학의 자연에 대한 탐구가 어떻게 인류의 도덕과 사회, 정치 업무에 똑같이 적용되는가 하는 두 단계에 집중되어 있는지를 분명하게 알 수 있었다. 이것은 근대 과학사의 표준 양식으로 우주와 윤리의 기원을 해석해야 할 뿐 아니라, 근대 과학사의 표준 양식에 따라 인류의 전 역사를 이해해야 함을 의미한다. 그러나 이러한 역사 이해를 수립하는 데에는 지식상의 전제가 필요했다. 우선은 전통적 세계관에서건 근대 서양 사상에서건, 통약할 수 없는 영역으로 이해되는 것들이 사실은 동일한 자연 규칙의 지배에 복종하고 있으며 따라서 서로 다른 영역들에 대한 해석은 동일 지식 체계의 다른 측면일 뿐임을 논증해야만 했다.

문제는 먼저 심리학, 사회학, 철학과 과학의 관계에서 나타났다. 즉 과학과 과학적 방법이 인간의 정신 활동과 신앙을 설명할 수 있는가? 일찍이 월간 『과학』 창간호에 자오위안런은 「심리학과 물질과학의 차이」라는 글을 발표했는데, 그의 기본 논점은 심리학 연구가 경험하는 것은 자연과 직접적인 측면이고 물질과학 연구가 경험하는 것은 추상과 간접적인 측면이며, 심리학 연구의 경험은 개인과 그 존재의 각 상황과 관계된 것이고 물질과학 연구의 경험은 경험하는 사람과 관계된 것이 아니라 자존自存하는 사물과 관계하는 것이라는 점이다.[163] 차이는 명백하지만 둘 다 공히 경험의 다른 측면에 대한 연구이다. 자오위안런은 제임스William James의 심리학 연구를 언급하지 않았지만, 문제를 '경험' 개념으로 확정한 것은 그의 영향을 받은 것일 가능성이 크다. 사회학은 더욱이 과학의 한 가지로, "사회학은 과학이다. 제군들이 이 학문을 익힘에 그것을 철학으로 봐선 안 되고, 그것을 문사文史 등의 학문의 성질로 봐선 더욱 안 된다. …사회학의 발달은 실로 생물학의 발달로 인한 것이기 때문이다."[164] 이 문장에서 중요한 것은 저자가 사회학을 과학에 귀속시켰다는 점이 아니라, 그가 과학과 문·사·철 등 여러 학과를 엄격하게 구분했다는 점이다. 과학과 철학 등의 학과의 관계로 말하자면, 중국 과학자 단체는 독특한 관점이 없고, 주요한 논의는 서양 근대 사상의 관련 문제에 대한 토론에서 나온 것이다. 예를 들어, 1920년, 왕진王璡은 웰스Prof. Wells의 「철학과 과학」이라는 글을 번역하여 발표했다. 이 논문에서는 우선 그리스 고전 시대의 물리학, 화학, 천문학, 지질학 등의 영역과 근대 과학의 차이를 분석했다. 특히 근대 문명에서만 이러한 학과가 철학 혹은 신학의 영역으로부터 독립된 영역으로 분화되었고 자기의 독자적인 방법을 획득했음을 지적했다. 저자의 견해에 따르면, 철학은 독립하여 존재할 수 없고, "철학을 말하고자 하면, 반드시 어떤 물체의 철학인지를 밝혀야 한다. 예를 들어 물리철학, 화학철학, 생물철학, 종교철학 등의 부류가 있다."[165] 이런 의미에서 저자의 결론은 다음과 같다.

> 나의 이 말은 철학이 과학이 되지 못한다거나 과학과 무관하다는 것이 아니다. 그러나 철학의 가치를 밝히고자 한다면 과학의 위가 아닌 과학의 안에서다. 과학은 필요의 경계선 안에서 철학을 도구로 삼고 방법으로 여긴다. 철학을 멋대로 숭상하면서, 그것의 보조적인 역할을 인정하지 않는 것은 과학에 해가 될 뿐 아니라 철학에 더욱 해가 된다.[166]

상술한 결론은 철학을 구체적인 과학 학과의 방법론으로 여기고 있다. 이렇게 자연과학이 점차 고전 철학과 신학으로부터 분화되어 나온 근대의 과정에 수반하여, 철학은 점차적으로 모든 지식을 아우르는 지위를 잃었으며, 각기 분화되어 나온 독립 학과의 일부분으로 바뀌었다. 이는 과학자 단체가 보편적 지식의 계보를 세우는 데 있어서 중요성을 지니는데, 왜냐하면 이 계보 속에 학과로서의 철학의 위치가 존재하지 않기 때문이다. 사실 이러한 철학에 대한 이해 방식은 중세 신학과 19세기 형이상학 전통에 대한 비판이다. 철학은 반성적 성찰의 방법이라는 것, 이것이 바로 고전 그리스 사상의 철학에 대한 이해였다.

월간 『과학』 제2권 제8기와 제9기에 아서 톰슨John Arthur Thomson의 「과학의 분류」(Chapter IV, An Introduction to Science)가 연재되었는데, 번역자는 탕웨였다. 저자는 우선 베이컨, 콩트, 스펜서, 피어슨Karl Pearson 등의 과학 분류를 소개했는데, 특히 피어슨의 『과학 문법』(Grammar of Science)에서의 과학 분류를 높이 평가했다.[167] 각종 분류 방법을 종합하면서, 저자는 마지막에 과학을 양대 계통으로 나누었다. 즉, 1. 추상적, 공식적, 방법학적 과학(Abstract, Formal, or Methodological Sciences), 2. 구체적, 묘사적, 혹은 경험적 과학(Concrete, Descriptive, or Experiential Sciences). 추상 과학은 (낮은 것부터 높은 순으로) 수학, 통계학, 논리학, 형이상학을 포함한다. "추상적 과목은 수학을 기초로 하고 현학을 최종의 목표로 한다." 구체적으로 과학은 사회학, 심리학, 생물학, 물리학, 화학 등 5개의 기본 과학을 포함하며 모든 기본 과학은 약간의 파생 과학을 낳는다.[168]

특수한 분류 방법을 통해 저자는 사회학과 심리학 그리고 기타 자연과학을 '5대 기초과학'으로 나열했을 뿐 아니라, 형이상학의 영역 또한 과학의 범주 속에 넣음으로써, 과학과 형이상학이 상호 대립하는 계몽주의적 사상 구조를 바꿨다. 저자의 구체적인 과학 분류 속에는 명백히 다른 영역의 분화도 분명 존재한다. 예를 들어 저자는 사회학, 심리학과 생물학, 물리학, 화학 등을 다른 유형으로 구분하고 있다. 그러나 사회학을 생물학의 한 분파로 간주한 피어슨의 분류법을 채택하지 않았다. 이러한 분화의 근거는 "그것의 재료 선택의 차이에 있는 것이 아니라, 왜 재료를 처리하는 범주에 차이가 있는가에 있다. 두 학과의 재료는 같을 수 있다. 다른 것은 그것이 향하는 목표, 기본 개념, 방법의 항목에 있을 뿐이다."[169] 상술한 분류법에서 저자는 비록 학과의 대상의 차이(즉 리케르트H. Rickert가 말한 '질료적 분류 원칙')도 고려하고 있긴 하지만, 더욱 핵심적인 분류 원칙은 방법, 범주(즉 리케르트가 말한 '형식적 분류 원칙')이다. 저자에게는 어떤 분류를 택하는지는 전혀 중요하지 않았으며, 문제는 이러한 명석한 지식 계보가 각종 지식의 상관관계를 증명할 수 있으며 이 지식 계보 자체가 "완전하고 일관된지 여부"를 검증할 수 있다는 점이었다.[170] 따라서 저자의 분류 원칙은 과학의 보편적 의의를 제공할 수 있어야만 했다. 그 글에서, 그는 상이한 학과 간에 서로 설명하고 회통하는 지점을 반복해서 논했는데, 자연에서 인류까지, 생물에서 역사까지 이와 같지 않은 것이 없었다. 저자의 최종 목적은 명백히 "과학의 장점을 근거로" "우리의 순수 지식의 세계관"을 건립하는 것이었다.

조목조목 세밀하게 분석하는 일을 그만두면 여러 학과의 일관된 이치가 드러난다. 우리는 이에 매우 기쁘고 마음이 놓인다. 비록 토론하는 책이 다르고, 강연하는 스승이 다르고, 실험하는 장소가 다르지만, 이는 그저 편의를 위한 방편일 뿐이다. 그 궁극을 연구해 보면, 백 가지 과학은 모두 같은 훈련의 각 부분이고, 학문적 기교의 상이한 예들이다. 그 힘쓰는 바는 각기 다르나 목표는 하나다. 이 목표는 다름이 아니라, 자연 질서의 큰 난제를 나날이 명료하게 하는 것(해결한다고 하지 않는 것은, 이 난제는 어쩌면 해결할 날이 영원히 오지 않을 수도 있기 때문이다)일 따름이다. 여러 학과를 합하여 진리의 완전체를 이루며, 학과들이 서로 긴밀하게 결합될수록 그 가치는 더 커진다. 현자의 돌(즉 Philosopher's Stone – 인용자), 박학, 대학, 최근의 과학의

회통, 이것들이 바라는 바도 단지 이뿐이다.[171]

과학담론공동체는 과학 분류를 통해 결국 통일되고 일관된 세계관 혹은 '진리의 완전체'를 수립했다. 신앙, 심리, 사회, 생물에서부터 각종 자연현상까지, 인식의 주체로부터 인식의 대상까지 모두 분과의 특징을 지닌 공리公理적 세계관 속에 편입되었다. 이 공리적 세계관에서는 비록 모종의 인문, 사회, 자연의 구별이 존재하지만, 이러한 구별은 극히 모호하다. 이러한 구별은 '이질'적인 영역에 속하지 않고 그저 모종의 범주상의 차이만 있기 때문에 통약 가능한 것이다. 더욱 중요한 것은 특정한 범주와 방법, 훈련의 도움을 빌리면, 우리는 우리 자신을 포함한 세계를 이해할 수 있고, 우리 자신도 객관세계의 한 구성 부분으로 간주하게 된다. 이 일관된 세계관에서는 순수한 주관적 직관은 존재하지 않는다. 만약 세계 자체의 발전이 어떤 목적을 가지고 있는 것이라면, 과학적 실천은 일종의 합목적적 행위이자 의미를 제공하는 행위이다. 바로 여기에서 과학의 분류 체계는 5·4 계몽운동에 사상적 기초를 제공했다. 이 운동에서 동서양 문화 충돌의 문제는 결국 중국 문명과 객관적 규칙 사이의 대결로 이해되었고, 문명 충돌 역시 이에 따라 지식의 충돌로 이해되었다. 호르크하이머와 아도르노Theodor L. W. Adorno의 칸트에 대한 해석에 따르면, 계몽적 이성은 그 자신의 일관성에 따라 개별적 지식을 모아서 체계로 만드는 것을 의미할 뿐이다. 이성의 규율은 곧 개념 등급을 구축하는 지침이다. 계몽의 의미에서 보면, 사유는 통일된 과학적 질서를 형성하고, 원리로부터 사실에 대한 인식을 도출해 냄으로써, 염원에 따라 공리, 선천적 개념 혹은 극단적 추상을 얻어 낼 수 있다.[172] 우리는 앞으로, 1923년의 '과학과 인생관' 논쟁에서 바로 이러한 일관된 세계관 혹은 계몽의 세계관이 도전을 받았으며, 현학파가 요구한 것은 한발 더 나아간 분화로, 유럽의 근대 사상이 종교의 일관된 세계관에 대해 행했던 분화 및 재건 같은 것이었음을 보게 될 것이다. 주의할 것은 이 분화 과정은 신앙, 도덕, 심미 등의 가치와 의미의 영역을 근대 과학적 세계관의 '진리의 완전체'로부터 해방할 것을 요구하며, 따라서 인문 영역의 자주성이라는 방향으로부터 과학 공동체가 자신의 특수한 지위를 확립할 때의 가정, 즉 과학과 다른 사회 영역의 엄격한 구분을 다시금 확인했다는 점이다.

제12장　과학담론공동체로서의
　　　　신문화운동

제1절

'5·4' 계몽운동의 '태도의 동일성'

'5·4' 시대는 중국 지식인들에게 찬란한 꿈일 뿐만 아니라 잊을 수 없는 한순간의 추억이기도 하다. 그것은 사상의 자유, 인성의 해방, 이성의 회복 그리고 때늦었지만 오히려 서둘러 사라져 간, 영원히 변치 않을 정의正義의 도래를 의미한다. 만약 '신화'神話라는 개념이 사람의 마음을 사로잡는 독특한 형식으로 미래를 표현하고 또한 구체적 행동을 통해 이러한 미래의 실현을 예시하는 것이라면, '5·4'는 바로 그러한 신화이다. 하지만 '신화'에는 또 다른 함의가 있다. 곧 그것은 후인들에게 구축된 역사적 형상이다. 일단 우리가 역사적으로 '5·4'로 대표되는 문화적, 사회적 경향을 마주하면, 사실상 복잡다단하면서 내재적 논리가 결핍된 사상의 도도한 흐름, 곧 무정부주의, 마르크스주의, 실험주의, 신디칼리즘syndicalisme, 사회주의, 자유주의, 국가주의 등 각종 사상 유파나 경제학, 심리학, 미학, 사회학, 정치학 및 각종 자연과학과 같은 다양한 학술적 지식이 지성의 해방 시대를 이루고 있음을 알 수 있을 것이다.

그런데 복잡다단하고 내재적 논리의 결핍을 사상 시대로서 '5·4'의 특징이라 할 수 있을까? 나의 대답은 부정적이다. 카시러Ernst Cassirer (1874~1945)가 18세기 유럽의 계몽운동을 논할 때, "계몽사상의 진정한 성격은 그것의 가장 순수하고 가장 선명한 형식으로부터는 명확히 파악되지 않으며", "이런 형식에서, 계몽사상은 갖가지 특수한 학설, 공리와 명제로 귀납된다. 그러므로 그것의 회의와 추구, 파괴와 건설에 주목해야만 비로소 그것의 진정한 성격을 파악할 수 있다. 부단히 변화하는 이러한 총체적 과정은 개별 학설의 단순 총합으로 분해될 수 없다"[1]고 논한 그대로이다. 유럽 계몽운동은 17세기 형이상학의 추상적 연역의 방법을 폐기하였고, 분석적 환원과 합리적 재구의 이성주의 방법을 각 지식 분야 속으로 관철시켰다. 이로 인해 계몽운동 내부에 상호 모순되거나 상호 무관한 측면이 존재하지만, '이성'의 방법론은 여전히 유럽 계몽운동의 역사적 동일성을 구성한다. '5·4' 신문화운동은 각양각색의 신지식을 사용하여 천리天理를 중심으로 한 유학 세계관을 대체하고, 또한 이러한 이념 투쟁을 사회생활의 각 영역으로 확장시키고자 시도하였다. 만약 '방법론'이라는 개념을 이용하여 '5·4' 신문화운동의 역사적 특징을 충분히 드러낼 수 없다면, 나는 '태도의 동일성'으로 이러한 운동을 설명하는 것이 적합하다고 생각한다.[2] 후스胡適는 '5·4' 신문화운동을 총괄하며 "나의 개인적 관찰에 의하면, 신사조의 근본 의의는 단지 새로운 태도에 불과할 뿐이다. 이러한 새로운 태도는 '판정하는 태도'라고 불릴 수 있다. …'일체의 가치를 새롭게 정한다'(重新估定─切價値)라는 이 문구는 바로 판정하는 태도에 대한 가장 좋은 해석"[3]이라고 회고하였다. 이런 판정하는 태도는 두 가지 경향으로 표출된다. 우선 사회, 정치, 종교와 문학의 갖가지 문제, 곧 공자교 문제, 문학 개혁 문제, 국어 통일 문제, 여성 해방 문제, 정절貞節 문제, 예교 문제, 교육 개량 문제, 혼인 문제, 부자 문제, 희극 개량 문제 등을 토론하는 것이다. 다른 하나는 서양의 신사상, 신학술, 신문학, 신신앙을 소개하는 것으로, 예를 들면 『신청년』新靑年의 '입센 특집호', '마르크스 특집호', 『민탁』民鐸의 '근대 사상 특집호', 『신교육』의 '듀이John Dewey 특집호', 『건설』의 '전민정치'全民政治의 학리學理, 그리고 북경의 『신보』晨報, 『국민공보』國民公報, 『매주평론』每周評論, 상해의 『성기평론』星期評論, 『시사신보』時事新報, 『해방과 개조』(解放與改

造), 광주의 『민풍주간』民風周刊 등 신문잡지에 소개된 각종 서구 학설들이다. 후스는 이러한 두 가지 경향을 각각 '문제의 연구'와 '학설의 수용'으로 귀납시켰다.

'판정하는 태도'를 각종 지식 영역과 사회생활 영역으로 관철시키는 것은, '5·4' 신문화운동이 내재적 자각, 곧 새로운 가치, 공리를 활용하여 천리 세계관이 망라한 지식과 생활 영역을 재구성하려고 시도하였음을 말한다. 따라서 '5·4'의 '태도의 동일성'이 결코 하나의 '방법론'으로 귀결될 수는 없겠지만, '방법론'이 그것의 유력한 이념의 무기임은 확실하다. 마치 과학자 공동체가 과학적 신앙과 방법을 정치, 경제, 사회와 문화 각 방면으로 끌어들이는 것처럼, '5·4' 신문화운동 역시 과학담론공동체의 운동이며, 그것은 바로 과학적 신념, 방법, 지식을 '공리公理 세계관'으로 구축하려는 노력이었다. 심지어 도덕, 심미나 인생관 영역으로부터 과학 원리의 보편성을 의심하는 일련의 조류 역시 이 공리 세계관 구축 과정의 필수 불가결한 측면이다. '5·4' 신문화운동의 주류는 '과학자'임을 자처하는 인문학자들이라고 간주할 수 있다. 또한 그들의 사명은 저들, 곧 '사물에 나아가 이치를 궁구하는'(卽物窮理) 방법을 써서 천리를 탐구하거나 일상생활의 실천 속에서 이 천리를 실천하기 위해 애쓰는 이학가理學家들과 모종의 가족 유사성을 띠고 있다. 이러한 의미에서, 반이학反理學 기치하에 '5·4' 신문화운동이 전개한, 과학적 우주관을 구축하려는 노력 역시 '신이학'新理學을 수립하려는 시도로 이해할 수 있다. 따라서 '과학담론공동체'의 범주 내에서 '5·4' 신문화운동 및 이 운동과 과학자 공동체의 담론 실천과 사회 실천 간의 상호관계를 살펴보고자 한다.[4]

가치 영역으로서의 과학 영역

인간의 인식 관념의 부단한 변화는 과학이 사회와 도덕철학에 대해 즉각적인 영향을 끼쳐서 생긴 직접적인 결과이다. 17세기부터, 유럽에서는 도덕적, 철학적 사상의 과학화라는 부단한 과정이 시작되었다. 그것의 가장 극단적인 표현 형식 중에서, 과학 지상주의의 조류는 종교, 전통 지식, 철학과의 완전한 결별을 시도하였다. 그것은 인식의 한계를 뛰어넘었고 또한 이른바 과학이라는 기초 위에서 사회를 유토피아로 변화하게 하였다.[5] 유사한 상황이 근대 이후의 중국에서도 똑같이 일어났으니, 중국의 과학자 집단과 계몽주의 간행물들이 전형적으로 이러한 추세를 보여 준다. 과학자 공동체는 다른 문화 종사자들과 함께 완전한 과학 분류 체계를 세우고, 자연계와 사회의 모든 문제를 이러한 체계 속에 귀납시켜 해석하였다. 국가, 사회와 개인의 권리 및 그 관계는 이러한 체계 속에서 설명될 수 있으며, 세계 운행의 기본 법칙은 사람들이 세계를 대면하거나 세계에서 활동할 때의 기본적 근거이자 도덕적 원칙이 되었다. '5·4' 시대에, 『신청년』과 그 대표 인물인 천두슈, 후스는 다른 각도와 측면에서 이러한 체계의 권위성과 과학적 방법의 보편적 의의를 강화하였다. 주의할 점은, 『신청년』과 그것이 대변하는 신문화운동이 근대 중국 사상의 오랜 격정을 표출하였고, 그것의 가장 중대한 성과는 바로 언어, 문화, 가치의 개혁을 추진한 것이지만, 이러한 운동은 우리가 앞서 토론한 바 있는, 과학자 공동체가 추진한 실증 지식적 과학 운동과 사실상 동일한 운동이라는 점이다. 그들은 일종의 근대적 언어를 함께 만들고 발전시켰고, 함께 전통 지식을 해체하고 재구축하였으며, 함께 우주·세계·국가·사회·개인과 윤리에 관한 새로운 그림을 그렸다. 예컨대, 새로운 문학 주제와 윤리 원칙을 지키기 위해, 저우쮜런周作人은 엘리스Henry Havelock Ellis(1859~1939)의 과학 저작『성 심리학』性心理學을 원용하여 위다푸郁達夫의 문학 작품『침륜』沈淪을 변호하였다. 각종 텍스트는 과학적 체계 분류법에 따라 분류되었고 다시 그보다 상위의 체계에 종속되었다. 이러한 방식이 내포하는 판단은 바로 우주와 세계의 궁극적 동일성 및 세계의 다양한 측면을 탐구할 때의 방법론적 동일성이다. 나는 월간『과학』과『신청년』을 대표로 한, 상호 교차하는 두 집단을 '과학담론공동체'라고 부른다. 그들은 다양한 방식으로 '인간'과 세계에 관한 새로운 지식을 함께 창조하였다.

천두슈와『신청년』을 중심으로 한 '신문화운동'의 '과학' 개념 및 그 활용에 대해 논하려면, 특히 그들의 사회적 역할과 그 활용 방식 사이의 관계에 주의해야 한다. 이 무렵 중국에는 전통 사회에서 출현한 적이 없는 지식인 집단이 등장하였고, 그들은 통상 당시의 대학 체제(대학은 준 과학 공동체로 간주될 수 있다)내로 모여들었다.

과거제의 폐지로 인해, 이 지식인들은 중국 정치 체제에 진입하는 길을 상실하였다. 그리고 서양 문화와의 접촉은 그들에게 두 문화 사이를 매개하는 특수한 역할을 맡도록 하였다. 곧 그들은 변화하는 사회에서 그들의 관심과 일치하는 지식 구조를 찾고, 이를 근거로 하여 사상적, 지적 활동을 전개하였다. 대학 체제는 근대 사회에서 변화를 일으켰는데, 우선 지식인의 입장에서 볼 때, 대학은 국가의 자유로운 지적 활동이 유일하게 체제화한 조직이며, 또한 낡은 전제 사회에서 자유와 민주적 특권을 향유한 선례를 가지고 있어서, 이러한 체제 내에서의 그들의 활동은 그 자체로 사회에 대해 뚜렷한 본보기 역할을 하였다. 다른 한편으로, 대학의 이러한 지위와 특권은 자유라는 대의의 발전 결과가 아니라 북양北洋 군사정권의 특혜에 불과할 뿐이지만, 이 역시 민족국가 체계가 형성된 뒤에 어느 통치자라도 자신의 역량을 강화하기 위해 취할 수밖에 없는 양보와 선택이기도 하였다. 그러므로 이는 통치자의 공언의 기초 위에 세워진 불안정한 지위였다. 국가의 통치자는 대학과 그 성원을 전문 인력을 배양하는 거점으로 간주하여, 그들에게 자신의 지위를 이용하여 순수 학술과 과학을 추구하도록 허용하였다. 지식인들은 사회의 선각자로서 활동을 펼쳐야 했을 뿐만 아니라 또한 대학의 자유로운 특권을 잃지 않아야 했기에, 사유 활동과 사회적 선전을 일종의 '과학적' 활동일 뿐만 아니라 과학 원리를 근거로 한 자유로운 탐색으로 간주하는 것만큼 나은 방식은 없었다.[6] 이 무렵 신문화운동과 린수林紓 사이에 일어난 논쟁과 차이위안페이蔡元培의 대학의 특권을 이용한 린수에 대한 답변은 대학 체제와 그 속에 처한 신문화운동가의 이중적 위상을 적절히 보여 준다.

천두슈 및 그 동료들은 과학자가 아니라, 과학을 사회 정치와 윤리 도덕 영역에 적용하고자 했고 나아가 그 변혁 방안을 제기한 계몽자이다. 간행물의 편집자이자 필자로서, 그들은 사실상 사상적 선각자의 신분으로 광범위한 대중운동을 추진하고 과학 및 기타 서양 가치관으로 구세계관에서 길을 잃은 국민들을 소환하였으며 나아가 사회를 개조하였다. 선각자와 포교자의 이러한 역할은 그들의 '과학관'의 기본적 측면을 규정하였고, 이 점을 이해하는 것이 오히려 그들의 '과학' 개념의 문자적 의미를 이해하는 것보다 훨씬 중요하다.

1. 천두슈: 실증주의에서 유물주의로

『신청년』의 편집장이자 '반전통' 사상 운동의 영수로서, 천두슈가 훨씬 관심을 기울인 것은 '과학' 자체의 특징이 아니라, '과학'이 그에게 얼마만큼의 반란적 또는 사상적 역량을 제공하는가 하는 것이었다. 그럼에도 불구하고, 우리는 그의 수많은 글에서 여전히 '과학' 개념과 관련된, 간단하지만 오히려 명료한 정의를 발견할 수 있다. 『신청년』 창간부터 그가 마르크스주의를 수용하여 중국공산당의 최초 영도자가 되기까지, 그의 '과학' 개념은 기본적 측면에서는 변화가 없었지만, 의심할 여지 없는 중요한 진전 또한 있었다. 그것은 콩트A. Conte, 밀J. S. Mill의 실증주의 '과학관'으로부터 유물주의 '과학관'으로 이행하였다는 점이다.

유명한 글 「삼가 청년들에게 알림」(敬告靑年)에서, '과학'이라는 단어는 '실리'實利, '상식'常識, '이성'理性, '실증'實證과 관련을 맺고 있고, 그 반대편에는 '허문'虛文, '상상'想像, '무단'武斷 등의 어휘가 배치되었다. 특히 주의해야 할 것은, 그가 밀의 '공리주의'와 콩트의 실증철학을 1923년 '과학과 인생관'의 논쟁에서 '현학'玄學파가 받든, 오이겐R. C. Eucken과 베르그손H. L. Bergson 등의 생명철학가와 함께 거론하였는데, 이는 서양 사상에 대한 천두슈의 이해가 매우 일천함을 보여 주는 한편, 그의 '과학' 개념이 특히 사람의 주관성을 매우 중시하였음을 말해 준다. 천두슈는 오이겐과 베르그손이 "비록 현세의 물질문명을 완벽하다고 이해하지는 않았지만, 모두 생(영문으로는 life, 독일어로는 Leben, 불어로는 lavie)의 문제를 표방하고 이론의 목적으로 삼았다"고 여겼다. 여기에서 '생의 신성'(生活神聖) 개념은 '이용후생'利用厚生의 개념과 상통하는 것이며 또한 바로 공리적 의의 측면에서 밀과 콩트를 오이겐, 베르그손과 통일시킨 것이다.

'생'은 목적을 의미할 뿐만 아니라 하나의 경험 과정, 하나의 주관과 객관이 상호 관련된 영역을 의미한다. 그래서 이를 근거로 하는 '과학관'은 필연적으로 경험주의의 색채를 띤다.

과학이란 무엇인가? 사물의 개념에 대해 객관적 현상을 종합하여 주관적 이성에 비춰 보아도 모순되지 않는 것을 말한다. 상상이란 무엇인가? 객관적 현상을 초월할 뿐만 아니라 주관적 이성을 팽개치고 터무니없이 조작하여, 가정은 있으나 실증이 없으며 사람들이 가지고 있는 지혜로 그 이유를 밝히거나 그 법칙을 거론할 수 없는 것이다. (중략)

이러한 비상식적 사유, 근거 없는 신앙을 뿌리 뽑고자 한다면 과학뿐이다. 과학으로 진리를 설명하고 사건마다 실증을 구하는 것은 상상하여 멋대로 판단하는 것과 비교할 때, 그 걸음은 매우 느리지만 내딛는 걸음마다 탄탄하여, 환상이 난무하나 종국에 촌보의 진전도 없는 것과는 다르다. 천지간에 사리事理는 무궁하고, 과학 영토 내에서 개간을 기다리는 옥토들은 참으로 광활하다. 청년들이여, 힘쓰라![7]

천두슈는 과학을 주관과 객관의 통일로 보았으나, 주관적 이성은 사실상 기존의 경험 지식을 일컫는 말이었다. 그래서 그의 과학 개념은 경험의 귀납을 중시한다. 천진天津 남개대학南開大學에서 행한 '근대 서양 교육'이라는 제목의 강연에서, 그는 콩트의 관점을 인용하여 인류의 진화를 '종교 미신 시대', '현학 환상 시대'玄學幻想時代, '과학 실증 시대'로 나누고, 구미가 18세기부터 이미 두 번째 시대로부터 차츰 세 번째 시대로 접어들어 "정치, 도덕, 교육, 문학, 어느 하나 과학 실증의 정신을 담지 않은 것이 없다"고 여겼다. 그는 나아가 학교 교육은 일상생활 지식 및 기능과 현장 연습을 위주로 해야 한다고 주장했는데, 이는 분명히 「삼가 청년들에게 알림」의 글에서 '생' 개념의 두 가지 함의(곧 실용과 실천)를 구체화한 것이다.[8] 1918년 8월에 발표한 「성현의 말과 학술」에서, 천두슈는 역대 논자들이 "대부분 성언聖言을 중시하고 비량比量을 경시하는" 것을 비판하였다. 이른바 '비량'이란 인명학因明學의 학술 용어로 여러 현상을 취하여 보편 법칙을 구하는 것을 말한다. 천두슈는, 이는 서양의 '귀납 논리의 방식, 과학 실증의 방법'과 유사한 것으로, 그것과 대립되는 '성현의 말을 중시하는

각자나 교주와 같은 태도로 다음과 같이 말하였다.

> 현재 세상에는 두 갈래 길이 있다. 하나는 공화적이고 과학적이
> 고 무신론적인 광명의 길이고, 또 하나는 전제적이고 미신적이
> 고 신권적인 암흑의 길이다. 우리 국민이 만약 의화단의 난이 다
> 시금 일어나지 않기를 바란다면, 그리고 케틀러 비석처럼 치욕
> 스러운 기념물이 다시금 세워지는 것을 혐오한다면 결국 어느
> 길로 가야 하겠는가?[16]

사실상, 「삼가 청년들에게 알림」에서 말한 '과학'은 바로 '여섯 가지
신교新敎의 도리' 중 하나로, 그 근본정신은 '신청년'이 새로운 신앙과
인생관을 세우도록 지도하는 데 있었다. 천두슈가 관심을 둔 것은 바
로 삶의 총체적 문제였기에, 방법에 있어서 자신이 긍정했던 '귀납' 원
칙의 대립항, 곧 '연역'으로 기울지 않을 수 없었다. 이는 그가 1916년
9월에 쓴 글 「현대의 2대 과학자의 사상」에서 표출된 바 있다. 그래서
그의 '과학관'은 니시 아마네가 '통일관'에 연연하고 옌푸가 '군학'群學
에 심취한 것과 유사한 특징을 드러내게 되었다.

> 영국 역사가 칼라일Carlyle이 쓴 영웅숭배론*에서는 여러 유파를
> 나열하면서도 과학자를 언급하지 않았는데, 그 중요한 까닭은
> 대략 두 가지가 있다. 첫째, 앞선 세기의 상반기에는 아직 18세
> 기의 파괴 정신을 벗어나지 못하여 과학의 정밀한 건설을 언급
> 할 틈이 없었으며, 세인들이 마음속으로 떠올리는 영웅의 기준
> 이 지금과 달랐기 때문이다. 둘째, 당시 과학은 국부적이고 귀

로 케틀러가 죽은 장소에 비석을 세웠다.
* 칼라일(Carlyle)이 쓴 영웅숭배론: Carlyle, *On Heroes, Hero-Worship, and the Heroic in History*, James Fraser, 1841.

납적인 것을 차츰 중시하였지만, 종합적이고 연역적인 학설만큼 사람들의 마음을 충분히 사로잡지 못하였다. 20세기 과학자의 자부심과 시대의 요구는 이전과 다르다. 여러 과학이 흥성하고 심화되었다. 여러 학문의 예언을 종합하는 대사상가는 시대에 부응하여 등장할 것이다. 사회조직은 나날이 복잡해진다. 인생의 참모습은 나날이 명료해진다. 모든 건설과 모든 구원이 과학의 대가들에게 바라는 바가 파괴 시대에 살신성인한 영웅을 우러렀던 것보다 훨씬 절실하다.[17]

이 글은 러시아 생물학자 메치니코프Mechnikov와 열역학법칙의 창시자 스튜어트stewart를 소개하였지만, 천두슈의 관심은 오히려 과학자의 과학적 발견이 '도덕적 의견', '행복의 법칙'과 인류 문명 속에서 지니는 의의에 있었다.

2. 과학 개념과 반전통 운동

천두슈에게 있어서, '과학' 개념은 이학의 '격치' 개념과 거의 관련성이 없어 보인다. 적어도 어휘상으로는 그렇다. 하지만 그가 사용하는 '과학' 개념은 도리어 양자 간에 분명히 존재하는 연관성을 떠올리게 한다. 만약 우리가 '상관성'이라는 개념을 사용하여 천두슈의 '과학' 개념과 이학의 관계를 표현한다면, 이러한 '상관성'은 부정 또는 긍정의 다양한 층위에서 묘사될 수 있다.

표면적으로 보면, 천두슈의 '과학' 개념과 유학, 특히 이학은 뚜렷한 상호 부정적인 상관성을 갖고 있다. 다시 말해 그의 '과학' 개념의 함의는 유학과의 대립과 부정의 관계에서 드러난다. 사실상 「삼가 청년들에게 알림」에서부터 천두슈가 '신청년'의 태도로 규정한 생의 여섯 가지 도리는 바로 그가 이해한 유학 정신과 상대된 것으로, 그가 묘사한 근대 문명의 풍경과 이상적 미래 역시 유학 지배하의 전통 세계와 서로 배치된 것이다. '5·4' 시대의 '반전통'은 공자 반대 운동에 집중적으로 표출되었다. 하지만 '공자 반대'의 명확한 함의는 송대 이후의 예교를 반대하는 것으로서, 그 운동은 사실상 송명宋明의 이학 및 그 물질 형태에 대해 전면적 비판과 타격을 가하는 것이었다. 당시 공자 추앙 세력 중에는 삼강오륜을 명교名教의 규율로 삼아 예교가 공문孔門의 궁극적 의의라고 여기는 이도 있지만, 초기의 공자교와 송 이후의 공자교에 대해 전자는 '민간화한 참 공자교'이고 후자는 '군권화한 가짜 공자교'라고 구별하여, 삼강오륜의 설은 위서緯書에서 나왔으므로 애초의 공자교는 이와 다르다고 여기는 이도 있었다. 천두슈의 관점은, 중국의 공자교는 일관된 사상 체계로, "삼강의 설은 송유가 위조한 것이 아닐 뿐만 아니라 또한 마땅히 공자교의 근본 교의로 보아야 하며", "주자는 옛 뜻을 가져와 사용한 것에 불과하니, 송유만 나무랄 수 없다"[18]는 것이었다. 이는 천두슈의 공자 반대가 송명 이학, 특히 삼강오륜을 핵심으로 한 예교를 포함한다는 것을 의미한다.

천두슈와 『신청년』의 공자 반대 운동은 사실상 모든 시기의 '반전통주의', '우상 파괴 운동'과 동의어이다. 왜냐하면 '공자교'는 개념상 '전통', '우상' 등의 단어와 거의 차이가 없기 때문이다. 1916년 8월 공교회孔敎會의 영수 천환장陳煥章이 속개된 국회에 상서를 올려 공자교를 국교로 정해 달라고 요구하였고, 캉유웨이康有爲는 『시보』時報에 「캉난하이가 북경 정부에 보내는 글」(康南海致北京政府書, 1916. 9. 20.)을 발표하여 "공자교를 국교로 삼아 헌법에 편입하고 공자 참배 시 (무릎을 꿇고 절하는) 궤배跪拜를 되살리자!"라든가 "지금 중국이 교주를 섬기지 않으면, 어찌 종교가 없는 사람들임을 자인하는 것이 아니냐? 또한 미개인과 같다는 것을 기꺼이 인정하는 것이 아닌가?"라고 주장하였다. 같은 해 11월 12일, 공자교를 국교로 삼는 데 찬성하는 참의원, 중의원 양원의 의원 백여 명이 수도에 국교유지회國教維持會를 창설하고, 전보로 각 성 독군督軍에게 지지를 호소하였다. 이에 일시에 '국교청원운동'이 전국적으로 일어났다. 이러한 배경하에, 천두슈, 우위吳虞, 첸쉬안퉁錢玄同, 가오이한高一涵 등이 『신청년』에 공자 반대의 글을 대거 게재하였고, 리다자오李大釗 등도 『갑인』甲寅 등의 간행물을 통해 호응하였다.

공자교 반대 운동은 『청년잡지』靑年雜誌 창간 초심의 자연스러운 발전이라고 말할 수 있다. 공자 반대 운동은 직접적으로 정치적 함의를 띠고 있지만, 이 운동의 내용은 정치적인 것뿐만 아니라 도덕, 윤리, 개인의 발전, 가족 제도, 국가 체제와 인류 미래 등 각 방면을 포괄했으며, 그중 윤리 도덕과 신앙의 합리성 문제는 특히 중요한 측면이었다. 「캉유웨이가 총통, 총리에게 보낸 글에 반박하며」에서, 천두슈는 "종교의 자유는 이미 근대 정치의 불문율"이라고 공언하였다. 또한 공자교와 군주제를 내재적 연관성을 띤 두 가지 측면으로 간주하였으며, 동시에 과학 및 과학자의 이름으로 "종교의 황당무계함마저 질책하는데. 하물며 교주야 말할 필요가 있겠는가?"[19] 「헌법과 공자교」에서, 천두슈는 "공자교 문제는 헌법에 영향을 줄 뿐만 아니라, 또한 우리의 실제 생활 및 윤리 생활의 근본 문제"이고 "공자교의 정수는 예교이며, 우리나라 윤리 정치의 근본"이라고 지적을 하며, 공자교 문제를 윤리와 사회의 여러 측면과 명확히 연계시켰다.

> 그러므로 지금 논하는 것은, 공자교가 종교인가 아닌가 하는 문제가 아닐 뿐만 아니라, 공자교가 헌법에 편입될 수 있는지 여부도 아니다. 바로 공자교가 국민 교육 정신의 근본 문제에 적합한가 하는 것이다. 이 근본 문제는 우리나라의 윤리, 정치, 사회 제도, 일상생활을 관통하는 것으로 지극히 깊고 광범위하여 급히 해결하지 않으면 안 되는 것이다.[20]

천두슈의 '해결 방식'은 민주정치 원칙과 함께 바로 '과학'을 원칙으로 삼았는데, "자연계의 지식을 늘리는 것이 오늘날 세상을 이롭게 하고 사람들을 각성시키는 바람직한 길이다. 모든 종교가 정치와 교화에 무익하여 우상과 마찬가지라는 점은 우리가 감히 단언할 수 있는 것"[21]
이라고 말하였다.

공자교와 근대적 삶의 관련성을 논할 때, 천두슈는 진화론, 열역학
법칙과 경제학 등 과학 '법칙'을 융통성 있게 활용하였다. 그는 다음과
같이 말하였다.

우주에서 정신과 물질이 쉼 없이 변화하는 것, 이것이 바로 진
화의 길이다. 도덕 윤리 또한 어찌 예외일 수 있겠는가? "순응
하면 창성하고 거역하면 망하는" 역사적 사례는 곳곳에 있으니,
허황된 것이라 말할 수 없다. 이 또한 스튜어트의 이론으로 증명
할 수 있다. 곧 하나의 학설, 한 가지 생활 상태를 너무 오래 사
용하면 그 에너지가 바닥나서, 그 기계를 들어내어 개선하거나
혁신하지 않으면 그 효력을 유지하지 못한다. "이치는 세상과
함께 변화한다"는 이러한 원리는 고금 중외를 살펴보아도 결코
부정할 수 없는 것이 아닌가?
근대적 삶은 경제를 그 명맥으로 삼으며, 개인 독립주의는 곧 경
제학의 생산의 대원칙으로 그 영향은 윤리학에까지 미쳤다. 그
리하여 근대 윤리학상의 개인 인격의 독립과 경제학에서의 개인
재산 독립이 교차 입증함으로써 그 이론은 결국 확고부동한 것
이 되었다. 사회의 풍기와 물질문명이 이로 인해 크게 진작되었
다. 그러나 중국학자들은 강상綱常을 가르침으로 내세웠다. …그
야말로 개인 독립의 취지와 서로 배치되는 것이다.[22]

바로 이것들을 '과학'적 근거로 삼아, 천두슈는 근대적 정당, 여성
참정, 남녀 교제, 부부·부자 관계, 예법의 이동異同, 장례 의식 등등 인
륜과 일용으로부터 국가 사회 각 측면에 이르는 관점을 전개하였고,
이로써 "법률상의 인권 평등, 윤리상의 인격적 독립, 학술상의 미신
타파, 사상의 자유"라는 근대적 가치관을 밝혔다.[23]

바로 공자교에 대한 비판 과정 중에서, 천두슈는 '과학'을 공자교의 대립물로 삼았을 뿐만 아니라 공자교의 대체물로 여겨 긍정하였다. 1917년 새해 첫날에 발표한 「공자교 문제를 다시 논함」에서, '과학'은 근대적 신앙이고 공자교는 전통적 인습이지만, 양자가 해결해야 할 문제는 모두 '신앙'의 문제로 단지 방식상 대립된 것일 뿐이라고 정중하게 밝혔다.

> 나의 신앙. 인류 장래의 진실한 신해행증은 반드시 과학을 정도로 삼아야 하며, 일체의 종교는 모두 폐기되어야 한다. …우주 간의 법칙에는 두 가지가 있다. 첫째는 자연법칙, 둘째는 인위 법칙이다. 자연법칙은 보편적, 영구적, 필연적인 것으로 과학이 이에 해당한다. 인위 법칙은 부분적, 일시적, 당위적인 것으로 종교, 도덕, 법률이 이에 해당한다. …인류 장래의 진화는 응당 오늘날 비로소 싹을 틔우기 시작한 과학에 의거하여 날로 발전하여 일체의 인위 법칙을 바로잡아야 한다. 또한 그 법칙들이 자연법칙과 동등한 효력을 갖도록 만들어야 하며, 이렇게 한 뒤에 우주와 인생이 진정으로 합치될 것이다. 이것이 원대하고 궁극적인 우리의 목적이 아니겠는가? 혹자는 우주와 인생의 비밀은 과학이 해결할 수 있는 바가 아니며, 의혹과 우려를 풀 수 있는 것은 오직 종교뿐이라고 말한다. 나는 과학의 진보는 그 전도가 아직 창창하다고 여긴다. …진정으로 의혹을 해결할 수 있는 것은 과학뿐이다. 따라서 나는 과학으로 종교를 대체하여 우리의 진실한 신앙을 확대해야 한다고 주장하며, 이는 시간이 걸리더라도 결국은 실현될 것이다.[24]

과학이라는 신앙에 대해, 우리는 장래 인류가 깨달음을 얻어 행복을 누리기 위해서 반드시 거쳐야 할 정도이고, 더욱이 현재 우리나라에 시급한 것인 만큼, 응당 공자교, 공자의 도 및 기타 종

교 철학 이상으로 제창하고 중시해야 한다고 생각한다.[25]

상술한 인용문은 다음과 같은 사실을 증명하는 것에 다름 아니다. 곧 천두슈의 '과학' 개념은 오로지 근대 자연과학과 사회과학을 지칭하는 것이지만, 그 주된 사용 범위는 오히려 윤리 도덕과 신앙의 영역에 놓여 있다. 여기에서 '과학'은 합리적인 삶의 원칙, 사회질서, 신앙을 건립하는 효과적인 무기로서 활용되었고, 그 기능은 '수신의 근본'이며, '수신' 혹은 '윤리적 깨달음'은 민족, 국가의 부강을 이루는 기본 전제이다. 서양 근대 사회에서 '과학'의 발전은 계몽주의의 인식론에 힘입었다. 계몽주의는 인간과 자연, 인간과 사회의 관계를 '주체-객체'의 관계로 이해하여, 양자 간에 인식하고 인식된, 정복하고 정복된, 장악하고 장악된 관계를 구축하였다. 이러한 의미에서, '과학' 인식은 객관세계에 대한 인류의 주체적 활동의 하나이며, 바로 이러한 활동 중에서 자연을 정복하는 인류의 기술과 과학이 날로 발달하고 인류 스스로를 제어하는 사회체제도 날로 정밀해졌다. 하지만 천두슈와 『신청년』 동인들이 '과학' 개념을 끌어들인 주된 목적은 오히려 인간의 주관적 정신 활동을 쇄신하거나, 혹은 '과학'을 통해 자신의 정신 상태에 대한 재인식에 도달하는 것이었다. 그러니까 '과학'은 인간이 자아 반성을 진행하는 도구이며 인류 사회의 진보는 이러한 자아 반성의 자연스러운 결과인 것이다.

이로 인해 '과학' 개념의 활용 과정에서, 그 기능은 무의식중에 도리어 유학의 '격치' 개념에 가까워졌다. 비록 '과학' 개념을 주목한 가장 직접적인 동기는 유학을 반대하려는 것이었지만 말이다. 그러므로 '과학' 개념의 근대적 활용과 유학 '격치' 개념의 '상관성'은 부정적인 측면뿐만 아니라 긍정적인 측면을 지니기도 하였다. 그 기본 표현은, 첫째, 두 개념이 모두 도덕 윤리 영역에서 활용되었다는 점, 둘째, 두 개념이 모두 '격치정성'格致正誠, '수제치평'修齊治平[*]에 관한 내재적 논리의 지향을 담고 있다는 점(물론 物物·지知·심心·의意·신身·가家·국國·

천하天下의 내용이 매우 다르기는 하지만), 셋째, 이 두 개념은 모두 어느 정도 인간과 물질의 관계를 다루고 있지만 결국은 오히려 인간과 자신의 관계로 환원한다는 점, 넷째, 이 두 개념이 모두 준종교적 경향을 띠고 있어서, 공히 세계의 무한한 완벽함에 관한 선입관을 자아낸다는 점이다. 이는 음미해 볼 만한 현상이다. 곧 '격치' 개념은 역사적 변천 과정에서 이학의 범주 체계에서 점차 벗어나, 결국 서학과의 접촉을 통해 'natural philosophy'(자연철학)와 'science'(과학)의 술어가 되어 참신한 개념으로 전화하였다. 'science'에 대한 사람들의 인식은 날로 깊어져서, 유학의 흔적이 남아 있는 이 '격치' 개념은 철저히 '과학' 개념으로 치환되었지만, 이 새로운 개념은 활용 과정에서 오히려 무의식중에 유학 범주 중 '격치' 개념의 근본적 특징을 드러내었다. 이는 역사가 비판적인 저항자들에게 얼마나 강력한 구속력을 가지는지를 말해 준다. 즉 우리는 이러한 역사의 연속성은 바로 사용자가 역사와 철저한 결렬을 결정하는 때에 발생한다는 것을 잊지 말아야 한다.

천두슈의 '과학' 개념이 활용 과정에서 드러낸 상술한 특징은 '5·4' 계몽사상의 독특한 표현이고, 또 그렇기에 이 시대 계몽사상 운동의 일반적 특징으로 간주될 수도 있다. 『신청년』 창간 후 얼마 지나지 않아 발표한 일련의 글에서, 천두슈는 두 가지 관련된 문제를 반복적으로 논하였다. 첫째는, 중국 사회의 문제는 동시에 중국인의 문제이기도 하므로, 중국 사회를 개조하는 문제는 또한 곧 중국인의 자아 반성과 혁신의 문제(국민성 개조)라는 것이다.

유사 이래로 1915년까지, 우리가 정치, 사회, 도덕, 학술에서 빚은 죄업과 겪은 수모들은 비록 장강과 한수의 물을 붓는다 해도

• 격치정성(格致正誠)·수제치평(修齊治平): 『대학』(大學)에 나오는 조목으로, '격치정성'은 격물(格物)·치지(致知)·정심(正心)·성의(誠意), '수제치평'은 수신(修身)·제가(齊家)·치국(治國)·평천하(平天下)를 말한다.

결코 씻어 낼 수 없다. 낡은 것을 없애고 새것을 세우는 이때에 즈음하여, 응당 다시금 참회하고 개과천선해야 한다. …우리는 우선 정신력을 일신하여 인격을 새롭게 하고, 국가를 새롭게 하고 사회를 새롭게 하고, 가정을 새롭게 하고 민족을 새롭게 해야 한다. 그러면 틀림없이 민족 혁신을 이루게 되고 우리의 바람이 비로소 보상받게 될 것이며, 우리는 비로소 서양인과 마주할 위상을 갖게 되며, 우리는 비로소 이 땅 한 구석에서 살 수 있는 자격을 갖게 될 것이다.[26]

이렇게 사회 개조라는 인간(주체)과 사회(객체) 사이에 존재하는 실천 활동은 곧 인간(주체)과 자신(주체) 사이의 도덕 실천 활동으로 표현되고, 가정, 국가, 민족, 사회라는 다층적 구조의 문제 해결 역시 당연히 인간이 "다시금 참회하고 개과천선하고" 나아가 "그 정신력을 일신하여 인격을 새롭게 하는" 자연스러운 결과로 발현된다.

그럼, 무엇을 통해 "그 정신력을 일신"할 수 있을까? 이것이 상술한 문제와도 긴밀하게 관련된 두 번째 문제이다. 이에 대한 합당한 대답은 명 중엽에 전래된 '서교'西敎 '서기'西器가 아니고, 청 초엽에 전래된 '화기'火器 '역법'曆法도 아니고, 청 중엽의 '기계 제조와 병사 훈련의 방법'도 아니고, 청 말엽의 '부강책'과 '변법술'도 아니고, 중화민국 원년의 '민주 공화' 및 그것과 '군주입헌'과의 논쟁도 아니다. 그것은 바로 '우리의 궁극적 각성'에 달려 있다는 것이다. '각성'이란 개념은 무엇에 대한 각성이라는 점에서 그 대상을 갖지만, 기본적 측면은 인간의 주관(심성) 활동의 범주 내이다. 천두슈의 입장에서 보면, '각성'은 두 가지 기본 층위를 포함한다. 우선 '정치적 각성'인데, 이는 곧 공민으로서의 자신에 대한 자각과 근대 정치 조류(곧 전제정치로부터 자유 정치로 나아가고, 개인 정치로부터 국민 정치로 나아가고, 관료 정치로부터 자치 정치로 나아가는 이러한 '진화의 일반 법칙')에 대한 인식으로, 그 핵심은 "다수 국민이 정치적으로 주인의 주체적 지위를 차지하는 것이 유일한 근본 조건임을 자각하는" 것이다. 그다음은 '윤리적 각성'으로, "윤리의 각성"이야말로 정치적 각성에 비해 훨씬 기본적인 '우리의 궁극적 각성 중의 궁극적 각성'이다. 그 이유를 서양의 측면에서 보면, "서양의 도덕 정치는 바로 자유, 평등, 독립의 학설이 근본"이라는 점이며, 중국의 측면에서 보면 "유가의 삼강의 학설은 우리 윤리 정치의 근본으로 서로 연관되고 이치가 상통하므로 어느 한 부분만을 폐기할 수 없다"는 점이다. 따라서 사회 정치, 경제, 법률의 변혁은 필연적으로 개인, 가정 윤리의 변혁을 전제로 한다.[27] 천두슈가 '과학'을 이러한 '성리性理의 깨달음'(윤리적 각성)을 얻고 아울러 나아가 '치평治平의 목적에 이르는 수단으로 삼았을 때, 그 활용 방식 또한 '격물치지'식의 사유 방식으로 전환되었다. 사실상, '각성' 개념의 함의는 본질적으로 삶의 의의와 목적, 세계 국가, 국민 간 상호 관계와 위상, 인간의 행위 준칙 등에 대한 통찰을 의미하는 것이다.[28]

3. 계몽주의의 과학 개념 및 그 의의

천두슈의 '과학' 개념 및 그 활용 방식은 당시 지식인들에게 보편적 의의를 가지고 있었다. 여기에서는 간단히 예를 들어 설명하기로 한다. 그 한 예는 리다자오로, 그는 1917년 2월 4일의 일간지 『갑인』에서 「자연적 윤리관과 공자」(自然的倫理觀與孔子)를 발표하여, 『신청년』의 공자 반대 운동에 호응하였다. 그 입론의 방식은 '자연의 진리'를 윤리관의 원천으로 규정하는, 곧 도덕을 '우주 현상의 하나'로 규정하는 것이었다. 따라서 윤리 도덕 현상은 필연적으로 "이러한 자연법을 따라 자연적, 인과적, 기계적으로 점차 발생하고 점차 진화"하는 것이다. 이러한 논리대로라면, 사회 정치는 도덕 윤리를 기초로 하고 도덕 윤리(性理)는 또 자연 이치(物理)를 근거로 삼게 되니, 그렇다면 인간의 도덕적 자각과 정치적 자각 역시 반드시 자연현상을 인식하고 지식을 획득하는(格物) 것을 바탕으로 삼아야 한다.

인생관 문제를 뚜렷하게 과학 문제와 연계시킨 또 다른 예로는 학생이었던 푸쓰녠傅斯年이다. 그는 갖가지 인생관을 분석한 뒤에, 자연과학의 원리를 인생 사회, 곧 인생의 특성—생물상의 특성, 심리학상의 특성, 사회학상의 특성, 미래 복지 및 실현 방법—과 인생의 효과(삶에 영원히 존재하는 도리), 이 두 가지 측면에 적용하여 인생의 참뜻을 규정하였다. 푸쓰녠의 도덕회의론은 의심할 여지 없이 '과학'을 그 출발점이자 귀결점으로 삼은 것이다. 그의 글에서 베르그손, 오이겐과 다윈, 콩트, 스펜서는 모두 '진화학파'에 포함되었으며, '진화'를 우주공리로 여기는 정신이 관통하고 있다.[29] 주의할 점은, '5·4' 무렵에 베르그손의 '직관' 개념과 실증과학의 분석 귀납의 차이를 이미 의식했다는 사실이다. 예컨대 류수야劉叔雅는 『신청년』 4권 2호의 「베르그손의 철학」이라는 글에서 생물학 등 실증과학의 기능을 '유형의 기호'를 연구하는 것으로 제한하여, "상대적 지식이 아니라 절대적 실재를 얻고, 외부로부터 관찰하는 것이 아니라 자신을 내부에 두고, 분석이 아니라 직관하고, 일체의 언어 번역 기호로부터 벗어나고자 한다면, 오로지 형이상학뿐"이며, 베르그손의 '직관 철학' 역시 "기호에서 취하지 않은" 형이상학이라고 말하였다.

하지만, 당시 사람들은 여전히 보편적으로 'intuition'(직관)을 과학적 방법론의 일종으로 여기고, 'creative evolution'(창조적 진화)을 '진화론'이라는 '과학 원리'의 최신의 운용으로 이해하였다. 이 점은 1923년 '과학과 인생관' 논쟁 상황과 연관성을 가질 뿐만 아니라 차별성도 갖는다. 마지막으로, 나는 천다치陳大齊의 글 「심령학을 반박함」을 예로 들고 싶다. 그 글은 "상해에서 어떤 사람이 단을 마련해 점을 치고 점괘를 구하여 책으로 묶어 『심령학총지』(靈學總誌)라고 명명하고, 심령학회(靈學學會)를 설립하여 심령학(靈學)의 보급을 공공연히 일삼는" 현상을 겨냥하여, 근대 심리학의 성과를 활용하여 인간의 변태 심리 등 자연현상을 밝혔다. 하지만 '과학'이 활용된 이러한 예들도 궁극적으로는 사회 정치 및 윤리의 범주로 귀결되었다. 곧 천다치는 '심령학'의 주장을 "상징적 군주를 세우지 않으면 국가 통치가 어렵다"는 캉유웨이의 주장과 비교하여 추론과 유비類比의 방식으로 캉유웨이의 사회 정치 관점을 부정하였다.[30]

'과학'을 창도한 것은 신앙을 소멸시키기 위해서가 아니라 신앙을 바꾸기 위해서인데, 이러한 논리는 필연적으로 '과학'을 준종교적 범주에 포함시켰다. 일찍이 '5·4' 전에, 옌푸, 장빙린章炳麟의 영향을 깊게 받은 루쉰魯迅은 일련의 과학 관련 문장을 쓴 뒤, 미신, 종교와 과학의 관계를 다시 사고하였다. 그는 1908년에 발표한 한 편의 미완성 글에서, 종교 미신은 자연의 불가사의에 대한 인간의 숙연한 마음과 현세의 삶을 초월하고픈 염원에서 기인하며, 그것은 인류의 생존에 없어서는 안 될 안식처로, "믿음이 없으면 존립할 수 없으니, 종교의 출현은 멈출 수 없다"라고 여겼다. 바로 신앙과 종교에 의지해야 인류는 비로소 질서와 의의를 획득하는 것이니, "우리 중국은 예부터 만물을 널리 숭상하는 것을 문화의 근본으로 여겨, 하늘을 경외하고 땅에 예를 보이며, 실로 법도를 갖춰 발전하고 성장함에 흐트러짐이 없이 정연하였다. 천지를 으뜸으로 하여 차츰 만물에 이르기까지, 일체의 지식, 사상 및 국가, 가족 제도가 이에 근거해 기틀을 마련하지 않은 바가 없었다"라고 하였다. 그래서 그는 "가짜 선비는 없애야 하나, 미신은 존속시켜야 한다"라고 소리쳤다. 그럼 이러한 종교 미신은 어떻게 과학과 병존할 수 있을까? 그의 결론은 "과학을 종교로 삼는" 것으로, 그는 먼저 헤켈E. H. Haeckel의 책 『종교와 과학 사이의 연결고리로서의 일원론』의 관점을 빌려 '일원론의 종교'를 건립하고 별도로 "이성의 신사神祠를 세워 19세기 삼위일체의 참된 것을 받든다. 삼위란 무엇인가? 성誠, 선善, 미美이다"라고 주장하였다. 나중에는 또 니체의 초인 사상을 끌어와 "비록 과학을 근거로 삼았다고 말하지만 종교와 환상의 악취를 떨치지 못하였으니, 주인이 된다는 것은 다만 신앙을 혁신하려는 것이지 신앙을 절멸시키려는 것이 아니었음이 분명하다"[31]라고 여겼다. 이는 비교적 이르고 또 비교적 명확히 '과학'을 종교와 함께 거론한 글이다. 비록 루쉰, 『신세기』의 작자들과 옌푸 등의 '과학'에 대한 이해가 서로 다르고, 각자의 전통 사유 방식과의 관련성 역시 뚜렷한 차이를 보이지만, 유사한 "질서와 의의의 위기"에 직면하였기에 그들의 '과학' 개념의 활용은 모종의 유사성을 드러냈다.

'5·4' 당시의 공리주의와 준종교적 과학관은 '과학' 개념의 윤리적, 정치적 운용 방식과 완전히 일치하는 것이지만, 우리는 이로부터 당시 사람들이 인식을 위해 인식하거나, 과학 자체를 목적으로 삼는 이상주의적 과학관을 전혀 고려하지 않았거나 또는 이해하지 못했다고 결론지을 수는 없다. 사실, 바로 천두슈 본인이 먼저 "성인을 숭상하지 말라", "옛것을 숭상하지 말라", "나라를 숭상하지 말라"라는 '학술 삼계'學術三戒를 제기하며[32] '학술의 독립'을 요구하였다.

> 중국 학술이 발달하지 않은 가장 큰 원인은 학자 자신이 학술 독립의 신성함을 깨닫지 못하기 때문이다. 예를 들면 문학은 그 자체로 독립적 가치를 지니고 있으나, 문학가 자신은 이를 인정하지 않고 반드시 육경六經에 빌붙어 '문이재도'文以載道, '성현을 대신하여 입언한다'(代聖賢立言)고 함부로 떠들며 스스로를 폄하한다. 역사학 역시 그 자체로 독립적 가치를 지니고 있으나 역사가 자신은 인정하지 않고 『춘추』에 빌붙어 대의명분을 따지며 기꺼이 역사학을 윤리학의 보조물로 삼는다. …의약과 격투기 역시 그 자체로 독립적 가치를 지니고 있으나 …반드시 도술에 빌붙어 …'천지 귀신과 한 뜻'(天地鬼神合德)이라거나 '기예이지만 도에 가깝다'(藝而近于道)라고 말한다. 학자가 몸소 익힌 바를 숭상하지 않은 채 그 발전을 바라니, 어찌 그것이 가능하겠는가?[33]

앞에서 이미 언급했던 푸쓰녠은 「중국 학술 사상계의 오류」라는 글에서 중국 학술은 "학문을 단위로 삼는"(곧 학문을 분과로 삼는 과학)

것이 아니라 "사람을 단위로 삼으며"(곧 학문을 배우는 것이 아니라 사람을 배우는 학문), 또한 "쓰임에 닿는 것을 즐겨 논하지만 그 결과는 전혀 쓸모가 없다"[34]라고 비판하였다. 이는 의심할 여지 없이 학술적 가치의 독립이 바로 지식인의 근대적 의식 각성 중 한 부분임을 말하지만, 학술과 지식의 독립적 가치에 대한 중시는 그 자체로 뚜렷한 '치용'의 경향, 즉 전통 학술적 가치관과 전통 학술적 태도에 대한 비판과 부정을 담고 있다. 독립의 선언은 그야말로 전복의 모습을 표출한다. 하지만, 일종의 가치관으로서, 이러한 '학술 독립'의 관념은 일부 지식인의 순수한 지식 추구에 여전히 어느 정도 영향을 미쳤다.

만약 천두슈와 『신청년』 집단의 과학관에 대해 잠정적인 결론을 내린다면, 그들의 과학관은 '계몽'의 사명과 반드시 연계시켜야 한다. 천두슈는 근대 과학사의 표준 유형에 따라 인류의 역사를 이해하려고 했을 뿐만 아니라, 이러한 표준 유형으로 역사를 개조하려 하였다. 이런 계몽의 세계관은 다음과 같은 기본 전제들을 포함한다.

우선, 과학은 우주의 진리를 이해하고 아울러 완벽한 세계에 통달하는 하나의 방식이다. 이학가들의 관점과 달리, 천두슈에게 있어서 완벽한 세계는 결코 선험적 우주 질서 속에 존재하지 않으며, 단지 과학적 방식으로 진행 또는 추진되는 역사의 진보 속에 존재할 뿐이다. 그러므로 '진보'의 개념은 '각성'의 개념과 연계된다. 왜냐하면 이른바 각성은 바로 과학적 방식에 따라 세계를 이해하고 그 이해를 행동으로 옮기는 것이기 때문이다. 물론, 상술한 이해의 전제는 과학 진보의 개념과 역사 발전 개념의 내재적 관계, 곧 지식과 실천의 통일성을 구축하는 것이다. 바꿔 말하면, 천두슈의 과학관은 흄David Hume 이후의 많은 서양 사상가들의 관점과 다르다. 이들은 도덕 이론과 국가 이론의 규범 원리가 결코 경험과학의 원리로부터 추론될 수 없다고 여겼다. 이 점에서, 과학 진보의 개념은 경험론의 기초 위에 세워지고, 완벽함은 모종의 선입관을 통해서가 아니라 일련의 과학적 실천에 의해 획득되는 것이었다.

다음으로, 각성의 개념은 과학을 올바른 신앙 및 지식과 연계시켜서, 모든 종교, 철학, 도덕과 정치적 견해와 신앙을 편견으로 간주한다. 이것들이 편견인 이유는 세계에 대한 이해가 근대 과학사의 표준 유형과 서로 모순되거나 또는 전혀 무관하기 때문이다. 바로 이런 의미에서, 과학과 계몽의 관계는 명확해진다. 곧 과학은 '진리를 구하는' 인식 방식으로서 기존의 편견을 바꾸고, 과학은 '진리를 구하는' 기제로서 사회와 국가 조직의 모범이 된다. 그러므로 여기에서 계몽의 함의는 과학적 지식의 전파를 통해, 사회가 일체의 정치, 도덕, 종교의 편견에서 벗어나 공공 교육의 임무를 완성하고, 사회와 국가의 체제적인 변혁을 위해 지식과 신앙의 차원에서 지원하도록 하는 것이다. 이렇게 해서 과학의 개념은 정치 제도의 체계화와 인류 도덕의 완벽화의 이념과 직접 관련되고, 과학은 세계의 경험 측면에 답하는 것뿐만 아니라 또한 규범 관련 문제에 대해서도 답해야만 했다. 세계의 규율에 대한 인식과 인간의 도덕 능력에 대한 인식, 이 두 가지 측면 간에는 아무런 모순이 없다. 상술한 추론의 전제는, 모든 전통적 지식은 도덕 지식이건 종교 지식이건 또는 기타 형식의 지식이건 간에, 과학적 재해석을 통해 과학적 문제가 되거나 아니면 허위의 문제로서 사라지는 것이다.

셋째로, 우리가 자연과학의 표준 유형에 따라 인간의 도덕적 진보를 촉진할 수 있다고 가정한다면, 이러한 도덕적 진보는 개인의 도덕 실천 문제와 관련될 뿐만 아니라, 또한 문명화된 공동생활 형식에서의 변화를 요구한다. 그러므로 천두슈는 "인격을 새롭게 하고", "국가를 새롭게 하고", "사회를 새롭게 하고", "민족을 새롭게 하는" 등등을 거론한 것이다. 상술한 추론의 전제는, 문화 혹은 문명은 다원주의와 상대주의의 틀 안에서 이해될 수 없고 보편주의의 진화 법칙의 맥락 속에서만 이해될 수 있다는 것이다. 이러한 보편주의의 법칙 속에서, 문화의 상대성은 진보의 필연성과 필요성을 조금도 변화시킬 수 없다. 그러므로 과학 및 그 기준은 서양의 개별적 기준일 뿐만 아니라 보편적 인류 정신이기도 하다.

넷째로, 천두슈 등은 과학적 인식 방식이 어떻게 기술적 진보로 전화하는지, 경제적 발전으로 전화하는지, 합리적 사회조직으로 전화하는지를 전혀 이해하지 못하였다. 그가 관심을 기울인 것은 어떤 정신 활동으로 지식을 전파하고 문명의 진보를 추진할 것인가 하는 것이었다. 그러므로 문명의 진보는 법칙에 따라 운행되는 인식 과정으로 간주되고 또한 지식을 전파하는 실천으로 표현된다. 콩트의 3단계의 개념과 다윈주의의 역사관을 끌어들임으로 말미암아, 과학적 인식의 진보는 사회의 발전에 있어서 자연적 진화 과정으로 전개된다. 산업혁명, 공화 제도, 사회조직의 질서화는 일종의 인식론상의 기획일 뿐만 아니라 자연법칙에 부합하는 진화이기도 하다. 이렇게 해서, 인간의 의지 및 능동적 행위(문명의 진보를 추진하려는 바람)와 역사적 자연법칙 사이에 통일성이 확보되었다. 곧 인간의 유목적적 행위는 자연법칙의 자연스러운 표출인 것이다. 상술한 요점들은 계몽적 과학관의 기본 내용을 보여 준다.

과학 영역으로서의 인문 영역

1. 후스의 과학적 방법과 근대 인문 학술

우리가 천두슈와 후스의 차이점을 분석함에 있어서, 과학자에 관한 루소의 관점은 시사하는 바가 크다. 그는 "과학자다운 모습을 발휘하는 대목은 결코 그가 믿는 일에서가 아니라, 그가 어떤 태도로 그것을 믿고 어떤 이유로 그것을 믿는가 하는 점에 있다. 과학자의 신념은 독단적 신념이 아니라 실험적 신념으로, 그것은 권위에 기대지 않고 직관에 기대지 않고 증거를 바탕으로 성립된다"[35]라고 말하였다. 후스는 과학적 이론을 가설로 여겼을 뿐만 아니라 또한 과학관을 인생관 영역에 적용할 때, 이러한 '과학적 인생관'을 "200~300년의 과학 상식 위에 세운 거대한 가설"[36]이라고 일컬었다. 이러한 '가설' 관념의 표명을 천두슈의 교주적인 모습과 비교해 보면, '과학' 개념을 적용한 후스의 방식이 훨씬 과학자다운 면모를 갖추고 있다.

과학자로 자처하는 인문학자로서, 후스는 경험과학의 연구 방법이 동일하게 인문 대상에 적용될 수 있다고 굳게 믿었다. 따라서 '과학적 방법'의 보편적 응용에 대한 신념은 바로 그가 '인문과학자' 역할을 자처하는 근거였다. 실제로 후스의 '과학' 개념은 거의 '방법론'적 개념과 마찬가지였다. 곧 실증, 귀납, 실험 등 근대 과학의 방법적 특징을 취하는 모든 연구는 다 '과학'으로 받아들여졌다. 다윈의 진화론으로 부터 헉슬리의 실험주의까지, 듀이의 실용주의로부터 묵자墨子, 정주 程朱와 청대의 중국 학술까지, 그야말로 '과학'을 '과학적 방법'과 동일 시하였기에, 후스는 묵자, 주희朱熹와 청대 박학 대가를 '과학자'로 간 주할 수 있었던 것이다.

일찍이 체계적으로 서학 훈련을 받기 전, 후스는 이미 중국 전통의 내부로부터 순純기계론적 인과관계 관점(범진范縝, 사마광司馬光이 그 주된 출발점이다)에 익숙해 있었고,[37] 우주 운동의 쉼 없고, 처음도 끝 도 없고, 아무것도 하지 않으나 하지 않음이 없는, 이학과 중고 시대 도교의 자연주의 천도관은 그가 '진화'(天演)의 관념을 수용하는 데 기 초를 제공하였다.[38] '사물에 나아가 이치를 궁구하고', '학문은 사유에 근원을 둔다'(學原于思) 등의 정주 이학의 명제는 후스에게 방법의 중요 성을 일깨웠으며, '격물치지'설이 담고 있는 "대담한 회의, 세심한 입 증"이라는 "엄정한 이성적 태도"[39]는 바로 그가 이후 실험주의와 실용 주의의 영향 아래에서 제기한 "대담한 가설, 엄정한 입증"이라는, 이 른바 '과학적 방법'의 전통적 기초였다. 이는 동시에 '과학적 방법'에 대한 후스의 이해가 중국의 전통 학술, 특히 송학의 '격물치지'와 박학 의 훈고 고증의 방법론으로부터 깊이 영향을 받았음을 의미한다. 그러 므로 후스의 '과학적 방법'을 논하는 적합한 방법은 헉슬리, 듀이 등의 서학 이론과 전통 학술의 이중적 제약 속에 놓고 살피는 것이다.

정주의 '격물치지'설에 대한 후스의 이해는 그 자신의 방법론이 가 진, 귀납과 회의라는 두 가지 주된 특징을 드러낸다. "그들은 '격'格 자 를 '이르다'(至)로 해석하였고, 주자 역시 '즉'即 자를 '도달하다'(到)의 의미로 사용하였다. '즉물이궁기리'即物而窮其理는 스스로 사물로 가서 사물의 도리를 찾아낸다는 것이다. 이는 바로 귀납의 정신이다."[40] 주 의할 점은, 후스는 결코 '격물치지'의 방법론을 고립적으로 다루지 않 았다는 사실이다. 실제로 그는 정주 이학의 출현을 '근대판 중국 르네 상스'의 한 고리로서 "'근대'(라는 범주) 내에 속하는 것"으로 간주하였다. 후스가 말한 '근대 중국'의 개념은 중고 시대의 종교에 대한 반항, 불교와 일체의 서양 종교에 대한 회의를 가리킨다. 후스가 보기에, 송유가 『대학』에서 찾아낸, 귀납 정신을 갖춘 '격물치지'의 방법론은 바로 종교의 회의주의를 전복시키는 새로운 방법과 새로운 논리이며, 그 성격은 베이컨의 '신기관'(novum organum)이나 데카르트의 방법론(discourse on method)과 동일한 것이었다. 정이程頤가 '물'物의 범위를 우주 만물로 확장시킨 이상 "'지식을 넓히려면, 사물에서 그 이치를 궁리해야 한다'(致知在格物)는 것은 그의 지식을 극한까지 연장시킨 것이며, 이것이 곧 과학이다."[41] 후스가 보기에, 주자는 바로 과학자였다. 그 표지는 바로 그가 고적을 다룰 때 늘 새로운 방법을 사용하며, 옛 학설에 얽매이지 않고 창신을 위주로 했다는 점이었다. 그러므로 청대 학술은 결코 주희와 송학을 반대한 것이 아니라, 오히려 근 300여 년 동안 주자의 학문 정신을 계승해 온 것이었다.[42]

하지만, 정주 이학에 대한 후스의 태도는 복잡한데, 이는 우선 이학에 대한 그의 이중적 인식에서 비롯한다. 곧 '이학'은 중고 시대 종교에 대한 저항이면서 동시에 "선종, 도가, 도교, 유교의 혼합의 산물"이다. 전자는 주로 "배움에 나아가는 데는 지식을 완전하게 해야 한다"(進學則在致知)는 방법론으로 구현되고, 후자는 "함양을 하는 데는 반드시 경敬으로써 해야 한다"(涵養須用敬)는 종교적 태도로 구현된다.[43] 주자가 기대하는, "하루아침에 환하게 이치를 깨닫는"(一旦豁然貫通) 경계와 정이가 말한 "사물을 있는 그대로 이해하여 앎에 얽매이지 않는"(物各付物, 不役其知) 관점 모두 가설이 없는 피동적 관찰이기에, 이러한 관찰 역시 주체적 경험 검증이 불가능하다. 바로 이런 점에서, 후스는 한편으로는 실증적 입장에서 육왕심학陸王心學의 '반과학'적 본질을 비판하고,[44] 한편으로는 육구연, 왕양명의 '치양지'致良知 설이 담고 있는 자발적 정신과 독립 의식에 대해 긍정하였으며, 이러한 주관성의 학설이 어느 정도 '대담한 가설'이라는 근대의 과학적 방법과 유사성을 띤다는 점을 암시하였다.

정주의 격물론은 '사물로 가서 사물의 이치를 찾아내는 것'을 중시하여 귀납적인 경향이 강하다. 아쉽게도 그들은 수동적 태도를 취하며 "앎에 얽매이지 않고" 환하게 이치를 깨닫는 궁극의 단계를 추구하고자 하였다. 그러한 측면에서, 육왕의 학설은, 진리는 바로 마음속에 있으니, 개인의 사상을 제고하고 양지의 기준으로 '전'傳과 '주'注와 같은 경전 해석의 속박을 벗어나자고 주장하였다. 이러한 자발적 정신은 정주 일파의 수동적 격물을 적절히 보완할 수 있다. 정주의 귀납적 방법들이 육왕 일파의 해방을 거친 것은 중국 학술사에 있어서 일대 전환이다.[45]

후스는 정주 일파가 인식 과정과 방법, 과학적 기계가 없음으로 말미암아 부득이 '물'物의 범위를 "개인의 내면으로부터 만물의 이치"에서 "경전을 궁구하고, 일을 처리하고, 고인을 논하는"(窮經, 應事, 尙論古人) 세 가지 항목으로 축소시켰다고 보았다. 또한 육왕의 심학은 비록 "뜻을 둔 일을 '물'이라 하고"(意所在之事謂之物) '사물에 이르는 것'(格物)은 '마음에 이르는 것'(格心)이라고 여겼지만, "마음 밖에 사물이 없는" 이상, 이 물의 범위는 지극히 좁은 듯 보이면서도 오히려 또 무궁하게 넓다. 게다가 "육경은 나의 주석"이고, "비록 그 말은 공자에게서 나왔더라도 감히 옳다고 생각하지 않는다"는 독립 정신까지 지녀서, 육왕의 심학은 정주의 '지리멸렬'함을 적절히 보완할 수 있다고 여겼다. 중국 학술의 '전환'은 바로 정주와 육왕의 상호 충돌 속에서 비롯하였다. 그 표지는 바로 청대 학자들이 육왕의 자발적 정신으로 주자의 '격물치지'의 실증 방법을 개선함으로써 '실증'과 '가설'을 겸비한 '박학' 방법을 이루어 낸 것이다. 만약 송대 유학의 '격물치지'가 인식의 과정과 방법을 결여하였다면, 청대 학술의 특징은 바로 인식 대상에 대한 '착수 지점'을 제공했다는 데 있다.

후스는 '박학'樸學을 네 가지로 나누었다. 훈고학을 제외하곤, 나머지 세 가지는 모두 영문 대응어로 옮겼다. 곧 문자학은 'Philology'

로, 교감학은 'Textual Criticism'으로, 고증학은 'Higher Criticism'으로 풀었다. 종합하면, 후스가 말한 '청대 학자의 과학적 방법'은 다음의 네 가지 측면을 포괄하고 있다. 첫째, 옛 서적을 연구할 때면 새로운 견해를 세울 때마다 반드시 '사물에 대한 관점(物觀)의 증거'(곧 실증법)를 확보해야 한다. 둘째, 이른바 '증거'란 전적으로 '예증'이고, '예증'은 곧 예를 들어 증명하는 것이다. 셋째, 예를 들어 증명하는 것은 귀납의 방식이다. 예를 많이 들지 않는 것은 유추(analogy)의 증명법이며, 예를 많이 들어야 곧 정상적인 귀납법(induction : 양자 간에는 성질 차이는 없고, 정도의 차이만 있음)이다. 넷째, '박학'의 귀납은 "앎에 얽매이지 않는" 수동의 격물이 아니라 가설을 전제로 한 것이다. 왜냐하면 증명하기에 앞서서, 개별 예들을 관찰한 뒤에 가설을 세운 일반 규칙들이 이미 있고, 그 후에 이 일반 규칙이 담고 있는 예를 활용하여 유사한 예를 증명하기 때문이다. 이런 의미에서, 개별 예로 개별 예를 증명하는 방법은 본질적으로 개별 예가 대표하는 공리를 연역해 낸 것이며, 따라서 '박학'의 방법은 귀납과 연역을 함께 사용하는 과학적 방법이다.[46] 상술한 각 특징은 두 마디의 말로 귀납시킬 수 있다. 곧 "(1)대담한 가설, (2)세심한 입증이다. 가설이 대담하지 않으면 새로운 발명이 있을 수 없고, 증거가 불충분하면 사람들을 믿게 할 수 없다."[47]

이제 우리는 듀이의 '5단계 과정'에 대한 후스의 해석을, 상술한 박학 방법과 비교해 보자. 듀이 철학의 기본 관념은, 경험이 바로 생활이고 생활은 곧 환경에 대응하는 것이며, 지식과 사상은 인생에서 환경에 대응하는 수단이라는 것이다. 이에 의거하여, 그는 사상의 과정을 5단계 과정으로 나누었다. "(1)난점의 상황, (2)난점이 도대체 어디에 있는지 지정하기, (3)난점을 해결하는 갖가지 방법을 가설하기, (4)각 가설이 빚어낼 결과를 하나하나 떠올려서 어느 가설이 이러한 난제를 해결할 수 있는지 살피기, (5)이러한 해결책을 입증하여 사람들이 신뢰하게 하거나, 혹은 이런 해결책의 오류를 증명하여 사람들이 믿지 않게 하는 것이다."[48] 듀이의 '5단계 과정'의 특징은 다음과 같다. 첫째, 사상은 실제 생활의 문제에서 비롯한다. 즉 활용에서 시작하고 또한 활용에서 끝난다. 사상의 과정 역시 경험 지식의 축적 과정이고 기존 경험의 활용 과정이다. 둘째, 사상의 작용은 귀납과 연역의 두 가지 기본 방법을 포함한다. '5단계 과정' 중에서 1단계부터 3단계까지는 귀납법으로 기울어 있고, 3단계부터 5단계까지는 연역법에 치우쳐 있다. 셋째, '5단계 과정' 중 가장 중요한 것은 3단계이다. 이는 바로 가설을 제기하는 것으로, 귀납과 연역을 잇는 관건이다. 넷째, 가설의 관념은 실증적 태도와 긴밀히 연계된다. 왜냐하면 가설은 반드시 그것의 실제적 효과로 증명되어야 하기 때문이다. 듀이는 "진정한 철학은 반드시 이전의 각종 '철학자의 문제'를 포기하고, '인간의 문제'를 해결하는 방법으로 바뀌어야 한다"[49]고 재차 강조하였다. 따라서 '5단계 과정'은 본질적으로 생활 실천의 방법이다. 후스는 이 '5단계 과정'을 다음의 3단계로 귀납시켰다. 곧 "(1)구체적 사실과 상황으로부터 착수하기, (2)일체 학설의 이상, 일체의 지식은 금과옥조가 아니라 입증되어야 할 가설임, (3)일체 학설과 이상은 모두 실행을 통해 검증되어야 하며, 실험이 진리의 유일한 시금석"[50]이라는 것이다. 그는 나아가 이 3단계를 청대 학술 방법과 마찬가지로 "대담한 가설, 세심한 입증"으로 귀결시켰다. 이는 후스가 박학의 훈고와 고증이 듀이의 '5단계 과정'과 방법상 일치한다고 여겼음을 여실히 보여 준다.

박학을 실증과학과 비교하면서, 후스는 "사실을 존중하고 증거를 중시한다"는 과학적 방법은 응용 과정에서도 "대담한 가설, 세심한 입증"으로 표현될 수 있다고 여겼다.[51] 이러한 의미 변화는 사실상 양자의 본질적 동일성을 논증하는 데 이론적 근거가 된다. 이에 의거하여, 그는 다음과 같은 결론을 도출하였다. 곧 서양 근대 과학과 박학은 모두 다음과 같은 방법의 결과라는 것이다.

고염무顧炎武, 염약거閻若璩의 방법은 갈릴레오, 뉴턴의 방법과 같다. 곧 그들은 모두 그들의 학설을 증거의 위에 구축하였다.

대진戴震, 전대흔錢大昕의 방법은 다윈, 파스퇴르Pasteur의 방법과
역시 동일하다. 곧 그들은 모두 대담한 가설과 세심한 입증에 능
하였다.[52]

바로 이러한 판단에 근거하여, 듀이의 '5단계 과정'에 대한 후스
의 해석은 '박학화'되었다. 그가 든 예는 『묵자』墨子 「소취편」小取篇의
"擧也物"의 '也'자에 대한 필원畢沅, 왕념손王念孫의 또 다른 해석이
었다.

듀이의 '5단계 과정'에 대한 후스의 '박학화'한 해석은 결코 양자 사
이의 차이를 은폐할 수 없었다. 오히려 근대 과학적 방법의 개념으로
박학 방법을 해석하려고 시도할 때, 후스 자신의 과학적 방법이 가진
진정한 면모를 그대로 드러냈다. 듀이의 '5단계 과정'과 박학 방법을
비교하자면, 적어도 다음과 같은 몇 가지 측면에 주의해야 한다.

첫째, 후스는 박학 방법에 '가설'의 방법론적 특징을 부여하였지만,
여기에서 그는 '가설'의 진정한 함의를 곡해하였다. 후스는 "대담한
가설, 세심한 입증"을 "사실을 존중하고 증거를 존중한다"는 말의 "응
용 표현"으로 보았지만, 이는 그 자체로 억지스럽다. 만약 '실증', 즉
'증거를 내놓는 것'이 후스의 과학적 방법의 중심 개념이라고 말한다
면, 듀이의 '5단계 과정'의 중심 개념은 바로 '가설'이다. 후스는 헉슬
리의 실험주의로부터 증거에 의한 종교 신앙에 대한 충격을 목도하였
고, 반종교적 과학은 본질적으로 당연히 '확실한 사실'을 통해 이미 입
증된 지식이며, 과학의 성실성은 증명을 거치지 않은 일체의 것들을
폐기토록 요구한다고 굳게 믿었다. 증거를 중심 개념으로 삼는 회의주
의는 '확실한 사실'을 표현하는 어느 하나의 명제라도 보편적 이론의
허위를 입증할 수 있지만, 엄밀한 논리적 연역은 단지 우리로 하여금
추론(진리의 연장)하게 할 수 있을 뿐 증명(진리의 확립)하게 할 수는
없다. 그러므로 증거에 대한 강조는 또한 '귀납 논리'에 대한 무조건적
신뢰를 함축하였다.

하지만 '가설' 개념은 사실상 지식이 곧 '확실한 사실'을 표현하는 '사실 명제'라는 판단을 회피한다. 그리고 지식을 문제에 대응하는 수단으로 간주하고, 그 검증 기준은 증거가 아니라 효용이다. 따라서 진리 역시 유용한 가설일 뿐이며, '유용'이 언제나 특정 조건하의 '유용'인 이상, "진리 역시 때에 따라 변화"하니,[53] 진리는 인위적인, 유효한, 거짓을 증명할 수 있는 불확정적인 가설이다. 가설이라는 이 개념은 '사실 명제'의 확실성에 대한 회의를 담고 있다. 후스는 실용주의 진리관을 소개할 때, 이에 대해 동의하며 누차 선전도 하였지만, 일단 방법론의 영역에 들어가면 이내 전통 경험론의 입장에 서서 효용이 아니라 증거를 진리의 유일한 검증으로 삼았다. 그는 증거의 한계가 있다고 하더라도, 이로부터 다음과 같은 결론, 곧 "매우 일반적인 조건 아래에서는, 증거가 무엇이건 모든 이론의 확률은 0이다. 마찬가지로 모든 이론은 증명할 수 없을 뿐만 아니라 이렇다 할 확률도 없다"[54]라고는 여기지 않았다. 따라서 후스는 증거와 증거 제시 방식에 대해 결코 회의하지 않았다. 「오십 년 동안의 세계 철학」에서, 후스는 헉슬리, 클리포드William K. Clifford(1845~1879)의 실증적 회의주의를 제임스의 실증에 대한 회의와 대비하였다(후자는 실용주의 가설 관념의 응용임). 그는 확실히 이러한 '가설' 관념의 의지주의 색채와 종교적 색채를 용인할 수 없었으며, 나아가 제임스의 종교적 태도는 '도박적 태도'의 일종이라고 지적하였다.[55] 추상적 이론에 있어서, 후스는 완전히 실용주의를 신뢰하였으므로, '가설'의 개념을 사용하여 '박학'의 증명 과정을 해석하고자 시도하였지만, 이러한 해석은 단지 '가설'에 대한 그 자신의 이해를 증명할 뿐이었다.

> 한학자의 장점은 곧 보편 법칙을 가정하는 능력을 가진 데 있다. 가정의 능력을 가졌고 또한 도처에서 증거를 구하여 가정의 옳고 그름을 증명할 수 있기 때문에, 한학자의 훈고는 과학적 가치를 지닌다.[56]

여기서 이른바 '보편 법칙을 가정'한다는 것은 사실상 '예시'법의 보완일 따름이다. "가설의 용도는 곧 매우 경제적이고 또 손쉽게 귀납법을 적용할 수 있도록 하는 데 있다."[57]

다음으로, 후스는 '귀납법의 참뜻'을 '예시'로 이해하여 귀납의 복잡한 과정을 대폭 간소화시키고, 연역은 개별 예로 개별 예를 증명하는 과정에 함축된 보편 법칙의 작용으로 간주함으로써, 자신이 과학적 추상을 이해하지 못하였음을 드러냈다. 후스는 '예시법'으로 모든 것을 예증할 수는 없다는 것을 의식하고, 보편 법칙을 가정할 필요성을 지적하였다. 즉, "가정된 보편 법칙이 있다면, 비슷한 예를 재발견하였을 때 바로 기존의 가설로 해석하고, 그것이 모든 유사한 예들을 만족스럽게 해석하는지 여부를 살핀다. 이것이 바로 연역의 방법이다."[58] 박학의 고증 방법은 고대 문장의 독음, 자의와 고대 서적의 저작, 문구의 진위를 감별하는 것이다. 그 기능은 이론을 연구하는 것이 아니라 사실을 정정하고, 사실의 인과법칙을 발견하는 것이 아니라 사실의 진위를 감정하는 것으로, 그중 사실의 수집, 공통점의 발견, 분류 배열 등은 근대 실증과학과 유사점을 갖지만, 박학이 개념으로 개념을 검증하는 이론 체계를 발전시키지 못한 것은 분명하다. 후스는 많은 글을 통해 연역의 중요성에 대해 여러 차례 거론한 바 있다. 그는 "밀과 베이컨은 모두 연역법을 너무 가볍게 보아, 귀납법만이 과학적 방법이라고 여겼다. 근래의 과학자와 철학자들은 점차 가설과 검증 모두 과학적 방법의 필수 핵심 요소라고 깨달았다. 또한 과학적 방법은 단순히 귀납법만이 아니라 연역과 귀납을 모두 이용하여 귀납하였다가 연역하고 또다시 귀납하고, 때로는 개별 사물로부터 만유의 보편 법칙에 미치고, 때로는 만유의 가설로부터 개별 사실에 이르는데, 어느 것 하나 빠뜨릴 수 없는 것이라고 점차 이해하였다."[59] 하지만, 서양 과학 이론으로부터 유래한 관점이 일단 구체적 활용 과정으로 귀착되면, 후스는 이내 중국 학술 전통―'격물치지'의 주자학으로부터 청대 학자의 학문 방법에 이르는―이 경험 실증과 귀납의 경향을 중시하였다고 주장하였다. 학자들이 이미 논증한 것처럼, 이는 그가 늘 역사 고증으로 가설의 제기와 검증을 설명하였을 뿐만 아니라, 또한 "수학적 방법을 운용하여 엄밀한 논증 추론을 전개하는" 것에 소홀하였음을 보여 준다.[60] 그러므로 후스는 이론상 옌푸와 비교하여 연역의 역할을 훨씬 중시하였지만, 연역의 의의를 진정으로 이해한 것은 결코 아니었다. 증거와 귀납에 대한 후스의 편중은 '박학' 전통으로부터 비롯하였으며 또한 헉슬리의 회의주의로 인해 강화되었다. 증거와 사실에 대한 헉슬리의 중시는 종교 신학의 연역 체계를 직접 겨냥한 것으로, 그의 실험주의의 근본 원칙은 일체의 미신, 일체의 전설과 마주할 때 바로 "증거를 가져오라"는 것이었다. 후스는 "모든 가치를 재고하는" 조류 속에서 '실증'의 원칙을 사용하였고, 또한 자연스럽게 연역을 전통 신학의 신앙 방식으로 간주하였다. 곧 "일반인은 어떠한 세밀한 논리도 결코 필요로 하지 않는다. 이러한 형식화된 추리는 다만 하나의 신앙 체계가 공격을 받고 전복되어 설 자리를 잃은 상황하에서 비로소 유용하게 쓰일 수 있다."[61] 또한 "이천 년 동안 서양의 '형식적 논리학'(Formal Logic)은 그저 사람들에게 AEIO* 등의 법칙이나 공통점, 차이점을 찾는 등의 세칙만을 명심하게 했는데, 이 모두는 사유의 힘을 훈련하는 옳은 방법이 아니다."[62] 그는 시종 '확실한 경험'과 '가설'의 관계를 강조하면서,[63] 근대 과학 속의 애초 가설들이 이미 점차 추상으로 변해 가고 연역성도 점차 강해지고 있으며, 많은 과학 정리들은 경험으로 검증할 길이 없다는 것을 이해하지 못했다.

셋째로, 실증과 귀납에 대한 지나친 의존으로 인해, 후스가 종합한 '박학' 방법은 듀이의 '5단계 과정' 및 근대 과학과 구별된다. 이러한 차이점은 부분적으로 두 가지 방법 체계가 적용하는 서로 다른 대상—사실상, '박학'이건 후스 본인의 방법론이건 모두 문사의 훈고 영

---

* AEIO: 판단 형식 중 가장 기본이 되는 네 가지 정언 판단, 곧 차례로 전칭긍정판단, 전칭부정판단, 특칭긍정판단, 특칭부정판단을 가리킨다.

역에 주목하고, 모두 역사학 방법론의 특징을 갖추고 있다—으로부터 비롯한다. 후스는 청대 학술의 대상 및 그 한계에 대해 명확히 분석했지만, 스스로 설계한 방법론의 응용 범위에 대해서는 도리어 신중한 제한을 두지 않았다. 그러므로 청대 학술에 대한 그의 일부 내용들은 그 자신에게 똑같이 적용되는 것이다. 1928년 9월, 후스는 「학술의 방법과 자료」(治學的方法與材料)라는 글을 발표하였다. 메이쭤梅鷟의 『고문상서고이』古文尙書考異로부터 구제강顧頡剛의 『고사변』古史辨까지, 천디陳第의 『모시고음고』毛詩古音考에서 장빙린의 「문시」文始까지 검토하여, 이러한 연구 "방법은 비록 과학적이지만, 자료는 오히려 시종일관 문자적인 것"이라고 지적하고, 더불어 이를 통해 중서 과학이 근 200년 동안 완전히 다른 길을 걸어왔다고 설명하였다. 이러한 종합은 '박학'을 겨냥할 뿐만 아니라 '5·4' 이래의 '국고 정리' 운동까지 다루고 있어서, 후스에게는 분명 자아 반성의 의미를 지니고 있다. 후스는 마침내 연구 대상이 "학술의 범위를 규정할 뿐만 아니라, 자료도 방법 자체에 엄청난 영향을 미칠 수 있다"는 사실을 깨달았다.[64] 곧 문사文史의 고증은 자료를 수집할 뿐 날조할 수 없고, 증거를 중시할 뿐 창조할 수는 없으므로 근대 과학의 기본 방법, 곧 실험 방법이나 혹은 증거를 창조하는 방법이라고 볼 수 없다는 것이다. 후스는 실험의 방법을 "자료를 자유롭게 생산하는 고증 방법", 곧 원래 존재하지 않는 조건을 만들어 가설을 증명하는 방법으로 간주하였다. 서양 학자들은 자연계의 실물로부터 파고들어 산업문명을 일구었으나, "우리 고증학의 방법은 비록 정밀하지만 시종 실물에 가깝지 않은 자료들이고, 언제나 실증이라는 탄탄대로로 간 적이 없기 때문에, 우리 삼백 년의 최대 성과는 고서 몇 권을 정리한 것에 불과할 뿐"이라는 것이다.[65] 긍정할 만한 점은, 스스로 존중하는 '과학적 방법'에 대한 일종의 비평으로서, '실증 방법'에 대한 숭상은 학술의 사회적 효용에 대한 관심을 뚜렷하게 반영한다는 사실이다. 듀이의 '5단계 과정'과 '박학' 방법의 경우, '실증 방법'은 바로 전자만이 가진 것이고 후자에는 전무한 것으로, 아마도 바로 이런 점을 의식하였기에 후스는 「이학에 반대한 몇 명의 사상가」에서 특별히 안원顔元을 거론하였을 것이다. 왜냐하면 안원은 '격물'의 '격'을 "'손으로 맹수를 공격하다'의 '격'", 곧 '손을 쓰다'로 이해하였기 때문이다. 후스가 보기에, 안원이 말한 "마음속으로 깨닫고 입속으로 말하고 종이 위에 그리되, 몸으로 익히지 않으면 모두 소용없다"는 주장은 바로 '안리학파'顔李學派의 실용주의(Pragmatism)였다.[66] 이러한 보충 논증은 전통 학술 방법에 대한 근대적 해석으로 볼 수 있다.

후스는 청대 학술 방법과 듀이의 '5단계 과정'을 모두 "대담한 가설, 세심한 입증"의 '과학적 방법'으로 귀납시켰다. 하지만 상술한 비교는 양자 사이에 다음과 같이 미묘하면서도 중요한 차이점이 있음을 말해 준다. 첫째, 전자는 실증과 진위의 단정을 중시하고, 후자는 가설과 실제 효과를 중시한다. 둘째, 전자는 귀납을 중시하고 후자는 연역을 중시한다. 셋째 전자는 수집을 중시하고 후자는 창조 역시 실증임을 중시한다. 이러한 각자의 중점이 절대적인 것은 아니지만 의심의 여지 없이 명백하다. 후스는 중국의 학술 방법을 통해 서양의 과학적 방법을 이해하였으며, 아울러 서양 학술 방법을 '박학화'하였다. 나는 실용주의 이론에 대한 후스의 직접적인 소개로부터 그의 '과학관'을 이해한 것이 아니라, 구체적인 과학적 방법에 대한 그의 이해로부터 그의 '과학관'을 이해하였다. 이는 다음과 같은 판단에 따른 것이다. 즉 서양의 과학적 방법을 중국화시킨 후스의 해석과 중국 학술 방법에 대한 그의 근대적 해석이야말로 진정으로 그의 '과학적 방법'의 독특한 성격을 드러낸다는 것이다. 짚고 넘어가야 할 점은, 상술한 분석은 주로 운용의 과정에 초점을 둔 것일 뿐, 후스의 '과학적 방법'을 온전하게 설명해 내지는 못한다는 사실이다. 실증과 가설의 구체적인 운용 외에, 후스의 방법론은 특히 '역사적 방법—계보학'(祖孫的方法), 곧 제도 혹은 학설의 인과관계를 찾아 그 역사적 배경을 지적하고 그 역사적 지위를 이해하며 아울러 그 역사적 과정에서의 결과에 근거하여 그 가치를 판단하는 것을 중시하였다.[67] 후스의 '역사적 방법'이 포괄하는, '변화를 밝히기'(明變)와 '원인 찾기'(求因)의 두 고리 및 그것과 진화론의 관계에 관해, 그리고 이 방법이 포함하는 '인과관계'의 이해 및 그 한계에 관해서는, 학자들이 이미 자세히 토론하였으므로 여기서는 따로 기술하지 않겠다. 하지만 긍정할 만한 점은, 이러한 '역사적 태도'(the genetic method)가 일단 운용 과정으로 들어서면, 여전히 앞에서 서술한 몇 가지 방법 속에 포함된다는 것이다.

실험주의 신도인 후스에게 과학적 방법은 근본적 의의를 가지고 있었다. 왜냐하면 후스는 실험주의를 "철학에서의 과학적 방법의 운용"으로 간주하였을 뿐만 아니라, 또한 그 자체로 하나의 방법론 혹은 도구론이며,[68] 그 기능은 바로 실제 효과로 사물(object), 관념(ideas)과 신앙(규칙이나 성인의 가르침에 준하여 추론하는 것 따위)의 의의를 규정하는 것이라 여겼기 때문이다. 실용주의는 하나의 완전한 체계로서 본체론, 윤리관, 진리론, 실재론 등을 포괄하는데, 이를 후스가 방법론이라고 직접적으로 언급한 이유는 실용주의를 '경험' 개념으로 재해석한 데서 비롯한다. 듀이는, 세계의 본원은 '순수경험' 혹은 '원시경험'이며, 이러한 '경험'은 "인간과 환경의 상호작용의 통일체"라고 여겼다. 이러한 '경험'과 '자연'의 통일은 자연계를 인간의 주관적 경험 속에서 '통일'시켰다. 그리하여 한편으로 실재(reality)는 인류가 제조하거나 개조한 바 있는 실재가 되고 경험은 첫 번째 원천이 되었다. 다른 한편으로 지식의 대상은 사유의 출발점이 아니라 귀착지이고, 또한 사유의 탐색과 시험 과정 자체가 낳은 것이었다. 이에 근거하여, 후스는 "경험은 순전히 '대응 행위'이고, 사상 지식은 곧 미래에 대응하는 중요 수단"이라고 여겼다.[69] 마치 듀이가 "인식은 곧 행동"으로 소극적이고 직관적으로 사실을 기록한 것이 아니며 "모든 개념, 학설, 체계는, …공히 반드시 가설로 간주되어야 하고 …모두 도구이며 …그것들의 가치는 그 자체에 있는 것이 아니라, 그것들이 일으킨 결과로부터 나타난 효능에 있는 것이다"라고 말한 것과 흡사하다.[70] 이러한 논리에 따라, 경험은 대응의 행위와 동일해졌고, 인식 역시 행위여서 지각과 행위는 완전히 통일되었다. 인식 방법으로서의 '5단계 과정'은 인식의 절차이면서 또한 행위의 절차이며, 심지어 경험의 구조를 드러낸다고 말할 수 있다. 그러므로 후스가 실험주의를 완전히 방법론 혹은 도구론으로 간주한 것은 바로 '지행합일'의 '경험' 개념에 바탕을 둔 것이다. '지행합일'은 바로 중국 전통 사상 속의 중요한 명제 중 하나이다. 후스가 매우 좋아한 묵자는 '실질을 취해 이름을 부여한다.'(取實予名)는 관점을 견지했을 뿐만 아니라 또한 묵자가 말한 '삼표'三表(삼법三法)란, 논의의 시비와 진위의 판단은 반드시 성왕의 역사적 경험("위로 옛 성왕의 역사에 근본을 둔다"), 백성의 직접적 경험("아래로 백성들이 보고 들은 실정을 근원으로 삼는다")과 실제 정치적 효과("법률과 형벌로 시행하여, 그것이 국가, 백성, 인민의 이익에 합치하는가를 살핀다")에 근거함을 가리키는 것이다.[71] 주희의 '지식과 실천은 늘 상보적이다'(知行常相須), 왕양명의 '앎으로써 행한다'(以知爲行), '앎과 실천은 서로 맞물린다'(知行互合), '알면 반드시 실천한다'(知而必行)는 '지행합일'설의 경우, 모두 어느 정도 '앎과 실천의 수련은 결코 나뉘어서는 안 된다'[72]는 사상을 보여 준다. 우리는 이에 근거하여 후스가 실험주의를 방법론으로 이해한 것은, 실험주의 이론의 내재적 근거를 갖추고 있을 뿐만 아니라, 이러한 인식의 '선구조'인 중국 전통 사상의 방식을 담지하고 있다고 가정할 수 있다.

2. 과학적 방법과 인문과학자의 사회적 역할

후스의 '과학적 방법'의 특징과 성격에 뒤이어, 이제 더 나아가 후스의 다중적인 사회적 역할에 대한 '과학적 방법'의 의의를 살펴보자. 후스의 다중적인 사회 역할이 그의 과학적 방법의 성격을 규정하는 것이 아니라, 그의 과학적 방법의 성격이 그의 사회적 역할을 결정하였다. 후스에게 있어서, 과학의 중점은 구체적 기술技術의 존재나 전문적 과학 연구 대상에 있는 것이 아니고, 도리어 과학의 핵심은 그것의 방법에 있으며, 이러한 방법과 개별 과학의 관계는 수학과 개별 과학의 관계와 유사하다. 바꿔 말하면, 과학은 그것의 메타 방법론으로 표현되며, 형이상학의 일종으로 이해될 수 있다. 이러한 메타 방법론은 모든 사물을 대상화하거나 안정된 질서 속으로 이식하는 경향이 있다. 역사, 언어, 문학, 사상과 사회는 과학의 방법론 시야 내에서 보편적으로 대상성을 가지고 있다. 이러한 대상성은 개별 학문 분과의 배치로 전화되어, 인식자(주체)와 인식 대상(객체)의 단일한 관계 속에 놓일 수 있다. 언어, 역사, 문학, 사상, 사회 등은 이로 말미암아 조직적으로 '대상성'을 갖춘 영역이 된다. 이로 인해 후스의 다중 '신분' 역시 그의 과학적 방법의 구체적 '구현 방식'으로 간주될 수 있다.

우선, 후스는 결코 엄밀한 의미에서의 과학자가 아니며, 과학자의 양식에 따라 자신의 행위를 수정하는 인문학자이다. 그는 과학의 본질을 '과학적 방법'의 응용으로 이해하고, 아울러 엄밀한 논증을 통해 중국의 전통 학술 방법(주로 '격물치지'의 귀납법과 박학의 훈고학, 고거학考據學 방법)을 서양 근대 과학적 방법의 성격과 동일한 '과학적 방법론'으로 간주하였으며, 이로써 그의 인문 연구가 가진 '과학'적 성격을 명확히 하였다. 그는 역사학, 문학, 언어학 등 인문 영역을 경험적인 실재의 학문 분야로 간주하였고, 더불어 철학적 탐색을 경험과학 연구의 한 가지 방법으로 보았다. 인문과학은 본질적으로 미학과 도덕 교육의 도구일 뿐만 아니라 경험과학의 성격과 일치하는 과학이고, 심지어 어떤 의미에서는 경험 연구의 모델로 다뤄진다. 조셉 벤 데이비드Joseph Ben-David는 이러한 현상을 '인문과학의 자아동일시'(자아동일시는 이상 속의 특정 인물이나 대상으로 자처하는 심리를 가리킴)라고 일컬은 바 있다. 경험과학과 무관한 영역에서 '과학'의 권위를 이용하는 이러한 '인문과학의 자아동일시'는 기본적으로 다음과 같은 두 가지를 가정하고 있다. 첫째, 과학적 방법은 보편적으로 유효한 방법이다. 둘째, 인문 영역은 자연현상과 본질적인 경계를 갖지 않으므로,

순전히 자연현상처럼 연구될 수 있다. 후스는 수차례 공언하였다.

> 내가 최근 몇 년 동안 학술 강의를 위해 발표한 글은 범위가 매
> 우 산만한 듯한데, 목적은 매우 간단하다. 나의 유일한 목적은
> 학문 사상의 방법을 중시하는 것이다. 따라서 이런 글들은 실험
> 주의를 설명하거나 소설을 고증하거나 한 글자의 문법을 연구하
> 거나 간에 모두 다 방법론에 관한 글이라고 말할 수 있다.[73]

후스는 '국고 정리'(整理國故)를 "대담한 가설, 세심한 입증"이라는
'과학적 방법론'의 운용으로 간주하였으며, 더불어 과학 정신과 과학
법칙의 전파를 기본 목적으로 삼았을 뿐만 아니라, 심지어 그의 신시
新詩 창작도 과학 실험의 일종으로 여겼다. 즉 최초의 동기가 어떠하
든 간에, 후스의 『상시집』嘗試集(실험적 문집이라는 뜻―역자)의 표제명과 실
험주의는 분명 연관이 있으며 그는 이 시집을 '문학적 실험주의' 이론
가설을 논증하는 일환으로 간주하였다.[74] 과학자 공동체의 언어 실천
을 논할 때, 나는 후스와 그 동료들의 중국어 개조 활동을 논한 적이
있다. 여기에 덧붙여야 할 것은, 후스의 문학 실천이 그의 언어 실천의
한 부분이라는 것이다. 문학과 언어는 우선 하나의 특수한 대상으로
확정되고, 그렇게 함으로써 과학에서 비롯한 질서 속에 자리잡는다.
후스가 언어 문제로부터 문학 문제로 파고든 것은 매우 자연스러운 것
이다. 왜냐하면 언어학은 내재적으로 어법, 어원학, 문체학, 음운학,
시학에 근거하여 연구해야 할 언어를 고려하도록 요구하고, 후스의 시
가 창작 실천은 "백화가 시의 언어가 될 수 있을까?"라는 언어학 과제
와 관련한 연구의 일부분이기 때문이다. 후스의 문학 과제의 또 다른
부분은 관련 학문 분야에 근거한 구상으로, 도서관과 자료 수집의 도
움을 받아 텍스트의 진위, 작가의 가세家世 및 가세와 문학의 각기 다
양한 관계를 상세히 연구하는 것이다.[75] 후스와 전체 신홍학파新紅學派
(5·4운동 이후 후스 등을 대표로 하는 『홍루몽』 연구자 집단―역자)의 『홍루몽』紅樓夢

연구는 분명 과학적 방법에 대한 그들의 관점을 실천하였는데, 이러한 문학 연구는 여타 과학의 행동 방식과 본질적인 차이가 없었다. "이렇게 운용된 하나의 과학은 필연적으로 언어와 문학 창작의 특유하고 기본적인 것들을 무시한다. 과학은 그것들을 과학의 연구 대상으로 삼기 위해 그들 특유의 세계로부터 이탈시킨다."[76]

후스의 논리에 따르면, 과학적 방법은 보편적이면서도 효과를 지닌 유일한 방법이어서, 어떤 문제라도 특정한 방법적 혹은 기술적 절차를 통해 그것들의 참모습을 드러낼 필요가 있다. 그러므로 인간의 자주성은 도덕, 심미 등 영역에서 과학의 대상 중 하나에 불과할 뿐이다. 그결과, 후스는 과학적 방법을 창도한 계몽 선전가일 뿐만 아니라, 그 자신 역시 실천궁행하며 언어, 문학, 역사와 철학 영역에서 탐색을 진행한 과학자가 된다. 이렇듯 과학자로 자처하는 인문학자 신분은 이중의 효용을 가지고 있었다.

첫째, 그는 자신의 '반전통의' 직접적 동기를 '과학 연구와 실험'의 기치 아래 숨기고, '과학'의 이름으로 '모든 선입견'에 사형을 선고하고 '신사상'의 가치를 공포하였다. 후스는 '국고 정리'의 함의를 다음과 같이 논하였다. "판정하는 태도와 과학의 정신을 활용하여 국고를 정리하는 소양을 갖추고", "잡동사니 속에서 조리와 맥락을 찾아내고, 뒤죽박죽 속에서 원인과 결과를 찾아내고, 횡설수설 속에서 참뜻을 찾아내고, 독단과 미신 속에서 참된 가치를 찾아내어", "각자 모두가 국고 본래의 진면목을 되찾아 주고, 각자 모두가 국고에게 참된 가치를 되돌려주는" 것이다.[77] 또한 "정밀한 방법으로 옛 문화의 참된 모습을 고증해 내고, 명료한 글로 보고하여, 눈을 가진 사람에게는 누구나 볼 수 있게 하고 머리가 있는 사람에게는 누구나 이해할 수 있게 한다. 이것은 암흑을 광명으로 바꾸고 신기함을 진부한 것으로 만들고 현묘한 것을 일반적인 것으로 변화시키고 신성함을 평범함으로 바꾸는 것으로, 이것이야말로 모든 가치를 재평가하는 것이다. 그의 기능은 사람의 마음을 해방시키고 사람들이 귀신의 유혹을 받지 않도록 보호하는 것이다."[78] 그래서 "요괴를 잡다", "귀신을 때려잡다"는 '반전통'의 동기가 여기에 이르면 '과학적 연구'의 자연스러운 결과이며 '역사적 진상'의 객관적인 구현으로 표현된다. 후스의 역사학 방식과 역사학 관념에서, '조리 맥락', '원인과 결과'와 '참뜻'은 과학적 방법의 자연스러운 구현이며, 그것의 주요 특징은 역사학의 사원학史源學* 고증이다. 그는 또한 이런 방법을 조손祖孫의 방법*이라 불렀다. '조손의 방법'은 역사의 구축을 대상으로 하며, 아울러 '과거'를 '사라진 것'이자 동시에 인과의 연계를 가진 것으로 확정지었다.[79]

둘째, 그는 과학 연구에 독립적 가치의 준칙을 세웠고, '진리를 위해 진리를 추구하는' 이러한 가치관은 학술을 직업으로 삼은 인문학자에게 직업적 근거를 제공하기도 하였다. 1919년 8월, 후스는 마오즈수이毛子水에게 답변하는 글에서 '국고 정리'를 "시대적 필요에 응하는 것"으로 간주하는 것에 단호히 반대하였다. 왜냐하면 그렇게 하는 것은 "바로 '경전을 통해 치국평천하에 이른다'는 옛사람들의 몽상이 되기" 때문이다.[80] 그는 "과학적 연구법을 써서 국고를 연구할 때는 먼저 '쓸모가 있느니 없느니' 하는 편견을 가져서는 안 된다"고 주장하였다. 왜냐하면 "학문을 할 때 먼저 협의적 공리 관념에 사로잡혀서는 안 된다. 학문을 하는 사람은 마땅히 자신의 성격에 맞는지를 살펴서 해야 할 학문을 선택하며, 선택한 후에는 마땅히 '진리를 위해 진리를 추구하는' 태도를 지녀야 한다. 학술사를 연구하는 사람은 더욱더 '진리를 위해 진리를 추구하는' 기준으로 여러 학자의 학술을 비판해야 한다. 학문은 평등한 것이다. 한 글자의 옛 뜻을 발견하는 것과 하나의 항성을 발견하는 것은 모두 다 큰 공적"이기 때문이다.[81] 후스의 이 말에서, 우리는 대학 체제에서 자연과학 연구자와 비슷한 직업적 인문학자의 심리적 부담을 느낀다. 즉 그는 직접적 효용이 없는 자신의 일에 실

• 사원학(史源學): 사료의 출처를 고증하는 학문.
• 조손(祖孫)의 방법: 일종의 계보학적 방법을 말한다.

험과학과 유사한 가치를 부여해야 했다. 하지만 더 중요한 것은, 그가 자신의 모든 행위의 '궁극적 의의'ㅡ베버Weber가 말한 것처럼, 진정한 '궁극적 문제'와 관련되기만 하다면, 우리에게 있어서 목적이 꼭 정해진 것은 아니다ㅡ를 설명하려고 시도하였다는 사실이다. 후스는 매우 모순된 태도로 '지식 가치'를 궁극적 의의로 삼았고, 특정한 역사적 상황이 '과학'에 제기하는 공리적 요구와의 균형을 맞추고자 하였다. 과학적 동기와 목적이 자신에게로 회귀되자, 이에 과학에 종사하는 사람들의 성실성에 대해 경외의 심정으로 그들의 자유로운 열정을 대상에 대한 편견 없는 해석으로 전화시키자고 요구하였다. 하지만 과학 연구의 독립적 가치의 전제는 과학적 방법의 요구에 따라 우선 자신이 구축한 것을 과학적 인식 과정의 '주체'로 삼는 것이지만, 후스는 이러한 '주체'가 단지 그와 대상과의 관계에서 비로소 확인될 수 있는 것임을 의식하지 못했다. 따라서 '직업화된 과학 연구'는 후스가 신봉한 과학적 방법이 역사 속에서 구현되는 방식 중 하나이다. 그 특징은 특정 상황 속에서 인간 생존의 다의성을 소멸시켜, 그의 활동이 명확한 방향성을 갖도록 한다.

다음으로, 학술 연구와 마찬가지로 사회 정치에 대해 흥미를 가진 후스와 같은 자유주의자들에게, 경험과학은 도달한 적은 없지만 부단히 재수정되는 목표를 상징한다. 그 목표란 곧 새로운 사회질서 및 그 조절 기제를 새로 만들어 사물이 이지적이고 객관적인 절차를 통해 점차 개선될 수 있도록 하는 것으로, 반드시 폭력과 혁명으로 사회를 개조해야 하는 것은 아니다. 이로써 '과학'과 그 '연구 방법'은 후스의 정치철학의 바탕이 되었다. 이는 과학자로 자처하는 자유주의자의 역할이 다음과 같은 신념에 기초를 두고 있음을 의미한다. 곧 구체적인 자연과학의 문제를 다루는 실험 방법으로 구체적 사회문제를 해결하는 것은 전적으로 당연하며 논증할 필요가 없이 자명한 것이다. 바꿔 말하면, 과학적 방법으로 사회를 연구하기에 앞서서, 이런 방법은 이미 내재적으로 사회를 하나의 대상으로 만들며, 이 대상의 형태는 단지 과학적 방법과 절차 속에서만 비로소 드러날 수 있다. 여기에서 '사회'는 또한 과학 및 그 방법론의 자연스러운 연장이다. 바로 이러한 전제 하에서, 비로소 자유주의자 후스가 '문제와 주의'의 논쟁에서 무엇 때문에 '자유주의'의 정치적 구상으로 '마르크스주의' 혹은 여타 특정 주의와 논쟁한 것이 아니라, 그의 '과학적 방법'을 논쟁의 무기로 삼았는지 이해할 수 있다. '주의'와 '주의'의 충돌이 아니라 '문제'와 '주의'의 대립으로, 사회가 나가야 할 길에 관한 토론을 구성하였다. '사회'는 우선 '문제'적 영역으로서 토론의 주제가 되었다. 논쟁 쌍방의 착안점이 서로 대등하지 않다는 점은 바로 후스가 논쟁에 참여하는 방식, 곧 자유주의자 신분으로서가 아니라 과학자의 역할로서 자신의 자유주의 사상을 표현하였음을 말해 준다. 후스의 사회철학은 절차와 논리상 그가 말한 "대담한 가설, 세심한 입증"의 '3단계 절차'와 완전히 겹친다. 그것은, 첫째로 "사회의 실재적 상황을 세심하게 고찰하고"(곧 구체적 사실과 상황으로부터 파고들기), 둘째로 "모든 학설, 모든 '주의'는 모두 이런 고찰의 도구이고"(곧 "어느 것이든 결코 확고부동한 이치가 아니라 특정한 가설임"), 셋째로 "참고 자료로 삼을 학설이 있다면 우리가 고찰하는 상황을 쉽게 파악할 수 있도록 해 주고, 특정 상황이 어떤 의의를 가지고 있으며 마땅히 어떤 구제 방법을 사용해야 하는지를 쉽게 이해할 수 있도록 해 준다"(곧 실험과 검증)는 것이다.[82] 방법적 측면에서, '회의-실증-가설-실험-증거 찾기'는 내재적 논리과정을 구성한다. 이후 후스는 상술한 관점을 '3단계 작업'으로 명확히 규정하였다.

먼저 문제의 여러 측면의 온갖 사실을 연구하여 도대체 병이 어디에 있는지를 살핀다. 이것이 사상의 첫 번째 작업이다. 그 후에 일생의 경험과 학문에 근거하여 갖가지 해결책을 제시하고 각종 질병의 처방을 내놓는다. 이것이 사상의 두 번째 작업이다. 그 후에 일생의 경험과 학문을 활용하고 상상의 능력을 더하여,

가정한 해결책마다 어떤 효과가 있는지를 살피고, 이런 효과가 진정으로 당면한 난점을 해결할 수 있는지를 살핀다. 살핀 결과, 가정한 해결책 하나를 선택하여 자신의 주장으로 삼는다. 이것이 사상의 세 번째 작업이다. 가치가 있는 주장이라면, 어느 것이든 우선 이 세 단계 작업을 거치게 된다.[83]

이론상으로 볼 때, 후스는 '주의'主義의 기능을 결코 부정하지 않았다. 그는 '주의'를 구체적 문제를 겨냥한 가설이라고 이해하였다. 리다자오, 란즈센藍志先과 그의 차이는, 그가 어느 가설이라도 반드시 구체적인 문제에서 착수해야 하며, 반드시 관심의 중심을 목적으로부터 구체적인 활용 방법으로 전환해야 한다고 여긴 데 있다. 그는 여러 차례 사회의 문제를 병리 현상에 비유하여, 합병증의 치료는 구체적, 개별적 증상을 분석하여 증상에 따라 처방해야 한다고 여기고 종합적인 '근본적 해결'을 부정하였다. 후스는 그의 구체적 실증법과 효과 검증법을 '역사적 태도'로 귀결시켰다.

각 사물이나 제도에 대해 늘 그것의 원인과 결과를 찾아내고자 하며, 그것을 흔적도 없이 왔다가 사라지는 고립된 것으로 여기지 않았다. 이러한 태도가 바로 역사적 태도이다. 나는 중국 학자들이 모든 학설, 모든 주의에 대해서 이런 역사적 태도로써 연구할 수 있기를 희망한다.[84]

여기에서 역사와 사회에 대한 후스의 이해는 연구 대상에 대한 과학자의 이해로 표현된다. 따라서 그의 '과학적 방법'은 말할 필요 없이 논리에 맞게 그의 역사관을 이끌어 낸다.

문명은 두루뭉술하게 만들어진 것이 아니라 한 점 한 방울이 모여 이루어진 것이다. 진화는 하루 저녁에 두루뭉술하게 진화한

것이 아니라 한 점 한 방울이 모여 진화한 것이다. …해방은 이
런저런 제도의 해방이고, 이런저런 사상의 해방, 이런저런 인간
의 해방은 한 점 한 방울의 해방이다. 개조는 이런저런 제도의
개조이고, 이런저런 사상의 개조, 이런저런 인간의 개조는 한 점
한 방울의 개조이다.

문명 재구축의 착수 작업은 이런저런 문제의 연구이다. 문명 재
구축의 진행은 이런저런 문제의 해결이다.[85]

후스는 '과학적' 입론의 방식을 써서 역사 발전에서 '혁명'의 의의
를 부정하고 개량적인 사회 개조관을 수립하였다. '과학' 및 그 '방법'
은 자유주의의 이론 원칙이 아니지만, 후스의 자유주의 사회관의 중요
한 기반을 이루었다. 이런 '과학' 개념의 독특한 운용은 정주가 "오늘
한 가지를 깨닫고 내일 한 가지를 깨달은"(今日格一件, 明日格一件) 연후
에 비로소 총체적 '순차 공정'(次第工程)을 달성하였음을 떠올리게 한다.
'문제'와 '주의'의 논쟁은 '지리한' 작업과 '근본적 해결'의 논쟁이고,
이런 논쟁 방식은 또한 다소간 이학과 양명학의 대립 방식을 떠올리게
한다.

마지막으로, 과학자로 자처하는 인문학자로서, 후스 역시 천두슈처
럼 계몽자의 역할을 맡았다. '과학' 개념은 최종적으로 인생관 영역에
적용되었고, 따라서 과학과 대중 이념은 확고한 연관성을 갖추었다.
과학 자체로 보면, 대중화된 추세는 과학의 전문화, 정밀화와 완전히
대립하지는 않을지라도 과학 자체의 발전에 도움이 되지 않는다. 후스
는 인생관 영역에서 과학의 절대 권위의 수호에 대해 다음과 같이 표
명하였다. 즉 그는 과학으로 우주, 세계, 사회, 개인 및 그 상호 관계의
질서 체계를 재구축하고, 아울러 인생에 가치와 의의의 원천을 제공하
고자 한다. 바로 이러한 동기는 구체성과 실증을 줄곧 주장한 후스에
게 '최소한의 일치'를 지향하도록 하였다.[86] 후스는 인생관과 지식 경
험 사이의 대응 관계를 굳게 믿었고, 지식의 보급이 대중에게 상대적

으로 일치된 인생관을 획득하도록 한다는 것을 확신하였다. 그러므로 그는 사실상 객관적 지식의 습득이 바로 '통일관'을 획득하는 기본 전제라 믿은 것이다. 주의할 점은, '과학적 인생관'을 논하는 후스의 방식이 천두슈에 비해 훨씬 과학자의 면모를 띠었다는 사실이다. 그는 '과학적 방식'을 활용하여 인생관을 표현함으로써, 잠재적으로 '과학적 방법'의 보편타당성을 표명하였다. 후스는 '과학적 인생관'을 이미 알고 있는 사실 위에 세운 '대규모의 가설'로 간주하였는데, 이는 새로운 증거에 맞춰 부단히 수정을 가하고, 또 이로 인해 어느 곳에서나 성공적인 믿음을 말한다.[87] 1923년 '과학과 인생관' 논집의 서문에서 그는 그의 '자연주의적 인생관'에 10가지 교리를 규정하였는데, 이는 사실상 각종 자연과학과 사회과학 지식으로 엮어 낸 우주의 설계도였다. 이러한 우주의 설계도는 우주, 사회, 인생의 운동의 인과적 해석과 인생의 본질과 의의를 제공한다.[88]

그럼, 후스가 과학과 자연주의 인생관을 서로 연계시킨 것은 이학과 어떤 관계를 가진 것인가? 이 점은 매우 중요하지만 그다지 주목받지 못하였다. 후스의 관점에 따르면, 이른바 '과학과 현학'의 논쟁은 사실 "단지 이학과 반이학 논쟁의 재현이다. 딩원장 선생은 과학자이고, 그가 지향하는 것은 순 이성적 격물치지의 길이다. 장쥔마이 선생은 '내심의 생활'을 숭상하였고, 그가 걸어간 길은 바로 반半종교적이고 반半현학적인 이학의 길이었다."[89] 장쥔마이는 '신송학'新宋學, 특히 육왕학파陸王學派의 부활이며, 딩원장이 추종한 것은 '격물치지'에서 박학에 이르는 지식론 전통이었다. 만약 우리가 후스의 이러한 관점을 이학에 대한 그의 총체적 관점 속에 위치시키면 문제는 훨씬 복잡해진다. 후스는 송명 이학의 흥기는 불교와 도교의 출세간적 종교관에 송유가 반발한 결과이지만, 이러한 반발은 동시에 두 종교의 깊은 흔적을 남겼다고 여겼는데, 그것은 바로 이학의 '경을 유지하기'(居敬), '정을 추구하기'(主靜), '무욕하기'(無欲)라는 종교적 색채이다. 그 결과, 이학 내부에 두 가지 다른 경향이 생겼다. 곧 '함양을 하는 데는 반드시 경을 사용해야 한다'는 종교적 태도와 '지식을 넓히려면 사물에서 그 이치를 궁리해야 한다'는 지식의 경향으로, "중국 근세 사상의 추세는 점차 중고 시대의 종교를 벗어나서 격물치지의 큰길로 향해 갔고",[90] 박학은 이런 의미에서 '반이학적 사명'을 갖춘 운동으로 간주될 수 있었다.[91]

상술한 후스의 관점으로부터 또 다음과 같은 해석이 가능하다. 즉 이학은 그 자체로 분열된 구조와 추세를 띠고 있으며, 그 표지는 바로 이학의 우주본체론, 도덕 윤리 규범과 그 지식론이 대립 상태에 놓여 있는 점이다. 중국 근세 사상의 발전은 "정주로 육왕을 무너뜨리고, 허신許愼, 정현鄭玄으로 정주를 무너뜨리고 심지어 안원, 대진戴震으로 정주육왕을 무너뜨려서, 결과적으로 끝내 인물을 교체하느라 혼란을 피할 수 없게 된다."[92] 원인은 어디에 있는가? 원인은 바로 '격물치지'의 지식론만 독립적으로 발전하여, 오히려 이를 근거로 우주본체론, 도덕 윤리 규범을 재구축함으로써 본체론, 인생론과 지식론을 포괄하는 '통일관'을 형성하지 못한 점, 다시 말해서 완전한 '새로운 이학'으로 옛 이학을 대체하지 못한 점에 있다. 바로 이로 인해, 후스는 우즈후이吳稚暉의 「새로운 신앙의 우주관과 인생관」을 특히 숭상하였다. 우즈후이는 '과학'과 새로운 신앙의 관계를 지적하면서, 인생관과 우주관, 도덕론과 진리론의 통일 관계를 밝히고, 근대 과학 지식을 기초 삼아 완전한 우주 질서 및 그 내재적 운동 규칙의 가설을 구축하였다.

이로써 '격물치지'의 지식론 경향은 우주본체론, 인생론과 더 이상 분열의 상태에 놓이지 않고 새로운 조화에 도달하였으며, 도덕 윤리 관계의 규정, 인생 행위의 지도, 가치와 의의의 제공이 '과학우주론과 인생론'의 중대한 사명이 되었다. 바로 후스가 퍼스Charles Sanders Peirce(1839~1914)의 실험주의를 논하며 "과학의 목적은 단지 우리에게 많은 합리적 행위 방법을 제시하고 우리에게 이런 방법을 믿음으로써 합리적 습관을 낳도록 하려는 것이다. 이것이 과학자의 지행합일설이다"[93]라고 말한 것처럼, 우주 특성에 대한 과학적 이해는 결과적으로 도덕적 존재와 사회적 존재에게로 이어진다. 바꿔 말하면, 후스가 과학 및 과학 만능의 방법을 숭상한 것은 당시 전통 사회 및 그 이념의 속박으로부터 자유를 얻고자 한 것이며, 이는 사람들에게 자연의 '지배'를 훨씬 받을 수 있도록 하기 위해서였다. 곧 자연 그 자체에 대한 인간의 신념을 지배하여, 인간에게 과학처럼 자신을 완전히 자연의 이상에 복종하도록 요구하는 것이다. 요컨대 자유를 갈망하는 표현 형식으로서, '과학적 인생관'이 추구하는 것은 바로 인간에 대한 자연의 지배이다. 후스가 기술의 진보가 인간의 자유, 상상력, 미감과 도덕적 책임을 제공하였다는 설명을 믿고, 더불어 미美, 시의詩意, 창조적 지혜를 그의 자연주의 인생관에 주입하였지만, "그 자연주의의 우주 속에서, 무변광대한 공간 속에서, 영겁의 시간 속에서 …천체의 운행은 상궤를 가지고 있고 사물의 변화는 자연법칙을 가지고 있다. 인과의 법칙이 그―인간―의 모든 생활을 지배하고, 생존경쟁의 참극이 그의 모든 행위를 채찍질하고 있다. 즉 두 손을 사용하는 동물인 인간의 자유는 매우 제한된다."[94] 이런 점에서, 우리는 인생관 영역에서의 과학 개념의 운용이 이학과 기능적으로 유사함을 알 수 있다. 실제로 바로 이런 기능상의 유사성은, '과학'이 전통문화 형식을 파괴하고 대체하는 역량으로서 '인생관' 영역에 개입하고 또한 그 이념적 의의를 획득하였음을 보여 준다.

후스는 일찍이 '과학'을 '사상과 지식 법칙의 일종'으로, 동시에 "심리 상태와 행위 습관, 생활 방식에 관계하는" 것으로 정의하였는데,[95] 어쩌면 이를 더 보충하여 그것이 정치철학에도 관련된다고 말할 수도 있다. 상술한 '과학'의 여러 측면의 함의는 과학자로 자처하는 인문학자, 자유주의자, 계몽사상가라는 후스의 다중적인 사회 역할에 뚜렷이 대응된다. '과학' 개념과 '과학적 방법'에 대한 후스의 이해와 활용은 그가 맡은 사회적 역할과 깊은 관계가 있으며, 동시에 또 중국의 사상과 학술 전통으로부터 매우 구속받고 있다. 일반적 의미에서 '과학만능주의'로 보이는 특징과 상술한 두 가지 측면은 밀접한 관련을 맺고 있어서 더욱 깊이 이해할 필요가 있다.

중국 사상가는 대부분 서양 과학 자체에 대해 체계적 학습과 훈련을 결여한 상황에서 '과학'의 문제를 논했다. 그들의 '과학' 개념은 콩트, 헉슬리, 스펜서, 루소, 듀이 등의 과학에 대한 철학적 해석과 중국의 전통적 지식론, 도덕론, 우주론을 함께 활용하여 구성한 것이다. 중국의 고유 개념은 그들이 서양 근대 과학을 이해하는 바탕을 제공하였고, 그들이 접한 서양 과학 사상은 사실상 전통 사유 방식의 고유 논리를 약화시킨 것이 아니라 강화시켰다. 후스 등이 자각적으로 중국 학술 전통과 서양 근대 과학의 본질적 동일성을 모색할 때, 그들은 이를 통해 '과학'의 법칙이 서양과 동양 어느 곳에서든 보편적으로 적용된다는 것을 증명하려고 하였다. 이러한 논증 방식은 과학에 대한 그들의 인식에 틀을 제공하였고 또한 그들의 이해를 전통적 인식 방식 속에 견고히 가두었다. 그들이 '반전통'을 서로 표방했던 이들이라는 점에서, 이는 많은 생각을 하게 한다.

　　일반적 현상으로 볼 때, 중국 사상가는 실증주의와 실용주의의 과학 개념에 대해 강한 흥미를 느꼈고, 이러한 흥미는 상당 부분 경험귀납적 방법에 대한 신뢰와 '치용'致用의 편애로부터 비롯한 것이다. 바로 앞서 분석한 것처럼, 경험귀납적 방법은 '즉물궁리'의 '집적' 작업과 관련되며, '치용'은 역사적 상황과 지식 전통에서의 공통적인 요구이다. 하지만, '과학' 개념과 전통 지식론의 연계는 또한 그저 운용 절차에 대한 이해에서만 이뤄진 것이 아니다. 더욱 중요한 것은, 중국 사상가들이 과학을 합리적 방법론으로 이해하는 동시에, 또한 과학 자체가 우주, 세계, 사회, 인생에 관한 유기적 연관성을 가진 도식을 제공하고, 이런 우주 도식은 목적론과 도덕론의 성격을 띠며, 그것은 우주 운동의 궁극적 지향(진선미)을 규정하고, 인간이 마땅히 어떻게 사고하고 행동해야 하는지에 대한 기본 준칙(정치적 준칙으로부터 도덕 준칙까지)을 분명히 밝혔다고 굳게 믿었다는 점이다. 자연계와 사회가 본질적 동일성을 갖췄다고 여기는 이러한 관점, 자연법칙과 인간의 도덕 준칙이 내재적 연관성을 띠고 있다고 여기는 관점, 지식론과 방법론을 궁극적으로 우주론과 도덕론으로 이끌려는 논리적 지향, 이 모든 것은 중국의 전통 사유 방식, 특히 송명 이학의 천도관과 관련된 것이다. 그래서 '격치'에서 '과학'으로의 과정이 '격치' 개념이 '사물에 다가가 직접 살핀다'(卽物實測)와 '경세치용'의 사고에 따라 이학 범주를 점차 벗어나는 과정으로 표현되었고, 그 종점에서 '격치' 개념은 어휘상 이학과 무관한 '과학' 개념으로 탈바꿈하였지만, 이런 개념이 어휘상 이학의 구속을 벗어난 후, 사용되는 과정에서는 다시 이학 범주 속에서의 '격치' 개념의 본질적 특징을 획득하게 되었다. 바로 이러한 특징은 20세기 중국의 '사상 혁명'이 어느 정도 언어적 환각임을 드러내 보인다. 중국 사상가들이 '과학'을 논할 때의 자가당착과 모호한 상태는 비록 서양의 해당 개념에 대한 논쟁과 모순에서 비롯하였지만, 이러한 자가당착과 모호한 상태에서 중국 사상가들이 표현한 자신감(곤혹스러움이 아님)은 어쩌면 '과학' 개념에 대한 그들의 이해 방식을 가장 전형적으로 표출한 것이다.

하지만 풍부한 역사를 몇 가지 추상적 결론으로 귀결시키는 것은 현명치 않은 일이다. 사실, 역사는 바로 이렇게 모호함과 모순 속에서 발전하며, 만약 우리가 근대성 문제가 발생할 수 있는 조건을 이해한다면, 상술한 현상을 단지 역사적 '재현'과 '순환'일 뿐이라고 간주하기 어렵다. 과학 개념과 '세계관' 간의 점차 긴밀한 연관성이 말해 주는 것은 결코 중국 사상가와 전통의 내재적 관련성이 아니라, 근대 사회의 구성 방식이 우리가 고대로 간주하는 사회의 구성 방식과 어느 정도 동일한 구조로 이루어진 관계라는 것이다. 가장 중요한 것은, 근대 사회는 고대 사회와 마찬가지로 '자연적' 범주로 계층화된 사회에 합리성과 합법성을 제공할 필요가 있다는 점이다.

반이학으로서의 '신이학'

1. 우즈후이와 반전통주의 과학관

우즈후이는 영향력이 크고 인상적인 역사 인물은 아니지만, 그의 과학 개념의 운용 방식과 함의, 그리고 성격 및 그것과 중국 사상 전통과의 관계는 특히 근대 반전통주의의 중요한 특징의 일면을 뚜렷하게 반영하고 있다. 확고한 과학 사상의 선전가로서 우즈후이의 통속화된 표현 형식은 과학적 이성이 아니라 대중에 호소하는 계몽의 목적에 적합하며, 그가 추진한 과학 사상의 통속화 운동은 전통 우주관과 인생관에 대한 '상식적 비판'이었다. 천두슈, 후스의 사상이나 표현 방식과 비교할 때, 그의 과학적 우주관과 인생관은 어쩌면 당시 이미 모습을 갖춰 가고 있는 새로운 이념을 더욱 폭넓게 대표한다고 할 수 있을 것이다. 우즈후이의 '과학' 개념의 언어적 표현은 비록 기계론적 성격을 띠고 있지만, 운용 과정에서는 오히려 생명, 과정과 목적 등 역사학 범주를 우주 자연에 대한 묘사로 끌어들여 유기론적 특징 혹은 생물학적 우주론 색채를 구현하였다. 그의 과학적 우주관과 인생론의 '근대'적 성격은 동시에 중국 전통 천도관天道觀, 특히 기일원론氣—元論과의 내재적 연관성을 보여 주며, 우주론에서 인생론으로 넘어가는 구조적 특징과 구체적 표현의 측면에서도 그것이 의식적으로 반대한 '이학' 전통과의 유사성을 띠고 있다.

우즈후이(1865~1953)는 아명이 지링紀靈이고, 20세 이전에 선성宣城(사조謝脁, 464~499)의 시를 매우 좋아하여 티아오脁라고 이름을 지었다. 자는 즈후이稚暉이고 서른 이후에 징헝敬恒으로 개명하였으며, 별자別字는 쿠안朏盦이고 만년에 쿠안 노인朏盦老人이라는 호로 불렸다. 그 생애를 살펴보면, 무술년 이전에 병음拼音을 사용하기도 했으나, 기본 교육은 다른 전통 지식인들과 차이가 없었다. 다만 광서 28년(1892)에 '남청서원'南菁書院 산장 황이주黃以周 서재에서 '실사구시하되, 두루뭉술해서는 안 된다'(實事求是, 莫作調人)는 좌우명을 처음 보고 평생토록 법도로 받들었다. 무술년 설날에 광서제에게 상소하여 변법을 간청함으로써 정치적 생애를 시작하였지만, 여전히 교직을 맡고 학교를 세우고 글을 짓고 대중의 지식을 창도하는 것을 위주로 하였다. 1903년 『소보』蘇報 사건에 연루되어, 1905년 쑨원孫文을 알게 되었으며 동맹회에도 가입하여 평생 국민당 원로가 되었지만, 저명한 무정부주의자로서 관직은 결코 추구하지 않았다. 젊은 시절에 고향에 학교를 세운 이래로 중법대학中法大學(리앙里昻 소재, 1921) 설립에 이르기까지 우즈후이가 평생 담당한 각종 교직은 수십 가지가 넘지만, 영향력이 지대하였던 것은 엄숙하면서도 해학이 넘치고 기뻐 웃고 화나 욕하는 그의 문장이었다. 그의 글쓰기는 정론 외에도 과학, 교육, 언어 문자, 음운, 철학과 무정부주의 등의 영역에 두루 미쳤다. 1907년 장징장張靜江, 리스청李石曾 등이 주간 『신세기』新世紀를 창간한 이래로, 우즈후이는 저명한 과학 선전가가 되었고, 과학은 그의 모든 사상 활동의 기본 전제이자 구성 요소가 되었다. 1910년에 「천연학 도해」天然學圖解, 「물종원시」物種原始(「황고원인사」荒古原人史라고도 함), 1910년에 쓴 「상하고금담」上下古今談으로부터 1923년에 과학과 현학 논쟁의 판단 준거로 제시한 「새로운 신앙의 우주관 및 인생관」, 1924년에 『민국일보』民國日報를 위해 「과학주보 편집자의 말」(科學周報編輯話) 21항 및 발간사를 쓰기까지, 우즈후이는 과학 혁명과 사상운동을 연계시킨 가장 중요한 대표적 인물로 손색이 없다. 그는 근대 중국에서 가장 완벽하고 체계적이며 격렬하게 전통을 반대하는 과학적 우주관과 인생관을 구축하고, 아울러 기술을 보급하여 과학 사상을 추진하는 통속화 운동을 창안하고 전개하였다. 사회적으로 그의 사상의 영향이 확대될 수 있었던 데에는 그의 정치, 신문 잡지, 교육과의 특수한 관계가 중요한 토대가 되었다. 그의 평생을 종합해 보면, 생전에 명성이 대단하였으며 사후에도 영예가 넘쳐서, 쑨원, 장제스 등 정치가의 추앙을 받았을 뿐만 아니라[96] 후스 등 지식계 영수들로부터도 높은 찬사를 받았다.[97] 하지만, 사상 학술사의 시각에서 보면, 우즈후이는 비록 마이클 가스터Michael Gasster, 궈잉이郭穎頤 (Kwok, Daniel W.Y.) 등 학자들의 주목을 받았지만 대체로 적막하다고 할 수 있다. 그가 당시에 끼쳤던 폭넓은 영향력과 매우 대조적인 이러한 현상은 아마도 그 글이 깊이 의미하기에는 너무 통속적이었기 때문일 것이다. 하지만, '통속'은 바로 그의 사상이 일반 사회와 보편적이고 밀접한 관련을 맺고 있음을 의미한다. 이는 '과학' 개념의 실제 운용을 연구하는 데 있어서 특별한 의의를 지닌다. 그러므로 '통속화된 형식'은 바로 그 사상사적 의의를 이해하는 출발점이다.

내가 '반전통주의'와 '과학관'이라는, 전혀 논리적 연관성이 없는 이 두 개념을 하나로 연계시킨 것은 어쩌면 그다지 정확한 것이 아닐지 모르지만 여전히 중요한 역사적 이유를 가지고 있다. 만약 과학 혁명의 성과가 새로운 사유 습관, 새로운 탐구 방법을 제공하고 또한 전체 우주에 대한 사람들의 관점을 변화시키는 것이라고 한다면, 중국의 급진적 인사들에게 있어서 진정으로 사람의 마음을 격동시키는 것은 결코 과학 혁명의 전략 노선에 따라 계속 전진하는 것이 아니라, 과학 운동의 성과를 '반전통' 사상운동의 이론적 근거와 '반전통주의'의 논리적 전제로 삼는 것이었다. 우주 이미지에 대한 그들의 관점은 바로 인류 역사 생활과 자연적 과정에 근거한 독특한 유비이다. 이 측면에서 보면, 우즈후이는 알프레드 포르케Alfred Forke가 말한 대로 근대 중국의 대표적 사상가라고 할 수 있다.[98]

2. 통속화된 형식과 상식적 비판

1923년 '과학과 인생관'의 논쟁에서, 딩원장과 장쥔마이를 위시한 두 파는 주로 저명한 과학자, 철학자, 교수 혹은 인문학자로 구성되었다. 문제에 대한 그들의 주장이 혼란과 자가당착을 얼마나 포함하건 간에 그들은 형식에 있어서 여전히 '학술 토론'의 기본적 요건을 준수하였다. 즉 각각 모두 경전이나 서적을 인용하여 논의의 근거로 삼거나 예를 들어 논증하였다. 때때로 학자의 풍모에 어울리지 않는 공격을 하기도 했지만, 대개는 '학술 논문'의 형식으로 각자의 관점을 설명하였다. 논쟁은 많은 구체적이고 전문적인 학문 분야를 망라하였고, 학자들은 상대를 압도하기 위해서 수많은 서양 과학자, 철학자들의 이름과 중국 독자들이 무슨 말인지 알 수 없는 그들의 이론을 인용하였다. 엄숙하면서도 교조적인 이런 방식은 자족성을 띠고 있었다. 곧 문제는 '이성' 밖의 중재자에게 호소할 필요 없이, 지식 전개의 통상적 형식 속에서 해결되어야 했다.

우즈후이는 거의 본능적으로 "핵심 취지를 모두 폐기하고 오로지 학문적 의발을 다투기만 하는"[99] 이러한 '이론적 혼전'을 혐오하여 많은 기술적 토론을 거들떠보지 않았으며, 문제를 '물질문명'을 대하는 태도로 단도직입적으로 귀결시켜 논쟁의 학술적 성격을 전환시켰다. '과학과 현학 논쟁'의 매우 짙은 학술적 색채를 제거한 뒤에, 그는 가능한 모든 관념 영역에서 동시다발적으로 과학 사상의 통속화 운동을 기세 넘치게 펼쳤고, 이로써 이 논쟁과 '5·4' 신문화운동 및 동서문화 논쟁의 직접적 관계를 드러내었다. 우즈후이는 의식적으로 과학 사상 속의 교조화 된 단어들을 통속적 용어로 바꾸어 유머러스한 스타일을 유감없이 드러냈다. 천진하지만 재밌고, 놀리면서도 기지를 드러내고, 고의로 속임수를 써서 사람들을 이해시키고, 제목은 엄숙하지만 필치는 익살맞아 유행 소설처럼 읽기 쉬워서 마치 과학적 우주관을 남녀노소 모두가 알고 좋아하는 노리개로 만든 듯하다. 우즈후이가 이렇게 글을 쓴 것은 단지 그의 유머러스한 천성과 전통적 문인화文人化 교육 때문만은 아니며, 자신이 보편적인 전환이 진행되는 중대한 시기에 직면해 있다는 것을 의식했기 때문이다. 그 중대한 시기란 과학적 세계관이 훨씬 보편적인 사상 습관이 되는 것으로, 우즈후이는 이러한 발전 과정을 가속화하기 위해 힘썼다. 과학과 현학 논쟁은 시기적절하게 등장하여 당시 쇠락하고 있는 전체 신문화운동과 하나로 결합되었다. 분명히 그것은 애초 과학 사상 자체만의 논리적 산물은 아니었다. 신문화운동의 주요 지도자의 한 사람으로서 후스는 이 점을 명확히 간파하였다. 그는 "이것이야말로 진정한 도전이다!", "지금부터 과학과 인생관의 전선에서 후위를 맡던 노장 우 선생이 선봉에 나서게 될 것이다!"라고 소리쳤다.[100]

> 내가 쓴 이 글은, 시골 늙은이가 '장작더미'에 기대 '석양'을 쬐며 객쩍은 소리를 하는 태도로 나를 일깨우고 나 자신을 해석하는 짧은 순간 동안의 것이다. 물론 나는 무슨 철리를 말할 자격이 안 되지만, 틀에 끼워 맞추고 말을 바꾸고 스스로도 혼란스러운 그런 철학을 솔직히 내멋대로 무시한다. …오히려 장작더미에 기대어 석양 속에서 부질없이 객쩍은 소리로 시원스럽게 하는 것이 더 낫다.[101]

1924년, 우즈후이는 『과학주보』科學周報에 발간사와 21항의 편집자의 말을 썼는데, 여전히 자신을 과학을 모르는 '과학 찌꺼기'에 비유하고 그 자신의 문장도 "만담을 하는 친구가 매번 몇 가지 이야기를 꾸며대는 것을 배워서, 우리 같은 만담꾼이 우스갯소리를 하는 책임을 다하는" 것일 뿐이라고 말하였다.[102] 「새로운 신앙의 우주관 및 인생관」이라는 이 중요한 글에서, 그는 전례를 인용하고 비유를 들어 처음에는 자신(사람)을 화장실의 돌처럼 간주하더니 끝내는 장엄한 인생관을 '밥 먹기', '아이 낳기'와 '친구에게 인사하기'의 세 가지 항목으로 귀납시켰다. 우즈후이의 경박하고 진지하지 않은 문장은 물론 결코 그의 글이 엄숙한 사상을 갖추고 있지 않음을 의미하지 않는다. 이와는 정반대로, 딩원장이 아니라 바로 그가 과학과 인생관의 논쟁을 모호한 논쟁으로부터 목표가 뚜렷한 문화의 장으로 이끌었고, 그리하여 그는 중국에서 가장 중요한 과학 사상의 선전가로서의 지위를 확립하였다. 그가 주목을 끄는 점은, 처세에 밝은 사람으로서 그는 무엇이 시류인지를 알았고 그가 쓴 것은 바로 사람들이 필요로 하는 것이었다는 것이다. 바꿔 말하면, 그의 중요성은 바로 과학에 대한 비학자적 태도와 이른바 '실사구시하되 두루뭉술해서는 안 된다'는 단호한 반전통적인 모습에 있다.

우즈후이가 '과학관'을 논할 때 취한 통속화 형식은 물론 그의 일관된 개인적 스타일을 표현하지만 그 함의는 매우 풍부하다. 그의 과학관 및 우주관, 인생관이라는 공간으로 들어서기 전에, 멀리서 이 공간의 조형과 주변 환경과의 관계를 조망해 보는 것도 괜찮을 것이다. 어쩌면 생각지 못한 풍경을 만날 수도 있을 것이다.

우선, 과학자와 철학자가 과학의 성격, 결과 및 여타 영역과의 관계에 대해 끝없는 논쟁을 할 때, 문인들이 끼어들면 그들은 문학적 방식으로 매우 신속하게 또 다른 역할을 행사한다. 그것은 곧 과학적 성취를 새로운 생활관과 우주관으로 전환시키는 것이며, 이러한 전환을 완성하는 것은 과학자가 아니라 우즈후이와 같은 전통 문인 교육을 충분히 받은 문학가 및 그 후계자들이다. 이 측면에서 볼 때, 우즈후이를 '과학' 토론의 '선봉'으로 삼았다는 것은 과학적 성취의 보급을 추진한 위대한 운동이 문학 운동이라고 말하는 것과 다름없다. 다시 말해서, 다가오는 역사의 전환을 결정하고 중국 근대 사회의 발전 과정을 결정하는 것은 그 시기 과학의 발견이 아니라 우즈후이, 후스, 천두슈 등이 추진한 문학 운동이다. 우즈후이의 해학적 문풍과 황당한 토론 방식은 바로 이런 운동이 가진 문학적 성격의 적절한 표현이다.

다음으로, 문학적 방식으로 지식계를 휩쓴 논쟁에 개입하였을 때,

우즈후이는 또한 논쟁의 기본 방향을 전환시켰다. 그것은 학술계에 기대지 않고 이성적인 보급판 서적에 호소하는 것이다. 이러한 책략은 자체로 중요한 의의를 지닌다. 이는 지식계의 사상적, 학술적 논쟁이 더 이상 여러 과학적 이성이라는 중재자에게 호소하지 않고 대중에 호소한다는 것을 의미한다. 여기서 대중은 주로 근대 문명을 수용하거나 공감하는 사람들이다. 흥취가 넘치고 또 통속적이어서 이해가 쉬운 우즈후이의 글쓰기 방식은 '이성'이라는 단어의 본의를 바꾸었다. 그것은 더 이상 분석하고 환원하거나 이성으로 재구축한 인식 방식이 아니고, 오랜 시간과 체계적이고 강화된 훈련을 거쳐야 비로소 획득할 수 있는 것도 더 이상 아니며, 우리가 오늘날 '상식'이라 부르는 것에 가깝다. '상식'(이러한 '상식'의 대척점에는 전통적 관점과 생활 방식이 있다)을 갖춘 사람은 누구나 그가 '이성'을 지니고 있다고 공언할 수 있다. 지식의 논쟁에서 대중의 결정에 호소하는 것은 전통을 고수하는 사람들에게 지속되어 온 특권이었다. 왜냐하면 대중의 '상식'은 늘 전통 지식과 관련되기 때문이다. 우즈후이는 이 논쟁에서 과감히 이런 방식으로 대중에게 호소하여, 이 시기 중국에 이미 새로운 사회 역량이 출현하였고, 그들이 지식계의 주도권을 '새로운 지식'을 전파하는 사람들의 손에 들어가도록 보증할 것이라는 점을 명확히 하였다.

문학화된 글쓰기 방식은 과학, 이성을 '상식'으로 전환하였는데, 이는 사실상 진리를 연구·토론하는 과정과 방법—그 방향과 결과는 증명될 필요가 있는 미지수이다—을 의심할 여지 없는 확실한 사실로 바꾸었다. 또한 사람들의 광범위한 응용 과정에서, 상식은 반성과 검증을 필요로 하지 않는 출발점이자 근거였다. 과학과 상식의 구별에 대해, 우즈후이는 일찍이 다음과 같이 말하였다.

> 지식은 시대와 함께 진보하는 것이어서, 지금 과학으로 불리는 것이 삼, 사백 년 후에는 모두 상식이 되고, 지금의 이상이 장래 사실이 될지도 모른다.[103]

이는 과학적 진술은 입증되어야 할 가설일 뿐이지만 상식은 이미 입증된 지식이며, 과학을 상식으로 삼아 처리한다는 것은 의심하고 입증하는 노력이 아니라 신뢰를 북돋아서 신앙에 이르게 하는 태도임을 밝힌 것이다. 사실상 우즈후이의 근본 목적은 과학적 발견을 추진하는 데 있는 것이 아니라 '상식', 곧 전통 지식(미신)과 완전히 다른 '상식'을 전파하는 데 있었다.

> 국민 상식의 유무와 완전함의 여부는, 단적으로 말해 바로 국가의 문명과 야만을 나누는 기준이다. 그 상식의 수용 방법에는 대략 두 가지가 있다.
> 첫째, 삶에서의 가장 없어서는 안 될 지식 또는 거의 전 세계 인류가 보편적으로 알아야 할 사물에 대해 체계를 구성할 수 있는 것은 학교 교육으로 수용한다.
> 둘째, 주위 조건에 맞는 개별 현상과 주위 현상이 수시로 변동하면서 드러내는 사물 중에 온전히 체계를 따르지 않는 것은 사회 교육으로 수용한다.
> …그 사람과 세계가 대면하는 상식이 영원히 완전한 상태로 나아가면서, 심각한 균열을 드러내는 데 이르지 않으려면 사회 교육에 힘입지 않으면 안 된다.[104]

'국민'은 그 대상이고, '학교 교육', '사회 교육'은 그 수단이며, '상식'은 그 내용이다. 우리는 이로써 우즈후이가 일생 동안 '학교 교육'과 '사회 교육'을 기본 책무로 삼은 이유를 어렵지 않게 이해할 수 있다. '상식의 유무와 완전함의 여부'는 인생관과 우주관의 명확함, 정확함과 완벽함에 영향을 미친다. 그러므로 우즈후이는 다음과 같이 말하였다.

> 예컨대 심오한 철학, 감정을 말하는 미학, 심지어 변화무쌍한 심

리, 온갖 일로 다투는 사회는 모두 하나같이 과학의 무대 위에 서서 손에 손을 잡고 앞으로 걸어가고 있다. 사람들의 사유는 끝 내는 소홀하기 십상이고 모호해지기 십상이지만, 과학적 훈련을 받으면 환경 일체에 대해 조리 있게 관찰하고 정리할 수 있다. 우주에 대해서도 훨씬 명확한 이해를 할 수 있어서 이로부터 합 당한 인생관을 세울 수 있다.[105]

'상식'을 전파하는 자세로 '과학'을 전파하는데, 이는 우즈후이가 관 심을 둔 대상이 자연 자체가 아니라 자연에 관한 관념임을 의미한다. 모든 전통적 사상 체계와 심리 습관은 이러한 착오적(과학에 합당치 않아 이미 과학에 의해 오류가 증명된) 자연 관념에서 야기된 것이다.

이러한 의미에서 보면, 우즈후이의 전통에 대한 상식적 비판은 종교 적 비판의 일종이다. 곧 전제적 지위를 차지한, 형이상학적·정치적·도 덕적·법률적·국가적 관념들은 모두 상식에 부합하지 않는 관념이며, 아울러 사람들의 사상과 실제 행위를 속박하고 제약한다. 그래서 우즈 후이는 논리에 맞춰 사람들에게 도덕적 요구를 제기하며, 과학적 의식 으로 각자의 의식을 대체하여 스스로를 속박하는 제약을 제거할 것을 주장하였다. 그는 다음과 같이 말하였다.

무엇을 과학이라 하는가? 바로 이상이 있고 체계가 있고 개념 정의가 있고 분류가 있고 증거를 중시하면 곧…[106]

이처럼 과학이란 미학으로 인간들이 감정을 품도록 하고 철학 으로 감정이 합리적일 수 있도록 만드니, 곧 합리를 통해 진정 한 합리의 일부를 얻는 것이다. 미학은 우주를 따라 끝없이 작업 하고, 철학도 우주를 따라 그 작업이 끝이 없으며, 과학 영역 또 한 우주를 따라 나날이 확대되므로 영영 불완전하다. 물질문명 이 진정 합리적인 것은 당연히 과학이 관할하기 때문이고, 정신

문명이 진정 합리적인 것도 또한 과학이 관할하기 때문이다.[107]

    과학을 상식으로 삼아 처리함으로써 과학적인지 아닌지의 문제가 비로소 '합리적인지 아닌지'의 문제로 전환될 수 있었다. 우즈후이 및 그 동료들이 과학 개념을 폭넓게 운용한 것은 이러한 전환을 전제로 한 것이다. 우즈후이의 과학적 비판 혹은 상식적 비판은 종교적 비판의 방식을 본떴고, 이로 인해 그의 사상 세계는 이항 대립들로 가득하다. 곧 물질문명/정신문명, 기예/도술, 사회주의/종교, 무정부/국가, 신문학/구문학, 난교亂交/혼인… 이러한 모든 이항 대립들은 그에 의해 과학/미신, 진리/오류, 상식/야만의 대립으로 표현되었다. 이런 과학/비과학의 대립 배후에 숨겨진 것은 합리/불합리의 대립이다. 왜냐하면 우즈후이에게 과학은 보편적 원리로서 자연과 사회의 모든 운용 과정에 존재하기 때문이다. 그는 다음과 같이 말하였다.

    동양의 학자들이 보기에, 물질과 명리名理에는 늘 형이상, 형이하의 구분이 있다. …물질과 명리를 전혀 알지 못하면 상하를 결코 분별할 수 없다. 이학理學은 지극히 은미하여 반드시 질학質學을 통해 밝혀져야 한다. 그러므로 과학이란 개념은 오로지 물질에만 해당하는 것이 아니라, 표면적으로는 숫자(名數)와 질료(質), 에너지(力)이지만 그 실질은 도덕과 인의이다. 대체로 상상하는 것은 철학이고 실증하는 것은 바로 과학이다. 도덕, 인의가 숫자와 질료, 에너지에 부합하지 않으면 상상인 것이고, 숫자와 질료, 에너지를 합리적으로 이해하는 것이 바로 과학이다.[108]

    이처럼, 도덕, 인의 및 그 부수적 범주의 문제는 모두 '과학'적 실증을 통해 그 합리성 여부를 증명할 수 있다. 철학과 과학은 모두 세계 현상에 관한 해석이다. 바꿔 말하면, 과학 자신이 도덕적 이성, 곧 '공리'를 내포하고 있다.

우즈후이 및 그 동료의 '혁명 사상'에서 '과학적 공리'의 운용 및 그 의의를 잠시 살펴보기로 하자. 일찍이 1907년 6월에, 우즈후이는 장징 장張靜江, 리스청李石曾과 함께 파리에서 『신세기』라는 주간지를 창간하고 무정부주의 혁명을 선전하였으며, 아울러 그것을 '과학적 공리'로 간주하였다. 해당 창간호에 게재한 「신세기의 혁명」(新世紀之革命)에서는 다음과 같이 말하였다.

> 과학적 공리의 발명, 혁명 풍조의 팽창은 사실 19, 20세기 인류의 특색이다. 이 두 가지가 상호작용함으로써 사회 진화의 공리를 실현하였다. 공리는 바로 혁명이 도달하고자 하는 목적이며, 혁명은 그로 인해 공리의 작용을 도모한다. 그러므로 공리를 버리고서는 이른바 혁명이 없고, 혁명을 버리고서는 공리를 펼칠 길이 없다.[109]

우즈후이 일생의 저술과 『신세기』의 전체 경향으로 보면, 과학적 공리를 출발점과 최종 목표로 삼은 '혁명 사상'은 결코 정치 영역에 한정된 것이 아니라 정치, 도덕, 종교, 종족, 언어 문자 등 일체의 영역에 관계된 것이었다. 이는 물론 그가 말한 '무정부주의 혁명'의 폭과 깊이와 관련된 것이다.

우즈후이 및 그 동료의 글에서, 무정부 혁명의 기초와 목표로 삼은 '과학적 공리'는 바로 진정한 자유 평등이고, 따라서 '공리'의 실현은 '공정'의 실현 혹은 '훌륭한 덕성의 진화'라고 말할 수 있다.

> 혁명은 공리에 의거하며, 공리와 가장 맞지 않는 것은 강권이다. …강권이 가장 심한 것은 정부이므로, 강권을 물리치는 방법은 정부를 전복하는 것이다.[110]

무정부를 달성하는 방법으로 우즈후이는 특히 교육을 중시하였다.

이는 자유에 대한 무정부주의의 추구가 "바로 사람 각자가 가지고 있는 훌륭한 덕성에 근거"[111]하기 때문이었다.

무정부주의는, 주로 인민의 공덕심에 호소하여, 개인과 사회의 상호…
공덕은 교육의 최고 준칙이다. …그래서 무정부 혁명은 이른바 혁명의 제창이 아니라 바로 교육일 따름이다.[112]

그러므로 진리와 정의가 담고 있는 도덕―예컨대 공동, 박애, 평등, 자유 등등―과 진리와 정의가 담고 있는 지식―예컨대 실험, 과학 등등―으로 무정부 교육을 실행하는 것을 제외하면 그 밖에 이른바 교육이란 없다.[113]

우즈후이는 마치 인류 자신이 바로 "자만하며 남을 업신여기는 개체가 아니라 선을 향해 진화하는 개체인" 것처럼, 과학 자체가 도덕적 필연성을 갖추고 혹은 과학이 선을 지향하는 충동을 가지고 있다고 굳게 믿었다.[114] 무정부의 목표는 자유·평등·박애의 도덕적 이상이지만, 교육의 내용은 오히려 직접적으로 도덕성일 필요는 없으니, "교육 두 글자의 개념에 합당한 것은, 오직 물리학, 화학, 기계공업 등 과학 실업뿐이다." 우즈후이 등은 과학이 도덕성의 이상을 은연중 내포하고 있어서, 이러한 이상이 아직 현현되지 않더라도 과학은 오히려 전체 진화 과정에서 자신을 넘어설 내적 관성력을 가지고 있다고 확신하였다. 우즈후이의 과학 개념이 가진 이러한 내재성과 초월성의 특징은 그의 자연 관념의 성격과 관련된다. 후자에 관해서는 아래에서 자세히 논할 것이다.

종교와 무정부와의 대립은 또한 바로 과학과의 대립이다. 여기서 말하는 종교는 결코 그저 불교, 기독교 등과 같은 구체적 종교를 뜻하는 것이 아니라, 과학 상식에 부합하지 않는 사상과 도덕 관념을 가리킨다.

> 과학, 곧 공리와 반대되는 것은 바로 미신과 강권이다. 종교에
> 서는 길흉화복의 미신을 사용하고 사상의 강권을 행사한다. 정
> 치에서는 가짜 도덕의 미신을 사용하고 윗사람의 강권을 행사한
> 다. 가정에서는 위의 두 가지 미신을 겸용하고 두 가지 강권을
> 행사한다.[115]

> 종교는 신도神道(귀신 화복鬼神禍福에 관한 논법—역자)를 믿고, 무정부
> 는 과학(신이 없음)을 숭상한다. 종교는 정부를 보좌하고 무정
> 부는 정부를 적대한다. 종교는 안분지족에 주안점을 두며, 무정
> 부는 평등을 원리로 삼고 충돌을 기능으로 삼는다. 종교는 여자
> 를 경시하고 무정부는 남녀평등을 중시한다.
> 종교는 바로 거짓 덕에 빠진 것이고, 무정부가 바로 과학적 진리
> 이다.[116]

과학이 객관적 진리의 권위로서 사실상 사람들의 정치적 신념에 완
전히 의존하고 있는 것은 분명하다. 과학 자체는 도덕적 필연성이라는
관념을 내포하고 있는데, 이는 단지 자신의 정치, 사회적 관념을 입증
하는 과정에서 비로소 확립된다. 우즈후이는 '실증'과 '합리'의 이중적
의미로부터 종교와 과학의 대립을 설명하였다.

> 종교의 허무맹랑함은 일찍이 과학적 진실로 귀납법에 의해 추단
> 되었다. 그러므로 종교의 미신은 사상의 자유를 막으니, 훌륭한
> 덕성을 발휘토록 하는 것이 적다. 과학적 진리는 도덕을 밝히며
> 진화를 하니, 훌륭한 덕성에 부합하는 것이 많다.[117]

과학은 무정부주의의 이념과 하나로 뭉쳐 급진주의 변혁관을 구성

하였으며, '혁명을 보급하는' 사상 체계에서,[118] 종교, 미신과 과학적 공리의 충돌은 모든 현존 질서와 인류의 도덕적 이상의 대립으로 표현되었다.

우즈후이의 급진적 반전통주의 과학관은 이른바 '삼강오륜'에 대한 부정을 넘어섰을 뿐만 아니라, 현존하는 모든 윤리 형식에 대한 비판으로 발전하였다. 혼인 문제에서 그는 이미 다른 사람처럼 자유연애를 제창한 것이 아니라 혼인 형식 자체에 대해 부정적 태도를 취하였다. 「쥐푸鞠普 군의 남녀 난교설을 평함」(評鞠普君男女雜交說)이라는 글은 '과학적 법칙'의 입장에 서서 "이종 간의 교합이 우성을 낳는" 사실을 지적하고, '자유연애' "또한 진화의 세계에서 필연적으로 벌어지는 사실"임을 확신하였다.[119] 또한 그가 평생 종사한 문자 개혁 사업에서의 급진사상 역시 '과학'을 근거로 한 것이었다. 무정부주의 측면에서 보면, 한자의 개혁, 더 나아가 폐지하는 것은 무정부주의의 유기적 부분일 뿐만 아니라 또한 과학적 공리의 필연적 요구이다. 우즈후이는 『신세기』 동인들과 한자 폐지, '에스페란토'의 보급을 "세계 평화를 구하는 선도자, 곧 대동사상 실행의 밑거름"으로 삼고,[120] "만약 우리가 중국이 나날이 문명화되고 교육이 전국에 보급되도록 하고자 한다면, 지금 중국의 문자를 폐기하고 에스페란토를 채택하지 않으면 안 된다"라고 말했다.[121] 우즈후이는 이렇게 말하였다.

> 과학 세계는 사실상 과거 수천 년 동안의 비과학 세계와 확연히 다른 또 하나의 세계이다. 비과학 세계의 문자로 과학 세계의 사유와 사물을 나타내려는 것은 견강부회하고 상황을 더 악화시키는 것으로서 응용하기에 매우 부적합하며 …세계와 더불어 진화할 수 없다.[122]

세계주의의 입장에서 출발하여 그는 다음과 같이 여겼다.

오늘날 구미의 물질문명은 단지 서구의 학문만이 아니라 바로 인류 진화 단계상 마땅히 갖추어야 할 새로운 학문이다.[123]

세계에 이미 그것이 있으니 당연히 인류에 보급해야 한다.[124]

우즈후이는 과학 세계/비과학 세계의 이항 대립의 틀 내에서 언어 문자가 "모두 '관습'적으로 발전한 것"이라는 말을 믿지 않고 '인위적으로' 신문자를 '제조'하고자 하였다.[125] 그는 곧바로 세계어 사용을 고려하기도 했고 또한 영어나 프랑스어를 채택하여 "학교에서 누구나 익혀야 할 문자로 삼거나" 혹은 "중국어로 음을 조합하여 새로운 문자를 따로 만드는" 것을 검토하기도 하였다.[126]

우즈후이 및 그 동료들의 '과학' 개념의 운용 범위는 결코 이에 그치지 않고 인류 생활의 거의 모든 영역에 미쳤다. 비록 '과학'에 대한 신념 및 구질서에 대한 부정은 '진화'라는 공리 위에 세워졌지만, 그 결론은 오히려 자연과학적 의미의 진화 이론과 무관하였다.

"진화란 쉼 없이 나아가며 끝없이 변화하는 것을 이른다."
"만약 나아가지 않거나 나아가도 더디다면, 사람이라면 질병이라고 말하고 일이라면 폐단이라고 이른다. 질병과 폐단은 모두 인류가 바꾸려고 하는 것들이다. 질병과 폐단을 바꾸는 것은 다름이 아니라 이른바 혁명이다."[127]

후스 등과 같이 진화론의 점진적 관점에서 출발하여 개량주의적 사회사상을 구축한 것이 아니라, 다윈의 진화론에서 급진주의의 혁명 원리를 이끌어 낸 것이다. 이는 '진화'론은 단지 자명한 '이유'로서 그들의 사상적 출발점이 되었으며, 진화론에 의거하여 사회가 유토피아로 전화하도록 촉진시키려 했음을 의미한다. 막스 베버는 과학의 본질은 변화이며, 그것은 사물의 궁극적 의의와 관련된 명제를 무시하고 늘 무한 속에 존재하는 목표를 향해 힘차게 전진한다고 말한 적이 있다. 이와 달리 우즈후이 등이 '과학'을 '상식'으로 삼아 파악하는 방식은, 이미 완성된 과학이 확실히 존재하고, 아울러 이에 의거하여 가언假言 연역 체계를 구축하여 사람들에게 각종 원칙과 공리에 근거하여 자연과 사회를 해석하고 더불어 과학적 인생관을 형성하도록 할 수 있다고 가정하였다. 적어도 과학 개념의 활용을 놓고 말하면, 우즈후이의 관점은 근대 사회의 중요한 특징을 분명히 드러낸다.

우즈후이의 종교 비판과 그의 '과학 방식' 사이에는 모순이 존재한다. 우즈후이는 실증·실험 과학을 이용하여 세계의 신비로운 베일을 벗겨내고 이러한 세계에 관한 모든 신성한 관념을 남김없이 쓸어 버린다. 아울러 세계를 인과법칙에 복종하고, 이용할 수 있지만 무의미한 곳으로 만들었다. 왜냐하면 경험론적 세계관은 원칙적으로 세계 내에서 '의의'의 모색을 지향하는 사유 방식을 배제하기 때문이다. 하지만 바로 우즈후이 자신은 과학 혁명의 성과를 이미 입증된 공리로 삼고 더불어 그로부터 인류 생활의 궁극적 의의와 기본 원칙을 이끌어 냈다. 종교 비판은 처음부터 종교성의 전제를 띠고 있었다. 우즈후이도 이를 자각적으로 의식하여 그의 과학적 우주관과 인생관을 '새로운 신앙의 우주관 및 인생관'이라고 일컬었다.[128] 새로운 신앙을 확산시키는 이러한 사건은 그 자체로 대중에 호소하지만 이성적이지 않으며, 그 목적은 처음부터 진리를 추구하는 것이 아니라 상식을 주입하는 것임을 의미한다. 통속적이고 평이하며 익살맞고 재미있는 우즈후이의 글은 바로 '선교'에 적합한 방식이었다.

3. 자연적 과정과 역사적 과정

만약 우즈후이의 과학관이 애초에 관심을 둔 것은 자연 자체가 아니라 자연에 관한 관념이라고 말한다면, 그의 저술 활동의 주된 목표는 당연히 우주 현상을 재해석하는 것이었다. 우즈후이에게 자연의 관념은 바로 모든 다른 관념의 기초 혹은 전제이다. 그러므로 새로운 우주관은 형태상으로 반드시 옛 우주관과 구별될 뿐만 아니라, 또한 이 우주관의 핵심, 곧 자연적 관념은 반드시 논리적으로 인간의 역사 활동의 이유, 목적과 방식을 이끌어 내야 한다. 우리가 '표면적으로' 우즈후이의 "새로운 신앙적 우주관 및 인생관"을 살펴보면, 다음과 같은 사실이 매우 분명해진다. 곧 자연과학이란 그가 자연이 무엇인가에 대답할 때 마땅히 고려해야 하는 유일한 사유 형식이 결코 아니다. 자연에 대한 진술은 역사적 과정에 의존하는 것으로, 이는 '과학적 사실'이 늘 "특정 시각, 특정 조건하에서 이미 관찰된" 역사적 사실임을 말할 뿐만 아니라, 우즈후이가 일련의 '과학적 사실'을 활용하여 그 우주론의 과정을 구축한 것은 '과학적 사실'을 활용하여 그가 직면한 역사 과제를 해결하는 과정에 불과하다는 것을 의미한다. 이러한 사실로부터 출발하여, 우리는 우즈후이의 철학 우주론의 두 부분, 곧 자연적 과정과 역사적 과정의 유기적 연계와 상호 제약을 명확히 파악할 수 있다.

'제천'諸天에 대한 캉유웨이의 장기간의 관찰에서, '에테르'를 이용한 담사동譚嗣同의 우주 및 그 현상에 대한 명명命名 그리고 우즈후이의 자각적 우주론의 구상에 이르기까지, 자연적 관념은 줄곧 반추의 과제였을 뿐만 아니라 또한 부단히 새로운 특징을 획득하였다. 이를 기초로 한, 점차 급진화한 사상 활동 역시 그에 따라 새로운 면모가 부여되었다. 중국 근대의 사상 발전이 자연의 관념을 기초로 하고 있다고 말하였으나, 결코 자연의 관념이 당시의 사회 정치 및 윤리 사상을 벗어난 상황하에서 먼저 출현하였다고 말하는 것이 아니며, 또한 하나의 우주론이 모양을 갖춘 후에 사람들이 곧 이 기초에 급진적, 반전통적 사상 체계를 구축하였다고 말하는 것도 아니다. 여기서 지적하고자 하는 것은 시간적 관계가 아니라 일종의 논리적 관계이며, 사상사의 과정에서 시간적 관계와 논리적 관계는 늘 전적으로 상반된다는 점이다. 특정한 의의에서 보자면, 우주론에 대한 사회 사상가의 반성과 활용은 바로 구체적인 과학 연구에 종사하는 과학자 자신의 작업 원리에 대한 반성과 활용이나 마찬가지이다. 우주론의 내부 구조에 대한 관찰은 이를 기초로 한 사상 활동을 이해하는 전제이다. 우즈후이의 우주론과 전통 천도관은 어느 정도 연관성이 존재하지만, 그 직접적 근원은 서양 근대 과학 혁명의 성과와 이를 기초로 한 우주론 방면의 발전이다.

3.1 과학적 우주관: 창세 관념과 우주 과정의 목적성 배제

표면적으로 보면, 우즈후이의 우주관 및 인생관은 시종 물질/정신의 관계 문제를 둘러싸고 있으며, 또한 전혀 의심의 여지없이 물질일원론에 치우쳐 있다. 「물리세계 및 불가사의에 관해 벗과 함께 논함」에서 그는 다음과 같이 말하였다.

> 여기 인간 세상에는, 물질만 있을 뿐 물질 이외의 정신은 없다. 정신은 물질로부터 그러모아 만들어진 것에 불과하다. 맑은 물 111파운드, 아교질 60파운드, 단백질 4.3파운드, 섬유질 4.5파운드, 유분油分 600그램이 때맞춰 적절한 상태로 모이면 147파운드의 내가 이루어진다. 곧 나의 명의를 가지고 이러한 물리 세계의 규칙을 맹종하여 되는 대로 한바탕 뒤섞였다가⋯ 제각기 분리된 뒤에야 종료된다. ⋯맑은 물, 유분, 아교질 등이 합성된 대상이므로, 합성 후의 정신으로부터 사유가 발생하는 것도 결코 물리의 밖으로부터 말미암는 것이 아니다.[129]

우즈후이의 이런 논법은 학자들로 하여금 그가 기계론자거나 철학 유물주의자라고 믿게 한다. 그의 우주관과 인생관은 마치 라 메트리La Mettrie의 『인간기계론』, 포이어바흐Feuerbach의 『자연의 체계』처럼 오로지 뉴턴 물리학의 기초 위에 세워진 듯하다.[130] 이런 관점은 우즈후이의 우주론과 중국 전통 천도관의 관계(아래에서 상론함)를 거의 전혀 고려하지 않고, 더구나 우즈후이의 우주론의 또 다른 직접적 원천인 진화론이 그에게 미친 영향 역시 무시한 것이다.

우즈후이의 우주론 내부로 들어가기 전에, 먼저 과학사의 기본적 사실 하나를 명확히 해 두는 것도 무방할 것이다. 그것은 진화론을 자연과학에 끌어들인 부정적 결과가 바로 기계적 자연 개념을 포기한 것이라는 점이다. 하나의 기기는 기본적으로 하나의 완성된 상품, 혹은 하나의 봉쇄된 체계로, 그것이 제조될 때에는 이렇다 할 기기의 기능을 갖지 않는다. 그래서 그것은 발전할 수 없다. 왜냐하면 '발전'이 가리키는 바는, 하나의 물건이 무엇이 되려고 애쓰지만 아직 아닌 것(예컨대 영아로부터 어른으로 자라는 것)으로, 기기 자체는 미완성 상태에서 아무것도 할 수 없기 때문이다. 기기의 운행은 순환 방식이기에, 기기의 입장에서 보면, 부단한 소모일 뿐 발전은 아니다. 그러므로 콜링우드R. G. Collingwood는 이렇게 단언한 바 있다.

> 하나의 일을 기계임과 동시에 발전하거나 진화하는 것으로 묘사하지만, 이는 불가능한 것이다. 발전하고 있는 일부 대상은 스스로를 기계로 만들 수 있지만, 그것이 바로 기계일 수는 없다. 그러므로 진화론에서, 자연 속에 기계가 있을 수 있지만, 자연 자체가 하나의 기기일 수는 없으며, 아울러 그것은 전체로도 불가능할 뿐만 아니라 또한 그것의 어느 일부분이라도 기계의 용어를 사용하여 온전히 묘사할 수 없다.[131]

하지만 논리적으로 성립될 수 없는 관점이 오히려 역사상에서는 완전히 가능하기도 하다. 우즈후이는 우주를 기계적이면서 진화하는 것으로 묘사하려고 시도하였다. 그는 이런 묘사 방식이 어떠한 모순이나 오류를 가지고 있는지 거의 전혀 의식하지 못하였다. 왜냐하면 '과학' 추종자에게, 이 두 측면은 모두 '과학'적 법칙을 기초로 한 것이기 때문이다. 우즈후이의 과학적 우주론의 직접적인 목표는 첫째, 서양의 물질문명을 긍정하고 동양의 '정신문명'을 배격하는 것이며, 둘째, 천제라는 조물주의 지위와 모든 '창세'의 종교 관념을 배제하는 것으로, 그가 명확한 언어를 사용하여 우주를 기계적 '물리 세계'로 강조하였다는 점을 고려하면 이해할 수 있다.

하지만 우즈후이의 우주론은 전체적으로 훨씬 강렬한 유기론적 특성을 지니고 있다는 점에서 오히려 깊은 함의를 지니고 있다. 그는 다음과 같이 말하였다.

> 시작이 없는(無始) 시초에, 참으로 혼돈스럽기가 우스꽝스럽고 말로 형용할 수 없는 괴물이, 그 어디에도 없는(無何有) 마을에 머물며 스스로 '답답해 죽겠네!'라고 말한다. …때늦었다고 말하지만 그때가 빠른 것이니, 자기도 모르는 새 분열에 이른다. 이런 분열은 그야말로 자기 뜻대로 된 것으로 이른바 인을 구하여 인을 얻은(求仁得仁) 셈이다. 순식간에 광활한 우주에 변화를 일으키니, 바꿔 말하면, 조兆의 조의 조의 조만큼의 나를 요구하는 셈이다. 그가 그렇게 바뀌는 방법은 매우 간단하다. 질료와 에너지를 갖춘 약간의 '불가사의'한 양자로 모종의 입자를 구성하는 것임에 틀림없다. 약간의 모종의 입자를 합쳐서 전자를 이룬다. 약간의 전자를 합쳐 원자를 이룬다. 약간의 원자를 합쳐서 일월성신과 산천초목, 날짐승, 들짐승, 곤충, 생선, 자라를 이룬다. 그것을 지속적으로 창조 화육한 것이라고 부르고 싶다면 그것도 좋고, 익살스럽게 그가 마음먹은 대로 조화를 부린 것이라고 해도 좋다. 결국 그는 지금까지도 변화를 채 마치지 않았으며, 아울러 똑같은 것이 하나 없으니 그가 흡족하여 영원히 바꾸지 않고 놔둬도 좋을 듯하다. 이것이 나의 우주관이다.[132]

우즈후이의 우주관은 고대 그리스의 우주관과 다를 뿐만 아니라, 르네상스의 우주관과도 다르다.[133] 그 표현 방식은 문학화된 것이지만, 우리는 여전히 그 안에서 우주관의 근대적 특징을 분석해 낼 수 있다.

첫째, 이 우주론의 표현은 자연적 과정과 인류의 생명 과정, 곧 역사적 과정 사이의 유비에 기반하며, 그리스 우주관, 즉 대우주적 자연과 소우주적 인간의 유비와 다르고, 또한 르네상스 우주론, 즉 하나님의 수공예품으로서의 자연과 인간의 수공예품으로서의 기계라는 유비와도 다르다. 이런 우주관의 핵심 이미지에 자리잡은 것은, 역사 사상의 기본 범주로서의 과정, 변화와 발전 등의 개념으로, 이런 개념들은 생물학 영역의 중대 발견, 곧 진화론과 관련된 것이다. 마치 생명 과정과 마찬가지로, 이런 '괴물'의 변화 속에는 절대 변화하지 않는 기저란 없으며 또한 변화의 발생이 따라야 할 불변의 규율도 없다. 콜링우드가 근대 우주론을 논하며 말한 그대로이다.

> 인간의 자아의식과 이런 상황 속에서의 집단의식 및 그 자신의 집단 활동 속의 역사의식은 다시 한번 자연에 관한 그의 사상에 하나의 실마리를 제공하였다. 변화 혹은 과정이라는, 과학적으로 알 수 있는 이러한 역사 개념은 진화의 이름으로 자연계에 적용된 것이다.[134]

실제로 우즈후이는 바로 생명, 역사와 자연의 대비에 근거하여 자신의 우주론을 구축하였기에, 동일 원리에 근거하여 그의 '우주관'과 '인생관'을 동시에 서술할 수 있었다.

둘째, 이 우주론은 전통 물리학의 '물질' 개념을 빌려 세계의 일원성을 표현하지만, 이 '물질' 개념은 도리어 물질/정신, 유/무의 이항 범주를 초월하는 개념이다. 곧 물질의 각 부분은 단순히 여기저기에 위치하는 것이 아니라 모든 곳에 위치한다. 그러니까 "모든 현상세계, 정신세계, 가득 찬 세계(유), 없는 세계(무), 시간 공간에 적합한 것, 시간 공간에 적합하지 않은 것, 질서 정연한 것, 모순투성이인 것, 직관할 수 있는 것, 직관할 수 없는 것들이 하나의 사물, 곧 그가 말한 '개체'(一個)로 합성된다."[135] 우즈후이는 여전히 '물질'이라는 개념을 가지고, 펼치면 세상을 채우고 줄이면 어딘가로 숨는 '개체'를 표현하지만, 이 개념은 생물학 차원에서 물질과 정신 사이를 매개하는 개념으로서 '생명' 개념의 특징을 이미 지니고 있다. 그러므로 우즈후이는 "내가 말한 개체는 살아 있는 물질(活物)"로 그로부터 전화 또는 발전한 현상 역시 "모두 살아 있는 물질"이며 심지어 '무 無'도 그 안에 포함된다고 하였다.[136] 전체적으로 보면, 우즈후이의 우주론은 생물학 우주론의 일반적 특징을 갖추고 있다. 곧 세계는 시작도 끝도 없는 생명의 역사로, 훨씬 생명력을 갖춘, 튼튼하고 효과적인 유기체를 만들어 내려고 한다는 것이다.

셋째, 이 우주론은 '질료'와 '에너지'라는 전통 물리학의 두 개념을 이용하여 '생명력'이라는 개념을 암시하였다. 우즈후이는 화장실의 돌에서부터 '만물의 영장'이라 불리는 인간까지 모두 '살아 있는 물질'이며, '살아 있는 물질의 정의'는 곧 (1)재질을 갖추고 (2)지각할 수 있는 것이라고 인식하였다.

여기에서 우즈후이는 인류의 감각을 이끌어 내는 신경계의 기능 및 순환을 돌의 화합 작용과 함께 거론하였다. 만약 그의 관점이 '유물주의'라면, 그 의미는 단지 우즈후이가 물리화학 구조를 사용하여 생리학의 기능을 해석하려고 한 것이지만, '살아 있는 물질'이라는 점을 강조한 것은 곧 그가 이미 생물학의 관점을 사용하여 상술한 물리화학의 개념을 변화시켰음을 의미한다. 여기에서 우리는 질료와 에너지라는 개념에 대한 우즈후이의 해석 및 그것과 생명(살아 있는 물질)과의 관계에 특히 주의를 해야 한다.

> 만물은 질료와 에너지로 이루어진다. …질료가 없는 에너지는 없고 에너지가 없는 질료도 없다. 질료와 에너지란 같은 것이지만 이름을 달리한 것이다. 만약 우리의 만물이 '개체'가 되었을 때, 그 형상으로 말하면 질료이고 그 가능성으로 말하면 에너지이며 또한 쉽게 이해할 수 있는 명칭으로는 '살아 있는 물질'

이다. 이러한 살아 있는 물질이 변하여 만물을 이루면, 별, 해처럼 큰 것은 질료와 에너지가 병존하고 전자처럼 작은 것은 질료와 에너지가 함께 완전체를 이룬다. 그러므로 감각이라는 명사를 순전히 동식물에만 귀속시키려 한다면 안 될 것도 없으나… 나는 동식물도 본래 감각이 없이 그저 모두 질료와 에너지가 상호 추동한 것일 뿐이라고 여긴다. …사람에게 비유하면, 그 질료로 이루어진 것이 이러한 신경계이고 그 에너지가 발생하면 이와 같이 반응을 한다. 이른바 감정, 사상, 의지 등은 …솔직히 말하면 감각으로, 사실상 질료와 에너지의 상호 호응에 불과하다. …만물은 모두 살아 있고 질료와 에너지를 가지고 있다. '무' 역시도 살아 있어 질료와 에너지를 갖는다.[137]

우즈후이는 세계 만물 및 그 운동을 질료와 에너지의 관점으로 귀결시켰고 이는 기계론처럼 보인다. 하지만 주의할 점은, '살아 있는 물질'의 표지로서 '에너지'는 오히려 물질 자신이 가진 에너지와 충동이지, 기계 운동 때의 에너지처럼 기계 외부의 타자로부터 받아들인 것이 결코 아니라는 사실이다. 이런 점에서 보면, 자연의 모든 것을 '물질'이라는 단어로 귀납시키는 우즈후이의 방법은 생물학을 자신의 출발점으로 삼아 최종적으로 모든 자연계를 '생명'으로 환원하는 베르그손의 방법과 그다지 큰 차이가 없음을 알 수 있다. 그들이 강조한 것은, 우주는 창조적 진화 과정으로, 이런 과정은 외래적 동력인動力因도 없고 또한 미래를 예정하는 종극인終極因도 없어서, 마치 자신의 고유 역량에 복종하는 거대한 즉흥 창작이나 무목적적, 무지향적, 무내재적인 가이드라인 같다. 바로 이런 이유로 인해, 우즈후이는 장쥔마이 등이 니체, 베르그손 등을 빌려 '정신 원소精神原素를 부각시킨 것을 비판하는 동시에 또한 니체의 권력의지, 베르그손의 "우주는 대생명이다"라는 "천 번 만 번 옳은" 것이며, 유일하게 수정해야 할 것이 있다면 생명과 의지 등의 개념을 '질료와 에너지'의 개념으로 치환하거나 귀결시켜야 한다고 말하였다.[138] 이런 차이를 통해, 우리는 그들 사이의 공통 전제, 곧 우주는 자신의 창조성과 지도적 역량에 따라 운동하는 진화 과정임을 알 수 있다. 전혀 자각적 목표 의식이 없다는 점에서 보면, 그것은 물질과 유사하지만 정신과는 차이가 있다. 또한 서로 연관된 과정, 곧 자신의 '감각'이 새로운 환경에 부단히 적응함에 따라 자신을 변화시키는 과정이라는 점에서 그것은 정신과도 유사하다. '살아 있는 물질'이라는 개념이 은연중에 담고 있는 이런 생명력은 내재론적 특징을 지닌다. 내재론적 특징이란 생명력과 모든 유기체의 연계가 내재적일 뿐만 아니라 또한 초월적인 것이어서, 마치 콜링우드가 생물학 우주론을 묘사할 때 말했던 것처럼, 이른바 내재적인 것은 바로 유기체 속에 단지 존재하는 것일 뿐이며, 이른바 초월적인 것이란 바로 그 자신의 실현을 모색하는 것이다. 이런 모색은 단지 단일 유기체의 생존 속에서 또는 특정 종의 생존 속에서뿐만 아니라, 스스로를 위해 새로운 종 안에서도 더욱 충분히 실현될 수 있도록 언제나 노력할 수 있고 또 노력해야 한다.[139]

넷째, 이 우주론은 진화론의 기초 위에 구축되었기에, 기계적 자연관에 의해 배제된 관념, 곧 목적론적 관념을 다시금 우주 과정으로 끌어들였다. 우즈후이의 우주론 내부에는 확실히 기계론적 관점(질료와 에너지의 교차 추동에 이렇다 할 목적이 없음)과 생물학적 관점의 모순이 존재하고 있다. 이는 이 우주관이 자연의 운행과 인간의 생명 과정, 역사적 과정의 유추 위에 구축된 데서 말미암은 것으로, 후자가 자연 진화의 개념을 진보적 개념으로 바꾸어 놓아 우즈후이는 자연스럽게 후자에 경도되었다. 우주 만물이 무소부재한 '물질'로 이루어졌다는 측면에서 보자면, "우주에 가득 찬 것은 事事와 物物의 두 가지일 뿐이고",[140] "선악이 뒤섞여 있으며" 그 운동의 변화는 무궁하여 이렇다 할 목적을 가지고 있지 않다. 하지만 인류사(우주 진화의 일부분으로서)의 관점에서 보면, 진보 개념은 고정된 궁극적 목적을 결코 예시해 주지 않으며, 오히려 정해져 있으나 영원히 다다를 수 없는 모종의 목표를 향한 전진 과정임을 의미한다. 이런 과정은 자연의 자발적 과정으로, 애초 이렇다 할 도덕성이란 없는 것이다. 하지만 인간은 자연의 평등한 일원으로서 마땅히 자연의 규칙을 따라야 하므로, 진보 과정 및 진보에 대한 인간의 태도는 곧 도덕적 의의를 갖추고 있다. 우즈후이는 다음과 같이 생동감 있게 말하였다.

> 우리가 본분에 만족하지 않은 이래로, 들을 수 없고 볼 수 없고 냄새 맡을 수 없고 만질 수도 없는 답답해 죽을 지경인 괴물이 되길 원하지 않고 광활한 우주를 변화시켰는데, 우리의 목적은 어디에 있는 것인가? 나는 감히 나 자신을 위해 허풍을 떠는 것이 아니라 그것은 진선미를 지향해야 한다고 부득불 말하지 않을 수 없게 압박을 느낀다.[141]

'진선미'를 우주 과정으로 끌어들였는데, 이는 곧 과학에게 합리성과 합법성의 기초를 제공하였다. '과학'과 이학, 박학 및 미학, 문학, 종교학의 차이는 자연 진화 과정 중의 성숙과 미성숙의 차이로 해석된다.[142] 물질문명은 "인류 진화 단계상 마땅히 있어야 할 문명"[143]으로서 생물학적 근거를 가졌으며 "과학적 이상의 세포 병원충은 우리의 뇌 속에 잠복하여 인류의 기의 변화와 상응하지 않은 적이 없다."[144]

그래서 물질의 본성을 기초로 한 이런 과학은 인류 생활의 정치 상태, 도덕 상태와 생활 방식을 결정하고 "상대적으로 바람직하지 못한 세계를 무너뜨려 비교적 바람직한 곳으로 나아갈 수 있으니", "모든 이상적 도덕을 완전하게 하려면 전능한 과학뿐이다."[145] 우즈후이는 한편으로 자유, 평등, 박애, 공리, 대동의 실현이 자연적 과정 혹은 만물 진보의 과정이라고 말하였고, 다른 한편으로 "인류가 진화로 향하는 것은 본질적으로 좋은 덕성으로부터 비롯한 것이다"라고 지적하기도 하였다.

인간은 능히 인공人工으로 자연의 운행을 보완하여, 정신상의 모든 이상적 도덕이 그것을 통해 이르고 또 이르지 않음이 없게 하는 것이다.[146]

이는 자연의 진화 과정일 뿐만 아니라 동시에 인간의 자유 창조 과정 혹은 도덕적 이상의 실현 과정이라는 것이다. 우즈후이는 량수밍梁漱溟, 량치차오 등을 겨냥해 다음과 같이 물었다.

당초 암흑 그 자체였던 것이 변동하여 만물이 생겨나고 면면히 무궁히 이어지다 때때로 진선미로 나아가는 것이, 설마 이처럼 겨우 연명하는 것을 정비하고 이렇듯 억지로 중도를 지키는 것이겠는가? 그래서 물질문명에 반대하는 것은 스스로 그 정신을 위축시키는 것과 별반 다를 바가 없으니, 무슨 거론할 만한 정신 문명이 있겠는가?[147]

진화 과정에 대한 도덕적 평가는 수단(물질적 또는 정신적, 과학적 또는 종교적)과 목적(진선미)의 관계에 입각하여 내려진 것이다. 이렇 듯 한도도 없고 또 목표 지향적인 우즈후이의 진화 관념은 일종의 역사적 관념으로, 이는 부단히 상승하는 과정과 시간의 계열화를 의미한다. 그래서 세계는 시종 웅장하고 아름다운 사물, 광활한 미래를 위해 열려 있지만, 결코 캉유웨이, 량치차오처럼 '삼대의 제도'를 인류 이성의 최고봉으로 삼거나, 또한 자신의 모든 행위를 이러한 최고봉의 이상을 회복하는 데로 귀결시키지도 않았다. 질료와 에너지가 교차하는 자연적 과정과 진선미로 향하는 역사적 과정 사이에는 마치 모순이 존재하는 것 같지만, 우즈후이의 경우, 이 양자의 유비는 완전히 통일된 것이다.

전체적으로 보면, 우즈후이의 우주론의 형성은 자연적 과정과 역사적 과정, 생명 과정의 유비에 근거한다. 이는 기계론적 우주관과 진화론적 우주관의 독특한 결합으로, 세계의 운동은 질료와 에너지가 교차하는 물리 운동이며, 또한 내재적 유전자와 초월적 동력을 스스로 갖추고 있는 생명(유기체)을 갖춘 과정이기도 하다. 그것은 보편적 규칙과 질서를 거부하고 내재적 경향의 목표를 갖추고 있으며, 아울러 나아가 사물의 도덕성을 가늠하는 준칙을 갖추고 있기도 하다. 만약 모든 우주론 운동들이 자연으로부터 정신으로 흥미의 초점이 옮아 가는 변화를 촉발한다고 말한다면, 우즈후이의 우주론은 시작부터 바로 역사적 과정과 생명 과정을 출발점으로 삼은 것이다.

3.2 과학적 인생관: 천리의 쇠망과 인간의 쇠망

우즈후이에게 있어서, 인생관과 우주관의 관계는 구체적 사안과 원리의 관계와 흡사하며, 이처럼 긴밀한 양자의 연관성은 인생에 관련된 모든 관점이 우주론의 전제 위에 세워지고, 후자는 전자의 운용을 통해 실제적 의의를 드러내며 또한 미래를 위해 새로운 신념과 일관성을 제공하도록 이끌었다. 우주론의 추상적 원리와 상대적으로, 인생관은 구체적 역사 지향성을 갖추고 있고, 바로 이러한 인생관 및 그것의 논쟁 대상과의 관계는 우즈후이 우주론의 형성 과정과 역사적(자연적인 것이 아닌) 함의를 드러내고 있다. 이미 지적한 바와 같이, 우주론에 대한 인생관의 의존은 시간적 관계가 아니라 논리적 관계임을 뜻하지만, 후자는 그와 정반대이다. 그러므로 우즈후이의 인생관의 제반 요소 및 상호 관계를 밝히면서 동시에 또한 직접적 서술의 배후에 자리 잡은 언외의 의미를 간단명료하게 설명하고자 한다.

우선 우즈후이는 인간에 대해 순수 생물학적 해석을 내렸다. 그는 특유의 익살스러운 어조로 다음과 같이 말하였다. "인간은 우주 만물 중 이른바 동물에 속하고 또한 동물 부류에서 소위 포유동물에 해당하며" 뒷발로 직립하고 앞발을 손으로 삼아 "널리 활용할 수 있는 동물"이다. 사람의 뇌는 큰 편이고 조직은 비교적 복잡하지만, "그 안에는 세 근 두 냥의 뇌수, 5,048가닥의 뇌혈관을 갖추고 비교적 많은 양의 신경계 물질을 소유한 동물"에 다름 아니다.[148] 우즈후이의 이런 표현은 그의 우주론의 기본 원칙에 근거한 것이다. 곧 우주 만물은 천차만별일지라도 모두 그가 말한바 '개체'로 귀납될 수 있으며, 이런 '개체'는 본질적으로 물질적인 것이지만 오히려 '살아 있는 물질'이기도 한데, 이는 그의 '질료'가 동시에 '에너지'를 함유하고 있고 '에너지'는 세계의 변화를 추진하는 동인이기 때문이다. 인간은 하나의 유기체로 역시 질료와 에너지로 이루어져서, 특성상 기타 우주 현상과 아무런 차이가 없다.

우즈후이의 이런 묘사 방식의 잠재적 함의는 우주 제반 현상 속의 등급 차이에 대한 해체이며, 그 핵심은 우주 중심 혹은 '만물의 영장'으로서의 인간이라는 관념에 대한 부정이다. "우주는 '개체' 외에는 절대성이 없는 것으로 상대성만 가질 뿐이다." 화장실의 돌로부터 기타 동식물, 곧 파리, 수목 등에 이르기까지 모두 다 질료와 에너지로 구성된 '살아 있는 물질'이다. 비록 차이는 있지만 위아래는 없다.[149] 절대성을 해체하고 상대성만 가진 이런 세계에서, 모든 사물, 곧 하느님이나 혹은 '만물의 영장'으로서의 인간 등은 결코 이렇다 할 신성성을 갖지 않는다. '인간' 및 우주에 대한 우즈후이의 정의에서 우리는 두 가지 함의를 읽어 낼 수 있다. (1)세계의 절대적 통일성과 상대적 차이성을 이용하여 중심을 해체하고 다원적인 전체 세계로 대체한다. 이는 당연히 상제 등 신성 관념을 부정한다. 왜냐하면 우주 만물 중에는 기타 사물의 위에 위치하는 어떤 성스러운 것이 결코 존재하지 않으며 또한 절대적 중심도 존재하지 않기 때문이다. 이는 물질적 보편성으로 종교적 신성성에 대항한 것이다. (2)만약 르네상스 시대의 사람들이 인간에 대한 예찬을 통해 종교에 반기를 들고, 인간이라는 중심을 세움으로써 종교의 신성 지위를 대체한 것이라면 우즈후이의 상대주의(그는 확실히 아인슈타인으로부터 깨달음을 얻었다)는 종교라는 중심을 부정하는 동시에 또한 인간이라는 중심을 지웠다. 그리고 그 핵심은 인간 정신의 우월성을 부정한 것이다. 이것이 바로 우즈후이가 뇌수, 신경계 등 물질성 개념을 활용하여 인간의 특성을 묘사한 까닭이다. 질료 곧 에너지를 갖춘 이상, '정신'은 생물 기관의 기능(에너지)에 불과할 뿐이다.

이 두 가지 측면에서 보면, '인간'에 대한 우즈후이의 정의는 비록 '정신'에까지 미치지는 않았지만 오히려 물질/정신의 이항 대립의 틀에서 형성된 것이다. 그의 창끝이 겨눈 곳은 량치차오, 량수밍, 장쥔마이의 유학 윤리관 및 그들이 내세웠던 니체, 베르그손, 오이겐, 특히 그들의 자유의지, 정신 원소, 권력의지, 생명 직관 등의 개념이다. 1923년부터 1924년까지 맥락 속에서, 인간을 '만물의 영장'으로 간주하는 것은 더 이상 '5·4' 전후에 인간 해방을 추구했던 그런 종류의 의의를 갖지 않고, 다시금 전통문화, 특히 수신을 핵심으로 삼은 유가 문화로의 회귀를 뜻하며, 이러한 개념은 서양의 물질문명과 서로 대칭되는 것이었다. 량치차오, 장쥔마이 등은 니체, 베르그손과 공자의 유가 학설을 서로 융합하여, 그들의 생生 철학은 바로 '생하고 또 생하는 것을 역이라고 한다'(生生爲易)는 2천 년 전 중국의 인생관이라고 여겼다. 우즈후이가 보기에, 초인 철학, 생명 의지설이 다시금 인간을 정신의 왕으로 떠받드는 것은 그저 종교 혹은 현학에 반물질문명의 기반을 마련해 주는 것과 다름없었다.[150] 그는 여기에서 순수한 생물학의 안목으로 '인간'의 개념을 묘사했는데, 그것은 곧 '인간'을 자연의 물질 경계로 복귀시키고 더불어 '인간'은 자연 물질과 마찬가지로 평등할 뿐만 아니라 과학적 방법을 사용하여 관찰하고 제어할 수 있음을 암시하기 위해서였다. 그의 이 같은 명제는 천리, 천도, 천명 혹은 기타 최고 정신 실체의 쇠망에 따라 '인간' 역시 쇠망함을 표명한 것이다. 그러므로 '5·4'의 인물들이 상제의 죽음이라는 구호를 내세웠을 때, 그것은 또한 인간의 죽음을 예고하였다.

둘째, 우즈후이 우주론의 또 다른 기본 원칙은 우주 및 그 만물이 물질적인 유기체일 뿐만 아니라 과정이고, 물질과 활동은 별개가 아니라 하나이며, 그 관계는 '형상'과 '가능성'의 관계라는 것이다. 이런 과정은 무한 순환이 아니라 진선미의 창조성을 향한 지향이다. 총체적 진화 과정에서, 유기체는 부단히 새로운 형식을 획득하고 또한 만들어 낸다. 이런 우주론 원칙에서 출발하여, 우즈후이는 '생'에 대한 그의 정의를 이끌어 냈다.

> 무엇이 생인가? …바로 순식간의 찰나 속에서, 혹은 만들거나 변환하거나 변화시키는 저들 조趙 나리 혹은 전錢 마님, …모태에서 나올 때부터 관에 들어갈 때까지 …그 혹은 그녀는 손을 사용하고 두뇌를 쓰면서 "갈채를 보내는" 연극이나 "거짓으로 갈채를 보내는" 연극을 연기하고 있는 그 찰나가 바로 생이다. … 생은 연기를 일컫는다.[151]

이른바 "모든 '개체' 분열의 변화상"의 하나로서, 인간의 삶의 과정은 본성상 부단히 변화를 추구한다. 후회스러워 마음을 바꿀 리도 없으며 또 멈출 리도 없다. 우즈후이는 특히 '인생'은 바로 "두 손을 쓰는 동물이 공연하는" 것이라는 자신의 말이 결코 농담이 아니라 인생에 대한 존중이며, 그 함의는 자신이 인간의 진화 과정에 대해 적극적이고 긍정적인 태도를 취하였음을 뜻하는 것으로, 당시에는 세계 문명에 관한 량수밍의 세 가지 지향을 직접적으로 겨냥한 것이라고 밝혔다. 이른바 '세 가지 지향'이란 곧 "의지가 앞으로 나아가는" 유럽 지향, "의지가 뒤로 물러나는" 인도 지향, "의지가 스스로 조화와 중용을 추구하는" 중국 지향을 말한다. 량수밍은 서양 문화는 위기 속에 있으며, 장차 인류 문화에는 "중국 문화의 부흥"이 출현할 것이라고 선언하였는데, 이는 의심할 여지 없이 신문화운동의 선택에 대한 선고였다. 우즈후이는 '생'을 우주 진화의 자연 형식으로 삼았는데, 그 목적은 신문화운동을 위해 긍정했던, 이른바 "의지가 앞으로 나아가는" 물질문명을 새롭게 확인하는 것이었다. 이는 '인간'의 물질성을 강조함으로써 이른바 '정신'(동양 문명)에 맞서려는 함의와 완전히 일치하

는 것이다.[152]

셋째, 모든 우주 과정에는 두 가지 주요한 특징이 있다. 그것은 바로 시간과 공간으로, 함께 인생이라는 무대를 꾸민다.

> '시작이 없는 시작'으로부터 '끝이 없는 끝'까지, 이런 시간의 선이 곧 우주 만물이 공연을 하는 때이다. '인생' 역시 중간에 공연의 시간을 가진다. '안이 없는 작음'으로부터 '밖이 없는 큼'까지, 이런 공간의 장이 곧 우주 만물이 공연을 하는 연회석상이다. '인생' 역시 그 안에서 무도의 한 자리를 차지한다.
> 이른바 인생이란 바로 손과 머리를 쓰는 움직이는 존재가, '우주 대극장'의 억해 팔경 육조 오만 칠천 막에 순서가 돌아오면 바로 무대에 올라 공연하는 것이다. 이러한 관점을 갖길 청하니, 이를 인생관이라 한다.[153]

우즈후이는 자신의 인생관은 바로 밥을 먹고 아이를 낳고 친구에게 인사하는 것, 이 세 가지라고 마지막에 결론지었다. 밥을 먹는 것은 생명의 물질적 수요를 드러낸 것이고, 아이를 낳는 것은 애정과 같은 정신 상태가 종의 연속이라는 내재적 요구에 불과함을 밝힌 것이고, 친구에게 인사하는 것은 인류의 도덕(예컨대 자력갱생하거나 타인에게 지장을 주지 않거나 서로 돕는 것)이 바로 우주 과정의 기본 원칙임을 표명한 것인데, 이런 모든 것은 다 물질문명에 의존하는 진보적 측면을 갖고 있어서 모두 과학을 사용하여 연구하고 제어할 수 있다. 우즈후이는, 인간은 '인위적인 것'으로 '자연적인 것'을 보완할 수 있다고 말하였는데, 사실상 도덕적 이상의 실현은 인간이 자연을 제어하고 자연을 이용하는 능력의 진보에 뿌리를 둔 것임을 밝힌 것이다. 인간의 자유의지에 대한 그의 찬양은 물질문명에 대한 긍정과 마찬가지이다.

인류 생활이 밥 먹기, 아이 낳기, 친구에게 인사하기의 물질적 과정으로 이루어진 이상, 모든 비물질적인 정신 원소, 예컨대 량수밍이 말한 "직관(直覺)−양지良知−추론(非量)−양심良心"이나 이학가들이 애용하는, 맹자가 말한 '사단'四端 곧 '사양지심', '시비지심', '측은지심', '수오지심'은 모두 인간에게 있어 선험적인 것이 결코 아니다. 우즈후이의 세계에서, 물질을 초월한 '천리의 흐름'이란 존재하지 않으며, 또한 물질을 벗어난 선천적 직관도 존재하지 않는다. 인간의 인식 능력은 인간의 자연에 대한 개조, 곧 사물의 진보에 따라서 전진한다. 이러한 진보는 인간의 이성이 사물의 법칙을 파악한 정도에 따라 결정된다. 이런 점에서 출발하여, 우즈후이의 유물적, 진화론적 인생관은 이성에 대한 충분한 긍정을 담고 있다.

> 인간 …외물을 접촉하면 감각을 낳는다. 감각을 맞이하면 감정이 빚어진다. 감정에 착오가 있을까 우려하여 곧 사상을 만들어 이성을 이룬다. 이성의 거듭된 심사를 거쳐, 특정 감정을 마치 자연적으로 보편타당한 것처럼 여기게 되니, 간혹 도리어 이성의 폐단이라 불리는데, 이것이 직관을 이룬다. 어떤 것은 정신과 육체에 적합하여 심사를 받을 필요가 없으므로 남겨 놓아 본능으로 삼는다. 이처럼 각각의 작용은 모두 신경계에 기계를 증설하여 결국 3근 2냥의 뇌수가 이루어지고 다시 5천 48가닥의 뇌 힘줄이 연결된다.[154]

본능, 직관, 감정은 물질적인 감각에서 기원할 뿐만 아니라 또한 이성의 여과를 거쳐야 한다. 후스가 말한 대로, 우즈후이의 상술한 관점은 "인간에게 평소 이성을 운용하여 선의 능력을 양성하고 선을 위한 사전 준비를 요구하는"것에 불과한데, 그 핵심은 "선을 행하는"도덕적 요구와 '능력', '사전 준비'의 의존 관계를 강조하는 데 있으며,[155] 바로 이것이 그의 '인생관'의 의의이다.

우즈후이는 마지막에 그의 새로운 신앙을 일곱 항목으로 귀결시켰다. (1)정신은 물질과 분리될 수 없다. (2)우주는 모두 일시적 국면이다. (3)옛사람은 현재 사람에 미치지 못하고 현재 사람은 후인들에게 미치지 못한다. (4)선도 진화하고 악도 진화한다(진화 과정 혹은 진선미로 향해 가는 과정이 무한하다는 것 그리고 이성의 중요성을 암시함). (5)물질문명은 장차 인류의 합일을 촉진하고 아울러 각종 난제를 해결할 것이다. (6)도덕 및 문화의 결정체, 문화(물질문명)의 고저는 도덕의 고저를 결정한다. (7)"우주의 모든 것"은 과학으로 설명할 수 있다('과학 만능').[156]

전체적으로 말하면, 우즈후이의 인생관은 그의 우주론의 기본 원칙으로부터 논리적으로 추론해 낸 것으로, 양자는 고도로 일체화되었다. 하지만 우즈후이의 많은 논점이 가진 직접적 지향성으로 보면, 과학적 발견이 그의 과학적 우주론과 인생론의 직접적 기원은 결코 아니며, 후자 역시 전자의 논리적 귀결은 아니다. 우즈후이의 우주론과 인생론이 해결하려는 것은 과학 문제가 아니라 역사 문제로, 어떤 길을 가야만 중국의 위태로운 상황을 해결할 수 있는가의 문제이고, 또한 우주에 생존하는 인간이 마땅히 어떤 인생 준칙을 확립해야 하는가의 문제이기도 하다. 이런 점에서 보면, 우즈후이가 역사적 과정과 자연적 과정의 유비에 근거하여 자신의 우주론을 구축한 것은 전혀 이상할 것이 없다.

3.3 기계론인가 아니면 유기론인가

우즈후이는 그의 우주론을 신앙이라고 일컬었다. 이는 그가 자신의 관점이 과학적 실증을 결코 얻지 못하였다는 사실을 분명히 인지하였음을 말한다. 우즈후이 저작의 의의는 과학사 측면에 있는 것이 아니라 주로 사상사 측면에 있다. 우즈후이의 우주론 및 인생론에 대해 상술한 분석에 이어서, 이제 서양 우주론의 발전 시각에서 그 역사적 특성, 곧 '그것이 기계론인가?'에 대해 살펴보자.

유럽의 우주론 사상의 발전 과정에서, 기계론적 우주관(콜링우드에 의해 르네상스 우주론이라고 불리기도 함)은 그리스 우주론에 대한 혁명인데, 그리스 우주론은 유기론, 내재론, 목적론적 특징을 지니고 있다. 콜링우드의 세밀한 해설에 따르면, 그리스 자연과학은 자연계에 정신(mind)이 깃들어 있거나 충만하다는 원리 위에 구축된 것이다. 그리스 사상가는 자연 속의 정신의 존재를 자연계의 규칙 혹은 질서의 원천으로 간주하였고, 바로 이들의 존재가 자연과학을 비로소 가능성으로 바꿔 놓았다. 그들은 자연계를 하나의 운동체의 세계로 간주하였다. 운동체 자체의 운동은 그리스인의 관념에 따르면 생명력 혹은 영혼(soul)으로부터 비롯된 것이다. 하지만 그들은 자체의 운동이 하나의 사건이고, 질서는 별개의 사건이라고 믿었다. 그들은 정신이 그들의 모든 표현 형식(인류의 일이건 아니면 여타 일이건 간에) 속에서 하나의 입법자, 하나의 지배와 조절의 원인이라고 상상하였다. 자연계는 운동을 멈추지 않기에 생명력으로 가득한 하나의 세계일 뿐만 아니라 또한 질서와 규칙을 지닌 세계이다. 그들은 당연한 이치로 자연계가 살아 있을 뿐만 아니라 또한 이지적(intelligent) 특성을 가지고 있고, 스스로 영혼이나 생명을 지닌 거대한 동물일 뿐만 아니라 또한 스스로 정신을 지닌 이성 동물이라고 인식하였다. 세상의 모든 피조물은 활력과 이성이 충만한 유기체의 한 특정 부분을 대표한다. 소크라테스, 플라톤, 아리스토텔레스에 의해 탐구된 정신은 먼저 언제나 자연 속의 정신으로, 신체에 대한 조종을 통해 자신의, 신체 중의, 그리고 신체가 보유한 정신을 드러냈다. 그래서 그리스 사상가는 대개 늘 당연한 것처럼 정신을 근본적으로 신체에 귀속시켰으며, 정신은 신체와 함께 긴밀한 연합체 속에서 생존한다고 여겼다. 분명한 것은, 그리스 우주론은 바로 하나의 유비 위에 근거한다는 것이다. 그것은 자연계와 개체적 인간 간의 유비이다.[157]

르네상스의 기계적 자연관은 코페르니쿠스Copernicus(1473~1543), 텔레시오Telesio(1508~1588)와 브루노Bruno(1548~1600)의 작업에서 그리스 자연관과 대립 국면을 형성하기 시작하였다. 만약 그리스 자연관이 자연과 개별 인간 사이의 유비에 근거한다면, 기계적 자연 규칙은 자연과 기계 사이의 유비에 근거하지만, 이런 유비는 매우 상이한 관념 질서를 선결 조건으로 삼고 있다. 우선 그것은 기독교의 창세와 전능한 하나님이라는 관념에 근거하고, 다음으로 인류가 설계하고 만든 기계적 경험에 근거한다. 하나님과 자연의 관계는 흡사 시계 수리공, 수차 설계자와 시계, 수차의 관계와 같다.[158] 이런 유비의 핵심은 정신과 자연이 분리된 것이라는 점에 있다. 간단히 말하자면, 정신은 자연을 창조하고 혹은 자연은 정신의 자주적이고 자존적인 활동의 산물이다. 콜링우드는 기계적 우주론과 그리스 우주론의 대립을 간단명료하게 개괄하였다.

> 자연계를 인정하지 않고, 물리과학에 의해 연구된 세계가 하나의 유기체임을 인정하지 않고, 아울러 그것이 이성도 없고 생명도 없어서 이성적으로 자신의 운동을 조종할 수 없고 더욱이 자아 운동을 할 수 없다고 단언한다. 그것이 펼쳐 보이는, 또 물리학자가 연구한 운동은 외계에서 부여한 것이며, 그것들의 질서가 준수하는 '자연율'도 외계가 강제로 부가한 것이다. 자연계는 더 이상 유기체가 아니고 하나의 기계이다. 곧 글자 그대로의 기계로, 외부의 이성에 의해 설계되어 한 데 놓였고, 또한 구동되어져 명확한 목표를 향해 가는 물체의 각 부분의 배열이다.[159]

마치 그리스 사상가처럼, 르네상스의 사상가들은 자연계의 질서를 이성적 표현의 하나로 간주하였다. 그리스 사상가에게 이러한 이성은 바로 자연 자체의 이성이며, 르네상스 사상가에게는 자연의 이성과 다른, 비범한 창조자와 자연의 통치자의 이성에 불과할 뿐이었다. 이런 차이는 그리스와 르네상스 자연과학이 지닌 주된 차이의 핵심이다.

상술한 비교에서 알 수 있듯이, 우즈후이의 우주론은 그리스 우주론과 다를 뿐만 아니라 기계적 우주론과도 다르다. 종교 비판자로서, 우즈후이는 어떠한 비물질적 원인의 존재도 부정하였고, 모든 세계 및 그 운동은 질료와 에너지가 서로 주고받는 물리 운동이며, 자연 내부에는 지도하는 역량으로서의 정신(유기론)이 없고, 자연 외부에도 정신 창조자(기계론)가 없다고 강조하였다. 그가 자연을 '질료와 에너지'의 내재적 기질로 귀납시키고 또한 정신 활동을 물질 운동으로 간주한 것으로 볼 때, 우즈후이의 우주론은 어느 정도 기계론적 성격을 띠고 있다. 하지만, 우즈후이는 자연의 운동이 '살아 있는 물질'의 운동으로, 자연 요소 내부에 자발적 운동력이 존재한다고도 여겼다. 특정 과정에서 보면, 자연 운동은 무목적적이고 우연적인 것이며, 전체 과정으로 보면, 진선미로 향해 가는 유목적적 과정이기도 하다. 이는 또 흡사 자연 자체가 하나의 유기적 생명체로, 마치 식물의 씨가 꽃과 과일의 생장 유전자를 함유하고 있는 것처럼, 자연에 진선미로 향해 가는 내재적 유전자가 존재한다고 암시하는 듯하다. 이렇게 보면, 우즈후이의 '질료와 에너지' 및 '생명력'의 개념은 그리스 사상가의 '정신'이나 생명력·목표가 가득한 자연 개념과도 유사성을 띠고 있다. 더욱 중요한 점은, 만약 자연이 기계라면, 인간은 반드시 그 창조자로부터 목표와 계획의 계시를 얻어야 한다는 사실이다. 곧 자연 자체가 진선미의 지향을 내포하고 있다면, 인간들은 우주 자연의 운동에 준거하여 자신의 인생관을 세울 필요가 있다. 우즈후이의 경우, 확실히 후자에 훨씬 치우쳤다.

우즈후이의 우주론의 유기론적 특징은 진화론에서 직접적으로 연원하였는데, 바로 이 진화론이 자연을 자연적 변이 혹은 진화의 과정으로 해석하였다. 이는 사람들에게 자연도 인류사와 마찬가지로 물경천택物競天擇, 적자생존의 규칙에 의해 제어됨을 알려주었다. '물경'物競과 '적자'適者의 개념은 자연적 과정이 의지를 가진 생명 과정이며 만물은 모두 생존을 위해 분투하고 존재의 권리를 위해 자신을 변화시키거나 스스로를 더욱 강하게 만든다고 암시한다. 하지만 동시에 이는 '자연 선택'의 과정으로, 우연성으로 가득한 자연적 과정이기도 하다. 앞서 언급한 바와 같이, 그리스 우주론은 자연과 개별 인간 사이의 유비에 근거하고, 기계론적 우주론은 자연과 기계의 유비에 근거하지만, 우즈후이의 우주론은 자연과 역사의 유비에 근거한다. 곧 역사는 자연적 과정이고 또한 의지와 목표를 지닌 활동이다. 또 역사는 우연성이 충만하고 또한 '진보하는' 특징을 지니고 있다. 또 역사의 동력은 역사 내부의 각종 요소의 관계로부터 만들어지며 외부의 조종자를 가지지 않지만, 역사적 과정도 개체 생명처럼 순환하는(예컨대 마치 씨-식물-씨처럼) 것이 아니라 반복 없이 앞을 향해 점차 나아간다는 것이다. 진화론은, 불변으로 간주되는 모든 대상이 실은 변하는 것이라는 인식을 고수하였고, 그래서 자연계 속의 변화와 불변의 요소 간에 존재하는 매우 낡은 이원론을 제거하였다. 콜링우드가 말한 것처럼, "진화적 자연관의 기초 위에서 논리적으로 구조화한 자연과학은 장차 역사의 범례를 따라가며, 그것이 관심을 가지는 구조를 기능으로 분화시킬 것이다. 자연은 장차 과정으로 구성되었다고 이해될 것이며, 자연 속의 어떠한 특수 유형의 사건의 존재라도 모두 특수한 유형의 하나로 이해될 것이다."[160]

우즈후이는 자연과학자가 아니지만, 젊은 시절의 역서와 20년대에 '힘을 쏟은' 글을 통해, 우리는 근대 과학의 성과, 특히 진화론과 상대론 모두 그의 우주관의 형성에 중요한 의의를 지닌다는 것을 알 수 있다. 그의 우주론에 담긴 짙은 생물학적 특징은 쉬이 알아차릴 수 있는 것이다. 우즈후이의 '물질' 개념은 그리스 우주론에 가까운, 모종의 유기론적 성격을 띠고 있지만, 그것의 과학적 연원은 오히려 근대적이다. 우즈후이는 진화 개념의 계발을 받아, 물질을 과정과 활동, 혹은 매우 살아 있는 듯한 대상으로 묘사하였지만, 그의 관점을 유생론有生論, 물활론物活論이라고 말할 수는 없다. 콜링우드가 명확하게 지적한 것처럼, 근대 우주론은 단지 역사 연구에 대한 정통, 특히 과정·변화·발전 개념을 이미지 중심에 두는 역사 연구에 정통해야 탄생할 수 있으니, 진화의 개념은 바로 이런 새로운 우주관을 낳은 가장 중요한 전환점이다. 우즈후이의 우주론을 알렉산더Samuel Alexander(1859~1938),

화이트헤드Alfred North Whitehead(1861~1947) 등의 근대 우주론과 대비하는 것은 아마도 그다지 적절치 않겠지만, 우리는 비학술적이고 다소 논리적으로 모호한 우즈후이의 우주론이 분명 모종의 근대적 특징을 지녔다고 말할 수 있다. 화이트헤드는, 실재는 유기체이고 자연은 과정이며, 실체와 활동은 별개가 아니라 하나라고 주장하지 않았던가?

만약 기계론적 자연관이 외부의 최초 추동자를 은연중에 내포한다면, 이런 관념은 분명 기독교 전통 중의 창세 관념과 관련된 것이다. 우즈후이의 전통 속에는 이런 기독교 관념이 없다. 그는 자연 및 그 물질 자신의 운동임을 강조하였고 인간의 역사 활동과 자연의 조화성을 강조하였는데, 이는 그의 종교 비판의 직접적 목표가 결정한 것일 뿐만 아니라, 또한 그가 사유의 근거로 삼았던 비기독교적 문화 전통이 결정한 것이다. 이는 또한 새로운 문제를 제기하기도 한다. 곧 '반이학'을 특징으로 하는 신우주관과 이학 세계관의 관계는 도대체 어떤 것인가?

4. '반이학'인가 아니면 '신이학'인가

우즈후이가 '과학과 인생관' 토론에 참여한 첫 번째 글은 「서양식으로 상투화된 이학에 권고함」(箴洋八股化之理學)이었다. 첫머리에 요지를 밝히면서, 그는 장쥔마이 일파를 이학의 근대적 잔존으로 여겼다. 4년 후, 후스는 상해 동아동문서원東亞同文書院에서 「중국의 최근 삼백 년 중의 네 명의 사상가」(中國近三百年的四個思想家)를 강연하면서, 고염무, 안원, 대진과 우즈후이 네 명을 거론하며 1600년 이후 중국 사상 속의 반이학 사조를 묘사하였다. 사태가 지나가고 상황도 변하였기에, 후스는 "과학과 현학의 논쟁"의 옛 전장을 이리저리 거닐며 반추하고 거듭 애도하였다. 그리고 비로소 우즈후이가 '이학'을 '현학'에 비유하였던 깊은 뜻, 즉 "애초 이 논쟁은 단지 이학을 옹호하고 이학을 배척하는 역사의 한 단락일 뿐"이었음을 진정으로 깨달았다.[161] 그는 또 장 쥔마이의 「인생관」이 말한 '정신문명'은 곧 공자·맹자에서부터 송·원·명의 이학가에 이르기까지 "내심의 생활 수양에 치중"한 결과이고 딩 원장의 '과학문명' 역시 이학가의 '정신문명'을 직접적으로 지칭하는 것임을 알았다. 그래서 후스는 다음과 같이 총괄했다.

> 딩 선생은 과학자였으며, 그가 걸어간 길은 순 이성적 격물치지의 길이었다. 장 선생은 '내심의 생활'을 숭상했으며, 그가 걸어간 길은 여전히 반半종교, 반半현학적 이학의 길이었다.[162]

후스의 지위와 명성을 고려하면, 우즈후이를 고염무, 안원, 대진의 3대 사상가와 병렬시킨 것은, 그를 얼마나 중하고 높게 평가했는지를 알 수 있다. 후스가 중시한 것은 '반이학'의 철저함이다. 그가 고염무를 내세우면서 중시했던 것은 고염무의 고증이 가진 실증적 '과학 연구법'이 이학의 '주경'主敬• 태도를 배격했다는 점이다. 또한 그가 안원을 숭상한 핵심은 안원의 실천궁행이 성性과 명命의 이치를 주장하는 송명 유학자를 비판했다는 데 있다. 대진의 경우에는, "격물치지의 수련을 능히 실천한 대학자"일 뿐만 아니라 또한 "이학의 병폐는 인정에 위배되는 중고 시대의 종교적 태도를 버리려 하지 않은 데 있고, 도리를 떠받들고 기氣를 행하는 것을 비판했으며 도리를 보존하고 욕망을 내버린 데 있다고 보았다. 그리하여 그의 신이학은 단지 '잡다한 것을 뒤섞어 견강부회'한 반半종교, 반半현학적인 옛 이학을 필사적으로 전복시키고" 아울러 이기理氣, 이욕理欲 이원론을 전복시켜 신이학을 구축하고자 하였다.[163] 구체적 연구 방법으로부터 유물론적 우주론에 이르기까지, 이는 후스가 보기에 여전히 과학 정신이 방법론과 철학 속

• 주경(主敬): 송대 이학가 정이(程頤)가 제기한 도덕 수양 방법의 하나로 근신을 강조했다.

에서 구현된 것이었으며, 과학 정신은 본질적으로 곧 반이학적인 것이었다. 후스는 우즈후이가 두 측면에서 보여 준 확고한 태도는 모두 이전 시대 사람들을 뛰어넘은 것이라 여겼다.

우즈후이의 우주론과 인생론은 확실히 '반이학'을 직접적으로 지향하고 있었다. 이러한 '반이학'적 특징은 다음에 서술한 몇 가지 측면을 통해 이해할 수 있다. 첫째, 우즈후이는 비교문화사의 각도에서 '이학'을 인도 불교의 변종으로 여겼다. 그의 문화 비교사론에서 아랍, 인도 등 종교성이 강한 종족은 "신비롭기도 하고 허황되기도 한 그야말로 반인반귀半人半鬼의 민족"이었으며, 중국 고대 전통의 경우는 오히려 "착실한 농민들이라 종교를 세울 만큼 많은 공상을 하지 않았다."[164] 이렇듯 이학의 종교성에 대한 배척은 중국 고대 전통에 대한 통찰을 담고 있을 뿐만 아니라, 또한 북송 도학이 불교와 도교를 극력 배척하고 선진 유학으로 회귀하려고 한 노력을 떠올리게 한다. 우즈후이는 다음과 같이 말하였다.

> 지금 십삼경十三經을 읽노라면, 공자, 맹자를 직접 대면하더라도 여전히 화기애애하고 가르침이 자연스럽다. 남송 선비들의 어록語錄, 학안學案은 언뜻 보기만 해도 이내 어두컴컴한 강당으로 접어드니 모골이 송연해져서 이러지도 저러지도 못하게 된다.[165]

유학의 정통을 회복함으로써 이학을 공격하는 방법은 비록 안원, 대진 이래의 반이학적 전통이라고 할 수 있지만, 송명 유학이 불교, 도교를 배척했던 것과 일맥상통하는 방식이기도 하다.

둘째, 우즈후이는 물질문명의 척도를 이용하여 도덕 수준을 헤아렸는데, 사실상 물질 일원론으로 수신을 특정으로 한 이학의 이른바 정신적 혹은 도덕적 우세를 지우려 한 것이다. 그가 보기에 서양의 산업혁명과 과학문명은 물질적 우세를 띤 것일 뿐만 아니라 또한 대부분의 인의도덕, 효제, 충신, 식사, 수면 등은 "훌륭한 것으로 불리지" 않는 것이 없으니, 이는 '이학'의 정신 지상의 관점에 대한 전복이라고 말할 수 있다.

셋째, 앞의 두 가지 점에서 출발하여, 우즈후이는 또한 대진처럼 새로운 철학을 이용하여 이학의 이기, 이욕理欲 이원론을 비판하고 나아가 그의 "암흑 자체"인 우주관과 "인간의 욕망이 흘러넘치는" 인생관을 형성하고자 하였다. 딩원장 등에 비해 우즈후이는 훨씬 깊은 역사적 안목을 갖추고 있었고, 장쥔마이의 인생관의 문제는 결코 그가 '현학 광'이라서가 아니라 그의 '현학'이 애초 종교적이라는 데 있음을 인식하였다. 그래서 그는 장쥔마이의 "인생관은 그의 우주관에서 잘못되었다"라고 말하였다.[166] 우즈후이는 과학적 '신현학'新玄學의 구축을 자임하며 "대규모의 가설을 만들었다."[167] 다시 말하면, 우즈후이는 일원론적 현학을 활용하여 이원론적 이학에 맞서고, 아울러 이런 새로운 현학으로부터 그의 인생관을 이끌어 내고자 하였다.

우즈후이는 완전한 구조를 갖춘 '신현학'으로 옛 이학에 대항하였으나, 뜻하지 않게 구조적인 면에서는 이학과의 유사성을 드러냈다. 즉 둘 다 인생관을 다시 수립하는 것을 자신의 소임으로 삼아 우주론에 호소하고 후에 일상적 인륜으로 귀결시켰으며, 또한 둘 다 우주(하늘)로부터 인간(윤리)으로 넘어가 하늘과 인간을 결합시켜 서로 합치되도록 만들었다. 우즈후이의 우주론은 자연과 역사의 유비에 근거하며, 논리적으로 보면 그의 우주론은 인생관에 선행하지만, 시간의 측면에서 보면 기존의 인생관을 논증하기 위해 비로소 우주론을 원용하여 자신을 무장한 것이었다. 그의 우주론은 인생관과 역사관에서 기원할 뿐만 아니라 또한 후자를 목표로 삼았다. 그래서 그의 우주론도 진정한 우주론은 결코 아니었으며 하나의 신앙으로서 인생관에 종속되었다. 구조상으로 보면, 우즈후이의 '신현학'과 송명 이학은 모두 본체론(자연 본체)−우주론(세계 도식)−인성론−인식론−윤리학(본체론으로의 회귀)의 내재적 순서를 갖추고 있다. 우즈후이는 우주론의 입장으로부터 그의 인생관을 직접적으로 추론하고자 하였다. 그의 특징은, 일원론적 우주관의 논리를 엄격히 고수하고 또한 그것을 인생론으로 발전시켜서, 인성을 일종의 '물질성'으로 이해하고 이로써 양명학과 완전히 상반된 방향에서 이학의 이원론에 대해 비판을 전개한 데 있다.

이제 우리는 다음과 같은 문제, 곧 후스가 '반이학'을 적용하여 우즈후이의 사상을 묘사한 문제로 돌아가 보자. 철학사가로서 후스는 물론 이학이 "선종, 도가, 도교, 유교의 혼합 산물이고", 그 주요 관념은 "고래의 도가 자연철학 속의 천도 관념으로, '천리' 관념이라고도 불린"다는 것을 알고 있었다.[168] 하지만 후스는 사실상 주돈이周敦頤, 장재張載, 주희의 우주론을 전혀 중시하지 않았고, 정이가 말한 "함양을 하는 데는 반드시 경의 태도를 견지해야 한다", "배움에 나아가는 데는 지식을 완전하게 해야 한다"는 것을 이학의 핵심과 근세 철학의 두 가지 지향의 유래로 간주하여, 기본적으로 '격물치지'의 노선에서 '정을 추구'(主靜)하고 '경을 유지'(持敬)하는 종교적 태도를 비판하였다. 이는 이해하기 그리 어렵지 않다. 그가 '반이학' 사조를 개괄할 때, 비록 '태극도' 등 우주론에 대한 황종염黃宗炎, 모기령毛奇齡의 비판을 거론한 적이 있지만 자세히 논의한 적은 없다. 그가 관심을 둔 것은 심성학心性學에 대한 비밀費密(1625~1701), 안원의 비판이며, 안원, 대진, 원매袁枚의 "인지상정에 어긋나는" 이학 인생관에 대한 폭로, 그리고 "지식, 학문을 추구하는 방법"에 있어서 고염무, 대진, 최술崔述의 모색과 구축이었다. 이학과 반이학에 대한 그의 기술을 통해, 우리는, 후스가 말하는 '반이학'의 핵심은 바로 이기이원론理氣二元論의 공론과 이욕이원론理欲二元論을 반대하고 아울러 이를 통해 세속의 정욕을 긍정하며 과학적 방법을 중시한 것임을 알 수 있다. 그는 이학 내부의 기일원론氣一元論과 이기이원론 관계를 분석하지 않았고, 또한 구조상 우즈후이의 우주론, 인생론과 이학의 유사성을 고려하지도 않았다. 주의할 점은, 우즈후이의 우주론, 인생론과 송명 이학은 모두 일종의 '상식적 비판'에서 출발하였다는 사실이다. 우즈후이가 겨냥한 것은 량수밍 등이 정신문명과 물질문명을 대립하는 양극으로 분할한 이원론이다. 그가 증명하려 한 것은 인간의 정신생활이 물질생활에 뿌리를 두고 있다는 상식이다. 이런 상식적 비판은 마침내 우주론의 차원에까지 오르려 하였다. 이는 바로 이론상 감성물질感性物質 존재로서의 인간과 하늘의 실재성과 합리성을 긍정하고, 이런 존재가 부단한 변화와 생멸의 운동 과정에 놓여 있음을 인정해야만 비로소 "목마르면 마시고 배고프면 먹고, 하늘을 이고 땅을 밟고 살아가는" 합법성과 합리성을 충분히 인정할 수 있기 때문이다. 동시에 인간의 일상생활 및 그 방식은 늘 일정한 목적을 지니고 일정한 규범과 질서를 따른다. 그러므로 이론상 이런 보편 규칙, 질서와 목적(인식론)을 모색하고 탐구하고 논증해 나가야 한다.[169] 불교, 도교에 대한 송명 이학의 비판을 논할 때, 많은 사상사가들이 이학가의 투쟁 전략을 이미 낱낱이 논하였다. 즉 그 투쟁 전략은 유한하고 감성적이고 표면적인(또한 세속적이고 상식적인) 인륜 도리와 만물 이치 속에서, 유한하고 감성적이고 표면적인 것을 초월한 무한하고 이성적이고 본질적인 것을 모색하고 논증하려고 시도하는 것이다. 이렇게 해서 점차적으로 규율, 순서, 목적을 물질세계 속에서 추상해 내어 후자를 주재하고 지배하고 통치하는 대상으로 삼는다. 우즈후이는 그의 물질 일원론을 고수하여 우주론적 차원으로부터 물질세계에 존재하지 않는 주재, 규범, 질서를 논증하였는데, 이것들은 그저 물질 자체의 특성으로서만 존재할 따름이다. 이런 의의에서 보면, 우즈후이는 확실히 반이학적이지만, 신이학으로 이전 이학에 맞서서 그것을 대체하려 하였다. 곧 그는 우주의 물질 특성을 규칙으로 삼아 추상해 내었고, 사람들에게 그것의 지도와 제약에 복종하기를 요구함으로써, 가장 명확하고 간단한 방식으로 천리 세계관을 공리 세계관으로 대체하였다.

제13장   동서문화 논쟁과
               지식/도덕 이원론의 기원

문화 근대성의 분화

'5·4' 신문화운동, 특히 『신청년』, 『신조』新潮 및 기타 급진적인 문화 간행물들은 문화계에 동서문화와 관련된 문화 논쟁을 촉발시켰다. 『동방잡지』, 『갑인』, 『학형』學衡, 『국학계간』 등의 간행물과 그 필자들은 천두슈, 후스를 대표로 하는 '신문화운동'과 문화 토론을 전개하였다. 1923년 '과학과 인생관' 논쟁('과학과 현학 논쟁'이라고도 함)은 동서 문화 논쟁의 자연스러운 발전이었다. 그렇다면 동서문화 논쟁은 어떻게 '과학과 인생관' 논쟁으로 이어졌는가? 이전의 관련 연구는 주로 과학주의와 반과학주의 범주에서 '과학과 인생관' 논쟁이 지닌 역사적 함의를 기술했는데, 본장에서는 이러한 토론을 근대 지식 체계의 재건과 문화 근대성의 분화와 연계시키고자 한다. 간단히 말하면, 청말 이래 중국 근대 사조가 공리 세계관과 과학 세계관으로 천리 세계관을 대체하고, 지식 방면에서 점차 완전한 과학 지식 계보를 형성했으며, 이 지식 계보 가운데서 도덕·신앙·정감·본능 등의 영역과 기타 지식 영역은 엄격히 분화되지 않고 모두 과학 지식 체계의 한 부분을 구성하였다. 하지만 중국 근대 사회의 변화와 '5·4' 이후 문화 충돌이 격렬해짐에 따라 지식 영역 역시 상응하는 변화가 발생했는데, 그 주요 특징은 서구 사상의 영향을 받은 인문주의자들이 도덕, 신앙, 심미 등의 영역과 지식 영역을 다른 영역으로 분화시키려고 했다는 것이다. 이것은 줄곧 완성하지 못한 중국 근대 사상의 '주체적 전환' 과정이다. 이런 의미에서 과학 세계관에 대한 '현학파'玄學派의 비판은 간단히 근대성에 대한 비판으로 이해할 수 없다. 반대로 그들의 사상적 노력은 지식 영역의 근대적 분화를 촉진시켰다. 지식 영역의 분화는 일반적으로 객체에 대한 지식과 주체에 대한 지식의 분화로 표현된 것이 아니라 먼저 동서문화 논쟁의 형식으로 나타났다. 이성과 직관, 지식과 도덕, 인식과 정감 등의 영역의 분화는 중국 사상가들의 동서문화의 차이에 관한 논의 가운데서 잉태되었고, 다른 지식 영역의 통약 불가성이 문화 간의 통역불가성에 관한 논의에서 제기되었다. 이로 인해 '주체적 전환'의 직접적인 결과는 주체에 관한 철학과 심리학의 발전이 아니라 중국 문화의 특징과 의의에 관한 고찰이었다. 이런 의미에서 현학과 직관 그리고 과학과 인식의 통약 불가성에 대한 기술은 직접적으로 중국-서구의 문화 관계 속에서 중국 문화 주체성을 건립하는 문제와 연결되었다. 동서문화 논쟁의 쌍방은 모두 역사 발전에 관한 위대한 서사와 과학적 서술의 전제를 설정하였고, 그리하여 그 논쟁이 간단히 근대와 반근대의 충돌로 이해될 수 없음을 보여 주었다. 문화 논쟁이건 지식 토론이건 모두 중국 근대 사상의 내부 충돌이다.

중국 근현대 사상의 주요한 특징 가운데 하나는 기계론적 세계관과 목적론적 세계관을 조화시키고, 과학기술의 진보를 지식에 있어서 사회 정치, 도덕 신앙 그리고 심미 영역의 발전과 연결하여 통일체를 형성한 것이다. 소위 과학 세계관이 가리키는 것은 바로 하나의 보편적인 지식 체계이며, 그것은 근대 중국 사회의 체제 변혁과 문화 발전을 위해 사상적 근거와 이데올로기의 기초를 제공하였다. 과학 세계관에서 과학기술은 사회 합리화의 모델이 되거나 혹은 모종의 모범적 특징을 지닌 것으로 간주되었다. 그러나 과학기술을 역사 진보의 모델로 이해하기 위해서는 약간의 전제가 필요하다. 가장 중요한 것은 계몽주의 사상과 실증주의적 관점에 의거해 과학기술 자체를 평가하고 이해해야 하고, 과학기술을 각종 문제를 해결할 수 있는 체계로서 인류의 역사적 사건에도 똑같이 적용할 수 있음을 입증하는 것이다. 옌푸에서 우즈후이까지, 천두슈, 후스 그리고 후밍푸 등의 과학자들의 중국 근대 사상은 한편으로 과학적 개념을 빌려서 자연계와 인류를 새롭게 해석했으며, 새로운 자연 관념 및 해석 방법을 통해 우주와 인류 사회를 위해 합목적적인 역사를 제공하려고 했다. 우즈후이에 대한 설명에서 나는 이와 같은 우주관이 지닌 기계론과 물활론物活論의 두 가지 특징을 집중적으로 논의한 바가 있다.

중국 근대 사상의 맥락에서 이와 같은 조화론은 근대 사상과 천리天理 세계관의 분리 과정에서 등장했다. 청말에서 5·4 시기까지, 주류의 중국 사상가는 과학 사상이 객관적인 현실 세계(우주 자연계와 인류 생활의 세계를 포함하여)에 대한 연구와 인식임을 강조하고, '객관 지식'을 이용해 천리 세계관을 대신하려 했다. 그러나 주관적 혹은 개인적인 방면에서 이 전통 세계관에 대해 비판을 진행한 것은 아니었다. 이런 기본적인 목표에 근거해 중국 근대 사상은 여러 가지 문제——자연 문제, 사회 문제, 도덕 문제, 심미 문제, 형이상학 문제——를 하나의 기본적인 문제, 즉 과학 지식 체계의 문제로, 당시의 언어로 말하자면 과학적 우주관과 과학적 인생관의 문제로 귀결시켰다.

과학적 우주관의 형성이 전통 사상에서 분리되는 과정인 이상, 초기에 그것은 전통적 사상 방법으로 활동할 수밖에 없었고, 또 전통 사상 방법 중의 공통적인 요소는 그들의 세계관 속의 도덕 중심주의 혹은 인류 중심주의적 성격이었다. 전통 천리 세계관에서 천리는 형식상 전통 세계관의 정점에 위치한다. 하지만 실제로 천리에 대한 깊은 이해는 우선 하나의 도덕 실천 과정일 뿐만 아니라 천리 자신의 의미 또한 정치와 도덕의 일상 실천 속에서만 체현될 뿐이다. 하나의 대체적인 세계관으로서 과학적 우주관은 먼저 자연에 대한 철학적 해석에 가깝다. 하지만 그 완성을 위해 필요한 것은 오히려 자연에 관한 지식 문제만이 아니라 도덕, 정치와 심미 등 각종 인류 생활과 관련된 문제였다. 과학적 우주관은 세계의 전체성과 목적성을 제시하고, 또 이런 전체적이고 합목적적인 우주론을 통해 정치, 도덕, 심미 등 사회와 인생 문제를 해결하려고 했다. 천리 세계관과 전통적인 정치 제도, 가족 제도 및 윤리 체계의 내적 연계를 고려해 보면, 과학 세계관의 천리 세계관에 대한 대체가 구조적 차원에서 이루어짐을 알 수 있다. 바꾸어 말하면 과학 세계관과 그 지식 계보는 천리 세계관의 내재적 구조를 와해시키고 분화시켜서 형성되는 것이 아니라 특정한 역사적 동력하에 천리 세계관의 구조를 대체하고, 바로 구조상에서 천리 세계관의 주요한 특징을 보존하는 것이다.

베버와 하버마스의 이론 체계에서 문화의 근대성은 이성의 분화의 특징으로 표현되었다. 종교와 형이상학 가운데서 3개의 자율적인 범주를 분리해 내었는데, 즉 근대 과학, 자주적 예술, 그리고 윤리와 법률의 이성주의가 그것이다. 이런 분화는 물론 종교 세계관 속의 잠재적인 인식 능력의 분화를 기초로 삼는다. 하지만 이런 인식의 잠재 능력은 전통 세계관 속에서 이와 같은 대립적인 형식으로 존재하지는 않는다. 하버마스는 일찍이 간명한 방식으로 베버의 합리화 개념에 대해 분석을 진행했다. 그는 위에서 말한 근대 의식 구조가 세계관 합리화의 보편적이고 역사적인 과정, 다시 말해 종교적 혹은 형이상학적 세계관의 탈주술화를 통해 만들어졌다고 지적했다. 베버의 시각에서 3중 구조의 근대 의식과 근대 직업 문화는 내재적 연관을 갖고 있는데, 근대 직업의 분화가 근대 의미 구조의 역사적 결과이며 또 신념 윤리학의 보충이기 때문이다. 문화 가치의 영역(인식적 관념, 규범적 관념, 심미적 관념)과 문화 행동 체계(과학 활동, 종교 활동, 예술 활동)는 밀접한 관련이 있다. 의식 구조의 관점에서 상술한 3가지 합리성 영역의 분화는 세계를 보는 3가지 기본적인 관점, 즉 객관적(과학적), 규범부합적(도덕적과 법률적) 그리고 심미적(예술적과 정감적) 관점을 제공했다. 이런 관점에서 세계 또한 객관적, 사회적 그리고 주관적 3가지 방면으로 구분된다. 이렇게 상응하는 관념(과학과 기술, 법률과 도덕, 예술과 '연애학' 각 영역에서 제출한 관념)과 이익은 함께 연계되고, 상응하는 다른 생활 질서에서 체현된다.

그렇다면 상술한 '분화'는 어떤 의미에서 문화적 합리화로 이해할 수 있는가? 베버와 하버마스가 분명하게 합리화 과정을 유럽 역사의 특징으로 이해하였다면, 나는 합리화 개념을 어떤 의미로 사용할 것인가?

'합리화' 개념은 분명히 베버 이론과 관련이 있고, 하버마스의 베버에 관한 해석과도 관련이 있다. 하지만 나의 이런 임시적인 차용은 중국 사회와 사상의 근대적 전환과 베버가 묘사한 서구 근대성의 발생 사이의 중요한 차이를 표명하는 데 의미가 있을 뿐 아니라, 이런 차이의 배후에 숨겨진 내재적 연관을 밝히고자 하는 것이다. 나는 이 책의 여러 장절에서 반복해서 중국 근대 사상 속의 '과학' 개념과 중국 사상 전통의 관계를 분석했고, 또 이런 관련 속에서 '과학' 개념의 중국 용법이 지니는 여러 가지 특징을 해석했다. 그러나 나의 목적은 단지 중국 근대 사상의 특수성과 차이성을 논증하는 데 있지 않다. '과학' 개념의 탄생과 기능은 모두 근대의 맥락 속에서 해석해야만 한다. 또 소위 '근대의 맥락'은 바로 서구 자본주의의 흥기로 인해 생성된 광범위하고 격렬한 정치, 경제, 군사 및 문화의 교류와 충돌로 체현된다. 이런 충돌과 교류는 민족국가의 정치 체계와 국제 노동 분업의 경제 체계의 형성을 초래했으며, 또 다양한 방면에서 각 민족, 지역과 국가를 전 지구화의 역사 전개 속에서 조직했다. 이런 전 지구화의 전개는 차이성 자체가 철저하게 소거되지는 않았다고 할지라도, 일정 정도 문화 차이성을 해소하고 소멸시키는 과정으로 묘사되기도 한다. 이런 의미에서 과학과 그 제도적 실천이 근대 사회에 보편적으로 적용할 수 있는 범례 혹은 모형을 제공했고, 이런 차이성을 해소하는 가장 중요한 보편주의 역량이 되었다. 근대 자본주의와 그것의 전 지구적 범위에서의 확장은 결국 또한 과학과 그 제도적 실천이 유럽의 이성주의와 맺고 있는 연관성을 모호하게 하거나 심지어 제거해 버렸다. 내가 보기에, 서구 이성주의 문화가 역사적으로 하나의 보편적 문화가 되었음을 밝히는 것은 일반적으로 보편주의적 문화 관념을 재차 천명하는 것이 아니라 오히려 (서구) 문화의 특수성이 어떻게 당대 세계를 통제하는 보편성으로 변화했는지를 지적하는 것이 낫다고 생각한다.

주지하는 바와 같이 베버는 이러한 이중성의 문제에 착수하여 그의 연구를 시작했다. 즉 왜 서구에서―또 서구에서만 나타난 그런 문화 현상이 일련의 보편적 의의와 유효성을 지닌 발전 가운데 존재하는가?[1] 베버는 확실히 이성주의를 유럽에서 출현한 보편 현상으로 간주했을 뿐만 아니라, 이성주의는 곧 유럽 문화의 한 가지 특징이라고 인식했다. 그러나 문제는 바로 자본주의 관계의 전 지구화를 통해 이런 문화 특질이 '근대' 세계의 보편적 특질이 되었다는 데 있다.[2] 하버마스는 유럽 근대 사상 중의 보편주의를 논할 때 "베버는 이런 논쟁(역사주의와 보편주의 논쟁)에서 신중한 보편주의 입장을 채택했다. 그는 이성화 과정이 서구의 특수한 현상이라고 생각하지 않았다. 이성화가 세상의 모든 종교에서 나타난다고 해도, 오직 유럽에서만 이성주의의 하나의 형식이 되었다. 서구의 특징으로서의 이런 이성주의 형식은 특수한 것이지만, 근대성의 특징으로서는 오히려 보편적이었다"[3]라고 했다. 이로 인해 '근대성' 문제가 처리해야 할 것은 하나의 보편적인 역사 현상이고, 이런 현상이 보편적인 까닭은 그것이 그것을 낳은 특수한 역사 문화(즉 유럽의 기독교 문화, 더 구체적으로는 이른바 서구 문화의 이성주의, Occidental Rationalism을 말한다)를 벗어났으며, 또 역사적으로 모종의 형식화의 특징을 갖고 있었기 때문이다.

그러나 이런 형식화의 특징이 근대 역사가 문화를 초월한 공생 현상임, 형식화의 은폐하에 자본주의 방식의 전 지구적 확장의 역사와 본토 역사의 단절임을 의미하지는 않는다. 바로 이 과정에서 거의 모든 민족과 지역이 국가·사회·개인의 형식 속에서 조직되고, 거의 모든 근대 국가 내부의 개인은 점차 직업화의 분업 체계, 행동 양식과 가치 성향 속에 조직된다. 구체적인 내용에서 볼 때, 다른 지역과 국가가 여전히 모종의 문화적 특징을 갖추고 있다고 할지라도. 이런 의미에서 내가 탐구한 소위 '합리화' 문제는 자본주의의 보편적인 현상이지, 서구 이성주의의 표징은 아니다. 또 이런 의미에서 전 지구화하는 '자본주의'는 이미 유럽의 특정한 역사 단계 속의 자본주의가 아니다. 엄격히 말해 전 지구화의 역사 전개는 각 민족과 지역의 역사를 바꾸었을 뿐만 아니라, 또 그런 유럽 역사 문화 속에 뿌리를 둔 자본주의를 소멸시켰다.[4] 우리가 살펴본 근대 '자본주의'는 민족국가의 범주를 초월하였을 뿐만 아니라, 그 내부의 조직 형식과 문화 내용도 모두 서구 문화의 이성주의로 개괄할 수 없다. 베버는 일찍이 합리화 현상의 다양성을 지적했는데, 즉 다른 관점과 결과에서 보면 다른 '합리화'와 '불합리화'가 존재한다. 그러나 '합리화'와 '불합리화'는 오히려 하나의 형식 특징으로서 전 지구화의 역사적 전개 과정에서 자본주의 생산방식과 일상생활의 구체적인 내용 속에 조직되었다.

베버뿐만 아니라 하버마스도 그들의 합리화 과정에 대한 분석을 유럽 역사, 특히 프로테스탄트 윤리 및 그것과 근대 자본주의와의 관계와 긴밀히 연계시켰다. 여기서 주목할 시사점은 바로 베버가 의식 구조의 합리화라는 관점에서 사회 합리화의 과정을 관찰했다는 것이다. "세계관의 합리화는 문화적 인식 요소, 판단 요소 그리고 표현 요소의 분화를 야기하고, 이런 의미에서 세계에 대한 근대적 이해를 이끌었다."[5] 또 비슷한 의미에서 중국 사상가는 도덕, 예술과 사회 영역의 자주성을 논증하기 위해 반복적으로 이런 영역과 과학 영역의 분화를 강조했다. 이런 의식 영역의 분화의 사회 내용은 (1) 과학 발전을 모델로 한 근대 사회의 입장에서 보면, 자주적 도덕과 예술 영역은 하나의 반근대적 문화이다. 하지만 만약 우리가 사상 영역을 도덕·심미 영역의 자주성에 관한 논증 그리고 근대 사회 체제 혹은 사회 행동 체계와 서로 연관시킨다면, 이런 자주성은 기능상 근대 사회의 합리적 분업을 위해 전제를 제공한다. (2) '분화'를 특징으로 하는 지식 체계는 직접적으로 근대 교육 제도의 학술 분과에 이론적 기초를 제공했고, 또 '분과'적 방식은 초기의 과학 관념을 모델로 삼은 것이다. 초기의 '분과 학문'이 주로 '부국강병'이라는 정치 경제적 요구로 구현되었다면,

새로운 '분과'는 중국 사회구조에 제도적인 개편이 진행되고 있음을 나타냈다. 즉 도덕, 심미와 법률적 영역이 근대화함에 따라 자신의 독특성과 규율을 드러냈다. (3) 도덕과 심미 영역이 과학 영역에서 분화해 나감에 따라 과학 발전을 모델로 한 근대화 과정 자체가 반성의 대상이 되기 시작한다. 하지만 이 반성은 기능상 여전히 사회 근대화 과정의 일부분이다. (4) 의식 영역의 '분화'를 거쳐 우리는 사회 합리화의 과정을 관찰할 수 있는데, 그 특징은 합리화된 사회 분업이다. 다른 지식 영역이 특정한 영역으로 기획되고, 그 영역은 반드시 일정한 교육 기제와 훈련을 통해 장악될 수 있다. 예술 영역이라 할지라도 마찬가지이다. 전문화된 지식 분업은 사회 생산과 재생산의 수요에 따른 것이며. 이런 생산과 재생산은 일정한 사회 규모를 필요로 하고, 또 '표준화'를 요구한다. 따라서 이런 추론에 근거하여 우리는 근대 사회의 조직 방식과 그것의 평가 체계는 과학을 모델로 삼을 수 있다고 말할 수 있다. 과학과 근대 사회 간에 하나의 동일한 구조적 관계가 존재하거나 혹은 과학이 바로 근대 사회가 성립할 수 있는 기초라고 할 수 있다.

청말에서 근대 시기까지 중국 사회는 도시의 발전과 교육 체제의 변혁에 따라 분명하게 새로운 지식의 분화와 직업의 분화가 발생하였다. '분화'는 지식 영역에서 신학新學 내부의 지식 분과로 구현되었다. 나는 중국의 과학 개념이 신학의 '분과' 문제와 관련이 있음을 지적한 바 있다.[6] 그러나 의식 구조에서 본다면, 중국의 과학 세계관의 흥기는 전통 세계관의 분화의 과정이라기보다는 하나의 구조적인 대체 과정이라고 하는 편이 낫다. 즉 일관된 과학 세계관으로 일관된 천리 세계관을 대체하는 것으로, 천리 세계관을 지식, 도덕과 심미 등 효과적인 특정 영역으로 분화시킨 것은 아니었다. 지식 계보에 대해 다시 정리를 하고, 또 과학 사상의 통일된 범주 내에서 각 지식 영역을 재배치하는 것은 당연히 베버가 말한 '합리화'의 경향을 지니고 있다. 하지만 이런 지식 계보의 배치가 지식, 도덕과 심미를 완전히 다른 영역으로 분화되도록 촉진하지는 않는다. 반대로 도덕, 심리, 심미 등의 영역은 보편적인 과학 지식의 한 특수한 가지에 지나지 않는다. 이것은 옌푸 등의 사상에서 매우 분명하게 보여 준다. 심지어 우즈후이 등은 새로운 학문에서는 도덕 윤리 교과 과정을 둘 필요가 없다고 생각했는데, 자연과학—제반 물리, 화학 등—은 이미 도덕적 필연성을 포함하고 있기 때문이다. 다시 말해 덕육德育과 지육智育은 분화되지 않았고 또 분화될 필요가 없기 때문이다. 그들의 구상 가운데 하나의 영역 혹은 과목으로서의 덕육은 근본적으로 존재하지 않았다.

청말 이후의 사회 변화 특히 사회단체, 교육 제도, 법률과 기타 사회 영역의 개혁은 새로운 사회적 배경을 제공했다. '5·4' 이후의 시기에 의식 영역의 분화 과정은 결국 서서히 발생했는데, 그 주요 특징은 지식상에서 주체에 관한 지식과 객체에 관한 지식을 점차 구분하기 시작한 것이다. 서구의 근대 윤리학, 심리학과 문학의 대규모적인 번역 소개는 이런 전환을 위한 지식을 제공했다. 하지만 더 중요한 배경은 서구 사상의 근대성에 대한 반성, 특히 과학문명에 대한 반성이 중국 사상계의 과학 및 그 세계관의 유효성에 대해 각기 다른 회의를 낳았다는 점이다. 니체, 베르그손, 오이겐 등의 철학을 빌려 중국의 인문주의자들은 상술한 내부로부터의 분화가 아니라 대체적인 성격을 지닌 과학 세계관 및 그 지식 계보에 대해 격렬한 비판을 가했다. 니체 등과 같이 그들은 과학문명에 대해 비관적 태도를 갖고 윤리 가치의 방향에서 근대 사회의 합리화 과정을 회의했다. 그들의 사회 이론 가운데 과학기술은 규범적인 가치 지위를 상실했다. 하지만 모든 상술한 지식 영역과 교육 체제의 변화는 더 기본적인 문제와 관련되었다. 즉 각 사회 분업과 직업화의 훈련 외에 혹은 그 위에서 근대 국가는 교육 체제를 통해 사람을 훈련시켜 공민公民으로 만들고, 그리하여 도덕과 법리 교육이 불가피하게 자신의 독립적 지위를 획득하고 또 항상 다른 전문 교육 위에 위치하게 되었던 것이다.

이로 인해 근대 중국의 역사에서 새로운 지식 영역은 종교와 형이상학의 세계관에서 분화된 것이 아니라, 통일적인 과학 세계관에서 지식, 도덕과 심미 등의 독립적 범주가 분화되어 나온 것이다. 우리가 잠시 베버의 관점을 차용하여 근대화를 사회의 합리화라고 이해하고, 근대성을 3가지 합리성(즉 과학, 도덕, 예술)의 복합체 및 그 긴장 대립의 관계로 생각하며, 또 의식 영역의 상술한 '분화'를 문화 근대성이 확립되는 조건으로 이해한다고 가정하면, 과학 세계관과 인생관에 대한 현학파의 비판은 간단히 근대성에 대한 비판으로 간주할 수 없고, 문화의 근대성이 확립되는 분화 과정의 일환이었다. 다시 말해 현학파의 인생 영역과 과학 영역에 대한 엄격한 구분과 그 엄격한 구분이 지식의 근대 분화와 근대 교육의 학과 건설에 미친 작용은 모두 중국 근대성 형성 과정의 중요한 사건이다. 여기서 지적하고자 하는 것은 단지 이러한 과정을 통해 사상과 교육 체제에서 인문 영역과 과학 영역, 인문 담론과 과학 담론의 엄격한 분화가 발생하여 지식의 기본 구조를 재구성했다는 것만이 아니다. 더 중요한 것은 지식 영역에서 제기한 이런 분화의 추세가 각각 사회 근대화의 다른 영역과 '문화 행동 체계' 즉 과학 인식적, 도덕과 법률적 그리고 심미 표현적 세계 질서에 대응하고 있다는 것이다. 이런 의미에서 현학파의 역할은 우선 지식을 분화하는 작업이었다. 지식의 분화 작업은 주체에 관한 지식과 객체에 관한 지식의 구분을 축軸으로 삼고, 근대 학술과 교육 체제의 내부 배치에 이론적 기반을 제공하여, 근대적인 지식 구성과 체제 재구축을 완성했을 뿐만 아니라, 근대 사회의 '합리화'한 질서와 '문화 행동 체계'를 위해 의식의 전제를 제공하였다. 근대 국가로서의 중국의 제도 재구성은 바로 이런 지식의 분화를 전제로 삼았다. 물론 역으로 근대 국가의 제도적 재구성이 지식 영역의 분화를 위해 사회적, 정치적 동력을 제공했다고도 할 수 있다. 이런 의미에서 베버가 묘사한 그런 근대적인 문화 재구성을 완성함으로써, 현학파의 '반反근대'적 경향이 기본 구조의 차원에서 근대 사상이 전통의 천리 우주론으로부터 벗어나도록 촉진시켰다. 이와 같은 관점에서 '과학과 현학 논쟁'(이하 '과현논쟁')에 대한 해석은 더 이상 관념사의 범위 내에 머물 수 없고, 간단히 이 논쟁을 과학주의와 반과학주의의 충돌로 이해할 수 없으며, 반드시 근대 지식 체계 재건의 중요한 고리로 간주해야 한다. 이 근대 지식 체계의 재건은 중국 근대 사회와 국가의 제도 안배와 문화 안배를 위해 합법적인 논증을 제공했다.

　나의 분석은 '5·4' 동서문화 논쟁과 '과현논쟁' 및 그 역사적 관계에 집중한다. 하지만 결코 이 논쟁이 모든 중국 근대 지식 체계의 방향을 결정했다고 이해해서는 안 된다. 나는 단지 그것을 중국 사회사상과 지식 체계 재구성의 유기적인 고리로서, 사례를 중심으로 분석할 따름이다. '5·4' 동서문화 논쟁의 서사와 그 내용은 근대화 과정 중 중국 문화의 주체성 문제를 다루거나 혹은 근대화 과정의 문화 정체성 문제를 탐구하고 있다. 그러나 논쟁 과정에서 문화의 문제는 점점 지식의 문제로 바뀌었고, 문화 정체성 문제 역시 점차 근대 지식 체계 재구성의 문제로 변화되었다. 동서문화 논쟁 그리고 이것과 과현논쟁의 역사적 연계를 정리하고 연구함으로써 나는 추상적인 과현논쟁에 함축된 문화 문제를 드러내고자 한다.

동서문화 논쟁의 두 가지 서사 모델

'과학과 인생관' 논쟁은 직접적으로 '5·4' 시기 동서문화 논쟁의 많은 기본적인 주제를 이어받았다. 하지만 이 논쟁은 명확히 전문화된 학술 형식을 띠고 있어 이전의 문화 문제와 관련된 각종 논쟁과 차이가 있다. 소위 전문화된 학술 형식이란 토론에 참가한 사람들 모두 전문적으로 훈련된 학자로서 그들이 사용한 언어는 일상 언어가 아니라 전문적인 지식에 의해 처리된 언어임을 말한다. 각자의 구체적인 관점은 다르더라도 모두 공동으로 인정된 규범을 지켜야 했다. 전문화된 논의는 일정한 역사적 사실을 의미한다. 즉 근대 중국에서 학술을 직업으로 삼는 사회집단이 이미 출현했고, 그들의 문화 관련 논의는 일정 정도 이미 대중의 일상생활과 구체적인 연계를 상실했다는 사실이다. 이 논의에서 학자들이 명확히 하고자 한 것은 과학적으로 유효한 범위가 어느 정도인지, 다른 성질의 지식이 존재하는지 여부이며, 논쟁의 문제 또한 경험적 측면이나 역사적 측면이 아니라 주로 원리적 측면 혹은 메타 이론적 측면에서 전개되었다.

그 논쟁이 진정한 공통된 인식에 이르지 못하고 오랫동안 감정적인 비방에서 벗어나지 못했다고 할지라도, 거대 서사 방식 혹은 철학적 방식을 취하여 논쟁한 것은 다음을 말해 준다. 즉 쌍방은 철학적 토론을 통해 일치된 관점을 획득할 수 있다면, 그것이 바로 정확한 지식이라고 서로 믿었다. 문화 논쟁의 최종 결과가 각자의 문화적 입장을 확인하고, 각자의 문화 가치를 재차 표명했다고 가정한다면, '과학과 인생관' 토론의 최종 결론은 문화 입장의 문제가 아니라 진리의 문제이고, 진리와 오류의 구분 문제였다. 다시 말해 각종 문화적, 사회적 그리고 정치적 분기는 이 토론에서 이미 모종의 공리를 과학적으로 논증하고 검토하는 문제로 취급되었다. 논쟁 중 몇 가지 궤도를 벗어난 행위를 겨냥하여, 량치차오가 논쟁 발발 직후 「현학 과학 논쟁의 전시戰時 국제 공법에 관해」를 발표하여, 공동으로 인정할 만한 논쟁 규칙을 정하려고 했다. 량치차오는 전쟁 중의 공수 쌍방으로 과학과 현학의 쌍방을 비유하고, 이 논쟁이 공평한 게임의 성격을 갖고 있다고 암시했다. 즉 논쟁의 목적은 공통된 인식을 달성하기 위한 것이다. 모종의 공통 규칙을 전제로 삼는다. 대화자는 서로 평등하다. 량치차오의 '공법'公法은 두 가지 조건, 즉 하나는 문제에 집중하고 상대를 겨냥하며 지엽적인 것은 무시한다는 것이고, 다른 하나는 어휘를 엄중히 사용하고 태도가 진지해야 하며 비방을 해서는 안 된다[7]는 것이었다. 이것은 이보다 앞서 출현한 모든 문화 논쟁이 갖추지 못한 특징이다. 량치차오는 토론 중의 공공 규칙을 믿었을 뿐만 아니라, 이런 규칙의 기초 위에서의 토론이 모종의 공통 인식을 달성할 수 있고 혹은 공통된 인식의 달성을 목적으로 삼을 수 있다고 믿었는데, 이는 논쟁이 지향하는 바가 오직 진리에 있기 때문이었다. 주의할 것은 량치차오가 이 논쟁에서 명확하게 현학파에 기울어져 있었으며, 또 논쟁의 기본 가설에 대해 오히려 광범위하게 수용된 실증주의적 과학 신념을 반영하고 있었다는 점이다. 즉 과학 진술은 반드시 규칙의 제한을 받고 또 공통된 인식의 달성을 목적으로 삼아야 하며, 표현의 실용성에만 집중해서는 안 된다는 것이다.

『포스트모던의 조건: 지식에 관한 보고』(The Postmodern Condition: A Report on Knowledge)에서 리오타르는 두 가지 상호 충돌의 합법화 담론 즉 과학과 서사를 구분하였다. 그는 과학을 줄곧 서사와 상호 충돌하는 것으로 인식했다. 과학이 유용한 규칙을 진술하고 진리를 탐색하는 범위 내에서는 제한을 받지 않음으로써, 그것은 자신의 게임 규칙에 대해 합법적 증명을 제공해야 했다.[8] 과학 지식은 공개적인 혹은 은폐된 서사 지식 절차의 도움을 청하지 않을 수 없는데, 그것은 과학 언어 게임이 진리에 부합하는 진술을 추구하는 동시에 자신에 의지해 자신의 합법성을 증명할 수 있는 방법과 능력이 없기 때문이다. 하지만 다른 한편으로 과학 지식의 관점에서 본다면, 서사 지식은 근본적으로 지식이 아니라 단지 우언과 편견이다.[9] 이로 인해 리오타르는 인식론적 과학 세계관이 야기한 합법성의 위기를 제기했다.[10] '과학과 인생관' 논쟁의 구체적인 내용을 깊이 분석하기 전에 제기할 문제는 바로 형식 방면의 문제이다. 왜 이 논쟁은 '이론' 방식 즉 거대 서사의 방식을 취하고, 그 이전 문화 논증과 같이 역사 혹은 문화 서사의 방식을 채택하지 않았는가? 중국 근대 문화 논쟁은 어떻게 역사 서사의 기본 형식에서 이론 서사의 기본 형식으로 전환하였는가? '5·4' 계몽운동의 역사 서사는 어떻게 내재적으로 거대 서사에 의지하고, 과현논쟁의 거대 서사 또한 어떻게 역사 서사에 의지했는가? 중국 근대 사상의 근대성에 대한 질의는 어떻게 근대성의 역사 서사에 의지하고 또 근대 지식 체계의 재구성을 촉진시켰는가? 중국 근대성의 지식 체계 구조는 어떻게 역사 및 문화와 관련된 서사에서 탈태되어 나왔는가?

중국의 초기 과학 간행물의 과학 관념에 대해 논할 때, 나는 일찍이 당시 과학 개념이 과학과 정치, 과학과 문명, 과학과 시대의 수사 방식에서 제기된 것이라고 강조하였다. 이것은 과학이 정치, 문명 및 시대와 관련된 역사 서사에서 자신에 대해 합법성을 증명하도록 요구받았음을 의미한다. 즉 과학의 의의와 가치는 그것의 정치, 문화, 시대의 특수한 기능으로 인해 부여된 것이다. 청말·민국초 중국의 맥락에서 과학은 자신에 관한 거대 서사를 이용해 자신을 증명할 수 없었으며, 반드시 '통속'적인 지식으로 자신을 논증해야만 했다. 이런 사실은, 또 과학이 합법성을 증명하기 위해 취하는 방법은 특정한 사회적 맥락에 의지하며, 역사 서사와 거대 서사는 모두 그 역사성을 갖는다는 것을 말해 준다.

근대 중국의 맥락에서 과학 서사와 역사 및 문화 서사의 차이는 당연히 보다 심각한 역사적 근원과 사상적 전제를 갖고 있다. 다음에서 상세하게 논할 것이지만, 여기서 간단히 먼저 논하고자 하는 것은 민족 및 그 문화와 미래 세계의 관계이다. 과학 서사는 일종의 세계주의적 경향을 띠고 있다. 즉 역사 시간의 흐름에 따라 궁극적으로는 민족과 그 문화가 소멸된 통일된 세계가 출현할 수 있다는 것이다. 이 세계에서 모든 문화 문제는 (실증)과학의 방식을 통해 해결할 수 있다. 문화 서사 역시 똑같이 세계주의적 경향을 갖고 있지만, 이 세계주의적 경향은 문화적 선택을 통해 도달할 것을 요구한다. 이렇게 다른 민족문화에서 무엇이 우월하고 무엇이 열등한지, 조화할 수 있는지 없는지, 통약 가능한지 아닌지는 세계와 민족의 운명과 관련된 엄중한 문제이다. 과학 서사와 문화 서사는 모두 구체적인 역사적 문제에 대한 구체적인 역사적 해답이 아니라, 우리와 미래의 관계를 새롭게 해석하는 방식이며, 각자의 해석을 통해 그것들은 현실의 사회 변혁을 위해 가치의 근원을 제공하는 것이다.

동양과 서양 이원론과 그 변형체

앞에서 언급한 상황은 '5·4' 시기에 선명한 형식으로 표현되었다.

동서문화 논쟁이 역사 혹은 문화 서사의 형식으로 전개되었고, 쌍방의 동서문화에 대한 합법성 논증은 각자의 문화에 관한 역사 서사에 의거했다. 이 논쟁은 '문화'와 '문명'을 주제로 하고, 논쟁의 초점은 결국 어떤 문화와 가치를 표준 혹은 목표로 삼고 중국 사회, 문화, 국가의 변화 방향을 정할 것인가 하는 것이었다. 청말에서 '5·4' 시기까지 서구 문명은 논쟁의 쌍방에게 보편적으로 과학문명 혹은 과학 문화로 비쳤고, 의견의 차이는 단지 그 문명에 대한 평가에 있었다. 이것은 과학적 합법성이 특정한 문화 혹은 문명 형태에 의해 제공되었으며, 과학적 원리에 의해 제공된 것이 아니라는 점을 말해 준다. 천쑹陳崧이 지적한 것처럼, 아편전쟁 이래 문화 논쟁 즉 학교와 과거科擧 논쟁, 중학中學과 서학西學 논쟁, 구학과 신학 논쟁, 문언과 백화 논쟁, 동양 문화와 서양 문화 논쟁 등이 끊임없이 잇달아 출현하였는데, '5·4' 동서문화 논쟁은 규모와 시간상에서 이런 논쟁을 고조시킬 뿐이었다.[11] 1915년 『청년잡지』와 『동방잡지』가 동서문화 문제로 논쟁을 전개한 이래 논쟁이 10여 년간 지속되었는데, 참여 인원이 수백 명, 발표된 글이 약 천 편, 전문 저서가 수십 종이었다. 내용은 풍부하고 문제는 광범위하고 형식은 다양했다. 이런 상황에서 논쟁은 전문적인 학술 토론에 국한될 수 없었고, '통속' 지식의 형식을 취할 수밖에 없었다. '비非과학적'인 정치, 종교, 문화, 문명, 도덕 혹은 일반 상식적 담론을 사용해 과학의 범위, 한계, 의의와 위기를 논증했다. 하지만 매우 분명한 것은 일반 상식적 담론 역시 거대 서사에 호소했다는 점이다. 그것은 진화론을 기초로 한 역사 발전 법칙, 역사의 목적과 의의에 대한 추상적인 해설로서, 견해의 차이의 초점은 최종적으로 이런 거대 서사에 대한 판단으로 귀결되었다.

상술한 논쟁 방식의 변화 외에 '5·4' 문화 논쟁에서 '과학과 인생관' 논쟁까지 가장 중요한 변화는 전자의 동양과 서양 이원론이 후자의 과학과 현학 이원론으로 전환됐다는 것이다. 이 전환은 주로 비주류파에 의해 완성되었다. 실제로 청말 이래 과학과 문명, 과학과 시대, 과학과 정치의 기술 형식 가운데 과학은 단지 임시적으로 서구 문명을 대표했다. 장기적인 관점에서 볼 때, 과학은 모든 문명의 초석이자 방향이었기 때문이다. 진화론적 역사의식의 지배하에서 동서문화의 대립은 신과 구, 전통과 근대의 대립에 불과했고, 이런 대립은 결국에는 과학의 발전에 따라 사라져 안정적인 이원 관계를 구성할 수 없었다. 이와 같은 일원론적 역사관을 바꾼 것은 바로 '보수파'의 동양과 서양 이원론이며, 이 이원론은 공간적 관계로 신파新派의 시간적 관계를 대체함으로써 동양과 서양을 안정된 표현 범주로 삼았다. '5·4' 이전의 동양과 서양 이원론에서 '5·4' 이후의 과학과 현학 이원론으로의 전환은 두 차례 논쟁의 내재적 연계, 특히 동양과 서양과 과학과 현학 간의 역사 관계를 보여 준다. 과학, 도덕, 정감의 구분은 인식론의 논리에서 기인한 것이 아니라 특정한 역사 관계에서 발생한 것이다. 비록 과현논쟁에서 이런 구분이 완전히 인식론의 형식을 채용했다고 할지라도 말이다. 이와 동시에 이 전환은 또 두 차례 논쟁의 중요한 차이를 낳았다. 나는 여기서 먼저 이 전환이 어떻게 일어났는지, 즉 동양과 서양 문화의 이원론이 어떻게 과학과 인생관의 이원론으로 전개되었는지를 분석할 것이다.

'5·4' 동서문화 논쟁이 문명을 중심 문제로 삼았기 때문에 모든 문제가 동서 문명의 특징과 우열을 둘러싸고 전개되었다. 동서 문명의 이원론은 논쟁 쌍방의 공통된 가설이지만, 만약 그들의 두 가지 문명과 그 상호 관계에 대한 판단을 각자의 역사관에 비추어 본다면, 그 차이는 여전히 명확하다. 나는 그 차이를 총체론적 역사관과 이원론적 역사관의 차이라고 본다. 간단히 말해 각 민족문화 간에 공통적인 본질이 있는가, 그래서 공통의 가치 표준, 발전 법칙과 미래 목표를 공유할 수 있는가? 총체론적 역사관은 이에 대해 긍정적으로 답하고, 이원론적 역사관은 부정적으로 답한다. 당시 형세의 발전 특히 전후 유럽 사상의 변화에 따라 중국의 동서문화 논쟁 역시 분명하게 새로운 단계로 접어들었다. 학술계의 통상적인 구분에 따르면 보통 3개의 단계로 나눌 수 있다. 즉 1915~1919년의 동서 문명 우월론, 1919~1920년의 동서 문명 조화론, 1920~1923년의 량치차오의 『구유심영록』歐遊心影錄, 량수밍의 『동서문화와 그 철학』을 계기로 야기된 유럽 근대 문화에 대한 재평가이다. 각 단계간의 연속성은 분명하게 보이지만 명확한 차이도 존재한다. 문제를 설명하기 위해 나는 여기서 사례 분석의 방식으로 서로 다른 논쟁의 형식, 문제와 함축된 서사를 해석할 것이다.

동서 문명 우월론은 '5·4' 문화 논쟁에서 비로소 제기된 것이 아니라 청말 이래 중국 사상의 주요한 특징 가운데 하나이다. 양무파洋務派는 '오랑캐의 기술을 배우기'위해 '서학의 원류는 중국에 있다는 주장'을 발명하여, 중국 문화를 이용해 과학기술의 합법성을 증명하였다. 청일전쟁에서 패한 뒤 옌푸, 량치차오 등은 중·서를 대조하는 서술 모델을 발전시켰고, 문명의 이질성을 유지하면서 전면적으로 서구 과학기술과 사회 정치 경험을 수용하기 위한 사상적 근거를 제공했다. 동서 문화에 대해 여러 대비적인 것을 열거했는데, 이런 역사 서사는 분명하게 역사 진화 법칙 및 최종적인 목표와 관련된 거대 서사에 근거했다. 그렇지 않으면 그 역사 서술 자체는 자신의 문화와 사회를 변혁하기 위한 가치의 기준을 제공할 수 없었다. 만약 이질적인 문화를 통일적인 역사 속에 배치할 수 없다면, 사람들은 어떻게 다른 문화가 자신의 문화의 변혁을 위해 규범을 제공할 수 있다고 믿겠는가?[12] '5·4' 동서문화 논쟁의 쌍방은 문화 혹은 문명의 이질성을 견지하고, 또 동양과 서양을 대비하는 서술 방식에서 각기 다른 관점으로 대립하였다. 왜 모두 동양과 서양을 대비하는 서술 방식을 견지하면서, 서로 상반된 결론에 이르게 되었는가? 매우 유사한 대비 방식의 서술 이면에 더 근본적인 역사 서사가 감추어져 있기 때문이다. 바로 이 감추어진 역사 서사가 문명의 대비 관계에 서로 다른 취사의 표준을 제공했다.

1915년에 창간된 『청년잡지』 제1권 제1호에 천두슈의 「프랑스인과 근세 문명」이란 글이 실렸는데, 여기서 근세 문명의 특징을 '인권설', '생물진화론', '사회주의'로 묘사했다. 이 문장을 관통하는 문명의 틀은 시간적인 틀이지 공간적인 틀이 아니었다. 천두슈는 다음과 같이 말했다.

> 동서양의 근세 문명은 절대 같지 않다. 동양 문명을 대표하는 것은 인도와 중국이다. 이 두 문명은 서로 다른 점이 있지만 대체적으로 비슷하고, 그 내용은 고대 문명의 틀에서 벗어나지 못하고 있다. 근세라고 부르지만 사실은 고대의 유물과 같다. 근세 문명이라고 칭할 수 있는 것은 역시 유럽인들만 갖고 있어서 즉 서양 문명이고, 또 유럽 문명이라고 할 수 있다.[13]

천두슈의 역사 서사는 분명히 동양과 서구의 문명 관계를 고대와 근대의 문명 관계로 이해하고 있으며, 그리하여 동서양 문화의 시공 병렬 관계를 일종의 시간 관계로 바꾸었다.

왕수첸汪叔潛은 「신구 문제」라는 글에서 이런 시간 관계를 명확하게 신구新舊 관계로 설명하였다.

> 나는 무엇 때문에 신구新舊 문제를 토론하는가? 나라의 현상이

기이하게 바뀌는데, 이는 대체로 신구의 설에서 연원하여 형성
되었다. 나는 또 전국의 인심이 돌아갈 바가 없는 것 또한 신구
의 설과 연관되어 어지럽게 되었다고 생각한다. 정치는 신정新政
과 구정舊政이 있고, 학문은 신학新學과 구학舊學이 있으며, 도덕
은 신도덕과 구도덕이 있고, 심지어 교제와 사교에서도 소위 신
의식과 구의식이 있으며, 위로 국가에서 아래로 사회에 이르기
까지 사물은 모두 신구라는 두 가지 상象으로 드러나지 않는 것
이 없다. …소위 신新은 다름 아닌 바로 외래의 서양 문화이다.
소위 구舊는 다름 아닌 곧 중국 고유의 문화이다.[14]

문명 관계는 신구 관계로 정의되고, 이런 시간의 틀에서 "신구가 서
로 용납하지 못하고, 더욱이 물과 불처럼 서로 섞이지 않는다." 불가
역적인 시간관념에서 구미 각국의 가족 제도, 사회제도 그리고 국가
제도는 "중국의 구설舊說과 억지로라도 비교할 만한 것은 하나도 없
다."[15] 이런 시간 틀 속에서 발전된 문명 비교론은 다시 한번 옌푸 식
의 중서 대비의 이원론 모델을 재연한다. 하지만 이런 이원론은 하나
의 잠정적인 이원론이다. 왜냐하면 이런 대립은 중국의 변혁은 반드
시 서구 근대 문화를 표준과 목표로 삼아야 함을 논증하려 했을 뿐이
기 때문이다. 천두슈는 「동서 민족의 근본적인 사상의 차이」라는 글에
서 "남북이 서로 합치지 못하고, 물과 불이 서로 섞이지 않는 것과 같
은" 동서東西 사상의 세 가지 차이를 논하였다. 즉 서양 민족은 전쟁으
로 본위를 삼고, 동양 민족은 안식을 본위를 삼는다. 또 서양 민족은
개인을 본위로 하고, 동양 민족은 가족을 근본으로 한다. 그리고 서양
민족은 법치를 근간으로 하고 실력을 본위로 삼는다면, 동양 민족은
감정을 본위로 삼고, 허례허식을 본위로 삼는다.[16] 하지만 분명한 것은
진보의 시간 축에서 이런 문명의 차이는 단지 선진과 낙후의 차이로서
역사적 진보를 통해 극복할 수 있는 차이로 해석될 수 있다. 이것은 하
나의 역사적인 차이이지 본질적인 차이는 아니다.

제4절

신구 조화론의 탄생과 시간 서사

동서 문명의 대비 묘사를 공간적인 서사 속에 놓는다면 문제가 달라진다. 두야취안 등의 동서 문명론이 가장 명확한 예증이다. 리다자오가 지리 환경 결정론적 해석 방식을 취한 이후, 그의 문명 차이에 대한 해석도 반反시간적 경향을 갖게 되었다. 「동서 문명의 근본적 차이」라는 글에서 리다자오는 논적의 영향을 받았는지, 동서 문명의 차이를 '정적 문명'과 '동적 문명'의 차이로 이해했고, 또 자연/인공, 평화/전쟁, 소극/적극, 의지/독립, 수비/공격, 인습/창조, 보수/진보, 직관/철리, 공상/체험, 예술/과학, 정신/물질, 영혼/육체, 하늘/땅, 자연에 제한을 받고/자연을 정복하는 등의 각 대립항을 열거했다. 리다자오는 문명의 상술한 차이의 동인을 '자연의 영향', 특히 지리 환경의 결정적인 작용으로 귀결시켰다. 곧 "남쪽 문명은 동양 문명이다. 북쪽 문명은 서양 문명이다. 남쪽은 태양의 혜택을 많이 받고 자연에게 받은 혜택이 크며 그래서 그 문명은 자연 화해和解와 똑같이 화해의 문명이다. 북쪽은 태양의 은혜를 많이 받지 못하고 자연에서 받은 혜택이 적은 관계로 그 문명은 자연과 싸우게 되고 이에 동류同類와 싸우는 문명이 된다."[17] 이런 환경 결정론적 역사 서사는 분명히 문명 차이를 공간 관계에 놓고 관찰하고, 그리하여 문명 관계에 관한 시간 서사와 서로 구별된다.

이런 서사적 틀에서 동서 문명의 차이는 간단히 가치 판단을 내릴 수 없다. 리다자오는 다음과 같이 말했다.

> 동서 민족은 문명이 서로 다르기 때문에 종종 종족의 편견을 갖고 자신을 높이고 남을 무시한다. 그래서 근세 정치학자들은 아주 큰 유감을 가졌다. 공평하게 말해서 동서 문명은 서로 장단점이 있으니 함부로 그 사이의 우열을 논해서는 안 된다.[18]

리다자오의 사회·정치적 경향은 천두슈와 근본적으로 차이가 없다. 하지만 전후 유럽 사상의 근대 문화에 대한 반성과 비판은 분명히 그의 문명관에 중요한 영향을 끼쳐서, 간단히 유럽 문명을 미래 발전의 표준으로 삼을 수 없었다. 문제는 동서 문명의 관계가 시간상의 신구 관계가 아니라 공간상의 병렬 관계라면, 리다자오는 반드시 두 문명을 초월하는 이원 서사를 발전시켜 변혁을 위한 근거를 제공해야 했다는 것이다.

> 내가 보건대 우주의 큰 변화는 전적으로 두 가지 세계관 즉 정精적인 것과 동動적인 것, 보수와 진보에 의거해 전진한다. 동양 문명과 서양 문명은 사실 세계 진보의 두 가지 기축機軸으로, 마치 수레의 두 바퀴나 새의 두 날개와 같이 하나라도 없으면 안 되는 것이다. 이 두 가지 큰 정신 자체는 또 반드시 종종 조화를 이루고 때때로 융합하여 새로운 생명을 창조하고 끝없이 나아간다. …러시아 문명이 동서를 매개하는 역할을 맡았고, 동서 문명의 진정한 조화는 결국 두 문명 자체의 각성이 없었더라면 어려웠다. 이른바 자신의 각성이란 바로 동양 문명에서 힘껏 그 정적 세계관을 타파하고 서양의 동적 세계관을 수용하는 것이다. 또 서양 문명에서 그 물질적 생활을 억제하여 동양의 정신생활을 받아들이는 것이다.[19]

리다자오의 사회주의 경향(러시아에 대한 중시를 통해)은 문명 조화의 서사를 통해 표현된 것이다. 문명의 조화는 하나의 단일한 문명이란 관점을 초월한 서사로서 새로운 역사 발전관을 구축하고, 이런 역사 발전관은 명확한 초월성과 비역사성을 갖고 있다. 이런 초월의 역사 서사에서 과학은 더 이상 서구 문명의 특질로서 등장하지 않고, 하나의 종족, 문화, 지역과 시간을 초월한 보편 가치가 된다. 리다자오는 키플링Kipling의 시를 인용하여 해명했다. 오직 상제上帝의 판정 앞에서만 동서 쌍방은 절대적이다. 그래서 지구의 양극에서 온 청년들은 동서東西 간 지역 구분과 종족 혈연의 차이를 거부해야만 한다.

> …힘껏 종족 근성의 편견을 제거하고, 과학의 정신을 계발하고 진리를 추구한다. 그 용기로써 활동적인 기예技藝와 산업에 종사한다. 이런 종류의 기예와 산업은 우리의 일상생활과 실험 과학을 서로 가깝게 할 수 있다. 이렇게 한다면 과학의 실행은 반드시 날로 능숙해질 것이고, 과학의 정신도 반드시 영지靈智에 깊이 영향을 줄 것이다. 이런 정신이 바로 동動의 정신이고 진보의 정신이다. 모든 사물은 전해 온 습관이든 신성한 것이든 상관없이 거리낌 없이 경험으로 살피고 그 진리를 찾아서, 그것이 스스로 그 우월함을 드러내면 바로 과감하게 취하여 사용하며, 또 때때로 창조하고 확장해야 우리 민족의 세계 문명의 개조에 대한 제2차 공헌을 기대할 수 있다.[20]

문명 조화론은 결코 리다자오의 중국 문명에 대한 격렬한 비판을 바꾸지는 못했지만, 동서문화 논쟁의 서사 방식을 변화시켰다. 동적, 진보적 그리고 과학적 문화 등 원래 서구 문명의 특징으로 간주된 것들은 이제 구체적인 문명과 종족을 초월하는 보다 큰 서사 속에 조직되었다. 이런 서사 속에서 사람들의 행위는 '진리' 탐색이 목표가 되고, 역사적 발전 또한 '진리'에의 도달이 궁극적인 목적이 되었다. 만약 역사가 '진리' 탐색을 목표로 한다면, '진리' 추구의 유일한 방식인 과학은 근대 인류 생활의 유일한 방식이 된다. 동서 문명 이원론에서 과학이 합법성을 논증하기 위해 문명과 역사가 필요하다면, 현재의 서사에서는 과학이 오히려 합법성의 원천과 역사의 거대 서사가 된다. 본질주의적 진리 개념은 모든 서사의 핵심이다. 동서문화가 충돌하는 맥락에서 과학, 진보 등 가치의 중립화와 객관화는 중국인이 서구의 침략에 저항함과 동시에 그 가치를 수용해야 하는 내적 충돌을 위무慰撫했다. 천두슈 역시 「수감록」隨感錄(1)에서 국가와 역사를 초월하는 '학술' 개념을 제출하였다. 그는 "우리 인류는 함께 이로운 기기를 갖고 있으며, 고금이나 중외의 구별은 없다", "우리는 학술에서 마땅히 옳고 그름을 논해야지, 옛것인가 아닌가를 따져서는 안 된다. 단지 정수精粹인가 아닌가를 논할 수는 있지만, 우리 국가의 것인가 아닌가를 논할 수는 없다. 이리하여 중외나 고금의 구별은 사라진다"[21]라고 생각했다. 신문화 진영의 문명론은 역사를 초월하고 문명을 초월한 과학 서사에 의거하고 있다. 서구 문명이 합법성 위기에 직면한 역사적 시기에는 초역사적 서사만이 역사 발전의 방향과 목표를 제공할 수 있고, 추상적인 차원에서 문명 조화론이 와해된 시간 서사로 재건되며, 나아가 사회와 문화의 변혁을 위해 합법성을 제공할 수 있기 때문이다.

동서 문명이 조화될 수 있는지 여부를 둘러싼 논쟁은 더욱 격렬해졌다. 리다자오의 예는 신문화 진영이 줄곧 문명이 조화될 수 없다고 여긴 것이 아니라, 논쟁 쌍방의 두 문명의 특성에 대한 주장에는 서로 일치하는 점이 적지 않음을 보여 준다. 이에 대해서는 당시의 사회·정치적 맥락 특히 위안스카이袁世凱의 황제 통치 체제로의 제도 개혁과 그 실패의 배경 속에서 이해할 필요가 있다. 1913년부터 1916년까지 위안스카이가 대총통의 권력을 확대하고자 획책하고 또 제제帝制를 추진하는 기간에 어떻게 국가 체제를 수립할 것인가는 일찍이 몇 개 정치 파벌들이 다투는 초점이었다. 량치차오, 양두楊度 등의 입헌 주장 가운데 신구新舊 조화와 관련된 관점이 포함되어 있었고, 위안스카이의 헌법 고문인 아리가 나가오有賀長雄, 프랭크 굿나우Frank Johnson Goodnow 의 제헌制憲 이론에 명확하게 "신구사상의 연결을 추구"한다는 주된 경향이 들어 있었다. 예를 들어 아리가 나가오는 이렇게 말했다.

어떤 나라의 헌법이든 일률적으로 역사와 서로 배치될 수는 없다. 현재 국가 권리의 관계는 이미 지나간 관계에서 자연히 발전되어 온 것이다. …만약 본국의 과거를 개의치 않고 단지 외국의 현재만 보고 헌법의 편찬에 종사한다면, 그것은 법리상 채용할 필요가 없는 규약과 조약도 한꺼번에 채택하여 훗날 막대한 재원을 잃게 될지 알 수 없다.[22]

자기 역사와의 연계를 강조하는 것은 서구 국가의 헌제憲制로 중국 헌제 개혁의 표본으로 삼는 것을 반대함으로써 위안스카이의 황제 통치 체제에 이론적 근거를 제공했다.[23] 신문화운동의 격렬한 서구화 경향 역시 이런 특정한 정치 배경에서 이해할 필요가 있다.

그러나 역사관의 차이 또한 대단히 중요하다. 역사 서사의 각도에서 볼 때, 논쟁은 최종적으로 근대적인 시간 목적론을 승인할 것인지 거부할 것인지, 즉 문명의 충돌과 조화가 진보와 진화의 역사 시간 틀 내에서 마땅히 그리고 충분히 안배될 것인지를 다루었다. 사실상 '조화파'는 총체론적 진보 시간관에 대한 해소를 통해 점차 그들의 이원론적 서술 모델을 완성하였다. 두야취안이 1916년에서 1917년까지 발표한 글, 예를 들어 「정적 문명과 동적 문명」, 「전후 동서 문명의 조화」 그리고 「혼란스러운 근대인의 마음」은 '5·4' 이후 신구 문화가 조화될 수 있는지 여부와 관련된 논쟁의 선구다. 저명한 「정적 문명과 동적 문명」은 문명의 차이가 특정한 사회 역사 조건에서 연원하고, 동서 문명은 "성격의 차이이지, 정도의 차이는 아니다"라고 주장했다. 한편 사회 형성의 역사적 차이 또한 사회 존재 관념의 차이를 결정했다. 저자는 문명의 상호 접근과 조화가 "반드시 그렇게 될" 것이나, 중국 사회와 관념의 기본 형태가 꼭 서구 문명에 의거할 필요는 없다는 점을 인정했다.[24] 「전후 동서 문명의 조화」는 제1차 세계대전을 배경으로 근대 문명의 위기를 분석했다. 저자에 따르면, "동서양의 근대 생활이 모두 원만한 생활이라고 생각할 수 없다. 동서양의 근대 문명은 모두 모범적인 문명이 아닌 것이다."[25]

전후 문명의 발전을 논할 때, 두야취안은 '경제와 도덕'의 이원론을 제기했는데, 이것은 그의 문명 이원론의 첫 번째 주장이었다. "문명의 정의는 본래 생활의 총체이다. 즉 사회의 경제 상황과 도덕 상태를 결합한 것이다."[26] 경제와 도덕의 이원론은 분명히 청말 이래 중국 사회에 광범위하게 유포된 물질(문명)과 정신(문명), 과학(문명)과 도덕(문명) 이원론을 이어받은 것이다. 차이는 단지 물질과 정신 혹은 과학과 도덕 이원론이 두 가지 문명의 다른 이름이라는 데 있었다. 경제와 도덕의 이원론이 비록 동서 문명의 차이를 암시했지만, 어떤 문명도 반드시 구비해야 할 조건이라고 지적했다. 두야취안은 과학이 아니라 경제를 이용하여 서구 문명의 우세를 표현했는데, 실제로는 과학을 '경제 발전의 수단'으로 폄하함으로써 과학을 다른 보다 높은 목표와 구별하였다.

최근에 과학 사상을 수입한 결과 종종 그 이익에 눈멀어 그 해독을 잊어버린다. …과학의 학설, 예를 들어 경쟁론, 의지론 등은 각각 증거를 가지고 계통을 이루고 있지만 모두 이성의 일단일 뿐 그 전체가 아니며, 마치 제자백가와 비슷하여 신조信條로 받들 수는 없다. 우리는 우리 사회의 고유한 도덕 관념이 가장 순수하고 가장 정확한 것이라고 믿어야 한다. …그렇다고 이것으로 자신을 가두어서는 안 된다. 세계 각국의 성현들이 내세운 명리名理와 남긴 언론은 정교하고 투철하여 우리 고유의 관념을 더욱 명확하게 하기에 족하니, 우리 모두 마땅히 연구해야만 한다.[27]

두야취안은 경제, 사회, 도덕 등 각 방면에서 서구 사회가 과학, 경제와 근대 정치 제도의 발전에 따라 진보한다는 신화를 해체시켰다. 그에 의하면 전후 서구 사상은 사회주의로 향하고 있으며 도덕도 동양 사상에 접근하고 있다. 그래서 "우리의 천직은 우리의 이상적인 생활을 실현하는 것이다. 즉 과학적 수단으로 우리 경제의 목적을 실현해야 한다. 역행力行의 정신으로 우리 이성의 도덕을 실현해야 한다."[28] 경제와 도덕의 이원론 또한 역사 서사 방식으로서 진보적 역사 관념을 함축하고 있다. 하지만 직선적 진화를 특징으로 한 과학 역사관에 비하면 확실히 더 복잡하다.

'5·4' 이후, 대략 1919년 가을부터 장스자오章士釗는 상해, 광주와 항주 등지에서 강연을 하고, 이를 통해 신구 '조화' 및 '절충'과 관련된 논쟁을 일으켰다. 이 논쟁은 많은 부분에서 두야취안의 경제와 도덕의 이원론을 반복하고 발전시켰다. 앞 단계 동서 문명 관계를 중심으로 전개된 논쟁과 비교한다면, 이번 논쟁의 내용에 근본적인 변화는 없었다. 하지만 중점은 신구 관계의 토론에 있었다. 동양과 서양, 정신과 물질, 신앙과 과학의 이원론을 신구의 시간 관계 속에 두었는데, 이것은 근대적인 시간관념(시대 개념)이 이미 사람들의 마음속에 깊이 자리 잡았으며, 각종 사회 세력이 문화 문제에 대해 논쟁하는 데 합법적 자원이 되었음을 의미했다. 이것은 분명히 동양과 서구 문명 각각에 대한 특징 묘사가 당시의 선택에 자명한 표준을 제시할 수 없었기 때문이다. 우리는 또 『신청년』, 『동방잡지』의 중국과 서구 문명에 대한 서술에도 유사점이 많음을 알 수 있다. 따라서 문화 문제에 대한 토론은 단지 역사 서사에 의지할 수 없으며, 반드시 보다 높은 거대 서사에 호소해야 했다. 『신청년』 그룹은 진화론을 과학적 기초로 삼은 역사 관념을 제기했고, 반면 『동방잡지』 그룹은 신구 조화론을 제기했다. 문제는 이로 인해 역사 서술과 귀납에서 철학 층위로 바뀌었고, 입장 차이의 초점은 근대적인 역사 관념 즉 역사가 직선처럼 과거에서 현재로, 그리고 미래로 발전해 가는가를 수용하는가 여부에 있었다. 모든 역사철학 및 역사 시간과 관련된 토론은 최종적으로 또 역사 서사로 전환하려고 했고, 역사 서사는 반대로 당대 문화 선택의 역사적 근거 혹은 역사적 합법성을 제공했다. 『동방잡지』, 『갑인』, 『학형』 등 간행물의 근대성에 대한 질문은 근대적인 시간관념에 대한 승인을 전제로 한 것이다. 그들은 '시대' 개념을 매우 중요한 지위에 놓지 않을 수 없었기 때문이다. 바로 이 때문에 나는 그것과 신문화 진영의 관계를 중국 근대 사상의 내부 관계로 보고, 그들 간의 분화 또한 문화 근대성의 분화로 해석할 수 있었다.

두야취안은 1919년 9월에 발표한 「신구사상의 절충」이란 논문에서 이 점을 충분히 드러냈다. 이 글에서 저자는 동양 문명과 서양 문명 비교를 위주로 한 서술 방식에 반대하고, 신과 구의 철학 관계에 대한 토론으로 전환했다. 이 전환을 촉진한 요인 가운데 하나는 '시대' 개념이 더욱 중요해졌다는 것이다. 『신청년』 집단의 '시대' 개념과 '신'의 개념을 긴밀하게 연결시키는 수사 방식과 첨예한 대비를 이루는 것은, 두야취안이 적극적으로 시대의 변화를 통해 신구 간의 대립을 해소하여 근대적인 시간 목적론을 와해시킨 점이다.[29] 두야취안의 서술에서 신구 관계의 철학적 탐구와 역사 서사는 서로 의지하고 있다.

> 신구라는 두 글자의 현재적 의미는 아주 복잡하다. 단지 간단한 관념으로 현재 사상계 파벌의 표지로 삼는 것은 사이비 신과 구로 뒤섞어 분명하지 않은 바가 있다. 신구 두 글자는 본래 시간의 관념에서 발생하고 그 사이에 시대적 관계를 갖고 있다. 시대가 다르고 의미 또한 바뀌니 곧 마치 무술戊戌 시기의 신구와 유럽 전쟁 이후 현재의 신구에서 의미가 완전히 다른 것과 같다.[30]

주목할 것은 두야취안의 신구 관계에 대한 모호한 처리는 '신新의 우위성을 진정으로 해소하지 못했다는 것이다. 그는 무술 시기의 중국 사상을 "서양 문명을 모방하는 것을 신新"으로 하고, "중국의 관습을 고수하는 것을 구舊"라고 개괄하였고, 또 전후 유럽 사회와 사상에 대한 그의 이해에 기반하여 진정한 '신' 사상은 "미래 문명을 창조하는 것이 신"이고, "근대 문명을 유지하는 것은 구"라고 생각했다.[31] 현재 '신사상'은 구사상을 포용한 사상이며, 또 근대 사상을 비판하는 사상이다. 두야취안은 '신'의 권위를 이용하여 중국의 신사상에 대해 비난을 가했는데, 이 또한 그의 과학 개념의 운용 가운데 표현되었다. 그는 "과학으로 사람을 죽이는 것이 칼과 군대보다 더 쉽다"라는 말을 이용해 근대 문명을 비판하고, 과학과 도덕 또는 정신을 완전히 다른 영역으로 분할하였으며, 다른 한편으로는 중국인에게 중국 고유 문명을 "과학적 법칙으로 정리하고 쇄신하여 미래 문명의 중요한 하나의 요소로 삼을" 것을 요구하며 다음과 같이 말했다.

> 그러나 시대 관계에서 말하면, 중국의 고유 문명을 쇄신하여 세계에 공헌하자고 주장하는 것이 신이며, 또 중국의 고유 문명을 혁신하여 서양에 동화하자고 주장하는 것은 구다. 그래서 근대의 소위 신 및 구는 무술 시기의 소위 신 및 구와 표면적으로는 다소 뒤집힌 면이 있다. 하지만 자세히 관찰하면 근대의 신사상은 고유 문명에 대해 과학적 혁신을 주장하지 완고한 보수를 주장하지 않으며, 서양 문명에 대해서도 상당한 흡수를 주장하지 완전한 모방을 주장하지는 않는다. 만약 무술 시기의 사상으로 평가한다면 확실히 신新도 아니고 구舊도 아닌 사이에 있다.[32]

두야취안은 '신', '과학'으로 구문명을 보존하고, '공'公을 유지하며 극단적인 개인주의와 소비주의 옹호를 반대했으며, 실제로는 반反근대의 방식으로 근대성을 승인한 것이다. 즉 이런 기술 방식은 '신'과 '과학'이 합법성의 기본적인 자원임을 표명한 것이다.

신구 조화론의 논쟁에서 두 파의 진정한 차이는 태도상의 차이이다. 푸코Michel Foucault가 말한 대로 근대성은 주로 하나의 태도를 가리키지 하나의 역사 시기는 아니다. 그는 근대적인 태도를 어떤 사람과 당대 현실의 관계방식, 하나의 특정한 집단의 자발적인 선택, 하나의 사상, 정감, 행동과 행위의 방식으로 이해했다.[33] 장멍린蔣夢麟은 「신구와 조화」라는 글에서 다음과 같이 생동적으로 푸코의 묘사를 증명했다.

> 신사상은 시대로 정의할 수 없고, 또 서양에서 수입한 것으로 표준을 삼을 수 없다. …신사상은 하나의 태도이며, 이 태도는 진화의 방향으로 나아가고, 이런 태도를 가진 사람들은 지금까지의 중국의 생활에 불만족스러우며, 지금까지의 사상으로부터는 지식상의 충분한 즐거움을 얻을 수 없다고 생각한다. 그래서 그들은 때때로 사상을 개조하여 만족스러운 생활과 충분히 즐거운 지식 활동을 희망한다. …'신'은 하나의 태도이다. 풍요로운 생활과 충분히 유쾌한 지식과 활동적인 태도를 추구하는 것은 하나의 방법이 아니고 또 하나의 목적도 아니다. '구'는 이런 새로운 태도에 대한 반동이지 결코 하나의 방법이 아니며 또 하나의 목적도 아니다. 신구는 방법이 아니고 또 목적도 아니다. 그래서 두 개의 학파가 아니다. 두 개의 학파 사이에 조화파를 포함할 수 있으나, 신과 구 사이에 조화파는 필요없다.[34]

장멍린에 대한 '조화파'의 비판 중, 두야취안은 새로운 이원론을 제기했는데, 즉 태도와 사상의 차이를 해석하는 데 사용한 정감과 이지의 이원론이다.[35] 정감과 이지의 이원론과 앞의 정신과 물질의 이원론 그리고 뒤의 인생관과 과학의 이원론은 서로 호응한다. 자세히 분석해본다면, 문화와 사회문제를 상술한 이원론 모델에 포함시키는 이런 방식은 이미 신구와 그 상관관계의 해석 속에 침투되고, 이리하여 점차 진화론적 역사관 중의 신구 관계를 바꾸었다.

1919년 9월 장스자오는 세계중국학생회(寰球中國學生會)에서 강연한 「신시대의 청년」에서 직접적으로 신구 조화론의 논쟁을 일으켰다. 장스자오의 토론은 '시대' 개념을 새롭게 정의하는 것에서 출발했다. 즉 "신시대"는 하나의 "새로운 시기"인가 아니면 하나의 "대대손손 면면히 이어지는" 과정인가? 그는 먼저 총체적인 역사관으로 근대적인 역사 시간 특히 역사 분기 관념을 해체시켰다.

> 신시대라는 것은 결코 아무것도 없는 데서 생겨나거나 하늘에서 떨어진 것이 아니다. 대대손손 면면히 이어지는 것으로, …역사는 활동의 전체 조각으로 마치 영화와 같이 계속적으로 움직여서 하나의 완전한 극을 연출하는 것이고, …상고上古와 중고中古의 구분, 중고와 근대의 구분이 어떤 해 어느 달 어느 날 몇 시 몇 분 몇 초인지 말할 수 있는 역사가는 없다.[36]

그는 더 나아가 이런 역사 관념을 '우주 최후의 진리'에 호소했다.

> 우주 최후의 진리는 동動이란 글자다. 희랍의 여러 성현부터 지금의 베르그손Henri Bergson까지 많이 발명한 바이다. 베르그손은 특히 당대의 대가이지만 아쉽게도 중국에는 그 학설을 소개하는 사람이 없다. 결국 시대가 계속 이어지는 모습은 개의 이빨처럼 뒤엉키어 가지런하지 않고, 서로 떨어져 있는 두 시대의 중심은 마치 물속에 두 개의 돌을 던진 것과 같이 연쇄적인 파문을 형성하여, 임의로 두 원의 테두리를 그려 서로 만나지 않는 것과는 다르다. 따라서 신시대의 소위 신新은 앞에서 말한 것처럼 일종의 임시변통(權宜)의 말일 따름이다. …우주의 진보는 두 원이 합체되었다가 점차 분리되어 이행하는 것처럼 초월적이지 않고 …최후의 신사회는 …진실로 신구의 뒤섞임이다. …조화는 사회 진화의 지극히 정교한 의미이다.[37]

장스자오는 특수한 추리 서사를 확립했는데, 즉 우주의 진보 전후前

後는 서로 연속하고 그래서 사회의 변화 전후는 서로 이어진다. 이로 인해 사람들은 마땅히 사회와 문화에 대해 조화적인 태도를 갖게 된다. 장스자오의 반근대성적 태도는 똑같이 일종의 과학주의적 거대 서사에 호소하고 있다. 즉 자연 운행의 원리, 사회 역사의 변화와 인간의 문화 태도를 동일한 문제로 이해한다. 이것은 장스자오와 신문화운동이 대립의 양극에 위치해 있더라도, 청말 이래 영향이 날로 커진 근대적 역사관과 우주론이 이미 신구 쌍방의 공통적인 인식의 전제임을 나타낸다.

신구 연속의 우주론과 역사관은 당연히 신문화운동의 '창조', '해방', '파괴' 등 근대적 명제를 부정한다. 동서문화 관계에서 신구 관계로 전환한 것은 분명히 공간 관계에서 시간 관계로 전환한 것이다. 이런 전향은 장스자오 등과 근대적 역사 관념의 애매한 관계를 보여 준다. 하지만 보다 중요한 것은 이런 시간 관계에서 장스자오는 다시 물질과 정신, 과학과 도덕의 이원론을 제기했다는 점이다. 그에게 물질과 정신, 과학과 도덕의 이원론은 더 이상 단지 동서 문명 이원론의 표현이 아니었고, 그래서 보편적인 시간 관계 속에 놓이게 되었다. 다시 말하면, 우주와 사회 자체는 두 가지 다른 성질의 것으로 구성되고, 이로 인해 사회의 진보는 다른 방향으로 전개될 필요가 있다. "두 개 원의 합체가 점차 분리되는", "우주의 진보" 속에 신구의 복잡한 관계가 존재할 뿐만 아니라, 다른 성질의 사물 또한 다른 신구 관계를 갖고 있다. 이렇게 우주 진화의 시간 관계에서 다른 방향의 '진보'가 출현하였다. 예를 들어, 과학의 진보와 도덕의 진보는 방향이 완전히 상반될 수 있지만, 이런 방향이 반대되는 운동은 모두 '우주의 진화'의 일부분이다. 이로 인해 장스자오의 '해방', '진보'의 근대 관념에 대한 문제 제기는 일반적으로 이런 관념을 부정하는 것이 아니라, "그 대상 본질이 무엇인가?"[38]를 묻는 것이었다. 장스자오는 유럽 전쟁 종결 이후 역사적 맥락에서 물질과 정신 이원론을 설명할 가장 좋은 예를 발견했다. 그가 볼 때 유럽 전쟁은 과학, 물질, 경제의 전쟁으로, "이 결과를 통해 과학 방면, 물질과 경제 방면에 반드시 절대적인 변화가 일어날 것이며", 이와 동시에 "사회적 풍기의 쇠퇴도 적지 않을 것"이었다. 따라서 유럽이 마땅히 해야 할 것은 하나는 창신이고 또 하나는 복구이다. 물질적 측면에서의 창신은 복구보다 급하고, 도덕적 측면에서의 복구의 필요성은 창신보다 중요하다. …새로운 기계는 지체할 수 없고, 구도덕 또한 잊을 수 없으며, 저쪽에서 퍼서 이쪽에 부어 점차 개선되고 신구가 균형을 이루며 이리하여 조화가 만들어진다.[39]

신구 조화의 명제는 물질과 도덕 사이에 적용될 뿐만 아니라, 동서 문화의 도덕 영역 간에도 적용된다. 도덕은 서양적인 것과 중국적인 것으로 나뉠 수 있지만, 이 양자는 결코 절대적으로 다른 것이 아니라 마땅히 서로 조화된다. 장스자오는 중국 도덕이 과도하게 개인의 선함에 치중하고 인간의 사회성을 홀시하여 국제 경쟁의 환경에서 유기적인 사회와 국가로 결집되기 어려웠다고 비판했다. "오늘날 국가의 존망은 순전히 사회 전체에서 결정되는데, 또 국정이 어디로 나아갈지, 사회 도덕의 양성이 어떻게 될지는 순전히 사회에 의해 결정된다."[40] 이것은 분명히 서구 국가의 정치적 성과이다. 바로 이런 의미에서 장스자오는 고유한 도덕 학문의 보존을 주장했고, 다른 한편으로는 공민의 의식을 양성할 것을 요구했다. "인민의 공의公意로 공화의 적과 싸워서, 최후의 승리를 구한다."[41] 장스자오는 명확하게 '내성외왕'內聖外王의 명제를 제기한 것은 아니지만, 그의 동서양 도덕 문제에 대한 서술은 근대 신유가新儒家가 새롭게 '내성외왕'을 해석한 것과 완전히 일치한다. 이런 해석 과정을 통해 시간 축에서 전개된 신구 조화론은 동시에 동양과 서양, 정신과 물질 혹은 도덕과 과학의 서로 구별되고 또 상호 침투하는 이원 관계로 전개되었다.

장스자오는 신구가 서로 연속되는 시간 관계와 '우주 진화'의 기본 원리에서 다시 동양과 서양, 과학과 도덕의 이질적 관계를 분화시키고, 진화론적이고 목적론적인 역사관에 대해 명확하게 의문을 제기했다. 신구 조화론이 직선적인 진화의 근대적 역사관의 폐단을 언급했기 때문에, 신문화 진영은 더욱 복잡한 역사 서사를 발전시켜야 진보에 관한 관념과 근대 문화의 합법성을 유지할 수 있었다. 장둥쑨張東蓀의 「돌변突變과 잠변潛變」*은 장스자오에 대한 반박을 위해 쓴 것으로, 신구 관계 속에 집중하고 과학과 도덕, 동양과 서구의 이원론을 전혀 다루지 않았다. 그는 돌변론으로 새롭게 진화 관계를 해석했는데, 실제로는 헤겔의 변증법을 자연과 사회 속의 대립과 통일을 해석하는 데 이용했다. 양적인 변화에서 질적인 변화로의 돌변론은 신구가 조화될 수 없음을 논증했고, 다른 한편으로는 시간의 축선軸線에서 사물의 동일성을 보증하였다.[42] 상당한 분량의 비판문은 리다자오에서 나왔다. 「물질 변동과 도덕 변동」은 이론적으로 장스자오의 "물질은 새롭게, 도덕은 예스럽게"라는 신구 조화론을 비판했는데, 그 이론적 자원은 다윈의 진화론과 마르크스의 역사 유물주의였다. 진화론을 통해 리다자오는 도덕은 초자연적, 초물질적인 존재가 아니며, 그것의 "기초는 곧 자연이자, 물질이며, 생활의 요구이다. 간단히 말해 도덕은 사회생활의 요구에 적응하는 사회적 본능"[43]임을 논증하였다. 마르크스의 유물사관에 근거하여 인류 사회의 모든 정신적 구조는 표층 구조이며, 물질적 경제적 구조만이 이러한 표층 구조의 기초이고, 이로 인해 사상·주의·철학·종교·도덕·풍속·법제·정책 등은 모두 물질의 변화에 따라 변동된다. 기독교의 영육靈肉 대립, 칸트의 이원론, 피히테의 주관적 자아 모두 특정한 시대의 사회 상황과 지식 상황의 표현이다. 현대에 과학기술과 생산력의 발전으로 "자연현상, 인류 현상 모두 신비적 암운을 벗어나 적나라하게 과학 지식 위에 서서 광명을 보았다. 심미 교육으로 종교를 대체하는 학설은 근대에 발생하였다."[44] 리다자오의 서술은 신구 조화론을 부정했을 뿐만 아니라, 물질과 도덕의 이원

• 돌변(突變)과 잠변(潛變): 장둥쑨은 '돌변'은 변화가 표면으로 드러나는 것이고, '잠변'은 변화의 원인이 발생하여 자라는 의미로 사용하였다. 그에 의하면 모든 생물은 현상적으로 변화하지 않더라도 이미 변화의 원인이 발생하여 전개되다가 어느 시점에 이르면 갑자기 변화 현상이 표출된다고 한다.

론을 부정했다.[45]

신구의 시간적 틀 혹은 근대 자본주의의 전 지구적 확장이란 배경에서 과학과 도덕의 이원 관계를 검토하는 것은, 문제가 이미 문화 민족주의의 범주에서 근대성 자체에 대한 반성으로 전환했음을 나타낸다. 서술의 중심은 근대성을 추구하는 중국의 노력이 타당한지 여부뿐만 아니라, 하나의 세계적 현상으로서의 근대성이 내재적 위기를 맞았는지 여부이다. 제1차 세계대전은 의심할 바 없이 이런 반성에 계기를 제공했다. 리다자오, 천두슈 등은 당연히 서구 사회, 특히 자본주의적 발전이 야기한 사회와 문화의 모순을 인정했다. 하지만 그들은 분명하게 이런 모순을 역사 전진의 필연적이고 필수적인 부분이라고 간주했다.[46] 그들의 역사에 대한 해석 방식 또한 마르크스주의 자체의 이론적 특징을 체현하였다. 내가 지적하려는 것은 이 이론 체계의 이중적 특징, 즉 자본주의 근대성에 반대하는 근대성 이론이다. 리다자오 등의 이론적 실천 속에서 자본주의 이론에 대한 비판은 동시에 근대적인 역사 발전 관념 위에 수립되었다.

총체적 역사 서사 속의 동양과 서양 이원론과 해소

유럽 전쟁이 초래한 근대 문명에 대한 회의적 분위기에서 량치차오의 『구유심영록』과 량수밍의 『동서문화와 그 철학』은 다시 동양과 서양의 문화 대립과 차이를 부각시켰다. 그러나 이 동서문화의 이원론과 초기의 중체서용론은 결코 동일하지 않다. 그들의 중국 문화에 대한 제창은 문화의 이질성 혹은 통약 불가성을 논증하는 것을 목표로 한 것이 아니라, 근대성의 위기를 진단하고 구제하는 것이 목적이었다. 다시 말해 동서문화의 이원론은 이미 거대하고 총체적인 인류 역사 진전의 서사 속에 배치되고, 량치차오, 량수밍의 (서구 문화를 대표와 원천으로 삼는) 근대성에 대한 비판 자체가 근대적인 역사 관념에 대한 승인임을 표명했다. 그들의 이론은 마르크스주의와 같이 반근대성적 근대성 이론이다. 차이는 물론 분명하다. 마르크스가 취한 것은 전형적인 과학 서사인 반면 량수밍과 량치차오가 더 중요하게 취한 것은 문화 서사와 역사 서사이다. 유럽의 맥락에서 근대성에 대한 비판은 직접 근대성의 생성 원리를 비판한다. 이른바 마르크스의 자본주의 생산방식에 대한 분석, 베버의 관료화 과정에 대한 분석, 니체의 자본주의 정신에 대한 분석과 같이, 이런 분석들은 다른 문화 및 문명 간의 선택 문제는 다루지 않는다. 중국의 맥락에서 중국 사상가의 근대성에 대한 비판은 오히려 먼저 동서문화 사이에서 선택하는 것으로 표현되고, 근대성에 대한 검토 또한 주로 다른 문화 원리와의 비교 분석에 기초한다. 그러나 이 또한 그것들의 공통점을 방해하지 못한다. 즉 근대성에 대한 비판은 동시에 근대성의 일련의 전제, 민족국가의 역사 서사, 인류 역사와 관련된 거대한 서사, 진화론과 목적론의 역사관 등을 수용하였다. 유럽 사상의 사회 원리 분석과 중국 사상의 문화 원리에 대한 분석은 모두 거대 서사로서의 역사철학에 호소했다.

량치차오의 『구유심영록』은 1920년 3월부터 8월까지 『신보』 부간副刊에 연재되었고, 곧바로 파문을 일으켰다. 이 유명한 글은 유럽 전쟁 이후 유럽 상황에 대해 전면적인 분석을 진행하였다. 량치차오가 직접 견문을 통해 유럽 상황을 연구하였기 때문에, 그의 서구 사회의 위기에 대한 분석은 다른 사람들과는 달리 동서 대비의 모델을 취하지 않았다. 량치차오의 유럽과 중국에 대한 분석은 이미 총체적인 인류 역사와 전 지구화의 시각 속에서 이루어졌다. 그의 분석에서 제1차 세계 대전은 "인류 역사의 전환점"이고, "신세계 역사의 본문이 아니라, 중간다리 역할을 하는 전환점에 불과하다."[47] 그의 서구 사회에 대한 진단이나 중국 사회와 문화에 대한 기대는 모두 하나의 총체적인 역사 문제로서의 근대성에 대한 반성이었다. 이런 시각에서 출발하여 량치차오의 유럽 위기에 대한 분석은 근대성 문제의 여러 방면을 거론했다. 즉 민족자결(민족국가 문제)과 국제 충돌, 자본주의 경제 위기, 계급 충돌과 사회 혁명, 진화론과 개인주의 등 서구 사회사상의 위기, 과학과 '순물질적, 순기계적 인생관'에 의한 종교 신앙과 도덕에 대한 파괴, 과학주의적 문학 활동(자연주의적 문학 활동)의 곤경 그리고 사회 사상의 모순과 비판 등. 하지만 량치차오는 세계의 미래에 대해 결코 비관하지는 않았다. 심지어 서구 근대성이 의거하고 있는 전제에 대해 철저한 부정을 전개하지도 않았다. 반대로 그는 '개성 발전', '자아 발전'이 서구 사회가 위기를 극복하는 데 동력을 제공할 것이라고 믿었다. 그의 논거는 크로폿킨Peter Kropotkin의 "과학에서 귀납한" 호조론, 제임스William James의 "과학 연구법을 사용해" 제기한 "인격유심론",

베르그손의 "직관적인 창조진화론"등 모두 '진화'를 논증하는 원리였다. 이로 인해 "개인주의, 사회주의, 국가주의, 세계주의의 여러 가지 모순은 모두 조화될 수 있다", "학문상에서 논한다면 유심과 유물 두 철학 유파는 조화의 여지가 있을 뿐만 아니라, 과학과 종교조차도 점차 조화될 수 있다."[48] 서구 사회의 위기는 결코 량치차오의 사회 변혁에 대한 신념을 동요시키지 않았으며, 또 그가 서구의 다양한 근대성 기획을 위기의 근원으로 간주토록 하지 않았으며, 반대로 그는 여전히 근대성이 하나의 미완성적 방안이라고 믿었다.[49]

　량치차오의 서사에서 중국과 그 문화의 장래성은 세계 역사와 관련된 거대한 서사 속에 포함되었다. 중국 사회와 문화의 부흥은 이런 서사 속에서 세계적 의의를 획득하고, 총체적인 역사 발전을 논증하는 하나의 중요한 논거가 되었다. 『구유심영록』의 하편 '중국인의 자각'에서 량치차오의 중국 장래성에 대한 견해는 전적으로 그의 세계 역사에 대한 거대한 서사에서 파생된 것이다. 자신의 세계 대동大同을 향한 세계 역사관에 의거해 그는 "세계주의의 국가"를 건립하도록 요구하고, 세계주의와 국가주의가 조화를 이루도록 하였다. 인류의 보편적인 해방을 향한 자신의 세계 역사관에 의거하여, 그는 계급 정치를 버리고, 전민全民 정치를 향해 나아가 "국민 전체를 위해 힘쓸" 것을 요구했다. 그는 또 개인의 자립과 해방을 "국가 생존의 제일의"[50]라고 생각했다. 량치차오가 근대 서구 문명의 여러 가지 폐단을 비판했다고 하더라도, 그의 미래에 대한 생각은 서구가 제공한 근대성의 틀을 벗어나지 않았으며, 자신이 처음 제창했던 개혁 이상에서 이탈하지도 않았다. 덧붙여 말하면 그는 유럽 전쟁 전에 독일 사상의 영향을 깊게 받은 국가주의 주장을 버리고, 사회의 자치, 법제하에서 사회단체 조직을 주장함으로써 일정 정도 그가 초기에 언급한 '군群'에 관한 관념으로 회귀하였다. 그의 사회주의에 대한 비판은 '정신과 방법'이란 이분법에 기초하는데, 즉 사회주의의 정신은 찬성하지만 사회주의를 하나의 방법으로서 중국의 사회 개조에 끌어들이는 것은 반대했다.[51] 사실 그는 근대 역사의 발전 순서상 중국은 아직 사회주의를 제창할 정도에 도달하지 못했다고 생각했다. 이 모두는 량치차오의 중국 문제에 대한 시각이 총체적 역사에 관한 거대한 서사에 의존하고 있음을 드러낸다.

더 중요한 것은 량치차오가 개성 해방(국가 해방과 인류 해방의 전제로서)을 획득하는 전제가 '사상 해방'과 '철저하게' 모든 문화 편견을 벗어나는 데 있다고 생각한 것이다. 여기서 두 가지 점은 특별히 주의할 필요가 있다. 첫째, 량치차오는 사상 해방의 역사적 전제가 "물질이든 정신이든 유럽 근대 문화는 모두 '자유로운 비판'에서 탄생된 것이다"라고 보았다. 이런 자유로운 비판은 바로잡고 심사숙고하여 선택하고 서로 깊이 파내고 드러냄으로써 "진리는 자연히 날로 분명해지고, 세상의 기운도 자연히 날로 나아갈 것이다." 바꿔 말하면, 사상 해방—"자신의 사상이 고대 사상 및 당시 사상의 속박으로부터 벗어나 독립적이고 자유롭게 연구"—은 유럽 근대 역사의 특징으로서 발현된 것이다.[52] 이로 인해 사상 해방이 '진리'를 탐구하는 것을 목적으로 하더라도, 서구 역사의 서사에 호소해야만 자신의 합법성을 증명할 수 있다. 둘째, 역사 서사에 의존한 이런 추상적인 원칙 추구는 오히려 특정한 역사성과 문화를 벗어던지고, 과학 실험실과 유사한 문화 진공眞空의 환경을 설정한다. 량치차오는 이렇게 말했다.

> "털끝만큼의 선입견으로도 자신을 구속하지 않는다"는 말을 원칙으로 삼자. 물론 중국 구사상의 속박을 받지 않으며, 서양 신사상의 속박도 받지 않는다. …우리가 공맹정주孔孟程朱의 말을 금과옥조로 삼고, 그 신성불가침을 얘기하는 것은 분명 마땅하지 않다. 마르크스, 입센의 말을 금과옥조로 삼고 그 신성불가침을 말하는 것 역시 당연하지 않음을 알아야 한다. 우리는 또 현재 우리가 말하는 신사상이 유럽에서는 이미 많이 낡은 것이 되어 버려 사람들로부터 시대와 상황에 맞지 않는다고 반박을 당한다. 그것이 과연 아주 새로운 것이라고 해도, '신'新이 곧 '진'

眞이라고 말할 수는 없다.[53]

　물론 량치차오가 겨냥한 것은 오직 '신'新만을 추수하는 문화 경향이었다. 하지만 그가 제기한 방안은 오히려 누구보다도 더 실증주의적 과학 원칙에 접근하였다. 량치차오에 의하면, 어떤 문화적, 역사적 요소도 편견이고 진리를 획득하는 데 방해가 된다. 어떤 역사적 혹은 문화적 원리에 의거해 문제에 접근하는 것은 모두 잘못된 방법이고, 사상의 해방과 개성의 발휘에 장애가 된다. 그리고 이 두 방면은 또 미래 이상 세계로 나가는 데 거대한 장애를 형성한다. 량치차오는 분명하게 말하지는 않았지만, 이미 역사와 문화를 벗어난 추상적인 인성과 역사와 사회를 벗어난 추상적인 인식 공간을 설정했다. 이런 엄격한 실증 과학적 가설에서 사회와 역사에 대한 분석은 더 이상 역사 서사와 문화 서사의 방식(즉 '비과학적 방식')을 취할 수 없고, 또 '과학 서사' 혹은 거대 서사를 취해야만 '참 가치'(眞値)를 얻을 수 있다. 아무튼 량치차오의 서술에서 과학 서사와 역사 서사의 차이는 이미 아주 분명하게 드러났고, 서구의 역사 서사를 통해 과학 서사의 합법성은 승인을 받았다.

　량치차오 자신의 논리에 따르면, 그는 많은 중국 문화의 옹호자와 다르다. 왜냐하면 그의 중국 문명과 그 의의에 대한 해석은 중국 문화의 가치관에서 출발한 것이 아니라, 상술한 '과학적' 인식 원칙에서 출발했기 때문이다. 그가 공자, 노자, 묵자와 선종禪宗의 사상을 통해 얻은 결론은 문화적 결론이 아니라 과학적 결론이었다. 다시 말해 중국 사상과 문화의 합법성은 공자, 노자, 묵자, 불교에서 온 것이 아니라 과학적 서사에서 온 것이다. 그러나 리오타르가 말한 것처럼, 어떤 과학 서사도 역사 서사를 합법성의 내원으로서 필요로 한다. 량치차오의 실증과학적 원칙은 인류 역사에 관한 거대한 서사에 의거했는데, 단지 후자만이 과학 인식의 의의와 목적을 제공할 수 있기 때문이다. 량치차오는 다음과 같이 말했다.

인생 최대의 목적은 인류 전체에 공헌하는 것이다. 왜냐하면 인류 전체가 '자아'의 극치이기 때문에 내가 '자아'를 발전시키려면 반드시 이런 길로 노력해 나아가야 하기 때문이다. 왜 국가가 필요한가? 국가가 있어야 쉽게 국가 내의 사람들의 문화 역량을 모아 지속적으로 키워서 인류 전체에 잘 투입하여 발전을 도울 수 있기 때문이다. 그래서 국가 건설은 인류 전체 진화를 위한 하나의 수단이며, 도시와 향촌의 자치를 통한 결합은 국가 성립의 한 수단이다.[54]

이러한 전제하에 량치차오가 제출한 문화 방안은 "서양의 문명으로 우리의 문명을 확충하고 또 우리의 문명으로 서양의 문명을 보완하여, 그것으로 화합함으로써 하나의 신문명을 건설하게 하자"[55]는 것이었다. 하지만 매우 분명한 것은, 유럽의 민족국가를 모델로 삼아 근대 국가를 건설하는 것은 "인류 전체의 진화"에 참여하는 기본 방식이라는 점이다. 량치차오는 분명히 중국의 문화와 학술을 보호하려고 했고, 또 한편으로 일체의 문화적 편견을 버리자고 주장했다. 이것은 량치차오에게 모순이 아니다. 곧 중국 문화의 중요성은 그것이 중국적이라는 데 있는 것이 아니라, 그것이 근대 문명의 위기를 극복할 가능성을 제공하는 데 있다. 량치차오는 서양 문명이 "이상과 실제를 두 개로 나누고, 유심과 유물은 각각 두 극단으로 나아간다"라고 인식하고, 공자, 노자, 묵자와 선종 학파는 비록 서로 차이점이 있지만, "'이상과 실용의 일치를 추구하는' 것이 오히려 그들 공동의 귀착점"이며, "모두 '큰 자아', '영적 자아'가 이 '작은 자아', '육체적 자아'와 동체同體임을 인식하고, 작은 것으로 큰 것을 통하고, 육체를 밀어 정신에 합치려고 생각한다."[56] 이러한 '심물心物 조화'의 철학은 유럽 신사상과 상통할 뿐만 아니라, 전 세계가 근대 문화의 위기를 극복하는 데 유용하다. 중서 문화의 '화합 작용'을 통해 새로운 문화 체계를 구축하고, "인류 전체로 하여금 모두 그 좋은 점을 얻게 하였다."[57]

상술한 분석은 분명히 량치차오 본인의 문화 관점이 이미 문화와 역사를 초월한 과학 서사와 총체적인 역사철학 속에 자리 잡았음을 말해준다. 량치차오의 시각에서는 어떤 문화적 서사도 모두 편견이다. 량치차오 본인이 과현논쟁에서 다룬 이론들을 충분히 숙지하지 못했다 하더라도, 그의 문화 편견을 초월하는 과학 서사와 총체적인 역사철학에 대한 제창은 동서문화 논쟁을 계승해서 일어난 과현논쟁이 반드시 취해야 할 독특한 논쟁 형식, 즉 문화와 역사를 초월하여 (과학) 지식 문제를 토론하는 것을 예시하였다.

제6절

총체적 역사 속의 '동서문화와 그 철학'

1921년 말에 출판된 량수밍의『동서문화와 그 철학』은 량치차오의
『구유심영록』(1919)과 장쥔마이의『인생관』(1923) 사이의 중간고리이
다. 심대한 영향을 미친 이 중요한 저작은 신문화운동에 대항하는 문
화 역사관을 제공했다. '문화' 개념은 량수밍의 저서에서 중심 논제이
자 또 핵심 개념이다. 완전한 서사를 통해 '문화' 개념은 정신생활, 사
회생활과 물질생활 등의 복잡한 함의를 획득했다.『동서문화와 그 철
학』의 문화 개념과 관련된 문화 문제에 관해 많은 학자가 이미 상세한
토론을 했다.[58] 나는 여기서 량수밍이 자신의 문화 태도를 표현할 때
취한 서사 방식 특히 동서문화의 범주가 어떻게 다른 철학과 사상 범
주를 파생시키고, 또 이런 범주를 통해 어떻게 총체적 역사관과 우주
론을 구축했는지에 중점을 두고 논하려고 한다.

량수밍 '문화'론의 첫 번째 특징은, 한편으로는 동서문화가 완전히
이질적이고, 조화될 수 없다는 것을 강조하면서, 또 한편으로는 이 두
가지 문화의 관계 문제가 하나의 총체적 문제라고 인식한 것이다. 그
의 서술에서 '서구화'와 '동방화'는 모두 어떤 민족 혹은 국가의 문제
가 아니라 '세계의 문제'이다.[59] "소위 동서문화 문제는 어떤 동서문화
의 차이와 우열을 논하는 것이 아니라, 이 서구화한 세계에서 이미 궁
지에 몰린 동방화가 폐기되어야 하는지 여부를 묻는 것이다."[60] 량수밍

이 신문화운동의 주요한 비판자 가운데 한 사람으로 보일지라도, 실제로는 그의 몇몇 중요한 판단은 당시 문화 보수주의자와 달랐으며, 천두슈, 리다자오 등 신문화운동의 대표들과 더 가까웠다. 예를 들어, 그는 근대 중국의 개혁 운동의 근본 문제가 "무슨 견고한 갑옷과 예리한 무기의 문제가 아니고, 또 무슨 정치 제도의 문제도 아니라, 실제로는 두 문화가 근본적으로 다른 문제"라고 믿었고, 그래서 '5·4' 신문화운동의 '사상 혁명'의 전제에 동의했다.[61] 또는 심지어 량수밍이 『신청년』 동인과 동일한 역사 전제 위에 서서 중국과 세계의 미래를 전망했다고 할 수 있다. 리다자오, 량치차오 그리고 미국의 듀이, 일본의 기타 레이키치北聆吉의 각기 다양한 문화 조화론에 대해 량수밍은 보다 단호한 태도를 취했다.

> 현재 서구화의 소위 과학(science)과 '데모크라시' 두 가지는 세계 상의 어떤 지역 사람이든 모두 관계없을 수는 없다. 그래서 현재 문제를 단도직입으로 말하면, 동방화가 변신하여 세계 문화가 될 수 있는가이다. 만약 세계 문화가 될 수 없다면 근본적으로 존재할 수 없다. 존재할 가치가 있다면 당연히 단지 중국에서만 사용되어서는 세계 문화가 될 수 없다.[62]

만약 서구화와 동방화 문제가 세계 역사의 총체적인 문제라면, 또 어떻게 동서문화의 이질성을 이해할 것인가? 량수밍에게 이 문제는 하나의 철학 문제, 즉 어떻게 문화를 이해할 것인가 하는 문제이다. 자신의 유식학唯識學에 대한 이해에 근거하여, "전체 우주는 하나의 생활이다. 오직 생활일 뿐, 처음에 우주는 없었다. 생활이 지속됨에 따라 이 우주도 항상 존재하는 것처럼 보인다. 기실 우주는 수많은 지속이지 하나는 아닌 듯하다."[63] 이 생명의 흐름과 같이 부단히 변동하는 우주에서 '문화'는 무엇인가?

그럼 문화란 무엇인지 보도록 하자. 한 민족의 생활의 의욕(Will) ─소위 '의욕'은 쇼펜하우어가 말한 '의욕'과 대체로 비슷하다 ─과 그 부단한 만족과 불만족에 불과할 따름이다. 모두가 민족이고, 모두가 생활인데, 어떻게 그것이 표현한 생활양식이 서로 다른 색채를 지니는가? 단지 생활양식의 최초의 근원인 의욕이 두 가지 방향으로 분출되어, 발휘되는 것이 곧 두 가지가 되었을 따름이다. 그런즉 당신이 한 문화의 근본과 원천을 구하려면, 오직 문화의 근원적 의욕을 보고, 이 방향이 다른 곳과 어떻게 다른지를 보아야 한다. 당신이 이 방향이 어떻게 다른지를 탐구하려면, 이미 알고 있는 특이한 색채로 그 원래의 출발점을 추소해 보면 어렵지 않게 일목요연할 것이다.[64]

여기서 량수밍의 다원우주론은 서로 다른 '민족 생활의 의욕'을 단위로 한 것으로, '문화'는 서로 다른 '의욕'의 전개 방식이다. 아주 분명한 것은 량수밍의 문화 혹은 문명에 대한 해석이 개체 생명과 문명의 비유 관계에 의거하고 있다는 점이다. 그는 문화 혹은 문명을 하나의 생명체, 하나의 의지와 태도를 가진 존재로 해석했다. 동서문화가 완전히 다르고 조화될 수 없는 이유는 문화의 기원으로서의 '의욕'이 전혀 다르기 때문이다.

량수밍이 문화 혹은 문명은 민족 생활의 방식 혹은 민족의 '의욕'이라고 보았기 때문에, 우리는 이것에 근거해 그가 민족을 의지를 가진 생명체로 이해한다고 추론할 수 있다.[65] 이것이 바로 량수밍 문화관의 민족주의적 전제이다. 민족주의와 반근대(반과학, 반기계, 반공업)적 경향에 대해 말하자면, 량수밍의 문화관과 독일 낭만주의는 유사한 점이 있다. 즉 그들은 모두 유럽 계몽주의의 보편 '이성'과 추상적 개인을 인정하지 않으며, 민족 생활의 '의욕'과 그것에 의한 문화 동일성으로 계몽사상가가 설정한 인류 동일성을 대신한다. '의욕'은 보편적 이성이 아니고 또 개인의 '의욕'도 아니며, 동시에 자연의 '의욕'도 아니고 민족의 '의욕'이며, 혹은 민족 생활을 기본 단위로 한 '의욕'이다. 량수밍에 앞서 량치차오가 이미 독일 국가주의적 유기체 이론을 체계적으로 소개했다. 그러나 량수밍의 문화 이론은 직접적으로 국가 정치 이론으로 전환하지 않았다. 더 중요한 것은 그의 민족 생활을 단위로 한 문화가 하나의 세계주의적 총체 문화이지, 민족주의적 문화가 아니라는 것이다. 왜냐하면 그의 민족 생활을 단위로 한 문화가 해결하려고 하는 것은 개별 민족의 생존 문제가 아니라, 세계 문명의 총체적인 문제이기 때문이다. 량수밍의 '민족 생활의 의욕' 개념은 계몽주의적 보편 이성을 거부하는 동시에 세계주의의 몇 가지 전제를 받아들였다. 내가 여기서 량수밍의 문화론과 근대 민족주의의 관계를 다루는 목적은 사람들에게 량수밍의 이론이 서구 근대성에 대한 비판일 뿐만 아니라, 서구 근대성의 여러 이론적 전제를 수용하고 있음을 환기시키기 위해서다. 민족국가 범주는 단지 그중의 하나이고, 총체 역사와 관련된 거대 서사는 더 중요한 부분이다. 그러나 '의욕'과 민족 생활이 내재적인 연관을 갖고 있기 때문에 '의욕'의 차이에 따라 생산된 문화의 조화 불가능성은 명확히 민족적 공동체의 특질과 관련이 있다.

상술한 문화 혹은 문명과 개체 생명의 유비 관계에 근거하여, 량수밍은 '서구화'로 비교의 기준을 삼고, 서구, 중국과 인도 세 가지 문화 '방향'으로 나누었다.

> 서구화는 의욕이 전진하려는 요구를 근본정신으로 삼는다. 즉 서구화는 의욕이 전진하려고 요구하는 정신이 '사이언스'와 '데모크라시'라는 두 가지 큰 이채로운 문화를 낳았다.[66]

> 중국 문화는 의욕이 스스로 조화를 이루고 중용을 유지하는 것을 그 근본정신으로 삼는다.
> 인도 문화는 의욕이 몸을 돌려 뒤로 가려는 요구를 그 근본정신으로 삼는다.[67]

이 세 가지 방향의 상호 관계는 근대의 맥락에서 먼저 량수밍의 소위 '동방화'와 '서구화'의 통약 불가적 관계로 체현되었다. 과학과 예술, 과학과 현학, 이지와 직관 등의 주제는 량수밍의 저작에서 '서구화'와 '동방화'의 각각의 특징이고 다른 '의욕'의 결과이며, '과현논쟁' 쌍방이 그것을 두 가지 통약 불가적인 지식으로 처리한 것과는 다르다. 다시 말해 '과학적 정신'과 '예술적 정신', '과학적 방법'과 '현학적 방법', '자유 존중'과 '인권 방기', '법치'와 '인치'는 동일한 공간과 층면의 서로 다른 정신, 방법과 정치적 견해가 아니라, 완전히 다른(각자 기원을 갖고 있는) 조화될 수 없는 문명 특징이며, 따라서 과학 토론의 방식으로 그 진리와 오류를 결정할 수 없다.[68]

더욱 중요한 것은 과학과 현학 혹은 이성과 직관의 통약 불가능은 민족문화의 조화될 수 없음에 의해 결정된 것이지, 이것이 두 가지 통약 불가능한 지식 즉 객체에 관한 지식과 주체에 관한 지식이기 때문은 아니다. 문화와 그 민족성이 과학, 도덕과 심미 영역으로 분화되는 결정적인 요소가 됨으로써 중국 근대 지식 체계 분화의 문화 동력을 명확히 드러냈다. 여기서 주의할 것은 어떠한 과정을 거쳐 문화 문제에서 지식 유형 문제로 이어지게 되었는가이다. 량수밍은 동서문화의 차이를 논했지만, 서술의 과정에서 치환과 추리의 수사법을 통해 문화 문제를 과학과 현학, 이지와 직관의 관계 문제로 전환시켰다. 이로 인해 지식 유형상의 차이는 또 문화 유형상의 차이가 되었다. 이와 상응하여 문화 유형상의 차이 또한 지식 유형상의 차이가 되었다. 우리는 대체로 이렇게 귀납할 수 있다.

동양＝현학＝예술＝의견＝현담＝본체＝사덕＝고대화(古化)＝제 2, 3 방향
서양＝과학＝학술＝지식＝논리＝현상＝공덕＝현재화(今化)＝제 1 방향

이 양자 간의 관계를 어떻게 결정할지는 문제를 토론하는 구체적인 맥락에 달려 있다. 량수밍은 순수이성과 실천이성의 칸트식 구분을 이용하여 지식 영역과 도덕 영역의 통약 불가성을 제기하지는 않았다. 그러나 동서문화의 조화될 수 없음을 통해 과학과 현학 등의 영역 간에 이미 통약 불가능한 간격을 만들었다. 이것은 장쥔마이의 논제가 이미 량수밍의 문화론의 내재 논리 속에 포함되어 있음을 의미한다. 그러나 차이는 여전히 분명하다. 즉 '과현논쟁'에서 과학과 현학은 두 가지 다른 영역이고, 량수밍의 문화론에서 그것은 주로 두 가지 문화를 가리킨다. '현학'이 단지 도덕 문제를 가리키는 것이 아닌 것처럼, '과학'은 단지 지식 문제가 아니다. 과학과 현학은 모두 삼라만상의 정치, 경제, 문화, 윤리, 도덕 문제, 즉 다른 문명 문제—과학적 문명과 현학적 문명을 포함하고 있다. 과학적 문명에서 과학, 정치, 경제, 도덕, 법률, 사상 등은 모두 과학적·이지적·인식적이지만, 현학적 문명에서 과학, 정치, 경제, 도덕, 예법, 사상 등은 모두 현학적·예술적·직관적이다. 이 때문에 과학적 문명에서 과학과 도덕의 통약 불가성은 존재하지 않는데, 과학적 도덕이 존재하기 때문이다. 한편 현학적 문명에서도 도덕과 지식의 통약 불가성은 존재하지 않는데, 도덕적 지식이 존재하기 때문이다. 통약 불가성은 단지 두 가지 문명 사이에 존재한다.

표층적 서술에서 량수밍의 논의는 장쥔마이의 논제에 대단히 근접하고 있다. 예를 들어, 그에 의하면 현학적 방법이 얻은 것은 주관적 의견이고, 채택한 것은 현담이며, 토론한 것은 본체이다. 하지만 과학적 방법이 얻은 것은 지식이고, 채택한 것은 논리이며, 토론한 것은 현상이다. "현학이 말하는 것은 과학이 말하는 것과 완전히 다른 것이다. 과학이 말하는 것은 다수이자 또 고정된 현상이며 …현학이 말하는 것은 하나이지만 변화하고, 변화하지만 하나인 본체이다."[69] 만약 량수밍이 동서문화와 그 철학을 논할 당시의 맥락을 고려하지 않는다면, 그의 논의는 '과현논쟁'과 거의 차이가 없을 것이다. 그러나 앞에서 본 바와 같이, 과학과 현학의 대비 묘사는 단지 두 가지 다른 '의욕'의 드러남의 방식이거나 두 가지 문화의 표징表徵일 따름이어서, 그의 묘사는 서로 다른 문화의 경향으로 이해될 것이다. 그리하여 량수밍은 "중국인이 사용하는, 지칭하지만 실질이 없는 관념은 현학적 태도이고, 서구인이 사용하는 관념은 명백하고 확정적일 것을 요구하는 것으로서 과학적 방법임을 알아야 한다"[70]라고 말하고, 과학과 현학의 차이를 중·서의 구분과 연관지었다. 그는 심지어 자신의 역사 서술과는 전혀 달리, 중국은 "현학은 있고 과학은 없다", 근대 서구는 "과학은 있고 현학이 없다"[71]라고 단언했다. 이것은 분명히 과학과 현학의 대립은 추상적인 지식 문제가 아니라 문화 문제이며, 동서문화의 근본적인 차이의 문제임을 나타낸다. 과학과 현학의 분화, 그리고 이로 인해 도출된 논리와 직관, 이지와 감정, 객관과 주관, 사회와 개체, 현상과 본체 등의 분화는 우주의 신비한 역량에 기원하며, 문화와 그 근원―'의욕'―의 서로 다른 방향에 의해 결정된 것이다. 우리가 량수밍 문화론의 민족주의 전제를 승인한다면, 우리는 그의 문화론에서 과학과 현학의 구분 자체가 민족성의 경계 혹은 민족 생활양식의 구분에서 기원한다고 말할 수 있다. '과현논쟁'에서 감추어진 이 전제는 이미 지식론의 틀 속에 묻혀 버렸다.

그러나 량수밍이 '서양화'와 '동방화'를 총체적 역사 문제로 이해할 때, 그는 동일한 문화 즉 소위 세계 문화에서 과학과 현학 등의 문제를 다루었지, 단지 양자를 역사 속의 동서 대치 관계로 다루지는 않았다. 이것은 '과학' 혹은 '현학' 등이 모종의 문화적 특징만이 아니라, 또 하나의 특수한 지식 유형임을 의미한다. 비록 이런 특수한 지식 유형 혹은 지식 취향이 모종의 문화적 특징으로 이해될 수 있을지라도 말이다. 특별히 지적해야 할 것은 '세계 문화'의 개념과 '동방화' 혹은 '서구화'의 개념은 완전히 일치한다는 점이다. 그것은 소위 '동방화'와 '서구화'가 단지 동방화한 세계 문화 혹은 서구화한 세계 문화일 뿐이기 때문이다. 량수밍의 서술에서 현학, 예술, 직관 등은 그의 동양에 대한 서술에서만 나타나는 것이 아니라 서구 근대 문화에 대한 서술에서도 드러난다. 하지만 서구 세계에서 나타난 직관, 현학과 예술 등은 세계의 동양화의 미래 전조에 불과하다. 이로 인해 동양과 현학, 직관, 예술 등의 특징 사이에는 여전히 일종의 천연적 관계가 있다. 즉 현학적, 예술적, 직관적은 곧 동양적이고, 동양의 특징은 현학, 예술 혹은 직관이다. 그러나 예술, 직관이든 혹은 현학이든 모두 지역상의 동양 혹은 서구에서 출현한다. 마치 중국 혹은 인도에도 과학 혹은 이성이 존재하지만, 그것은 결코 그 동양적인 표지가 아니라 동양에 존재하는 '서구화'의 표징일 따름이듯이 말이다.

  이런 의미에서 량수밍의 '동방화'와 '서구화'에 대한 묘사는 분명한 모호함이 존재하는데, 왜냐하면 그는 확실히 근대 서구와 중국, 인도를 구체적인 서술 대상으로 삼고 있지만, 동시에 그의 전체적인 서술에서 '동방화'와 '서구화'는 본질적으로 추상화된 현학이지 구체적인 역사 특징을 지닌 것이 아니기 때문이다. 그의 논리에 따르면, 단지 여러 가지 현학 혹은 직관과 같은 유의 특질이 있으면, 그것이 어떤 지역에서 혹은 어떤 시기에 출현하든 모두 '동방화'가 구체화된 것이다. 실제 량수밍이 인정하든 안 하든 간에, '동방화'는 '서구화'의 발전 과정에서 발현될 것이거나 혹은 이미 발현된 이색적인 특질이며, 이 특질─량수밍의 세 가지 방향으로 순차에 따라 진화하는 논리에 의하면─은 또 세계 역사의 다른 하나의 단계일 뿐이다. 내가 여기서 '순차' 개념을 사용한 것은, 량수밍이 서구화를 거쳐야만 중국화에 도달할 수 있다고 생각했기 때문인데, 이것이 그가 과학과 민주를 전반적으로 수용한 원인이다. '과학'과 '민주'의 '서구화'를 벗어나서는 우리는 무엇이 '동방화'인지 이해할 수 없고, 또 '동방화'에 도달할 수 없다. '직관'이란 개념조차도 나타날 수 없다. 그래서 량수밍은 "내가 민국 7년(1918) 여름에 북경대학에서 동방화 연구를 제창한 것은 먼저 서구화의 관찰이 있은 연후에 가능한 것이었다"[72]라고 말하였다. 『동서문화와 그 철학』에서 마흐Ernst Mach나 칼 피어슨, 푸앵카레의 초기 과학주의에 대한 비판, 러셀Bertrand Russell의 우주론, 베르그손의 우주 본체와 직관, 생명, 지속 등의 개념, 오이겐의 종교관, 크로폿킨의 호조론, 근대 사회주의 특히 길드 사회주의 등의 서구 사상이 새롭게 근대 역사 변천을 해석하는 량수밍의 주요한 근거를 구성했다. 그의 중국 사상 특히 공자 사상에 대한 해석은 상당 부분 서구 사상의 근대성에 대한 반성에 의거했다.

　량수밍의 서사에는 상술한 문제와 직접적으로 연관이 있는 다른 하나의 혼란 또는 역설, 즉 시간 서사의 역설이 존재한다. 이 역설은 그의 근대 역사에 대한 판단과 서로 연관된다. 량수밍의 중국 문명 혹은 현학에 대한 높은 평가는 그의 진화론적 역사관에 대한 비판에서 기원한다. 그는 "새로운 것을 귀하게 여기는" 시간관을 과학적 "공례公例 원칙"으로 간주하지만, 과학적 원칙은 단지 서구 문명의 특질 혹은 서구화의 특질이다. 그의 순차적인 진화의 역사 관념에 의거하여 과학 원칙은 서구화의 세계 역사 시기에 적용될 뿐이지, 보편적으로 적용되는 공리는 아니다. 그래서 량수밍은 더욱 거대한 역사 서사를 이용하여 과학 서사의 합법성을 취소했다. 이런 의미에서 량수밍의 근대적인 시간관념 특히 전통과 근대, 고古와 금今, 신新과 구舊의 이원적 구분에 대한 공격은 그의 동서 이원론을 바탕으로 더욱 새롭게 해석한 것에 불과하며, 또 동서 이원론은 이미 순차적인 진화의 시간 서열 속에 배치되었다. 량수밍은 이렇게 말했다.

　　과학이 공례公例 원칙을 추구하는 것은 사람들이 공히 실증을 인정하도록 하기 위한 것이다. 그래서 이전 사람들이 가진 것은 현대인이 모두 가지고 있으며, 그것이 귀한 바는 새로운 발명에 있다. …당연히 금今이 고古를 이긴다. 예술은 천재의 신비한 재능으로 개인이 홀로 얻는 것이다. 이전 사람의 조예造詣를 후인은 매번 쫓을 수 없다고 느끼는데, 그것이 귀하게 여기는 바가 조상이 전해 준 비결이니, 자연히 금今이 고古만 못하다고 탄식한다. …과학과 예술의 이러한 차이를 명확히 이해하면, 서구인이 새로움을 좋아하여 나날이 새로워지고, 반면에 동양인이 옛것을 좋아하여 어떤 일이든 몇 천 년간 진보를 보지 못하는 것이 전혀 이상하지 않음을 알 수 있다. …서구의 문명은 그 성취가 과학에 있다면, 동양은 예술에 있다.[73]

　동서東西 관계는 여기서 과학과 예술의 관계, 고와 금의 관계로 해석된다. 문화의 시각에서 과학을 대함으로써 과학 진보의 원칙은 상대화된다. 그러나 과학 원칙의 상대화는 량수밍이 서구-중국-인도의 순차적인 진화의 시간관념으로 세계 역사를 해석하는 데 아무런 영향을 주지 않았다. 그는 한편으로는 가치상에서 과학주의적 진보의 관념을 배척하고, 다른 한편으로는 서사의 측면에서 진보적 관념을 우주 생명 변화의 관념 속에서 뒤섞고, 역사 서사의 기본 구조로 삼았다. 이런 총체적인 역사의 서사 구조와 량수밍의 근대 역사에 대한 판단은 관련이 있다. 즉 중국 문화에 대해 말한다면, 근대 역사는 단지 서구화의 결과이고, 과학과 민주를 특징으로 하는 근대 역사는 외래의 역사이며, '현대'는 단절에서 기원하고, 비연속이다.[74] 이런 단절의 서구화 혹은 단절의 근대성은 한편으로는 중국 문화와 서구 문화가 조화될 수 없음을 증명하고, 다른 한편으로는 오히려 근대 역사가 총체적 역사로 되고 있음을 입증한다. 왜냐하면 서구화는 중국과 기타 문화와의 접촉을 통해 점차 세계 역사의 근대적 특징을 이루기 때문이다. 중국이 서구화가 되면 될수록 점차 세계 문화로서의 중국 문화 즉 서구화의 미래로서의 중국화에 접근한다.

　『동서문화와 그 철학』의 앞 3장에서 각종 지식 문제는 동서문화 문제의 시야 속에 묻혔다. 하지만 제4장 「서양, 중국, 인도 세 철학의 비교」에서는 문명 혹은 문화의 비교를 위해 완전한 지식 계보를 제시했다. 문명의 차이는 보편적인 지식 계보를 통해 비로소 나타나는 것이다. 이 지식 계보는, 비록 량수밍 자신이 "지식을 연구하는 데 사용하는 방법은 유식학唯識學" 혹은 "유식학적 지식론"에 근거해야 한다고 주장했지만 분명히 칸트 이래 서구 사상의 지식, 도덕과 신앙 문제에 대한 반성, 특히 베르그손 등의 과학문명에 대한 비판과 형이상학에 대한 연구를 참고하였다.[75] 량수밍은 '사상' 혹은 '광의의 철학'으로 그의 지식 계보를 명명했다. 즉 사상(광의의 철학)에서 철학과 종교라는 두 지식이 파생되고, 또 철학은 형이상학, 지식, 인생 세 부류의 지식으로 나눌 수 있다. 이런 지식은 서양, 중국과 인도 세 가지 문화로 분류되어 종교, 형이상학, 지식, 인생 등의 방면에서 각종 문화의 태도, 경향과 성취를 관찰하는 통일적인 비교 표준을 제공했다.[76]

량수밍은 종교와 형이상학을 지식론 내에 놓지 않고, 지식론과 종교, 형이상학을 병렬적, 이질적 위치에 놓았다. 그의 서술에서 형이상학과 지식의 분화는 영국 경험주의의 유럽 대륙 이성주의에 대한 비판, 특히 흄의 소위 "과학은 지식이고, 형이상학은 지식이 아니다"라는 관점과 후대 칸트의 현상과 본체, 순수이성과 실천이성에 관한 분화에 근거하였다.[77] 주목할 것은 량수밍의 직관 개념이 베르그손에서 연원하지만, 형이상학과 과학의 관계를 다룰 때는 분화의 중요성을 강조하여 베르그손의 전체론에 동의하지 않았다는 점이다. "베르그손이 '생명', '지속'이 모두 불가분하다고 말했는데, 여기에는 약간의 오류가 있다. 그는 영원히 지속하여 불멸하는 것이 있다고 보는 '상견'常見에 빠져 있기 때문이다."[78] 그의 유식학에 대한 해석에는 경험 영역과 형이상학 영역을 엄격히 구분하고 있다.[79] 량수밍의 서술 중에는 일종의 내재적 관성이 존재했는데, 즉 현상과 본체, 자연과 주체, 지식과 형이상학, 지식과 행위, 과학과 종교, 인식과 정감, 인식과 직관 등을 다른 영역으로 구분하고자 시도했고, 과학 방식으로 인생, 도덕, 신앙, 감정을 해결하는 보편주의 관점을 부정했으며, 더욱 큰 계보(그가 말한 '사상') 내에서 과학과 기타 영역을 평행 위치에 놓았다. 다시 말해 그는 도덕, 신앙, 심미, 정감 등과 같은 제반 문제는 과학 지식과 완전히 다른 전제를 갖고 있다고 믿었다. 서구화 사회의 주요 위기는 과학적 관념과 방법으로 다른 영역의 문제를 해결하려고 시도한 데 있었다. 량수밍은 그의 지식 계보와 과학주의의 지식 계보가 중대한 차이를 갖고 있다고 하더라도, 구조와 방법상에서 그의 새로운 계보는 모두 과학 지식 계보와 비슷하다는, 즉 모두 객관적이고, 보편주의적인 특징을 갖고 있다는 점을 당연히 의식하지 못했다.[80]

이 점 또한 완전히 그의 문화-역사관에 적용된다. 즉 그의 문명 방향은 하나의 주장 혹은 주관적 의견이 아니라, 그의 상대방이 진화론적 역사관을 과학분석의 객관적 결과라고 보는 것과 똑같이 객관적 사실이다.[81] 지식과 종교 및 형이상학의 관계의 논증을 통해 량수밍이 증명한 것은 인도 문화의 성취와 인류 역사의 세 번째 방향이다. 또 과학과 현학 혹은 형이상학과의 관계에 대한 논증을 통해 량수밍이 증명한 것은 중국 문화의 성취와 인류 역사의 두 번째 방향이다. 과학, 종교, 현학을 구분하는 축은 지식과 과학, 바로 서구 문화의 성취와 첫 번째 방향이다. 이로 인해 우리는 과학(서구), 신앙(인도), 현학(중국) 등 세 가지 영역이 과학을 축으로 삼아 세 가지 문화적 방향을 건립했다고 말할 수 있다. 량수밍 자신의 말을 빌리면, 서양 생활은 직관이 이지를 운용하는 것인 반면, 중국 생활은 이지가 직관을 운용하는 것이며, 인도 생활은 이지가 현량現量을 운용하는 것이다.[82]

량수밍의 문화 서술 가운데 과학, 종교와 현학 등의 제반 영역의 분화와 이로 인해 전개된 이지와 직관, 지식과 정감 등의 분화는 모두 임시적인 분화이다. 량수밍의 '세계 문화 3기 재현설'(世界文化三期重現說)에 따르면, 문화 발전의 각 단계는 모두 상술한 세 가지 문화 방향 가운데 하나를 주도적인 형식으로 삼은 것이다. 서구화 단계의 과학, 중국화 단계의 현학, 인도화 단계의 종교 모두 총괄적인 문화이다. 각각의 역사 단계에서 지식, 도덕, 신앙 그리고 예술은 모두 주도적인 지위를 점하는 문화에 복종한다. 예를 들어, 서구화 단계에서 도덕, 예술은 모두 과학적 도덕과 예술이고, 중국화 단계에서 지식, 신앙 또한 모두 현학화된 지식과 신앙이다. 이런 의미에서 지식, 도덕과 심미 등의 제반 영역은 통약 불가능한 분화 관계가 결코 아니다. 량수밍의 묘사에 따르면, 근대 사회는 서구화를 경유해 중국화로 전환하고 있으며, 또 중국화의 주요 특징은—량수밍의 해설에 따르면—"그 대의는 우주 간에 실제로 그 절대적, 단적, 극단적, 일방적, 부조화적인 것은 존재하지 않는다고 생각한다. …일체는 모두 상대적이고, 스스로 거기에 존재하는 것은 없다."[83] 우주는 끊임없이 흐르는 큰 물결에 지나지 않고, 사람들의 세계에 대한 태도는 "전적으로 직관에 내맡기려 한다."[84] 이것이 바로 중국 문화의 내실이고 공자 사상의 특질이다. 이런 의미에서 그 자신은 또 그가 이미 비판한 적이 있는 베르그손의 총체론으로 돌아가는 듯하다.

량수밍의 서술에서 지식, 도덕, 심미 등 영역의 분화는 문화의 분화에서 기원하고, 이 세 가지 영역의 동일성 또한 문화적 동일성에서 연원한다. 예를 들어, 서구화의 세계에서 지식, 도덕, 심미 등의 영역은 모두 과학화의 특징을 갖는다. 이런 의미에서 분화와 동일은 모두 세 가지 문화의 구별과 전환에 뿌리를 두고 있다. 량수밍은 이 전환 과정을 사실 층위, 견해 층위와 태도 층위의 전환으로 구분하고, 이 모든 방면은 소위 '서구화' 혹은 근대성에 대한 비판을 제기한다. 사실 층위에서 서구적인 근대 사회는 인간과 자연의 분화, 인간과 사회의 분화, 인간과 기계의 분화 그리고 사회 분업의 분화를 특징으로 삼고, 자본주의 경제(소비 본위의 경제)와 근세의 국가가 곧 이런 분화의 역사적 결과이다. 또 근대 사회주의는 바로 사회 본위와 분배 본위로서 근대 자본주의를 개조하려고 하며, 자연스럽게 중국 문화의 단계로 나아간다. 소위 량수밍이 지적한 견해의 변천이란 심리학의 변천, 즉 의식에 대한 관심에서 무의식에 대한 관심으로의 변천이고, 나아가 "인류 심리의 중요한 부분 역시 지知에 있지 않고 정情과 의意에 있다."[85]고 보았다. 이런 인식은 최종적으로 감정, 직관, 윤리적 방식으로 과학적 인지 방식을 대체하고, 또 중국 문화의 예악禮樂 문화로 방향을 전환하였다. 태도의 변천에 관해 량수밍이 지적한 것은 외부 관찰에서 내부 관찰로 바뀐 것으로, 과학, 과학 방법 및 그 진화론에서 생명과 인사人事로 전환했다. 즉 이지로서 외계 사물(서구화)을 관찰하는 것에서 직관으로 내재 생명(중국화)을 연구하는 것으로 바뀌고, 다시 현량現量으로 무생본체無生本體(인도화)를 이해하는 것으로 전환하였다. 그리고 세계 역사의 현단계는 분명히 과학에서 직관으로 전환하는 역사적 시기에 놓여 있는데, 바로 서구화에서 중국화로 전환하는 역사적 시기이다.[86] 서구화 시기에서 중국화 시기로의 전환을 통해 그가 묘사한 지식의 분화 또한 최종적으로는 새로운 문화 동일성 속에서 소실될 것이다. 그의 문화 이론의 논리에 따르면, 지식의 분화는 본래 문화 분화의 표징이며, 문화의 분화가 없다면 이런 지식상의 분화 또한 더 이상 존재하지 않는다.

 량수밍의 문화 이론은 이미 광범위하게 근대 신유가의 전주곡으로 비쳤고, 또 세계적 차원에서의 반근대화 사조의 한 구성 부분으로 간주되었다. 상술한 분석을 통해 우리는 다음과 같은 몇 가지 결론을 내릴 수 있다. 첫째, 량수밍의 이론은 근대성에 대한 반성과 비판을 포함한다. 그러나 이런 반성과 비판은 근대성의 일련의 중요한 전제를 승인한다. 즉 민족국가의 전제, 지식 분화의 전제와 같은 것이다. 둘째, 서사 방식에서 량수밍은 그의 역사 서사가 특정한 문화 가치와 시각에서 출발한 것임을 거부하고, 오히려 그의 서사적 '객관성', 진실성과 가치 중립성을 강조하며 서구 과학의 각종 표현을 비판하는 동시에 실증주의적 과학 원칙을 그의 이론 전제로 삼는다. 셋째, 량수밍의 문화 이론이 내용상 '신문화운동'의 근대적 방안과 다르다고 할지라도, 그의 상대들과 마찬가지로 량수밍의 이론 역시 하나의 거대한 서사이며, 그의 역사 문화 서사는 바로 이런 역사 발전과 유관한 서사를 내재적 구조로 삼는다. 량수밍 이론의 상술한 방면은 중국 근대 역사에서 근대성에 대한 중국 문화 또는 전통의 비판을 호소함으로써 이미 근대성의 지식 전제前提 속에 깊이 관여하고 있음을 증명하였다.

문화관의 전환에서 주체성 전환으로

동서문화 논쟁과 과현논쟁의 가장 뚜렷한 차이는 전자가 역사 문화 서사의 방식을 채용했고, 후자는 오히려 지식 서사의 형식을 취했다는 것이다. '과현논쟁'이 '인생관' 문제를 계기로 근대 지식 계보의 재구축, 특히 과학, 도덕과 정감이 각기 다른 영역으로 분화하는 데 이론적 준비를 제공했다고 한다면, 이런 분화는 결코 '지식론'의 구조에서 생산된 것이 아니라, 동서문화 논쟁의 문화 차이에 관한 논쟁 가운데서 출현한 것이다. 근대 중국 역사에서 지식 영역 분화의 직접적인 동인은 문화의 충돌이다. 이와 상응하여 '과현논쟁'의 지식 충돌 역시 문화 충돌의 함의를 감출 수 없다. 과학과 근대성에 대한 반성은 중국의 맥락에서 보면 청말 이래 중국이 직면한 문화 충돌에 대한 반성이며, 더욱이 서구 문화와 중국 문화의 관계에 대한 반성이다.

량수밍의 문화 이론에서 장쥔마이의 '인생관' 문제에 이르기까지 중국 근대 사상에서 길고 긴 그리고 아직 진정으로 완성되지 않은 '주체성 전환'이 시작되었다. 이런 주체성 전환은 중국 근대 지식 체계의 재건을 위해 중요한 이론적 기초를 제공했다. 근대 서구 사상에서 소위 주체성 전환은 주로 존재와 그 규율로서 연구 대상을 삼는 이성주의 철학 체계에 대한 비판인데, 이성주의 철학 체계 특히 헤겔 철학은 모든 사물을 해석하는 체계를 건립하였지만, 오히려 개개인의 주관성을 망각했기 때문이다. 니체 등의 시각에서 철학의 임무는 과학적 인식론과 이성을 통해 객관세계의 존재와 그 규율성을 인식하고 확정하는 것이 아니라, 존재의 의미를 드러내고 천착하기 위해 개인, 개인의 정감, 정서, 체험에서 인간의 순주관성을 탐색함으로써 인간의 자주적이고 창조적인 활동과 인간의 진정한 존재적 기초와 원칙을 발견하려고 하는 것이다. 이 순수 주관성은 모든 객관성을 낳는 기초이다. 서구 사상 중의 주체성 전환은 분명하게 근대성과 그 지식 계보에 대한 반성을 낳았고, 서술의 형식에서 헤겔의 형이상학 체계와 계몽운동의 '주체-객체'의 인식론 모델에 대한 비판과 거부로 표현되었다. 중국 근대 사상 속의 '주체성 전환'은 서구 사상의 영향(니체, 베르그손 등)을 받았지만, 중국의 맥락에서 문제는 여전히 문화 문제와 연관되었다. 동서문화 논쟁이 드러낸 것은 중국 근대 사상 중의 소위 '주체성 전환'이 단지 객관세계(자연과 사회)에 대한 인식에서 개체의 내재적 세계에 대한 세밀한 관찰로 전환하는 것만이 아니라, 하나의 문화적 전환 즉 서구 근대성에 대한 반성을 계기로 새롭게 중국 문화의 가치와 의미를 발견하는 것이었다. 주체성 문제는 여기서 결코 단순히 개인 주체성의 문제만이 아니라, 민족문화의 주체성의 문제이다.[87] 지식 문제와 문화 문제가 이처럼 불가분의 관계인 것은 마치 역사 서사와 과학 서사가 분리될 수 없는 하나인 것과 같다. 비교적인 시각에서 이런 '주체성 전환' 또한 똑같이 "본능, 신앙과 정감을 이성과 마찬가지로 중요하거나 혹은 이성에 비해 더 중요한 역량으로서 새롭게 드러나도록" 한다.[88] 지식 계보의 재구성은 유럽 근대성이 세계적으로 확장하는 전 지구화 배경과 직접적으로 연관된다. 하지만 유럽과 비교하여 중국에서 발생한 상술한 변화는 우선 전 지구적 시각 속의 문화 변천의 궤적을 의미한다. 이런 총체적 역사 변천에 대한 관찰은 자신의 문화에 대한 중국 사상가의 새로운 해석과 이해를 지배했다. 바로 이로부터 '주체성 전환'은 중국의 사상적 맥락에서 한편으로는 중대한 문화 민족주의의 의미를 지니고, 다른 한편으로는 문화 민족주의 또한 근대 자본주의 지구화 과정의 중국에서의 독특한 문화 표현으로서 유럽 근대성의 이론적, 실천적 전제를 계승하였다. 량수밍의 예는 충분히 중국 지식인이 자신의 전통을 회복하여 새로운 전 지구화 과정에 참여하려는 노력을 보여 준다. 주의해야 할 것은 동서문화 논쟁과 과현논쟁의 한 대표로서 량수밍, 장쥔마이는 모두 이후에 중국 근대 신유가의 선구적 인물로서 간주되었는데, 이것은 량수밍의 문화 이론, 장쥔마이의 '인생관' 문제가 신유가의 발전을 위해 이론적 전제, 지식적 준비와 기본적 시야를 제공했음을 의미한다. 그들이 신유가의 제1세대의 대가라는 것은 후대인의 진술에 불과하지만 말이다. 근대 지식 체계의 재구성이란 시각에서 보면, 나는 신유가의 대두를 중국 근대 지식 체계 형성 과정에서의 '주체성 전환'의 일부분이라고 생각한다. 이제 나는 '과현논쟁'의 지식 논쟁으로 들어가 이 '전환'의 세부와 그 과정을 관찰할 것이다.

제14장 지식의 분화, 교육 제도 개혁,
그리고 심성지학

지식 문제 속에 은폐된 문화

만약 동서문화 논쟁이 문화 범주로 지식 문제를 덮어 버린 것이라고 한다면, '과학과 인생관' 논쟁은 오히려 지식의 표상 속에 문화의 충돌을 은폐시키고 있다. 나는 기본적으로 '과학과 현학' 지식의 이원론과 '동양과 서양' 문화의 이원론 사이에는 모두 내재적이고 밀접한 관계가 있다고 본다. '지식 논쟁'의 형식을 채용하는 것은 문화 가치를 초월하는 '진리' 즉 '과학'의 승인을 전제로 할 뿐만 아니라, 이러한 특수한 논쟁 형식만이 '진리'에 도달할 수 있다고 승인하는 것을 전제로 한다. 지식 논쟁의 형식은 문화 충돌의 결과, 즉 지배적 지위의 문화가 보편적 문화가 된 결과에 불과하지만, 그러나 '지식' 형식은 또한 역사적으로 이러한 지식 형식을 생산했던 특정한 문화(서구 문화)와 결코 같다고 할 수 없다. 장쥔마이는 '인생관'이란 문제를 가지고 과학의 지식 계보를 비판하려 했지만, 실제로는 오히려 새로운 지식 분과를 위한 이론적 전제를 제공했다. 그 특징은 지식, 도덕, 감정 등의 영역을 이질적인 영역으로 나누어 일종의 분화라는 방식으로 지식의 계보를 다시 재구성했다는 것이다. 특별히 지적할 만한 것은, 장쥔마이의 지식 계보와 근대 사회의 노동 분업, 특히 근대 교육 제도의 재조직과는 밀접한 관계가 있다는 점이다. 따라서 그의 과학 계보에 대한 비판과 '분화'를 특징으로 하는 그의 지식 계보 재구성 활동은 단지 순수한 지적 활동이 아니다. 지식 계보의 합리적 분화는 우선 근대 사회의 합리화 기획이며, 그다음으로 근대화의 행동 강령으로 이해될 수도 있다. 장쥔마이가 '인생관' 문제를 통해 지식 계보를 재건하려 한 것은 '5·4' 이후의 교육 개혁, 특히 1920년대 초기의 학제 개혁과 내재적으로 호응한다. 서구 과학문명을 비판하는 과정에서 장쥔마이는 '심성지학'心性之學의 문제를 다시 새롭게 제기했고 근대 신유학의 대표로 널리 여겨지게 되었지만, 그의 '심성지학'은 이미 이학理學의 맥락을 벗어났다. 그것은 보편적 세계로서의 근대성의 위기, 즉 정치 영역의 국가주의와 민족주의, 경제 영역의 상공업 정책과 지식 영역에서의 과학주의를 겨냥하였다. '심성지학'은 장쥔마이의 서술 속에서 역사적 범주가 아니라 보편적 범주로 출현하였다. 따라서 '심성지학'이 구현하는 것은 특정 문화의 경향이 아니라 보편적 지식 체계의 가장 중요한 부분이며, 이 부분은 기타 지식 영역에 대해 지도적 의미를 지닌다. 간단히 말하면, 근대성 위기에 대한 장쥔마이의 진단은 근대성의 문화 기획과 행동 강령의 유기적 일부이다.

유럽 전쟁 이후 유럽 지식계에서 일어난 근대성에 대한 반성은 중국 사상계에서 모종의 방향 전환을 촉진시켰다. 량수밍, 량치차오 등은 과학 발전을 특징으로 하는 유럽 문명의 위기를 비판적으로 사고하며 마침내 다음과 같은 결론에 이르렀다. 즉, 과학은 더 이상 분명한 사회 변혁의 모델을 제공할 수 없고, 중국의 근대 사상도 자연과학의 형이상학 속에서 간단하게 지지를 얻을 수 없으며, 그들은 '도덕'—정치 도덕, 사회 도덕, 개체의 윤리 실천—의 기초를 반드시 새롭게 사고해야만 한다는 것이다.[1] 이제 나는 이 사상적 방향 전환이 사회의 제도적 실천, 특히 교육 체제의 개혁을 수반한다는 점을 논증할 것이다.

과학문명에 대한 비판적 사고는 상관된 두 방향 속에서 전개된다. 즉 문화적으로는 서구 문명과의 대비를 통해 중국 문화의 주체성을 수립하고 서구 문명의 보편적 의의를 부정한다. 지식적으로는 '과학과 인생관'의 이원화를 통해 윤리학과 심리학 및 기타 사회과학을 자연과학의 완전한 체계에서 점차적으로 분화시켜 과학의 공례公例, 혹은 과학 법칙의 보편적 의의를 부정한다. 이것은 실제적으로 지식 영역에서 인간의 주체성을 다시 세우는 작업이다.[2] 이 두 측면은 호응 관계이자 상호 부정적 관계를 지닌다. 왜냐하면 한편으로는 인생관의 제반 특징으로 중국의 문화 특징을 설명하지만, 또 다른 한편으로 인생관 문제는 일종의 보편적 문제로서 결코 어떤 문화를 특별하게 지칭하지 않기 때문이다.

보편적 문제(인생관)로 보편적 지식(과학)에 대항한 것이지, 특정한 문화(중국)로 우세한 문화(서구)에 대항한 것이 아니라는 점은 중국 지식인의 시각 속에서 이른바 '문명의 위기'가 이미 특정 문명의 위기가 아니라 전체 인류 문명의 위기임을 나타내며, 이는 량수밍의 이론 속에서 매우 분명하게 기술되고 있다. 이러한 의미에서 장쥔마이 및 그 지지자가 인생관 문제 혹은 현학의 문제를 제기하였으며 '시대' 특징에 대한 그들의 인식을 다음과 같이 보여 주었다.

이삼십 년의 유럽 사조는 이른바 '반기계주의'라고 해도 무방하고, '반주지주의'反主智主義라고 해도 무방하다. 또 '반정명주의' 反定命主義라고 해도 되며, '반비종교론'反非宗敎論이라고 해도 또한 무방하다. 만약 우리가 콩트의 삼분법으로 현시대의 특징을 본다면 '신현학 시대'라고 명할 것이다.[3]

'신현학 시대'는 또 달리 말하면 반과학 시대라고 할 수 있다. 1923년의 토론에서 과학에 대한 문제 제기는 일반적인 과학 및 그 결과에 대한 부정이 아니라 지식 영역에 새로운 기획을 추진하고자 한 것으로, 청말 이후 점차 형성되었던 완전한 과학 계보를 서로 다른 유형의 지식 계보로 분화시켜 '현학'을 이 지식 계보의 정점에 위치시킨 것이다. 지식 영역의 분화는 최초에는 과학 체계(분과 지식)의 분류학을 그 지식학의 기초와 전제로 삼았다. 그러한 분류의 완전한 체계 속에서 상이한 지식 영역은 어느 정도의 차이가 있었지만, 여전히 그 내재적 동질성을 지녔다. 내가 이미 논증했던 것처럼, 과학 체계를 최종적으로 서로 다른 영역으로 분화시키는 진정한 동력은 중국 지식인이 동서문화 충돌 속에서 중국 문화의 자주성을 찾고자 했던 노력이다. 지식 영역의 분화는 동서문화 이원론을 문화 동력으로 삼고, 최종적으로는 복잡한 형식으로 문화와 지식 사이의 은밀한 연계를 남겨 놓게 되었다.

지식 영역의 분화는 신속하고 간단한 방식으로 완성되었다. 자연 일원론을 기초로 하는 과학 계보 및 그 분과 원칙을 재검토하고, 연구의 중점을 심리학의 영역으로 바꾸었고, 경험주의 인식론과 감각론적 심리학을 날카롭게 비판하며 '과학적 지식론' 또는 '과학적 우주관'의 활용 범위에 대해 의문을 제기하였다. '5·4' 신문화운동 이후의 분위기 속에서 심리학 문제에 대한 관심과 당시 문학의 경향은 완전히 일치한다. 인간의 자아에 대한 심도 있는 분석이라든가, 인간의 감정에 대한 섬세한 탐색, 인간의 심리 동기에 대한 심도 있는 분석, 그리고 새로운 도덕 기초에 대한 꾸준한 사고가 그렇다. 엄정한 인과율과 필연성은 설령 포기될 수 없다 하더라도 제한되며, 개체의 창조성과 역사 생활과의 관계는 다시 새롭게 해석되어야 했다. 결국 자연과학의 방법과 규율은 도덕과 윤리의 기초를 더 이상 충분하게 제공하지 못하며, 자연과학의 발전을 특징으로 하는 서구 문명도 더 이상 문화의 모범이되지 못했다. 중국인은 주체 방면으로 돌아갈 필요가 있을 뿐만 아니라 자신의 문명 속에서 근대 문명의 위기를 해결할 길을 찾을 필요가 있었다.

따라서 '동서' 문화 이원론과 '과현' 지식 이원론의 관계는 매우 밀접하다. 인간의 내재성과 주체성에 관한 사고는 근대(서구) 문명 위기에 대한 반성에서 직접 기원한다. 왜냐하면 이러한 문명은 인간의 자유를 억압하고 규범화하는 '물질적' 문명으로 이해되기 때문이다. 「인생관과 과학을 재론하며 아울러 딩원장에 답한다」(再論人生觀與科學幷答丁在君)라는 글에서 장쥔마이는 정신문명과 물질문명의 이원론을 다시 해석하였다. 그는 비록 모든 문명 속에 정신과 물질의 구분이 있다고 하더라도, 이러한 이분법이 중·서 두 문명을 지칭할 때는 오히려 명확한 규정성이 있다고 지적한다. 수사학 측면에서 이원론은 문화의 차이를 중점적으로 서술함으로써 자신의 문화적 주체성을 세우고자 하는 노력을 포함한다. 따라서 문화 주체성의 기초는 자신의 역사가 아니라, 다른 문화(세력이 강한 문화)와의 대비 관계이다. 바꾸어 말하면, 동서 이원론을 일종의 구조적 역량으로 삼는 것은 중국 문화 혹은 서구 문화를 객관적 혹은 주체적 대상으로 삼는 것이 아니라 동/서 관계 자체를 대상으로 삼는 것이다. 즉 동서 관계는 일종의 순수한 '관계 성질'을 지니고 있어 상대방을 벗어나 자신의 주체성 혹은 객체성을 세울 수 없다. 이러한 관계 속에서 문화의 자주성, 이질성, 신비성은 탈각되고 '관계' 자체가 우선적이고 지배적인 힘이 된다. 문화의 이원론에서 지식의 이원론으로의 이행은 더욱 진일보한 것이다. 왜냐하면 후자는 철저하게 문화의 역사성을 지워 버리기 때문이다. 지식의 이원론 속에서 '관계'는 일종의 형이상학적 구성이며, 주체와 객체 모두 등급 관계로 받아들여진다. '인생관' 영역을 하나의 독립 영역으로 세우는 것은 주체 자체를 '과학' 및 그 규율의 제약을 받지 않는 자주적 주체로 삼고자 하는 노력이다. 그러나 이러한 영역을 인문 영역이나 사회과학 영역처럼 과학과 구분되는 특정한 지식 영역으로서 확립할 때, 이 영역 자체는 또다시 주체 및 그 '인생관'을 단순한 대상으로 드러냄으로써 '지식'의 등급 체계 속의 존재물이 된다. 따라서 '인생관 문제'의 역설은 바로 여기에 있다. 인간의 활동 및 그 의지의 자주성, 무규율성, 자유 본질을 어떻게 강조하든 간에, '인생관'이 '과학' 영역과 구분되는 영역으로 제기될 때, 이미 그 자유 본질은 지식 활동의 대상이 되어 '지식'의 계보 속에 배치된다는 것이다.

장쥔마이의 논법에 따르면 서구 문명이 물질문명인 까닭은 다음 네 가지 특징에 의해 결정된다. 첫째, 역학 기계주의로 생물, 심리, 심지어 인생의 모든 현상을 해석한다. 둘째, 학술 발전의 중점이 '유형적인 제작'에 놓여 있어 국가가 '발명'의 보호자 역할을 충당한다. 셋째, 전국의 지력, 재능을 모두 국내 공업과 국제 무역에 쏟는다. 넷째, 국가가 영토를 확장하고 부를 쌓는 것을 유일한 정책으로 삼아 마침내 경제적, 군사적 식민을 만들어 낸다.[4] 이와 대조적으로 중국 문명도 네 가지 상응하는 특징이 있다. 첫째, '유일한 종교를 갖고 있지 않기에' 자연에 대한 연구가 결핍되어 있다. 둘째, 농업을 기초로 나라를 세운 까닭에 상공업, 공업이 발달하지 않았다. 셋째, 쇄국정책으로 경제적, 군사적 식민주의가 존재하지 않는다. 넷째, 인생관 측면에서 중용을 숭상하여 기계주의와 목적론이 없을 뿐만 아니라 개인주의와 사회주의도 없다.[5] 바꾸어 말하면, 중국 정신문명은 여기서 서구 근대성의 대립물로 상정되었을 뿐만 아니라, 서구 사상과 사회구조 방식과 판이한 근본 원칙을 제공한다.

중국의 사상계에 대해 말하자면 이러한 반성의 시대적 의의는 분명하다. 서구 근대 문명은 중국 사회 개혁의 모범이 될 수 있는가? 문화의 발전은 진화의 서열 위에 있는 것인가? 그러나 나의 분석의 중점은 문화와 지식의 긴밀한 연계를 제시할 뿐만 아니라 지식이 어떻게 문화에서 분화되어 나오는가를 밝히는 데에 있다. 설령 이러한 분화가 철저하게 실현된 적이 없었다고 해도 말이다. 나는 주로 다음과 같은 세 층위에서 '분화' 개념을 사용한다. 우선 지식은 어떻게 문화 속에서 '분화'해 나오는가, 다음으로 도덕, 심미 영역은 어떻게 보편적인 과학 계보 속에서 '분화'해 나오는가, 셋째, 이러한 사상 영역의 '분화'와 사회체제의 변화의 관계는 어떠한가. 따라서 일종의 역사 현상과 이론적 시각으로서의 '분화' 개념은 '과학과 인생관' 논쟁을 해석할 핵심 중 하나라고도 말할 수 있다.

장쥔마이는 처음부터 '과학과 인생관'의 대립 관계 속에 문제를 두고, '인생관'의 자주성, 다양성, 우연성, 단일성을 통해 보편주의의 '과학'을 반대하는 것이 목적이었다. 왜냐하면 '과학'은 '세계주의'로, 종족 문화를 구분 짓지 않기 때문이다. 예를 들어 "천문학은 세계의 공통된 것으로, 영국 천문학, 프랑스 천문학이란 걸 들어 보지 못했다."[6] 한편 '정신과학'을 예로 들면 정치학, 경제학, 심리학, 사회학 등등은 오히려 '견고한 원칙'이란 것이 없다.[7] 주의할 것은 장쥔마이는 중국의 문화가 덕화德化의 대동大同이며 종족의 분립을 반대한다고 거듭 천명했지만, 그의 '문화' 개념은 량수밍과 마찬가지로 오히려 '민족' 혹은 '종족'을 기본 단위로 한다는 점이다. 바꿔 말하자면 '인생관'의 다양성은 '민족' 문화의 다원성과 직접 상관되는 것으로, 인생관과 민족관계가 구성되는 과정을 논하기 전에 이미 '민족'은 인생관의 유기적 내용이 되었다. 정신의 다양성으로 과학의 보편성에 대항하고, 다원적인 문화와 역사로 '과학문명'(서구 문명)의 보편적 의의에 대항하며, 주체의 차이 원칙으로 '과학'의 동일 원칙 혹은 일반 법칙에 대항하는 것, 이것이 대칭적인 수사법을 사용한 '과학과 인생관'의 역사적 의미이다. 우리는 장쥔마이의 '인생관' 문제를 차이와 우연성을 탐색하는 노력으로 간주할 수 있다. 이러한 차이와 우연성을 특징으로 하는 문화관과 사회관 속에는 진화의 필연 법칙이 없으며 발전의 역학 법칙도 없다. 만약 그의 인생관 문제와 잠재적 '민족문화'의 전제 관계를 고려한다면, 다양성·우연성·차이성의 인생관 문제와 보편성·필연성·동일성의 '과학'에 대한 대항은 약세 문화와 민족의 '보편적 문화'에 대한 거부를 은연중에 함축하고 있는 것이다. 따라서 '인생관 문제'는 민족주의 지식의 전제가 될 수 있다.

과현논쟁 속에서 현학파가 직접 토론한 것은 개체의 감정, 심리와 창조성 등의 문제이지만, 그들이 (민족)문화의 자주성 및 도덕, 사회와 국가의 구성 원리에 더욱 주목했다는 것은 절대 이상하지 않다. 한편으로 개인은 과학 세계관의 틀에서 해방되어 나올 필요가 있으며, 또 한편으로 개인과 타인, 자기 민족과 타민족, 자신의 국가와 타 국가가 함께 연계된 원칙을 새롭게 이해할 필요가 있다. 이러한 원칙은 일종의 집단생활의 원칙으로 물론 개인 생활에 우선한다. 바로 이런 의미에서 '인생관'은 '나'와 '타자'의 관계, 즉 혈연관계에서 사회관계,

자연 관계까지 포함한 관계로 정의된다. 실제로 동서문화 논쟁의 쌍방은 물론 과현논쟁의 쌍방 모두 문화, 도덕, 사회와 국가 문제에 관심을 두었다. 이 두 논쟁은 같은 배경하에서 새로운 사회 윤리와 도덕 실천의 문제를 제기하였다.

그러나 차이는 여전히 분명하다. 동서문화 논쟁은 이 문제를 문화의 범주 속에 두고 사고했지만, 과현논쟁은 지식의 범주에서 검토하였다. 전자에게 논쟁의 핵심은 어떤 문화 및 그 가치를 도덕과 심미의 기초로 삼는가이며, 후자에게 토론의 중심 문제는 도덕, 심미의 기초는 과학의 영역인가 아니면 인생관의 영역인가 하는 문제였다. 량치차오, 장쥔마이 등은 주체 및 그 내재 세계의 독특성을 출발점으로 삼아 사회생활과 도덕 생활의 원칙을 새롭게 해석하고자 했지만, '주체로 돌아가자'는 이러한 노력은 원자론적 개인 관념과는 상관없다. 왜냐하면 '정신' 혹은 '인생관' 범주와 대립되는 '과학' 범주는 단순한 지식 체계일 뿐만 아니라 특수한 문명 유형이기 때문이다. 따라서 '정신' 혹은 '인생관'은 '과학' 밖의 추상 영역일 뿐만 아니라 특수한 문명과 문화의 특징이다. 18세기 유럽 계몽철학에서 윤리 실천 문제는 원자론의 유추와 서로 관계가 있다. 즉 "자연에 의해 규정된 개인은 원시적이고 이미 부여된 사실이며 간단하고 자명한 사실이다. 개인을 초월하는 모든 관계는 반드시 개인을 해석의 출발점으로 삼아야 한다."[8] 그러나 비록 후밍푸처럼 그렇게 실증주의의 기본 원칙을 견지했던 사람도 개체가 아니라 '관계'를 과학 인식과 윤리 실천의 중심에 놓았다. 이제 과학 세계관에 대한 비판을 통해 현학파는 주체의 측면에서 도덕의 기초를 찾았다. 한편으로 이것은 민족문화의 주체성 재구성과 직접 관련되며, 또 한편으로는 유럽 개인주의 문화와 과학문명의 위기를 겨눈 탐색이기도 하다. 이런 의미에서 현학파의 논리는 내재적 모순을 지닌다. 즉 그들은 개체의 심리, 정감, 창조성을 토론하지만, 오히려 이런 개인 주체성으로 개인주의 문화의 위기를 해결하고자 한다.

특히 주의할 것은 과현논쟁 속에서 역사 문화의 문제는 결국 추상적이고 보편적인 지식 문제로 변해 버리고 근대 서구 철학의 토론 방식을 취했다는 점이다. 문화 정체성 문제는 점차 지식 문제로 대체되었다. 나는 이러한 과정을 '분화' 과정이라고 본다. 인생의 의의, 도덕의 본원, 심리와 감정의 본체는 더 이상 문화의 가치 및 제도적 실천 속에서 수립되지 않으며, 심리학·윤리학·미학 등의 지식 영역 속에서 그 답을 찾아야만 한다. 지식은 이제 더 이상 문화의 부속물이 아니며, 그 자체로 자주성, 즉 자신의 문제와 언어, 논리를 획득한다. 도덕의 수호는 더 이상 문화와 그 가치의 수호가 아니라, 과학 지식과의 관계 속에서 도덕 영역의 자주성을 굳게 지켜 과학 인식과 병행하는 자주적 도덕 지식 영역을 형성한다. 그 결과는 바로 다음과 같다. 사회생활 속에서 도덕과 정감의 요구는 도덕 영역의 자주성에 관한 지식 탐색으로 바뀐다. 보편적 과학 지식 체계는 통약 불가능한 자주성을 지닌 상이한 영역으로 분화하기 시작한다.

과현논쟁은 문화 논쟁을 학술 논쟁으로 바꾸었지만, 문화를 초월한 지식 형식이 문화 문제를 해결할 수 있다는 신념을 전제로 하고 있다. 보편주의의 '지식'은 모종의 '인간의 본질적 특징'을 추정하고, 또한 이러한 '본질'의 구조를 자신의 구조로 삼는다. 이것은 분명히 '계몽' 역사의 결과이다. 그러나 역사학적 의미에서 이러한 지식 형식 자체는 결코 문화를 초월한 것이 아니다. 왜냐하면 문화를 초월하는 지식 형식은 단지 유럽 사회의 과학, 인문과 사회과학 지식일 뿐이기 때문이다. 따라서 일단 논쟁의 '과학' 방식을 보편적으로 적용되는 중립적 방식으로 간주하면, '서구'의 방식은 곧 보편 원칙의 지위를 점하게 되며 기타 문화 가치에 대한 서구의 '과학 원칙'의 우월한 지위도 또한 확립된다. 이후의 단락에서 우리는 서구의 '과학 원칙'이 최종적으로 중국의 교육 체제와 학술 분과 체계 속에 관철되어 체제화의 방식으로 그 우월한 지위를 확립하는 것을 볼 것이다.

명제의 측면에서 보면 과현논쟁은 거의 19세기 유럽 철학을 관통하는 주요 의제의 반복으로 독창성이 없다고 말할 수 있다. 딩원장의 지식론이 주로 영미 경험주의 철학과 지식론에서 온 것이라고 한다면, 장쥔마이의 이론적 자원은 주로 일찍이 그가 유학했던 독일에서 온 것이다. 입헌주의자 장쥔마이의 정치사상은 줄곧 영미 정치철학의 영향을 받았다. 그런데 1913년에서 1915년 사이 그는 베를린대학 정치학과에서 수학하면서 독일 철학과 사회주의 사조를 이해하기 시작했으며, 1918년 량치차오의 요청으로 함께 파리강화회의에 간 것을 계기로 다시 유럽을 방문하였다. 1920년 새해, 그는 독일에서 루돌프 오이겐을 만나 그의 신도가 되고, 오이겐을 통해 칸트, 헤겔 등 독일 철학가에 커다란 흥미를 느끼게 된다. 이러한 흥미는 중요한 결과를 낳았는데, 그것은 바로 그가 독일 이성주의를 통해 중국의 지식 계보와 교육 체계를 새롭게 기획하려 했다는 것이다. 이러한 배경하에서 우리는 장쥔마이가 딩원장과 서로 서구의 학술 성과를 '표절했다'고 질책하는 다음과 같은 말을 이해할 수 있다. 그는 마지막에 이렇게 말한다.

> 오늘날 중국에 학문가라고 칭해지는 사람 중에 진정 발명이란 것을 한 사람이 있던가? 모두 외국 사람의 말을 본뜨고 있을 따름이다. 각자 책을 읽고 기질에 맞는 것을 취해서 주장한다. 그러나 똑같은 표절이라 해도 표절하지 않는 부분도 있으니 각자 자유롭게 선택할 수 있다. 후스가 언제 듀이를 표절하지 않은 적이 있던가? 공산당이 마르크스를 표절하지 않은 적이 있던가? 내가 볼 때 오늘날 표절은 폐단이 아니다. 오직 딩원장은 이미 표절하지 않겠다고 표방하였으나, 그의 글에서 타인의 판권을 무시하는 것이 이 지경에 이르렀다.[9]

심지어 그는 더 나아가 딩원장과 자신의 차이를 학문상의 원리로 보면 거의 영국 경험주의와 독일 이성주의의 차이라고 말한다. 비록 그 스스로는 "융회하여 관통함으로써 영국과 독일을 넘어서 스스로 일가를 이루기를"[10] 기대했지만 말이다. 만약 량수밍의 동서문화론과 비교해 본다면, 매우 분명한 것은 문화 범주로서의 중국과 서구가 이미 '영국 경험주의'와 '독일 이성주의'에 그 자리를 내주고 있다는 점이다. 과현논쟁이 시작된 지 얼마 지나지 않아, 뤄즈시羅志希는 『과학과 현학』이라는 책에서 딩원장과 장쥔마이의 논쟁의 주요한 차이를 다음과 같이 귀결했다.[11]

딩원장의 경향	대	장쥔마이의 경향
로크의 경험론 Lockian Empiricism		칸트의 이원론 Kantian Dualism
마흐—피어슨 지식론 Mach-Pearsonian		드리셰의 생기론 Drieschean Vitalism
헉슬리의 불가지론 Huxleyean Agnosticism		오이겐의 정신론 Euckenian Spiritualism

장쥔마이는 독일 유심주의 철학에 근거하여 영미 사상과 구분되는 지식 모델을 중국에 제공하고자 했고, 이를 근대 중국의 지식 계보, 도덕 계보와 교육 체제의 전제로 삼고자 했다. 여기서 문제는 서구 학술의 성과를 채택했는가의 여부가 아니라 다음과 같은 질문에 있다. 왜 중국 사회의 문화 문제를 심리와 물리, 직관과 이성, 도덕과 인식 등의 특수한 지식의 범주로 파악해야만 하는가? 어째서 중국 사회 및 문화 관련 문제의 토론이 서구의 서로 다른 학술 파벌 간의 이론적 차이로 변화했는가? 과현논쟁의 모델에서 중체와 서용의 차이, 동양 문명과 서양 문명의 대치는 이미 부차적인 지위로 물러났고, 그것을 대신하여 과학과 현학, 물리와 심리, 이성과 직관의 대립이 생겨났다. 이러한 대립은 문화의 차이를 초월한 대립이자 동양과 서양 모두에 존재하는 대립이며 우주의 존재 방식이자 일종의 이원 대립이다. 이러한 이원 대립에 근거한 결론은 어떤 문화와 어떤 사회에 대한 결론이 아니라 전체 인류 문명에 대한 결론이다.

바꿔 말하면 지식 문제로 문화 문제를 대체한다는 것은 다음과 같은 의미를 갖는다. 그것은 바로 특정 역사와 문화에서 형성된 지식은 보편적 지식이며 이러한 지식이 해결해야 하는 것은 보편적인 인류 문제라는 것이다. '보편적 인류 문제'는 필히 '보편적' 논쟁 방식(즉 과학적 방식)과 '보편적' 개념과 언어로 표현해야 하며, 이러한 '보편적' 요소는 "외국 사람의 말을 베끼는" 것을 통해서만 가능하다. 분명 '지식 논쟁'의 형식을 채택한 것은 문화의 가치를 초월하는 '진리' 즉 '과학'의 승인을 전제로 한다. 또한 '과학'과 "외국인의 말을 베끼는" 논쟁 형식의 관계는 다음과 같은 사실을 나타낸다. 즉 지식 논쟁의 형식(서구 과학의 형식)을 취하기 전에 우리는 이미 이러한 형식만이 충분히 '진리'에 도달할 수 있다고 승인했다. 따라서 문화 간의 차등 관념은 이러한 보편적 혹은 '과학적' 논쟁 형식을 통해서 합법화되었다. 여기서 분명한 역설은 토론의 출발점은 '차이'를 찾는 것이었지만, 토론 방식은 오히려 보편성을 위한 토대를 만들었다는 것이다.

이러한 의미에서 지식 문제는 문화의 충돌을 은폐했을 뿐, 충돌의 문화적 함의를 바꾸지도 않았고 바꿀 수도 없었다. 지식 논쟁의 형식은 문화 충돌의 결과에 불과하다. 즉 지배적 지위를 점한 문화가 보편적 문화로 된 결과이다. 나는 장쥔마이 등이 벌인 과학의 보편성을 거부하는 투쟁을 일종의 문화 투쟁, 즉 서로 다른 문명 사이의 차등 관념을 승인하지 않으려는 투쟁으로 이해한다. 하지만 이러한 반항의 방식은 이미 투쟁의 결말을 결정했는데, 왜냐하면 '반항'은 상대방의 규칙을 보편 규칙으로 승인하는 것을 전제로 진행되기 때문이다. 바로 이러한 의미에서 일단 '과학' 및 그 방식의 보편성을 승인하면 문명 사이의 차등 관계는 곧 결정되어 버린다.

그러나 이러한 모든 것이 다음의 사실을 말살해서는 안 된다. 근대성의 전 지구적 확장 속에서 중국 지식계는 자신의 문화 자주성을 지키기 위해 노력했다는 사실을 말이다. 이러한 노력은 량수밍처럼 더 이상 그렇게 '문화'와 그 차이에 호소하지 않고 '정신'의 자주성에 호소한다. 그러나 이 두 가지 방향은 모두 근대성에 대한 비판이다. 장쥔마이의 다음 결론은 량치차오, 량수밍과 별반 차이가 없다.

> 나의 뜻은 제군들이 향후 발전의 경로를 잘 알아 앞 사람의 전철
> 을 밟지 말라는 것이다. 무슨 국가주의, 군벌주의, 공상주의工商
> 主義든 모두 과거가 되었다. 사상적 측면에서, 만약 실용적인 과
> 학 지식에만 전적으로 기대어 형이상학을 망각하고 정신을 망각
> 하고 예술을 망각한다면, 결코 국가의 앞날에 복이 되지 못할 것
> 이다. 오늘날 구미의 선각자들은 정신적으로는 내면생활을 제창
> 하고 정치적으로는 국제연맹을 제창하고 있는데, 이런 사람들은
> 이미 소수가 아니다. 우리 중국 사람들이 이에 어떻게 호응할 것
> 인지를 보면 반드시 새로운 경계에 이르게 될 것이다. 그러나 아
> 시아와 아메리카 두 대륙의 중국과 미국은 땅이 넓고 물자가 풍
> 부하여 땅이 좁고 나라가 많은 유럽과는 다르기 때문에 대동주
> 의를 제창하기에 적합하다. 윌슨이 국제연맹에 열심이고 우리
> 중국의 대동사상이 발달한 것은 그에 대한 방증이다.[12]

장쥔마이의 판단은 논의해 볼 점이 상당히 많지만, 당시 지식계의 중요한 동향에 반응한 것이기도 하다. 근대 사회의 위기를 반성하는 과정에서 다시 전통으로의 회귀는 분명 량치차오, 량수밍, 장쥔마이 및 『학형』學衡파의 공통된 경향이다.

예를 들어 이 논쟁을 일으킨 첫 번째 글인 「인생관」의 후반부에서 장쥔마이는 과학과 인생관의 여러 대립을 열거한 후 다음과 같이 말한다.

> 공자·맹자부터 송·원·명의 이학가理學家에 이르기까지 내면 생
> 활의 수양에 치중한 결과 정신문명이 되었다. 300년간 유럽에서
> 는 인간의 힘으로 자연계를 지배하는 것에 치중한 결과 물질문
> 명이 되었다.[13]

이는 분명 두야취안 등의 관점과 중복된다. 그는 또 말한다.

바야흐로 국내에서는 신문화를 떠들어대고 있지만, 문화 전환의 핵심은 인생관에 있다. 우리는 우리의 문화가 있고 서양은 서양의 문화가 있다. 서양의 유익한 점을 어떻게 가져오며 유해한 것을 어떻게 피할지, 우리 중국의 유익한 점을 어떻게 보존하고 유해한 것을 어떻게 없앨지, 이러한 취사 여부는 모두 관점에 달려 있다. 관점이 정해진 이후에 정신 사조나 물질적 제도가 모색될 수 있는 것이다. 이처럼 인생관은 문화와 연계되어 있기에 이는 중대하다.[14]

이는 직관, 자유의지 등 추상적 철학 범주가 '문화와 관련되어 있다'거나, 혹은 문화가 이러한 범주에 실천적 내용을 제공한다는 것을 의미한다.

이는 지식 논쟁이 은연중에 담고 있는 '동서 문화' 문제를 나타냈다. 바꾸어 말하면, 장쥔마이는 '인생관' 문제의 탐색을 통해 도덕, 감정, 심미 등의 영역을 '과학 계보'로부터 분화시키고자 시도하였다. 이러한 분화 과정은 심리학, 윤리학, 사회학 등 지식 영역의 특성과 관련되며, 나아가 인문과학과 사회과학의 자주성에 이론적 전제를 제공했다. 그러나 '인생관' 문제를 토론하는 의의는 결코 여기에 한정되지 않는다. 더욱 중요한 의미는 과학 지식 및 그 법칙에서 독립하여 다른 지식을 제공할 수 있는가의 여부에 있다. 이러한 지식은 분명 윤리학의 기능 혹은 종교를 대체하는 기능이 있다. 만약 우리가 문화의 위기를 가치의 위기로 이해한다면, '인생관' 문제에 대한 사고는 형이상학적 방식으로 이러한 '가치의 위기'를 해결하려는 시도인 셈이다. 지식에서 차이를 찾는 노력은 문화의 차이를 증명하는 것일 뿐만 아니라, 또한 새로운 사회 문화의 경향을 논증하는 것이기도 하다. 이러한 경향은 대체로 다음을 포괄한다. 군자의 자기를 위한 학문으로 부귀공명과 싸우는 것, 심미와 예술의 태도로 눈앞의 이익에만 급급해하는 태도와 싸우는 것, 생명 의지로 지식의 필연성에 대항하는 것, 정신의 자주성으로 물질문명 및 기계주의에 대항하는 것, 대동주의 또는 국제주의로 국가주의 또는 제국주의에 대항하는 것.

이상의 논의가 말하는 것은, 인생관 문제에 대한 논의든, 문화 및 그 차이성의 견지이든, 모두 정치적 선택이라는 의미를 포함한다는 것이다. 따라서 인생관 문제와 문화 문제는 모두 추상적 철학의 문제가 아니다. 비록 이러한 추상적 토론이 후에 분명 지식학에 있어 매우 좋지 않은 결과를 낳을지라도. 역사 발전의 필연성을 해소한다는 것은 일종의 반동, 신문화운동 및 그 가치관에 대한 반동을 의미한다. 군주, 민주이든 자본주의, 사회주의이든 모두 역사 속의 우연적 현상에 불과한데, 어째서 중국은 반드시 이러한 길로 가야만 하는 걸까? 이에 장쥔마이는 다음과 같이 말한다.

그러므로 인생은 변화하고 활동하며, 자유이고 창조이다. 오직 이와 같으니 군주니 민주니 하는 것을 논리학의 세 법칙인 동일, 모순, 절충으로 따져 본다면 누가 합리와 불합리를 증명할 수 있겠는가? 논리학의 두 가지 방법인 귀납과 연역으로 누가 그 선후의 발생 관계를 추정할 수 있겠는가? 자본주의든 사회주의든 논리학의 세 법칙으로 묻는다면 누가 그 합리와 불합리를 증명하겠는가? 논리학의 두 가지 방법인 귀납과 연역으로 누가 그 선후의 발생 관계를 추정할 수 있겠는가?[15]

이는 바로 인생관 문제가 은연중에 담고 있는 정치성이다. '5·4' 문화 논쟁 이후, 중국의 지식계가 주목한 문제는 '문화'에서 '정치'로의 전환이며, 지식 논쟁의 배후에 은폐되어 있는 문화도 나날이 정치적 선택과 밀접해졌다. 역사 필연성의 거부가 동시에 특정 정치 주장에 대한 비판, 예컨대 마르크스주의에 대한 비판이라는 점은 이미 분명한 사실이다. 모종의 측면에서 이는 문화 선택에서 정치 선택으로 중국 지식계의 중심 문제가 심각한 변화를 겪는 중임을 나타낸다. 예를 들어 군주, 민주, 자본주의, 사회주의 등 근대 세계 속의 '보편' 문제는 문화 선택의 내적 함의를 대체해 가는 중이다. 중국은 근대 세계의 '전지구화' 역사 과정으로 편입되면서 근대 세계가 직면한 '보편' 문제에 직면했는데, 이러한 '보편' 문제는 '보편'적 지식 형식으로 표현되어야 한다. 두말할 필요 없이, 이러한 '보편'적 지식 형식은 전통적 지식 형식의 유효성의 상실과 중단을 나타내며, 또한 외래의 역사 및 그 지식 형식이 '우리'의 역사 및 그 지식 형식으로 되었음을 나타낸다. '근대성'의 전 지구적 확장은 그 합법성과 합리성을 제공하는 '근대성'의 지식 계보를 필요로 한다. 이러한 지식 계보는 인간, 사회, 역사와 자연에게 새롭고 완전하고 보편적인 서사 질서를 제공한다. '과학과 인생관'의 논쟁은 바로 이러한 배경 속에서 발생한 것이다.

장쥔마이와 지식 분화의 주체성 문제

근대 과학 및 공업, 경제, 국가 등등 과학적 방식에 따라 진행한 실천들은 근대 생활에 거대한 영향을 미쳤고, 그리하여 과학적 방식으로 인간의 생활을 지도하고 생활의 의미를 결정하고자 노력했다. 분명한 것은 과학의 이러한 역할은 겨우 '근대' 시기에서 시작되었지만, 인간의 생활을 지도하고 생활의 의의를 결정하는 일종의 역사적 실천은 예로부터 존재했다. 따라서 근대성의 함의 중 하나는 바로 상술한 생활 영역에서 과학 및 그 방식이 낡은 세계관을 대체하고 세계를 관찰하고 이해하는 기본 원칙이 되었다는 것이다. 베버는 이러한 과정을 '탈주술화'라고 칭했다. 그것은 '합리적' 경험 지식이 새롭게 세계를 해석하고 세계의 각종 현상을 인과관계의 기제 속에 넣었음을 말한다.

이런 의미에서 과학 및 그 활용 범위에 대한 장쥔마이의 문제 제기는 인간의 일상생활 영역에서 과학의 지도적 능력의 결핍을 명확히 지적한다. 따라서 그가 해야 할 일은 흡사 상반된 노동, 즉 일상생활 영역에서 인과관계의 기제를 제거하고 이러한 인과관계를 완전한 허구로 간주하는 것이다. 일상생활 영역은 반드시 다시 신비적, 비결정론적 범주 속에 놓여야 한다. 이처럼 지식 방면에서 그의 노력의 결과는 바로 사회, 도덕, 신앙, 심미 등의 영역을 위한 자주권을 쟁취했다는 점이다. 심리의 자주성에 상응하여 우리는 자주적인 심리학을 갖는다.

사회의 자주성에 상응하여 우리는 자주적 사회과학을 가지며, 심미의 자주성에 상응하여 우리는 자주적 예술을 갖는다. 신앙의 자주성에 상응하여 우리는 자주적 종교를 가지며, 도덕의 자주성에 상응하여 자주적 윤리학을 갖는다…. 이러한 생활 영역은 보편성 속에서 분화되어야 하며, 이러한 지식 영역은 과학의 계보 속에서 독립해야만 한다.

하지만 장쥔마이의 사상적 노력은 좀 더 근본적인 역설에 부딪히게 된다. 즉 그가 과학 및 그 대상과의 차이 속에서 인간의 주체성을 확립할 때, 동시에 자연 및 그 존재물은 자주성이 없는 '객체' 혹은 '대상'이 되어 버린다. 그리하여 인간의 자유의 또 다른 면은 인간의 대상의 부자유, 즉 인간이 창조한 기술에 의해 규획되고 이용되고 연구될 수 있는, 자주성이 없는 객체이다. 인간이 과학과 기술의 제약을 벗어났을 때, 그는 과학과 기술의 지배자로서의 지위가 확정된다. 그러나 과학기술 사상 확립의 전제는 곧 주체로서 인간의 권위와 자유, 우주 속의 인간의 주재적 지위이다.[16] 따라서 장쥔마이의 사상을 연구할 때 우리는 다시 이 문제를 되물을 수밖에 없다. 분화, 그것은 무엇으로부터의 분화인가? 자주성, 그것은 어디에서 생긴 것인가? 독립성은 누구로부터의 독립인가? 장쥔마이 사상의 역사적 함의는 이러한 문제들 속에 감추어져 있으며, 심지어는 그 자신조차도 알지 못했다. 이 문제에 답하기 위해서 우선 그의 사상의 추론 과정부터 살펴보겠다.

1. 심리학에 대한 인문주의 해석

빈델반트Wilhelm Windelband는 일찍이 19세기 철학 운동의 요소를 하나의 문제로 귀결시켰다. 즉 현상계의 자연과학 개념이 전체 세계관과 인생관에 대해 응당 얼마나 큰 의의를 지녀야 하는가의 문제이다.[17] 유럽 17세기 형이상학과 18세기 계몽철학은 주로 자연과학 사상의 지배를 받았다. 현실 세계가 보편적으로 규칙에 부합한다는 관점, 우주 변화의 가장 간단한 요소와 형식의 탐색, 전체 변화의 기초 속에서 불변하는 필연성에 관한 통찰 등, 이러한 모든 요소가 이론 연구를 결정하였고 또 모든 사물을 판단하는 관점을 결정하였다. 즉, 특수한 사물의 가치는 '자연의 사물'을 표준으로 삼아 가늠해야 한다는 것이다.

그러나 이러한 기계론적 세계관은 독일 철학의 저항을 받게 되었다. 즉 과학 방법으로 얻어낸 모든 지식은 단지 현상 형식에 불과하며, 내면세계가 합목적적으로 발전하기 위한 수단에 지나지 않는다는 것이다. 특수 사물에 대한 진정한 이해는 합목적적인 생활로 연계된 전체 속에서 그 해당 사물이 지니는 의의를 필히 결정해야 한다.[18] 바꾸어 말하면, 정신생활은 어떤 의미, 어떤 범위 내에서 자연과학의 인식 방식에 종속되고, 19세기 유럽의 사상 충돌의 핵심 문제를 구성하였는가? 심리학의 임무, 방법, 체계, 의의 등의 문제를 둘러싸고 벌어진 격렬한 논쟁은 바로 이러한 배경하에서 생긴 것이다. 예를 들어 존 스튜어트 밀은 관념과 경험론의 측면에서 흄의 연상심리학의 관점을 가져온다. 그가 보기에 사람들은 물질 자체와 정신 자체가 과연 무엇인지 질문할 필요가 없으며, 반대로 다음과 같은 사실에서 출발해야 한다. 물질 상태와 심리 상태는 두 가지 완전히 비교할 수 없는 경험 영역으로 나타나는데, 정신생활 규율에 관한 과학인 심리학은 정신이 구성하는 사실 자체를 연구해야지, 이 사실들을 다른 존재 영역의 규율에 귀속시킬 수 없다.[19]

흥미로운 것은 장쥔마이가 바로 밀의 심리학 문제를 빌려와 그의 '인생관' 문제를 제기하고 기계론적인 과학적 우주관에 도전장을 내밀었다는 점이다. 좀 다른 점이라면 밀은 심리학을 순수한 경험 연구에 국한시켜 문제와 방법의 기본 원칙에서 완전히 철학과 분리시켰다. "그것은 관념과 충동의 기계 작용이 정신 변화를 해석하는 유일한 원칙임을 인정했다. 그 인식론의 기초는 그야말로 철저한 실증주의인 것이다."[20] 바로 이 때문에 19세기 일반적인 과학 관계 속의 특색 있는 변화는 심리학이 철학으로부터 벗어났다는 점이다. 왜냐하면 그것은 스스로 순수 경험과학의 입각점을 확립하고자 할 때 처음부터 과학 방법의 침투를 막아낼 힘이 없었기 때문이다. 과학 방법에 근거하여 심리학은 생리학, 혹은 일반 생리학 중의 한 전문 학과로 되어야만 했다.[21]

그러나 장쥔마이가 밀과 윌리엄 제임스의 심리학을 빌려 논증하려 했던 것은 오히려 '인생관' 혹은 정신 영역, 사회 발전과 문화 변천의 기본 원칙, 즉 형이상학, 생명 의지와 자아의식인데, 그 핵심은 인간의 자유의지이다. 장쥔마이는 심리학을 순수 경험 연구에 국한하려 하지 않았다. 오히려 그는 심리학과 기타 과학과의 차이를 통해 '현학'의 필요성을 논증하여, 방법과 원칙의 측면에서 실증주의 과학에 의해 훼손되었던 형이상학과 자유의지의 존엄성을 회복시키고자 했다. 따라서 그의 이론 경향은 칸트, 피히테, 쇼펜하우어와 베르그손에 더 근접하지 밀과 제임스가 아니다. 후자는 단지 그가 도덕 영역과 정신 영역의 자주성을 논증하는 도구였을 따름이다.

바꾸어 말하면, 장쥔마이에게 있어서 문화 위기를 해결하는 길은 과학의 철학적 기초를 부정하는 것이 아니라, 오히려 과학 및 그 분과 원칙 외에 기타 문화 영역, 예를 들어 종교, 도덕, 예술, 사회 등을 위한 철학 혹은 현학적 기초를 세울 것을 요구한다. 장쥔마이는 분명 현학 그 자체는 이러한 구체적 영역의 대체물이 아님을 깨닫고 있었다. 예컨대 심리학은 정감 그 자체가 아니며, 종교 철학은 실제 종교가 아니고 이론 윤리학도 실제 도덕 행위가 아니다. 그러나 이러한 정신 영역의 감정 원천이 고갈되기 시작할 때, 현학은 이러한 영역의 새로운 발전을 위하여 이론적 지지를 제공하고 나아가 지식 영역의 분화를 이끌수 있다. 따라서 비록 '과학과 인생관' 논쟁은 사회적 사조의 충돌을 직접 반영했지만, 그 중요한 결과의 하나는 지식의 계보를 재구성하는 것이었다.

1923년 말, 장쥔마이는 태동泰東 도서국의 요청으로『인생관 논쟁』(人生觀之論戰)이라는 선집을 출판했다. 이 선집의 서문에서 장쥔마이는 단도직입으로 밀이 1843년에 출판한『연역적 귀납적 논리 체계』(장쥔마이가 『논리학』으로 번역) 속에서 개탄한 "인생 문제는 과학의 경지에 도달하지 못한다"는 문구를 인용하고, 이 문제가 그 후 80년간 끊임없이 논쟁되었을 뿐만 아니라 일말의 해결의 가능성도 없음을 지적했다. 장쥔마이는 밀의 저작에 근거하여 상술한 문제를 물리와 심리의 차이로 귀결시키면서 전체 토론의 중심을 심리학 문제로 이동시켰다. 그는 다음과 같이 인용하면서 말했다.

> 인간에게는 두 가지 측면이 있다. 하나는 물리이며, …하나는 심리이다. 물리에 관해서는(생물 방면을 가리킨다) 이미 전문가들에 의해 인정된 약간의 진리가 있다. …심리 법칙과 사회 법칙은 물리와 달리 사람들의 부분적인 승인을 얻을 수 없으니 그것이 과학이 될 수 있는지 여부는 (엄밀한 의미에서) 아직 결정되지 못한 셈이다. (『논리학』 제6권 5023쪽)[22]

주의할 점은 심리와 물리의 차이에 대한 밀의 통찰은 그가 방법적으로 심리학과 사회학의 과학화를 촉진시키는 데 방해되지 않았다는 점이다. 그러나 장쥔마이의 시도는 이와 상반된다. 그는 분명 심리학·사회학·정치학과 물리학·천문학 등 과학 영역을 엄격하게 분리하고자 애썼다. 장쥔마이는 밀이 거론한 심리 법칙은 연상설聯想說 외에 어떠한 새로운 예증도 없다고 비판하였다. 밀은 사회 연구가 개인 심리 연구보다 더 어렵다고 생각했지만, 그는 여전히 개인 심리 연구의 법칙에 근거하여 사회도 일정한 법칙에 따라 움직인다고 보았다. 반면 장쥔마이는 다음과 같이 말하였다. "밀이 거론한 개인 심리의 법칙은 만족스럽지 못하니, 이른바 사회 법칙의 가치 또한 짐작할 만하다."[23] 비록 심리학이 지난 80년 동안 점차 철리적인 것에서 실험적인 것으로 발전해 왔지만, 다음과 같은 사례들은 해결되지 못했다. 예컨대 "감각을 어떻게 측정하고 생각은 어떻게 이루어지는가, 자각성과 뇌신경의 관계는 무엇인가, 이에 대해 여러 설들이 분분하니 백 년 전이나 지금이나 모두 똑같다!"[24]

장쥔마이와 딩원장은 일찍이 윌리엄 제임스의 심리학을 그들 각자의 논거로 삼아 거론했다. 딩원장은 제임스와 헉슬리, 다윈, 스펜서, 피어슨, 마흐 등을 "철학 문제를 연구한 과학자"로 칭하고 그 이론적 특징을 '회의론적 유심론'으로 보았다. 그 이유는 "그들은 감관 감촉을 우리가 물체를 아는 유일한 방법으로 삼고, 물체의 개념을 심리의 현상으로 본다. 따라서 유심을 말하면서 감관 감촉의 외계外界, 자각의 배후에 물체가 있는지 없는지 물체의 본질은 무엇인지를 그들은 알지 못한다고 여기고 응당 존재하지만 논하지 않으므로 회의론이라 한다."[25] 장쥔마이는 상대를 겨냥하여 제임스의 말을 인용해 다음과 같이 말했다.

> 오늘날 이른바 심리학이란 것은 거친 사실들의 연속일 뿐이며, 각자 의견들의 논쟁일 뿐이고, 설명하는 성질의 분류와 총괄일 뿐이며, 우리 마음을 각종 상태로 구분하는 편견일 뿐이고, 뇌신경계는 심리 작용의 조건이라고 자신하는 편견일 따름이다. 그 외에 달리 아무것도 없다. 만약 물리 법칙처럼 인과 원칙에 따라 그 끝까지 밝히려 한다면 실제로 아무것도 없을 것이다. 물리학의 법칙은 이른바 까닭(端)이 있어서(낙하하는 물체의 속도는 시간과 정비례한다. 낙하하는 물체의 속도가 까닭이면 시간 또한 까닭이다), 까닭이 정해져야 법칙이 생긴다. 까닭을 알지 못하면 법칙이 어떻게 생기겠는가? 따라서 심리학은 과학이 아니며 과학이 되기를 바랄 뿐이라고 말하는 것이다![26]

그의 결론은 다음과 같다.

> 따라서 심리 현상은 과학의 지배를 받지 않는다. 이는 내 사견이 아니라 식자라면 모두 인정하는 바이다. 무릇 인생의 관건은 심

리밖에 없다. 심리를 버리면 이른바 인생도 없다. 오늘날 심리는 과학의 지배를 받지 않으니, 인생 문제에 어찌 법칙이 있고 무슨 과학을 말하겠는가?[27]

딩원장과 장쥔마이가 제임스 문제를 놓고 벌인 논쟁은 분명 제임스 학설 자체의 특징을 반영한다. 러셀이 말했던 것처럼 "윌리엄 제임스의 철학적 흥미는 두 가지 측면이다. 하나는 과학적 측면이며 또 다른 하나는 종교적 측면이다. 과학적 측면에서 볼 때 그의 의학 연구로 그의 사상은 유물주의적 경향을 띠게 되었다. 그러나 이러한 경향은 그의 종교적인 정서에 의해 억제되었다."[28] 그의 철저한 경험론적 특징 가운데 하나는 주체, 객체의 관계가 근본적 관계임을 부정하여 '인식 작용'의 사건에서 인식자 혹은 주체로 칭하는 실체가 인식되는 사물 혹은 객체라고 칭해지는 또 다른 실체를 관찰하는 것도 부정한다는 점이다.[29] 많은 경험주의자와 마찬가지로 제임스의 사물 묘사도 부분에서 시작하며 전체를 그다지 중시하지 않는다. 흄의 후계자로서 그는 개별 사실을 실체로 끌어오지 않고 고유한 것으로 보며, 그것들을 절대정신으로 끌어오지 않고 창조된 것으로 본다.[30]

제임스에 대한 장쥔마이의 이해는 일종의 인문주의적 심리학 관점을 드러낸다. 제임스 채플린James P. Chaplin과 크라빅T. S. krawiec의 견해에 따르면, 이러한 관점은 "전통 심리학과는 아무런 연계가 없으며(실제로는 종종 일반 과학을 반대하는 입장을 취한다), 오히려 이미 하나의 광범위한 운동으로 발전하였다."[31] 이 광범위한 운동은 심리학 영역 내에서만 발생한 것이 아니다. 바로 장쥔마이의 심리학 평론이 결코 심리학의 문제가 아니거나 혹은 단순히 심리학의 문제만이 아닌 것과 마찬가지다. 인본주의 관점이나 그와 유관한 강령에서, 인간은 일종의 자유 역량을 가지고 자기의 행위를 선택할 능력을 지닌 것으로 여겨진다. 인간의 자유와 존엄에 대한 이러한 강조를 달리 말하면 개인은 반드시 그(그녀)의 행위와 선택에 책임을 져야 한다는 것으로, 따라서 도덕적 기초를 개인의 주체성 위에 세운 것이다.

분명한 것은 심리학에 대한 장쥔마이의 인본주의적 이해에는 자연 일원론, 환원주의 기계론과 결정론에 대한 거부를 함축하고 있다는 점이다. 왜냐하면 결정론과 기계론적 심리학(및 일반 과학)은 추상적, 인위적 '본질'을 다루면서 하등 동물과 구별되는 인간의 특징을 간과했다고 여겨지기 때문이다. 더욱 중요한 것은 장쥔마이가 '과학'과 '인생관'을 확연히 구분함으로써 과학은 인성을 이해하는 데 전혀 효과가 없다고 명확히 지적했을 뿐만 아니라, 극단적 인본주의자들과 마찬가지로 근대 사회의 수많은 문제는 모두 과학기술과 전문 정치가 만연함에 따라 야기되었다고 여긴다는 점이다.[32] 따라서 심리학의 인본주의적 이해는 근대 문명에 대한 비판으로 귀결된다.

우리가 잊지 말아야 할 것은 장쥔마이의 논적은 바로 과학 심리학의 결정론과 기계론의 특징을 이용하여 과학의 보편성을 옹호했다는 점이다. 이러한 결정론과 기계론적 심리학 관점은 또한 자연일원론적 과학 계보를 지지한다. 중국 과학사의 초기 활동과 월간 『과학』을 분석하면서 나는 이미 과학자 집단이 서구 사상의 영향하에서 완전한 과학 계보를 세우고자 노력했음을 언급했다. 예를 들면 1916년 탕웨唐鉞가 월간 『과학』 제2권 제8-9기에서 아서 톰슨의 『과학적 분류』를 이미 번역하였는데, 이 번역문은 분명히 자연일원론의 특징을 지니고 있었다. 자연일원론의 기본 관점은 자연과학을 하나의 계보로 보고, 물리학, 화학과 기타 물리과학을 뿌리로 삼아 그 위에 생물학, 생리학과 심리학으로 갈라진다는 것이다. 비록 이런 계보도 물리학·화학과 생물학·심리학의 구분을 인정하지만, 이러한 차이는 단지 전자는 가장 간단하고 기본적인 물질 형태의 연구이고 후자는 자연계의 가장 복잡한 유기화합물 연구라는 점뿐이다. 따라서 채플린과 크라빅은 다음과 같이 추론한다. 만약 모든 과학이 단일한 연속 계통으로 배열된다면, 이 관점에 따라 심리학은 이론상 생리학으로 환원될 수 있고, 생리학은 또 유기화합물을 연구하는 물리학과 화학으로 환원될 수 있다.[33] 심리학 속의 인과결정론과 기계론적 관점은 이러한 자연일원론을 지식의 전제로 삼는다.

장쥔마이의 논적 가운데 근대 심리학에 가장 정통했던 탕웨도 자연일원론적 과학 계보의 주요 제창자였다. 그는 일찍이 두 편의 비교적 중요한 논문을 발표하면서 각각 심리와 정감이 결정론과 기계론의 제약을 받는가라는 문제를 논하고 명확히 자연일원론을 가설의 전제로 삼았다. 「심리 현상과 인과율」의 첫머리에서 "내가 이 글에서 주의를 기울인 것은 모든 심리 현상은 인과율의 지배를 받는다고 설명하는 것"이라고 밝혔다.[34] 탕웨는 물론 유인론有因論이 결코 "모든 심리 현상에 원인이 있다고 증명"하는 것을 의미하지는 않지만, "우리의 경험에 근거하여 많은 심리 현상에는 원인이 있다"고 인정하였다.[35] 그는 여덟 가지 측면에서 심리 현상의 '무인론'無因論을 비판했는데, 그 기본 결론은 원인(有因)과 자유는 병행하고 모순되지 않는다는 독일 철학자 폴센 F. Paulsen의 관점과 중복된다. 그는 인과율이 심리와 자연계에 모두 널리 퍼져 있다고 믿고 폴센의 말을 다음과 같이 인용하였다.

> 두 세계에는 모두 고립되거나 규칙이 없는 원소는 없다. …사람들은 암묵적으로 현재 완전히 동일한 내부 및 외부의 정황하에서는 반드시 동일한 결과가 있다고 가정한다. 동일한 관념·정서·의지는 반드시 동일한 자극에 의해 생긴다. 자유와 정당한 이해를 얻는 인과성은 결코 충돌하지 않는다. 자유는 법률의 지배를 초월하지 않는다. 윤리학은 내면생활의 자유에 대해서 무법칙, 무질서한 것과 마찬가지로 실제 관심을 두지 않는다. 오히려 절대 관계없는 원소, 과거, 미래와 인과관계가 없는 고립된 의지가 만약 진짜 있다면 그것은 의지의 착란일 뿐, 아니! 정신생활의 완전한 파괴이다. 가령 이후의 사건이 이전의 사건에 의해 조금도 결정되지 않는다면, 당연히 훈련과 경험 같은 것은 없으며, 주장과 결심, 교육과 공공 제도 또한 효력이 없을 것이다.

요컨대 인과성이 없으면 목적성도 없다.[36]

탕웨의 뜻은 매우 분명하다. 인과율은 목적성을 제공하며, 목적성은 윤리의 기초와 자유의 의미를 제공한다. 인과관계의 탐색을 특징으로 하는 과학은 자연과학이든 사회과학이든 간에 자유의지와(만약 존재한다면) 서로 충돌하지 않을 뿐만 아니라, 지식에 있어서 자유의지의 방향감과 목적성을 제공한다.[37]

심리 현상과 인과율의 관계에 관한 언급은 도덕 윤리와 지식의 관계와 관련된다. 정감은 분석할 수 있는 것인가의 여부는 바로 심미와 사랑의 영역이 '과학'의 범주 안에 있는가의 여부와 관련된다. 바꾸어 말하면 심리학 문제를 토론하는 의의는 도덕, 정감과 심미의 영역에 자주성이 있는가 여부를 따지는 것이다. 탕웨는 또 다른 글「어느 광인의 꿈 해석」의 부제로 "정감은 진정 과학을 초월하는가"라고 달았는데, 량치차오의 『인생관과 과학』의 유명한 관점을 겨냥한 것이었다.

인생 문제, 그 대부분은 과학적 방법으로 해결할 수 있으며 해결해야 한다. 오히려 작은 부분 혹은 가장 중요한 부분은 초과학적이다.[38]

량치차오가 말한 "초과학적" 부분 "혹은 생활의 원동력이라고 말할 수 있는 것은 바로 '정감'이다."[39] 탕웨와 같은 자연일원론자에게는 량치차오가 제기한 문제의 첨예성이 량치차오의 조화적 태도로 인해 결코 경감되지 않는다. 탕웨는 다음과 같이 여겼다.

미美는 이지적인 것을 초월하지 않는다. 미감은 이지理智의 진보에 따라 변한다. 이러한 이지의 성분은 과학적 방법을 이용하여 지배할 수 있다. 분석할 수 없는 부분은 바로 미의 직접적 경험의 성질이다. 그것은 과학의 기점이며 이지의 사항도 모두 이런

분석 불가능한 기점을 가지고 있다.[40]

애증 등의 감정도 마찬가지로 분석할 수 있다. "정감의 '초과학적' 측면은 단지 '소여성'所與性일 뿐이며, 이지적 사항 및 모든 기타 경험이 공유하는 것은 과학의 기점이다. 우리가 이를 '신비'라 불러도 안 될 것이 없다. 다만 이러한 '신비'는 '평범'의 의미와 차이가 없을 따름이다."[41] 탕웨는 "제일 추동력"에 대해 분석하지 않는 태도(즉 딩원장이 말한 "회의론적 유심론")를 견지하고, 오히려 자연일원론의 과학 계보의 완전성을 지켰다.

장쥔마이와 논적 사이의 충돌은 상이한 문화 경향을 표현할 뿐만 아니라 상이한 이론적 경향을 표현한다. 만약 '과학 계보'의 수호자가 인간의 도덕 행위와 정감 방식을 위해 객관적 기초를 쌓고자 한다면, 장쥔마이는 이러한 '인과율'을 특징으로 하는 '객관성'은 인간의 주체적 자유를 훼손시킴으로써 도덕과 심미의 기초를 와해시킨다고 여긴다. 심리학 영역의 독립적 지위에 대한 그의 변호는 인간의 주체적 자유 혹은 자주성의 수호에서 나온다. 그는 이러한 자유를 목적의 원천이자 도덕의 전제로 이해했다. 이러한 주관주의와 정감주의의 이론적 경향은 과학과 인생관의 이원론을 지식학의 기초로 삼았으며, 분명 자연일원론적 과학 계보의 분화를 촉진시켰다. 즉 '인생 문제'를 '과학' 계보의 밖에 놓고 독립된 자주적 영역을 이룬 것이다.

량수밍을 논할 때 이미 지적한 것처럼, 심리 영역의 자주성을 변호하는 것은 동시에 '중국 문화'의 주체성을 변호하는 것이기도 하다. 왜냐하면 이러한 '문화'는 '서구 문화'와의 대비 관계 속에서 심리적, 직관적, 비이성적인 문화로 이해되기 때문이다. 그러나 장쥔마이의 자주성은 문화의 자주성일 뿐만 아니라, 사회주의 정책과 입헌정치 체제의 건립에 열중했던 사람으로서 인간의 자주성에 대한 그의 요구는 인간의 사회적 권리 및 법률적 지위와 밀접하게 연계되어 있다. 이러한 자주성이 없다면 우리는 어떻게 현실 생활 속에서 인간의 각종 자주 권리를 증명하겠는가?

2. 사회과학에 대한 인문주의 해석

사회과학에 대한 장쥔마이의 비평과 심리학에 대한 그의 관점은 논리적으로는 일치한다. 그는 분명 경험주의자의 견해를 받아들였고, 사회를 개인의 집합으로 보았으며 사회현상을 개인 행위의 결과로 보았다. 그의 논리적 추론에 따르면 개인의 심리와 행위가 인과율의 지배를 받지 않는다면, 개인 행위에 의해 이루어진 사회 행위는 준수할 '법칙'이 없다고 할 수 있다. 주의할 것은 그는 콩트와 마르크스를 과학사회학의 모델로 선택하여 비판하였는데, 그의 출발점은 분명히 인문주의 경향을 띤다는 점이다.

장쥔마이의 문제는 여전히 존 스튜어트 밀에서 시작한다. 밀은 인문주의 각도에서 콩트의 실증주의 사회학을 비판하는데, 장쥔마이는 다음과 같이 인용하면서 말하고 있다.

> 사회의 현상, 즉 인성의 현상은 외계 정황이 인류에 영향을 미쳐 생긴다. 가령 사람의 생각, 감각, 행위의 현상이(가령이라는 두 글자는 법칙의 유무를 단언할 수 없음을 의미한다) 일정한 법칙의 지배를 받는다면, 사회현상 또한 일정한 법칙의 지배를 받는다. 왜인가? 사회현상은 결과이고 개인의 심리는 원인이기 때문이다. 하지만 설령 사회에 관한 인간의 지식이 확실하다 할지라도 천문학을 들자면 (설령이라는 두 글자에 주의) 그 법칙에 따라 천백 년 이후의 역사를 추론할 수 있다고 하는 것은 인간이 천체에 대해 그러한 것처럼 분명 가능하지 않다.[42]

콩트의 사회학에 대한 장쥔마이의 비판은 분명 개인의 자유와 존엄의 수호를 포함하는데, 이러한 개인/법칙의 이원 대립은 본래 인문주의와 반인문주의의 대립에서 연원한다. 그러나 더욱 분명한 것은 그의 밀에 대한 해석은 완전하지 않다는 점이다. 밀은 비록 콩트처럼 '사회 물리학'과 같은 개념을 회복하지 않았지만, 사회 연구도 천체 역학과 같은 과학이 될 수 있다고 믿고 있었다.[43] 마르크스의 과학적 사회주의를 겨냥한 장쥔마이의 견해는 '사회 진화 법칙' 특히 경제결정론적 유물사관을 부정한다. 그는 독일 경제학자 하인리히 헤르크너Heinrich Herkner를 인용하여 다음과 같이 말한다.

> 마르크스 엥겔스의 사회주의가 이상의 각파와 다른 까닭은 그 경제의 정명주의定命主義에 있다. 그것은 사회주의의 질서가 인류의 이지와 선의를 바탕으로 하지 않고 진화의 방향에 의해 발생한 필연적 결과임을 의미한다. …따라서 우리의 의무는 마땅히 어떻게 진행할지를 발견하는 것이 아니라 어떻게 변화하는지를 지시하는 것이다. 그 주장하는 바에 따르면 일종의 자연에 순종하는 태도인 듯하지만, 마르크스주의자들은 노동당의 조직에 전념을 다하니 어찌된 것인가?[44]

장쥔마이는 '경제 조건 위주'냐 '인류의 사상 재능 위주'냐의 대립으로 문제를 귀결하고 있다. 즉 역사의 동력, 예를 들면 혁명의 발생과 제도의 창건·쇠퇴는 과학 법칙을 통해 가늠할 수 있는 인과관계에 의한 것인가, 아니면 인간의 자유의지에 의한 것인가의 문제이다. 장쥔마이는 예컨대 물리와 심리의 차이를 재차 거론하고, 제임스의 심리학에 대한 평가를 통해 사회학의 특징을 기술한다. 그의 결론은 다음과 같다.

> 개인의 심리와 사회생활이 과학을 넘어서는 것은 이와 같다. 따라서 나는 다음과 같이 단언한다. 인생관은 주관적이며, 직관적이며, 종합적이며, 자유의지적으로, 인격의 단일성에서 기인한

다. …19세기 이래 인간사를 과학에 끌어들이려는 미몽으로부터 지금 깨어날 수 있는 것일까?[45]

상술한 이유에 근거하여 장쥔마이는 심리학과 사회학을 인생관 영역에 귀결시킴으로써 그것을 과학 성질과 다른 독립 범주로 삼았다.[46] 과학은 규칙, 법칙 그리고 동일성을 추구하지만, 인간의 자유의지는 자주적이고 창조적이며 다양하며 부단히 변화한다.

'과학과 인생관'의 논쟁 속에서 사회학 문제가 토론된 것은 우연이 아니다. 왜냐하면 중국의 초기 과학 관념은 콩트, 스펜서의 영향을 받았기 때문이다. 예를 들어 옌푸의 사상에서 사회학은 분명히 과학의 왕의 위치에 있다. 따라서 만약 사회학이 과학 계보의 바깥에 위치해야 한다면, 과학의 합법성 자체도 도전을 받게 된다. 콩트는 "과학은 마땅히 자신의 방법이나 각 방면의 자신의 성과를 가지고 사회 이론의 재구성을 결정해야 한다. 일단 체계화가 되면 과학은 장차 지구상에서 인류의 활동과 공존하며 영원히 사회질서의 정신 토대를 이루게 된다"[47]고 하였다. 주지하다시피 콩트의 사회학은 자연과학의 모델에 따라 만들어진 것으로, 경험주의 방법과 인식론적 기초의 측면에서 보아도 이와 같을 뿐만 아니라, 그것이 인류에 기여한다고 하는 이 기능의 측면에서 봐도 이러하다. 그의 학설의 두 주축은 사회 동역학과 사회 정역학인데, 즉 사회 진보와 사회질서, 사회 변화와 사회 안정 문제를 탐구한다. 이러한 자연주의 사회학은 인류의 역사 발전을 해석할 수 있으며, 또한 그 미래의 나아갈 길을 예견할 수 있다.[48]

그러나 '법칙' 문제에서 장쥔마이의 콩트 비판은 핵심을 비껴 나갔다. 왜냐하면 역사 법칙에 대한 콩트의 신념은 신앙적 전제를 갖고 있기 때문인데, 즉 과학적 예견의 생성은 사회 발전이 일정한 법칙을 따른다는 인간의 믿음을 전제로 한다. 만약 사람들이 사회 사건은 "항상 입법자, 인간과 신의 우연한 관여의 방해를 받는다고 여긴다면 과학적 예견은 형성될 수 없다."[49] 바꾸어 말하면, 콩트 사회학은 사람들이 법칙을 인식하고 이용하여 자기의 집단 목적을 실현하도록 이끄는 특수한 기능을 포함한다.[50] 이러한 의미에서 장췬마이와 콩트 사상의 진정한 차이는 사회현상이 법칙을 지녔는가의 여부가 아니라 다음과 같은 점에 있다. 즉 인간의 행위는 마땅히 과학 및 그것이 제시하는 법칙의 지도를 받아야 하는가 아니면 우리의 자유의지에 따라야 하는가? 사회 행위의 측면에서 사회질서가 인간의 행동을 제약한다고 인정하는지의 여부, 그리고 인간은 이러한 필연성의 범위 안에서 자유롭게 자신의 사회를 이룰 수 있는가?[51] 도덕, 심미와 정감의 목적은 객관적 질서와 법칙에 부합하는가 아니면 주체의 자유로운 창조인가?

콩트와 마르크스에 대한 장췬마이의 비평은 모두 '진화'의 법칙에 기반하는데, '진화'와 관련한 그들의 해석 사이에 존재하는 심각한 차이에 대해서는 거의 구분하지 않는다.[52] 콩트와 마르크스 사상은 모두 인류 진보의 법칙을 포함한다. 그러나 콩트의 3단계론은 강렬한 정신론 혹은 유심론적 경향을 지니는 반면, 마르크스는 물질 조건의 진화 및 생존을 위해 결합하는 인류의 상이한 방식을 그의 출발점으로 삼는다. 콩트는 인류 역사를 신학, 형이상학, 과학의 세 단계로 나누고, 인류 역사와 개체 성장의 역사 사이에 존재하는 일종의 은유 관계에 근거하고 있다. 비록 그가 인류의 각각의 정신 시대와 상응하는 특수한 사회조직과 정치 통치 유형을 연계하고, 인구의 증가, 분업의 발전과 같은 사회 진화에 대한 강대한 추동력을 승인한다고 해도, 그가 인류 진보를 해석하는 주요 근거는 지력智力의 변화 발전과 정신의 발전이다.[53] 사회에 대한 마르크스의 이해는 명확한 총체론整體論적─보편적으로 연계된─특징을 지닌다. 사회는 질서 있는 총체일 뿐만 아니라 발전하는 총체이며, 그 속의 어떤 부분─법전, 교육 제도는 물론 종교 제도, 예술 제도도 모두 그 자체를 가지고 이해할 수 없다. 사람은 태어나자마자 소유 관계가 이미 확정된 사회에 속하며, 또한 사람은 사회관계의 총화이다.[54] 인생관 혹 세계관 문제에 대해 보자면, 마르크스는 "시대마다 지배 계급의 사상은 지배적 지위의 사상을 점한다. 이것은 곧 계급은 사회에 있어서 통치 지위의 물질 역량을 점하며 동시에 사회에 있어서 통치 지위의 정신 역량을 점한다. 물질 생산 자원을 지배하는 계급은 동시에 정신 생산의 자원도 지배한다."[55] 각종 정치, 윤리, 철학, 종교의 세계관은 사회가 계급으로 분화되는 과정에서 생겨나며 현존의 계급 관계를 드러낸다. 사회 역사의 진보는 사회관계 충돌의 결과이다.

상술한 차이를 장쥔마이는 간과하는데, 그것은 그의 '과학과 인생관'의 이원론에서 기인한다. 즉 과학은 인과율과 법칙을 표현하지만 인생관은 인간의 자유의지를 체현한다고 하는 그 이원론 말이다. 장쥔마이가 보기에 콩트와 마르크스는 상이한 방향에서 그들의 이론을 인과율과 총체론의 공례公例 규칙 위에서 세웠고, 그리하여 둘 다 인간의 자유의지를 부정했다. 장쥔마이는 특히 마르크스에 대한 비판에 주의를 기울였는데, 이것은 천두슈 등의 이론 실천과 관련이 있다. 『과학과 인생관』의 서문에서 천두슈는 유물주의의 기본 원칙에서 출발하여 장쥔마이가 거론한 아홉 가지 인생관은 모두 사회과학으로 해석된다고 추론하고 있다. 예를 들어 그는 "대가족주의와 소가족주의는 순전히 농업 종법 사회에서 공업 경제 군국 사회로 진화하는 자연스런 현상" 등등으로 단언하고 있다.[56] 장쥔마이는 천두슈가 나열한 것은 단지 사회과학자의 사후 설명에 지나지 않을 뿐이며, "이 아홉 가지 태도의 변천의 동인이 어디에서 오는가에 대한 것"이 아니라고 반박했다.[57] 장쥔마이는 사회 발전 '법칙'에 대한 비판, 특히 경제적 측면에서 자본주의의 붕괴와 사회주의의 승리를 도출하는 것에 대해 비판했는데, 그것은 정치 비판이 아니라 일종의 지식 비판이며 구체적 예증으로 사회 '법칙'의 존재를 부정하고 나아가 사회과학을 '과학'의 밖으로 배제하는 것이다. 그러나 분명한 것은 이러한 '지식 비판'이 결코 '정치성'이 없는 게 아니라는 것이다.[58]

사실 장쥔마이는 유럽을 방문한 동안, 카우츠키Karl kautsky(1854~1938)와 베른슈타인Eduard Bernstein(1850~1932) 등 유럽 사회주의 운동의 이론가 및 지도자와 접촉하면서, 독일 사회 민주당의 노선에 공감하면서 일종의 합법적 사회주의 혹은 의회 사회주의를 주장하였다. 그리하여 그는 중국에 자본주의도, 길드 사회주의도, 공산주의도 아닌 입헌 사회주의의 길을 제시하고자 했는데, 이는 일종의 비전통적, 비영미적이며 비러시아적인 독일 정치 모델과 철학 모델인 셈이다. 1920년 그는 페이비언주의*와 소비에트 문제를 놓고 장둥쑨과 논쟁을 벌였다. 장쥔마이는, 혁명은 구생활 변혁의 합법적인 방법이며 혁명은 바로 인간의 자유의지에서 기원한다고 여겼다. 장쥔마이의 혁명관은 그의 이성에 대한 믿음, 즉 이성은 자유이며 정감주의가 아니라는 것을 전제로 하고 있다. 그는 전자를 가지고 영미의 경험주의를 반대하고, 후자를 가지고 러시아의 급진적 혁명 사상을 반대했다. 바로 이러한 독일 철학식의 이해 때문에 그는 환경결정론과 역사결정론을 거부하고 또한 그러한 광신도와 같은 급진적인 종교 혁명(예를 들어 레닌의 혁명)을 거부하게 된다. 이 두 가지는 모두 인간의 자유의지를 부정하는 것이다. 시종일관 입헌주의자로서 장쥔마이는 독일의 사회민주와 사회혁명을 신봉하였다. 즉 입헌 형식으로 대의제와 직접민주가 상호 결합하는 정치 체제를 건설하는 것이다. 장쥔마이는 여기서 자유의지 문제가 민주(사회민주)의 기초를 위한 이론의 전제라고 보았다. 즉 영웅 의지가 아니라 인민 공의公意이며, 폭력 혁명이 아니라 입헌이며, 독점이 아니라 공평한 혼합 경제(즉 사유화도 아니요 국유화도 아닌)이다. 그의 철학 이론을 읽을 때 그의 중국 정치에 관한 글(예를 들면『중국전도』 中國前途)을 참조해서 읽어도 무방하다.

심리학과 사회학을 '과학'의 범주에서 제외시킴으로써, '과학과 인생관의 대립'이라는 수사가 지닌 의미는 점점 명확해졌다. 즉 인과율을 목적으로 과학은 인생과 사회의 문제를 해결할 수 없는데, 왜냐하

• 페이비언주의: 1884년 설립된 영국 페이비언협회(Fabian Society)에 의해 제창된 의회주의적, 점진적 사회주의 사상이다.

면 인생과 사회의 범주, 즉 '인생관'의 범주는 자유의 범주이기 때문이다. 엄격히 말해서 이 범주도 지식의 범주가 아니다. 따라서 인생관 문제가 제기하는 것은 지식과 그 분과 원칙의 유효성 문제인 셈이다.

앞에서 이미 살펴본 바와 같이 청말 이래 지식의 계보와 그 분과 원칙은 중국어의 '과학'(分科之學) 개념이 탄생할 수 있는 기초이다. 뿐만 아니라, 분과의 지식 계보는 천리 세계관 및 그 분류 원칙의 대체물로 출현한 것이다. 천리 세계관과 그 분류 원칙이 고대 세계의 정치 제도 및 윤리 원칙과 직접 관련 있는 것처럼, 분과의 지식 계보는 근대의 지식 유형을 구축할 뿐만 아니라 근대 세계의 사회 분업과 제도적 실천에 대한 학술적 논거를 제공한다. 이런 의미에서 장쥔마이의 '인생관 문제'는 분과의 지식 계보에 첨예한 도전을 하는 것이며, 이러한 도전은 단순히 인간의 자유와 자주성을 증명하려는 것일 뿐만 아니라 또한 근대 사회 제도 및 그 분업 원칙에 대한 이론적인 새로운 논증이기도 하다. 바로 상술한 이해에 기반해서, 나는 장쥔마이의 '인생관'의 아홉 가지 원칙을 직접 논의하지 않고 우선 그의 심리학과 사회학에 대한 이해 및 이러한 이해의 총체론적 과학 계보에 대한 도전을 탐색해 본 것이다. 이러한 배경 아래에서 '인생관' 문제의 함의는 점차 분명해진다.

3. '인생관' 문제와 지식 계보의 재구성

『인생관 논쟁』(人生觀之論戰)의 서문 외에도 장쥔마이는 논쟁 과정에서 총 다섯 편의 글을 발표했다. 청화대학에서 강연한 「인생관」과 「과학의 평가」(科學之評價) 외에, 나머지 세 편의 글은 실제로는 상·중·하로 나뉜 장편의 글인 「인생관과 과학을 재론하여 딩원장에 답함」(再論人生觀與科學並答丁在君)이다. 인생관 문제의 제기에서 동일한 문제로의 귀결까지, 문제의 함의는 분명 변화하고 있다. 여기서 주목할 것은 이러한 변화 속에 있는 문화 논리이다. 비록 이 개념 자체를 장쥔마이 본인은 좋아하지는 않겠지만, 그의 이론 특징은 논리와 규율의 거부이다.

장쥔마이의 「인생관」은 청화대학 강연으로 청중은 미국 유학을 준비 중인 이공과 학생이었다. 그의 강연은 비록 인생관과 과학의 구별을 제기하였지만 지식 분과 문제와는 기본적으로 무관했다. 장쥔마이의 목적은 분명 과학을 직업으로 삼는 중국 학생에게 '인생관' 교육을 하는 것이다. 과학은 세계의 전부가 아니며 서구 문명은 유일한 표준도 아니며, 인생관 문제는 결국 문화의 문제라는 이야기이다.

그러나 장쥔마이가 문제를 토론하는 방식 자체는 자못 색다르다. 그는 결코 중국의 문화 및 그 가치가 어떠한가를 말하지 않았다. 또한 학생들이 어떻게 중국의 전통을 지켜야 하는지를 일깨우지도 않았다. 우선 인생관의 함의와 범위를 기술하고 이어서 인생관과 과학의 기본적 구별을 분석하며 마지막으로 인생관의 몇 가지 상이한 경향을 해석했다. 인생관에 대한 그의 정의는 '인생관의 중심점' 즉 '아'我와 '비아'非我의 몇 가지 관계로부터 추론했다. 그 관계들은 다음을 포괄한다. 1. 생육 관계-부모 2. 배우자 관계-부부 3. 단체 관계-사회, 국가 4. 재산 관계-사유제, 공유제 5. 물질 관계-정신문명, 물질문명이 그것이다. 그는 이 다섯 가지 관계에 근거하여 아홉 가지 인생관 문제와 그 상이한 경향을 열거했다.[59] 그가 어떤 인생의 경향을 찬성하는지는 명확하게 지적하지 않고 있다. 하지만 거듭하여 인생관은 "정해진 답이 없다"고 지적한다. 또한 바로 이 점에서 출발하여 인생관 문제와 과학의 다섯 가지 차이를 분석한다. 과학은 객관적이며 인생관은 주관적이다, 과학은 논리학 방법의 지배를 받지만 인생관은 직관에서 시작된다. 과학은 분석 방법으로 시작하지만 인생관은 종합적이며, 과학은 인과율의 지배를 받지만 인생관은 자유의지를 위한 것이다. 과학은 대상의 동일한 현상에서 시작되지만, 인생관은 인격의 단일성에서 시작된다.[60]

인생관의 상술한 특징은 과학의 한계를 규정한다. 장쥔마이는 다음과 같이 말한다.

과학이 어떻게 발달했는가는 말할 것도 없지만, 인생관 문제의 해결은 결코 과학이 할 수 있는 것이 아니다. 오직 인류 자신에게 의존할 뿐이다. 하지만 이른바 고금의 대사상가는 이 인생관 문제에 대해 공헌한 바가 있는 인물들이다. …피차 각각의 말을 하지만 절대적인 옳고 그름은 결코 없다. 대개 인생관은 객관의 표준이 없어서 그저 자기 자신에게 돌이켜 구할 뿐 타인의 인생관을 나의 인생관으로 삼을 수가 없는 것이다.[61]

장쥔마이의 인생관 문제는 간단하고 명료하며 주관론적 경향을 드러내고 있다. 인생관 문제에서 어떠한 객관적 표준도 인정하지 않고, 또 그가 말한 '아'와 '비아' 관계의 역사성도 승인하지 않는다. 그러나 그는 여전히 몇 가지 인생관 문제에 대한 분석을 통해, '정확한' 인생 경향에 대한 그의 관점을 암시하였다. 1. 물질과 정신의 관계 속에서 외부를 중시하고 내부를 경시하는 것은 마땅하지 않다(물질주의에 대한 비판). 2. 남녀의 사랑의 측면에서 남녀의 연애, 가정 제도에 대한 반항을 인생의 첫 번째 의의로 삼지 않는다(연애지상주의에 대한 비판). 3. 개인과 사회의 관계 속에서 지식 발전은 개인을 중히 여긴다. 재산 분배는 사회적으로 균등해야 한다(사회 협조 발전과 사회 평등을 주장). 4. 국가주의와 세계주의의 관계 속에서 평화를 주장하고 대동을 지향하지만, 국가 주권에 주의를 기울여야 한다. 그러나 객관적 표준이 없는 이상, 가치의 경향 혹은 인생관의 정당성 여부를 확정 짓는 것은 해결하기 어려운 문제이다.

지금까지 우리는 장쥔마이를 칸트주의 사상의 계통 속에서 분석했는데, 이는 분명 그의 이원론적 사상 방식에서 기인한다. 이러한 이원론적 사상 방식에 따라 장쥔마이는 윤리 인식론, 즉 물리학 방법으로 도출한 윤리관을 부정하였으며, 또한 윤리 자연주의, 즉 진화론 모델에 따른 발전적 윤리관을 부정하였다. 그러나 이것은 결코 그가 철저한 칸트주의자나 형이상학론자라는 의미는 아니다. 설령 그의 '인생관' 문제가 인간 자유성의 수호를 포함한다고 해도 말이다. 장쥔마이의 핵심 논점의 하나는 인생의 영역에는 절대적 진리가 존재하지 않으며 또한 객관적 표준이 존재하지 않는다는 것이다. 그렇다면 칸트의 절대명령의 지위도 매우 의심스러운 게 분명하다.

현재의 문제는 장쥔마이의 「인생관」이 일으킨 논쟁은 어째서 '인생관'의 방향 및 그 표준이 아닌 '과학과 인생관'의 관계에 초점을 두었는가 하는 점이다. '과학과 인생관' 문제는 어째서 과학적 지식론 및 그 분류 원칙에 대한 믿음의 여부 문제로 나아갔는가? 우선 인생관 문제의 토론으로부터 과학과 인생관의 관계의 논쟁으로 전환한 데에는 장쥔마이 본인의 논의 외에도 장쥔마이의 「인생관」에 대한 딩원장의 반응이 결정적인 작용을 하였다. 「현학과 과학─장쥔마이의 '인생관'을 평함」이라는 제목의 글에서 딩원장의 첫 번째 문제는 다음과 같이 제기된다. "인생관과 과학을 나눌 수 있는가?" 과학 방법 이외에서 인생관의 시비·진위를 찾을 방법이 있는가? 그의 정의에 따르면 "과학 방법은 세계 속의 사실을 분류해 내어 그들의 질서를 찾는 것에 불과하다. 분류의 질서가 명백해진 이후에야 우리는 가장 간단하고 명백한 말을 생각해 내어 이 수많은 사실을 개괄하게 되는데, 이것이 바로 과학의 공례인 것이다."[62] 이것은 과학은 인생관과 분리될 수 있는가의 문제이자 과학 방법을 인생관 영역에 적용할 수 있는가의 문제로서, 이러한 문제들은 '과학적 지식론' 문제로 전환하게 되는 것이다. 즉 과학의 지식론 및 그 분류 원칙은 어떻게 인생관과 과학, 정신과학과 물질과학의 관계를 처리하는가의 문제로 전환한다.[63]

딩원장의 지식론에서 물질과 정신의 관계를 처리할 때는 분명 경험론의 측면에서 감각론적 심리학으로 돌아간다. 특히 흄과 밀의 연상 심리학의 관점으로 돌아간다. 그는 모건D. Lloyd Morgan의 『동물 생활과 지능』(Animal Life and Intelligence)을 인용하면서, 외부 세계의 사물(物)을 '구성개념'(construct)으로 칭하였다. 이러한 '구성개념'의 물질관에 따르면, 물질은 "수많은 기억된 감각기관을 통해 이해되며 거기에는 약

간의 직접적 감각이 있는"것으로 이해된다.[64] "사상은 아무리 복잡해
도 결국은 감관의 지각에 지나지 않는다. 감각의 지각은 직접적으로는
사상의 동기이며, 간접적으로는 사상의 원질이다. 그러나 훈련을 받은
뇌신경은 A의 감각 경험을 B로 비약시킬 수 있으며, 그것들을 분석하
고 연상한다. 또한 직접적 지각에서 간접적 개념으로 나아간다."[65] 딩
원장의 추론은 물질은 본래 심리상의 감각기관의 접촉으로 지각에서
개념이 되며 개념에서 추론이 생긴다는 것이다. 즉 "과학 연구는 이러
한 개념과 추론을 벗어나지 못하는데, 어찌 정신과학, 물질과학의 구
분이 있겠는가? 또한 어떻게 순수 심리적 현상이 과학적 방법의 지배
를 받지 않을 수 있겠는가"라는 것이다.[66] 감각기관의 접촉은 우리가
물체를 아는 유일한 방법이며, 물체의 개념이 심리의 현상이라면, 과
학의 지식론은 모든 것을 포괄하는 완전한 체계이다.

따라서 딩원장의 도전을 계기로 하여 장쥔마이의 논지의 초점은 지
식론의 문제, 특히 지식 영역의 구별과 분화 문제로 전환되기 시작했
다. 그의 「인생관과 과학에 대한 재론 및 딩원장에 답함」 상·중·하편
속에서, 상편은 '공례' 문제에서의 물질과학과 정신과학의 차이를, 중
편은 과학적 지식론의 정확성의 여부를 서술의 중심으로 삼았다. 상
편의 제1절 「물질과학과 정신과학의 분류」에서 장쥔마이는 각국의 모
든 과학자와 철학자는 과학이 분류될 수 있음을 보편적으로 승인하
지만 분류의 방법은 각기 서로 다르다고 지적한다. 그 자신의 물질
과학과 정신과학은 독일 철학자 분트Whilem Wundt의 정밀과학(Exakte
Wissenshaft)과 정신과학(Geisteswissenshaft)의 이분법에서 배태되었다.[67]
그러나 분트의 분류는 이 두 가지의 영역의 차이를 승인하면서도 여
전히 과학 분류법의 범위 내부에 자리 잡고 있다. 그러나 장쥔마이는
"정신과학은 엄격한 과학 정의에 따르면 이미 과학이 아니며 이 표준
은 증명 가능한 것"이라고 보았다.[68] 바꾸어 말하면 장쥔마이는 물질과
정신 영역의 통약 불가능, 즉 심물이원론心物二元論을 견지하였다.

심물이원론을 견지하는 이론적 함의는 인생관 영역에서 객관적·인

과율적 법칙을 부정하는 데 있다. 역사적 방면에서 이러한 법칙은 바로 진화의 공례에서 구현된다. 따라서 심물이원론의 이론 해설은 과학사의 새로운 독해를 포함하는데, 특히 근대 물리학 방법을 기초로 하는 각종 과학의 재인식을 포함한다.[69] 지적할 것은 바로 진화론을 통해서 보편적 과학 법칙은 비로소 점차 문명의 진보와 낙후를 가늠하는 표준이 되었다는 점이다. 과학적 관념은 우선 역사의 영역에 진입하였고 이후 심리, 도덕, 심미의 준칙이 되었다. 장쥔마이의 입장에서 보면 제임스, 베르그손, 드리슈Hans Driesch 등의 철학과 다원주의에 대한 근대 생물학의 비판은 과학의 범위를 재조정하는 조건을 마련했다. 우선 그는 영국 생물학자 톰슨John Arthur Thomson(1861~1933)의 이론을 빌려 생물의 진화 과정에서 나타나는 인과관계의 모호성을 논증하고 나아가 생물학과 물리학을 구분하였다. 다음으로 그는 헬름홀츠Hermann von Helmholtz(1821~1894), 뮐러Georg Elias Müller(1850~1934) 등의 실험심리학, 특히 페히너Fechner의 베버-페히너의 법칙(Weber-Fechner Law: 즉 감각과 자극의 대수對數는 비례)을 탐구하여, "이른바 실험심리학의 실험 대상은 즉 오관 및 뇌신경계를 근거로 삼는다. 이와 같은 것을 생리적 심리학이라 할 수 있어도 순수 심리학이라고는 할 수 없다. …사상을 문제 삼지 않는 이상 …실험한 것은 바로 생리이지 심리가 아니다"라고 지적했다.[70] 따라서 심리학은 정밀과학이 아닐 뿐만 아니라 생물학에 비하면 과학과 거리가 더욱 멀다. 그는 베르그손과 제임스를 인용하여 "인생은 본래 자각성"이며 공례가 없다고 하였다.[71]

과학의 '법칙'에 대한 장쥔마이의 질문은 20세기 초 과학 발견에서 계발을 받은 것으로, 1905년 아인슈타인의 특수 상대성 이론의 발표, 1908년 민코브스키Hermann Minkowski의 4차원 기하설의 공포, 1915년 아인슈타인의 일반 상대성 이론과 같은 일련의 중대한 발견은 근대 물리학의 시야를 변화시켰다. 장쥔마이는 이미 그가 기술한 심리학 등 영역의 특징을 단순히 이 영역에 적용할 수 없을 뿐만 아니라 근대 물리학의 새로운 발견을 근대 물리학의 논리적 발전으로 이해할 수 없다는 것을 이미 주의하고 있었다. 그러나 장쥔마이는 분명 이러한 새로운 발견에 의거해 새로운 과학철학을 발전시키려 하지 않았으며, 또한 그는 과학사 속에서 패러다임의 전환과 신앙 등의 영역과의 관계에 대해 토마스 쿤이 했던 것처럼 진지하게 생각하지는 않았다. 이러한 과학 영역에서의 중대한 발견은 모두 과학 영역과 정신 영역의 통약 불가능이란 논증 속에서 조직되며, 이론적으로 칸트가 정의한 두 가지 이성 전통에 접근하게 된다. 그의 견해에 따르면 과학은 사물의 공간 관계에는 적용되지만 시간 영역에는 적용할 수 없다. 왜냐하면 시간과 생명 혹 활력(Vital Force)은 내재적 연관을 가지기 때문이다. 이에 근거하여 그는 네 가지 규칙을 도출하여 과학에서의 진보 법칙은 인생 영역에 적용할 수가 없다고 논증하였다.

첫째, 공간 속의 물질은 실험하기 쉽다. 그러나 생물학이 활력(Vital Force)의 지배를 받기 때문에 쉽게 실험할 수 없으며 심리학은 더욱 어렵다.

둘째, 공간 속의 물질은 전후 현상이 확실히 다르기 때문에 인과를 구하는 것이 쉽다. 생물계의 전후 현상은 분명하지만 세포가 전체가 되는 그 원인은 알기가 어렵다. 심리학은 순식간에 여러 가지로 변화하므로 고정 상태를 파악할 수 없다.

셋째, 삼좌표 혹 사좌표로는 미세하면서도 정확한 질점을 찾아낼 수 있으며, 이것으로 태양, 달, 별의 위치까지 추정할 수 있지만, 이것은 생리학에는 적용할 수 없는 원칙이다.

넷째. 물리상의 개념, 즉 아톰, 원자, 질량, 에너지 이것은 추상적이어서 결코 물체의 구체적 실재(Concrete Reality, 이 명칭은 제임스의 책에 있다)에 의해 간섭받지 않는다. 그러나 생물학의 경우에는 이른바 종별, 개성이 있다. 심리학은 더욱 심하기 때문에 생물·심리 두 계는 개성의 차이로부터 간섭을 받아 하나

의 순일한 현상(Uniformity)을 쉽게 얻을 수 없다.[72]

장쥔마이는 상술한 네 가지 원칙에 따라서 심리학, 경제학, 정치학, 사회학, 윤리학을 모두 '정신과학'으로 귀결시켰다. 왜냐하면 이 학과는 불변의 원칙이 없으며, 물리학에서 보이는 정확한 불변의 법칙이 없기 때문이다.[73] 주목할 만한 것은 장쥔마이는 그의 이른바 '정신과학' 속의 갖가지 변화를 무'공례'로 귀납시키면서도, 아인슈타인이 뉴턴 물리학에 가한 충격도 무'공례'의 표현임을 인식하지 못했다는 점이다. 즉 장쥔마이는 결코 지식의 형성을 탐구하려 하지 않고 지식과 비지식, 과학과 비과학의 구분에 중점을 둔 것이다. 그는 영국 경제학 교수 어윅E. J. Urwick의 『사회 진보의 철학』을 인용하여 다음과 같이 말했다.

> 과학이 할 수 있는 것은 모종의 행위를 배제하는 방법일 뿐이며, 목적에 도달하는 조건들을 확정하는 것일 따름이다. 전체 사회의 큰 목적의 결정, 우리가 선택해야 하는 방향의 결정은 과학 범위 바깥의 일이다. …우리가 사회의 행복이라고 여기는 전체 사회의 큰 목적은 정해진 것이 없고 한계도 없는 것이다. 인류 생존의 제일 조건은 장차 그 큰 목적을 때에 따라 확정함으로써 더욱 아름다운 경지에 도달하는 데 있다. 이 결정의 행위는 일부분은 생활 변화의 충동에서 일어난다고 할 수 있으며, 일부분은 유목적적 반이성半理性에서 생겨나며, 일부분은 이상화理想化에서 일어난다고 할 수 있다.[74]

바꾸어 말하면 사회의 목적과 행복, 가치 모두 과학 범주 바깥에 있다는 것이다.

장쥔마이가 물질과학과 정신과학을 구분한 것은 정신과 물질, 이지와 정감, 이성과 직관을 구분하는 그의 사고에서 나온 것으로, 이 점은 그와 량수밍 등의 문화론자들의 내재적 연관을 보여 준다. 그러나 그의 서술 자체에는 이미 어떠한 문화적 의미도 없다. 인생의 우연, 자유와 창조성에 대한 사고는 그를 유럽 사상 전통의 불가지론으로 이끌기 시작하였다. 그는 칸트의 정언명령, 오이겐의 '정신생활', 베르그손의 '생명력', 제임스의 '경험', 올릭의 '생활충동'과 '정신원소', 그리고 직관, 자유의지 등의 개념을 인용하여 정신 영역의 자주성을 위한 이론적 기초를 구축하였다. 이러한 의미에서 그는 정신과학과 물질과학을 구분하려는 생각을 초월하여 인생관을 과학의 위에 위치시켰다. "인생관은 과학을 초월해 있기 때문에 대항할 수 없으며, 분할이라는 말은 성립할 수 없다"는 것이다.[75] 주목할 것은 장쥔마이에게 있어 인생관과 과학의 대치는 이미 단순한 동양과 서구 문화의 대치가 아니라 바로 유심론과 유물론의 대치였다. 그는 딩원장과 자신의 관계를 이렇게 말하였다.

> 만약 딩 씨가 유물주의 혹은 감각주의(唯覺主義, 예를 들어 피어슨)를 포기하고 나와 같이 유심주의자가 된다면, 인생관은 비록 자유의지에서 나오더라도 일시적이지 않을 수 없는 것으로, 그 의미를 확연히 깨닫게 될 것이다.[76]

바로 이러한 대치 관계 속에서 장쥔마이는 과학과 인생관 영역의 경계를 확정했을 뿐만 아니라 인생관 문제를 과학 문제보다 우선하는 것으로 규정한다. 이는 '과학적 지식론'에 대한 그의 비판 속에서 뚜렷이 보인다.

장쥔마이는 근본적으로 '과학적 지식론'이란 개념을 승인하지 않는다. 왜냐하면 그는 과학의 분류 계보가 객관성을 가진다고 생각하지 않기 때문이다. "지식론은 철학 범위 내의 일이다. 과학과 관련이 없다. …천차만별이며 거의 정리가 불가능하다."[77] 딩원장 등의 경험주의 혹은 감각주의 지식론을 겨냥하여, 장쥔마이는 독일 이성주의 전통을 반복해서 인용하며 인간의 주관성을 옹호했다. 딩원장은 다시 피어슨, 마흐를 인용하고 장쥔마이도 독일 사상 전통에 의거하여 하나하나 반박했다. 예를 들어 장쥔마이는 피어슨이 세계의 최종적으로 분석 불가능한 원소를 감각의 인상으로 귀결시킨다고 비판하였다. 왜냐하면 그의 견해에 따르면 인간은 각종 감각을 명명할 때 이미 논리적 의미를 가지고 있기 때문이다.[78] 또한 그는 인류가 세계에 대해 진위를 판별하고 질서를 찾는 것이 유일한 의의이며 세계의 진위를 판별하고 질서를 찾는 표준은 바로 '논리의 의의'라고 생각한다.[79] 마흐, 피어슨은 모두 인과율을 '현상의 선후 질서'일 뿐 필연적인 것이 아니라고 해석했지만, 장쥔마이의 경우 인과율은 확실한 필연성을 지니거나 단지 물리 현상에만 적합하다고 보았다.[80]

　장쥔마이 본인은 이러한 차이점은 그와 딩원장의 이론적 차이가 아니라 영국과 독일의 사상 전통의 차이라고 매우 명료하게 말하고 있다. 그의 해석에 근거하면 영국 사상은 "외부로 내부를 해석하기 때문에 후천주의, 감각주의"적이다. 반면 독일 사상은 "내부로 외부를 해석하기 때문에 선천주의, 유심주의"적이다. 전자는 철학으로는 로크, 흄의 감각론과 경험주의로 드러나며, 윤리학으로는 벤담Jeremy Bentham의 공리주의, 생물학으로는 다윈의 생존경쟁 미세 변화 누적 진화설(生存競爭微變積澱說), 심리학으로는 영미 행위주의, 교육학으로는 환경적응설로 나타났다. 후자는 철학으로는 칸트의 순수이성설, 윤리학으로는 칸트의 의무설, 생물학으로는 드리슈의 생기주의, 심리학으로는 사상심리학思想心理學, 교육학으로는 정신의 자발성 탐구로 드러난다.[81] 그러나 장쥔마이가 독일 사상 전통을 전면적으로 주장했던 것은 아니다. 그는 양자를 조화하고자 했고, 칸트의 절충주의, 즉 순수이성과 실천이성의 이분법으로 돌아가고자 했다. 흥미로운 것은 그가 중국 학자가 이 임무에 가장 적당하다고 보고 있다는 점이다. 그들이 중국 사상의 전통이 아니고, 영국, 독일 전통의 바깥에 있어 선입견이 없기 때문이라고 보았다. 따라서 중국 사상의 임무는 더 이상 자신의 전통을 밝히는 것에 있지 않다. "영국, 독일의 사상을 조화시키는 것을 자기 임무로 삼게 되면 학술계는 독창적인 자신의 길을 개척할 수 있는데, 이 사업이 바로 우리나라 사람들이 노력해야 하는 바"인 것이다.[82]

장쥔마이가 심혈을 기울인 조화를 위한 노력은 당연히 지식론의 결과에 반영되었다. 그것은 '과학의 한계'에 대한 반성을 통해 새로운 지식 계보를 제시하는 것이다. 이러한 지식 계보는 충분히 과학과 '과학 이외의 지식'을 포용할 수 있다. '과학 이외의 지식' 개념이 제시하는 것은 바로 다음을 의미한다. 그러한 과학을 전체 지식으로 보는 견해, 과학 실천을 전체 실천의 관점으로 보는 것은 반드시 철저하게 재조명되어야 한다. 과학은 이제 더 이상 전체 지식과 같은 것이 아니며, 단지 전체 지식의 일부분일 뿐 결코 중요한 부분이 아니다. 과학 실천은 더 이상 실천 그 자체와 동일한 것이 아니라 실천 속의 하나의 실천, 그다지 중요하지 않은 실천일 뿐이다. 매우 분명한 것은 자연일원론의 기초 위에 세운 과학 계보는 그것이 설령 지식 분과의 원칙을 포함한다고 해도 동질성의 정도가 매우 높다는 점이다. 심물이원론의 기초 위에 세운 지식 계보는 통약 불가능한 지식 부류를 포함한다. 또한 이러한 지식 부류는 스스로 내재적 원리와 논리를 제공한다고 할 만큼은 자주적이며, 그것들 사이에는 일말의 동일성도 없다. 공례든 방법이든 또는 그 밖의 무엇이든 간에.

장쥔마이가 거론한 도덕(예를 들어 충신忠信), 심미(예를 들어 음악 감상), 생사 문제 등 '과학' 이외의 '지'를 가지고 과학의 한계를 검토해 보면, 그의 기본 결론은 이렇다 할 독창성이 없다. 기본적으로 톰슨의 관점을 반복하는 것으로 과학 지식 이외에 최소한 철학, 미술, 종교 세 가지 다른 지식이 존재한다. 철학(형이상학)은 과학 방법이 처리할 수 없는 우주 본질의 문제를 다루며, 미술은 과학 방법이 처리할 수 없는 심미와 정감의 문제를 다루고, 종교는 과학 방법이 해결하기 어려운 의미 문제를 다룬다. 이처럼 '과학'은 더 이상 모든 지식을 포용하지 않고, 오히려 지식의 일부분에 불과할 따름이다. 형이상학, 심미, 종교 및 도덕 영역은 이미 '과학'의 계보 속에서 분화되어 나왔고, 이와 나란히 독립적인 지식 영역을 이루었다.

그러나 이러한 병렬 관계에는 여전히 통섭하거나 통섭되는 관계가 있다. 왜냐하면 '분과' 자체는 각 과 위에서 호소하는 원리—형이상학을 필요로 하기 때문이다.

> 비록 분과의 연구는 부득이하지만 분과 학문의 시비는 여러 학문의 최고 원리에서 가늠되어야 한다. 그것을 융합하고 관통하는 것은 형이상학이다. 형이상학은 여러 학문의 최종 재판관이다.[83]

과학의 범위는 물질의 영역에 제한되며 분과의 규칙은 형이상학에 의해 통섭된다. 자유의지는 인류 활동의 근원과 책임의 기초이다. 장쥔마이 이론의 연원은 분명 제임스, 베르그손과 오이겐에서 나오지만, 분과의 원칙과 내용의 측면에서 보면 '과학'이란 말을 처음으로 만든 일본의 근대 사상가 니시 아마네에 매우 접근해 있다. 니시 아마네는 일찍이 철학을 '과학의 과학'으로 보고, '통일관'의 형성을 가장 중요한 사명으로 간주했다. 장쥔마이의 독특성은 '과학'은 더 이상 모든 '지식'이 아니라고 했던 바로 그 점에 있다. 그에게 있어 형이상학은 '과학의 과학'이 아니라 '지식의 지식'인 것이다. 위의 분석에 근거하면, 장쥔마이는 과학 지식 영역에서 '형이상학'의 영역을 보존하고자 했던 것이 아니라, 과학 지식 바깥에 독립성을 가진 심리학, 사회학, 정치학, 경제학 등의 영역을 확보하고자 했던 것이다. 주목할 것은 정치, 사회, 심리 등 영역의 자주성은 지식 분류 속에서 표현될 뿐만 아니라, 제도화의 실천 속에서 체현되어 나온다는 것이다.[84]

지식 계보의 분화와 사회 문화의 '합리화' 설계

1. 지식 분과와 근대 사회 분업

지식 계보의 검토와 재구성을 통하여 장쥔마이는 지식 문제에 대한 그의 기본 원칙의 기초를 다졌다. 과학과 현학의 관계에서 이 기본 원칙은 "과학은 결코 인생을 지배할 수 없으며, 과학을 버리고 철학 또는 현학(혹은 형이상학)에서 해석을 구하지 않을 수 없다"[85]는 이론적 함의를 지닌다. 장쥔마이의 설명에 따르면 이 판단은 세 가지로 요약된다.

> 1. 정신계는 감각계 위에 있다. 학문의 시비·진위는 곧 이 정신계의 종합 작용의 표현이다.
> 2. 감각과 개념이 서로 합치되어 곧 지식이 성립한다. 그러나 학문적 지식 외에 종교, 미술에도 진리를 구하는 길이 있다.
> 3. 학문상 지식의 성립은 고정 상태에 이지理智의 작용을 가하는 것이다. 인생이 변천하는 까닭은 그것이 순수 심리에서 나오기 때문이며, 따라서 자유이다. 나아가 역사의 신진대사는 모두 인류의 자유 행위이므로 인과라 할 수 있는 것이 없다.[86]

과학 계보에 대한 장쥔마이의 공격과 '분화'를 특징으로 하는 그의 지식 계보 재구성은 단순히 순수한 지력 활동이라고만 할 수 없다. 지식 계보의 합리적 분화는 먼저 근대 사회의 합리적 설계이며, 그다음으로 근대화의 행동 강령으로 이해될 수 있다.[87] 주의할 점은 장쥔마이는 결코 종합적으로 과학 계보의 분화를 대하지 않았으며, 오히려 보다 상위의 '분화' 개념을 가지고 과학 내부의 분화와 분과를 비판했다는 점이다. 신앙·도덕·심미·과학 등 영역의 통약 불가능성을 논증하거나, 혹은 신앙·도덕·심미 등의 영역을 과학 계보로부터 분화시킴으로써, 장쥔마이는 보다 폭넓은 분류의 원칙을 세운 것이다. 바로 이런 의미에서 장쥔마이는 한편으로는 과학의 분류 방식으로 사회 설계의 합리화 모델을 반대했으며, 또 다른 한편으로는 분류 원칙을 기초로 자신의 사회 설계를 제기했던 것이다. 따라서 나는 그의 교육 개혁 방안및 사회 개혁 방안을 일종의 합리적 설계라고 보고, 이러한 합리적 설계 자체는 분명히 각종 계몽적 합리화 모델에 대한 비판을 포함한다고 생각한다. 혹은 그의 이러한 합리적 설계는 계몽적 과학 법칙에 대한 비판의 결과라 할 수 있다.

장쥔마이는 그의 논적과 마찬가지로 합리적 설계와 행동 강령으로서의 '학습'을 세계를 이해하고 개조하는 기본 방식으로 보았다. 그러나 딩원장 등은 미지의 세계에 대한 과학의 끝없는 탐색은 충분히 종국의 진리를 획득할 수 있다고 강조했다. 반면 장쥔마이는 과학적 '진리 탐구'를 목적으로 하는 것이 아니었다.

> 교육 방법은 물론 직접적이든 간접적이든 간에 약간의 인생의 이상을 표준으로 한다. 표준이 정해진 이후에 분과가 가능하다. 나는 인생관을 자유의지로 보며 교육 방법의 하나라고 본다. 피어슨과 딩원장은 인생관을 통일적인 것으로 보는데, 그 방법 또한 하나의 방법일 뿐이다.[88]

말할 것도 없이 상술한 두 가지 '학습'은 '실용적 가치문제'를 포함한다.[89] '학습'의 특징은 일련의 제도화 실천을 통해 학습자를 근대 사회와 국가의 공민公民, 전문가로 배양하는 것이다.

따라서 '학습' 및 그 제도, 특히 교육 제도는 학습과 교육의 구체적인 내용을 다룰 뿐만 아니라 일종의 사회적 합리화 설계를 포함하였다. 이러한 합리화 설계는 교육의 목적을 구성하여 교육의 내용을 규정할 뿐만 아니라 또한 사회적 합리화의 모델이기도 하다. 학과와 교육 과정의 배치는 사회와 국가의 제도에 대응하며, 교육 제도의 구조는 사회 제도 구조가 이상화된 형식에 불과하다. 바로 이러한 점 때문에, 장쥔마이는 그의 비판을 개진하기에 앞서 '과학과 공민'에 관한 피어슨의 관점을 인용하면서 다음과 같이 말했다. "사실의 분류, 선후의 순서를 정하는 것이 바로 과학의 일이다. 선입견을 없애고 사실을 기본으로 하는 정신은 과학자만의 것이 아니라 일반 국민 모두가 가져야 한다."[90] 사실의 분류와 진실을 찾고 증명하는 것은 과학 연구의 기본 특징이며, 이러한 과학의 모델을 사회의 모델로 삼는 것은 계몽 이론의 결과일 뿐만 아니라 사회 '합리화'의 특징이기도 하다.[91] 따라서 '합리화' 개념은 여기서는 인식론상의 과학의 진보와 특정 시대의 도덕과 정치 실천의 연계를 의미하며, 이론이성과 실천이성의 통일성을 가정한다. 이러한 의미에서 장쥔마이의 과학과 인생관의 이분법은 그 자신의 용법 속에서조차도 결코 완전히 관철되지는 않는다. 만약 공민의 탄생이 지식 계획의 결과라면, 지식의 계획과 국가의 관계는 필연적인 것이 된다. 이러한 의미에서 보면 장쥔마이는 과학과 기술을 역사 범례로 삼는 관점으로부터 진정으로 벗어났다고 할 수 없다.

그러나 만약 과학과 기술이 사회 발전의 모델이 되기에 충분하다면, 과학과 기술도 충분히 형이상학을 대신하여 인류의 의미 문제를 해결하는 기제가 될 수 있어야 한다. 바로 뒤에서 장쥔마이는 과학문명에 대해 비관적인 견해를 견지하는데, 그는 근대 문명의 위기는 과학의 위기일 뿐만 아니라 과학의 발전이 이끈 위기라고 보았다. 또한 윤리

가치라는 관점에서 과학은 이미 가치를 상실했다고 여겼다.[92] 따라서 그는 과학적 분류의 의미를 지님과 동시에 과학적 패러다임을 초월한 사회 시스템을 발전시켜 합리화된 근대 사회를 위한 도덕 실천의 기초를 추구해야 했다.

근대 교육에 관한 그의 비평집 속에는 그의 합리화 계획이 드러나 있다. 이러한 비판은 '지식과 공민', '교육과 국가' 등 전제에 대한 도전이 아니라, 오히려 이러한 중요한 관계를 출발점으로 삼고 있다. 그의 의문은 과연 단순한 '과학 교육'이 근대적 공민을 배양해 낼 수 있는가라는 것이었다. 현학 교육과 공민 교육의 내재적 연계는 장쥔마이가 '심성지학'의 해석자와 입헌 활동 추동자라는 두 임무를 한 몸에 지니고 있다는 사실을 말해 준다. 바로 여기서 장쥔마이는 과학 계보 위에 새로운 분류의 의의를 부각시켰다. 즉 분류의 원칙이 의거하는 것은 근대 사회의 합리화 안배에 대한 그의 이해에 근거하고 있지만, 반면에 교육 제도는 근대 사회구조가 이상화된 모델이었다. 장쥔마이는 과학 분류의 모델을 범례로 삼는 근대 교육 제도에 대해 심각하게 회의하였으며,[93] 그것에 상응하는 개선 조치를 제시하였다. 그가 귀납해 낸 다섯 가지 병폐는 다음과 같다. (1) 19세기 이후 영국과 독일 각국은 자연과학을 학교 과목에 포함시켰지만, 물리, 생물 등의 자연 과목은 모두 감각기관을 기초로 하여 "과도한 감각의 발달"을 초래했다.[94] (2) 과학은 상대적(Relative) 인과를 본의로 하는데, 물리·생리·심리·생물·사회 등의 과목은 모두 인과로 해설하여, 학생들은 "우주 속에서 인생의 독자적 가치를 대부분 잊게"되었다.[95] (3) 과학 지식 계보는 인생의 의의를 감각기관이 접하는 사물에만 국한하여 인생은 완전히 물질적 욕망, 일시적인 허영과 권리 의무의 관념에 사로잡히게 되었다.[96] (4) 과학은 분과 연구를 기본 방법으로 하며, "답안은 항상 그 분과의 범위 내에 국한된다." 분과의 세밀함으로 인하여 "사람들이 생각과 재능을 세세한 데에 쏟게 되어 우주의 광대함을 알지 못한다."[97] (5) 근대 교육은 현시기의 경제 제도를 표준으로 삼고 인재의 배양은 사회 분업

을 목표로 함으로써 "전인격적 활동"과 "전인격적 발전"을 완전히 간과하였다.[98]

상술한 다섯 가지 조항 가운데, 네 번째, 다섯 번째는 명확히 교육의 분과와 사회 분업 사이의 대응 관계를 보여 준다. 이러한 병폐에 맞서 그는 세 가지를 건의한다. (1) 학과 속에 초감각·초자연(Supernatural)의 과목을 넣어, 학생들이 우주의 광대함을 알고 물질적 욕망을 줄여, "자신을 버리고 타인과 전체를 위해 노력하는 정신을 발달"시켜야 한다.[99] 바꾸어 말하자면 장쥔마이는 근대 교육 제도 속에 정치학, 사회학, 윤리학, 철학 등의 분과 설치를 건의하였다. (2) 학과 속에 예술의 훈련을 증대시켜 느긋한 향유, 풍부한 정신 창조력을 얻게 해야 한다.[100] 그리하여 인과론의 기계적 관계에서 벗어나야 한다. (3) "학과 속에 인류 자유의지의 대의를 발양하여 사회 개조의 용기를 고취해야 한다."[101] 그의 목적은 학교와 사회의 울타리를 타파하고 공민 윤리로써 직업윤리를 개조하는 것이었다.

전인적 자유인에 대한 장쥔마이의 기대는 과학 발전을 범례로 삼는 사회 합리화 모델에 대한 반감을 함축하고 있다. 그는 과학의 분과와 사회의 분업은 모두 인간의 정신을 거세시킨 것이라고 여겼으며, 인간을 인과율과 진화의 법칙에 속박시키는 것이라 생각했다. 장쥔마이는 인간의 자유의지로 '규율'의 속박을 타파하기를 희망했으며, 그에게 있어 '혁명'은 자유의지가 자연 규율의 속박을 돌파하는 역사적 예증이었다. 그는 독일과 러시아 혁명을 예로 들어 사회개조파의 교육 사상을 범례로 거론했다. 바로 이러한 의미에서 장쥔마이의 '인생관' 문제와 그 지식 기획은 근대성에 대한 문제 제기로 이해될 수 있는 것이다.

그러나 장쥔마이가 지식의 분과와 사회의 분업을 일반적으로 반대했던 것은 아니다. 그의 이론에서 주장하는 핵심은 과학 분류의 계보 위에 지식의 계보를 새롭게 세우는 것이며 이 지식 계보는 다섯 가지 방면의 내용을 포함한다. 즉 형이상학, 예술, 의지, 이지, 체질이다.

요약하면, 유럽 사회혁명과 그 청년 운동을 보건대, 이지 이외에 인류의 잠재적인 심적 능력(心能) 가운데 드러나지 않은 부분은 그 끝을 알 수 없다. 진실로 그 심적 능력이 제대로 발양된다면 물질 제도와 정신 자유의 사이, 현상 유지와 현상 타파의 사이에 저절로 평화와 중용의 길이 열리게 된다.[102]

장쥔마이의 시도는 균형 발전된 지식·제도의 분류 체계를 주장하는 것으로, 훈련과 교육을 통해 합리적인 사회를 세우고자 하였다. 즉 교육을 받은 사람은 전문 지식의 소유자·사용자일 뿐만 아니라, 또한 자격을 갖춘 '공민'이어야 한다. 교육을 받은 사람은 정당하며 도덕에 부합하는 생활을 추구하고 정당하고 정의에 부합하는 질서를 준수함으로써 전문적 훈련과 일을 합목적적 행위로 전환시켜야 한다. 매우 분명한 것은 장쥔마이의 이론 방식은 『학형』파 혹은 매슈 아널드의 인문주의 이상에 접근해 있다는 것이다. 즉 인성의 원만함과 조화로운 발전, 자유 사상, 기존 규범으로부터의 탈피, 자주 의식의 환기를 요구하는데,[103] 이러한 인문주의 이상은 어떤 완벽한 인성에 기초하기보다는 사회의 수요에 기초하며 아울러 모종의 규범에 근거한 훈련에 기초한다. 바로 서구 대학의 자유민 교육(liberal education)처럼, 장쥔마이가 구상하는 인문 교육은 직업 교육이었던 것이다. 이러한 교육의 진정한 결과는 인성의 완전함이 아니라 근대 사회가 교육 제도를 통해 수행한 '공민' 훈련 혹은 모델이다. 따라서 도덕과 인성의 탐구가 끊임없이 지식 분과 문제로 전환된다는 것은 조금도 이상하지 않다. 이와 관련한 것을 우리는 상술한 토론과 교육 제도 개혁의 호응 관계 속에서 보다 분명하게 알 수 있다.

2. 교육 제도 개혁, 분과 설치와 지식 계보의 구분

장쥔마이의 상술한 분류 계보는 '5·4' 전후의 교육 체제 개혁의 배경이었다.

신해혁명 이후, 민국이 수립되고 정치 체제의 혁명에 따라 교육 혁명이 이루어졌다. 1912년 1월 19일 교육부는 보통교육임시시행법령(普通教育暫行辦法通令)을 반포했다.[104] 이 학제 개혁에서 "보통교육은 독경讀經을 폐지하고, 대학교는 경과經科를 폐지하며, 경과를 문과의 철학·사학·문학 세 문門으로 편입하여 구습의 일단을 없앤다. 현재 우리의 교육 규정은 일본으로부터 많은 부분을 따랐다. …일본 학제는 본래 유럽 각국을 따랐으며, 유럽 각국의 학제는 대부분 역사상 점진적으로 변화하여 이루어진 것으로, 통일적인 정돈을 추구하지 않으며 서양인의 습관을 포함하고 있다. 그러나 일본의 변법 시기에 만들어진 학제는 서양 각국의 제도를 취해 절충하였으니, 그들로부터 가져다 따르는 것이 더욱 타당하다."[105] 1912년 교육 개혁은 "도덕 교육을 중시하는 것을 국가의 중심으로 삼고, 실리 교육과 군국민軍國民 교육을 보충한다"는 것을 종지로 한다.[106] 심미 교육도 소학·중학 및 사범학교의 교육 방침 속에 포함되었다. 당시에는 또 세계관 문제를 교육 방침에 넣었으나 통과되지 못했다. 주의할 만한 것은 문·사·철의 3개 학과는 경학과의 대체물로 세워졌다는 점이다.

1912년 학제의 제정은 부르주아 계급 민주 발전과 자본주의 경제의 촉진을 출발점으로 하였다. 국민 교육과 전문 분과의 결합은 그것의 주요 특징이다. 위안스카이 집권 시기, 복벽復辟의 필요성에 부합하여 북양北洋 정부도 새로운 교육 개혁을 실시했다. 이러한 교육 개혁의 주요 특징은 한편으로는 청말 이후 나날이 발전하는 과학기술과 실용 교육을 유지하는 것이고, 또 한편으로는 1912년 학제의 국민 교육 속에 공민 도덕 교육을 '존공독경'尊孔讀經으로 바꾸는 것이기도 하다. 어떤 학자는 1915년과 1912년 교육 방안을 비교하면서, 1915년 방안은 '존공독경'을 주장할 뿐만 아니라 자본주의 경제의 촉진을 출발점으로 하는 실용 교육을 반대한다고 하는데, 이것은 합당한 평가가 아닌 것 같다. 사실 청말 이후 특히 1905년 신정新政 이후 과학기술과 실업 교육은 이미 점차 교육 체제 개혁의 핵심이 되었으며, 또한 신구 두 파 모두 공유하고 있었다. 설사 위안스카이라 하더라도 과학기술이 근대 세계 속의 불가결한 힘이라는 현실을 바꿀 수 없었고 바꾸려 하지도 않았다. 1915년 초, 북양 정부는 대총통령 형식으로『특정교육강요』特定敎育綱要와 『반정교육요지』頒定敎育要旨를 선후로 공포하였다.『특정교육강요』제3항은 교육의 종지를 "도덕·실리·상무尚武를 중심으로 하며 실용으로 그것을 운용한다"고 하였고, 아울러 도덕·실리·상무·실용을 당시의 교육이 가장 결핍하고 있는 것으로 보았다. "규정에 더 포함시켜야 할 것은 도덕 교육을 씨줄로 삼고 실리 교육·상무 교육을 날줄로 삼는 것이다. 도덕·실리·상무 교육을 체體로 삼고 실용주의를 용用으로 삼는다(실용 교육으로 각 학교는 자연과학, 화학, 박물 등 실과實科의 실험에 중점을 둔다. 상무 교육은 초등 소학부터 체육·위생을 중시하고 덧붙여 군대의 훈련법을 중시하는 것으로부터 시작한다)."[107] 1912년 학제와 비교하여 1915년 '강요'綱要의 가장 중대한 변동은 도덕 교육 방면인데, 그 핵심은 제제帝制 운동에 부응했다는 점이다. '강요'는 일본 단일제를 채용한 보통 교육 체제를 바꾸어 독일 법제로 바꾸었고, 핵심 내용은 보통교육 속에서의 평민과 귀족의 등급제 교육에 있었다.[108] 1912년, 1915년 학제는 모두 도덕 교육을 씨줄로 삼지만, 1912년 학제의 경우 독경讀經을 폐지하고 '공민 도덕'이 자유·평등·박애의 자산 계급의 가치관을 포함했던 것에 반하여, 1915년의 '강요'와 '요지'는 오히려 공자 존숭, 맹자 존숭, 성리 연구, 육왕지학의 연구로 소학·중학에서는 '독경과'를 다시 설치하였고 대학도 경학원을 설치하였다.

신문화운동은 공교孔敎(공자의 가르침—역자)를 비판하고 과학과 민주 사상을 전파함과 동시에, 민주 교육과 과학 교육을 중심으로 하는 일련의 개혁 조치를 제기하였다. 1918년 12월, 교육부는 판위안롄范源濂, 차이위안페이蔡元培, 천바오취안陳寶泉, 장멍린蔣夢麟 등이 참여하는 교육조사회를 조직하여, 1919년 4월 "건전한 인격을 양성하고 공화 정신을 발전시킨다"는 교육 종지를 제출하고 이에 대한 구체적인 해석을 내놓았다. 이른바 건전한 인격이란 즉, (1) 입신을 근본으로 하는 사덕私德, 사회 국가에 복무하는 공덕公德, (2) 인생에 필요한 지식과 기능, (3) 강건하고 활발한 체격, (4) 아름다움(優美)과 화목하고 즐거움(和樂)이다. 이른바 공화 정신이란 다음을 말한다. (1) 평민주의를 발휘하고 사람들에게 민치民治를 알게 하여 국가의 근본으로 삼는다. (2) 공민 자치 습관을 양성하여 사람들이 국가·사회에 책임을 질 수 있게 한다.[109]

상술한 종지와 장쥔마이의 생각은 기본적으로 일치한다. 그러나 신문화운동은 특히 과학 교육을 중시하고, 과학 교육 자체의 중요성은 "물질의 지식에 있는 것이 아니라 사물을 연구하는 방법에 있다. 나아가 사물 연구의 방법에만 있는 게 아니라 그 심적 능력(心能)의 훈련에 있는 것"[110]이라고 보았다. 따라서 이른바 실제적인 공민 교육은 바로 과학 교육인 것이다. 예를 들어 장멍린은 "두뇌가 깨인 국민을 양성하고자 한다면 과학이 바로 좋은 약이다"라고 하였다.[111] '5·4' 지식인은 보편적으로 관찰·실험 등 과학 실천이 사견을 제거하고 "진실하고 정당한 지식"을 얻는 유일한 길로 생각했으며,[112] 일부 교육자는 실험·측량 등 과학 방법으로 교육 문제를 연구하고 교육의 과학화를 촉진시키기도 하였다.[113] '존공독경'의 도덕 교육에 대하여, 신문화운동자는 과학 교육과 과학 연구 자체가 일체의 도덕 내용을 포함한다고 보편적으로 믿고 있었다. 때문에 신문화운동은 비록 앞서의 각종 교육 개혁 운동과 마찬가지로 도덕 문제에 주의를 기울였지만, 일정한 의미에서 '도덕 문제'는 오히려 '과학' 문제로 이해되었다.

바로 이러한 배경하에서, 차이위안페이가 총장으로 임명된 북경대학은 1917년 제도 개혁에 착수하여 전국 고등교육 개혁에 중대한 영향을 미쳤다. 제도 개혁의 종지는 대학을 학문을 연구하는 전문 기관으로 삼고 학문 연구를 천직으로 삼는다는 것이다.[114] 당시에도 대학 내에 진덕회進德會가 조직되어 있었는데, 그 목적은 관리가 되기 위해 했던 학문의 기풍을 바꾸고 학생의 단정한 태도를 호소하며 학문에 전심을 다하는 것이었다. 전문 교육은 바로 지식 분류의 결과이자 사회 분업이 나날이 세분화한 수요에 따른 것이다. 학과와 교과 과정의 설치에 있어서, 북경대학은 문文·법法·리理·상商·공工 다섯 가지를 병립하는 상황을 바꾸어, 점차 학교를 근대 종합 대학 체제로 바꾸었다. 몇 차례의 변혁 이후, 1919년 북경대학은 문文, 리理, 법法과의 명칭을 폐지하고 (사학문史學門, 지질학문地質學門과 같은) 문門을 과(系)로 바꾸었으며, 수학과·물리과·화학과·지질학과·철학과·중문과·영문과·법문과·독문과·노문과·사학과·경제과·정치과·법률과 등 14개의 과를 두었다. 과科, 문門을 폐지하고 여러 과(系)를 병렬한 것인데, 분류 원칙으로 보면 자연일원론의 과학 계보 및 그 내부 분과 원칙의 영향을 받았다.

각기 다른 분야가 독립적 학과를 구성하며, 보다 광범위한 과학 연구의 유기적 부분에 편재되었다. 학술의 전문화 특징은 기본적으로 과학 원칙을 포함한다. 즉 상술한 각 학과를 객관적 대상으로서 연구하는 것이다. 이런 의미에서 주체와 관련된 지식과 객체와 관련된 지식의 성질의 차이는 존재하지 않는다. 장쥔마이의 표현을 빌리면, 이런 교육 제도는 각종 지식을 인과관계의 틀 속으로 넣어 버려 '전인격의 활동'을 소홀히 하게 되는 것이다.

장쥔마이의 지식 계보는 형이상학, 예술, 이지, 체질의 분류 원칙을 포함하며, 그것은 근대 전문화 교육에 대한 비판적 경향이 선명하다. 장쥔마이의 지식 분류의 방식은 한편으로는 신문화운동의 '과학관'을 겨누고, 또 다른 한편으로는 전문화한 근대 교육을 겨냥한 것이다. 이러한 의미에서 장쥔마이의 지식 분류 원칙은 비판적일 뿐만 아니라 건설적이다. 왜냐하면 그의 지식 분류 원칙 역시 근대 교육 제도 속에 대응하는 분과 체계를 세우는 데 있어서 이론적 전제를 제공하고 있기 때문이다. '5·4' 전후의 교육 개혁, 특히 보통교육 개혁은 이러한 분류 원칙을 포함하고 있다. 이러한 의미에서 장쥔마이의 견해도 제도적 실천에 의거하는 것이라 볼 수 있다.[115]

1915년 제1차 전국교육연합회에서 호남성이 학제 체제 개혁안을 제출한 때부터 1919년 북경 교육부가 학제 회의를 개최하기까지, 그 사이에 10여 개의 성省에서 학제 개혁의 방안이 제기되었다. 1922년은 이미 학제 개혁 토론이 고조되었고, 많은 학자·교육자·교육 단체가 학제 개혁에 대한 견해를 분분히 발표하였다.[116] 이러한 배경하에서 교육부는 1922년 9월 학제 회의를 열고 전국교육회연합회가 제출한 학제 시스템 초안에 대해 토론과 수정을 하였다. 또한 같은 해 11월 1일 대총통령으로 『학교체계개혁안』(學校系統改革案)을 공포하였는데, 이것이 바로 유명한 '임술학제'壬戌學制이다.[117] '임술학제'는 초등교육, 중등교육과 고등교육 세 개 등급의 학제 개혁 방안을 포괄하고 있었고, 초등과 중등 학제 속에서는 고등 학제처럼 완전하게 전문화 교육을 실행할 수 없었기 때문에, 이 학제의 약간의 방침은 '전인격 활동'의 요소를 포함하고 있었다. 중등교육은 교육의 보급을 위주로 한다고 하였지만 각종 직업과를 병설하였으며 일반 중학 외에도 직업학교가 병설되었다.[118] 이 학제는 분명 미국의 '6·3·3제'를 채용하고 있는데, 이는 '5·4' 전후로 미국 유학생이 대거 귀국하였고, 국내 사람들이 보편적으로 일본에 대한 반감을 가지고 있는 것과 관련이 있다. 왜냐하면 이전의 중국 교육은 그 경향이 주로 일본을 따르는 것이었기 때문이다. 직업 교육의 흥기는 제1차 세계대전 기간 중국 민족의 상공업 발전이 교육에 제기했던 요구를 반영하고 있다.

장쥔마이의 청화대학 강연은 1923년 2월이다. 임술학제가 1922년 11월에 공포되고, 새로운 교과 과정의 설치가 1922년에서 1923년 사이에 완성되었다. 1922년 10월 전국교육회연합회 제8기 연차 회의가 북경에서 제1차 회의를 조직하였는데, '신학제과정 표준기초위원회' 新學制課程標準起草委員會를 조직하고, 중·소학 과정의 좌표를 만들고 이후 남경에서 개회하여 중·소학 졸업의 기준을 통과시켰다. 1924년 4월 상해에서 제3차 위원회 회의가 열려 소학 및 초중 과정 강요를 제정하고, 6월 고등학교 과정의 총강을 제정했다. 대학과 전문학교의 과정은 일시에 착수하지 않고 민국초의 과정을 참고하여 집행했다. 상술한 중·소학 강요는 1923년 6월 전국교육회연합회가 펴냈다. 일련의 교육과정 표준은 비록 정부의 교육부가 제정하지 않았고 정부의 정식 반포를 거치지 않았지만, 교육부는 통령으로 시행했고 각지도 대부분 이에 따라 시행했다.[119]

우선 '소학 과정 표준강요'小學課程標準綱要를 보면, 소학 과정은 국어·산술·공민·위생·역사·지리·자연·원예·공예 예술(이전의 수공手工)·형상 예술(이전의 도화圖畵였으며 새로 종이 오리기, 소조를 덧붙임)·음악·체육 모두 12과목이다. 주의할 것은 각 과의 성격을 나타내고 초등과의 연계에 편리하도록 상술한 12개의 과목은 6개의 학과에 근거하여 설명을 덧붙였다는 점이다. 1. 위생, 공민, 역사, 지리는 사회과, 2. 지리의 일부분은 자연과, 3. 원예는 자연과와 예술과, 4. 공예 예술은 예술과와 사회과, 5. 형상 예술은 예술과, 6. 음악은 예술과와 부분적으로 체육과. 지식 분류의 각도에서 보면 이 6개 과는 사실 사회, 자연, 예술 및 체육 4과를 숫자만 바꾼 것에 불과하였다.

그다음, 중학 과정강요 중에서 교육 과정은 사회과(공민, 역사, 지리), 어문과(국어, 외국어), 산술과, 자연과, 예술과(도화, 수공, 음악), 체육과(생리, 위생, 체육) 등 6과로 나누었다. '고등 과정 표준강요'高等課程標準綱要의 교과 과정 설치는 비교적 복잡한데, 종합중학제와 학점제, 과 선택제(選科制)를 채택하며 아울러 지방의 사정에 따라서 보통과普通科와 직업과(實業科)를 나누었다. 직업중학은 직업을 주목적으로 하며, 사범, 상업, 공업, 농업, 가사 여러 과로 나뉜다. 보통과도 문학 및 사회학과를 중심으로 하는 것과 수학과 자연과학을 중심으로 하는 두 개 계열로 나누기 시작했다. 이 두 계열의 차이는 분과 전문(分科專修) 과목의 설치에서 주로 나타나는데, 문과 필수과에는 국문·심리학·윤리학·사회학 및 자연과학 등이 포함되며, 이과에는 삼각·고등기하·고등대수·해석기하학·제도·물리·화학·생물 등이 포함되었다. 그러나 주의할 점은 이 두 계열의 공통 필수 과정은 완전히 같다는 것이다. 즉 국어, 외국어, 인생철학, 사회문제, 문화사, 과학개념과 체육이 그것이다. 소학 과정에 비하여 중학 과정은 지식 영역의 확장 말고도 특히 인생철학과 사회문제 및 문화사 과목을 설치하였다.

셋째로, 사범교육은 고급사범 외에도 초급, 후기와 고등사범 세 종류가 있다. 후기사범과 고등사범과는 공공 필수 과정이 고등 보통과와 같지만, 음악 하나가 더 증설되었다. 전공 필수 과목은 심리학, 교육심리학, 보통교학법, 각과 교학법, 소학 각과 교재 연구 등이 포괄되며 선택과목은 문과, 이과, 예술 셋으로 나누었다.

임술학제와 과정강요는 모두 미국 교육의 영향 아래 생긴 것으로, 학과의 설치와 과정의 기준 내용은 비교적 복잡하다. 20세기 20년대의 중국에서 이러한 학제와 과정을 충분히 시행할 수 있는 학교는 대도시 소수 학교에 지나지 않았다. 따라서 시행된 지 몇 년 후 교육부는 여러 차례 조정과 수정을 하였다. 그러나 임술학제와 과정강요가 보여 준 분과 원칙은 지극히 중요하다. 왜냐하면 이 「학제」와 「강요」 속에는 한편으로는 실용을 중시하는 경향을 보여 주면서, 또 한편으로는 문화 논쟁에서 드러난 지식 계보 및 그 분과 원칙을 철저히 제도화된 교육 실천으로 관철하고 있기 때문이다. 공민 교육, 도덕 교육, 심미 교육, 자연지식 교육, 직업 교육과 체육은 점차 완전한 분과 체계를 구성했다. 이러한 분과 체계는 구조적으로는 지식계의 문화 논쟁, 특히 '과학과 인생관' 논쟁에서 제출된 지식 분류 계보와 구조적 유사성을 지니며, 또한 지식 논쟁과 근대 사회 설계의 내재적 관계를 드러내고 있다. 장쥔마이 등이 제출한 '인생관' 문제는 물론 학제 문제를 직접적으로 토론한 것은 아니다. 그러나 과학 교육과 직업화 교육에 대한 그의 비평, 특히 그의 지식 분류 원칙은 모두 근대 교육 체제, 특히 분과 원칙의 체제와 내재적 연계를 가지고 있다. 물론 그의 견해가 학제의 개혁에 직접 영향을 미친 것은 아니지만, 그의 지식 계보와 그 분류 원칙은 의식적 측면에서 근대 사회의 교육 체제, 근대 사회의 분업 원칙을 이해하는 데 이론적 시각을 제공했다고 할 수 있다. 그리고 후자도 '현학'과 근대성의 관계를 이해하는 데 도움을 주었다.

인문학과의 자기 이해를 논한 헌터Ian Hunter에 따르면, "자유민 교육(liberal education)은 목적이 없는 것이 아니라 서로 다른 다양한 사회 목적을 지닌 것이다. 문제는 문화와 기능의 대립이 아니라, 교육 사업의 기능 가치가 어떠한가이다." "이러한 교육이 포함하는 문학 예술, 신체 훈련(規訓), 자기 관리와 표현의 기교는 모두 공민의 자질을 인격 배양의 목적으로 하는 것이다. 이것은 예의·용모·품위·행동거지·사교 등을 포함한다."[120] 따라서 '전인' 교육은 비공리적인 것이 아닐 뿐만 아니라, 그 자체는 일종의 특수한 문화적 산물, 혹은 특수한 직업 교육이다. 로스블라트Sheldon Rothblatt는 "자유민 교육이 중시하는 것은 명확한 목표와 가시적 특질이다. (이러한 교육을 받았다는) 명확한 증거는 행위 속의 품격, 품위, 풍모, 태도 등에서 나타난다. …예절 교육은 유용하며 그것은 계급의 차이를 완화하고 어느 정도 사회 유동을 가능하게 하는 것"[121]이라고 했다. 물론 장쥔마이가 논한 인생관 문제와 그것의 지식 분과상의 반영을 간단하게 18세기 영국의 자유민 교육과 동일시할 수 없다. 그 당시 영국은 자주적 길드 사회여서 통일된 국민교육 제도가 형성되어 있지 않았으며 중요한 공직 인선은 모두 명망인의 추천을 통해 이루어져 경쟁적인 선발 제도가 없었다. 그리하여 통치 네트워크는 새로운 관료 기술을 통해 사회생활 각 방면으로 확산되는 정치 지리 공간을 확보하지 못하고 있었다. 따라서 헌터는 "자유민 교육이 기능적으로 사회 공간에 정합되며 그 가치가 계산되는 정도, 그것 자체도 역사적 기회와 우연히 맞아 출현한 것으로 모종의 통치 기술의 배치와 계산의 형식에 의거하고 있다"고 말했다.[122] 그러나 장쥔마이가 제출한 인생관 문제의 맥락은 완전히 다르다. 그 주요한 특징은 중국을 신생 근대 국가로서 완전한 국민교육 제도에 세우는 것이며, 또한 경쟁적 선발 제도를 통해 사회의 노동 분업을 결합하는 것이다. 이러한 상황에서 도덕과 심미 교육이 기능적으로 사회 공간 속에 정합되어 가는 것은 필연적이다. 이런 맥락에서 나는 장쥔마이의 인생관 문제와 사회 기능의 관계 문제를 일반 사회 기능 문제로 환원시키는 것이 아니라, 근대 국가 제도 건설의 맥락에서 도덕 기술이 어떻게 사회적으로 배치되는가 하는 문제에 주목하고자 한다. 이러한 사회적 배치 과정은 사상가, 심지어 제도 설계자의 본래의 동기와 완전히 일치하지 않으며 아마 직접적 관계도 없을 것이다.

3. 심성지학과 근대화의 문화 설계

이제 문제는 바로 이런 것이다. 지식 교육에 대한 장쥔마이의 사고는 어떤 의미에서 '합리화 기획'으로 해석될 수 있는 것인가? 더 중요한 것은 이러한 기획은 어떠한 문화 시각에서 형성되며, 어떠한 문화의 결과를 예정하는 것인가?[123]

베버가 거듭 환기시킨 것처럼, '합리성' 개념은 매우 다른 것을 의미한다. 예를 들면 그것은 정확한 개념으로 세계에 대해 이론적으로 파악하여 표현할 수 있으며, 또한 정확한 계산을 통해 사회 실천을 할 수 있다. 그러나 최종적으로 그것들은 하나로 연계되어 나눌 수가 없다.[124] 비록 베버는 이론 합리성과 실천 합리성을 구분했지만, 그의 주된 관심은 실천 합리성에 있다. 하버마스가 지적한 것처럼, 목적-합리적 행위 개념은 합리성이라는 다중적 개념을 이해하는 관건이다. "목적, 수단과 그에 수반하는 결과가 행위의 선택 기준이 될 때, 이러한 행위가 바로 목적-합리적(purposive-rational) 행위인 것이다."[125] 이러한 '합리적' 행위를 해석하는 베버의 출발점의 하나는 '기술'이다. 그는 일찍이 "경험과 반성에 의거하여 진행되는 자각적 그리고 체계적 수단의 운용"을 "합리적 기술"이라고 했다.[126] '기술' 개념은 여기서 특수화되지 않은 보편 개념이다. 예를 들어 기도의 기술, 심미의 기술, 사상의 기술, 교육의 기술, 정치 통치의 기술 등등이 있다. 재생산할 수 있는 행위 규칙 혹은 규칙 체계는 모두 방법론적인 규칙이든 습관적 규칙이든 간에 오직 참여자가 관찰자의 시야에서 예측 혹은 계산할 수만 있다면 이러한 규칙 혹은 규칙 체계가 바로 '기술'이다.[127]

나 역시 바로 이러한 의미에서 장쥔마이의 구상을 일종의 합리성의 기획이라고 본다. 왜냐하면 장쥔마이의 '인생관' 문제는 매우 깊은 반과학, 반기술의 경향을 지니지만, 한편 지식 계보 및 그 분과 원칙의 재구성, 특히 이러한 지식 분과 문제를 전문화의 교육 체제와 사회화의 행위 규범 속에서 관철하는 가운데 그는 사회 실천의 측면에서 일련의 유효한 사회조직의 방식을 시도했기 때문이다. 바꾸어 말하면, 장쥔마이의 '인생관' 문제와 그 지식 분류는 한편으로는 도덕·심미·신앙 등 반기술의 경향을 강조하지만, 또 한편으로는 이러한 반기술의 경향 자체가 오히려 합리화 사회에 이르는 일종의 방법이자 기술·제도적 설계가 되고 있다. 또한 바로 이러한 의미에서 장쥔마이의 지식 계보의 재구성과 교육 체제의 구상은 바로 '기술', 즉 일종의 근대 사회의 위기를 극복하는 '기술'인 것이다. 이론적으로 장쥔마이는 도덕·정감·심미 활동이 예측·계산 가능하다고 보지 않는다. 그러나 사회 행동의 방안으로서 그는 지식상 도덕·정감·심미를 하나의 독립적인 자기 규칙을 지닌 영역으로 구성하였으며 이러한 영역을 합리적 사회에 이르는 방법 혹은 '기술'로 간주하고 있다. 여기서 보충 설명이 필요한데, 장쥔마이 서술의 중점은 도덕과 정감 영역의 자주성이며, 기본적으로는 법률의 자주성 문제를 언급하지 않는다는 점이다. 그러나 바로 그는 줄곧 헌정 개혁에 노력을 기울였고, 그래서 중국 근대 민주 제도의 주요 이론가로 간주된다.

장쥔마이는 일찍이 "인심人心 혹은 사상의 합리성" 문제를 명확하게 이야기했는데, 그는 정신적 자주성과 근대 사회의 관계 속에서 이러한 합리성을 규정하였다. 그는 "인간의 이지理智의 자주는 근대의 진정한 동력이다. …종교적으로 그것은 양심의 자유라 말한다. 철학과 과학에서는 이성주의와 경험주의라고 한다. 정치와 경제에서는 인권과 자유경쟁이라고 한다. 비록 다른 영역 속에서 각종 상이한 표현으로 나타나지만, 그것들은 하나의 기원에서 나오는데 바로 그것이 인심人心·사상의 합리성인 것이다."[128] 바꾸어 말하면, 사상의 자주성은 사회 합리성의 원천이자 도구이며, 그것은 순수 정신적이자 형이상학적인 것일 뿐만 아니라, 사회적·정치적·경제적·법률적·윤리적·지식적 합리성의 기초인 것이다. 사상적 자주성도 반과학적인 것이 아니라 오히려 그것은 과학의 전제인 셈이다. 그도 일찍이 '이성주의'와 '덕지주의'德智主義로 그의 사상의 자주성·합리성의 함의를 표명하였다. 즉 "덕지주의, 즉 덕성의 이지주의, 혹은 덕성의 유심주의"는 "지식 방면에서는 범주와 논리 방법이며, 행위 방면에서는 도덕·자유의지"이다.[129] 특히 주의할 것은 장쥔마이는 "인간의 이지의 자유"를 "근대의 진정한 동력"으로 간주했다는 점이다. 이 점은 서구 계몽사상가의 '근대성 방안'과 완전히 일치한다. 예를 들어 하버마스는 '주체의 자유'를 근대성 방안의 표지로 보았으며, 사회 영역에서 '주체의 자유'의 실현은 민법이 보장하는 자기의 이익을 합리적으로 추구하는 공간(장쥔마이의 이른바 '자유경쟁')이다. 국가 영역에서 '주체의 자유'는 정치 참여 의지의 형성 과정을 표현하는 평등 권리(장쥔마이의 이른바 '인권')이며, 사적 영역에서 '주체의 자유'는 윤리적 자주와 자아실현(장쥔마이의 이른바 '양심 자유')을 체현한다. 공공 영역에서 '주체의 자유'는 사회와 정치 권력 합리화의 과정으로 드러나며, 이러한 과정은 비판적 문화 실현을 통한 것이다.[130] 과학 영역에서 '주체의 자유'는 지식의 축적을 개인의 자유롭고 창조적인 작업에서 나오도록 보장한다. '주체의 자유'는 자주적 예술과 보편적 도덕과 법률이 수립될 수 있는 전제이다. 만약 장쥔마이가 정신과 물질, 인생관과 과학을 서로 다른 영역으로 구성하였고, 그리고 전자에 선명하고 강렬한 자주성을 부여했다면, 이러한 구성 활동은 근대 사회의 합리화 기술 방안의 건설로 이해되는 것이 당연하다. 이러한 방안의 철학적 기초는 독일 이성주의이며, 정치 구상은 독일 사회민주당의 온건 사회주의와 입헌 정치이다.

그러나 이러한 방안의 '기술성'이란 일반적 기술이 결코 아니다. 일종의 반反기술적인 '기술'이다. '기술'은 감정과 습관의 배제를 포함하고 일종의 세계와 자아에 대한 방법론적 처리로 표현되며 또한 일정한 방법론적 절차를 운용하여 세계와 인생을 객관화하는데, 그리하여 관찰과 연구의 대상이 된다. 따라서 문화 문제를 지식 문제로 처리하는 것도 문화와 그 가치를 기술화하는 것이다. 이러한 일종의 기술화의 처리를 통해 세계 현상에 대한 비판은 더 이상 문화·감정·습관의 호오에 기초하지 않고 일종의 '객관적' 관찰과 반성에 기반하게 된다. 이러한 '객관적' 시각을 위하여 지식은 반드시 문화에서 분화해 나와 일종의 비역사적, 그리고 비문화적 영역이 되어야 한다. 더욱 중요한 것은 새로운 지식 계보는 교육 체제와 그 학술 분과의 근대적 수요에 적응하며, 나아가 근대인에 사회 훈련과 지식 훈련을 진행하는 시스템 혹은 '기술'이 된다. 지식과 그 제도적 실천은 국가 공민과 전문인을 양성하는 유일한 합법 경로이다.

그러나 문제는 상당히 복잡한 듯하다. 즉 한편으로 장쥔마이는 '인생관' 문제와 그 지식 분류 계보에 대한 해석을 통해 문화 문제를 일종의 지식 문제로 전환시켰다. 또 한편 그는 논쟁의 총결 부분에서 다시 '중국 문화' 또는 "안심安心 입명立命할 수 있는" 중국 '정신문명'의 의의 문제를 새롭게 제기하였다.[131] 여기서 주의할 점은 장쥔마이가 '문화' 문제를 제기하는 방식은 일종의 문화 방식인가 아니면 지식 방식인가라는 점이다. 다시 말해 일정한 문화나 역사적 시각에서 출발하여 중국의 문화 가치 혹은 지식 방식을 토론하는 것인가, 아니면 일종의 객관적 관찰자의 입장에서 중국 문화의 특정 가치의 시대적 의의를 탐색하는 것인가이다. 문화에서 지식으로의 전환 이후 우리는 다음을 질문하지 않을 수 없다. 장쥔마이는 어째서 그리고 어떤 의미에서 문화로 방향을 다시 돌렸는가라고 말이다.

내가 보기에는 이렇다. 장쥔마이의 이른바 여기에서의 '문화'란 자본주의적 사회 설계를 극복하는 일부분으로, 그 사명은 중국 문화의 사명이 아니라 근대 자본주의의 대립물로서의 '사회주의'의 사명이며, 이것이 바로 그가 한때 '사회주의'를 내세웠던 이유이다. 1920년대 초기, 사회주의는 보편적으로 자본주의의 대체물로 간주되었을 뿐만 아니라 모종의 중국적 문화 특성과 관련성을 지닌 역사 단계로 간주되었다. 자본주의와 과학이 근대 서구 문명의 특징을 구성한 이상, 동양 문명은 서구 문명(자본주의와 과학)의 '타자'로서 자연적으로 사회주의적 경향을 지닌다. 장쥔마이의 스승 량치차오는 그의 『구유심영록』에서 이에 관해 논했다. 비록 현실 정치 선택의 측면에서 그는 사회주의자가 아니었지만 말이다. 장쥔마이에게 있어, '사회주의'는 '문화'의 자원을 필요로 하며, 자본주의의 역사 상황 속에서 '문화'는 또한 '사회주의'를 목적으로 해야 한다. 장쥔마이는 '국가주의', '공상 정책', '자연계의 지식'으로 '근대 유럽 문명의 특징'을 개괄하고 1922년 '국시회의'國是會議 헌법 초안을 인용하여 다음과 같이 말하였다.

> 우리나라의 입국立國의 방책은 정靜에 있지 동動에 있지 않다. 정신의 자족에 있지 물질의 안락에 있지 않다. 자급의 농업에 있지 이익을 꾀하는 상공에 있지 않다. 덕화德化의 대동大同에 있지 종족의 분립에 있지 않다.[132]

　　중국 문명의 특징은 대비의 방식을 통해 구성된다. 따라서 자연적으로 근대 서구 문명의 대립물로 기술된다. 즉 진보 관념에 대한 부정, 소비주의에 대한 비판, 공업-무역 문명에 대한 거부, 민족주의에 대한 회의인 것이다. 장쥔마이는 유럽 자본주의의 경제 확장주의, 군사적 정치적 식민주의와 직면하여 중국이 옛 규칙을 묵수할 수 없다는 것을 명확히 알고 있었다. 그의 대책은 전통으로 간단히 돌아가자는 것이 아니며, "상공업 진흥책을 찬성"하고 "부의 집중을 반대하는 까닭에 사회주의의 실행을 주장"하는 것이다.[133] '사회주의'와 중국 문화는 모두 근대 서구 문명의 위기를 극복하는 데 유효한 길로 이해되었던 것이다.

'사회주의'는 여기서 '공도'公道의 대명사이며 사회적 부의 분배 체계의 공평한 원칙으로, 그 대립면은 효율과 공리를 목적으로 하고 재산의 사적 소유를 형식으로 삼는 사회 체제이다.[134] 바꾸어 말하면, 사회주의와 자본주의는 서로 다른 소유제 형식이며 서로 다른 '합리적' 사회 체계이다. '사회주의'는 역사적 부활이 아니라 모종의 '합리적 기획'에 근거하여 나타난 일종의 근대적 발명이다. 구체적 계획으로 보면 그것은 독일식 사회민주와 입헌 제도에 가장 가깝다. 자본주의와 마찬가지로 이러한 사회주의는 일종의 재생산이 가능한 제도이다. 주의할 점은 '사회주의'를 제기한 이후, '중국 문화'는 일종의 대책, 일종의 '사회주의'의 문화 자원, 사회주의 자체의 모순을 극복할 수 있는 역량으로 부각되었다. 장쥔마이의 논리에 따르면, 그의 '문화' 문제의 제기는 '공도'를 근본으로 하는 '사회주의'가 교육 학술과 부의 창조 방면에서 야기하는 부작용을 극복하려는 것으로,[135] '문화'는 '사회주의'를 보충하게 된다. 따라서 장쥔마이는 최종적으로 지식 문제에서 문화 문제로 방향 전환을 하게 된다. 그러나 정치적 측면에서 그의 '문화 문제'는 근대의 딜레마를 해결할 한 방법과 '기술'을 의미하며, 그것은 일종의 자각적이고 창조적인 활동이다. 여기서 문화 전통은 '국민의 노력', '국민의 창조'의 원천이 된다.[136]

이러한 의미에서 우리는 장쥔마이가 제기한 유학 문제(특히 '심성지학')의 두 가지 기본 전제를 개괄적으로 이해할 수 있다. 1) '심성지학'은 이미 이학의 맥락에서 벗어났으며, 그것이 겨냥하는 것은 보편적 세계 문제인 근대성의 위기로 즉 정치 영역의 국가주의와 민족주의, 경제 영역의 공상 정책과 지식 영역의 과학주의이다.[137] 2) '심성지학'은 역사적 범주가 아니라 보편적 범주로서 장쥔마이의 서술 속에서 출현했다. 따라서 '심성지학'이 표현하는 것은 특정한 문화의 경향이 아니라 보편적 지식 체계의 가장 중요한 부분이며, 이 부분은 기타 지식 영역에 대해 지도적 의미를 갖는다.

상술한 두 개의 전제에 기반하여, 장쿼마이는 심성지학과 고증학의 관계를 새롭게 해석했다. 이미 말했지만 장쿼마이에게 있어 '심성지학'과 '고증학'은 중국 역사 속에 있는 두 학파일 뿐만 아니라, 지식 영역 속의 두 가지 상호 충돌하는 보편 경향, 즉 이른바 역사와 문화의 차이를 초월하여 존재하는 경향인 것이다. 바꾸어 말하면 '심성지학'과 '고증학'의 충돌은 중국 학술사 속에 있는 한학·송학 논쟁이 아니라 인류 사상, 특히 근대 사상 속에 있는 두 가지 상이한 지식의 경향이다. 양자에 대한 그의 파악과 영국 경험주의와 독일 이성주의에 대한 그의 이해는 완전히 일치한다. 이 두 가지 지식 경향의 위치는 지식 계보의 체계적 안배를 통해 결정될 필요가 있다. 따라서 장쿼마이의 이른바 '심성지학'과 '고증학'은 모두 중요한 반역사의 경향을 지니며, 그것들은 모두 인류의 이지의 구조로 이해된다.[138]

심성지학과 고증학에 대한 장쿼마이의 해석은 일종의 보편 의의를 지닌 비유 위에 세워져 있다. 이러한 비유는 역사 및 문화와 아무런 관련성이 없을 정도로 단순하다. 이것은 바로 인간의 내외 구별이다.

> 한 사람의 몸을 말하면 옷과 신발, 피부와 육체, 뇌신경 모두 외물(外)이니 자기에게 족할 뿐 외부에 기대지 않는 것은 과연 어떤 것일까? 나는 말할 수가 없다. 성현의 말을 들어서 안과 밖(內外)을 분명히 밝혀 보겠다. 맹자는 "구하면 얻고 버리면 잃는다. 구하는 것이 얻는 데 유익한 것은, 구하는 것이 나에게 있기 때문이다. 구하는 데는 길(道)이 있고, 얻는 데는 명命이 있다. 구하는 것이 얻는 데 무익한 것은 나의 밖에 있기 때문이다"라고 하였다. 공자는 "그의 자리에 따라 행동하고 그 밖을 바라지 않는다. …자신을 올바르게 하고 남에게 구하지 않으면 원망이 없다"라고 하였다. 맹자가 말하는 "나에게 구하는 것"과 공자가

말한 "자신을 올바르게 하는 것"은 즉 내가 말하는 '안'(內)인 것이다.[139]

'고증학'과 '심성지학' 혹은 한학과 송학은 우선 내외의 차이로 규정되며, 내외의 차이는 또한 동일 목표, 즉 요·순·우·탕·문·무·주공·공자의 도에 통달한 서로 다른 '방법'으로 여겨진다.[140] 그러나 "요·순·우·탕·문·무·주공·공자의 도"는 단순히 중국 문화의 '도'가 아니라 보편적인 '도'이다. "만약 한학·송학 논쟁과 (유럽 사상 속의) 유심·유물의 논쟁이 인류 사상의 두 가지 커다란 조류의 표현이라면, 나는 이 두 조류의 대립은 '사람은 같은 마음을 지니고, 마음의 이치는 같다'(心同理同)의 원칙에서 나온다고 확신한다."[141] 이처럼 '도'는 보편적일 뿐만 아니라 '도'에 통달하는 방식도 또한 보편적이다. 내외의 구별은 한·송의 구별과 같고, 한·송의 차이는 유심·유물의 차이와 같다.

상술한 비유 관계에 기반하여 장쥔마이는 두 가지 표로 한학·송학 논쟁과 유심·유물의 유사 관계를 증명했다. 표1에는 베이컨, 로크, 벤담, 흄 등 '유럽 유물파의 말'과 왕인지, 고염무, 완원, 대진, 장학성 등 '한학가의 말'을 들어 일일이 그들 사이의 유사성을 대비한다. 표2에서는 칸트, 베르그손, 오이겐 등 '유럽 유심파의 말'과 공자, 맹자 등 '공맹에서 송명 이학가에 이르는 말'을 들어 그들 사이의 유사성을 서로 비교한다.[142] 그의 결론은 다음과 같다.

나는 한학·송학 논쟁을 서양 철학에서의 마음은 백지인가 아닌가의 논쟁이라고 본다. 백지라고 하면 경험을 존중한다. 백지가 아니라고 하면 감각과 개념이 서로 만나 지식이 이루어진다고 한다. 한·송 두 흐름의 말 역시 그러하다.[143]

장쥔마이는 한학·송학에 각각 장점이 있고 유심·유물에 각각 그 이치가 있다는 것을 결코 부인하지는 않았지만, 그가 '심성지학'과 독일 유심주의에 경도되었음은 의심할 바 없다. 주희·육상산의 논쟁과 한학·송학 논쟁을 유럽의 이성주의와 경험주의에 비유한 이러한 방식은 장쥔마이 사상의 특질을 가장 명료하게 설명해 준다. 이성주의와 경험주의의 갈림의 핵심은 '지식'의 해석에 있는데, '리'理와 관련된 송명이학의 논쟁은 인지의 리를 가리키는 것도 아니며 또한 지식 문제를 토론한 것도 아니다. 유럽 사상 속의 문제를 가지고 중국 사상의 문제를 해설하는 것으로부터 알 수 있는 것은 장쥔마이의 유학 관념은 이미 '지식'이라는 근대 사회의 중심 문제를 회피할 수 없었다는 것이다.

비록 한학·송학과 유럽 사상의 관계를 견강부회하는 듯한 장쥔마이의 설명이 각각의 역사성을 생략한다고 해도, 그의 논쟁 방식 자체가 역사적인 이유가 없는 것은 아니다. 그 역사적 이유는 만청 이래의 "한漢을 숭상하고 송宋을 억누르는" 사상사의 경향에 뿌리를 두고 있다. 억지 비유는 장쥔마이가 처음 시작한 것이 아니라 그의 논쟁자들이 시작한 것이다. 과학 사상을 창도하기 위하여 중국사상가는 중국의 사상 전통 속에서 '과학'의 합법성을 찾고자 했고, 그리하여 또한 전통을 '과학화'하는 해석을 하였다. 량치차오의 『청대학술개론』에 이미 명료한 흔적이 있으며, 후스는 청학淸學을 존숭하였을 뿐만 아니라 박학의 방법과 서구 과학 방법의 일치성을 반복하여 설명했다. 딩원장도 "과학 방법과 근 삼백 년 경학 대사經學大師의 치학 방법은 일치한다"라고 여겼다.[144] 이처럼 '고증학'의 경향은 '과학'으로 이해되었고, '과학'은 또한 근대 서구 문명의 주요 특징으로 이해되었다. 따라서 '고증학'의 대립물인 '심성지학'은 바로 근대 서구 문명이 만든 사회 위기에 대항하는 정신 원천인 것이다. 이러한 의미에서 '심성지학'과 칸트, 베르그손, 오이겐 등의 사상의 길은 반과학과 반기술의 '기술'인 것이다.

그러나 '심성지학'은 '기술'일 뿐만 아니라 일종의 이론이다.

이론과 실제 두 방면에서 보면 다음과 같다. 송명 이학이 흥성할 필요는 두 가지가 있다. 심心을 실재로 하는 까닭에 근면하며 노력 정진하는 용기는 필시 보통 사람과는 다르다. 베르그손은 "인류, 그중에서도 인류의 가장 순수한 정수 가운데에 생기의 충동이 막힘이 없다. 이 생기의 충동이 사람의 몸에 만들어지면 도덕적 생활의 창조의 흐름이 그를 움직인다. … 도덕적인 사람은 지극히 고도의 창조적인 사람이며, 그의 행동은 깊고 당당하여 타인의 행동의 원인이 되며 그 성품의 자애로움은 타인을 자애의 용광로에서 타오르게 한다. 따라서 도덕적인 사람은 … 형이상학적 진리의 계시자이다"라고 하였다. 이 말은 성현은 온 정성을 다하여 만물의 화육을 돕는다는 그 뜻과 합치된다. 그리하여 이른바 밝은 덕을 밝히고, 하루에 세 번 살피고 극기복례하는 공부, 이 모두는 지극한 리가 그 가운데에 있는 것이라 헛된 이야기로 간주할 수 없다. 이것이 이른바 이론적 필요성인 것이다.[145]

심心은 실재이기 때문에 따라서 도덕 생활은 인간의 주요 특징이며, 도덕 실천도 필연적으로 이론적 필요성이 있다. 그러나 "새로운 송학宋學의 부활"의 주요함은 여전히 그것의 실천 의의에 있다.

사람의 욕망이 범람할 때 국민의 공직에 복무한다는 사람은 더 이상 주의, 염치, 진퇴의 준칙이 있음을 알지 못한다. 사무事務에 종사하는 자는 책임을 방기하고, 정치를 주로 삼는 자는 이쪽저쪽 빌붙으며 그저 풍족한 의식을 통해 삶의 안식만을 추구한다. 심지어 일신의 사사로움을 위해 국가의 명맥을 희생하면서도 애석해하지 않는다. 이러한 인심 풍속을 어찌 의를 파괴하고 어려움을 피하는 한학자가 능히 교정할 수 있겠는가? 진정 일깨울 수 있는 약을 구한다면 새로운 송학宋學을 부활해야 하니 이른바 실제상의 필요가 이것이다.[146]

장쥔마이는 관자管子의 말을 뒤집어 "예절을 안 뒤에야 의식이 족하고 영욕을 안 뒤에야 창고가 가득해진다"라고 하였다.[147] '심성지학'을 통해 도덕의 기초를 수립하고 도덕이 충실한 결과는 바로 의식의 곳간이 채워지는 것이다. 바꾸어 말하면, '심성지학'과 '고증학', 인생관 문제와 과학 세계관, 유심주의와 유물주의는 유사한 사회 목표를 전제하지만 동시에 서로 다른 방법과 경로를 가정한다. '심성지학'을 통해 장쥔마이는 그의 사회 기획을 위해 '신송학' 혹은 '신유학'의 시각을 제공하였는데, 즉 도덕 실천 및 그 준칙의 시행을 통해 인간과 타인·사회·국가·세계·자연과의 합리적 관계를 세웠다. 이러한 시각 속에서 그의 지식 계보와 그 분류 원칙, 이러한 지식 계보와 분류 원칙에 의거하여 제공한 제도화의 청사진, 도덕 문제에 대한 그의 사고는 모두 '합리적' 기획이다. 즉 일종의 근대 자본주의의 '합리화' 과정에 맞선 '합리적' 기획인 것이다.

'심성지학'과 '고증학'이 두 가지 상이한 보편적 지식으로 이해되면서 '한학·송학 논쟁'의 역사적 함의는 사라졌다. 중국과 서구의 차이는 우선 과학과 현학의 차이로 이해되며, 이후 또 한학과 송학의 차이, 심과 물의 차이로 간주되었다. 이러한 분화를 특징으로 하는 논리 속에서, 문제의 역사성은 점차 약해졌으며 문화 문제는 점차 지식 문제로 전환되었다. 상술한 전환을 통해 중국 문화와 서구 문화는 실제로 두 가지 지식 범주가 되었고, 그리하여 그들 사이의 차이는 지식의 형식으로 보편화되고 견고화되었다. 장쥔마이와 이후 '신유가'들은 완전히 같지는 않다. 그의 '심성지학'은 가법의 함의가 없으며, 그의 '도통'은 사람은 같은 마음을 지니고, 마음의 이치는 같다는 보편적 '도'이다. 따라서 '심성지학'이든 '도'의 관념이든 모두 특정한 문화를 견지하는 것이 아니라 보편적 진리를 탐구한다. 이러한 보편 진리가 인생관에 대한 차이로 드러난다고 해도 말이다. 만약 슝스리熊+力 이후의 '신유가'를 참조한다면, 장쥔마이와 량수밍은 모두 가법을 엄수한 '신유가'로 볼 수는 없으며, 그들의 문화관은 분명히 세계주의의 경향을 지니고 있다. 그러나 나는 여전히 '신유가'의 문제의식은 바로 이러한 특정한 지식 배경에서 출현한 것이라고 확신한다.[148]

제15장

공리 세계관과 그 자아 해체

보편 이성으로서의 과학과 근대 사회

과학 개념의 보편적 사용은 20세기 중국 사상의 주요 특징 가운데 하나이다. 청말 이래의 중국 사상의 분위기 속에서 과학은 해방의 상징이자 소환이었으며, 또 각 사회 문화 개혁의 객관적 근거이기도 하였다. 천리 세계관을 대체하는 공리 세계관으로서, 과학은 신문화 인물이 바라는 변혁의 필요성을 입증할 뿐만 아니라, 이러한 변혁의 목표와 모델을 제공하였다. 과학의 힘은 그것이 보편주의적 세계관과 민족주의적/세계주의적 사회체제를 밀접히 연계하여 결국 합리화된 지식 분류와 사회 분업을 통해 각종 유형과 취향의 인류 생활을 그것의 폭넓은 계보 속에 포괄시키는 데 있다.

객관적 진리에 대한 이해로서의 과학 개념은 신문화운동을 위해 사회·역사 변혁의 '필연성'을 제공하였는데, 이로써 신문화운동은 객관적 진리의 개념을 통해 사실과 가치의 이분법을 넘어설 수 있었다.[1] 신문화운동의 주류였던 천두슈陳獨秀, 후스胡適, 우즈후이吳稚暉, 딩원장丁文江 등은 당시 급진적인 지식인들로서 그들의 '과학에 대한 흥미'는 사회, 정치, 경제 및 문화에 대한 관심에서 비롯되었다. 예를 들어 후스는 실용주의의 영향을 받아 과학을 방법론으로 간주했는데, 그가 이러한 방법을 정치, 도덕과 인문 학술에 적용할 때 그 속에 이미 세계를 인식하는 도식이 함축되어 있음을 그는 전혀 의식하지 못하였다.

한편 과학의 절대적 지배 지위에 대해 의문을 제기했던 신문화운동의 주변 집단의 지식 경향도 일종의 합리화라는 지식 체계 속에 포함된다. 즉 '문화 차이'에 입각하여 서구 과학문명에 대해 도전을 하든 아니면 도덕, 심미 혹은 정감 영역의 자주성에 근거하여 과학주의에 의문을 제기하든 모두 제도화되고 합리화되고 과학화된 지식 분류와 지식 체제의 틀 내부로 전환되었다. 량치차오梁啟超, 량수밍梁漱溟, 장쥔마이張君勱 및 『학형』學衡파의 사상적, 지식적 그리고 사회적 노력이 구현하는 것은 바로 '문화', '도덕', '심미', '정감' 등 범주가 점차 근대 교육과 연구 체제의 특정 영역으로 전환되는 운명이었다. 과학과 그것이 야기하는 자연관의 변화는 단지 자연에 대한 우리의 지식을 지배할 뿐만 아니라 사회와 우리 자신에 대한 우리의 인식을 규정하였다.[2] 이러한 시각에서 볼 때, 과학적 '공리 세계관'에 의한 전통적 '천리 세계관'의 개조, 치환과 대체의 과정은 근대 사상 전환의 한 기본적인 측면을 구성하였다. 이 새로운 세계관은 근대 사회의 지식적, 제도적 분업과 전문화 과정의 토대였다. 과학 및 그 사회 운용과 국가 건설의 관계라는 측면에서 보면, 과학 문제는 사회 문제이며, 과학적 공리관이 천리 세계관을 대체하는 과정은 사회 주권 형식의 거대한 변화를 나타낸다.

과학 및 그 헤게모니의 형식과 근대 사회의 주권 형식의 전환은 다음과 같은 측면에서 서로 연계된다고 할 수 있다. 우선, 과학적 세계관의 지배적 지위는 지식, 기술과 산업 발전에 대한 국가의 의존과 사회 기층 구조의 전환을 바탕으로 세워졌다. 만청 시기에서 민국 시기까지 천조天朝 제국은 각 세력의 추동하에 중대한 변화가 발생하였는데, 과학적 세계관 및 그 지식 계보는 바로 이러한 변화의 중요한 동력 가운데 하나였다. 천조 제국은 농업을 중심으로 한 사회로서, 그 내부 주권이 가장 집중된 표현은 곧 전국 범위로 집중된 토지 소유권이었다. 제국의 토지 소유권은 전통 국가 토지 국유제의 형태(둔전, 영전營田, 간전墾田, 초전草田, 공전公田, 관전官田, 점전占田, 균전均田, 노전露田을 통한 노동력에 대한 군사적, 정치적 편제)로 표현되기도 하고, 또 호족 혹은 서민의 토지 소유제, 그리고 몽기제蒙旗制와 토사제土司制와 같은 제국 확장 과정에서 형성된 분봉적인 귀족 체제로 표현되기도 한다. 앞서 말한 토지 점유 관계의 정치 혹은 사회적 형식은 종법, 향약, 보갑제 및 변경 지역의 분권 형식이다. 이러한 모든 권력관계는 예의와 제도의 계획하에 황권을 중심으로 한 왕조 국가에 종속되어 있었는데, 후자는 이 대내 주권을 바탕으로, 조공 네트워크를 그 예의 형식으로 하는 세계 관계의 틀을 구축하였다. 조공 체계는 안에서 밖까지 미치는 주권 형식으로서, 제국 공동체 내부의 다원적 권력 중심 간의 경제, 정치, 예의 관계를 포괄할 뿐만 아니라, 동시에 제국과 기타 제국 혹은 정치 공동체와의 외교 관계를 포함한다. 조공 체계와 민족국가 간의 조약 체계의 주요 차이는 조공 체계가 일종의 형식화된 평등한 주권 관계를 수립하지 않았다는 점이다. 이것은 결코 조공 관계의 등급 형식이 실질적인 상호성과 평등성을 포함하고 있지 않다는 것을 말하는 것이 아니다. 예를 들어 청조는 조공 체계의 한 중심으로, 조공 범주 내에서 조선, 월남과 기타 조공국에 대해 책봉권을 행사했지만, 조공국도 조공과 책봉 관계에 대한 자신의 해석권을 보유하면서 종종 각종 예의 형식으로 중심과의 모종의 대등한 관계를 표출하였다. 조공-회사回賜 관계에서 경제적 보상은 이 체계 내부의 상호성의 한 표현 형식이다. 따라서 조공 체계가 구현하는 주권 관계는 일종의 형식적 대등성과 일부 내용의 교호성이 서로 맞물린 체계이다.

근대 국가의 주권은 세계 정치 체계와 경제 관계의 산물이다. 근대 국가가 무역, 군사와 외교 등 방면에서의 주권 지위를 확립함에 따라, 사회 내부의 경제, 정치와 도덕 관계도 변화하였는데, 이는 다음과 같은 몇 가지 측면에서 잘 나타난다. 첫째, 민족국가 형식의 주권 체계로 기존의 제국 체계를 개조하여 단일 주권의 개념하에 인민과 국가의 통일 관계를 수립하는 것이다. 이렇게 함으로써 한편으로는 기존의 다원적 권력 중심의 제국 체계를 와해시키고 다른 한편으로 단일 주권의 형식으로 민족국가와 기타 정치 실체 간의 국제 관계를 확립한다. 둘째, 제국 권력 혹은 황권은 다양한 문화 관계 속의 집단(群體) 관계를 대표하지만, 민족국가는 이러한 다원적 문화 관계의 집단 관계를 전체의 인민 주체로 구상함으로써 주권과 단일 의지를 지닌 인민을 민족의 틀 속으로 끌어들였다. 이것이 바로 '민족의 인민'이라는 개념의 기원이다. 이러한 인민 주권 개념의 형성과 민족국가 체계의 주권 관계의 형성은 상호 촉진 관계이다. 근대 국가의 인민에 대한 구상은 결코 단순히 하나의 이데올로기 공정工程일 뿐만 아니라, 더 중요하게는 국가 주권에 기반을 둔 사회 재건 공정이기도 하다. 셋째, 인민의 형성은 법적 형식으로 개인을 족군族群적, 지역적 그리고 종법적 관계로부터 추상 혹은 분리해 내고, 아울러 형식적으로 평등한 국가 공민으로 구성해야 하는데, 후자는 개인적 혹은 집단적 형식으로 국가 주권의 활동 가운데 참여한다. 이러한 정치 과정은 동시에 산업의 발전, 도시의 확장, 화폐 권력의 증가, 업종별 사회조직의 형성, 그리고 시장 체제의 수립 등을 수반하며, 이 모든 방면은 자유 노동력의 수요를 극도로 확장시킨다. 근대 국가의 법적 권리 체계는 결국 개인 재산권을 핵심으로 형식적으로 평등한 개인 권리를 수립하는, 이중적 과정의 산물이다. 이러한 의미에서, 근대 법적 권리 체계의 탈신분적인 개인 원칙은 사회 체제 변천의 내재적 요구를 구현한다. 즉 민족국가의 주권 형식과 제국 시대의 법률 다원주의는 서로 부합하지 않고, 신사 계층과 촌락을 중심으로 한 지방의 사회 네트워크도 국가적, 산업적 사회조직 형식에 적응할 수 없다. 이 두 측면은 모두 자연 권리 관념 혹은 계약론에 입각한 개인의 자주성을 요구한다. 이러한 배경하에서 실증주의와 원자론적인 과학관은 자연관의 측면에서 새로운 사회 구성 원리를 제공하였다. 즉 개인을 형식적으로 평등한 사회의 원자로 보고, 자아 혹은 주체성의 개념을 통해 개인을 혈연, 지연, 그리고 기타 사회 네트워크로부터 추상해 내어, 천리 세계관과 종법, 혈연 및 지연 공동체 간의 내재적 연계를 와해시키고, 정치 주권의 구성 원리를 변화시켰다. 과학 사상이 종법 반대와 공화 실현과 같은 도덕과 정치 방면에서 획득한 도덕적 우월성은 앞서 말한 사회 주권 관계의 전환을 근거로 하고 있으며, 과학담론공동체의 과학과 공화의 관계에 대한 토론도 이를 배경으로 하고 있다.

따라서 우리는 원자론적 과학관과 사회 구성의 관계에서 과학 세계관과 사회 체제의 합법성의 내재적 연관을 명확히 확인할 수 있다. 즉 공민의 탈신분화는 원자론에 기초한 일종의 법률적 추상으로, 그것은 자연관과 사회본체론 방면으로부터 새로운 도덕과 정치 권리의 합법성과 합리성을 확인하였다. 근대 주권의 구성은 개인을 지역과 가족 등 사회 네트워크로부터 해방시키는 것을 전제로 하며, 자유와 해방의 핵심은 신분 지위에서 탈피하고 형식적으로 평등한 권리 주체를 국가와 사회 체계를 구성하는 기초 범주로 삼는 데 있다. 근대 주권 관계에서 개인과 국가는 가장 활발한 양극을 형성한다. 즉 자본주의적인 개인 소유 형식이든 사회주의적인 집단 소유 혹은 국가 소유 형식이든 이 대립되는 두 사회체제는 모두 법리적으로는 공민을 비신분적 개체로 간주한다. 이러한 공민 권리 체계는 일정한 지역 사회 및 그 신분 체계에 따라 확립된 계약 관계와 도덕 계보에 대한 엄중한 도전이다. 과학 세계관은 이러한 새로운 주권 관계에 합법성을 제공한다. 즉 청말·민국초 시기 원자론을 핵심으로 하는 과학 실증주의가 유행할 때, 왕조 정치와 종법, 지연 관계의 합법성 이론으로서의 이학理學 세계관이 와해되었고, '5·4' 시기에 과학 세계관은 가족 제도 및 그 윤리 체계를 반대하고, 원자론식의 개인주의 및 혼인과 사회 업무 방면에서의 그 합리성을 위해 근거를 제공하였다. 또 중화인민공화국 이후, 과학 세계관은 비교적 완전한 헌법 체계를 구축하고, 아울러 공민 조직을 일정한 목표에 따라 행동하는 의지를 지닌 전체로 만들기 위한 근거를 제공하였다. 이로부터 볼 때, 과학 세계관은 단지 문화 운동의 기치일 뿐만 아니라 근대 국가 합법성의 기초이다.─근대 국가의 권리 이론과 법률 기초는 원자론적인 추상적 개인을 전제로 한다─추상적 개인과 원자론의 역사적 연계는 원자론이 결코 실증적 원칙에 기초해 있는 것이 아니라, 일종의 추상적 가정 위에 세워져 있음을 말해 준다. 원자론적 자연관과 이학 세계관의 충돌은 도덕 계보와 제도 배경의 변화 과정에서 발생했다. 즉 도덕 담론의 배경 조건은 지연, 혈연 공동체로부터 근대 국가의 추상적 법률 주체로 변화하였다.

근대 국가의 주권 형식 및 그 법리적 기초의 변화는 새로운 지식과 이데올로기의 생산 과정과 밀접한 관계가 있다. 따라서 교육 체제와 지식 계보를 재구성하는 것은 근대 주권의 재구성에 있어 중요한 부분이다. 1906년, 1,300년 간 지속된 과거 제도와 그 지식 계보가 와해되고, 신식 교육 제도와 그 과학 지식 계보의 합법성이 수립되었다. 민국 정부와 단명한 위안스카이 황제 통치 체제는 1912년, 1915년 그리고 1923년에 각각 일본, 유럽과 미국을 모델로 하는 학제를 반포하였으며, 그 후의 몇 차례의 국가 변혁은 모두 교육 체제와 그 지식 계보의 변화를 수반하였다. 비록 각종 변형과 차이가 존재하기는 하지만, 유럽 보편주의는 이러한 체제화 과정을 통해 불가피하게 교육과 지식 체제의 주도적인 요소로 작용하였다. 청말·민국초 학제의 제정과 청말 이래의 유학생 정책 및 관원, 사대부의 출국 시찰은 밀접한 관계가 있다. 1915년 학제는 유럽인의 직접적인 자문을 받았다. 마치 근대 국가의 건립이 민족국가 체계 확장의 유기적인 일부인 것처럼, 근대 중국의 교육 제도는 이중적인 방향을 내포하고 있었다. 즉 전문적인 분업과 지식의 유類적 계보를 통해 민족 교육 체제와 전 세계 교육 체제를 하나의 과정에 종합하여, 지식 체제 측면에서 분업과 사회 운행 방법을 보장하였다. 이러한 체제 내부에서 지식의 생산은 점차 전문적인 활동으로 변화하였고, 계몽자를 자임하는 지식인도 반드시 대학 혹은 연구 기구를 기초로 한 전문화된 학자여야만 했다. 학제 개혁과 과학 공동체의 건립은 새로운 지식 권력의 전제였다. 그것은 지식 권위의 보장하에서 '상식'을 새롭게 규정하고, 규범에 어긋나는 지식을 제거하였으며, 지식의 분류 기준을 결정하였다. 새로운 지식 계보에서 전통 세계관 및 그 지식 계보는 단지 새로운 학술 교육의 한 부분 혹은 요소(예를 들어 도덕 과정, 전통 교육 등)로서만 살아남아 더 이상 '세계관'의 성격을 지닐 수 없었다. '동서문화 논쟁'에서 '과학과 인생관 논쟁'에 이르는 시기에, 문화의 자주성, 독특성 그리고 내재적 가치의 긍정은 마침내 합리적으로 분화된 지식 계보 속에 편입되었다. 윤리, 심미, 정감과 문화 등 영역의 자주성에 대한 변호를 통해 그것들은 결국 합리화된 지식 체제 혹은 과학 제국 내부에서 일정한 위치를 확보할 수 있었다. 국민 교육은 새로운 사회 분업을 형식적 근거로 하는 전문 교육과 함께 교육 체제의 기본 틀을 구성하였다.

교육 제도의 개혁과 맞물려, 국가의 지지하에 전문적인 과학 연구 체제가 점차 형성되었다. 청말과 민국초 시기에 이러한 체제는 영국 왕립학회 및 그 종지를 표본으로 삼았다가, 20세기 말에 서구(주로 미국) 체제를 모델로 방향을 바꾸었다. 매번 이러한 체제의 변혁은 모두 보편주의적인 모델을 전제로 하고 있다. 과학 공동체의 조직 원칙과 민족국가의 조직 원칙은 대체로 유사하며, 그 활동 방식은 국가와 그 공민의 모범이 되었다. 이것이 근대 지식 체제 및 권력관계와 근대 주권 형식 사이에 존재하는 동일한 구조의 전제 조건이다. 과학 연구 제도는 과학, 산업 그리고 국가의 결합을 촉진시켰고, 이러한 결합은 한편으로는 산업 생산력 증가의 배가를 위한 조건이자, 다른 한편으로는 국제 경쟁에서 국가가 우위를 점하기 위한 전제를 제공하였다. 그리하여 국가는 대학과 과학 연구 체제를 지식(생산력)의 생산 기지로 삼고, 일정한 범위 내에서 그 체제에 국제 통용 기준을 따르도록 허용하는 등과 같은 모종의 자유의 특권을 부여하는가 하면, 전문주의의 전제하에서 지식 생산에 일정한 자유 공간을 제공하였다. 또 과학 공동체도 진리와 민족 이익 사이의 관계를 근거로 과학을 위한 자주적 공간을 모색하였다. 안정된 체제 조건하에서 교육과 과학 연구에 대한 국가 간섭은 직접 정치와 사회적으로 민감한 문제와 관련된 영역에 국한되었고, 대학과 과학 연구 제도—특히 자연과학과 기술과학의 연구—는 일정 정도 독립성을 보장받았다. 그러나 국가와 교육 체제 및 과학 연구 제도의 관계는 불안정하여 가끔 일정 시기에 국가 및 그 통치 이데올로기가 교육과 과학 연구 방향을 완전히 주도하는 등 민족국가의 법률 체제가 보장하는 문화 자주성의 취약한 지위를 드러내었다. 대학 지식인과 국가의 관계는 과거 시험을 통해 지위를 획득한 사대부와 조정의 관계와는 달리 전문화된 형식으로 사회 활동에 개입하였고, '과학 문화'는 사회생활 속의 특수한 한 부분이 되어, 근대 사회는 '두 문화' 및 그 경계를 자기의 한 특징으로 삼았다.

전통과 과학의 이원적 대립은 근대 국가가 추동하는 사회 개조 운동의 상징적인 특징으로, 국가 건설 과정도 전통의 개조 과정으로 간주될 수 있다. 이러한 의미에서 과학 세계관 및 그 체제의 헤게모니와 국가 이성의 헤게모니 확립은 동시적이다. 20세기 초, 중국과학사中國科學社라는 과학 연구 단체 및 그 후 더욱 전문적인 학회가 출현함에 따라 과학의 방법론적, 전문적인 특징은 날로 선명해졌지만, 이러한 방법론적, 전문적인 연구 형식(일종의 일상 사회생활 형식과 서로 구별되는 형식)은 결코 비사회적 혹은 비국가적인 형식의 출현으로 간주되지 않았다. 오히려 반대로 과학 연구의 체제 자체와 국가 이성 사이에는 밀접한 연관이 있었다. 특히 유럽 국가가 두 차례 세계대전에 휘말려 있을 때, 중국 사회에서 과학 세계관은 지고무상의 헤게모니 지위를 확립하였다. 주권 국가 간의 파멸적인 전쟁, 과학기술의 발전에 따라 출현한 새로운 폭력 형식, 그리고 과학과 도덕, 과학과 문명 간의 관계에 대한 사람들의 재검토는 모두 과학 세계관의 패권을 동요시키기는커녕, 이러한 경쟁적인 세계 모습은 과학과 기술에 대한 주권국가의 필요, 과학기술의 발전, 전문화된 연구 방법, 과학과 기술에 대한 국가의 통제 그리고 과학 세계관의 지배적 지위를 더욱 강화시켰다. 사실, 두 차례 세계대전 및 그 재난은 과학기술과 그 근대적 운용에 대한 반성을 자극했지만, 전후 과학기술의 산업과 군사 방면에서의 활용은 더욱 증가되었다. 따라서 다음과 같은 역설적인 역사 현상은 결코 놀라운 일이 아니다. 즉 제1차 유럽 대전으로 과학과 과학주의에 대해 유럽 지식인의 반성적 목소리가 높아지고 있을 때, 중국에서는 과학 세계관의 헤게모니 지위를 확립한 20세기 첫 번째 계몽운동이 발생했고, 조직적, 혹은 민족국가의 첨단 기술의 폭력이 세계를 경악시켰던 제2차 세계대전 시기에 중국 지식인은 민족 해방을 위해 분투하느라 과학 헤게모니 및 그 기술 운용에 대한 반성적 사유와 개념에 대해서는 전혀 관심이 없었다. 민족국가 및 그 경쟁 모델은 과학 기술 헤게모니의 확장을 위해 정치적 근거를 제공하였고, 자본주의 시장의 이익 극대화 원칙은 또 다른 측면에서 기술의 갱신을 위한 경제적 동력을 제공하였다. 이러한 조건하에서 세계화가 민족국가 지위의 변화를 촉진시켰을지라도, 과학기술의 헤게모니적인 지위는 동요되지 않았다. 왜냐하면 시장 원칙을 축심으로 구축된 사회 모델이 여전히 비신분적인 개인 권리 체계와 효율 극대화라는 원칙에 근거해 있었기 때문이다. 국가와 시장의 동력은 모두 과학적 세계관 및 그 기술적인 확장과 밀접한 관계를 지니고 있다.

19세기와 20세기 사상사는 줄곧 사실과 가치, 인지와 실천, 순수이성과 실천이성이라는 이원론의 영향을 받음으로써, 무수한 저작들이 이 두 영역을 명확히 구분하기 위해 힘썼는데, 그 동력은 이러한 구분을 통해 '물'物의 세계의 헤게모니를 제한하는 것이었다. 그렇다고 과학과 그 지식 계보는 결코 보편주의적인 공언과 지식 계보의 위치에 있어서 뒤로 후퇴하지 않았다. 오히려 실증적인 과학 영역을 자연과학 범주로 후퇴시키는 역설적 방식을 통해 과학의 경계는 극도로 확장되었다. 실증주의적, 원자론적 과학관은 두 측면으로부터의 엄중한 도전을 받았다. 하나는 과학 영역이 더 이상 고전 물리학이 대표하는 영역이 아니라는 것이고, 또 다른 하나는 과학 지식의 영역이 자연 지식, 사회 지식, 도덕 지식, 심미 지식으로 합리적으로 분화되었다는 것이다. 그러나 자연과학, 사회과학과 인문과학의 경계 구분은 단지 분류를 중시하는 과학 계보의 원칙을 복제했을 뿐만 아니라 형식화된 분업 모델로서 이러한 영역의 전문 원칙을 규정하였다. 이러한 의미에서 원자론적이고 실증주의적인 과학 개념에 대한 도전은 결국 과학 원칙의 헤게모니를 제한하는 것이 아니라 오히려 확대시켰다. 예를 들어 민국 성립 이후, 과학자 공동체는 자신들의 특수한 방식으로 과학과 도덕, 과학과 사회 정치, 과학과 인생관, 과학 사상의 진화론 문제 등에 대해 광범하게 토론을 전개하여, 엄밀한 방법론의 기초 위에서 분류된 지식 계보를 그려 내었다. 이러한 지식 계보는 도덕, 정치, 신앙 등 구세계관이 관련된 각 범주를 포괄하고 있지만, 이 범주들은 이제 구세계관에서의 함의와는 달리 과학 분류 계보 속의, 실증성 정도의 높고 낮음에 따라 순서가 매겨진 특정한 영역으로서 출현하였다. '5·4' 시기에 이러한 실증주의적 지식 계보는 엄중한 도전을 받아, 보편주의적 과학 개념에 대한 량수밍, 장쥔마이와 『학형』파의 도전으로 지식 계보와 지식 체제의 재구성을 야기하기도 했지만, 그 결과는 오히려 도덕, 심미와 정감 등 범주를 합리화된 지식으로서 지식의 계보와 체제 속에 편입시켰다. 지식 계보의 내부 관계에도 변화가 발생했지만, 합리화의 분류 원칙 및 그 체제화 과정은 절대 변하지 않았다. 이러한 의미에서 자연과학 영역에 대한 제한과 일원론적 과학주의 세계관에 대한 비판은 바로 과학 영역과 과학 이성이 무한으로 확장되는 전주곡이 되었다.

제2절

과학 세계관의 탈바꿈

그렇다면, 내재적 위기의 시각에서 볼 때, '과학 세계관'의 자아 해
체가 과학 이성과 그 헤게모니의 진일보한 확대를 어떻게 촉진시켰는
가? '과학 세계관'의 첫 번째 위기는 그 '세계관'의 특징과 과학 방법
에 대한 그 공언 사이의 역설적인 관계였다. '과학 세계관'이 구가치관
을 파괴하는 데 사용한 주요 수단은 근대 과학의 실증 방법이었는데,
이 방법론적 원칙에 따르면 실험을 통해 증명되지 않은 지식은 모두
'거짓 지식'이고, 형이상학적 미신이었다. 그러나 '과학 세계관'은 그
자신의 형이상학적 특징과 전체론적인 방법에서 벗어날 수 없었다. 한
편으로는 변혁 역량과 신제도의 합법성에 대한 '과학 세계관'의 논증
은 전체론적인 서술 방법이 요구되지만, 다른 한편으로는 또 구제도와
구관념을 파괴하기 위해 사용하는 '과학 세계관'의 실증 방법은 자신
의 전체론적인 관념에 대해 비판을 제기하게 된다. 전자는 우주론, 본
체론, 신앙적 지지가 필요하지만, 후자는 오히려 어떠한 궁극적인 기
초나 통일 원칙의 존재를 부정한다. 옌푸의 세계에서, 사회학은 우주
자연과 인류 사회를 포괄하는 지식 체계의 영혼이었다. 왜냐하면 사
회학은 지식 체계에 목적론적 방향('군'群, '공'公의 가치)을 제시할 수
있기 때문이다. 그러나 과학의 권위로서의 사회학은 그것의 일관된 실
증 방법 위에 세워지지만, 이 방법은 결코 '군', '공'의 도덕 방향을 보

증해 주지 못한다. 따라서 사회학은 과학적 특징과 '세계관'의 특징 사이에 내재적 균열을 겪게 된다. 만약 지식과 도덕 목표 사이에 내재적 연계가 없다면, 보편적 지식 체계, 실증적 방법, 학문적 전문화, 그리고 그 산업적 운용은 옌푸와 량치차오가 확립한 '군'을 중심으로 한 목적론적 지식 계보와 완전히 다른 별개의 것으로 되고 만다. 옌푸의 역학易學 우주론 및 그 운용 모델과 과학기술의 생산과 운용 과정을 내재적으로 연계시키기 쉽지 않을 뿐만 아니라, 량치차오의 도덕 함의를 생산해 낼 수 있는 실천 방법과 과학 발명이 운용하는 인지, 발명과 운용 과정을 연결시키기도 어렵다. 과학 방법의 헤게모니는 과학과 가치의 직접적 연관(이것은 과학이 세계관으로 성립될 수 있는 전제이다)을 부정함으로써 비로소 획득될 수 있다.

과학 세계관과 국가의 제도적 실천의 역설적 관계는 과학 세계관이 봉착한 두 번째 위기이다. 실증 방법의 유효성이 초기 과학 세계관이 의거하고 있는 '궁극적인 기초'와 '통일 원칙'을 동요시켰을 때, 근대 국가의 지식 제도는 이러한 '궁극적 기초'와 '통일 원칙'의 와해를 가속시켰다. 근대 국가가 기초하고 있는 것은 분과적, 전문적, 조작 가능한, 제도화된 (과학) 지식 실천이다. 이러한 지식이 자연에 관한 지식이든 아니면 사회에 관한 지식이든 유효성과 조작 가능성은 처음부터 이 제도 운용에 내재되어 있는 주요한 척도였다. 이러한 제도의 맥락에서 초기 과학 세계관의 도덕 목적론은 효능과 그 국가에 대한 공헌을 유일한 원칙으로 하는 과학 체제와 심각하게 충돌한다. 신해혁명 이전의 과학 잡지—예를 들어 『아천잡지』亞泉雜誌, 『과학세계』科學世界, 『과학일반』科學一斑—는 일종의 기능주의적 과학관을 보여 준다. 과학의 의의는 과학과 정치, 과학과 문명, 과학과 시대라는 서술 방식 속에 있기에 자연히 과학에게 도덕과 기능이라는 필연성이 부여되었다. 그러나 분과의 지식 계보 및 그 제도화 실천은 그 학과의 발전에 주력하게 되는데, 그 분과 원칙과 특정한 도덕 목적은 아무 관계가 없어서 기능과 가치 사이에도 내재적인 연관이 존재하지 않는다.[3] 비록 국가가 이러한 새로운 지식과 업무 방식에 도덕의 함의를 부여하려 시도하지만, 이러한 도덕 함의는 모두 국가 이성의 기획하에서의 기능 관계이다. 도덕과 제도의 분화는 교육 제도를 포함한 근대 사회제도의 주요한 특징일 뿐만 아니라 이 체제의 주요한 목표이기도 하다. 따라서 량치차오는 높은 점수를 받아 학교에 입학한 자 혹은 외국에 유학한 자나 전문 영역에서 지위와 능력을 얻은 자들이 정말 도덕적인 사람인가, 학교는 지식 판매소가 되어야 하는가, 아니면 삼대三代의 대학처럼 인간의 전면적 성장을 위한 곳이 되어야 하는가라고 문제를 제기하기도 하였는데, 이는 정이程頤 등 이학자들의 과학과 도덕의 관계에 대한 질문과 서로 호응하는 측면이 있다.

과학 연구 단체의 건립 역시 이와 마찬가지이다. 과학 공동체(중국 과학사〔1915〕와 같은)는 사회, 정치, 도덕, 윤리에 대해 강한 관심을 가지고 있었으며, 자연일원론에 기초하여 과학 지식을 사회 영역까지 확대하여 적용하였지만, 그 기본 취지는 실험적인 수단을 통해 과학을 연구하고, 과학의 기술화 및 그것과 산업의 관계를 강화하는 것이었다. 과학 공동체는 한편으로는 자연일원론의 과학 계보를 받들었지만, 다른 한편으로는 제도의 방식을 통해 자연과 인류, 물질과 정신, 물리 세계와 사회·정신 세계라는 이원론을 고착화시켜 근대 사회에서의 과학 공동체의 특수한 지위를 보장하고자 하였다. 근대에 이르러 과학 연구는 이미 조직적인 연구 체계로 변모하여, 국가 이성은 신속하게 과학 영역의 성과와 방법을 기타 사회 영역으로 전용할 수 있었다. 예를 들어 과학자 공동체의 과학 고유 개념의 명칭을 정하는 작업, 가로 조판과 서구식 표점(1916)의 도입, 그리고 백화 한어의 사용은 모두 국가와 사회의 승인을 얻어, 제도적 실천(교육과 매체 등)의 한 부분이 되었다. 중국의 근대 인문 언어와 일상 언어의 규범화(표점, 가로 조판 등)는 과학 언어의 실천을 통해 점차 형성되었기 때문에, 초기 단계에서는 이러한 언어를 과학 언어 및 인문 언어와 확연히 구분하기 어렵다.[4] 이러한 제도적 실천은 과학 발전과 문명 진화의 관계에 대한 이해를 함축하고 있다. 즉 과학의 발전 모델은 당연히 문명 진보의 모델이어야 하고, 과학 연구의 이성화도 사회 발전의 목표여야 한다. 각종 과학 고유의 명칭이 매체와 교과서를 통해 사람들의 일상생활 속으로 들어오면서 전통적인 이론에 근거하여 과학과 세계를 해석하려는 시도는 곧 물거품이 되었다.

과학 공동체의 지식 실천의 사회 및 문화 의미와 관련하여, 근대 문화 활동의 주체를 서술할 때 과학 공동체 경계의 부단한 확대로 말미암아 '과학담론공동체'의 개념이 과학 공동체 개념보다 훨씬 더 효과적이다. 과학 공동체는 과학담론공동체의 중요하지만 전체 중 일부분일 뿐이다. 과학담론공동체는 과학적 혹은 준準과학적 언어를 이용하고, 과학적 공리화의 권위를 이용하여 사회 문화 활동에 종사하는—그중에는 과학과 기술 활동도 포함되어 있다—지식 집단을 가리킨다. 『신청년』, 『신조』新潮 등 지식인 집단은 그들이 직접 자연과학 연구와 운용에 종사하지는 않았지만, 과학담론공동체의 중요한 부분이라고 볼 수 있다. 이들 문화 지식인은 자신의 문화 활동에 과학적 함의를 부여했을 뿐만 아니라 담론 형식에 있어서도 과학적 언어를 모방하기 시작함으로써, 그들이 문제를 토론하는 방식, 문화 단체를 조직하는 형식도 모두 과학 공동체와 그 규칙을 모방하였다. 과학담론공동체는 대학, 신문·잡지, 교과서를 이용하여 자신의 사상 경향과 가치 판단을 널리 표현하였을 뿐만 아니라, 사회와 국가의 실천에 영향을 주기 위해 끊임없이 시도하였다. 과학자 공동체는 자신을 일반 사회 주체와 구분되는 주체, 즉 분과적이고 전문적인 지식 체제에서 활동하는 인물로서, 그들은 객관적인 인식 대상을 가지고 있고, 객관적인 방법을 사용하며, 특수한 훈련을 거치고 전문적인 연구에 종사한다고 여겼다. 동시에 이러한 특수한 사회 주체의 조직과 행위 방식은 또 일반 사회집단의 모범이 될 수 있었다. 왜냐하면 자연일원론적인 과학 지식 계보에 따르면, 도덕·신앙·정감·본능 등 영역은 과학 지식 체계의 한 구성요소로서, 과학 활동 자체는 도덕적 필연성을 함축하고 있기 때문이다. 다시 말해, 과학 공동체 활동은 보편화 원칙과 분화 원칙이라는 이중적 원칙을 포함하고 있다. 과학 응용의 범위를 제한해야 한다고 주장하는 지식인과 인문학자의 기본 입장은 그 분화의 원칙으로 그 보편적 원칙을 공격하고, 도덕, 신앙, 심미 등 사회생활 영역을 (자연적 혹은 과학적) 보편 지식 영역으로부터 분화시켜야 한다고 주장함으로써 자신의 자주성을 형성하고자 하였다. 만약 이 '주체성 전환'을 중국 근대 인문학과의 탄생으로 이해한다면, 이른바 인문과학은 '인간'에 대한 이해 혹은 복잡한 사회관계로서의 '인간'에 대한 이해에서 출발하는 것이 아니라, 경제 법칙, 정치 권리와 과학 실천의 범주에서는 해석도 규정도 할 수 없는 영역에 대한 정의定意와 구분으로부터 발생했다고 할 수 있다. 이러한 의미에서 인문학과는 인간에 대한 발견이라기보다는 (개인적 혹은 집단적) 도덕, 심미와 무의식, 잠재의식 영역에 대한 발견이라고 말하는 것이 더 적절하다.[5] 근대 인문학과는 인간에 대한 완전한 재구성이 아니라 '인간'에 대한 해체이다. 왜냐하면 인문과학이 과학에서 분화됨으로써 인간의 개념도 자연적 객관성과 사회 경제의 객관성에서 분리되었기 때문이다. 이제 인간은 도덕의 주체, 자연과 구별되는 주체로서, 윤리학, 심리학, 문학, 역사학 등 학과의 연구 대상이다. '인간' 분화에 대한 이러한 이해는 지식의 분화 및 제도화와 서로 관련되어 있다. 즉 이러한 지식과 제도의 계보 속에서 '인간'의 현실 관계는 분화 원칙에 따라 이해될 필요가 있다.[6]

따라서 인문학과의 자주성은 과학 공동체가 수립될 수 있는 그 분화 원칙의 보편성에 대한 재확인이다. 지식 유형에 대한 논의는 근대 사회의 분업, 특히 교육과 과학 연구 체제의 재조직과 밀접한 관계가 있다. 지식 계보의 합리적 분화는 우선 근대 사회에 대한 합리적 설계이며, 다음으로 근대화의 행동 강령이라고 이해할 수 있다. 이러한 의미에서 장쥔마이의 과학 계보에 대한 비판과 '분화'를 특징으로 하는 그의 지식 계보의 재구성 활동은 단지 순수한 지적 활동인 것만은 아니다. '인생관' 문제를 통해 지식 계보를 재구성하려는 장쥔마이의 노력은 '5·4' 이후 교육 개혁, 특히 20세기 초 학제 개혁과 내재적인 호응 관계가 있다. '심성지학'에 대한 그의 재구성은 후대 사람들에 의해 근대 신유학의 남상으로 간주되기도 했지만, 이 '심성지학'은 이학理學의 맥락에서 탈피하여 지식과 사회의 체제 속에서 도덕, 심미와 정감 등 영역의 자주성과 지식 계보의 재구축을 위한 이론적 근거였다. 장쥔마이에게 있어 '심성지학'의 기능과 독일 유심주의의 기능은 별 차이가 없다. 따라서 현학 지식인의 근대성 위기에 대한 진단은 근대성의 문화 설계와 행동 강령의 유기적인 한 부분이다.

과학과 그 제도의 보편화는 서로 다른 문화에 보편적으로 적용할 수 있는 평가 기준이기 때문에 불평등하고 차등화된 전 세계 관계와 국내 관계를 위한 문화적 전제이기도 하였다. 앞에서 본 바와 같이 이를 위해 공헌한 것은 단지 과학 사상의 전파자와 과학 제도의 실천자일 뿐만 아니라 과학과 그 제도의 비판자와 도전자도 포함한다. 근대 중국의 맥락에서 문명론을 담론 방식으로 하는 민족주의 사조는 과학 지식 계보에 대한 첫 번째 심각한 도전이자 비판이었다. 만약 '과현논쟁'이 '인생관' 문제를 계기로 근대 지식 계보의 재구성—특히 서로 다른 영역으로서의 과학, 도덕 정감의 분화—을 위한 이론적 준비였다면, 이러한 분화는 결코 '지식론'의 틀 속에서 발생한 것이 아니라, 청말 이래의 동서문화 논쟁 중 문화 차이에 대한 논쟁에서 배태되고 성숙된 것이다. 동서문화 논쟁의 각 당사자는 모두 중국과 서구, 정적인 문명과 동적인 문명, 중학과 서학, 정신문명과 물질문명 등 이원론을 논거의 기본적인 전제로 삼고 있으며, 이 틀 속에서 과학·지식·이지·공리功利와 서구·동적 문명·물질문명을 연계시키고, 도덕·정신·직관·심미와 동양·중국·정적인 문명·정신문명을 연계시킴으로써, 본래 문명론의 이원론을 과학과 도덕·지식과 정감·이지와 직관 등 새로운 지식론의 이원론으로 변화시켰다. 다시 말해 지식의 분류와 문명론의 분류법은 밀접한 관계가 있지만, 더욱 객관적이고 중립적인 형식을 취한 것이다. 근대 중국 역사에서 지식 영역 분화의 직접적인 동인은 문화의 충돌이다. 이와 상응하여 '과현논쟁'의 지식 충돌도 그 문화 충돌의 함의를 부정할 수 없다. 중국적 맥락에서 과학과 근대성에 대한 반성은 청말 이래 중국이 직면한 문화 충돌에 대한 반성, 특히 서구 문화와 중국 문화의 관계에 대한 반성이기도 하다.

두야취안, 량수밍, 『학형』파, 장쥔마이 등은 20세기 20년대에 근대 중국의 새로운 도덕 담론의 체계를 창출하고, 이를 통해 주류의 근대 이데올로기에 대항하였다. 그러나 그들의 중심 논제는 근대성의 강령 및 그 중심 사상 범주를 전제로 한 것이었다. 따라서 그들의 반反과학주의적인 도덕 중심론 혹은 문화론은 여전히 근대적인 사상 강령과 명제의 내재적이고 고유한 내용이다. 그들이 추동한 사상 조류는 중국 사상의 주체적 전환을 촉진시켰지만, 그 결과는 오히려 보편주의 지식 헤게모니의 확장이었다. 유럽 사상 가운데 이른바 주체성 전환은 직접적으로 헤겔의 형이상학 체계와 계몽운동의 '주체-객체'의 인식론 모델에 대한 비판과 거부로 나타났으며, 나아가 개인, 개인의 정감, 정서, 체험으로부터 인간의 주관성을 탐색하였다. 그런데 중국 근대 사상에서의 '주체성 전환'은 우선 문화적 전환, 즉 서구 근대성에 대한 반성을 계기로 중국 문화의 가치와 의미를 재발견하는 것이었고, 따라서 문화와 지식의 이원론으로서의 중국과 서구가 담론의 기본 축이었다. 이 축의 형성은 민족 문화의 독특성과 차이성 혹은 본질성을 찾는 것을 목표로 하여, 헤르더J. G. von Herder가 발전시킨 낭만주의적인 민족주의에 더욱 가까웠다. 량수밍의 '의욕' 개념, 장쥔마이의 '인생관' 문제는 모두 민족 주체성을 전제로 하여, 문명론에 있어서 모두 특수주의를 표방하고 있으므로 민족주의의 이론적 전제라고도 볼 수 있다. 그러나 역사적으로 역설적이게도 지식 분화는 문화 차이에 대한 담론에서 연원하지만, 지식 논쟁의 형식은 오히려 이러한 충돌의 문화적 함의를 은폐시켰다. 격렬한 논쟁과 과학 지식계의 재구축을 통해 중국과 서구의 불평등한 문화 관계는 결국 지식 영역의 분류 관계로 치환되고, 제도화의 형식을 통해 확인받았다. 이와 같이 차이와 분화의 지식관과 문명론을 내적 핵심으로 하는 문화 이론은 보편주의적 전제를 약화시키는 것이 아니라 오히려 강화시켰다. 분화의 지식론은 근대 사상 충돌에서 약세적인 것이지만, 근대 사회체제의 형성 과정에서는 오히려 보편적으로 준수하는 일반 원칙이다. 앞서 언급한 사상가가 대표하는 문화 조류는 근대 도덕 운동의 주요 방향을 대표하는데, 이러한 도덕적 방향이 없다면 근대성 강령과 분류 원칙은 근대 세계의 생활 영역 전체를 완전하게 포괄할 수 없다. 이것이 바로 근대 도덕주의의 진정한 지위이다.[7] 반전통주의적인 과학 강령, 반과학주의적인 도덕과 문화 중심론, 여기에 덧붙여 마르크스의 혁명 이론은 근대 사회질서의 중요한 이론적 연계 방식을 보여 준다. 바로 이러한 의미에서 근대성의 강령은 결코 한 사상 집단이 단독으로 완성할 수 있는 것이 아니고, 그 분류 원칙도 어떤 이론가가 제정할 수 있는 것이 아니다. 이와는 달리, 근대성 강령의 각 구성 부분과 그 분류 원칙은 서로 충돌하는 사상 사이에서 점차 형성된다. 따라서 이러한 사상의 함의를 이해하기 위해 우선 요구되는 것은 그들 간 상호 관계를 구성하는 배경 조건을 이해하는 것이다.

근대성 문제와 청말 사상의 의의

이와 같이 근대 사상의 흥기는 과학 세계관이 헤게모니를 장악하는 과정을 보여 줄 뿐만 아니라 과학 세계관 자체의 변모 과정을 나타내기도 하는데, 그 주요 형식은 지식의 분화 원칙과 체제의 전문화 원칙이 점차 그 '세계관 특징'을 삭제하는 과정이다. 앞서 말한 바와 같이, 과학 세계관의 천리 세계관에 대한 반발은 구조를 바꾸는 성격을 지니고 있으며, 일단 이 세계관의 헤게모니 지위가 확립되고 나면, 그 자신도 곧 '분화'의 운명을 맞게 된다. 분화가 발생할 수 있는 동력은 우선 실증주의적 과학 개념이 과학 영역과 형이상학 영역을 진정으로 구분할 수 없어, 실증주의에 대한 추구가 전통 세계관의 해체임과 동시에 과학 세계관의 형이상학적 기초도 해체하게 된다는 점에 있다. 다음으로 과학적 공리가 엄격하게 과학 공동체의 규범과 실증, 실험의 방법에 기초해 있고, 전통적인 의미의 도덕 공동체와 과학 실천 과정 사이에 내재적인 연관이 결여되어 있기 때문에 과학 공리公理와 윤리 세계의 관계에는 심각한 애매성이 존재한다는 점이다. 과학 세계관은 과학 자신이 도덕적 필연성을 함축하고 있다고 주장한다. 그러나 그 방법론과 제도적 실천은 모두 구체적인 정치, 윤리와 심미적 실천으로 전환할 수 없다. 이러한 '과학 세계관'의 '탈신비화'는 과학 체제의 발전이 이미 자아 합법화의 과정이라는 것을 말해 주고 있으며, 윤리, 심미 등 영역으로부터의 과학 실천의 퇴출은 과학 체제와 그 운용이 이미 더 이상 외재적인 세계관의 합법성 논증을 필요로 하지 않는다는 것을 나타낸다.

청말 공리 세계관의 구성, 내재 모순, 전환 및 해체로부터 이 과정을 살펴본다면, 청말 사상의 주요 특징은 천리 세계관의 붕괴와 새로운 공리 세계관을 수립하려는 노력이기 때문에, 이 시대를 "세계관의 시대"라고 명명할 수도 있다. 청말 사상은 서로 다른 두 방향으로부터 부단히 '원초'로 회귀하고 있는데, 한편으로는 우주의 본원, 인류의 기원, 사회의 공리 등등과 같은 '원초의 문제'로의 회귀이고, 다른 한편으로는 공자, 노자, 묵자, 부처와 삼대의 예악 등등과 같은 위대한 창시자 및 그 사상의 제도로의 회귀이다. 이러한 '공리 세계관'은 '교의화敎義化될 수 있는 지식 형식'을 지니고 있다. 그들은 각자 서로 다른 방향에서 궁극적인 기초와 통일적인 원칙을 논증하고, 아울러 세계를 전체(자연과 인류 사회)로 간주하여 해석한다. 금문경학 운동, 고문경학 운동, 순학荀學 부흥 운동, 묵학墨學 부흥 운동, 유식학 부흥 운동 그리고 도가 사상, 법가 사상의 부흥 조류는 청말이라는 시대에 부흥하여 흥기하였으며, 또 역사의 변화와 사회 이데올로기 속에서의 그들의 위치 변화에 따라 부침하였다. 그러나 이 모든 사상운동은 세계에 관한 전체적인 해석, 즉 일종의 보편주의 공리 세계관을 마련하고자 하였다. '세계관'의 부흥은 일정 정도 서학 충격의 결과라고 할 수 있다. 그러나 그들은 대부분 전통적 사상 자원을 기초로 하고 있으며, 민간 습속과도 일정한 친연 관계를 지니고 있다. "천년 이래 미증유의 대변화" 와중에 청말 지식인은 공리 세계관을 재구축하고, 우주 운동 법칙, 세계 변동의 규칙, 정치와 도덕의 기초, 정감과 심미의 근거를 전면적으로 재해석하는 동시에 진리의 보편적 방법을 발견하고자 하였다. 당시 과학 사상이 '세계관적'이었던 이유는 그것이 천리 세계관의 구조 방식으로 천리 세계관을 대체하려 했기 때문이다. '세계관'의 부흥은 전통적 시간관과 공간관에 대한 철저한 재구성과, 새로운 시공 관계 속에서 새로운 사회체제의 위치와 운동의 방향을 확정하는 것을 의미한다.

새로운 개념의 대량 확산은 바로 '세계관' 부흥을 말해 주는 한 부호이다. 청말의 사상이 고대 학설을 부흥시키는 방식을 취함으로써, 새로운 개념은 종종 고대 개념의 재활용으로 나타나기도 했지만, 이러한 어휘의 함의나 운용 방식에 있어서는 근본적인 변화가 발생하였다. 쇼펜하우어의 말을 빌리자면, 사회 세계가 관계하는 것은 "의미와 표상"의 세계이다. 따라서 각종 신개념과 구어휘의 전파와 부활은 새롭게 세계를 건립하는 것을 나타내는 표상이다. 의지와 표상으로서의 세계는 심리학상의 표상이자 동시에 희극과 정치 의의상의 표상이다. 세계관의 구축 과정 자체는 사회 세계와 서로 다른 세력이 어휘를 둘러싸고 벌이는 투쟁과정이다—어휘의 변화는 곧 세계 표상의 변화이므로, 어휘를 바꾸는 것은 동시에 사물을 바꾸는 한 방법이다. 만약 어휘가 어느 정도 사물을 제조해 낸다면, 정치를 변화시키는 것은 본질적으로 어휘를 바꾸는 과정이며, 따라서 정치 변혁과 사회 변혁은 어휘를 반대하는 투쟁으로부터 시작하지 않을 수 없다.[8]

근대 중국 사상에서 가장 큰 규모로 그리고 가장 효과적인 방법으로 신조 어휘를 전파하고 사용한 사람과 간행물은 바로 근대 중국 사상에 가장 큰 영향을 미친 사람이자 간행물이라고 할 수 있다. 새로운 개념과 그 상관관계는 바로 '근대 중국'의 표상을 새롭게 조직할 때 발생하며, 이 표상의 수립은 새로운 개념 및 그 분류법, 예를 들어 공公과 군群, 국민과 종족, 개인과 사회, 계급과 국가, 자연과 사회, 자유와 전제, 통치와 인민, 개량과 혁명, 그리고 사회관계의 각종 차등 구조에 의거한다.

과학의 권위는 부단히 서구 근대 과학기술을 받아들이고, 새로운 학과를 교육 제도 속에 설립하는 역사적 맥락 속에서 점차 수립된다. 이러한 과정은 새로운 어휘로 세계관을 재구성하는 과정을 수반한다. 진화론과 실증주의의 시각에서 보면, 어떠한 유효한 '세계관' 및 그것의

'공리'에 대한 승인은 모두 '과학' 및 그 개념을 전제로 해야 한다. 과학 세계관 수립 과정은 '과학의 공리화' 과정으로 개괄할 수 있으며, 그 임무는 과학을 세계관의 담론 속에 배치하여 과학적 세계관을 형성하는 것이다. '과학의 공리화'와 '공리의 과학화'는 다소 다르다. 후자는 과학 헤게모니가 형성되는 조건하에서 모든 공리적인 담론이 반드시 과학적 담론으로 논증되어야 한다는 것을 가리키는 반면, 전자의 합법성은 여전히 일종의 공리적인 논증이 필요하다. 청말에, 과학의 권위가 아직 수립되지 않아, 문명·진보·발전·국가·도덕 등의 범주는 모두 과학의 의의와 가치를 인정하는 데 이용되었다. 그 결과 이러한 과정에서 공리화된 것은 단지 과학만이 아니라, 인간이 인정한 각종 자연·정치·도덕의 공리도 포함한다. 자연·정치·도덕의 삼중 구조는 과학 세계관과 천리 세계관의 상호 투쟁하고 상호 삼투하는 공리관의 보편적 특징이다. 이러한 의미에서 '과학 세계관'(공리 세계관)은 서학 전파의 결과이자 동시에 중국의 천리 세계관에서 재탄생한 것이다. '군'·'공'·'개인'·'공리'·국가와 사회 등 청말 사상의 핵심 주제에서 이 두 공리관의 이중적 요소를 발견하기는 어렵지 않다.

엔푸가 이학理學·역학과 실증주의를 배경으로 수립한 공리관, 량치차오가 심학·금문경학과 독일 유심주의를 배경으로 수립한 공리관, 장빙린의 유식학과 장자 사상을 배경으로 건립한 반공리관은 근대 세계와 중국의 다양한 개조에 관한 대표적인 세 가지 방안이다. 이들 사이의 역설 혹은 상호 해체는 근대성 문제를 다시 반성하는 데 서로 다른 시각을 제공해 준다. 이상의 공리를 중심으로 구성된 세 가지 사상 체계 가운데, 엔푸와 량치차오는 두 가지 주류 방향을 대표한다.[9] 즉 이학 세계관과 일원론적 자연관의 결합인 엔푸의 공리관은 세계의 내재적 동일성을 강조하고, 격물궁리 혹은 실증적인 방법으로 우주, 세계와 인간 자신의 내재적 법칙성을 해석할 수 있다고 보았다. 또 심학, 금문경학과 이원론적 철학(특히 독일 유심주의 철학)의 종합을 통해 형성된 량치차오 사상은 자연 세계와 도덕 세계 사이에 거대한 차이가 존재하며, 이 두 세계를 서로 소통시키는 유일한 방법은 '지행합일'의 실천임을 강조하였다. 이러한 두 종류의 '과학 세계관'은 모두 인지(과학)와 실천(도덕)의 방법론적 동일성을 전제로 하고 있다. 즉 격물치지와 지행합일은 세계를 인식하는 방식이자 사를 제거하고 공을 보존하기 위한 도덕 실천이기도 하다. 특히 주목할 것은, 이학 세계관이이기이원론적 우주론과 주객 이원론적 인식론을 종합하였지만, 청말사상의 맥락 속에서, 이학 세계관에서 출발하여 수립한 과학 세계관은 오히려 일원론적 특징을 지니고 있다. 이와 반대로, 심학은 이학과의 논쟁에서 심물 일원론을 강조하였지만, 청말의 맥락에서는 왕수인의 학에 근거하여 도덕 학설을 수립한 사상가들은 오히려 대부분 물질과 정신, 과학과 도덕의 이원론을 취하였다. 따라서 이러한 이론적 차이로 인해 결국 '5·4' 시대의 두 종류의 과학관의 분화가 발생하였다.

엔푸는 먼저 사회학을 기초로 한 과학 지식 계보와 진화론을 받아들였으며, 그의 우주 일원론의 틀 속에서 진화론과 실증 지식의 방법 자체는 도덕적 함의와 목적을 함축하고 있다. 유럽의 일원론적 우주론처럼, 이러한 "새로운 우주론이 설정한 무한한 우주는 공간의 넓이와 시간의 길이에 있어 모두 무한하다. 그 사이의 영원한 물질은 영원하고 필연적인 법칙에 따라 끝도 없고 목적도 없이 운동하고 있다. 이러한무한한 우주는 신의 모든 본체론적 속성을 내포하고 있지만, 단지 그속성만을 품수받았을 뿐, 그 외의 모든 것은 멀리 도망친 상제가 가지고 가 버렸다."[10] 유럽 우주론과 다른 점이 있다면, 엔푸에게 있어 새로운 우주론은 '역학 우주론'의 기본 틀을 여전히 지니고 있다는 점이다.이 틀 속에서 자연의 과정으로서의 우주는 천·지·인의 기본 공리를 통합하고, 단선적 진화와 순환적 변화의 이중 논리를 하나로 종합시켰다. 바로 이학 우주론이 도덕 진리는 우주 운행의 자연적 표현이라고믿었던 것과 같이, 엔푸는 한편으로는 우주의 진행 과정에 총체적이고합목적적 특성을 부여하면서, 다른 한편으로는 인간의 능동적 노력을통해 과학·기술·산업·국가 그리고 각종 제도를 더욱 고상한 목적에 연계시킴으로써 우주 자연 진행의 도덕적 목표를 완성할 수 있다고 보았다. 그리하여 옌푸의 역학 우주론과 사회학을 중심을 한 지식 계보는 서로 지지하는 관계가 된다. 옌푸의 '역학 우주론'은 우주의 운행은 선험적으로 '공'公의 이상을 설정하고 있으며, 근대 사회의 분화는 결국 '천연'天演과 '공리'의 합리적 관계 속에 통섭된다고 보았는데, 이러한 낙관적 신념은 이상에서 서술한 사회학 중심의 지식 계보의 논리 구조를 바탕으로 하고 있다. 이러한 체계에서 천연 개념은 진화 혹은 진보 개념으로 단순화될 수 없다. 왜냐하면 이 개념은 또 역리易理에 따라 해석되는 순환론의 역사관과 우주론을 포함하고 있기 때문이다.

다음에서 보듯이, 근대 과학 지식 계보는 반드시 사회학을 중심으로 해야 한다. 중국에서의 사회학과 그것이 통합적으로 관할하는 지식 계보의 출현은 단지 지식 전파 활동이나 번역 활동으로 간주될 수 없다. 그것이 '사회'社會의 흥기와 바로 같은 시기에 발생했다는 것은 결코 우연이 아니다. '사회' 범주는 창조된 것인데, 그것은 우선 서구 지식을 접촉한 적이 있고, 또 서구 근대 사회를 가까이서 관찰해 본 적이 있는 사람들에 의해서 만들어졌으며, 그 구조 방식 가운데 하나는 곧 '사회'의 기획에 적합한 지식 계보를 수립하여 '사회' 지식이 일종의 보편적 지식의 유기적이고 가장 중요한 부분으로 되게 하는 것이었다. 따라서 '사회'가 가정, 가족, 윤리 관계, 그리고 황권으로부터 분화되어 나온 것은 자연적 과정이라기보다는, 돌발적인 사건 혹은 지식 기획과 국가 개입의 결과라고 보는 편이 낫다. 여기서 말하는 '사회'는 일종의 목적론적 기획 속에서 형성된 신질서를 말하는 것으로, 역사 변화의 산물이자 일상생활 영역의 요소를 지칭하는 것이 아니다. 사회학의 규범적인 서술 속에서 '사회'는 역사로서의 요소(가정, 촌락 사회, 교환 관계 등등)를 새로운 질서로 조직하는 기획 가운데 하나이다. 따라서 사회와 가족, 황권, 종법 등 사회조직 형식의 이원론은 지식인의 계몽 담론과 근대 국가 담론의 중요한 의미를 구성한다. 한나 아렌트Hannah Arendt는 유럽 사회의 흥기를 논하면서, '사회'의 흥기와 경제학의 출현을 관련시킨 적이 있는데, 그녀의 이러한 관점은 바로 내가 앞서 논한 "사회학을 중심으로 한 지식 계보" 문제와 대비된다. 그녀에 따르면, "근대적 평등은 사회 속에 내재하는 순종주의(conformism)를 기초로 하며, 그것이 가능한 까닭은 행위(behavior)가 행동(action)을 대신하는 것이 인류 관계의 가장 주요한 형식이 되었기 때문이다." "바로 이 동일한 순종주의(그것은 인간은 규칙을 준수하며, 서로 상대방을 겨냥하여 행동을 취하지는 않을 것이다라는 점을 가정하고 있다)는 근대 경제 과학의 기초를 쌓았다. 경제학의 탄생과 사회의 흥기는 바로 동시에 발생하였으며, 그것이 보유하고 있는 기술 도구 즉 통계학은 표준적인 사회과학이 되었다. 인간이 사회적 동물이고, 모두 특정한 행위 모델을 따름으로써 법규를 준수하지 않는 인간을 반사회적 혹은 비정상적인 것으로 간주할 수 있을 때, 비로소 경제학(근대까지 그것은 모두 윤리학과 정치학의 그다지 중요하지 않은 일부였으며, 아울러 인간은 경제 활동과 기타 활동 방면에서 모두 같은 방식으로 행동한다는 가정 위에 세워졌다)은 하나의 과학으로서의 성격을 지니게 된다."[11] 하나의 '과학'으로서의 정치경제학이 애덤 스미스Adam Smith 등 사람들에 의해 출현한 것은 '사회'의 흥기와 직접적인 연관이 있다. 왜냐하면 이러한 '사회'의 흥기 과정은 자유주의 경제학자가 '경제인'이라고 부르고, 또 마르크스주의자들이 "사회화된 인간"이라고 불렀던 동물을 창조하였기 때문이다. 그러나 청말 중국에서 경제학과 기타 과학은 모두 사회학을 중심으로 한 과학 지식 계보에 종속되었다. 이러한 차이는 중국의 맥락에서 경제와 사회의 상호 관계를 접근하는 시각을 만들어 냈다. 즉 경제의 변화가 사회 변동을 촉진하기보다는 오히려 근대 경제 및 그 행위 모델의 확립이 '사회'질서를 재구성한 결과라는 것이다.

분과 지식이 함축하고 있는 도덕적 목적에 대한 옌푸의 강조는 근대 사회 노동 분업과 전문화에 대한 그의 인식과 밀접한 관계가 있다.[12] 날로 발전하는 사회 분업과 지식 분업의 과정에서 학문 자체에 도덕적 필연성이 없다면, 외부로부터 학술에 도덕 규율을 강제하게 될 것이고, 따라서 지식의 자주성에 큰 방해가 될 것이다. 옌푸는 번역 활동을 통해 새로운 차등적 지식 계보를 구성하는 한편, 이러한 지식 계보에 도덕적 함의를 부여하고자 하였는데, 이는 우주 자연 과정과 과학 탐색 과정을 '성'誠, '공'公과 '공리'公理 등 가치와 결부시키기 위해서였다. 따라서 "사회학을 중심으로 한 지식 계보"가 완성하는 지식(또 사회)의 기획은 단지 과학의 발전을 요구할 뿐만 아니라 인간의 행위가 특정한 모델을 따르도록 요구하는 동시에 규율에서 벗어난 인간과 행위를 반사회적이고 비정상적이며 부도덕한 것으로 간주한다. 이러한 정상과 비정상의 구분은 합목적적(정상적)인 것과 비합목적적(비정상적) 우주와 인류 현상에 대한 정의와 긴밀히 연계되어 있다. 우주론을 통해 정상과 비정상 관계 모델을 유지하고 있다는 점에서, 옌푸의 지식 계보는 이학과 매우 유사하다. 사회학을 중심으로 한 과학 지식 계보는 일종의 내재적인 일치성을 구현하는데, 그것이 표현하는 것은 단지 자연 관계가 아니라 '사회' 및 자신을 둘러싼 우주 자연에 대한 정치 이상이기도 하다. 이러한 이상에 따르면, 사회는 상례적인 일상생활 속으로 완전히 매몰되며, 그것은 자신에 내재하는 과학관과 조화를 이루게 된다. 세계에 대한 이러한 동질적인 기획은 이미 현대 사회의 주요 특징 가운데 하나이다. 그러나 당시에는 전통 정치 형식에 대한 부정, 즉 한 개인 혹은 한 혈연이 사회를 통치하는 모델에 대한 부정을 포함하고 있었다. 과학적 기획에 따르면, 근대 사회는 반드시 원자론적인 개인이 조직한 분업 시스템의 자연적인 운행이어야 한다.[13] 이러한 지식의 재구성 과정은 황권과 종법 사회 및 그 합법성에 대한 해체를 내포하고 있으며, 대중 사회 맹아의 근거가 될 것임이 분명하다. 내적으로 아무리 복잡하고, 심지어 역설적인 요소가 그 사회사상의 주요한 측면을 구성하고 있다고 하더라도, 옌푸 사상은 천연론, 그리고 사회학을 중심으로 한 지식 계보가 구축하는 완전한 근대성 방안이다. 따라서 옌푸는 중국 역사에서 근대 방안의 강령을 확립한 인물이라고 할 수 있다.

지식과 사회 및 그 상호 관계는 또한 량치차오 사상의 중심 문제이 기도 하다. 그는 신문·잡지, 결사와 기타 방식을 통해 근대 '사회' 형 성을 촉진시켰으며, 지식의 기획을 통해 '사회'의 구축이 합법적임을 증명하였다. 도덕 자주성에 대한 인식을 바탕으로, 량치차오는 과학의 과도한 확장으로 인간의 도덕적 주체성과 심미 주체성을 거세하지 않 을까 염려하였으며, 전체 사회와 인간의 행위를 통일적이고 과학 법칙 이 이끄는 모델 속으로 귀납시키는 것에 반대하였다. 따라서 그의 '사 회' 개념과 '국가' 개념은 일종의 '군'의 도덕 이상에 근거해 있으며, 전통 공동체 사회와 친연적이고 도덕 일치성을 지니고 있는 공동체이 다. 만약 옌푸의 지식론이 원자론적 실증주의적 물리학의 특징을 지니 고 있다면, 량치차오의 지식론은 오히려 더욱 중대한 도덕론적 색채를 지니고 있으며, 그 사회 범주는 비교적 공동체의 의의와 개인 간의 조 화를 강조한다. 예를 들어 그의 사회 개념은 고대 학교에 대한 유학의 이상과 매우 유사하다. 융통성 있는 사회 분업, "시비에 대한 공론화" 라는 정치 이상, 긴밀한 공동체 관계와 도덕주의는 이러한 사회 모델 의 내재적인 특징이다. 량치차오는 독일 유심론(특히 칸트의 이원론) 과 왕양명의 심학을 결합시키고, 삼대의 학제와 한漢·당唐의 학술 구상 으로 보조하여, 과학 기획이 야기할 수 있는 도덕적 위기를 완화하고 자 힘썼다. 우주 변화에 대한 그의 설명은 과학과 자유의지, 객관세계 와 인식 주체, 자연법칙으로서의 진리와 도덕법칙으로서의 공리 간의 관계를 중심으로 전개되고 있어서, 자연과 사회, 순수이성과 실천이성 사이를 명확하게 구분하였다. 근대 교육 개혁의 창도자로서 량치차오 는 정政·교敎·예藝의 구조에 입각하여 지식을 구분하고, 자연과학의 발 전을 촉진하는 동시에 자주적인 도덕 영역의 확립을 탐색하였다. 그가 구상하는 '군群', '공公'을 목적으로 하는 사회 범주는 유학과 유사한 예악 공동체를 포함하고 있으며, 사회 행위를 도덕 평가의 객관적 시 스템과 연계시킬 수 있는 체계이다. 이러한 체계에서 과학적 인지 과정은 심지어 "사사로움을 제거한" 도덕 실천으로 전환하여 도덕 실천에 무익한 지식, 방법, 시스템을 '과학'실천의 범주로부터 배제시킬 수 있다.

만약 량치차오의 견해를 옌푸와 비교한다면, 그 차이는 선험적인 '공리' 혹은 '천리'의 전제 여부에 있는 것이 아니라, 인간과 이러한 선험적 본질의 관계 방식에 있다. 즉 옌푸는 실험 방식을 통해 인간과 사물의 인지 관계를 수립하고, 아울러 일련의 인지 절차를 통해 최종적인 진리에 도달할 수 있다고 보았다. 이에 비해 량치차오는 실천(지행합일) 개념을 바탕으로 최종적인 진리의 개념(천리 혹은 양지)을 재구성하고자 하였는데, 즉 인간의 사회와 도덕 실천을 '공리' 문제와 근본적으로 결합시키고자 하였다. 그의 이러한 시도는 진화론에 대한 그의 관점에도 적잖은 영향을 미쳤다. 즉 그에게 있어 진화론은 세계 만물의 유래와 변화에 대한 과학적 설명이 아니라 우주에 대한 유목적적 증명이며, 따라서 적자생존은 내재적인 목표를 가지고 있는 것으로 간주된다. 만약 어떤 행위가 인류 다수의 이익과 도덕 목적에 불리하다면, 그것은 곧 천연天演과 진화의 자연법칙에 대한 위반이며, 따라서 진화론의 표준은 일종의 '군'과 '공'의 가치 실현에 유익한 표준이 된다. 1923년에서 1924년 사이 학제 개혁 시기에, 량치차오가 거듭해서 왕양명의 지행합일론과 안원顔元의 '실천'과 '업적'(일의 성취)론의 근대 교육에 대한 의의를 강조한 것은 모두 지식의 전문화로 인한 인지와 규범, 이론과 실천의 분리를 극복하기 위해서였다. 옌푸의 역학 우주론에 비해, 량치차오의 공리관은 내재화의 특징을 지니고 있다. 그에 의하면 공리는 직접 우주의 운행으로부터 나오는 것이 아니라 인간의 내재적 도덕 실천으로부터 구현된다. 따라서 내재적 도덕을 확립해야만 비로소 우주와 세계의 운행이 '천연'의 자연법칙에 부합하는지 여부를 판단할 수 있다. 따라서 중요한 것은 '천연' 과정 자체에 목적이 있는가 여부가 아니라 사회 윤리를 세워 이러한 과정의 도덕적 함의를 규정해야만 한다는 것이다. 량치차오의 세계에서 '군'은 핵심적인 개념이다. 그것은 고도의 자치 능력을 지니고 있으며, 자유롭고 아래로부터 위로 조직하는 사회를 가리키며 동시에 또 민간 사회에 세워진 도덕 원리를 가리키기도 한다. 여기서 '군' 혹은 '사회'는 국가의 대립물 혹은 민간과 국가 이원 관계상의 범주로서가 아니라 사회의 구성 방식으로서 존재한다.

과학의 공리화는 과학 자체의 합법화 요구에서 기인하는 한편, 과학기술의 사회 결과에 대한 도덕적 제한에서 비롯되기도 한다. 그러나 장빙린이 보기에, '공리'는 단지 억압과 지배의 권력일 뿐으로, 근대 사회는 '공리'의 이름으로 개인을 억압하는데, 그 정도가 고대 사회 및 '천리'를 중심으로 한 고대 윤리 체계보다도 훨씬 심하다. 장빙린 또한 근대 물리학의 원자 개념을 사용했을 뿐만 아니라 그것을 사회 영역에 적용하기도 하였다. 즉 그에 의하면 개체는 원자처럼 세계의 원초적인 인자이고, 어떤 집단적인 사물이나 그 운행 법칙도 개체를 억압하는 권력이자 허위적인 환상이며, 심지어 원자 개념 자체도 환상이다. 유식학과 장자의 「제물론」에 입각하여, 그는 '공리 세계관'과 상반되는 세계관을 수립하고, 그것을 '부정적 공리관' 혹은 자아 부정적 공리관으로 해석하였는데, 그 특징은 각종 근대적 방안—국가 건설, 사회 건설, 개체 건설—에 대한 전면적 부정이다. 따라서 '부정적 공리관'은 운명적으로 비판적 세계관으로 간주된다. 즉 그것은 '근대적 방안'을 제공할 방법도 의지도 없다. 왜냐하면 그것은 근대성의 시간적 목적론을 근본적으로 부정하기 때문이다. 불교 유식학을 이론적 틀로 삼고 있는 이러한 공리관의 호소력은 불교 입장과 유학 및 예교—청말에 이것은 널리 황권과 만주 왕조의 합법성의 기초로 간주되었다—의 대립에 기원한다. 장빙린은 그의 추상적인 사고 속에서 근대 혁명의 도덕 기초와 정치 의제를 조직하고, 그것에 현실적인 첨예성을 부여하였다. 그는 부정의 방식으로 유학, 예교와 황권을 공격하고 아울러 그의 논적들이 주창하는 각종 근대적 방안에까지 공격을 확대하였다. 만약 옌푸, 량치차오의 공리 세계관이 근대 국가와 근대 국가 체계에 대한 합법성 논증이라면, '부정적 공리관'의 공리에 대한 부정은 필연적으로 민족국가와 민족국가 체계에 대한 부정을 포함하고 있다. 또 만약 청말 시기 대부분의 지식인이 단지 개별 정권(청말 정권)의 병적인 상태에 주목하고 이를 바탕으로 국가 건설의 필요성을 논증했다면, 장빙린은 더 나아가 개별 정권에 대한 부정을 국가 모델 자체에 대한 부정과 연계시켰다. 이것은 민족주의 방안에 대한 민족주의의 공격인데, 이러한 역설 자체는 장빙린의 자아 부정적 개인주의와 자아 부정적 민족주의 특색을 보여 준다.

'과학 공리'에 대한 장빙린의 비판적 폭로는 두 가지를 기본 원칙으로 하고 있다. 우선 그는 주관적 인식론에 입각하여 두 종류의 자연 개념을 구분하였다. 즉 과학이 연구하는 자연은 스스로 존재하는 자연이 아니라 특정한 시각과 범주 속에 놓인 자연(즉 과학에 의해 구성된 자연)이다. 따라서 이러한 자연은 내재적 본질을 결여한 자연(자기 성질이 없는 자연)으로서, 그것이 자신을 드러내는 유일한 방법은 바로 인과율이다. 이러한 관점에서 출발하여, 그는 일련의 결론을 도출하였다. 즉 '유물'唯物과 '자연' 관념은 허망한 것이고 해석 체계로서의 과학은 결코 세계 자체를 해석할 수 없다. 그리고 '공리'와 '진화'는 우주 원리 혹은 선험적 법칙이 아니라 인간의 관념이 구성한 것이다. 또 '공리'의 창조 과정은 (자연 본성으로서의) '공'公의 전개라기보다는 '사'私의 우회적인 표상이다. 따라서 '공리'는 통제와 지배의 대명사이다. 다음으로 그는 자연 운행을 목적론적 틀로부터 해방시켜 진화의 도덕적 함의를 부정하고 개체와 진화론적 역사 목적론의 상관성, 사회 전체의 운행 법칙에 대한 개체 도덕 취향의 의존, 집단 진화의 도구로 보는 개체관을 부정하였다. 즉 개체는 국가와 법률의 공민도, 가정과 사회의 구성원도, 역사와 도덕의 주체도, '주(인간)-객(자연)' 관계의 주체도 아니다. 다시 말해 개체는 다른 어떤 보편적 사물과의 연관 속에서 그 의의와 지위를 규정할 수 없다. 이러한 원자론 관념의 철저한 운용은 바로 실증주의 과학관의 기초 위에 구성된 사회 개념을 전복시켰다.

　장빙린의 독특한 개체와 개인 관념의 역사적 함의는 '근대 사회'의 구성 과정에서 이해할 필요가 있다. 옌푸와 량치차오는 모두 '사회' 구성에 대한 '개인'의 중요한 의의를 인정하였다. 그들 가운데 혹자는 자유주의 정치학과 경제학에, 혹자는 전통 사상 속의 '사'私 관념에 기반하여 개체의 합법적 기초를 다시 세우고자 하였다. 17세기 이래 유럽 정치학의 기본 공식—계약과 교환의 추상적 법률 형식으로부터 발전한 개인을 구성 원소로 하는 사회 모델—은 그들 각자 사회관을 구성한 핵심 부분이다. 이 공식에서 근대 사회(상업 사회)는 고립된 합법 주체의 계약 관계의 종합이며, 이 계약 관계의 구성은 원자론 관념을 전제로 하고 있다. 푸코의 말을 빌리면, 개체는 '규율과 훈련'의 특수한 권력 기술이 제조한 일종의 실체이다. 즉 "당시 개인을 권력과 지식의 상관 요소로 구성하는 기술이 존재하고 있었고, 개인은 분명히 사회에 관한 '이데올로기'가 발현하는 허구적인 원자였다."[14] 다시 말해, 옌푸, 량치차오는 지식 계보를 통해 '사회'를 구성함과 동시에 그 사회의 원자를 구성하는 '개체'를 구축하였다. 과학의 지식 계보가 원자(개인)를 당연하고 기본적이며 자연적인 단위로 간주함으로써 '사회' 창조 과정에서 '개체'가 생산되고 창조되는 과정을 은폐하였다. 장빙린의 개체 개념은 청말 이후 중국 사상의 주류와 완전히 상반되는 것으로, 그는 개체와 '사회', '국가' 등 집단적 범주 사이의 논리적 연관을 부정하였으며, 나아가 개체를 '사회'와 '국가'의 허구성을 폭로하는 기점으로 삼아, 결국 개체 자체를 주관적으로 구성된 것으로 간주하였다. 따라서 그의 개체 개념은 임시 가설적인 개념일 뿐만 아니라 자아 부정적인 개념이기도 하다. 유식학 사상은 장빙린에게 특수한 시각을 제공하였다. 즉 모든 사물과 현상은 상대적인 관계와 조건하에서 생산되기 때문에, 인연에 의한 상대적이고 일시적인 것이다. 공리·진화·유물·자연·정부·사회·가족 등에 대해 개체는 우선적 지위를 지니지만, 이러한 우선적 지위는 그것이 '자성'自性과 일치하는 것이 아니라 단지 근접하는 것이기 때문에 주어진 것이다. 따라서 그 해체의 임무가 완성되면, 개체도 당연히 자성이 없는 다른 사물들처럼 허무로 돌아간다. 장빙린의 부정적 공리관에서 개체의 허무화는 전체 우주와 세계의 허무화이다. 그는 개체의 자아 부정에 입각하여 '무아지아' 無我之我의 개념과 '제물평등'齊物平等의 자연관을 발전시켰다. 즉 이른바 '무아지아'는 진여, 아뢰야식 등 독립적이고 불변적이며, 자아 존재적이면서 자아 결정적인 주체 혹은 세계의 본체를 가리킨다. 그리고 '제물평등'은 우주의 본연적 차이를 자연의 평등으로 삼는다. 장빙린이 "자신을 알고 깨우치는 것을 으뜸으로 삼고"(自識爲宗), "자신의 마음에 전념할 것"(敬於自心)을 요구한 것은 마치 개체 가치에 대한 중시처럼 보이지만, 부정의 공리 내부로부터 보면, 이른바 자식自識, 자심自心이란 결코 개체의 자아의식 혹은 개체의 내심 체험을 가리키는 것이 아니라 개체를 초월한 아我를 의미한다. 이러한 개체를 초월하는 아我는 현실 세계의 각종 구조와 부정적 관계를 유지한다. '제물평등'의 자연 개념은 동일한 원리에서 비롯된 것으로, 개체 범주를 인간에서 사물까지 확대한 것이 그 특징이다. 장빙린은 장자의 '제물' 개념을 평등의 의미로 해석하였지만, 이 평등은 옌푸나 량치차오의 '공리' 사상이 내포하고 있는 근대적 평등관, 즉 천부인권설에 입각한 평등이 아니라 일종의 자연 상태를 가리킨다. 즉 인류의 상황이 아니라 자연의 상황이며, 세계의 상황이 아니라 우주의 상황이다. 간단히 말해, '공리' 관념은 일종의 평등 '관계'의 수립을 요구하지만, '제물' 사상은 모든 '관계'에 대한 부정이다. '관계'가 항상 언어와 명명을 통해 표현되기 때문에, 관계를 없애는 것을 특징으로 하는 '제물'의 상태는 바로 모든 언어와 명명에 대한 파괴이다. 우주 본체는 명상名相(즉 언어)의 구속에서 벗어나고, 또 자와 타, 너와 나, 저것과 이것, 안과 밖, 대와 소, 애와 증, 선과 악의 차별과 관계를 벗어남으로써 스스로가 근본이자 뿌리이고, 시작과 끝이 없으며, 존재하지 않는 곳이 없는 자연이 된다. 우주의 자성은 그것의 부정 위에 존재하는 것이다.

'제물론'의 자연관은 근대 과학기술의 자연 이데올로기에 대한 부정이다. 그 이데올로기에서 자연은 단지 질적으로 분화할 수 없고, 양적으로 무한히 변화할 수 있는 '타자'이자 '물질'로 간주된다. 장빙린에 따르면, 세계의 '관계' 성질이 변화하지 않는다면 개인, 사회집단, 국가와 자연 사이에는 곧 광범한 차등 구조와 불균등한 분배가 존재하고, 명상名相(모든 현상의 존재가 가지는 이름과 형상—역자)과 모든 차등적인 세계 관계는 바로 통제의 수단으로 기능하게 된다. 과학의 발전, 사회의 구성은 신흥 계급과 피압박 국가가 전개한 평등 권리 쟁취 투쟁과 서로 관계가 있어 해방의 의미를 지니고 있다. 그러나 이 해방은 결코 차등 관계를 기본 형태로 한 사회관계를 철저하게 개조하는 데까지 이르지 않기 때문에, 평등 사회를 향한 전환 자체가 새로운 차등화된 억압 형식의 재구축으로 변하고 만다. 따라서 장빙린은 개체와 본체 관계의 차원에서 평등 관계를 수립하여, 개체와 사회, 사회와 국가, 국가와 세계의 모델을 중심으로 형성된 각종 사회 이론을 구별하고자 하였다. 그의 논증 논리에 따르면, (A) 우주 만물은 모두 개체이기 때문에 사물과 사물, 인간과 사물, 인간과 인간의 관계는 같은 구조이다. (B) 사람과 사물이 모두 개체라면, 사물의 자주성을 회복하는 것이 지배 관계를 없애는 전제가 된다. (C) 인간의 자주성의 수립이 인간과 사물의 평등 관계를 전제로 하기 때문에, 원자론적 개인 및 그 계약 모델은 본체론적 의미의 평등이 아니다. 장빙린의 '본체론적 공리관' 또는 '제물론적 세계관'은 세계의 어떤 측면에 대한 구상이 아니라 전체적인 세계 구상이다. 따라서 그가 제기한 새로운 '자연' 개념은, 실제로는 옌푸, 캉유웨이, 량치차오, 쑨원 등의 근대적 방안과 완전히 다른 원리 체계를 제기한 것이었다. 이러한 원칙은 국가, 상회商會, 학회, 정당, 신사-촌락 공동체, 그리고 기타 사회체제 형식 속에서는 실현될 수 없다. 이러한 원칙은 현실 제도의 개혁 원칙이라기보다는 일종의 '부정적 유토피아'라고 하는 편이 낫다.[15]

이러한 부정적 유토피아의 실천적 의미는 결코 모두 부정적인 것은 아니다. 지식과 교육 문제를 예로 들면, 그는 그의 평등 자연 관념에 기반하여 국가 통제로부터 교육이 벗어나야 한다고 주장했으며,[16] 근대 교육 제도는 여전히 조정 혹은 국가의 제한을 받고 있어 결국 학술의 쇠퇴를 초래하게 된다고 단언하였다.[17] 사학私學을 중시하고 관학을 반대하는 전통에서 출발한 그가 계승한 것은 명청 교체 시기의 서원書院 제도의 반역적 성격, 즉 이른바 "여러 갈래가 다투어 나아가고, 서로 다른 학설이 날로 출현하며",[18] 시비곡절은 국가가 설정한 기준이 필요 없이 학자 개인이 선택한다는 것이었다. 그의 학교가 구현하는 것은 "초야에서 스스로 벗어나는" 자연 정신이다.[19] 근대 과학 사조와 직접 대립되는 또 다른 예는 '문학 복고'론과 소학 연구를 제창한 것이다.[20] 장빙린은 명상名相을 타파하고, 언어를 도구로 삼거나(캉유웨이), 한어를 '야만'적인 언어로 폄하하는(우즈후이) 도구주의 언어관을 반대하였지만, 이는 언어의 기능을 모두 부정한 것이 아니라 언어와 인간 사이의 자연 관계를 강조한 것이었다. "문자는 언어의 부호이고, 언어는 마음의 표지이다. 비록 자연의 언어라고 하더라도 우주에 원래 이러한 언어가 있었던 것이 아니고, 그 발단은 인간에게 있다. 따라서 중요한 이치는 인간의 일을 기준으로 삼는다. 인간의 일이 한결같지 않아 언어의 문자도 또한 한결같지 않다."[21] '제물 세계관'은 문文과 야野, 성聖과 속俗의 구분을 부정하고, 또 언어에 있어 강권의 지배를 거부한다.

장빙린의 '제물 세계관'과 옌푸의 '명名의 세계관'은 서로 완전히 다른 세계 구상이다. '명의 세계'는 지식의 합리화를 통해 도달하고자하는 합리화된 세계 체제로서, '명' 관계의 정의는 주로 사물과 기능 관계 속에 입각해 있다. 이에 비해 '제물의 세계'는 '명' 및 그 논리 관계에 대한 부정으로서, 물의 관계는 언어가 규정하는 기능성 관계의 부정에 입각해 있다. 기능적 관계의 규정을 통해 '명의 세계'는 세계의 각종 관계를 통제하고, 그들을 등급 구조 속에 편입시킨다. 반면 세계의 기능 관계에 대한 규정을 거부하는 것은 모든 등급 구조에 대한 부정을 의미하며, 따라서 모든 등급적인 제도 실천에 대한 부정이기도 하다. 장빙린의 관점에 의하면, '강제'와 '차등'에서 벗어나는 것이 바로 사회와 국가의 이원론에 기반한 근대 사회 이론의 관점(예를 들어 국가는 시민사회와 시장에 직접 간섭해서는 안 된다)과 같은 것은 아니다. 그가 드러내고자 하는 것은 오히려 국가와 사회단체의 구성 방식 자체의 억압성이다. 앞서 말한 바와 같이, 장빙린은 급진적인 민족주의자이자 공화제의 창도자인데, 그의 이론과 실천 사이에는 깊은 간극이 존재한다. 자아 부정적 혹은 임시적인 개인주의와 자아 부정적 혹은 임시적인 민족주의를 창조함으로써, 그는 사회운동을 추동하는 과정에서의 개체에 대한 억압을 반대하고, 개인 자주권을 강조하면서 동시에 자아 부정을 하려고 하였다.

청말 시기 두 종류의 서로 다른 공리관과 지향의 차이에 따른 두 종류의 민족국가론은 내재적 연관을 지니고 있다. 하나는 '공', '군' 관념을 핵심으로 하여 공동체 기능의 필요성(적자생존의 국제 환경)과 도덕의 실질이라는 이중적 기초 위에서 개인, 사회와 국가를 발전시키는 학설이고, 다른 하나는 개체 관념을 핵심으로 하고 개체와 민족 간의 임시적 관계를 매개로 하여 임시적이고 자아 부정적인 개인, 사회와 국가를 발전시키는 학설이다. 이 두 학설은 모두 원자론적 개인 관념에 의거하여 이학 세계관을 비판하였지만, 또 모두 원자론의 기초위에 머물러 있다. 즉 그들은 모두 국가와 사회의 필요성을 주장하면서도 또 국가와 사회 및 그 상관관계를 궁극적인 목표로 간주하지 않는다. 그들에게 있어서 '공', '군'과 '개체' 개념은 모종의 '자연 상태'에 대한 이해를 바탕으로 하고 있고, 또 이에 의거하여 근대 방안을 구성하는 동시에 그 방안에 대한 비판적 반성을 추구하고 있다. 청말 공리관이 함축하고 있는 이러한 자아 부정의 논리는 근대 과학 계보 및그 제도적 실천의 산물이 아니라, 형태가 다를 뿐 전통 세계관의 공리관에 연원을 두고 있다. 사회과학 자체가 "사려를 기피하는" 데 주력하고 있는 시기에, 이러한 공리관은 근대성과 그 위기—특히 근대 지식 계보(반성적 과학으로서의 인문과학과 사회과학)와 근대성의 상호 추동 관계—를 비판적으로 반성하는 데 지혜의 원천을 제공해 주고 있다.

제4절

사상사 명제로서의 '과학주의' 및 그 한계

국가와 사회의 이성으로서의 과학의 시각에서 보면, 근대 사상 중의 과학 문제를 '과학주의' 범주 내에 두는 사고방식은 선천적으로 문제가 있다. 왜냐하면 근대 세계에서의 과학 세계관의 진정한 지위를 보여 줄 수 없기 때문이다. 19세기 후반에서 20세기 전반, 계몽운동의 유기적이고 특별히 중요한 구성 부분으로서의 과학 세계관은 신분제 사회체제와 가치관을 해체하기 위해 힘썼으며, 따라서 몇 세대에 걸쳐 사람들의 비판적 영혼과 낙관주의를 자극시켜 왔다. 그리하여 20세기 80년대 중반 이전, 과학과 그 가치관이 장기적인 근대 중국 역사에서 지닌 해방의 역할을 의심하는 사람은 거의 없었다. 과학주의에 대한 비판적 사고는 80년대 후반 세계적 전환이라는 배경하에서 출현하였는데, 이 세계적 전환의 특징은 기본적으로 사회주의 역사와 그 이데올로기 특징을 전면적으로 총결하는 것이었다. 바로 이러한 조류 속에서 과학주의 개념은 사회주의 국가 체제 및 그 이데올로기의 총체적 특징을 묘사하는 데 사용되었다. 벤 데이비드의 『과학자의 사회적 역할』(The scientist's role in Society), 궈잉이의 『중국 사상에서의 과학주의: 1900~1905』(Scientism in Chinese Thought 1900~1905)가 1988년과 1989년 연속해서 중문으로 번역되었고, 하이에크의 방법론적 개인주의 시각에서의 과학주의에 대한 비판도 동시에 중국 지식계의 화제가 되었다.

이상 저서의 영역과 경향은 각기 다르지만, 그들은 모두 사실과 가치, 실제와 당연, 과학과 도덕 등 이원론으로 일원론적 과학주의를 비판하고, 이 이원론에 기반하여 과학과 과학주의를 명확하게 구분하고자 하였다. 지금까지 국가주의와 전체주의에 관한 논의는 모두 유럽 사상의 틀과 유럽 역사의 경험 속에서 형성되었으며, 그 우파는 하이에크의 사유가 대표적이라고 할 수 있다. 그는 전체주의가 이성에 대한 이성주의의 믿음과 남용으로부터 발생한다고 보았다. 한편 좌파는 마르쿠제Herbert Marcuse를 대표로 하는데, 그는 17, 18세기의 이성주의와 낙관주의의 철학 전통과 비이성주의의 합류에서 위기가 비롯되었으며, 그것들은 공동으로 종족과 민족에 관한 특수 논리를 구성함으로써, 인간을 철학 주체로 보는 일반 이론이 근대 사상에서 버려지게 했다고 보았다. 전자는 위기를 이성의 남용으로 독해하는 데 비해, 후자는 위기를 혈연과 국가의 힘이 이성의 능력을 박탈하는 것으로 해석하고 있는 것이다. 이러한 완전히 상반되는 주장의 배후에서, 우리는 서로 근접한 이론적 전제를 발견할 수 있다. 예를 들어 그들은 모두 자연과학 논리와 사회과학 논리를 하나로 합한 실증주의를 비판하고 있는 것이다. 하지만 위에서 지적했듯이, 자연과 사회 성질의 구분, 자연과학과 사회과학의 방법론적 차이는 결코 과학의 보편주의를 해체하지 않고, 오히려 다른 분류 원칙을 통해 이러한 보편주의의 적용 범위를 확장시켰다.

'과학주의' 및 그 사회적 특징에 대한 유럽 사상의 기술은 근대 특히 '5·4' 이후 과학을 창도한 사회 문화 운동에 대한 사람들의 견해에 크게 영향을 미쳤다. 이러한 '과학주의'의 해석 입장에서, 사람들은 중국 근대 사상은 유럽 역사 속의 '과학주의 운동'과 유사한 특징을 지니고 있다고 보기 시작했으며, 과학 개념의 사회적 운용은 더 이상 해방의 힘이 아니라 전제의 근원으로 해석되었다. 다시 말해, 과학주의가 비판적 반성의 대상이 된 것은 일정 정도 사회주의 실패의 결과였기 때문에 과학주의와 사회주의를 동전의 양면으로 간주하게 된 것이다. 사회주의 국가 실천은 대대적으로 과학주의 담론에 호소하였고, 가장 전형적인 국가 이성理性 형식으로 과학 가치를 부각시켰다. 따라서 과학주의 및 그 위기로 사회주의 국가 실천을 해석하는 것은 분명히 모종의 실질적인 문제와 관련되어 있었다. 그러나 과학 세계관의 헤게모니는 결코 사회주의 국가 실천에만 국한되는 것이 아니다. 정반대로 새로운 사회 체제의 헤게모니는 바로 사회주의 실천에 대한 과학 정신의 해체적 비판 과정을 통해 확립된다. 따라서 사회주의 국가 실천의 와해는 결코 보편 이성으로서의 과학의 해체를 초래하지 않고, 후자는 적응하지 못하는 사회 체제와 가치(그것을 비과학적이라고 폄하함)를 부단히 와해하는 것을 통해 자신의 헤게모니를 강화하고 재구축한다.

이러한 의미에서 근대 사상 중의 과학 문제에 대한 사고는 과학주의 개념 자체에 대한 반성으로부터 시작해야 한다. 과학주의 개념은 영미 자유주의 색채를 농후하게 지니고 있어서, 일정 정도 그것은 계몽운동의 이성주의 전통에 대한 비판이라 할 수 있다. 이 개념 역시 과학사를 연구하는 학자들에 의해 받아들여졌다. 예를 들어 벤 데이비드는 일찍이 17세기 프랑스 과학주의 운동(Scientistic Movement)을 연구하였는데, 그는 과학주의 운동(Scientistic Movement)이라는 개념을 과학적 운동(Scientific Movement)과 비교하고 더 명확하게 과학주의 운동의 본질 및 그것의 전문 과학자의 활동과의 차이점을 밝혔다. 이 운동은 "일반적 의미에서 과학과 관계있는 사람의 행위"이다.

과학주의 운동의 참가자는 과학이 진리를 구하고 효과적으로 자연계를 통제하며, 개인 및 사회 문제를 해결하기 위한 정확한 방법이라고 믿는다. 설령 그러한 사람들이 과학을 알지 못할 수 있을지라도. 이러한 관점에서 경험과학과 수학과학은 보편 문제를 해결하는 한 모델이자, 무한하고 완미한 세계의 한 상징이다. '운동'이라는 단어의 함의는 그 집단이 자신의 관점을 전파하기 위해 분투하는 것이며, 그 성원들이 하나의 전체로 사회에 의해 받아들여지게 하는 것을 의미한다. 운동이 그의 목표를 이루고, 사회가 실제로 그 가치관을 수용했을 때 체제화가 곧 시작된다.[22]

이러한 설명은 사회 과정과 무관한 '과학' 실천을 전제로 하고 있어 이론상으로 과학주의를 과학과 구분할 수 있다. 벤 데이비드의 통속적인 표현은 결코 '과학주의' 이론이 한때 유행했던 중요한 역사적 함의, 즉 신칸트주의의 자극에 의한 자연과학과 사회과학의 방법론적 차이에 대한 서구 지식계의 토론, 그리고 이 방법론 토론 속에 내재된 정치적 함의를 설명해 주지 못한다.[23] 그는 과학사의 관점에서 과학 운동과 과학의 차이를 밝혔지만, 특정한 역사적 분위기, 사회 조건과 과학 발견 간의 복잡한 관계에 대해서는 심도 있는 분석을 보여 주지는 못한다. 여기서 정말 문제로 삼아야 할 것은, 과학주의 존재 방식이 체계화된 이데올로기 방식을 취할 수도 있고, 또 반이데올로기적인 체제와 방식을 취할 수도 있다는 점, 그리고 과학주의는 일종의 이데올로기라기보다는 근대 사회의 구조 법칙이며, 사실과 가치, 실제와 당연, 과학과 도덕 등 이원적 구분이 근대 사회의 합리화 과정에 편입되어 있기 때문에, 과학주의는 이들을 통해 극복할 수 없다는 점이다.

20세기 80년대 중국에서 과학주의가 대두된 것은 이원론적 세계관의 부흥과 밀접한 관계가 있으며, 근대 신유학과 칸트 철학이 다시 주목받는 것은 모두 이러한 사조의 반영이다. 가장 민감한 지식인은 전제주의를 일원론적 세계관의 결과로 이해하고, 이론적으로 실제와 당연, 주체와 객체를 구분하여 이원론적 세계 모델을 구성하였다. 바로 이러한 이원론적 관점에서 보면 근대 중국 사상 가운데 과학 개념 및 그 운용은 일원론적 특징을 띠게 되었기에 그것은 인지와 규범을 엄격히 구분하지 않는 중요한 결함을 지니게 되었으며, 자연과학 방법을 사회 문화 영역에 운용하게 되었던 것이다. '과학주의' 개념은 이러한 현상에 대한 가장 적절한 설명을 보여 준다. 그렇지만 과학주의는 이데올로기인가 아니면 사회체제 합법성의 원천인가? 이 문제를 심도 있게 분석하기 위해서는 먼저 다음을 해명해야 한다. 즉 과학 개념 및 그 방법에 대한 중국 사상의 광범한 운용은 결코 단순히 실증주의 방법론을 추수한 결과만은 아니라는 것이다.[24] 사회체제의 전환 과정 자체에 주목할 때, 비로소 우리는 왜 해방의 힘으로 출현한 과학주의의 이데올로기가 빠르게 지식과 체제의 헤게모니로 전환할 수 있었는지를 이해할 수 있다. 역으로 이러한 사회체제의 변환 과정을 이해하려면 또 과학주의 내부에 포함되어 있는 '과학적과 과학주의적'이라는 이원론을 버려야만 한다.[25] 근대 지식인은 각자의 사회적 요구에서 출발하여 과학의 '공리'에 호소하는데, 그 목적은 자기가 종사하는 사회 업무에 합법성의 증거를 제공하기 위해서이다. 따라서 과학 개념의 내함과 운용자의 다중적 사회 신분 사이에는 밀접한 연관이 있다. 과학 개념 운용을 분석할 때 중요한 것은 과학과 과학주의의 간단한 구분 속에서 사람들이 과학 개념과 법칙을 사회생활에 운용할 수 있는가 여부를 분별하는 것이 아니라, 사람들이 어떤 사회 조건과 문화 조건하에서 이 개념을 운용하고 있는가라는 것이다. 사상사의 관점에서 보면, 근대 중국 사상 가운데 과학 개념은 부단히 사실과 가치, 묘사와 판단, 과학과 비판, 이론과 실천의 엄격한 경계를 넘나들었고, 인지와 규범의 관계라는 흄David Hume식의 철학 문제를 어떻게 처리할 것인가에 관심을 두는 것이 아니라 구체적 역사 문제에 관심을 집중하였다. 따라서 근대 중국 사상의 진정한 문제는 인지와 규범의 관계 문제를 어떻게 처리할 것인가라기보다는, 어떤 역사적 조건하에서 어떤 이유에 근거하여 인지와 규범의 관계는 문제화되지 않는가 혹은 어떤 역사적 조건과 어떤 이유에서 문제화되는가라는 것이다. 다시 말해 우리가 처리해야 할 것은 흄이나 칸트의 보편 명제가 아니라 이 명제와 그것의 배경 조건의 관계이다.

먼저, 국가의 절대화와 총체적 계획의 경제 모델의 사상 방법의 근원을 과학주의로 돌리는 것은 자유주의자와 일부 좌파 이론가의 공통된 견해이지만, 이러한 관점은 과학주의가 출현하는 사회적 동력을 충분히 설명해 주지 못하고 있다. 하이에크 등의 이론의 영향을 받아, 사람들은 과학주의와 총체주의적 사상 방법을 밀접히 연계시킨다. 예를 들어 어떤 사람은 중국 사상의 총체론적 특징을 스펜서, 애덤 스미스 등 중국 근대 사상의 '서구적 원천'과 서로 비교하면서, 중국 사상은 이러한 서구 사상가들의 경제 자유의 개념과 사회와 국가의 이론을 정확히 이해할 수 없었기 때문에 결국 국가 지상주의로 흘렀다고 주장했다. 이러한 총체주의의 인식론은 바로 과학주의의 표현이다. 하지만 이러한 주장들은 다음을 간과하고 있다. 즉 스펜서, 애덤 스미스가 '사회'를 언급할 때, 주로 그들이 익숙해 있는 민족국가의 사회를 가리키기 때문에, 사회(society), 민족(nation), 국가(country)와 같은 어휘는 호환 가능하다.[26] 이에 비해 중국 근대 사상가들이 국가와 사회라는 범주를 설명할 때는 그들이 소속된 익숙한 사회를 말하는 것이 아니라, 이러한 개념으로 자신의 사회관계를 재구성하고자 하며, 민족국가, 법제화된 사회조직과 시장경제를 이러한 재구성 과정의 기본 방향으로 간주한다. 다시 말해, '민족국가', '사회' 및 '시장'은 결코 익숙한 자연 존재도 아니고, 이미 잘 정의되고 경계가 명확한 실체도 아니다. 그것은 사회 변혁의 목표로서, 단지 역시 경계가 모호한 외부의 힘과의 관계에서만이 파악될 수 있다. 따라서 중국 근대 사상의 총체론과 목적론의 특징은 이러한 '근대성' 구성 혹은 창조 과정과 밀접한 관계를 지니고 있기에 간단히 어떤 사상 방법의 결과로 간주할 수 없다. 과학주의 범주로써 근대 사상의 역사 해석 방식을 비판하기보다는 문제를 '민족국가', '시장 사회' 및 그 동력에 대한 탐구, 즉 그들은 자연 진화의 산물인가 아니면 외부 압력하에서 어떤 사회 세력이 주도하고 구성한 결과인가?라는 문제에 대한 탐구로 돌리는 것이 더 의미가 있다. 따라서 문제는 명제의 배후에 함축되어 있다. 즉 사람들이 시민사회, 자유시장과 개인 권리 범주를 '국가' 및 그 전체주의와 대립하는 범주로서 운용할 때, 결코 '사회', '시장'과 '개인'이 '국가'처럼 '과학 기획'의 한 결과인가를 묻지 않았으며, 이와 연관하여 또 '국가 건설'과 '사회 건설'(society building), '시장 건설'(market building)과 '개인 만들기'(individual building)가 연속적이고 상호 추동하는 과정인가에 대해서도 사고하지 않았다. 이와 같은 이론가들은 근대 중국 사상 가운데 '과학주의'에 대한 비판을 통해 국가와 사회, 계획과 시장 이원론을 반복해 설파(즉 국가는 계획의 결과이고 사회와 개인은 자연적인 존재라고 여김)하면서, 자유는 "자연적 상태가 아니라 일종의 문명의 창조물"[27]이라는 것을 역사 과정 자체로부터 증명한 예는 드물다.

하이에크의 과학주의 개념이 현대 중국 사상과 사상사 연구에 끼친 영향을 자세히 분석하기에 앞서 다음을 언급할 필요가 있다. 즉 하이에크 이론의 주요 목표는 사회 세계 속에 존재하는 각종 자생자발적 질서를 재구성하는 것이다. 이 주요 목표에 따르면, 자생자발적 질서는 사회 업무 속에 존재하지만, 사회 업무 혹은 사회 세계와 동일시할 수 없다.[28] 하이에크가 반대하는 "설계"(design)는 일종의 인식론적 오류라고 할 수는 있어도, 각종 의식적 행위와 제도의 창신에 대한 부정으로 이해되어서는 안 된다. 이러한 의미에서 자생자발적 질서와 사회조직의 구별은 엄격한 이론적 의미를 바탕으로 해야만 비로소 정의될 수 있다. 왜냐하면 실제 사회운동에서 자생자발적 질서와 사회의 조직 질서는 완전히 구분하기 어렵기 때문이다. 하이에크는 자생자발적 질서와 조직 질서의 구분에 특히 유념하고, 동시에 이러한 차원에서 국가, 법률과 자생자발적 질서의 관계를 분석하였지만, "자생자발적 질서"와 '시장' 범주 및 사회 범주의 차이를 명확히 구분한 적은 거의 없다. 이것은 아마 규범의 차원에서 그가 바로 가격 체계의 운동을 자생자발적 질서를 논증하는 입각점으로 삼고, 근대 가격 체계의 형성에 대해서는 역사적 분석을 진행하지 않았기 때문일 것이다. 하이에크 이론의 이러한 특징 때문에 그의 많은 추종자는 '시장'과 '사회' 범주를 직접 자생자발적 질서로 간주하고, 역사 변화의 범주로서의 '자유'와 근대적 '사회' 범주를 이론적으로 구분해야 한다는 점을 의식하지 못했다.[29] 사실상, 시장과 사회 범주가 '자생자발적 질서'와 동일한 것이라면, 이러한 모호한 개념을 제창할 필요는 없다. 또 만약 '자생자발적 질서'가 어떤 특정한 사회 형태와 같은 것이라면, '자생자발적'이라는 의미는 매우 의심스러운 것이 된다. 이러한 의미상의 애매함으로 인해 통속적 이데올로기가 농후한 결과를 낳았는데, 바로 현실 속 혹은 역사 속의 '시장', '사회' 범주를 '국가' 범주와 완전히 대립되는 자유롭고 자발적인 범주로 간주하여 근대 '시장', '사회'와 근대 '국가'가 동시에 성장하고 상호 교착된 역사 과정을 은폐했던 것이다. 같은 이유로, 과학주의 개념은 일반적으로 사상 방법의 오류 및 그것의 '국가' 실천에 대한 악영향을 서술하는 데 국한되고, '시장'과 '사회'의 활동을 분석하는 데는 거의 적용되지 않는다. 그러나 자연 변화가 인간의 의식적인 창조 과정을 포함하고 있는가, 그들은 어떤 관계인가라는 문제는 여전히 남는다. 역사적으로 보면, 근대 시장질서와 사회질서는 자연 변화의 결과라기보다는 의식적인 창조물에 더 가깝다. 또 근대 시장사회는 일종의 '자생자발적인 질서'로 자명하게 간주되어서는 안 되고, 오히려 '자생자발적인 질서'(예로부터 있었던 시장과 사회관계를 포함하여)에 대한 규약, 통제이자 독점이라고 보는 편이 낫다. 그럼에도 만약 '자생자발적 질서'로 간주되는 범주들이 또 인간의 주관 의지의 범주와 역사적 관련이 있다면, 어떻게 단호하게 '시장'과 '사회'를 자유의 범주로 간주하고, 그것으로 '국가'라는 이 '전제專制의 근원'과 대립시킬 수 있을까?

다음으로, 서구 사상계의 과학주의에 대한 비판은 흄이 제기한 사실과 가치, 묘사와 평가, 과학과 비판이 완전히 구분되는 전통과 직접적인 관계가 있으며, 경험주의 철학과 사회사상 전통은 이러한 구분을 우리의 제1원칙으로 간주한다. 인식론의 시각에서 보면, 과학주의는 실증주의의 오류로 간주되며, 그것은 위에서 말한 제1원칙을 위배한 것, 즉 관련 사실의 진술을 직접 가치의 판단으로 전환하는 것이 된다. 하지만 사실로부터 가치를 도출할 수 없다는 이 판단은 보편적 명제인가 아니면 역사적 명제인가라는 문제가 여전히 존재하며, 이 문제에 답하는 가장 좋은 방법은 '사실'이라는 개념의 역사적 계보를 다시 분석하는 것이다. '사실' 개념은 오랜 역사적 근원을 가지고 있지만, 고전 시대에 이 개념 자체는 평가의 함의를 지니고 있었다. 따라서 매킨타이어는 단지 이 개념이 그것이 생성된 배경 조건에서 유리될 때 '사실'과 '가치'의 분리가 비로소 '보편적' 철학 명제가 된다고 단언한다.[30] 이러한 판단이 지닌 함의는, 근대 사상이 '사실'을 모든 평가로부터 분리시켜 하나의 중성적이고 객관적인 영역으로 구성했기 때문에, 이 개념은 자명한 객관적 실재가 아니라 '객관'에 대한 실증주의의 근대적 구성이라는 것이다. 이것이 바로 19세기 유럽 철학 '인식론'의 기원이다. 이 시대의 이성주의와 경험주의는 모두 형이상학적으로 객관 영역에 경계를 확정하고 아울러 자연과학의 가치에 논리-심리학적 기초를 부여하고자 힘썼다. 후설Edmund Husserl 이후, 철학과 사회 이론의 근본 특징 가운데 하나는 바로 이러한 실증주의의 기초 위에 세워진 사실과 가치의 분열을 반성하고, 나아가 경험과 규범의 단절 및 그로 인해 파생된 이론과 실천의 분리를 극복하고자 시도하는 것이었다. 이러한 시도는 철학 방면에 집중되어 각기 다양한 형식과 방향으로 표현되었지만, 핵심 문제는 바로 이론 진리의 개념을 재사고하고, 진리와 자유의 내적 관계를 수립하는 것이었다.[31] 최근 근대성 문제에 대한 서구 사회사상의 재인식에서 인지, 규범과 판단 간의 역설적 관계는 줄곧 각기 다양한 경향의 이론들이 모두 주목하는 초점으로서, 인지와 규범, 이론과 실천을 다시 연계시키려는 목적 가운데 하나는 바로 과학주의 및 그 사회적 영향을 극복하고자 하는 것이다. 다시 말해, 사실과 가치의 이원론을 확인하는 것이 아니라, 사실과 가치를 소통시키는 방법을 모색하는 것이 근대성 재평가를 둘러싼 논의의 주요 방향인 것이다. 이러한 맥락에서, 중국 사상에서 사실과 가치, 실제 그러함과 마땅히 그러함 사이의 이원 대립을 부단히 넘나드는 사상 방식은 어떻게 평가할 수 있을까?[32]

중국 현대 사상의 과학주의에 대한 검토는 20세기 80년대 후반 문화적 분위기와 밀접한 관련이 있다. 그것은 주로 '지식'에 관한 검토가 아니라, 문화, 정치 및 이데올로기에 관한 재탐색이다. 이것은 거대한 역사적 변동 시기에 발흥하였으며, 근대화 문제에 대한 재평가와 국가사회주의 및 그 제도 형식에 대한 재검토가 서로 밀접하게 연계되어 있었다. 만약 사상해방운동 초기에 '과학' 원칙 및 그 광범한 사회적 운용이 전제주의를 비판하는 효과적인 무기로 이해되었다면, 이제 이 원칙 및 그 사회적 운용은 역으로 전제주의의 근원으로 이해되었다. 이 시기에, 문학과 사상 영역에서도 근대화의 이데올로기에 대해 새롭게 반성하려는 흐름이 있었다. 예를 들어 일련의 심근尋根 문학(뿌리 찾기 문학)의 텍스트에서 '전통'은 더 이상 반역의 대상이 아니라 우리 자신의 행위 가치의 근거였고, '자연'은 단지 무생명의 객체가 아니라 오히려 생명을 지닌 존재로 바뀌어, '문명'(자연을 정복한 결과와 형식으로서)에 대한 저항에 이용되었다. 또 사상에서도, 영향력 있는 현대 지식인들이 근대 '신유학'의 이론에 관심을 갖기 시작했으며, 근대화 과정의 윤리와 도덕 문제가 토론 주제가 되었다. 한때 큰 반향을 일으킨 주체성 문제에 관한 토론에서도 칸트식 이원론이 유물주의 자연관과 역사관에 대한 도전의 근거가 되었으며, 과학과 도덕, 이성과 비이성의 이원 대립적 서술 모델도 그 모습을 서서히 드러내기 시작했다. 추상적 서술에서 주체성 개념이 표현한 것은 정치 자유와 자연 정복에 대한 의지였다. 1978년 이래 주류의 사유 방식에서 이 개념은 전체주의 역사 실천(총체적인 경제, 정치, 이데올로기 모델)에 대한 비판에 주력하였으며, 아울러 전 지구적 자본주의를 향한 개혁 이데올로기의 모종의 철학적 기초가 되었다. 다시 말해, 제도 개혁의 맥락에서 근대성에 대한 재사고는 중국 사회주의 실천에 대한 비판으로 귀결되어 버리고, 계몽운동 이래 근대 역사 및 그 영향에 대한 반성으로까지 확대되지 못했다. 과학주의에 대한 검토는 "근대성의 부정적 결과"를 비판하면서 근대 가치를 보존하려는 심리적 바람을 만족시키는 것이자, 동시에 정치 이데올로기 비판(과학과 도덕 이원론으로 과학 일원론에 대해 비판)이기도 하였다.

　서구 사상계의 과학주의에 대한 이론적 사고는 제2차 세계대전과 전후의 정치, 경제와 문화 분위기 속에서 출현하였으며, 서구 지식계의 파시즘과 스탈린주의에 대한 비판적 반성으로 간주될 수 있다.[33] '과학주의'에 관한 이론적 사고는 계몽주의 이래 서구 사회 이론과 지식 틀을 검토하는 것을 주요 과제로 삼고 있지만, 그 역사적 함의는 주로 계획경제 모델 및 그 전체주의 정치에 대한 비판이었다. 따라서 과학주의에 관한 사고는 자연히 자유주의, 특히 하이에크식의 자유주의로 경도되었다. 따라서 하이에크의 『과학의 반혁명』을 그의 『노예로의 길』[34] 및 『개인주의와 경제 질서』[35]라는 저서와 분리하여 이해할 수 없다. 뿐만 아니라, 자유주의 결론과 사회주의에 대한 비판이 과학주의에 대한 이론적 사고보다도 더욱더 '과학' 문제에 대한 중국 사상계와 미국 중국학계의 반성을 지배하고 있다고도 말할 수 있다. 이상과 같은 논리가 너무 강력한 나머지, 근대 중국 사상의 내재적인 정치 충돌도 가벼이 무시되어 버리고, 후스와 같은 자유주의자, 우즈후이와 같은 무정부주의자, 천두슈와 같은 마르크스주의자 모두가 과학주의 신도로 간주되었으며, '과학주의'는 전체주의의 사상적 근거가 되었다. 이러한 조건하에서는 근대 사상 및 그 정치적 영향을 이해함에 있어 '과학주의'라는 범주가 지나치게 추상적이고 진정한 해석 기능을 결여하지는 않았는지 재고해 보지 않을 수 없다.

　이렇게 모호한 추론 방식은 결코 단지 중국 연구 영역의 특수한 현상만은 아니다. 과학 영역의 인식 방식을 사회 영역에 활용하는 것에 대해 하이에크는 매우 비판한 반면, 칼 포퍼는 과학 문제에 대한 그의 사고를 자연스럽게 사회 정치 영역에 적용하였지만, 전체주의와 총체적 계획에 대해서는 두 사람 모두 한결같이 부정적이었다. 그들과 동시대 독일 사상가인 야스퍼스Karl Jaspers의 저명한 저서인 『역사의 기원과 목표』(1949)는 더욱 거대한 역사 시각에서 근대 과학과 근대 기술에 대해 비판적 사유를 보여 주는데, 그의 결론 가운데 하나 또한 사회주의와 총체적 계획에 대한 부정과 '자유시장경제'와 불간섭주의에 대한 은밀한 미련이었다.[36] 1989년에 야스퍼스의 이 저서는 하이에크의 『개인주의와 경제 질서』라는 저서와 거의 동시에 중국어로 번역되어 출판되었다. 이들 저서는 나치 독일 국가주의, 전후 유럽의 복지주의와 스탈린주의에 대한 비판적 반성이다. 이들의(하이에크, 포퍼, 야스퍼스 사이) 서로 충돌하는 이론적 논리가 결론에서는 결코 서로 모순되지 않았던 것은, 과학주의에 대한 이론적 반성이 결코 단지 '이론적'인 것만이 아니라 '이데올로기적'이기도 하다는 것을 말해 준다. 전후 유럽 지식계와 20세기 80년대 중국 지식계가 '과학주의 문제'를 제기한 것은 전체주의 국가 체제의 경제 체제와 이데올로기를 재평가하려는 이론적 경향을 반영하고 있다.

하지만 똑같은 전체주의에 대한 재평가이기는 하지만, 마르쿠제, 칼 폴라니Karl Polanyi의 이론적 실천과 역사 연구는 오히려 앞의 이론가들과는 매우 다른 관점을 보여 준다. 그들은 각자의 시각에서 자유주의와 전체주의, 자율적 시장과 파시즘이 결코 대립되는 관계가 아니라고 보았다. 마르쿠제는 현상학과 경험론을 세계가 전체주의로 진입하는 표지로 보았고, 폴라니는 영국 자본주의의 역사에서 자유방임주의(Laissez-faire)가 한때 일종의 호전적인 신조였음을 발견하였다.[37] 다시 말해 계획경제와 시장경제는 모두 전체주의로 향할 수 있는 가능성이 존재한다. 전체주의 독단에 대한 반성을 어떤 한 유파의 이론의 특권이라고 보는 것, 특히 전체주의를 반성하는 다른 이론을 전체주의로 귀결시키는 방식은 시장화를 내세우며 독단을 시행하는 자본주의처럼 비판적 능력이 전무한 결과이거나 바로 심사숙고하여 계획한 사상적 독재이다. 여기서 문제의 핵심은 계획경제와 전체주의를 청산해야만 하는가에 있는 것이 아니라 계획경제와 전체주의의 기원을 어떻게 이해해야 하는가 하는 것이며, 또 계획경제와 전체주의에 대한 부정이 단지 논리적으로 역사에서 퇴장하고 있는 사회 형태만 가리킴으로써 오히려 불평등하고 독단적이며 정말로 현실적인 사회질서에는 합법성을 부여하는 것이 아닌가 하는 것이다. 따라서 나의 이론적 입장은 사회 이론과 사회 비판의 내재적 완결성을 견지하는 것이다. 현실 사회주의에 대한 비판 혹은 현실 자본주의에 대한 비판은 간단히 그들 각자의 대립면을 긍정하는 것으로 나아가서는 안 된다. 반대로 마르크스주의와 어떤 자유주의자가 보여 주는 사회 형태의 내재 모순은 서로 다르긴 하지만 내재적 연관성을 지니고 있는 것으로 보아야 한다. 어떤 학설의 관점은 일정한 사회적, 역사적 배경하에서만 이해될 수 있다. 그러나 철학 이론과 사회구조 유형의 관계로부터 일반적 관점을 도출해 내려면, 관념론적 차원에서의 일반적인 추론을 통해서는 안 되고, 반드시 이러한 이론이 제기되고 운용되는 구체적 맥락의 깊이까지 파악해야 한다.

중국 근대 사상 영역에서 초기 과학 사상에 관한 탐구가 상술한 사회, 정치와 경제 실천에 관한 비평으로 신속히 전환함에 있어 '과학주의 해석 모델'은 분명 해석의 방향을 제공하였다. 이러한 사상적 분위기 속에서 과학주의에 대한 검토는 지나치게 내부적인 시야에 국한되어 반세기 이래 중국의 정치 경제 실천(계획경제와 프롤레타리아 계급 독재를 특징으로 하는)을 관찰할 뿐, 과학 및 그 방법론의 광범위한 운용과 전체 근대 역사(자본주의 발생 이래의 역사)의 내재적 관계를 간과하였다. 서구 사상의 측면에서 보자면 나치즘과 스탈린주의에 대한 비판이 전체 근대성 문제에 대한 비판적 사고와 연계될 수 없다면, 이러한 비판은 기존의 정치 경제 제도에 대한 변호로 바뀌어 사회 독재의 진정한 기원을 은폐시키고 식민주의의 역사 및 그 당대의 유산을 은폐시킬 것이다. 사실상 나치즘과 스탈린주의는 서로 다른 경제, 정치 토대와 서로 다른 사회 문화 조건에서 생겨난 것인데, 그 중대한 차이를 한데 섞어 똑같이 취급한다는 것은 중대한 역사적 차이에 대한 은폐를 담고 있다. 근대와 근대 중국의 역사를 회고하고 반성할 때, 사람들은 항상 습관적으로 특정 역사 시기 혹은 역사 과정(예컨대 중국 혁명)을 하나의 총체로 여기고 부정하거나 긍정한다. 이러한 총체적 역사관은 복잡한 역사적 경관을 은폐할 뿐만 아니라 항상 과거에 대한 부정 혹은 긍정을 당대 사회에 대한 긍정 혹은 부정으로 이끈다. 우리가 깊이 파고들어야 할 것은 왜 근대 자본주의에 대한 비판으로서 사회주의 운동은 최종적으로 민족국가 형태를 채택했을까, 국가 형태와 근대 자본주의 경제 및 정치 구조의 역사적 관계는 어떠한가 하는 문제이다. 근대 중국의 역사와 당대 사회의 기술 발전, 사회 변화를 보면, 그 제도 형식이 어떻든 간에 동양과 서구 사회 모두 '강권적인 복지국가' 혹은 '계획 통제적 사회'와 유사한 정황에 빠질 가능성이 있다. 만약 근대 사회—사회주의든 자본주의든, 동양이든 서양이든—가 하나의 간단한 총체가 아니라 복잡한 내재적 모순과 장력을 지닌 사회라면, 과거의 역사적 실천이 새로운 선택의 가능성을 제공할 수 있을 것인가? 지식이 이미 지배적인 자원이 된 역사적 정황 속에서 '과학주의 해석 모델'은 당대 사회 변화를 이해하는 역사적 시야를 제공할 수 없다.

중국 근대 사상 연구에 대해 말하자면, '과학주의 해석 모델'이 만든 교조주의의 오류 역시 매우 뚜렷하다. 이러한 오류는 그 반反역사적인 방법에서 비롯된 것이며, 과학 자체에 대한 수호와 과학적 이데올로기에 대한 비역사적인 비판에서 비롯되었다. 근대 중국의 역사 속에서 '과학'은 일종의 통제의 힘이기도 하지만 일종의 해방의 힘이기도 하다. 예컨대 청말 이래 특히 5·4 시기에 '과학'적 이데올로기는 일찍이 새로운 세대에게 각종 사상의 가능성과 실제적인 해방 역량을 제공하였다. 당대에서도 어느 시기(즉 70년대 말과 80년대 초)에, '과학'은 거의 그 통제와 해방의 이중적인 역할을 동시에 발휘하였다. 표면적으로 보면 과학의 '해방'과 '통제' 역할은 주로 인간과 자연의 관계 변화에서 나타나는데, 더욱 근본적인 함의는 인간과 인간의 관계 즉 사회관계의 변화이다. 과학의 해방과 통제 역할의 발휘는 구체적인 사회 조건에 달려 있으며, 과학의 권위적인 역량을 누가 운용하고 어떻게 운용할 것인가에 달려 있다. '과학주의 해석 모델'의 과학적 이데올로기에 대한 비판은 특정한 역사적 상황에서 그것의 기능성의 차이를 완전히 구분할 수 없다. 파이어아벤트Paul Feyerabend의 다음과 같은 해설은 '과학주의 해석 모델'의 역사 연구의 근본적 오류를 보여 준다.

> 이러한 태도(우리는 잠시 이를 '과학주의 태도'로 지칭하겠다—인용자)는 17, 18세기 심지어 19세기 중엽에 중요한 의의를 지닌 것이었다. 그때 과학은 단지 상호 경쟁하는 많은 이데올로기의 일종이었을 뿐, 국가는 아직 과학을 지지한다고 선포하지 않았고 과학에 대한 결의에 찬 연구는 다른 관점과 다른 기구들에 의해 크게 상쇄되었다. 당시 과학은 일종의 해방력이었는데, 이는 그것이 진리 혹은 정확한 방법을 발견(비록 과학의 변호자들은 이것이 바로 이유라고 가정하지만)했기 때문이 아니라, 그것이 다른 이데올로기 영향을 제한하여 개인에게 사상의 여지를 주었기 때문이다. 당시는 또한 문제 B를 지속적으로 고려할 필요는 없었다. 당시 여전히 활발히 과학을 반대하는 사람들은 과학의 방향이 틀렸다는 것을 드러내고 과학의 중요성을 폄하시키고자 하였으며, 과학자들은 이들의 도전에 회답하지 않을 수 없었다. 과학적 방법과 성취는 비판적인 논쟁을 거쳤다. 이러한 상황에서 한 개인이 과학에 헌신하는 것은 매우 의의가 있다. 이러한 헌신 정신을 낳은 환경은 과학을 일종의 해방력으로 바꾸었다.[38]

이는 결코 이러한 헌신 정신이 필연적으로 해방 작용을 갖고 있다는 점을 말하는 것이 아니다. 과학 혹은 어떠한 다른 이데올로기 중에서 그것들이 배태될 때부터 해방력을 지니는 것은 없다. 이데올로기는 퇴화될 수 있고 독단적인 종교가 될 수도 있다. 따라서 '해방'과 '통제'는 유동적인 과정이다. 해방적인 역량이든 통제적인 역량이든 여기서의 '과학'은 그 이데올로기 기능과 사회 구성 역량을 가리킨다. '해방'

과 '통제' 간의 관계는 과학주의 해석처럼 '과학 자체'와 '과학적 이데올로기'로 구분될 수 없다. 바꿔 말하면 근대 중국 사상 중의 과학 문제를 어떻게 평가할 것인가 하는 문제는 우리의 '과학의 본질'에 대한 혹은 '과학적 이데올로기'에 대한 이해에 달려 있는 것이 아니라, 우리의 부단히 변화하는 이데올로기 상황 및 사회 형세에 대한 이해에 달려 있다.

하이에크의 과학주의 개념

20세기 70년대 말 이래 브뤼노 라투르와 스티브 울가Steve Woolgar 등은 일종의 과학인류학 방법을 발전시켰다. 그들은 토착민을 연구하는 인류학자처럼 과학자 집단의 연구 과정에 대해 근거리에서 관찰해 왔다. 이러한 인류학 분석의 가장 중요한 특징은 바로 과학 활동을 '사회 요소'와 '기술 요소'로 구분하는 이원론을 벗어났다는 점이다. 반면에 전통적인 과학사회학은 이러한 이원론 위에 수립된 것이다. "이러한 구분(과학 활동의 사회 요소와 기술 요소의 구분을 지칭―인용자)은 매우 위험하다. 이는 그것이 완전히 기술 문제 자체를 검증할 수 없기 때문일 뿐만 아니라, 사회적 영향은 단지 외부에서 간섭하는 가장 현저한 사례 중에서만 비로소 명확하기 때문이다. 더욱 중요한 것은 이러한 구분의 사용은 과학 활동의 자원으로서의 그 중요성을 검토할 수 없다."[39] 과학 문헌, 실험실 활동, 과학의 제도적 맥락과 발명 및 발견을 수용되게 하는 수단에 대한 검증을 통해 라투르 등은 오직 과학적 실천을 통해서만 과학을 이해할 수 있다고 논증했을 뿐 아니라 사회 맥락과 기술 내용은 과학 활동을 적당히 이해하는 데 필요한 것임을 밝혔다.

따라서 그들이 관심을 갖는 것은 "과학적 사실의 사회적 구성"(the social construction of scientific facts) 및 "어떻게 사회를 통해 과학자와 엔

지니어 사회를 이해할 것인가"(how to follow scientists and engineers society) 하는 문제이다.[40] 그러나 여기서 이른바 '사회적 구성'은 과학 연구 중의 비기술적 요소, 예를 들어 규범과 경쟁 등을 가리키는 것이 아니라 과학 지식의 사회적 구성 과정, 즉 과학자가 그들의 관찰을 의미 있게 만드는 과정을 가리킨다. 예컨대 과학자는 반드시 무질서한 관찰 속에서 질서를 정리하여 어떤 한 관찰을 드러내고(수용하게 하고) 자신의 해석이 합법성을 얻도록 해야 한다. 또한 반드시 자신의 언어와 개념 속에서 '사회적' 요소를 배제하여 '기술 과정' 속에서 공동체의 검증을 받아야 한다. 라투르는 과학자가 자신의 언어와 개념 속에서 '사회적' 요소를 배제하는 과정 자체가 바로 일종의 사회현상이라고 여겼다.[41] 우리는 또한 과학은 일종의 사회 실천이라는 페미니즘의 관련 논술 속에서 실증을 얻을 수 있다.[42] 그러나 과학인류학의 이러한 발견들은 과학 문제에 대한 사회 이론의 관찰 방식을 진정으로 바꾸지 못했다. 당대 이론 속에서 과학주의 개념의 활약이 바로 명백한 증거이다. 왜냐하면 이 개념은 바로 라투르 등이 벗어나고자 하는 사회(social)와 기술(technical) 이원론 위에 수립되어 있기 때문이다. 이러한 의미에서 과학주의 개념은 사회현상에 대한 그릇된 관찰에서 비롯되었을 뿐 아니라 과학 실천에 대한 잘못된 이해에서 비롯된 것이다. 만약 사회와 기술의 구분이 과학 활동의 중요한 자원이라면, 우리는 사회 실천 속에서 이러한 이원론의 함의가 무엇인지 캐물어야만 한다.

나는 여기서 하이에크의 초기 저작 『과학의 반혁명』(The Counter-Revolution of Science)이란 책(특히 그 이론 부분)에 대해 간단히 분석하고자 한다. 이 저작은 1952년에 처음 발표되었는데 주요 사상은 40년대에 형성된 것으로, 지식에 관한 이론으로 자신의 사회철학을 수립하였다. 하이에크 본인의 지식관과 사회 이론은 1950~1960년 사이에 일련의 변화를 겪게 되지만, 지식 이론으로부터 사회철학을 도출하는 방식은 일맥상통한다고 볼 수 있다.[43] 『과학의 반혁명』의 중심 임무는 사회 이론의 방법론 문제를 사고하는 것이다. 이 저작이 '과학주의 해석 모델'의 중요한 이론 자원이 될 수 있었던 까닭은 관념사의 각도에서 유럽 사상 중의 이성주의와 실증주의 전통을 정리하고 과학주의를 사회주의와 연관시키는 이론적 논리를 제공했기 때문이다.[44] 하이에크가 분석한 것은 과학의 근대 발전 및 그것과 사회 역사의 관계가 아니라, 프랑스 백과전서파, 생시몽부터 콩트, 헤겔에 이르기까지 사회 이론의 발전 및 그 인식론의 오류이다. 바꿔 말하면 하이에크가 관심 갖는 것은 과학적 결론과 방법이 사람들의 일상적인 사상과 가치에 영향을 끼칠 수 있는지, 그리고 이 영향이 유효하고 정확한지가 아니라, 과학 방법에 대한 사회과학의 무제한적 운용 및 그 사회적 결과이다. 과학주의에 대한 검토는 인식론 측면에서 하이에크 본인이 일찍이 신봉했던 실증주의(특히 실증주의 경제학)에 대한 부정을 낳았고, 그로 인해 그의 저작은 실증주의와 합리주의를 반성하는 당대의 경전이 되었다.

하이에크의 실증주의에 대한 비판은 자연과 사회 이원론을 전제로 하고 있다. 이 이원론의 핵심적인 관점은 이것이다. 즉 자연과학 방법의 내재적 합리성은 대상이 지니지 않은 질서를 대상(사회)에게 강제할 수 있다는 것을 의미하지 않는다. 따라서 내가 여기서 사용하는 자연과 사회 이원론은 주로 하이에크가 연구 대상의 구분에서 자연 연구와 사회 연구의 방법론을 구별한 것을 가리킨다. 그는 경제학 가운데 각종 실증주의 경향을 비평하면서 다음과 같이 말하였다. "내가 생각하기에 현재 많은 경제 이론과 경제 정책 관련 논쟁은 모두 사회문제의 본질에 대한 오해에서 비롯되며, 이러한 오해는 또 우리가 자연현상을 처리할 때 길러진 사유 습관을 사회현상에 잘못 전용하는 데서 비롯된다."[45] 하이에크는 과학은 자연 자체에 대한 인식이 아니라 주체와 객체 관계의 구성임을 제시하였다. 그는 또한 과학 지식은 모든 지식의 개괄이 아니다. 왜냐하면 조직되지 않았지만 오히려 매우 중요한 지식들이 많이 존재하고 있기 때문이라고 지적하였다. "즉 특정 시간과 장소와 관련된 지식들은 일반적인 의미에서 심지어 과학적 지식이라 부를 수 없다는 것이다."[46] 그러나 이러한 과학 지식의 한계에 대한 통찰은 자연 활동 자체를 인식하는 사회의 성질에 대한 검토로 발전하지 못했다. 하이에크가 과학 인식의 대상은 자연 자체가 아니라 사람들의 자연현상에 대한 주관적 구성이라고 여겼다면, 그럼 자연을 인식하고 통제하는 것은 어째서 광범위한 사회의 임무가 아니라 과학 그 자체만의 일이라고 할 수 있는가?[47] 이러한 문맥에서 기술은 과학과 전혀 다른 역할을 수행하였는데, 그것과 인간의 욕구 영역, 사회관계의 영역과 권력의 영역이 더욱 밀접한 관계를 지니고 있기 때문이다. 이러한 의미에서 실증주의 관련 하이에크 비평에 대한 나의 비평은 두가지 측면을 바탕으로 한다. 첫째 과학 인식 과정의 사회성에 대한 배제 자체는 바로 일종의 사회현상이기 때문에, 결코 과학 지식과 사회 지식이란 이원론으로 구분할 수 없다. 둘째 설사 구조주의 인식론의 틀 안에서 자연에 대한 연구를 해석한다 하더라도 과학주의의 오류를 해석할 수 없는데, 이는 사회 통제와 자연에 대한 통제가 역사적 관계를 지니기 때문이다.

하이에크 본인은 일찍이 희랍 사상에서 연원하는 '자연'(natural)과 '인위'(artificial)의 이원론을 명확히 비판하였다. 그는 다음과 같이 말하였다. "옛 희랍인의 이러한 '자연적'과 '인위적'이란 이원 관념은 후에 이론 발전 측면에서 중대한 장애가 되었다. 둘 중에 반드시 하나를 취해야 하는 배타적 이원 관념은 모호할 뿐 아니라 확실히 잘못된 것이다."[48] 이러한 이원론은 근대 합리주의 혹은 '유사 개인주의'의 사상적 연원이다. 바로 이러한 이원론에 대한 비판에서 출발하여 하이에크는 자신의 사회 이론 및 법률 이론을 삼분론 위에 수립하였다. "그것은 반드시 자연적 현상(즉 완전히 인간의 행동과 독립적인 현상)과 인위적… 현상(즉 인간의 설계의 산물) 사이에 일종의 독특한 중간 범주를 설정하였는데, 즉 인간의 행동과 외부 환경 간의 상호작용 과정에서 나타나는, 인간의 행동에서 비롯되지만 인간의 설계에서 비롯되지 않은 모든 제도 혹은 모델이다." 하이에크가 관심을 가진 중심 문제는 자연과 인위 이원론이 자연과 사회 이원론 모델 속에서 "일원론적 사회관" 및 "인간의 이성으로 설계한 입법을 유일한 법률로 삼는 사회질서 규칙 일원관"을 형성할 수 있을 것이라는 점이다. 그의 이론은 계획경제 혹은 복지국가에 대한 비판일 뿐 아니라 자연법 이론, 법률 실증주의와 다수결의 민주 방식에 기반한 '의회지상'론에 대한 비판을 포괄하고 있다.[49] 이러한 의미에서 하이에크의 실증주의에 대한 비판은 분명 포퍼와 같은 사상가보다 더 철저하다.

그러나 하이에크는 자연과 사회 이원론의 영향을 철저히 벗어나지 못했다. 이는 그가 자연과 사회 이원론에 대해 동정적인 태도를 견지하고 있기 때문이 아니라, 그의 과학주의 비판이 과학에 관한 사회 이론으로 발전하지 못하고 오히려 '과학주의'를 과학의 범주에서 배제시킴으로써 과학 및 그 역사의 자주성을 변호했기 때문이다. 하이에크는 다음과 같이 말하였다.

> 이 개념의 진정한 함의에 대해 말하자면, 과학주의가 서술하는 것은 절대적으로 비과학적인 태도이고 그것이 다루는 것은 (과학적-인용자) 사상 습관을 기계적이고 무비판적으로 그러한 사상 습관을 형성한 영역과는 다른 방면에 적용하는 것이다. 과학주의 관점은 과학 관점과 구분되는데, …그것은 자신의 주제를 확정하기 전에 이미 이 주제를 탐구할 가장 적절한 경로를 안다고 선언한다.[50]

여기서 '과학주의' 개념의 전제 중의 하나는 과학 방법의 특징 및 그것과 사회 연구의 차이를 새롭게 연구하면서 과학 방법 자체가 포함하는 사회성에 주의를 기울이지 않고, 또 과학 인식 과정의 사회적 의존을 논하지 않는다는 것이다. 하이에크가 생각하기에, 근대 과학은 점차 고대 사상의 방식에서 해방되는데, 그 표식의 하나가 바로 관념 연구에서 '객관적 사실' 연구로 전환한 것이다. 바꿔 말하면 근대 과학은 더 이상 인간의 세계에 대한 관점을 연구하지 않으며, 습관적으로 사용하는 개념을 진실 세계의 표상으로 간주하지 않는다.[51] "과학이 흥미를 느끼는 세계는 우리의 개념 세계가 아니며 심지어 우리의 감각 세계도 아니다. 그 목표는 외부 세계에 대한 우리의 전체 경험과 관련한 새로운 조직을 산출하는 것이다."[52] 과학의 세계는 이에 따라 우리에게 서로 다른 지각 경험을 연계시킬 수 있는 일련의 규칙으로 간주될 수 있다. 그것은 우리의 일상 개념을 수정하고 감각을 멀리하려 할 뿐 아니라 서로 다른 분류법으로 그것들을 대체하려 한다.[53]

그렇다면 이러한 방법론의 전환 속에서 우리는 어떻게 근대 과학과 근대 사회의 내재적 관계를 관찰할 것인가? 어떻게 과학과 수요의 영역, 과학과 투자 영역의 관계를 분석할 것인가? 어떻게 과학 연구와 생산 및 판매의 관계를 관찰할 것인가? 하이에크의 이론은 기본적으로 이 문제를 검토하지 않았다. 바로 이러한 점에서 나는 자연과학과 사회과학 방법론의 차이에 관한 하이에크의 토론이 자연과 사회 이원론을 철저히 벗어나지 못했다고 여긴다. 고대의 자연 개념(희랍이든 중국이든 간에)은 모두 '본연'의 함의를 지니고 있지 자연과 사회 이원론에서의 근대 자연 개념이 아니며, 고대 희랍 철학 중의 자연 혹은 본성(nature)과 인위(nomos or thesis)의 구분과 내가 여기서 말하는 자연과 사회 이원론은 확연히 다르다. '자연' 범주는 총체적인 범주에서 하나의 대상으로 파악할 수 있는 범주로 전환하는 과정을 거쳤으며, 바로 이 과정에서 자연과 사회의 대립과 차이가 비로소 선명하게 도출된다. 이러한 차이의 함의는 이 이원론의 근대 전환을 의미하는데, 즉 사회 범주(인위적)가 자연적(통제할 수 없는) 범주로 변하였을 뿐 아니라 자연 범주가 통제할 수 있는 범주로 변하였다는 것이다. 바꿔 말해서 자연(과학)을 인식하고 사회(사회과학)를 인식하는 방법론의 차이에 관한 토론 속에서(이러한 방법론의 차이는 최종적으로 대상의 차이 즉 자연현상과 사회현상의 차이로 귀납된다), 과학기술 활동으로 생겨난 자연과 사회의 관계를 생략하거나 은폐시켰다. 따라서 이러한 진술 방식의 더 중요한 전제는 자연을 통제하고 사회를 통제하는 것 사이에 어떠한 관계도 없고 있어서도 안 되며, 반대로 자연은 통제할 수 있는 것이고(그것은 사회 통제를 가져올 리 없다) 사회는 자주적이어야 한다는 것이다(그것은 자연을 통제한 결과가 아니며 자연을 통제하는 동력을 제공하지 않는다).

'과학주의 해석 모델'은 '이성의 남용'을 비판하는 동시에 사회의 자주와 자연의 통제에 대한 이중 긍정을 포함하고 있다. 하이에크의 주장에 의하면, 사회과학이 연구하는 것은 사물 간의 관계가 아니라 인간과 사물, 인간과 인간의 관계이며,[54] 따라서 도덕과학이라고 부를 수 있다. 왜냐하면 그것이 연구하는 것이 인간의 의식적인 행위이기 때문이다. 사회과학의 대상은 과학에 의해 정의된 '객관 사실'이 아니라 인류 행위이며, 이러한 행위는 행동하는 인간 자신이 정의한다. 따라서 사회과학 대상은 인간의 의식적이고 성찰적인 행위이다.[55] 자연과학에서 객관적 사실과 주관적 의견은 간단한 대비를 이루지만, 이 대비는 완전히 사회과학에 적용될 수 없다. 왜냐하면 사회과학의 대상과 '사실'(facts)은 또한 '의견'(opinions), 즉 행동하는 그 인간들의 의견이고, 그들의 행위가 우리의 연구 대상을 구성하기 때문이다. 바꿔 말해서 사회과학은 일종의 인문과학에 불과하며, 그것이 연구하는 것은 개인의 심령현상 혹은 정신현상이지 직접적으로 물질현상을 다루지는 않는다. 이러한 현상들이 이해될 수 있는 까닭은 다만 우리의 연구 대상이 우리와 구조가 비슷한 심령을 지니고 있기 때문이다.[56] 하이에크는 후에 과학과 사회 연구에 대해 다음과 같이 구분하였다. "과학자는 우리가 확실히 아는 것을 강조하는 경향이 있는데, 이는 지극히 자연스러운 일일 것이다. 그러나 사회 영역에서 종종 우리가 알지 못하는 것들이 더욱 중요한 의의를 지니기도 하기 때문에, 사회를 연구하는 과정에서 이미 알고 있는 것을 강조하는 과학자의 성향을 취한다면 매우 그릇된 결과를 초래할 수 있다."[57] 이 견해는 실증주의 사회 이론을 부정하였지만, 또 다른 한편으로 사회과학의 인식 범주를 제한하였다. 왜냐하면 "만약 사회학이 철저한 방식으로 과학 지식 분석에 활용될 수 없다면, 그 또한 과학이 과학적으로 자신을 이해할 수 없음을 의미하기 때문이다."[58]

하이에크는 사회과학은 반드시 두 가지 서로 다른 관념으로 구분해야 한다고 지적하고, 나아가 방법론적 개인주의를 제기하였다. 이 방법론적 개인주의는 사회를 하나의 교류 영역으로 설정하고 각각의 사람들은 시장(및 사회) 질서를 결정하는 요소에 대해 '필연적인 무지'를 지닌다고 간주한다.[59] 자연과학에서 연구 대상과 우리의 해석 간의 대비는 관념과 객관 사실 간의 구분과 서로 일치한다. 그러나 사회과학에서 우리는 반드시 두 관념을 구분해야 한다. 하나는 우리가 해석해야 하는 대상을 구성하는 관념이고, 다른 하나는 우리 자신(우리가 현재 그 행위를 연구하는 사람도 포함)이 이미 형성한 이러한 현상들에 관한 관념이다. 예를 들어 사회, 경제 체계, 자본주의, 제국주의 등은 단지 사람들이 형성한 집체와 관련된 관념이자 임시적인 이론일 뿐으로, 사회과학자는 반드시 이러한 '허위 실체'를 '사실'로 보는 것을 피해야 한다.[60] 사회과학의 출발점은 줄곧 개인 행위를 지도하는 개념이어야지 그들의 자기 행위의 이론화에 관한 해석이 아니다. 하이에크는 이 점을 '방법론적 개인주의'(methodological individualism)라고 칭했는데, 이 방법론적 개인주의는 사회과학의 '주관주의'(subjectivism)와 밀접하게 관련된다.[61]

비록 하이에크는 구체적인 예를 들어 상술한 두 관념의 차이를 논증했지만, 양자를 정확하게 구분할 수 있는 어떠한 명확한 표준도 없다. 만약 이론적 입장과 결론이 아닌 추론 과정에서 보자면, '신좌파'의 대표 인물이자 자유주의의 적인 마르쿠제도 역시 비슷한 견해를 지니고 있다. 『일차원적 인간』에서 그는 선진적인 사회의 기술이 사회 동일화 결과를 낳으며, 이 동일화 결과는 사회 각 계층의 물질적 수요를 만족시키는 것을 통해 노예 역량을 낳고 나아가 사람들의 비판 이성을 소멸시켰다고 여긴다. 그의 비판적 입장에 입각하여 그는 두 가지 수요를 구분하자고 요구하는데, 하나는 '허위의 수요', 즉 "특수한 사회 이익집단이 개인을 억압하기 위해 개인 위에 부가한 수요"이며, 다른 하나는 진실한 수요이다.[62] 이 두 가지 수요는 자유로운 개인만이 대답해 줄 수 있지만, 그들이 발달된 자본주의 사회에서 생활하는 한 그들은 자유롭지 않다. 매킨타이어는 마르쿠제의 문제를 겨냥하여 다음과 같이 문제를 제기하였다. 마르쿠제는 어떻게 타인의 진실한 수요를 말할 권리를 얻었는가? 그는 어떻게 다른 이에게 사상을 주입하는 데서 벗어나는가?[63] 이 문제는 하이에크에게도 거의 완전히 적용된다. 그는 마르쿠제와 동일한 사상 시대에 속하는데, 이 사상 시대의 특징 중의 하나는 바로 '사실' 범주가 평가와 대립하는 영역으로 되어 주관과 객관, 사실과 가치의 이원론이 모든 추론의 기본 전제로 변했다는 것이다. 이 문제에 관해 나는 송명 이학 중의 '물'物 개념과 관련된 설명에서 이미 상세한 분석을 하였다.

하이에크의 과학주의 비판은 바로 사회과학의 증거인 '주관적' 특징 위에 세워져 있다. 그의 견해에 따르면 과학주의의 오류는 이중적이다. 왜냐하면 그것은 실증주의적 오류를 자연이 아닌 또 다른 영역으로 전환시켜 '이성의 남용'을 초래했기 때문이다. 이러한 '이성의 남용'은 세 가지 주요한 특징으로 표현된다.

(1) '주관주의'와 서로 대응하는 '객관주의'.[64] 이러한 객관주의가 가리키는 것은 인류의 심령 활동의 주관적인 특징을 최대한 제거한 사회 연구이다. 주관성에 대한 부정은 사회 연구자가 일종의 특수한 심령과 절대적인 지식을 지닐 수 있어, 연구 대상에 관심을 쏟을 필요가 없다는 것을 의미한다. 왜냐하면 그는 모든 것을 미리 알고 결정할 수 있기 때문이다.[65] 하이에크가 보기에 사회 연구에서 '객관주의'는 '총체적인 계획'과 엘리트 정치를 특징으로 하는 사회 방안을 위한 인식론적 기초를 제공해 주었다.

(2) 방법론적 개인주의와 서로 대응하는 '방법론적 집체주의'. 이러한 집체주의는 사회, 경제, 자본주의, 특수한 공업, 계급 혹은 국가 등과 같은 전체를 정해진 대상으로 보고 이러한 집체적인 활동을 관찰하

여 우리가 그 규율들을 찾아낼 수 있을 것이라고 믿는다.[66] '집체주의'의 오류는 다음과 같이 귀납될 수 있다. 즉 그것은 사람들이 개별 현상 간의 관계를 해석하여 수립한 임시적인 이론, 모델을 과학 연구 중의 사실로 잘못 오인함으로써, 개체와 전체의 관계가 단지 우리의 인식 모델의 구성일 뿐이며 전체적 관점이 우리에게 객관적 표준에 의거하여 전체를 판별할 수 있도록 해 준다는 생각이 환각에 불과함을 알지 못한다.

(3) 사회 이론의 구성주의와 서로 대응하는 '역사주의'.[67] 역사학자는 이론을 반대하는 잘못된 운용 과정에서, 사회과학 방법과 자연과학 방법의 구별은 바로 이론과 역사의 구별이므로 역사학을 사회적 경험에 대한 연구로 본다는 인상을 주었다.[68] 역사주의자는 역사 연구 중의 계보학적 방법이 사실 이론 방법과 마찬가지로 이론적인 추상을 포함한다는 것을 이해할 수 없다. 즉 정부, 무역, 군대와 지식 등의 개념은 개별적으로 관찰한 사실일 뿐 아니라 일종의 구조 관계 속에서만 이해될 수 있으며, 이러한 구조 관계는 계통적인 이론으로 정의될 수 있을 따름이다. 역사주의(헤겔부터 마르크스까지)의 역사 발전 법칙, 단계에 대한 해석은 전형적인 과학주의의 오류이다.[69]

하이에크의 해석에 따르면 상술한 세 가지는 공통적으로 하나의 결과, 즉 사회현상의 구성 이론(compositive theory of social phenomena)의 결여를 초래하였다. 그리하여 사회과학은 많은 개인의 독립 행위들이 어떻게 서로 연관된 전체와 지속적인 관계 구조를 이루는지 해석하지 못하고 이러한 사회구조를 공들여 설계한 결과로 잘못 오인하였다.[70] 이른바 '이성의 남용'(the abuse of reason-하이에크 저작의 부제)은 모든 일—인간의 심령의 성장을 포함—을 통제하라는 요구를 가리킨다. 이러한 인식론상의 객관주의, 집체주의와 역사주의는 직접적으로 정치상의 절대주의, 경제상의 집체주의와 역사목적론을 초래하였다.[71] 바꿔 말해서 과학주의는 사회 통제의 이데올로기 토대이다. 바로 내가 앞의 각주에서 말한 바와 같이, 하이에크의 '사회현상의 구성 이론'과 경험론적 환원주의―즉 사물을 가장 작은 요소로 분해하는 습관―는 표면적으로 보이는 것과는 달리 그렇게 대립되는 것이 아니다. 그것들은 모두 국가가 모종의 계약 관계에서 연원한다고 가정하는 관점과 미국·프랑스 혁명자들이 공언한 자연 권리 이론을 비판한다. 국가, 법률의 지배 범위를 제한하는 구상은 바로 방법론적 개인주의로부터 논리적으로 나온 것이다. 따라서 과학주의적 인식론에 대한 비판과 하이에크의 경제자유주의 이론은 밀접하게 연관되어 있다. 이 두 가지는 모두 사회와 시장의 계획적인 통제와 지배를 반대할 뿐만 아니라, 사회와 시장을 자연적이고 모종의 자체 질서를 따르는 발전 영역으로 구상한다.

예를 들어 『개인주의와 경제 질서』에서 개인 지식의 한계성에 관한 그의 사고는 가격 체계 연구 및 중앙 통제 경제 방식에 대한 비평으로 전환되었고, 그의 결론은 다음과 같다. 방법론적 개인주의의 가장 완전한 구현은 바로 "인류가 우연히 발견한, 이해하지 못하지만 이용할 줄 아는" 가격 체계로, 그것은 노동 분업을 가능하게 했을 뿐 아니라 평균 분배 지식을 바탕으로 협력적으로 자원을 이용할 수 있게 해 주었다. 이러한 의미에서 시장가격 체제는 바로 일종의 정보 교류 매커니즘이며, 그것은 "서로 다른 개인의 단독 행위를 조화롭게 할 수 있는데, 마치 주관적인 가치 관념이 개인을 도와 계획적인 각 부문에 협력하도록 하는 것과 같다."[72] 개인 지식은 분명 한계가 있으므로(혹은 어떤 의미에서 무지하다), 사회 경제 문제는 "단지 비집권화된 방법으로 그것을 해결할 수 있을 뿐이다." 왜냐하면 오직 이러한 방법만이 "비로소 특정한 시간과 장소의 구체적 상황과 관련된 지식을 시기적절하게 이용하는 것을 보장할 수 있기 때문이다."[73] 하이에크의 이러한 관점은 지식과 시장의 논리 관계 속에 수립된 것이지만, 결코 시장에만 국한되거나 경제학에만 국한되지 않는다. "그것은 거의 모든 사회 현상과, 언어 및 대다수 문화유산과 관련되며 진정으로 모든 사회과학의 중심 이론 문제를 구성하였다."[74]

하이에크는 지식의 개인 성질, 지식의 구분(division of knowledge) 및 이에 기인한 '필연적 무지'를 통해 시장 모델과 사회 자치의 합리성을 논증하였고, 가격 체계의 이상적인 모델을 통해 그의 지식론의 정당성을 논증하였다. 그가 생각하기에 인류가 노동 분업이라는 근대 문명의 토대를 발전시킬 수 있었던 것은 인류가 마침 그것을 가능케 하는 방법을 발견했기 때문이다. 만약 인류가 이 방법을 발견하지 못했다면, 그들은 완전히 또 다른 유형의 문명을 발전시킬 수 있었을 것이다.[75] 하이에크는 노동 분업을 일종의 방법론의 결과로 보고 구체적인 생산과 무역 과정으로부터 노동 분업의 기원을 연구하지 않았다. 가격 체계로부터 출발하여 자생자발적인 질서의 특징을 연구하는 것은 일종의 규범적 서술로 이해될 수 있다. 그러나 만약 노동 분업의 형성을 우연히 어떤 방법을 발견한 결과로 간주한다면 이는 오히려 이해하기 어렵다. 이러한 규범적 이론은 경제 과정과 사회 과정에 관한 실질적인 연구를 하기 어렵기 때문이다. 따라서 우리가 현실적인 시장사회와 가격 체계 형성을 관찰하는 것으로 방향 전환할 때, 지식론에서 출발한 규범적 연구는 곧 일종의 사회사 해석으로 전환하지 않을 수 없다. 예를 들어 가격 체제는 중국 시장 개혁의 중요한 일환으로, 국가의 주도하에 가격이라는 관문을 뚫고 나아가는 것이 20세기 80년대 가장 큰 국가 행위이며, 이 행위의 완성이 20세기 80년대 말 사회 급변, 충돌 및 국가 폭력과 밀접하게 연계되어 있다. 이러한 역사 변동은 다음과 같은 사실을 명확히 증명하였다. 만약 국가의 관여와 폭력이 없었다면, 시장 제도는 형성될 수 없었다. 하이에크의 말기 저작 중의 일련의 관념은 그가 이런 문제에 대해 일정 정도 의식했음을 보여 준다. 그는 '필연적 무지'관에서 출발하여 '자생자발적인 질서' 관념을 제기하였다. 이 자생자발적인 질서는 행위자의 교류 행위 중에서 발생할 뿐만 아니라, 행위자와 그들이 이해하지 못하지만 그들 행위를 지배하는 사회 행위 규칙의 상호 연관 관계 속에서 형성된다는 것이다. 그러나 이러한 소위 제3범주는 명확한 판단 척도를 제공함으로써 어떤 범위 내에서 계획적인 운행이 자생 질서의 범주를 벗어났는지 확인할 수 없다. 생각해 보자. 만일 사람들이 항상 어떠한 '무지의' 상태에서 행동한다면, 우리는 어떻게 자유와 계획을 구분할 것인가? 사실상 우리는 지식론 측면에서 이러한 두 종류의 행위에 대해 명확하게, 경계가 분명하도록 구분할 수 없으며, 다만 사회사 측면에서 이 문제를 토론할 수 있을 뿐이다. 이러한 의미에서 사람들이 일반적으로 던지는 문제들―도대체 시장 조절이 좋은가 계획 통제가 좋은가? 이성 능력의 경계는 어디에 있나? 이성적인 설계가 중요한가 전통적인 변화 발전이 더 타당한가? 우리는 우리의 행위 규칙을 지배하는 규칙들을 이해할 능력이 있는가?―거의 모두 최종적인 답안이 없는 문제들이다. 더 의미가 있고 더욱 진실된 것은 오히려 일련의 역사 문제이다. (1)시장사회는 역사 진화의 자연스런 결과인가? 의식적인 정치 관여가 비로소 최종적으로 촉진시켜 이루어진 역사적 사건인가? (2)시장사회의 일반적인 행위 규칙은 문화 전통의 자연스런 계승인가? 특정한 제도로 익힌 결과인가? (3)시장사회는 단순한 가격 기제가 조화롭게 작동하는 영역인가? 각종 정치, 경제, 문화와 기타 요소들이 각축하는 전장인가? (4)계획경제 및 그 결과는 어떠한 정치, 경제와 문화 조건하에서 출현한 것인가? 여기서 관건은 경제와 정치의 관계 문제이다. 즉 어떤 의미에서 어떤 정도로 근대 유럽이 이미 겪은, 지금의 중국이 겪고 있는 경제와 정치의 분리가 '분리'의 일종이며, 어떤 의미에서 어떤 정도로 이러한 '분리'는 근본적으로 발생하지 않았는가?

이런 의미에서 인식론적 의의에서의 사실과 가치 이원론, 사회 이론적 의의에서의 자연과 사회 이원론, 경제학적 의의에서의 시장과 계획 이원론과 정치학적 의의에서의 사회와 국가 이원론 간에는 내재적 연계가 존재하고 있으며 상호 지지하고 있다. '계획'과 절대주의 정치에 대한 비판과 이른바 '이성의 남용'의 '인식론 착오'는 밀접하게 연관된다. 따라서 우리는 과학 인식론 측면의 자연과 사회, 객체와 주체 이원론적 분석에서 시장과 계획, 사회와 국가 이원론에 대한 검토로 전환할 필요가 있다. 자유주의 사회 이론의 절대주의 정치와 경제에 대한 연구는 과학 인식론 토대 위에 수립되어 있다. 만약 자연과 사회 이론이 일종의 인식론 착오라면 시장과 계획, 사회와 국가의 사회 이론 모델은 다시 검토해 볼 필요가 있지 않는가?

제6절

사회관계로서의 과학

1. 자연과 사회 이원론

여기에서 사회와 국가, 시장과 계획 이원론을 자연과 사회 이원론과 이론적으로 밀접하게 연계시켜, 인식론과 역사의 이중적인 시각 속에서 세 가지 이원론을 분석할 필요가 있다. 하이에크의 사회 이론에 대한 비평은 자연 영역과 사회 영역의 대비 속에서 진행된 것이다. 그는 원리적으로 근대 과학 방법론의 특징을 논할 때, 왜 이 방법론과 고대 자연 학설이 다른지 사고하지 않았다.[76] 하이에크의 이론에서는 과학과 기술의 '내재적' 연계에 관한 상세한 분석이 부족한데, 과학 방법의 주관적 구성 특징에 대한 그의 설명은 이러한 개념들이 조작할 수 있어서 선험적으로 기술 응용에 적합한 개념이며, 이로 인해 그것이 이전 과학과 구분된다는 점을 언급하지 않았다. 핵물리학자 하이젠베르크Werner Hisenberg는 일찍이 인류의 자연에 대한 태도 변화를 "명상적(a contemplative one)에서 실용적(the pragmatic one)으로 전환했다"고 설명하였는데, 이른바 '실용적'이란 과학이 탐색하는 실제 목적은 "더 이상 자연 자체가 아니라 그것이 무슨 용도를 지니는가?"이며 그리하여 자연과학이 기술과학으로 바뀌었음을 가리킨다. 과학이 묘사하는 것은 자연 자체의 그림이 아니라 우리와 자연의 관계이다.[77] 따라서 장 라드리에르Jean Ladrière는 다음과 같이 말할 수 있었다. "과학은 실재를 이해하는 방법으로 주로 상상에 의거하는 것이 아니라 행동에 의거하는데, 이것이 바로 '지식이 곧 힘이다'라는 함의이다. …과학은 더 이상 단지 지식을 획득하는 방법이거나 지식 체계일 뿐이 아니라 매우 중요한 사회 문화 현상이다."[78] 하이에크의 자연과학 방법 연구는 근대 과학이 일종의 근본적인 도구주의 개념 구조를 지녔음을 제시하였지만, 이로부터 이러한 개념 구조의 선험적 기술 특징을 도출하지 못하였고 과학을 하나의 행위 체계로 이해하였는데, 바로 후자가 과학을 자연을 통제하는 활동과 직접적으로 연결시켰다.[79] 사실상 하이에크의 방식은 우연한 것이 아니며, 근대 사상이 과학에 대한 철학적 사고를 발전시켰으면서도 상응한 '기술과학'을 낳지 못하였다는 것이 바로 명확한 증거이다.[80]

이처럼 한편으로 하이에크의 과학 방법 분석은 실제로 이미 근대 과학이 인간의 자연현상 탐구에서 벗어나 자연현상을 연구할 수 없으며, 인간과 외부 자연의 상호작용 속에서만 연구의 제재를 찾을 수 있을 뿐임을 암시하였다. 그러나 다른 한편으로 그는 왜 근대 과학이 더 이상 자연에 대한 명상이 아니라, 우리와 자연의 (실용적인) 관계의 수립이라는 일종의 역사 문제인지를 분석하지 않았다. 만약 근대 과학과 그 방법이 인류가 자연을 다루는 역사 형식의 일종이라면, 그럼 우리는 과학 대상으로서의 자연과 이전의 자연의 차이를 물을 필요가 있을 뿐만 아니라, 대상으로서의 자연과 사회의 관계 및 자연과학 방법이 형성한 사회 동력학을 캐물어야 한다. 자연과학 방법의 사회 동력학에 대한 질의 중에 '자연' 통제와 사회 통제 간의 관계가 분명 중요한 지위를 차지할 것이다. 여기서 자연은 대상으로서의 자연을 지칭하는데, 즉 객체와 주체의 인식 관계 속에 존재할 뿐만 아니라 대상과 점유자의 역사 관계 속에 존재하는 자연이다. 하이에크는 이러한 '자연'을 '이성'의 범주로 보고, 루카치György Lukács는 이러한 '자연'을 일종의 사회 범주로 본다.[81] 사회 범주로서의 '자연' 개념은 자본주의 경제 구조에서 나온 것으로, 구체적인 역사 관계를 떠나 파악할 수는 없다.

'과학주의 해석 모델'에 내재되어 있는 자연과 사회 이원론 자체는 이 해석 모델의 반反역사적 경향을 드러내는데, 왜냐하면 그것은 자연과 사회의 대립이 자연을 통제하는 역사 과정—특히 자본주의 과정—의 산물(이데올로기)에 불과함을 인정하지 않기 때문이다.[82] 과학 방법의 범주 내에서 인간의 자연 정복을 논하고 사회관계 범주 내에서 자연 지배의 실천을 논하지 않는 것 또한 자연을 지배하는 주체와 관련된 사회 분석을 회피하는 것이다. 과학 지식 자체는 분명히 외부 세계에 대한 통제를 직접적으로 초래하지 않기 때문이다.[83] 인식론의 범주에서 과학 및 기술을 통한 과학의 자연 점유는 종종 인류와 자연의 관계의 새로운 변화로 묘사된다. 그러나 이 묘사는 '인류', 이 추상적인 주체에 대한 서술을 통해 자연을 통제하는 활동이 실제로 늘 특정한 사회 충돌과 관련됨을, 즉 사회 영역 중의 통제와 반反통제의 충돌과 관련됨을 은폐시켰다. 이러한 충돌은 어떤 사회 공동체 내부의 계급 혹은 기타 사회관계로 나타나며, 또한 서로 다른 사회 공동체(특히 서로 다른 민족국가) 간의 불평등한 관계로 나타난다. 실제로 자연과학과 사회과학의 차이를 방법론적 측면에만 국한시켜야 자연과 사회의 관계는 비로소 명확하게 분리될 수 있다.[84] 그러나 이러한 분리 자체는 일종의 허구에 불과하다. "일단 자연과 사회를 분리하는 환상이 포기되면, 나날이 복잡해지는 자연 상태로서의 사회 발전의 진정한 성질이 곧 명확해진다."[85] 바로 이러한 의미에서 자연(객체)과 사회(주체)의 이원론은 일종의 근대 이데올로기이며, 이러한 이데올로기 속에서 사회의 대상으로서의 자연 범주는 이렇다 할 자주성이 없어 통제할 수 있다. 반면에 사회 범주는 마땅히 통제받지 않는 '자연적'인 것이어야 한다. '과학주의 해석 모델'은 자연과학과 사회과학의 차이에 대한 논증을 통해 자연과 사회의 대립을 재차 확증하였다. 이러한 대립은 자연에 대한 '사회'의 통제 능력을 보장하였을 뿐 아니라 '사회'가 자연 통제를 쟁탈하기 위해 초래한 충돌을 은폐하였다.[86]

상술한 이원론의 토대 위에 수립된 해석 모델은 명확한 관념론적 경향을 지니는데, 그것은 직접적으로 정치 경제 과정을 분석하는 것이 아니라 인식론의 측면에서 정치 경제 실천의 오류를 추론한다. 하이에크의 과학주의 인식 방법 분석은 많은 깊이 있는 통찰을 지니지만, 만약 이로 인해 전체주의 정치와 계획경제의 실행이 기타 역사적 조건 및 그 협력의 산물이 아니라 단지 그릇된 인식 방식이 초래한 결과로 여긴다면 이는 지나치게 단순하다. 이러한 추론 과정에서 과학 인식 중의 실증주의 방법과 사회운동 중의 사회주의 이론 및 실천은 방법론 상의 동질성을 갖는다. 그러나 과학주의 사상 방식과 사회주의의 상호 관련은 일종의 역사 은유에 불과하다. 이러한 역사 은유는 과학주의가 낳은 사회 동력을 포함하지 않으며 자연 통제와 사회 통제의 필연적인 연계도 인정하지 않고, 오히려 사회주의 역사 운동을 모종의 관념의 결과로 간주한다. 집체주의 인식 방법과 총체적인 계획 사이에, 구조주의 인식론과 시장경제 사이에 필연적인 연계를 만들어 분명히 자연 통제를 목표로 하는 과학 발전과 자본주의 및 그 수반물(사회주의와 각종 사회 보호 운동)의 역사적 관계를 은폐시켰고, 사회 통제와 자연 통제를 표방하는 근대화 운동의 필연적 연계를 은폐시켰다. 근대 사회가 직면한 곤경이 만일 그릇된 사상 방법의 결과일 뿐이라면, 과학기술 발생과 발전의 사회 역사적 과정을 포함한 전체 근대 역사 과정을 검토할 필요는 없다. 바꿔 말하면 관념론의 측면에서 근대 사회 문제에 대한 검토가 근대성에 대한 전면적인 반성을 초래할 리 없다. 여기서 문제의 초점은 계획경제 혹은 시장경제, 집체주의 혹은 개인주의를 찬성하는가 찬성하지 않는가가 아니라, 근대 사회가 당면한 위기, 특히 이러한 위기의 동력이 어디에 있는지를 어떻게 분석하고 이해할 것인가이다.

그러나 여기서 나의 국가와 사회 이원론에 대한 비판은 이 범주에 대한 부정이 아니며, 심지어 하이에크의 자생자발적인 질서 관념에 대한 간단한 부정도 아니다. 내가 요구하는 바는 사회 통제 연구를 방법론의 토대 위에 수립할 뿐만 아니라 역사 관계의 토대 위에 수립하는 것이다. 국가 혹은 기타 사회조직의 개인 혹은 일상생활 영역에 대한 과도한 관여는 종종 무조직적인 역량에 의해 추동된다. 예컨대 금융자본주의의 파괴 작용은 새로운 관여에 대한 요구를 낳는다. 따라서 만약 우리가 이러한 사회 역량에 대한 실질적인 연구를 포기하고 단지 규범 측면에서 '이성의 남용'을 논한다면, 이는 근대 사회 통제와 그 형식의 진정한 동력을 제시할 수 없다. 확실히 하이에크의 국가 범주는 간단히 자생자발적인 질서 범주 밖에 있는 것이 아니다. 일종의 최대 조직으로서의 국가는 행위자일 뿐 아니라 "규칙을 준수하는 행위자"이기 때문이다.[87] 그러나 만일 실질적인 사회 과정을 분석하지 않는다면, 우리가 어떻게 자생자발적인 질서 속에서 국가의 특정 행동을 그것들이 준수하는 특정 성질의 사회질서 규칙과 결합시켜 분석할 수 있겠는가? 여기서 자생자발적인 질서 개념이 제시하는 이론적 통찰은 그 형이상학적 성질로 인해 구체적인 역사 분석의 근거와 방법을 제공할 수 없다. 역사 연구 시각에서 보자면 나의 사회와 국가 이원론에 대한 반성은 중국 연구 영역 가운데 사회사 연구 패러다임에 대한 부정이 아니라, 이러한 연구 가운데 '사회' 개념 자체가 내포하는 조직 요소를 충분히 주의하도록 요구하는 것이다. 국가와 사회는 모두 전통적인 역사 관계 밖에 있는 존재가 아니며, 자생적인 질서와도 등치시킬 수 없다. 근대 역사 발전 속에서 각종 기존의 풍속, 전통과 질서는 부단히 사회 혹은 국가 범주 속으로 조직되었다. 따라서 만약 이러한 요소의 변화를 역사적으로 분석하지 않고 간단히 그것들을 자생자발적인 존재로 삼는다면, 우리가 어떻게 근대 사회의 내재적 위기를 이해할 수 있겠는가?

2. 시장/계획 이원론

하이에크가 보기에 과학주의의 가장 심각한 결과는 국가가 총체적인 계획으로 직접 사회 업무에 관여하여 사회 스스로의 운행 기능을 파괴했다는 것이다. 여기서 국가의 사회 전제專制와 경제 계획화는 실증주의 위에 뿌리내린 그릇된 과학 개념의 산물로 귀결되며, 등가교환의 자율적인 시장과 자유롭게 교류하는 시민사회는 이러한 인식론 비판을 위해 내재적인 역사적 근거를 제공하였다. 사실상 하이에크의 개인 지식의 한계성에 관한 토론은 "주관적인 가치 관념이 개인을 도와 계획적인 각 부문을 조화롭게 하는 것처럼", 최종적으로 "가격 체계가 어떻게" "서로 다른 개인의 단독 행위를 조화롭게 할 수 있는가" 하는 문제를 입증하는 데 힘썼다.[88] 그러나 가격 체계의 이러한 협력 작용은 사회가 시장 제도를 수립할 시의 조직 원칙과 신념일 뿐이며, 그 형성은 각종 사회 역량의 상호 연동의 결과이기 때문에 단순한 방법으로 단정할 수는 없다. 역사적 관점으로 보면 가격 체계의 운행은 각종 사회 요소의 영향을 깊이 받았다. 만약 하이에크의 규범 측면의 서술을 현실의 시장 속에 옮겨 놓는다면, 그것은 허구일 뿐만 아니라 은폐 즉 시장 표상 배후에 숨어 있는 독점 혹은 지배 역량에 대한 은폐이며, 무고한 사람들이 시장 관계 속에서 겪는 피해에 대한 은폐이기도 하다.[89] 이론적 측면에서 이러한 설명은 완전히 하이에크 이론의 문맥을 벗어났지만, 오히려 규범적인 이론의 운용 한계를 드러냈다. 예를 들어 국제결제은행의 통계에 의하면 전 세계적으로 매일 국제금융시장의 외환 교역량은 평균 1조 달러에 달한다. 이치상으로는 국제 무역이 발생할 때에만 외환 무역의 수요가 있겠지만, 실제 상황은 전 세계 매일 국제 무역 발생량은 이 숫자의 0.02%를 차지할 뿐이다. 즉 1년간 전 세계 실물 교역도 외환시장의 하루 외환 교역량에 미치지 못한다. 따라서 신용이 고도로 발전한 금융 왕국 안에서 가상경제의 발전은 확실히 실물경제의 상황을 감안하지 않고 독립적으로 작동하며, 실물경제는 이미 가상경제 작동에 대한 영향력을 잃었다.[90] 동남아시아 금융 위기의 원인 중의 하나는 바로 이러한 가상경제의 변화무쌍한 역량이다. 이러한 현실 앞에서 시장사회가 바로 가격 기제 작동의 '자유' 영역이라고 여기는 것은 너무 황당하지 않은가?

하이에크의 과학주의 개념에 의하면 전체주의는 마르크스가 관심 갖는 계급 관계와 계급 충돌에서 기원하지 않으며, 칼 폴라니가 분석한 시장의 부단한 확장(자유주의 조직 원칙)과 이러한 확장에 저항하는 사회 보호 조치의 충돌 및 그 원대한 제도의 압력도 아니고, 베버가 논한 관료화 과정은 더더욱 아니다. 그것은 지나치게 이성의 능력을 믿는 인식 방법이자 그 인식 방법에 기반한 정치 경제의 지배이다. 지적할 것은 하이에크 방법론의 개인주의 및 그 "필연적인 무지" 개념은 본래 고전경제학에 대한 날카로운 비판을 포함하고 있다. 왜냐하면 그의 견해에 따르면 "경제 연산이 의거하는 '수치'는 전체 사회를 위해 결론을 얻을 수 있는 단일한 두뇌를 '부여'한 적이 없을 뿐만 아니라 절대 그런 식으로 부여할 수 없다."[91] 이러한 논점은 계획경제 모델을 부정했으며 통계를 숭상하는 경제학 패러다임, 즉 '이성인' 혹은 '경제인'의 가설을 전제로 경제 운용 규율을 계산하거나 확정하는 경제학 패러다임도 부정하였다. 사실상 하이에크 본인도 일반적으로 '계획'에 반대하지 않고 "어떻게 계획을 수립해야 하는가? 즉 한 권위 기구가 전체 경제 체계를 위해 집중적으로 제정하는가, 아니면 많은 사람이 분산적으로 제정하는가"를 집중적으로 토론하였다.[92] 그러나 그는 단지 "사회 속에서 지식의 이용" 측면에서 중앙 계획, 개인 계획과 조직적인 공업 계획 간의 차이를 검토했기 때문에, 역사적 시각에서 몇 가지 계획의 상호 연동 관계를 고려할 수 없었다. 하이에크는 완고하게 지식사회학을 거부하였는데, 이러한 태도로 그는 '인식론' 시각의 한계를 검토할 가능성을 잃어버렸다. 그리하여 그는 자유 자본주의가 독점적 자본주의로 전환하는 역사적 과정을 분석할 수 없었고, 사회주의 운동이 어떻게 자본주의 시장 관계 속에서 배태되고 발전하는

지 이론적으로 해석할 수 없었다. 제한적인 이론 관점에서 그는 몇 가지 '계획'을 단지 "서로 다른 종류의 지식"이 초래한 결과로 보았다.[93]

내가 보기에 하이에크 사회 이론의 독특한 통찰은 작금의 자유주의를 위해 영감을 제공하지 못하였고, 반대로 그 일부 이론의 특징(예컨대 그는 규범의 측면에서 그의 중심 범주를 서술하지 않을 수 없었고 이에 대한 실질적인 사회 연구를 할 수 없었다)은 사람들의 이해를 제한하였다. '범속한 자유주의자'는 항상 하이에크의 실증주의 사회 이론과 고전경제학 비판을 넘어 각종 집체주의 경제학 혹은 사회주의 경제 계획에 대한 그의 비판적 분석을 현실 시장질서에 대한 합법적 논증으로 전환시켰다. 그들이 관심을 두는 것은 오직 현실 질서를 위한 변호이지, 대규모로 실천하고 있는 제도 개혁 과정에 대한 비판적 반성이 아니다. 이러한 '자유주의자'들이 이렇게 천박하게 하이에크 이론을 이용할 수 있는 까닭은 부분적으로 다음과 같은 사실 때문이다. 비록 하이에크는 자연과 인위 이원론을 명확히 인식하고 실증주의를 비판하였지만, 그는 철저하게 과학과 사회과학, 자연과 사회, 사회와 국가, 시장과 계획의 이원론을 정리할 수 없었고 시장 형성과 계획 모델 형성을 이해하는 역사적 분석을 제시하지 못하였다. 그러나 하이에크와 그의 일부 중국 신봉자들 간의 차이를 명확히 하는 것은 매우 필요하다. 왜냐하면 중국 내 신봉자들은 상술한 이론의 어려움을 해결할 수 없을뿐더러, 오히려 하이에크 이론 속에 포함된 통찰을 덮어 버렸기 때문이다. 현 중국의 범속한 논의 중에서 이러한 '자유주의자'들은 전통 사회주의 비판을 엄호하고 각종 고전경제학 가설론으로 현실 시장 범주와 불평등한 구조의 합리성을 논한다. 바로 정교하게 만들어진 짙은 역사적 안개 속에서 그들은 (결코 사라진 적 없었을) 심지어 하이에크 본인이 버린 고전경제학 전제(경제인의 가설 같은)를 부활시켰을 뿐만 아니라, 영국 경험주의 기치하에 실증주의 권위와 원자론적 개인관을 회복시켰다. 그들은 사회의 자기 보호 운동이 시장 운용 법칙을 파괴할 가능성을 포함하였다고 의식했기 때문에 이를 '경제인' 혹은 '이성인' 규범을 위배하는 '니힐리즘'nihilism으로 귀결시켰지만, 새로운 사회 충돌이 바로 시장 제도 확장의 결과임을 의식하지 못했다. 따라서 나는 이러한 '범속한 자유주의자들'이 진정한 '사회' 관점을 가진 적 없다고 생각한다. 하이에크 이론 및 그 전파 과정의 상술한 특징에 비추어 보건대, 다음의 나의 시장과 계획, 사회와 국가 이원론에 대한 검토는 하이에크 이론의 정리라기보다(난 여기에서 하이에크의 보호주의 이론과 귀족주의 관계를 논하지 못했다), 더욱 광범위한 사회 사조와 이론 사조를 겨냥한 이론 비평과 역사적 분석이라고 하겠다.

사회와 국가, 시장과 계획의 이원론에서 '사회' 범주는 자율적인 경제 활동의 지배를 받는 범주로 간주될 수 있기 때문에, 자율적인 사회는 시장사회로 이해될 수 있다. 주류의 자유주의와 마르크스주의 경제학(내가 여기서 가리키는 것은 마르크스 본인의 이론이 아니라 사회주의 계획경제를 핵심으로 하는 사회주의 경제학이다)은 많은 측면에서 상반되지만, 현실적인 자본주의를 이상적인 '자유시장'과 등치시킴으로써 '자유시장' 모델이라는 이 가설을 받아들이고 이를 각자 이론의 출발점으로 삼았다.[94] '자유시장' 모델은 개인 행위와 관련한 가설들 위에 세워져 있는데, 그 핵심은 소비자가 제한적인 예산의 제약하에 이익의 최대화를 추구하기 위해 '이성적인 선택'을 하여 물품과 노동에 대한 수요를 구성하고, 생산자는 이윤의 최대화를 위해 '이성적인 선택'을 하여 물품과 노동의 공급을 구성한다는 것이다. 이 두 측면의 상호 연동은 시장가격을 결정하고, 소비자와 생산자의 '이성'적인 경쟁 행위의 유일한 참조계가 된다. 따라서 시장의 운용은 개인의 이익 추구의 자연스러운 현상으로 간주될 뿐 아니라 '이성'적인 선택의 결과로 이해된다.[95] 여기서 확실히 애덤 스미스의 이른바 '보이지 않는 손'의 문제를 어떻게 이해할 것인가 하는 문제가 존재한다. 범속한 경제학자에게 '보이지 않는 손'은 '경제인' 혹은 '이성인'의 가설 위에 수립되어 있다.[96] 이른바 '경제인'과 '이성인'의 가설은 항상 개별 행위자에서 시작하기 때문에, '이익 추구'의 자연스러운 동기를 논하려면 반드시 개인을 사회관계로부터 분리해야 한다. 이 방법론이 함축하고 있는 전제는 사회 안배와 문화에 의해 구성된 인류 행위의 차이를 부정하는 것이다. 그러나 초기의 사회 심지어 현재 세계의 어느 지역 예를 들어 중국 화북과 서북 농촌에서 경제—즉 인류의 생계를 확보하는 안배—는 사회관계 속에 묻혀 종교·문화·정치와 기타 사회 안배의 제약을 받았고,[97] 경제 이익을 추구하는 개인의 성향은 단지 부차적인 역할을 맡았다. 바꿔 말하면 자유주의와 사회주의 경제학은 모두 역사적 사실을 위반하는 잘못을 범하였다. 즉 19세기 유럽의 자율적인 시장사회에서만 주도적 지위를 차지하는 원칙을 모든 인류 역사 속에서 주도적 지위를 차지하는 원칙으로 간주한 것이다. 담론 실천 시각에서 보면 '이성인' 개념은 인간이 사회적 생물로서 똑같이 어떤 특정한 사회 모델을 준수하도록 요구하고, 나아가 규칙을 준수하지 않는 인간을 비정상적 혹은 반사회적으로 본다. 바로 이러한 의미에서 한나 아렌트는 근대의 평등은 순종주의(conformism)의 토대 위에 수립되었으며, 근대 경제학의 과학 지위는 바로 이러한 순종주의(통계학의 획일적인 행위 방식에 적합)를 전제한다고 단언한다.[98] 오늘날 우리는 더 나아가 질문해야 한다. 근대 시장사회는 도대체 자율적, 자연 발생적인 범주인가 제도 안배의 결과인가? 중국 자본주의와 시장사회의 형성과 관련하여, 분명한 것은 청말이건 20세기 후반이건 중국적 시장사회는 한편으로 국가 개혁 정책의 결과이며, 다른 한편으로 이미 형성한 국제 시장 제도의 규범을 받아들이지 않을 수 없었다는 점이다. 어떤 의미에서도 중국의 시장사회는 모두 자연 진화의 산물이 아니며 절대 '자연의' 혹은 '자유의' 영역이 아니다. 정부 활동과 시장 활동의 상대적인 분리 자체가 바로 일종의 제도 안배이며, 그것의 실질은 국가를 시장에 내재하여 조절하는 요소로 전환시켰다.

따라서 우리는 반드시 되물어야 한다. '경제인' 혹은 '이성인'의 가설은 어떻게 구축된 것인가? 해밀턴David Hamilton의 논문 「애덤 스미스와 교실의 도덕경제학」(Adam Smith and the Moral Economy of the Classroom)
은 우리가 이 문제를 이해하는 데 매우 의미가 있는 글이다. 그는 우리
를 교실의 발명과 정치경제학의 관계라는 생각지도 못했던 방향으로
이끌었다.[99] 해밀턴의 교실의 계보 연구에 근거하여 그는 분반 교학법
을 발전시킨 이가 1774년에서 1827년까지 글래스고Glasgow 대학교의
논리학 교수였던 조지 자딘George Jardine이고, 더 이른 시초는 바로 자
딘의 스승으로 18세기 60년대 그 학교 도덕철학 교수였던 애덤 스미스
이며 그의 『도덕정감이론』(『국부론』은 이 책의 연속으로 볼 수 있다)
이 바로 당시 도덕철학 수업의 강의 내용이었음을 밝혔다. 이 책에서
그는 자아의 두 부분에 관한 해석 즉 심의자로서의 나와 재판하는 나,
그리고 심의받는 나와 재판받는 나의 구분을 제기하였다. 이 구분은
홉스Thomas Hobbes의 『리바이어던』Leviathan 중의 난제를 극복하였다.
자기 이익만을 생각하는 개체는 이성적이지 않기 때문에, 이성적인 사
회는 반드시 전제적인 통치자를 필요로 한다. 이는 자아의 '심의자' 혹
은 '재판자'가 다른 반쪽을 부분적으로 통제할 수 있음으로써 외재적
인 재판자 혹은 관리자를 대신하였고 주체는 자신을 위해 자발적인 길
잡이를 제공하기 때문이다. 이러한 기초 위에서만이 자기 이익 추구가
단순히 이기적인 것이 아니라는 사고가 가능하며, 주체의 '이성'이 결
국 개인 이익과 사회 이익을 통합할 수 있게 된다. 그러나 해밀턴의 연
구에 따르면, 이러한 새로운 철학적 해결 방안은 단지 교학 훈련 방식
이 경제학 영역으로 전환한 결과일 뿐이며, '경제인' 혹은 '이성인'도
이러한 훈련 형식을 시험하고 심사한 것의 산물에 지나지 않는다. "스
미스는 사실 글래스고 대학이 처음 시도한, 시험을 기초로 한 학습 방
법의 선구자였다. 이러한 방법은 교실이라는 교육 공간 내의 경쟁과
협력을 강조한다. 스미스의 '이성'적인 새로운 주체는 단지 그러한 일
상적인 시험을 통한 교육 방식을 내재화한 주체에 불과하다. 그것은
순수이성의 담지자가 전혀 아니며, 단순히 학과 훈련의 제도하의 권력
과 지식 관계의 충실한 반영에 지나지 않는다."[100] 이와 관련하여 호스

킨K. W. Hoskin과 맥브R. H. Macve는 다소 풍자적으로 다음과 같이 지적하였다. "경제학이 주요 우세를 점하게 한 기초, 즉 경제학자 및 경제인의 '이성'을 표면상으로 보장하는 것은 오히려 경제학이 학과 훈련 제도의 틀 밖에서는 존재할 수 없다는 것을 말해 주고 있다."[101] 해밀턴은 연구를 통해 특정한 방면으로부터 자유로운 주체와 제도 설립 간의 관계를 논하였다.

그렇다면 역사 속의 '자유시장' 모델은 도대체 무엇이란 말인가? 수많은 경험적 연구가 보여 주는 바에 따르면, 각종 생산요소(노동력, 토지, 화폐)의 불완전한 자유는 바로 자본주의 생산 방식의 핵심이다.[102] 일찍이 20세기 40년대에, 칼 폴라니는 19세기 자본주의는 중세기 이래 시장 활동이 지속적으로 확장되어 온 자연적인 결과라는 관점을 비판하였다. 그에 의하면, 19세기 이전에는 여러 사회, 종교와 전통 규범들로 인해 자본주의 발원지인 구미 지역의 시장은 여전히 사회의 지배적인 역량이 될 정도로 전면적으로 "자유롭게" 발전하지 못했으며, 오히려 시장에 대한 국가의 관리가 그 영향을 제한하고 있었다. 영국이 상업화된 중상주의 사회로부터 시장사회로 전환한 것은 불가피한 것도 아니고 또 자연적인 진화의 결과도 아니었다. 전국적 규모의 시장의 출현은 바로 국가의 계획적인 중상주의 정책, 즉 모종의 건국방략의 부산물이었다. 중상주의는 유럽 절대주의 시대의 주도 원리였다. 헥셔(Hecksher)의 말을 빌리자면, "국가는 중상주의 경제 정책의 주체이자 그 목표였다." 왜냐하면 "중상주의는 분명히 지역적 장애를 없애 전국적 범위로 무역을 진행하고, 아울러 상품 생산자들을 위한 통일된 국내 시장을 창출하려고 하였기 때문이다. 그리고 중상주의가 세계 상업과 재부의 발전이 한계가 있음을 확신하였기 때문에, 타국의 국력과 관계있는 자국의 국력을 증강시키기 위해서 상품 수출을 장려하고 금, 화폐 수출을 금지시키려 하였다."[103] 표면적으로 보면, 중상주의 정책은 정치 경제 체계의 엄격한 분리를 특징으로 하는 자유방임주의와 서로 모순되지만, 역사 속에서 그것들은 서로 밀접하게 얽혀 있다. "16세기 이래 시장의 수는 매우 증가하고 또 중요해졌다. 이러한 시장 제도 하에서 그것들은 사실상 정부의 주요 관심사였다. 그러나 시장 통제를 통해 인류 사회를 통제하는 징후는 출현하지 않았다. 오히려 이전보다도 조절과 관리가 더욱 강화되었고, 자기 조절이라는 시장의 개념은 존재하지 않았다."[104] 따라서 이러한 전환을 이해하기 위해서는 앞서 서술한 19세기에 발생한 전환을 이해할 필요가 있다. 시장 시스템과 산업 생산의 관계를 분석하고 나서, 폴라니는 노동력, 토지와 화폐는 산업 생산의 필요에 부응하기 위해 시장을 통해 조직되고 나아가 매매를 위한 상품으로 전환되었다고 지적하였다. 이러한 허구적 상품은 전체 사회를 위해 중요한 조직 원리를 제시하였고, 아울러 여러 방식으로 사회의 소유 제도에 영향을 미쳤다. 그리고 이러한 조직 원리에 따라 시장 시스템 운행을 방해하는 모든 방식과 행위들을 금지시킬 수 있었다.

그러나 이러한 가정은 동시에 또 노동력, 토지와 화폐에 적용할 수 없다. 왜냐하면 시장 시스템을 인류의 운명과 자연환경 그리고 구매력의 크기를 결정하는 유일한 힘으로 인정하게 되면, 사회는 곧 훼멸되고 말 것이기 때문이다.[105] 이것이 바로 국가와 기업의 숙려를 거친 자유 시장의 창조가 필연적으로 자발적이고 비계획적인 보호 운동을 수반할 수밖에 없는 이유이다. 영국을 포함한 모든 유럽 국가는 자유무역과 자유방임 이후 개입주의의 시기를 거쳤다. "따라서 19세기 사회사는 이중적인 운동의 산물이다. 즉 진정한 상품과 관련 있는 시장 조직의 발전은 허구적인 상품에 대한 그것의 제약 활동을 수반한다. 따라서 한편으로는 시장이 전 지구적으로 확대되고, 제품의 수량도 불가사의할 정도로 증가된다. 다른 한편으로는 일련의 수단과 정책들이 강력한 시스템과 결합되며, 노동력, 토지, 화폐와 관련된 시장 행위를 제약하는 데 이용된다. 금본위제하에서조차도 세계 상품 시장, 자본 시장과 금융 시장의 조직은 시장 시스템을 위해 전례 없는 동력을 제공하였지만, 동시에 더욱 중대한 운동을 일으켜 시장경제의 부정적인 영향에 대항하였다. 사회는 자기를 보호하고, 자기 조절에 내재된 시장 제도의 악영향에 반대하였는데, 이것이 바로 이 시대 역사의 종합적인 특징이다."[106] 최근의 금융 위기 및 세계 각지의 금융 통제에 대한 요구는 이와 같은 폴라니의 주장이 지금도 여전히 유효함을 증명해 주고 있다. 만약 자유시장과 보호 운동의 충돌이 19세기의 안정의 기초를 파괴하였고, 그 결과 1차 세계대전이 발발했다면, 현대 세계는 또 어떠한 위기에 직면하게 될 것인가?

현대 세계의 일련의 현상들은 전 지구주의로 귀결된다. 그 핵심은 시장의 다국적 운동으로 국가의 개념을 대체하여, 민족 혹은 국가를 시장을 정의하거나 혹은 세계 시장을 분할하는 등급 단위로서 여기는 습관적인 관점을 변화시키는 것이다. 그러나 민족국가 내부이든 아니면 외부이든, 자유시장의 관념은 모두 현실적인 것이 아니다. 아편전쟁 시대의 무역을 예로 들면, 서구와 중국의 일부 학자들은 중·영 간의 충돌을 청조가 영국의 자유무역을 수용하지 않은 것에 원인을 돌리지만, 실제로 아편 무역이 발생하기 전에 차나 비단과 같은 중국 상품은 부단히 유럽으로 수출되었으며, 이에 상응하여 유럽의 백은이 중국으로 유입되었다. 이러한 배경하에서 서구 국가의 중금주의자들은 백은의 유출에 대해 비판적 태도를 취했으며, 아울러 백은 이외의 결제 수단을 통해 중국 상품을 구매할 방법을 모색하였다. 결국 그들은 영국, 중국 그리고 영국 식민지 인도의 삼각 무역 관계를 이용하여 아편 무역을 행하였는데, 이러한 무역은 실질적으로 밀수 무역이었지 자유무역이 아니었다. 임칙서는 아편을 금지하는 과정에서 결코 다른 상품의 자유로운 무역을 금지하지 않았으며, 오직 불법적인 아편 무역만을 금했다. 따라서 아편전쟁의 발발은 자유무역과 반자유무역 간의 투쟁이 아니라 서구 국가가 무력적 위협으로 밀수 성격의 아편 무역을 합법화한 결과였다.[107]

블록Fred Block의 미국 경제에 대한 연구에 따르면, 19세기 중반까지 농업 부문은 미국 총생산의 60%를 점하고 있었다. 그리고 이 부문에서의 경제 활동은 자급자족의 가정 경영 방식과 노예 혹은 합작 경작 방식도 적지 않았으며, 시장 경쟁 시스템은 결코 주도적 지위를 점하지 않았다. 제조업 방면에서도 소생산업자가 당시 미국 제조업의 주요 경영 단위였고, 생산 활동은 선대先貸 혹은 청부 방식을 통해 진행되었다. 그리고 생산 계약 가격은 수요와 공급에 의해 결정된 것이 아니라 선대 상인과 청부 책임자가 집단으로 협상하여 전통적 사회 규범에 근거하여 결정하였다. 노동자의 대부분이 자영업자 자신이었기 때문에 노동시장은 발달하지 못했다. 이것은 자본가 사이 혹은 노동자 사이의 경쟁은 완전하지 못했으며, 따라서 이론상의 '자유시장' 관계는 존재하지 않았다는 것을 말해 준다.[108] 국가가 시장을 창출하는 것을 반대하는 더욱 유력한 또 다른 견해는 현대의 전 지구화 과정 자체, 즉 무역의 전 지구화 및 국가로부터 독립한 자주적인 시장—인터넷 공간과 유럽연합—의 형성에 기반하고 있다. 이러한 사실은 시장의 다국적 운동이 이미 현대 세계의 중요한 현실이 되었음을 증명해 줄 뿐만 아니라, 민족국가를 단위로 시장 관계를 규정하는 것은 이미 시대착오적인 것임을 말해 주고 있다. 여기서 시장 제도의 형성과 민족국가의 관념을 구분할 필요가 있다. 국가와 시장의 전통적 연관은 결코 시장이 민족 혹은 국가를 통해 규정할 수 있다는 것을 증명한 적이 없으며, 식민주의 시대의 시장 활동은 처음부터 국가의 경계를 넘는 활동으로서, 페르낭 브로델Fernand Braudel은 이러한 장거리 무역을 유럽 자본주의의 기원으로 간주하였다. 그러나 이 모든 것은 결코 시장과 국가 정책이 무관함을 증명하는 것은 아니다. 시장의 점령과 정보의 통제 및 공업 기술에 대한 장악은 이미 영토에 대한 정복보다 더욱 중요한 외교 정책의 요소가 되었다. 현대 전 지구화 경제 활동은 민족국가와 관계가 밀접할 뿐만 아니라 민족국가 행위 방식의 변화와도 관계가 있다. 일찍이 유럽의 한 평론가는 유럽연합이 교통 혹은 통신을 '조절'하고자 할 때, 그것은 곧 일련의 규정을 제정하게 될 것이라고 지적하였다. 유럽연합경쟁법은 바로 규정을 반대하는 규정을 제정하는 거대한 무기이다. 전 지구화 진행 과정의 최대 추동자인 미국에서 의회는 이미 35개 이상의 국가에 대한 경제 제재를 실시하는 표결을 통과시켰으며, 그로 인해 영향을 받는 범위는 세계 무역 총액의 20% 정도에 달한다. 이는 시장에 대한 통제는 결코 단순히 자본주의 발전 초기의 상황만은 아님을 말해 준다. 자본주의 발전 과정에서 이전의 비'자유시장' 요소는 현저하게 감소하였지만, 그를 대신하여 새로운 비'자유시장' 요소가 오히려 부단히 출현하고 있다. 부단히 출현하는 국가의 경제 간섭의 증가 이외에, 또 다른 비'자유시장' 요소는 바로 국내적 혹은 다국적인 대기업 집단 및 그 특수한 독점 형식의 대두이다.[109] 따라서 자본주의는 "일관적이고 완고하게 법리상 및 사실상의 독점에 의거하고 있으며, 이 방면에서 그것을 반대하는 격렬한 행동을 아랑곳하지 않는다. 오늘날 사람들은 그 체계를 '조직'이라고 부르는데, 이 조직은 계속해서 시장을 회피하고 있다. 사람들은 이것이야말로 진정한 새로운 사실이라고 여긴다. 그러나 이는 틀렸다."[110] 바로 이러한 의미에서 브로델은 자본주의를 반시장적인 것으로 간주하였다.

자본주의는 각종 수법과 절차, 관습, 그리고 경쟁 성능의 총화라는 것이 바로 브로델이 자세한 관찰을 통해 얻은 결론이다. 일부 사람들의 특권인 자본주의는 필연적으로 현실적인 사회질서이자 현실적인 정치 질서이고 심지어는 문화 현실이기도 하다. 이 점은 한 사회의 내부 관계든 아니면 국제적인 관계든 모두 마찬가지이다.[111] 만약 우리가 간단히 경제학 법칙으로 자본주의와 자유시장의 관계를 논한다면 바로 화폐, 도시와 교환 등 오래전 과거의 요소들이 자본주의 패권이 형성되는 역사 속으로 조직되는 복잡한 상황을 은폐하게 될 것이다. 국제 무역의 시각에서 볼 때, '자유무역'이 면방직 공업에서 기원했다는 설은 단지 신화에 불과하다. 18세기부터 19세기까지, 영국의 자유방임에 대한 해석은 단지 생산에 있어 관리 통제를 면제하는 자유를 가리켰으며, 무역은 그 안에 포함되지 않았다. 그 후 19세기 30년대 이후에서야 비로소 경제자유주의는 십자군 같은 열성을 지니기 시작하였고, 자유방임은 일종의 호전적인 신념이자 비타협적인 잔혹한 행위의 동력이 되었다. 바로 이러한 까닭에 폴라니는 국제 자유 무역을 곧 일종의 신앙이라고 여겼던 것이다.[112] 그렇다고 내가 결코 세계에 처음부터 자유무역이란 존재하지 않았다고 주장하는 것은 아니다. 다만 그것이 단지 우발적인 특수한 예이고, 무역 보호주의야말로 일반적인 형태라는 것을 말하고자 할 뿐이다. 쉬바오창許寶強의 개괄적인 연구에 따르면, 유럽 사회와 미국에서는 19세기와 20세기 대부분의 시기에 무역 보호주의가 명백히 지배적인 지위를 점하고 있었다.[113] 다시 말해, '자유무역'론이 이와 같이 성행하게 된 것은 단지 자본주의 패권 이데올로기가 공공 여론을 통제한 결과이다. 폴라니와 브로델의 논증에 의하면, 이미 원거리 무역은 종종 내부 시장보다 더 일찍 출현하였다. 그리고 그것은 인류의 이윤 추구의 경향에 기반하여 자연스럽게 내부 시장으로부터 확장되어 나온 것이 아니라 탐험, 약탈과 전쟁 등 활동에 의해 유발되고, 모종의 전통 종교, 습관과 법률상의 목적을 위해 출현하였다. "우리의 결론은 다음과 같다. 즉 비록 인류 집단이 외부 무역 이전에는 존재한 적이 없는 것처럼 보이지만, 이러한 무역은 오히려 반드시 시장을 수반하는 것은 아니었다. 초기에 대외 무역은 물물교환이 아니라 주로 탐험, 탐사, 수렵, 약탈과 전쟁에서 기원하였다. 그것이 쌍방의 평화를 의미한 것은 극히 적으며, 설사 쌍방을 포함하고 있더라도 교환 원칙이 아니라 호혜주의 원칙에 기초해 있다."[114]

『15세기에서 18세기까지 물질문명, 경제와 자본주의』에서 브로델은 경제학자처럼 경제 법칙으로 교환의 불평등을 해석하는 것을 거부하였다. 왜냐하면 그는 "경제 불평등은 사회 불평등의 복제판에 속함"을 발견하였기 때문이다.[115] 이러한 사상을 가장 직접적으로 체현해 보여주는 것은 바로 그가 자본주의와 시장경제 사이를 기본적으로 구분한 점이다. 즉 시장경제는 생산과 소비를 연결하는 유대이고, 자본주의는 단지 교환가치에 관심이 있을 뿐이다. 따라서 시장경제는 경쟁이 주재하고 시장경제의 조건하에서의 교환은 평등하지만, 자본주의는 그 독점적 지위를 형성하고 이용함으로써 교환의 불평등을 야기한다. 브로델은 '자유방임주의' 혹은 스미스의 '보이지 않는 손'이 창출한 '자동조절의 시장'이 얼마나 환상인지를 거듭해서 폭로하였다. "생산과 소비 사이에서 시장은 단지 불완전한 연결고리이고, 단지 그것의 '국부성'만이 곧 그것이 불완전한 것임을 증명할 수 있다."[116] 개인의 교역 활동과 국내 시장 사이, 그리고 국내 시장과 원거리 무역 사이에는 어떠한 자연적인 발전 관계도 존재하지 않는다. 그와는 반대로 그 시기에는 서구 식민주의의 압력으로 인해, 라틴아메리카, 남아시아, 아프리카, 동남아시아 등 경제 낙후 지역의 무역 정책이 오히려 구미 등 지역에 비해 훨씬 더 '자유'로웠다.[117] 이것은 전 지구적 시장의 불평등 조건을 설명해 줄 뿐만 아니라 경제 불평등은 단지 사회 불평등의 필연적 결과임을 말해 주고 있다. 따라서 스타브리아노스L. S. Stavrianos는 다음과 같이 말하고 있다. "이른바 제3세계는 하나의 그룹으로서의 국가도 아니고 또 한 세트의 통계 표준도 아니다. 그것은 하나의 관계, 즉 지배하는 종주국 중심과 종속적인 주변 지역 간의 불평등 관계이다. 이러한 지역은 과거에는 식민지였다가 지금은 신식민지의 '독립'국가가 되었다."[118] 그러므로 역사적 시각에서 보면, 각종 초경제적 사회 역량 특히 정치 권력의 간섭이 없으면 시장경제는 바로 출현할 수 없다. 시장경제는 자연 진화의 결과가 아니라 일종의 창조물인 것이다.

폴라니의 관점에 따르면, 자율적인 시장은 반드시 사회를 체계적으로 경제 영역과 정치 영역으로 분할하게 된다. 이러한 이분법은 사회 전체의 시각에서 볼 때 단지 자율적인 시장의 존재에 대한 설명에 지나지 않는다. 초기 유럽의 부락 사회, 봉건사회 혹은 중상주의 사회이든 아니면 청말 시기 이전의 중국 사회이든 모두 분리된 경제 체제는 출현한 적이 없다. 예를 들어 주대周代의 귀족 정치와 정전 제도는 상호 수반하는 관계로서, 이른바 "하늘 아래 왕의 영토가 아닌 것이 없고, 전국 모든 사람이 왕의 신하가 아닌 사람이 없다." 이에 대해 펑유란馮友蘭은 "이른바 왕의 영토, 왕의 신하라는 것은 후세 사람의 시각에서 보면 단지 정치적 의의가 있을 뿐이다. 그러나 상고시대 봉건제도하에서는 경제적 의미를 함께 함축하고 있었다. 상술한 사회의 여러 계급은 또한 단지 정치적이고 사회적인 것일 뿐만 아니라 경제적이기도 하다. 무릇 상고시대 봉건제하에서 천자, 제후 및 경대부는 정치와 경제상에 있어서 모두 인민의 주인이었다"라고 설명하였다.[119] 이러한 경제, 정치, 문화가 서로 얽힌 방식은 결코 중국의 독특한 현상만은 아니다. 폴라니의 견해에 따르면, 유럽은 19세기에 이르러서야 이러한 모델에서 벗어나는 "거대한 전환"(great transformation)을 겪을 수 있었다. "19세기 사회에서 경제 활동은 분리되어 독특한 경제적 동기로 받아들여졌는데, 이는 확실히 특이한 전환이었다. 사회가 어느 정도 그 수요에 부응하지 않는 한, 이러한 제도는 운행될 수 없었다. 한 시장경제는 단지 하나의 시장사회에서만 존재할 수 있다. 이것이 우리가 시장 제도를 분석하면서 얻은 결론이다.[120]

그러나 이러한 "거대한 전환"을 어떻게 이해할 것인가는 여전히 더 많은 검토를 필요로 하는 문제이다. 즉, 그것은 제도 장치의 결과인가 아니면 시장의 자연적 발전의 산물인가? 시장은 "국가 외부에 존재하는 것"인가, 정말로 자유의 영역인가? 등등. 19세기 경제사와 현대 세계의 독점 현상에 비추어 보면, 시장의 운행은 단지 제도 장치의 선명한 흔적을 지니고 있을 뿐만 아니라 지배 권력의 조종을 벗어난 적이 없었다. 자유방임 자체는 국가가 강제로 시행한 것이었으며, 자유시장의 큰 도로는 간섭주의의 기초 위에 건립되었다. 이런 까닭에 폴라니는 다음과 같이 말하였다. 즉, 경제 자유는 하나의 사회적 계획이고, 자유방임은 어떤 목적을 이루기 위한 수단이 아니라 달성해야 할 목표였다. 자유시장의 수용은 간섭과 통제의 필요성을 제거하지 못했을 뿐만 아니라 반대로 그들의 범위를 확대시켰다.[121] 이러한 의미에서 폴라니가 말하는 "거대한 전환"(그 상징적 표지는 바로 경제와 정치의 분리이다)은 근본적으로 발생한 적이 없었으며, 발생한 것은 단지 경제와 정치 관계의 모종의 중요한 변환이라고 할 수 있다. 만약 자연 경제의 조건하에서는 가치 법칙이 그 투명성을 유지하고 있다면, 시장사회의 특징 중 하나는 오히려 독점과 제도 장치를 통해 획득한 초과이윤이다. 시장사회는 단지 현대 중국 경제학자와 지식인이 기대하는 바와 같이 개인 영역을 보호하는 것이 아닐 뿐만 아니라, 반대로 또 시장과 지배적인 권력 간의 "보이지 않는" 관계에 의해 '개인 영역'은 부단히 '사회적인' 영역으로 전환된다. 시장사회는 '가치 법칙'에 대한 부정이지 '가치 법칙'에 대한 긍정이 아니다. 바로 이러한 의미에서 "재부에 대한 개인의 점유는 축적 과정의 사회화와 마찬가지로 결국 사유재산을 존중할 수 없다. 모든 의미에서 개인성은 모두 사회 '생산력'의 발전을 방해할 뿐이며, 따라서 사유제는 반드시 전복되고, 날로 가속화되는 사회 재부의 증가 과정에 의해 대체된다. 이러한 견해는 결코 마르크스의 발명이 아니라 이러한 사회의 본질적 특징이다."[122] 앞서 말한 아렌트의 주장은 근대 사회주의 운동이 발생하고 발전할 수 있었던 동력을 보여 준다. 이러한 동력은 시장사회의 운동 법칙 내부에 그 근거를 두고 있다. 가령 발생학의 시각에서 각종 사회 계획을 논한다면 (사회주의 국가의 계획과 그 결과를 포함하여), 우리는 확실히 두 개의 서로 다른 지식 유형과 지식론의 대립으로 단순하게 해석할 수 없다. 예를 들어 정치 체제의 시각에서 보면, 국가의 전체 계획은 근대 민족국가 체제의 산물이며, 민족국가 체제는 곧 전 지구 시장의 정치 형식이다. 이러한 정치 형식을 떠나서는 국제적인 노동 분업은 불가능하다.

사회와 국가, 시장과 계획의 이원론은 완전히 민족국가의 내부 관계를 바탕으로 세워져 있다. 그러나 시장사회 관계의 확대는 명확히 하나의 전 지구적인 사건이다. 그렇지 않다면 우리는 근본적으로 중국 사회가 근대 과정에서 겪은 중대하면서도 한편으로는 내부적인 측면에서 볼 때 거의 우연적인 변환을 이해할 수 없다. 그러나 이러한 전환으로부터 간단히 중국 혹은 아시아의 시장은 완전히 외부로부터 강제로 부여된 것, 또는 시장은 단지 근대 자본주의의 산물이라는 식의 결론을 도출할 수는 없다. 이와는 반대로, 교환 활동으로서의 시장은 아주 오래된 역사를 지니고 있기 때문에 우리는 그것이 실제로 얼마나 장구한 역사인지를 확증할 수 없다. 그리고 근대 세계가 우리에게 강제로 부여한 것은 시장이 아니라 새로운 제도 장치와 그 제도 장치를 통해 이익을 획득하는 권력관계이다. 중국이 계획경제 모델 및 그 정치적 형식을 지니고 있다고 할 때, 그것은 시장을 철저히 벗어났음을 의미하는 것이 아니다. 오히려 그것은 특정한 내부 조직 형식으로 민족국가를 그 정치 형식으로 하는 국제 시장 및 그 경제·정치·군사적 경쟁 속에 참여하는 것으로 보는 편이 더 정확하다. 이러한 제도의 선택을 촉진하는 동력은 이데올로기 측면도 있지만, 더 중요한 것은 민족국가 간의 경쟁과 효율성의 문제이다. 만약 공유제와 계획경제를 효율성의 원칙에 위배되는 경제 형식이라고 본다면 그것은 틀렸다. 왜냐하면 그것은 국제 경쟁에 참여하기 위해 발전된 것으로, 고효율을 목적으로 한 경제 형식이기 때문이다. 다시 말해, 사회주의 국가 실천은 원래 시장사회 혹은 자본주의 사회로부터의 탈피라고 간주되었지만, 결국에는 오히려 시장사회의 역할을 하는 특정한 정치 형식일 뿐이다.

역사적 시각에서 보면, 시장과 계획의 이원론은 봉건주의, 자본주의, 사회주의의 삼중적인 시간 관계를 기반으로 하고 있으며, 그것은 각각 시장 제도 이전, 시장 제도와 시장 제도 이후로 규정되었다. 그러나 최근 수십 년 동안 봉건사회에 대한 연구에 의하면, 봉건사회는 결코 자연 경제 범주 중의 폐쇄적이고 완전히 자급자족적인 구조가 아니다. 왜냐하면 봉건사회는 도처에 시장을 보유하고 있었기 때문이다. 따라서 일부 학자들은 중국 역사 속의 소경영 생산 방식(특히 농업 분야)은 "현 중국의 개방 정책과 이른바 '사회주의 시장경제'의 발전을 지탱하는 주요 조건 가운데 하나"[123]라고 보기도 한다. 명·청 경제사에 대한 중국 학자의 많은 실증적 연구는 시장이 결코 하나의 간단한 근대적 산물이 아님을 명확히 보여 주고 있다. 동아시아 지역은 단지 우청밍吳承明, 황쭝즈黃宗智가 논한 바 있는 그러한 비자본주의적 시장과 상품 교환이 존재했을 뿐만 아니라 또 하마시타 다케시濱下武志와 모테기 도시오茂木敏夫가 분석한 조공 체계가 존재하고 있었다. 그들은 서로 다른 측면에서 중국과 동아시아 지역에 존재한, 상당히 활발했던 시장과 무역 체계를 분석하였다. 인도 학자 초두리Kirti N. Chaudhuri는 1800년 이전 아시아의 상업 자본주의와 산업 생산에 관해서 핵심을 간명하게 분석한 문장에서 아시아 경제가 발전한 까닭은 유럽과 다르다고 지적하고, 그 원인은 마르크스가 지적한 생산 방식 이론에 의해서가 아니라 원거리 무역의 변화 조건에 입각해 설명할 필요가 있다고 주장하였다.[124] 사회주의 국가에 관해서는 "첫째, 분석가들은 점점 더 사회주의와 공산주의 국가는 결코 진정으로 세계 시장을 벗어나지 못했다는 점에 일치된 의견을 보이고 있다. 둘째, 모든 사회주의 국가는 내부적으로 장기적인 논쟁을 겪었는데, 그 주요 주제는 국내 시장에서 개방적인 조치를 취하는 것이 어떤 이점이 있는가 하는 문제였다. 논쟁 과정에서 심지어는 '시장사회주의'와 같은 새로운 개념이 제기되기도 하였다. …사람들은 종종 경쟁과 독점을 자본주의 시장의 양극단으로 간주하지만, 브로델은 그것을 부단히 투쟁하는 두 구조라고 보고 있으며, 이 두 구조에서 그는 독점의 성격을 '자본주의'라고 규정하였다."[125]

이러한 의미에서 우리는 근대 "국가의 출현 및 그것의 내부 사회에 대한 재구성과 시장 시대의 도래를 밀접히 연계시켜야 한다. 그러지 않고 '시장사회'의 형성을 단순한 경제적 사건으로 보거나 간단히 국가와 시장을 대립적인 양극으로 간주해서는 안 된다. 현대 사회에 유행하는 시장과 계획 이원론이 은폐하고 있는 것은 바로 자본주의와 정치의 관계이다. 만약 우리가 자본주의와 독점의 장기적인 관계를 인정한다면, 또 다른 판단 즉 모든 독점은 정치성을 지니고 있다는 주장에도 동의해야 한다. "만약 일종의 정치적 보장이 없다면 곧 영원히 경제를 지배할 수 없으며, 시장의 힘을 압살하거나 통제할 수 없다. 그리고 비경제적인 장벽을 쌓아 사람들이 경제적 교역을 하지 못하게 하거나, 분수에 맞지 않는 가격을 강제하고, 또 우선적으로 필요하지 않은 것을 구매하도록 보장하려면 모종의 정치 당국의 힘에 의지하지 않고서는 불가능하다. 국가의 지지 없이도, 심지어는 국가를 반대하는 상황하에서도 하나의 (브로델이 정의한) 자본가가 될 수 있다고 여긴다면, 그것은 정말이지 황당한 사고가 아닐 수 없다."[126] 따라서 한편으로는 국가가 지나치게 강대한 지방에서는 시장 혹은 시민사회 및 그 운영은 곧 파괴될 수 있다. 다른 한편으로는 한 시장사회의 형성이 또 국가의 간섭과 제도적 장치에 의존하게 된다. 폴라니의 분석에 따르면, 자유시장은 국가의 계획에 의존하는 반면, 국가의 시장에 대한 제한은 자연적으로 발생한다. 이러한 주장은 우리의 상식적인 지식과 완전히 배치되는 것이지만 더욱 실제에 부합한다. 즉 자유방임은 깊은 숙고를 통해 기획한 결과이지만 계획경제는 오히려 자연적으로 발생한 것이라는 점이다. 만약 우리가 계획경제의 죄과를 청산하려 한다면, 우리는 계획경제의 모델이 자유시장의 내재 모순으로부터 발생되어 나온 장기적인 역사 과정을 분석하지 않으면 안 된다.

3. 청말 국가의 '시장'과 '사회' 창출

근대 국가는 하나의 국가 체계로서 출현하였는데, 이 국가 체계는 '유럽 세계 경제'—유럽 국가가 통치하는 세계 시장—속에서 형성되었다.[127] 다시 말해 근대 국가는 자본주의 제도가 작동되는 한 구성 요소이다. 그 이유는 유럽 중심의 세계 체계의 확대가 단지 경제와 군사 관계의 확대일 뿐만 아니라 일종의 국가 체계의 확대로서, 그것은 기타 지역의 전통 정치 형식—예를 들어 중국과 그 조공 관계—을 부차적이고 종속적인 것으로 폄하하기 때문이다. 중심과 주변의 힘의 분화는 결코 어느 한 단일한 국가라도 전 지구적으로 각종 교환 관계를 통제할 힘을 갖추었음을 의미하지 않는다. 그것은 단지 근대 국가의 형성이 내부의 경제 환경과 관계가 있을 뿐만 아니라 외부 경제 환경과도 관계가 있음을 의미할 뿐이다.[128] 국가 주권의 특정 형식은 다른 국가와의 주권 관계에 근거하여 확정되며, 이러한 주권 관계는 단순히 국제적 정치 관계만으로 이해될 것이 아니라 국제 시장의 경제 관계로도 이해되어야 한다. 경제 관계에서의 평등한 기회를 얻기 위해 제3세계 국가는 민족 독립의 방식으로 자결권을 쟁취하고, 아울러 국가 주권을 이용하여 자신의 이익을 보호한다. 이러한 문제는 분명히 자본주의 발전이라는 전 세계적 관계 속에서 해석할 필요가 있다.[129]

이러한 결론을 다시 청말 이래 중국 역사에서 관찰해 보면, 근대 중국의 '주권' 의식은 국제적 상업 전쟁 및 그것의 관세 벽에 대한 보호의 필요성으로부터 발생하였다. 이는 시장사회 체제와 민족국가의 내재적이고 결정적인 관계를 구체적으로 설명해 주고 있다. 즉 민족국가와 민족국가 체제는 바로 근대 국제 시장사회와 국내 시장사회의 상부 정치 구조이다. 다시 말해 경제자유주의가 어떻게 세속적인 신조로 변화할 수 있었는지에 대해서는 19세기 시장 제도의 확장(국제 자유무역, 경쟁적 노동시장 및 금본위제가 하나로 일체를 형성하는 과정)과 민족국가의 구성 관계로부터 관찰할 필요가 있다. 캉유웨이는 일찍이 "일통의 시대에는 반드시 농업에 기반하여 국가를 수립해야 민심을 안정시킬 수 있다. 병합과 경쟁의 시대에는 반드시 상업에 근거해 국가를 수립해야 대등하게 이익을 도모할 수 있다. …고대에 군사로써 국가를 멸하였음은 모든 사람이 잘 알고 있지만, 오늘날 상업으로써 국가를 멸한다는 점에 대해서는 대부분의 사람이 간과하고 있다"라고 지적하였다.[130] 『일본서목지』日本書目志에서 그는 '경제 제국주의'의 위협에 맞서 정부가 농업을 중시하고 상업을 경시하는 정책을 수정하고 산업화와 시장을 위해 상응하는 조건을 갖출 것을 요구하였다. 캉유웨이의 관점은 농업을 방기하는 것이 아니라 농업을 생산자의 생계를 유지하는 운영 방식에서 대량 생산으로 전환시켜 시장에 투입하고 이윤을 추구하도록 하는 것이었다. 즉 시장경제의 방식을 농업 생산에 적용하여 산업과 상업의 확장을 위한 조건을 제공하는 것이었다.[131] 1870년 ~1890년간에 곽숭도郭嵩燾, 설복성薛福成, 마건충馬建忠, 정관잉鄭觀應, 진치陳熾, 캉유웨이와 기타 청조의 관원들은 모두 선후로 정부가 중상주의 정책을 채택하고, 서구의 경제 정책을 본받아 시장경제가 필요로 하는 제도를 마련할 것을 주장하였다.

국가의 제도 장치를 통해 시장경제를 형성하는 것은 결코 청말 중국만의 독특한 현상이 아니다. 샤오궁취안蕭公權은 캉유웨이의 경제 개혁 계획과 일본 메이지 유신의 관계를 설명할 때, "캉유웨이의 계획이 일본의 경험과 서로 합치되는 부분은 한두 가지가 아니다. 예를 들어 정부가 주도적인 역할을 하고 황제가 중요한 역할을 수행하며, 개인 기업을 기본 동력으로 삼는 것, 그리고 교육과 경제의 근대화를 동시에 추진하는 것 등이 모두 그러하다"라고 지적하였다.[132] 청 정부는 결코 캉유웨이의 계획을 완전히 실시하지는 않았지만, 점차 시장과 무역을 발전시킬 일련의 정책을 추진하였음은 부정할 수 없는 사실이다. 어떤 의미에서 보면, 청 정부의 시장 개입은 근대 국가의 기원이자 시장사회(폴라니의 견해에 따르면 시장사회와 시장은 서로 다른 개념이다)의 기원이기도 하다. 그러나 그것의 가장 심원한 동력은 바로 전지구적 시장사회 및 그 운행 법칙과 민족국가 정치 체제의 상호 추동 관계이다. 근대 중국 개혁 운동의 경제적 목표는 줄곧 국가의 역량을 이용하여 시장사회가 필요로 하는 제도적 장치를 마련하는 것이었는데, 중국의 많은 지식인은 국가 역량이 쇠약해 중국이 메이지 시기 일본과 같이 정치의 통일적인 의지를 갖추지 못한 점을 아쉬워했다. 따라서 경제 발전을 위하여 통일 국가의 역량을 강화시키는 것이 청말 이래 중국 역사의 중요한 현상이 되었다. 국가의 강대한 조직과 개입 능력은 바로 시장사회의 기본적인 논리로부터 기원한다. 민족국가와 민족국가 체계는 국내 시장과 국제 시장의 관계의 정치적 구조이며, 이러한 정치 구조는 시장사회의 작동을 보장할 뿐만 아니라 시장과 사회

간의 충돌을 조절하기도 한다. 왜냐하면 그 자체가 바로 시장사회의 내재적인 요소이기 때문이다. 따라서 시장과 국가의 관계는 간단히 이원적 관계로 볼 수 없기 때문에, 국가 통제 혹은 사회 통제에 대한 연구는 반드시 시장사회 활동 방식에 대한 장기적이고 광범한 관찰에 기반해야 한다. 고전경제학은 줄곧 정치경제학의 방식을 취해 왔다. 이는 바로 경제와 정치가 확연히 구분되기 어렵기 때문이다. 경제가 날로 자율적인 영역의 과정으로 발전함에 따라, 경제와 권력의 관계에도 중대하고 추측하기 어려운 변화가 발생하였다. 그러나 양자 간의 상호 삼투 관계는 한 번도 단절된 적이 없다. 시장과 권력의 내재적 관계는 한결같이 근대 세계 불평등의 기원이 정치적인 것이자 경제적인 것임을 증명해 주고 있다. 이는 역사 연구에 있어서 항상 유의해야 할 중요한 문제이다.

국제적 관계에서 국가의 주권을 규정하고, 국가 목표에 대해 시민의 지지를 호소하는 것은 국내 관계에서 국가의 사회에 대한 간섭의 범위와 정도를 설정하는 것과는 직접적인 관계가 없다. 사회와 국가, 시장과 계획의 이원론은 우선 경제자유주의의 간섭주의에 대한 비판에서 유래하였다. 그러나 이러한 비판은 부강한 국가와 상호 병존할 뿐만 아니라 초기 시민사회가 봉건국가와 공간을 두고 투쟁하는 과정에서 형성한 이론적 관심을 여전히 간직하고 있다. 유럽 근대 사회사상은 부르주아계급 시민사회와 부르주아 민족국가의 동시적인 확장이 진행될 때 형성되었으며, 시민사회의 발전과 국가의 부강은 밀접한 관계를 지니고 있었다. 이러한 배경을 통해서 우리는 비로소 애덤 스미스와 데이비드 리카도David Ricardo 등의 정치경제학이 개인주의, 자유시장과 경제 법칙의 범주를 이용하여 국가의 간섭 정책을 비판한 역사적 함의를 이해할 수 있다. 만약 간섭주의에 대한 비판의 전제가 강대하고 자족적인 국가라면, 이러한 전제는 청말·민국초 시기에는 결코 존재하지 않았다. 예를 들어 청말 사회의 주요 경향은 지방 분권 현상의 대두와 중앙 권력의 급속한 약화였다. 한편으로는 태평천국을 진압하는 과정에서 지방 군사화와 지방 권력의 강화를 초래하였는데, 이는 국가가 압력에 의해 권력을 하방하는 과정이었다. 또 다른 한편으로는 청말 개혁 과정에서 제도들이 수립되었는데, 이는 국가가 자기 개조를 진행한 예증이다. 일찍이 광서제 원년(1875)에 군기대신인 문상文祥은 광서제에게 대외비 상주문을 통해 구미의 의회제를 개혁의 모델로 삼도록 건의했다. 상인이었던 정관잉과 대신이었던 캉유웨이는 모두 의회제와 헌정의 필요성에 대해 논의한 적이 있는데, 이는 청말 개혁 운동이 단순히 국가와 사회의 대립 관계로 파악할 수 없음을 말해 준다. 무술변법 및 그 실패를 거쳐 이러한 건의는 마침내 청말 정부의 '신정' 新政 조치 가운데 하나로 채택되었다. 사실 무술변법운동 자체는 청말 국가의 자기 개조 운동이었으며, 이 운동의 실패는 결코 자기 개조 운동의 종결을 의미하지 않는다. 그와는 반대로 그 이후로 국가의 자기 개조는 더욱 급진적인 방식을 취하였다. 1905~1906년 신정 개혁의 조치들은 심지어 무술변법 시기 캉유웨이의 건의보다도 훨씬 철저하기도 했다.

분권을 특징으로 하는 개혁 운동은 국가 개혁 운동의 일종으로서, 그것은 지방 신사와 지주 계급의 역량을 강화시켜 사회질서를 재구축하고, 국가 운영의 효율성을 높이기 위한 것이었다. 그러나 청조 국가의 자기 개조 운동은 왕조 내부로부터만이 아니라 직접 왕조 자체를 대상으로 한 하층 혁명 운동의 위협에 직면하였다. 청말과 민국초의 혁명 사상과 혁명 운동이 비판과 부정의 대상으로 삼은 것은 먼저 이민족 통치와 황권이었는데, 이후 또 신사 지주 제도에 대한 비판과 부정으로 발전하였다. 청말 혁명가는 이미 지방의 향신과 지주 제도의 역량 및 지방 분권 개혁이 모두 청말 국가 건설의 일부분이며, 따라서 이러한 제도와 개혁은 황권의 합법성과 밀접히 연관되어 있다는 점을 의식하고 있었다. 신해혁명 이후, 이러한 견해는 더욱 확산되었다. 이것이 바로 청말 개혁의 역설이다. 즉 왕조 합법성의 지방자치에 대한 의존과 지방자치에 의한 왕조 합법성의 와해는 상호 병존하였다. 만약 명말 청초의 (고염무와 같은) '봉건' 사상이 지주 토지 소유제에 대한 승인을 바탕으로 군주권의 소유제를 제한하려 하였다면, 청말·민국초의 균전에 대한 주장은 오히려 토지 사유제에 대한 강력한 비판을 포함하고 있다. 이러한 비판의 근거 가운데 하나는 황권 및 그 사회 기초에 대한 부정이었으며, 다른 한 근거는 청대 중엽 이후 날로 발전한 토지 겸병이었다.

후한민胡漢民, 류스페이劉師培, 쑨원의 평균지권平均地權에 대한 주장은 각기 달랐지만, 모두 사적 재산권에 대해 회의적이고 부정적인 태도를 취하였다. 그러나 이러한 회의와 부정이 우선적인 대상으로 삼은 것은 국가를 황제의 사유물로 간주하는 것과 과도한 겸병이었다. 이는 사상 맥락의 측면에서 황종희黃宗羲가 『명이대방록』明夷待訪錄에서 정전제 회복이라는 명분을 통해 주장한 토지 균등 분배의 이상에 더욱 근접해 있다.[133] 다시 말해, 신해혁명을 전후하여 사유권을 제한하는 사상은 결코 국가의 정책이 아니라 국가와 적대적 관계에 있던 사람들의 주장이었다. 왜냐하면 그들에게 있어서 이러한 제도는 단지 사회의 불평등을 만들어 낼 뿐만 아니라 바로 전제 제도의 경제적 기초였기 때문이다. 따라서 청말 시기에 사유권을 제한하는 사상은 국가 계획과 아무런 관계가 없고, 토지 겸병과 황권의 확장에 대한 자연적인 반응으로서, 간단히 반시장적 혹은 계획경제에 대한 주장으로 간주할 수 없다. 이러한 혁명가의 관점에 대해 우리는 현대 자유주의 원리에 부합하지 않는 면이 있다고 하더라도, 이러한 사유권을 제한하는 사상은 청말 공화 사상의 유기적인 한 부분이었음은 인정하지 않을 수 없다. 그것은 정치적으로 입헌제를 도입하고 개인의 기본 권리를 보장하며 국민이 주인이 되어 참여하는 공화국에 대한 구상과 밀접히 연계되어 있다. 청말 공화주의자들은 당시의 토지 소유제(지주 소유제를 포함하여)가 전제 황권과 명확히 상호 지지의 관계를 이루고 있다고 여겼다. 이것은 명말의 상황과 일정 정도 다르다. 왜냐하면 명말의 정전제와 봉건론은 황권에 대항하여 지방자치 혹은 분권을 요구하는 형식으로 제기되었기 때문이다. 황종희의 정전제에 대한 관점은 겉보기에는 고대 토지 국유제를 부활시키려는 것처럼 보이지만, 실제로 겨냥한 것은 명대의 관청이 토지를 소유하는 제도였다. 우리가 만약 근대 중국 사상 가운데 반사유권 사상을 간단히 그것이 경제 자유를 부정하여 국가 소유제의 출현을 야기한다고 비판한다면 황권과 지주 토지 사유제의 상호 지지 관계를 어떻게 이해해야 할까? 이로부터 볼 때, 근대 중국의 역사와 사상 가운데 기본 문제는 더욱 장기적인 역사 관계 속에서 파악할 필요가 있다. 나는 여기서 결코 전통의 공유제를 주장하려는 것이 아니라 단지 다음과 같은 기본 사상을 제기하려 한다. 즉 사유권을 제한하는 사상과 국유권을 제한하는 사상은 모두 구체적인 역사 관계, 특히 특정한 정치와 경제 구조 속에서 출현하였으며, 그것들은 모두 단순히 모종의 사상 방법(개인 지식의 한계성을 믿거나 혹은 인간의 이성 능력을 믿는 것과 같은)의 결과가 아니다. 우리는 가장 이상적인 이성적 선택에 근거하여 그들을 선별하고 평가할 방법이 없다.

근대 중국 사회사상은 출현 초기부터 전 지구적인 경제, 정치, 군사 관계에 직면했으며, '공동체'의 문제도 이처럼 진실하여 환원주의 방식으로 개인의 구체적인 사무로 귀결시킬 수 없다. 다시 말해, 우리는 개인의 경제적 동기로부터 중국 사회의 구조적 변화를 해석할 수 없으며, 또 개인의 정치적 동기로부터 중국의 국가 구조의 혁명적 전환을 해석할 수 없다. 근대 사회의 개혁은 더욱 광범한 제도의 수립을 통해 이루어졌으며, '사회'와 '시장'도 일종의 국가가 직접 추진한 제도의 안배였다. 심지어는 국가 자체도 세계적인 변천 중 스스로의 새로운 변혁을 통해 형성한 결과였다. 청말 국가는 천조天朝로부터 민족국가로 전환해야 했기 때문에, 국제 관계에서든 아니면 국내 관계에서든 국가 및 그 합법성은 모두 중대한 위기에 직면했다. 따라서 '사회'의 형성은 주로 부르주아 계급사회가 국가의 간섭에 저항하는 자기 보호 기능으로부터 이루어진 것이 아니라 쇠퇴하는 국가가 자기 개조를 진행하는 과정의 일부분으로서 이루어졌다. 즉 개혁 정책을 제정하여 특정한 사회단체를 조직함으로써 국가 기능의 일부분을 대체하여 국가의 합법성을 재구축하고, 나아가 새로운 민족 동일성을 형성하는 전제조건을 창출하였다. 경제 활동에 대한 국가의 제약 방식은 상당 정도다음과 같은 사실에 입각해 있다. 즉 국가는 반드시 특정한 방식으로국제 시장의 경제 활동과 민족국가의 정치 체제에 참여해야 한다. 기본적인 측면에서 보면, 부르주아 시민사회와 국가의 대립은 결코 청말사회의 주요 특징이 아니며, 청말 사회사상도 근본적으로 이러한 대립 위에서 형성된 것이 아니다. 청말 사상가들이 '공'과 '군'이라는 개념을 통해 사회와 국가의 필요성을 논할 때, 그들이 부정하고자 한 것은 한 성씨의 '사사로운'(私) 왕조였으며, 이를 통해 형성하고자 한 것은 근대 국가와 사회였다. 일정한 의미에서 '사회'는 그들이 국가를 형성하는 방법이었으며, 심지어는 '사회'와 '시장'은 일부 개혁적인 지식인들이 설계하고, 청말 왕조와 초기의 민국이 체제화한 결과였다고도말할 수 있다. 바꿔 말해, '사회'와 '시장'은 국가 계획의 일부분으로서국가의 개혁 정책의 산물이었으며, 따라서 그것들은 '자주적' 혹은 '자율적'(autonomy) 범주가 될 수 없었다. 그렇다고 해서, 내가 중국 역사초기부터 존재하던 지역적인 시장과 사회 교류의 시스템을 부정하는것은 결코 아니다. 그와는 반대로 내가 강조하고자 하는 것은 근대 '사회'와 '시장'이 초기 각종 사회 요소와 제도 요소에 대한 개조이자 재구성이며, 이러한 개조와 재구성은 시작부터 사회의 상층 구조(국가)의 개입을 통해 이루어졌다는 점이다.

바로 이러한 이유로, 우리는 사회와 시장의 자율과 자유를 주창하는지식인들이 결국에는 여전히 국가주의 지식인으로 남게 되는 것을 보게 된다. 그들은 한 번도 사회의 국가 기능에 관심을 기울이듯 사회의자기 보호에 대해서는 관심을 기울인 적이 없다. 내가 여기서 말하는사회의 자기 보호란 노동자, 농민, 여성, 소수민족 그리고 기타 주변집단의 운명 및 사회운동과 같은 하층 사회의 자기 보호 운동이다. 그렇다면 왜 근대 지식인은 항상 엘리트식의 제도 설계를 추구하고, '국가' 문제의 관점에서 사회문제를 사고하려 하는 것일까? 이 문제에 대해서는 여러 다른 시각에서 해석할 수 있다. 그러나 그중 부정할 수 없는 한 원인은 바로 청말 이래 사상의 분위기 속에서 '국가'의 필요성은 사회 내부의 관계로부터 논증된 것이 아니라 식민주의 시대의 국제 관계로부터 제기되었다는 점이다. 사람들은 일반적으로 국가가 민족을 법인 단체 혹은 정치, 경제와 군사 단위로 조직함으로써 비로소 효과적으로 사회 내부의 안전을 보장할 수 있다고 믿었다. 이와 같이 세계 자본주의 관계가 국가의 '필요성'을 위해 논증을 제공하였다. 그러나 이러한 '필요성'에 대한 논증은 또 국가 건설을 빌려 새로운 사회 통제를 형성하는 과정을 은폐시켰다. 무정부주의는 청말과 민국 초기에 극히 유행하였다. 그러나 대부분 무정부주의자는 점차 국민당원 혹은 공산당원으로 전향하였는데, 이러한 전향의 중요한 동기는 단지 그들 개인의 동기로부터 추측할 수 없고, 반드시 그들이 어떠한 세계 관계와 국내 관계 속에서 각기 형태가 다른 정치 활동으로 전환하게 되었는지를 고려해야만 한다. 식민지 국가는 보편적으로 민족 독립과 해방 운동 속에서 사회의 우선성을 강조하였고, 그 결과 개인의 자유에 대한 침해를 초래하였다. 이러한 역사 현상은 단지 '전통'(이는 결코 전통이 중요하지 않다는 의미는 아니다)에서 보여 줄 뿐만 아니라 근대 세계 체계의 역사 관계와도 기본적으로 연관되어 있다. 이러한 세계 체계는 민족국가를 그 정치 형식으로 삼고 있다. 앞에서 언급한 바와 같이 '사회' 및 '시장'과 더불어 그것을 창조한 '국가'도 모종의 의미에서 '지식 기획'의 결과이다. 따라서 경직된 방식으로 시장과 계획, 사회와 국가의 이원론 중에서 양자택일하는 것이 아니라 근대 사회 형성의 동력학 및 그 다양한 역사적 결과에 대해 진지하게 검토해 볼 필요가 있다.

청말 민국초의 민족 자강 운동에서 중국 지식인의 세계에 대한 총체적 해석은 일종의 국가의 합법성에 대한 논증으로 이해할 수 있다. 그러나 그들이 증명하고자 한 것은 본래의 정치 질서의 합법성이 아니라, 어떻게 그리고 왜 반드시 변혁을 통해 정치 역량을 동원하여 사회의 동일성을 구성하는 데 의미가 있는 각종 가치를 실현해야 하는가 하는 문제였다. 하버마스는 일찍이 "합법성의 충돌은 집단의 동일성에 대한 정의와 연관될 수밖에 없으며, 집단의 동일성은 또 이러한 구조들을 기초로 할 수밖에 없다. 그리고 이러한 구조를 통해 통일이 이루어지고 아울러 언어, 종족 배경, 전통, 혹은 (확실히) 이성理性과 같은 공통된 인식의 진행을 보장할 수 있다"라고 말하였다.[134] 유럽 사회의 합법성 충돌은 계급 구조 및 경제 관계와 서로 밀접한 관련이 있다. 그러나 청말 사회에서 국가 조직 및 그 사회적 동일성은 오히려 민족 충돌의 불가피한 전제였다. 바로 이러한 조건으로 인해, 청말 지식인의 변혁과 새로운 사회 정치 체제의 정당성에 대한 논증은 바로 그들의 '과학 사상'에 필연적으로 세계관의 성질, 즉 우주, 세계, 정치와 윤리에 대한 총체적 해석이라는 성격을 부여하게 되었다. '과학'이 새로운 제도의 형식을 창조하는 근거가 된 것이다. 하지만 이러한 논증이 총체론적인 특징을 지니고 있지만, 그렇다고 그것을 과학주의(여기서 말하는 과학주의는 시장과 계획, 사회와 국가의 이원론의 인식론적 기초로 간주할 수 있다)로 귀결시킬 수 없다.[135]

이상 논의에 기초해 본다면 청말에서 현대 중국까지의 역사적 맥락에서 시민사회와 국가의 대립은 줄곧 주요한 사회문제가 아니었다고 볼 수 있다. 청말 사상으로부터 볼 때, '공', '군' 개념은 국가를 가리키는 동시에 또 사회를 가리켰으며, 국가와 사회를 위해 자유롭고 조화로운 우주론적 기초를 제공하였다. 사회를 형성함과 동시에 국가를 형성하고, 또는 사회조직의 건립(상회, 학회, 매체 및 의회)을 통해 국가의 제도를 재건립하는 것은 청말 사상의 중심 주제였다. 국가의 역량을 강화하는 것과 사회 역량을 강화하는 것은 동일한 문제의 양면으로, 그것들은 모두 국제 경제 체제와 정치 체제에 적응하기 위한 기본 목표에 의존하고 있다. 이것이 바로 옌푸와 량치차오의 사상 활동이 지닌 기본 의의이다. 즉 그들의 '군', '공'과 '사회' 범주에 대한 해석은 일종의 담론 실천으로서, 그 목적은 민족국가와 서로 대응하는 '사회'를 형성하는 것이었다. 이러한 의미에서 청말 사회사상의 임무는 결코 단지 민족국가를 형성하는 것뿐만이 아니라 또 민족국가에 상응하는 사회 형식을 형성하는 것이기도 했다. '국가'와 '사회'는 모두 일종의 근대적인 산물이다. 고대 제국이 민족국가 체계 속에 끼어 있는 곤경 속에서 현대 사회 이론의 사회와 국가 이원론은 청말 중국 사상의 역사적 의미를 적절하게 설명할 수 없었을 뿐만 아니라 또 중국 사회의 민주화 개혁에 관한 정치적 상상을 오도하였다. 여기서 주의할 것은 현대 사회 이론 중 사회 전제의 기원에 관한 논의는 줄곧 사회와 국가 이원론의 기초 위에서 진행되었다는 점이다. 만약 앞의 나의 추론이 틀리지 않는다면 '사회' 혹은 '시장' 범주는 근본적으로 국가 범주와 서로 대응하는 영역을 구축할 수 없었다는 것을 의미한다. 이러한 의미에서 사회 전제 및 그 가능성의 기원에 대해 재검토가 요구된다. 여기서 문제의 핵심은 총체적으로 근대 사회의 기본 특징을 파악해야 한다는 점이다. 이 문제와 관련해서는 앞에서 옌푸 사상의 의의를 논할 때 이미 언급하였다.

루카치는 일찍이 역사유물론의 기능 변화를 논하면서, 18~19세기 초 이론과학의 급속한 대두를 부르주아 사회구조와 진화의 결과로 해석하였다. "경제, 법률과 국가는 여기서(이러한 이론 속에서-인용자) 엄밀한 체계로서 나타난다. 이러한 체계는 그 자신의 역량에 의존하여 완성되고, 그 자신의 고유의 법칙에 의거하여 전체 사회를 통제한다."[136] 다시 말해, 역사유물론은 단지 자본주의 사회의 자아 인식에 불과하다. 루카치는 마르크스주의 가운데 경제(기초)와 정치(상부구조)의 구분을 부르주아 계급사회의 경제와 사회의 분리로 귀결시켰다. 그러나 내가 볼 때 경제 기초와 상부구조의 구분은 이러한 분리에 대한 부르주아 사회의 자아 인식에서 기원한다고 보는 것이 더 정확하다. 이러한 자아 인식에 따르면 자본주의 사회에서 국가는 경제에 간여하지 않으며, 전前자본주의 시대에 "국가는 결코 사회 경제 관리의 한 조화 상태가 아니라 단지 조화된 적이 없는 통치 자체였다."[137] 이러한 자아 인식은 문제점을 지니고 있다. 왜냐하면 부르주아 계급의 민족국가 체계가 바로 근대 자본주의의 정치 형식이며, 국가는 시장사회의 외부에 존재하는 것이 아니라 시장사회 운행의 내재적 요소이기 때문이다. 따라서 국가와 경제가 분리되었다기보다는 국가와 경제의 관계에 변화가 발생했다고 보는 편이 더 정확하다. 이러한 의미에서 자유주의와 사회주의 경제학은 모두 사회와 국가, 시장과 국가 이원론을 이론적 메타 패러다임으로 삼고 있으며, 따라서 모두 자본주의 사회구조와 진화 모델의 자아 인식이라고 할 수 있다. 사회와 국가, 시장과 계획 이원론은 부르주아 계급이 시민사회의 정치 경제 활동을 빌려 봉건국가와 생존과 권리를 둘러싸고 투쟁을 벌이는 이론적 표현이다. 근대 중국과 현대 중국 사회의 전환을 해석할 때, 이러한 모델의 해석력은 매우 제한적이다.

제7절

기술 통치와 계몽 이데올로기

'과학주의 해석 모델'에 함축된 자유와 계획의 이원론은 현대 세계의 상황을 묘사하기에는 거의 역부족이다. 과학과 그 기술은 전 지구 경제와 정치 제도의 변화 및 차이성 가운데 모든 차이점을 초월할 수 있는 영향력을 지니고 있다. 하버마스는 과학과 기술이 이미 주요 생산력의 근원이 되었으며, 독자적으로 잉여가치를 창조하여 점차 시장 경제에서의 등가교환 원칙을 대체할 뿐만 아니라 자본주의 체제의 합법성을 보장하는 이데올로기가 되었다고 지적하였다. 과학기술은 생산력으로서 자연에 대한 지배력을 확보하였고 동시에 이데올로기의 방식으로 인간에 대한 통치력도 확보하였다.[138] '과학주의 해석 모델'의 총체적 기획에 대한 폭로와 하버마스의 후기 자본주의 사회에서의 국가 간섭에 대한 분석은 유사점이 존재한다. 즉 양자는 모두 과학주의에 대한 비판이자 자유 자본주의에 대한 모종의 이상적 묘사로 간주될 수 있다.[139]

그러나 이러한 유사성을 통해 알 수 있는 것은 과학기술이 세계를 구성하는 가장 중요한 힘이 된 이래로, 과학주의 혹은 기술 통제가 보편적인 현상이 되었으며, 더 이상 사회주의의 전유물이 아니라는 점이다. 서구 산업사회가 '자유적' 자본주의에서 '조직적' 자본주의로 바뀜에 따라 경제 영역에서의 집중, 조직과 관리가 점차 중요한 추세가 되었으며, 사회생활에 대한 국가 개입의 폭도 명확히 확대되었다.[140] 하버마스는 전후 자본주의 발전을 세 방면으로 개괄하였다. 즉 생산력 방면에서 과학기술은 제1의 생산력이 되었고, 생산관계 방면에서는 자본의 집단 소유가 자본의 국유화로 전환하였으며, 상층 구조 방면에서는 '계획경제'를 중심으로 한 운영 체계가 형성되었다. 이데올로기로서의 과학기술의 기능은 또 다른 방향에서 두드러지게 표현되었다. 즉 그것은 사회생활 중의 인간과 인간의 관계를 부단히 인간과 자연의 관계로 전환시킴으로써 정치 참여의식을 쇠퇴시키고 사회관계의 기술화와 일방향적인 인간을 창출하였다.

이와 상응하여, 냉전의 종결 이후 중국, 동유럽, 전소련 및 기타 아시아 국가들에서 시장화를 통한 개혁이 확연히 가속화되었다. 이러한 시장화 개혁은 국내적으로는 국유 기업의 민영화 조류라는 방식으로 표출되었고, 국제적으로는 전 지구적 시장으로의 진입이라는 형태로 나타났다. 일정한 의미에서 이러한 국가의 시장화 개혁은 바로 국가 계획의 일부분이다.[141] 더욱 중요한 것은 자연에 대한 조직적인 통제를 실시하고 또 그러한 통제 행위를 통해 사회를 조직하는 측면에 있어서, 동서양 사회는 근본적인 차이가 없을 뿐만 아니라 상호 추동적이라는 것이다. 특히 주의할 것은 자유시장경제에서 어떤 힘이 새로운 통제 형식을 선택하도록 촉진 작용을 했는가, 또 계획경제의 모델에서 그것의 시장화로의 전환을 이끈 동력이 무엇인가 하는 점이다. 이 두 동력이 상호작용하여 전 지구적 자본주의 체계의 새로운 형식을 형성하였다.

마르크스는 일찍이 자연의 통제와 노동 과정의 관계에 대해 심도 있는 분석을 진행한 적이 있는데, 이를 통해 그는 과학과 기술을 일종의 사회관계로 이해하려 했음을 알 수 있다. 마르크스는 다음과 같이 말했다. 자본주의 사회에서 인간의 자연 통제는 항상 고용 노동이라는 특수한 형식의 영향을 받는다. 따라서 단지 무계급의 사회 조건하에서만 진정한 자유가 가능하다. 즉 "사회화된 인간이 상호 연합하는 생산자는 그들과 자연 간의 물질 교환을 합리적으로 배치하고, 자연을 자신들의 공동의 통제하에 둠으로써 맹목적인 힘으로 그들을 좌우하지 않도록 할 수 있다."[142] 그러나 "마르크스-엥겔스는 이성의 통제하에서 인간과 자연 물질의 상호 전환을 야기하는 전 지구적으로 통일적인 사회질서가 형성하는 모종의 가능한 구조를 예측할 수 없었다. 또 그들은 과학과 기술의 발전이 이미 사회주의와 자본주의 국가 간의 잔혹한 투쟁의 주요 도구가 되었다는 것, 혹은 사회주의 내부의 '사회화 과정'이 자본주의 사회의 강대한 군대와 이데올로기의 영향을 받아 변형될 거라는 것을 예상할 수 없었다."[143] '과학' 통제의 특성은 계획경제의 변혁 혹은 전통적 사회주의 운동의 쇠퇴를 따라 소실되지 않으며, 또 자본주의 세계화 과정의 약화를 수반하지도 않는다. 이와는 반대로 그것은 오히려 과학기술과 근대화 목표의 결합을 통해 가장 강력한 통치 이데올로기이자 가장 두드러진 '근대성의 결과'가 된다. 따라서 여기서 우선 지적할 것은 국가의 개입 모델에 대한 가치 판단이 아니라 이러한 모델의 사회적 기원이며, 또 국가 정치 생활에서의 계획의 실제적인 효과에 대한 평가 문제이다.[144] '과학주의 해석 모델'은 절대주의 및 그 이데올로기에 대한 비판에 주력하지만, 근대 과학기술이 일종의 보편적인 역량으로 되는 역사적 동력, 특히 그 운용 과정과 자본주의 과정의 역사적이고 논리적인 연계에 대해서는 설명해 주지 못한다. 이러한 해석 모델은 근대 사회의 위기를 사상 방식(및 이로부터 만들어지는 사회구조 방식)의 위기로 귀결시킨다. 따라서 과학 문제를 근대 문명 문제로서 대할 수 없다. 즉 근대 문명은 과학기술 문명이며, 그것의 구조 방식 자체는 바로 과학기술을 원형으로 하고 자연 정복을 동력으로 한다. 문제를 '이성의 남용'이라는 측면에 설정해 놓고 본다면 '이성의 형식'——과학과 기술——의 사회적 기원 및 그 결과에 대해 심도 있는 사고를 진행하기 어렵다. 사회 통제가 사회제도와 경제 제도의 이성적 설계방식에 기반하고 있다면, 그것은 단지 자연과학 방법에 대한 오용의 결과일 뿐이다. 이러한 결론에 입각해 본다면 자연의 통제와 사회의 통제 사이에 필연적인 연관이 없다고 할 수 있다. 내가 보기에, '과학주의 해석 모델'은 자연과학 방법에 대한 사회과학의 오용에 대해 집중적으로 토론하고 있지만, 실제로는 바로 직접적인 방식은 아니더라도 계몽운동 이래의 과학 이데올로기를 강화시키고 있다. 즉 과학적 '진리'에 대한 추구는 그 자체의 방법론과 필연적으로 연계되어 있다. 따라서 과학은 사회적이고 역사적인 상황의 영향에서 벗어날 수 있다. 과학은 진리이다. 따라서 그 자체의 절차를 통해 그 자신을 나타낼 수 있으며, 그러한 절차를 거쳐 그 연구 대상도 이해할 수 있게 된다. 그러므로 과학의 자아비판은 바로 그 자신의 규범적 구조의 영역 내에서 진행된다. 과학의 학과 제도는 의심할 여지가 없는 원칙을 견지하고 있다. 즉 오직 과학 공동체로 받아들여지는 사람들만이 (훈련을 통해 자격을 얻을 수 있다) 비로소 과학 공정에서 필요로 하는 혁신을 담당할 자격을 지닌다.[145] 자본주의적 사회관계의 보편화와 문화와 제도의 차이를 초월한 과학기술의 보편화는 동시적으로 진행된다.[146] 따라서 우리는 야스퍼스의 다음과 같은 주장에 충분히 공감할 수 있다.

> 유사 이래로, 어떠한 사건도 그만큼 안팎으로 철저하게 세계를 변화시킨 것이 없었다. 그것은 전대미문의 기회와 모험을 가져다 주었다. 우리는 기술 시대에서 이제 막 한 세기 반 동안 생활하였는데, 이 시대는 단지 최근 수십 년 동안에 충분한 지배적 지위를 획득하였다. 이러한 지배는 지금 전혀 예측할 수 없는 정도까지 강화되고 있다. 지금까지 우리는 단지 부분적으로 이 놀라운 결과를 인식했을 뿐이다. 지금 모든 존재의 기초가 새롭게 수립되는 것은 불가피한 상황이다.[147]

데이비드식 통속적인 서술이든 아니면 하이에크의 이론적 분석이든 모두 과학과 비과학의 범주에 국한되어 있으며, 그들은 모두 진정한 과학에 대한 사회 이론을 발전시키지 못했다. 아로노위츠Stanley Aronowitz는 다음과 같이 말하고 있다.

> 계몽의 이데올로기, 특히 그것의 과학과 기술의 모델은 한편으로는 개인이 추동하는 시장 관계의 사전 설정을 출발점으로 삼으면서, 다른 한편으로는 또 이성의 보편성에 대한 추구를 전제로 삼고 있다. 따라서 이러한 내재적 모순은 사회 이론의 발전을 가로막으며, 기껏해야 자유주의가 보수적 조합주의(Corporatism)를 기지로서 점거할 뿐이다. 그러나 원생적인 자유주의가 암시하는 바에 따르면, 사회는 개인으로 구성된 것이며 개인의 선택은 집단 연계의 기초이다. 이로부터 과학 발견의 공간이자 과학 진리의 법정인 '과학 공동체'의 사회학 이론이 만들어진다. 또 이로 인해 과학 공동체는 서로 연계된 개인으로 구성되며, 그들 간의 연합은 그들의 훈련과 지식에 의해 결정되고, 이러한 집단에 의해 어떤 진술이 과학적으로 유효한지를 결정할 수 있게 된다. 이러한 사회 개념이 소유적 개인주의에서 기인한다는 것은 분명해 보인다. 사회생활의 진정한 '구조'가 없으면 개인의 결정을 초월하는 어떠한 관계도 존재하지 않는다.[148]

이러한 관점에서 볼 때, '과학주의' 개념은 다음과 같은 판단을 낳기가 매우 쉽다. 즉 과학주의 운동은 단지 과학 공동체 밖의 운동이라는 것이다. 이러한 판단은 이 운동과 과학 실천 사이에 아무런 관계가 없음을 암시할 뿐만 아니라 또 과학 공동체와 모든 정치적, 경제적, 그리고 문화적 실천과도 어떠한 관계도 없음을 암시한다. 과학의 자주성과 과학 발견 기제에 관한 이러한 관점은 더욱 깊은 의미를 함축하고 있다. 즉 과학과 관련 있는 사회 문화 운동은 단지 '사이비 과학' 활동일 뿐이다. 이렇게 명확한 구분으로 인해 과학 공동체의 과학 활동과 정치 경제 활동의 내재적 관계가 은폐되고, 또 과학의 절대적 권위성이 보호된다.

이러한 방면에서 푸코의 담론적 구성(discursive formation)에 관한 개념은 우리의 이해에 대해 일정한 시사점을 제공해 준다. 이 개념은 사회집단과 담론을 공간적으로 연계시키고 담론과 권력의 내재적 연관을 유지시킨다. 그리고 이렇게 함으로써 각종 담론 공동체도 일종의 정치적/경제적 구성(political/economic formations)이며, 지식으로 간주되는 것들도 항상 특정한 지배 관계 속에 놓여 있음을 보여 준다.[149] 아로노위츠는 이렇게 설명한다. 근대 사회의 권력은 스스로 독자적인 방식으로 작동된다. 즉 강제적으로 행사되지도 제도적 지배를 경유하지도 않는다. 정치 경제 영역에서의 권력의 작동에 대해 말하자면, 현대 사회의 권위에 대한 추구는 날로 합법화한 지식의 소유에 의지한다. 그리고 이러한 합법화한 지식 가운데서 과학 담론은 최고의 지식 형식이다. 비록 과학 공동체가 국가의 중요한 정책 결정에 참여하는 명백한 권력 중심으로 묘사될 수도 있지만, 그러나 과학의 권력은 특수한 과학 시스템 자체를 훨씬 초월한다.[150] 과학이 일종의 담론의 실천으로 이해되지 않고 절대적 공리의 지위를 점하기만 한다면, 그것의 절대적 권력은 절대 약해지지 않는다.

따라서 이제 과학에 대한 '오용'만이 아니라 사회관계로서의 과학의 특성에 대해 검토해 볼 필요가 있다. '과학주의 해석 모델'은 사회 영역과 자연 영역, 사회 지식과 자연 지식의 분리를 통해 더욱 과학의 이와 같은 사회관계의 특성을 은폐시킨다. 그것은 과학 방법의 '오용'을 분석함과 동시에 실제로는 또 한 번 부정적인 측면에서 자연을 통제한 인류의 위대한 성과에 관해 이야기한다. "진리에 대한 약속, 계약이자 진리 생산의 의식 절차로서 과학은 수백 년 동안 이미 전체 유럽 사회를 관통하고, 지금은 보편적인 법칙으로서 모든 문명에 확산되었다. 이러한 '진리의 염원'의 역사란 무엇인가? 그 결과는 또 어떠한가? 그것과 권력의 관계는 어떻게 서로 교직되어 있는가?"[151] 우리는 '과학주의 해석 모델' 가운데에서 이러한 문제에 대해 대답을 구할 수는 없다. '과학주의' 범주 내에서 절대주의와 총체적 계획의 기원을 해석하고, 아울러 이러한 해석으로 간단히 근대 사회주의의 실천을 지적하는 것은 실제로는 바로 근대성 문제의 총체적 특징을 은폐시키는 것이다. 만약 앞서 말한 푸코의 문제에 대해 답하고자 한다면, 우리는 민족국가 체제를 기본 정치 형식으로 하는 자본주의와 사회주의의 공동의 역사 전제를 진지하게 사고하지 않을 수 없다. 즉 진보 신념에 대해, 근대화의 약속과 민족주의의 역사적 사명, 그리고 자유롭고 평등한 대동의 청사진에 대해, 특히 자신의 분투와 존재의의를 먼 장래로 나아가는 과도적 단계인 이 현대의 순간과 서로 연계시키는 근대성의 태도 등등에 대해 깊이 사고하지 않으면 안 된다. 바로 이러한 문제에 대한 사고로 인해 우리는 근대 사상이 발생하게 된 각종 역사적 조건과 머나먼 역사 과정으로 들어갈 수 있다. 왜냐하면 근대성이 긍지와 의욕, 오만으로 충만되어 있으며, 이에 바탕해 거부한 역사 자체도 근대성 위기를 극복할 가능성과 계시를 함축하고 있기 때문이다.

제11장 담론의 공동체와 과학의 분류 계보

1   張小平, 潘岩銘, 「中國近代科技期刊簡介」(1900~1919), 『辛亥革命時期期刊介紹』
     IV, 北京: 人民出版社, 1986, 694쪽.

2   『아천잡지』(亞泉雜誌)는 1900년 11월 29일(광서 26년 10월 8일)에 창간되었으며,
     주편은 후에 『동방잡지』(東方雜誌)의 편집장이 된 두야취안으로, 그가 상해에서 설
     립한 아천학관(亞泉學館)에서 출판 발행되고, 상해 북경로(北京路) 상무인서관(商
     務印書館)에서 인쇄되었다. 『아천잡지』는 반월간, 활판인쇄, 세로쓰기, 선장본, 25
     절지판, 단색에 가장자리에 무늬가 있는 표지, 카피지, 본문 16쪽의 형식으로 구성
     되었으며, 총 10책을 발간한 후, 1901년 6월 9일(광서 27년 4월 23일)에 정간되었
     다. 본 장의 『아천잡지』와 관련된 논의는 판밍리(範明禮)의 「아천잡지」라는 글을 참
     고했다. 이 글은 『신해혁명 시기의 정기간행물 소개』(辛亥革命時期期刊介紹) 제1
     집(北京: 人民出版社, 1982)에 실려 있다. 이것은 필자가 본, 체계적으로 『아천잡
     지』를 소개한 유일한 글이다. 또한, 아천학관은 각종 과학의 집단적 연구를 취지로
     하고 있으며, 1900년 상해에 설립되었고, 창립자는 소흥(紹興)의 두웨이쑨(杜煒
     孫, 즉 두야취안)이며, 『아천잡지』를 발행한 것 이외에, 『중외산학보』(中外算學報,
     석판인쇄 소본小本, 매 기期 약 20여 쪽)도 펴냈다. 『출판대사연표』(出版大事年表)
     에는 "아천학관에서는 『아천잡지』를 출판했는데, 국민들을 위해 펴낸 최초의 과학
     잡지 중 하나다"라고 했다. 張靜盧 編, 『中國近代出版史料』 第2編, 北京: 中華書
     局, 1957, 427쪽 참조.

3   『과학세계』(科學世界)는 상해 과학의기관(科學儀器館)에서 편집·발행한 것으로,
     상해의 영국조계지였던 남사천로(南四川路)에 있는 중서인서국(中西印書局)의 활
     판부에서 활자인쇄, 세로쓰기, 큰32절지 책, 남색 바탕에 흰색 글자가 들어간 채색
     표지의 형태로 발간되었다. 잡지는 월간으로 1903년 3월 제1기를 내고, 제8기 이
     후에는 제때에 출판하지 못했으며, 1904년 말에 11~12기 합본을 내고 정간되었다.
     이후 1921년 7월에 복간되어 1922년 7월까지 5기를 발행하고 최종 정간되었다. 본
     장의 『과학세계』와 관련된 논의는 판밍리의 「과학세계」라는 글을 참고했다. 이 글은
     『신해혁명 시기의 정기간행물 소개』 제1집에 실려 있다. 이것 역시 필자가 본, 체계
     적으로 『과학세계』를 소개한 유일한 글이다.

4   『과학일반』(科學一斑)은 과학연구회(이 연구회는 상해 용문사범학교龍門師範學校
     의 멤버가 조직한 것으로, 이 학교의 전신은 탕서우첸湯壽潛이 원장을 맡았던 용문
     서원龍門書院이다)가 편집하여 발행한 것으로, 1907년 7월(광서 정미년 6월)에 상
     해에서 창간되었으며 월간이었다. 탕치쉐(湯奇學)가 일찍이 이 간행물을 전문적으
     로 조사했으나, 4기만 보이고 정간 시간을 알 수 없었다. 湯奇學, 「科學一斑」, 『辛亥

革命時期期刊介紹』第2輯, 北京: 人民出版社, 1982 참조.

5   리오타르(Jean-Francois Lyotard)는 『포스트모던의 조건』(The Postmodern
    Condition, Minneapolis: University of Minnesota Press, 1984)에서 과학 지식과
    서사 지식을 구분하고 있는데, 이 구분은 우리가 초기 과학의 합법성 문제를 이해하
    는 데 도움이 된다. 당시 과학은 메타 담론으로서의 지위를 아직 형성하지 못했고,
    그것의 합법성은 서사 지식의 도움, 즉 비과학적 지식의 도움 혹은 논증이 필요했
    다. 주목할 것은 이 단순한 사실이 다음과 같은 중요한 판단을 암시하고 있다는 것
    이다. 즉 과학의 메타 담론으로서의 지위는 절대적으로 과학 담론 자체의 특징에 의
    해 결정된 것이 아니며, 특정한 역사의 형세, 특히 지식의 형세에 의해 결정된다는
    것이다. 이러한 역사적 형세가 존재하지 않는 상황에서, 과학 담론은 스스로 자신을
    증명하는 것이 불가능했으므로, 다른 역사적 실천의 합법성의 논거가 될 수도 없었
    다. 당시 그것은 다른 지식에 의한 논증이 필요했다.

6   과학 개념의 기원에 대해서, 나는 「중국에서 사이(언스)선생의 운명: 중국 근·현대
    사상 속의 과학 개념과 그 사용」(賽先生在中國的命運: 中國近現代思想中的科學
    槪念及其使用)이라는 글에서 이미 비교적 체계적으로 분석한 바 있다. 이 글은 『학
    인』(學人) 제1집과 『왕후이자선집』(汪暉自選集, 桂林: 廣西師範大學出版社, 1997,
    208~269쪽)에 실려 있다.

7   麻生義輝 編, 『西周哲學著作集』, 岩波書店, 昭和八年, 5쪽.

8   『亞泉雜誌』 제7책, 1901년 2월 8일(광서 27년 2월 초8일); 제8책, 1901년 3월 23
    일(광서 27년 3월 23일); 제10책, 1901년 4월 23일(광서 27년 4월 23일), 각각 「일
    본 이학 도서목록」(日本理學書目)(七), 10~13쪽, 「일본 이학과 수학 도서목록」(日
    本理學及數學書目)(八), 7~9쪽, 「일본산학 도서목록」(日本算學書目)(十), 8~10쪽
    에 연재되어 있다.

9   杜亞泉, 「定性分析·後記」, 『亞泉雜誌』 第10冊, 光緒 27년 4월 23일, 7쪽.

10 이 네 편의 '사설'(社說)은 왕번상(王本祥)의 「이과와 군치의 관계를 논함」(論理科
    與群治之關係), 위허친(虞和欽)의 「오늘날 세계는 노동력 절약 경쟁의 장인가?」(現
    今世界其節省勞力之競爭場乎), 위허친의 「원리학」(原理學), 위허친의 「이학과 한
    의」(理學與漢醫)이다. 네 편 모두 제1편 제1기(광서 29년 3월 1일)에 나온다.

11 虞和欽, 「原理學」, 『科學世界』 第1編 第1期, 2쪽.

12 杜亞泉, 「亞泉雜誌序」, 『亞泉雜誌』 第1期, 光緒 26年 10月 8日.

13 위의 글.

14 王本祥, 「論理科與群治之關係」, 『科學世界』 第1編 第1期, 光緒 29年(1903) 3月 1日.

15 王本祥, 「汽機大發明家瓦特傳」, 『科學世界』 第1編 第5期, 1903年 6月 1日(光緒
    29年 6月 朔日), 12쪽.

16 왕번상은 「전기 대왕 에디슨 전기」(電氣大王愛提森傳)의 후기에서 "나는 간단한 에
    디슨의 전기를 쓰면서 그의 여러 가지 발명을 기록했다. 나는 에디슨을 알리려 한
    게 아니라, 전기학의 힘이 세계를 개조할 능력을 지녔음을 보여 주고자 한 것이다"
    라고 했다. 『科學世界』 第1編 第5期, 1903年 6月 1日(光緒 29年 6月 朔日), 7쪽.

17 「發刊詞」, 『科學一斑』 第1期.

18 「倫理學后言」, 『科學一斑』 第3期.

19 「發刊詞」,『科學一斑』第1期.

20 虞和欽,「氣象學略史」,『科學世界』第1編 第5期, 1903年 6月 1日(光緖 29年 6月 朔日), 1쪽.

21 王本祥,「論動物學之效用」,『科學世界』第1編 第2期, 1903年 4月 1日(光緖 29年 4月 朔日), 4쪽.

22 杜亞泉,「亞泉雜誌·序」,『亞泉雜誌』第1期, 1900年 10月 8日(光緖 26年 10月 初八).

23 「『科學世界』簡章」,『科學世界』第1編 第1期.

24 林森,「發刊詞·一」,『科學世界』第1編 第1期.

25 虞和欽,「現今世界其節省勞力之競爭場乎」,『科學世界』第6期, 1쪽.

26 「倫理學后言」,『科學一斑』第3期.

27 '두 문화'(兩種文化) 개념은 스노우(C. P. Snow)가 1959년의 정치 및 지식적 맥락에서 제시한 개념으로, 특정한 비판 대상과 배경을 지니고 있다(C. P. Snow, 紀樹立 譯,『兩種文化』, 北京: 三聯書店, 1994, 참조). 그러나 '두 문화'의 구분은 그 자체에 훨씬 더 심원한 배경이 있다. 월러스틴(Wallerstein)은 영국 왕립학회와 고전적 과학관의 관계를 논하면서 다음과 같이 말했다. "지난 몇 세기 동안, 이른바 고전적 과학관은 줄곧 주도적인 지위를 점해 왔다. 그것은 두 가지 전제에 기초한다. 하나는 뉴턴의 모델로, 대칭 구조가 과거와 미래 사이에 존재함을 인정하는 것이다. 이것은 일종의 신학에 준하는 시각으로, 하느님과 마찬가지로 우리도 확실성에 도달할 수 있다는 것이다. 또한 이미 만물이 영원한 현재에 공존하고 있으므로 우리는 과거와 미래를 구별할 필요가 없다는 것이다. 두 번째 전제는 데카르트의 이원론으로, 그것은 자연과 인류, 물질과 정신, 물리 세계와 사회 정신 세계 간에 근본적인 차이가 존재한다고 가정한다. 토마스 훅(Thomas Hooke)은 1663년 왕립학회를 위한 장정을 초안했는데, 그는 이 학회의 설립 주지가 '실험의 방법을 통해 만물에 대한 지식을 늘리고, 모든 수공예와 제조 방법, 기계 기술을 완벽하게 만들고, 각종 기기와 발명품을 개선하는 데 있다'고 하였다. 또 그는 덧붙여, 왕립학회는 '신학, 형이상학, 윤리학, 정치학, 수사학, 논리학을 다루지 않는다'고 강조했다. 이 장정은 이미 인식 방식이 스노우가 후에 말한 '두 문화'로 분화되었음을 보여 준다." 沃勒斯坦,『開放社會科學』, 牛津大學出版社, 1996, 2~3쪽.

28 任鴻雋,「中國科學社社史簡述」, 中國人民政治協商會議全國委員會文史資料研究委員會 編,『文史資料選輯』第15輯, 中華書局, 1961년, 2~3쪽.

29 위의 글, 3쪽. 또『과학』1915년 1월 25일자 일러두기에서는 "학문의 도(道)는 진리와 실용성의 추구, 이 두 측면을 함께 중시하는 것이다. 본 잡지는 과학만을 다루어 효용과 실리를 목적으로 한다. 현학적 담론은 훌륭하더라도 싣지 않고, 과학 원리에 관한 글은 반드시 취한다. 기계의 사소한 것 역시 싣고, 사회 정치의 큰 논의는 게재하지 않는다"라고 밝히고 있다.

30 任鴻雋,「中國科學社社史簡述」,『文史資料選輯』第15輯, 8쪽; 또 양취안(楊銓)은 월간『과학』제1권 제7기에 발표한「학회와 과학」(學會與科學)이라는 글에서 학회의 기능을 언급했다. "지금 과학이 발달한 나라 중에 학회를 만들어 학문과 기능의 숭상을 장려하지 않는 나라가 없다. 그 회원의 선정도 아무나 하는 것이 아니라 신

중하게 선정한다", "그러나 학교는 과학의 어머니일 따름이며 …세상을 걱정하는 선비로 학술의 흥성을 도모하고자 하는 자는 학회를 급선무로 삼아야 할 것이다." 707, 711쪽.

31 이 간행물은 처음 반월간이었다가 1939년 월간으로 바뀌었다. 사진이 참신하고 인쇄가 정교하고 뛰어나, 판매 부수가 2만 부 이상에 달했다. 1949년 이후 상해과학보급협회(上海科學普及協會)에 인수되었다.

32 예를 들어, 자오위안런(趙元任), 『중·서의 별 이름 고찰』(中西星名考), 우웨이스(吳偉士), 『현미경 이론』(顯微鏡理論), 중신쉬안(鍾心煊), 『중국 본목 식물 목록』(中國本目植物目錄), 장즈원(章之汶), 『목화 재배학』(植棉學), 셰자룽(謝家榮), 『지질학』(地質學), 차이빈머우(蔡賓牟), 『물리상수』(物理常數) 등과 집단 저작으로 『중국 과학 20년』(中國科學二十年), 『과학의 남경』(科學的南京) 등이 있다. 과학 사료에 관해서는 리옌(李儼), 『중국 수학 사료』(中國數學史料), 장창사오(張昌紹), 『중약 연구 사료』(中藥研究史料), 뤼잉(羅英), 『중국 교량 사료』(中國橋梁史料) 등이 있다.

33 예를 들면, 왕후전(汪胡楨), 구스지(顧世楫)가 공동 번역한 독일의 쇼클리치(A. Schoklitsch)가 지은 두꺼운 두 권짜리 『수리공정』(水利工程), 양샤오수(楊孝述)가 번역한 영국 물리학자 브랙(Bragg)의 『전기』(電), 천스장(陳世璋)이 번역한 『인체 지식』(人體智識), 위더쥔(兪德浚), 두루이쩡(杜瑞增)이 공동 번역한 니덤(Needham)의 『인류생물학』(人類生物學), 예수메이(葉淑眉), 차이빈머우가 공동 번역한 두꺼운 두 권짜리 『러시아 물리학사 요점』(俄國物理學史綱), 수윈(庶允)이 번역한 『최근 백년의 화학 발전』(最近百年化學的進展), 런훙쥔이 번역한 『아인슈타인과 상대론』(愛因斯坦與相對論) 등이 있다.

34 과학사 성립 초기에 도서관위원회를 세우고, 1919년 남경 사무소가 생기자 북쪽 건물에 도서관을 건립했다. 1929년 상해에도 명복(明復)도서관을 세웠다. 이 도서관은 1956년에 상해시 과학기술도서관으로 바뀌었다.

35 1922년 남경 사무소에 생물연구소를 설립했는데, 이는 당시 국내에 오직 몇 곳밖에 없던 과학 연구 기관 중 하나였다.

36 1916부터 중국과학사는 매년 한 차례 회의를 열어 1948년까지 모두 26차례 개최했으며, 회의 장소는 미국과 남경, 북경, 상해 등 대도시를 제외하고도 항주, 남통(南通), 소주(蘇州), 청도(靑島), 진강(鎭江), 서안(西安), 중경(重慶), 광서(廣西), 곤명(昆明), 성도(成都), 여산(廬山) 등에서도 개최되어 편벽한 지방들도 과학자들의 방문을 받을 수 있었고, 나아가 보수적인 기풍을 개화시켰다.

37 남경생물연구소 설립 후, 종종 동·식물의 표본이 전시되었으며, 1931년 명복(明復)도서관이 새로 발족되었을 때, 판본(版本) 전람회가 10일간 열렸다.

38 과학사가 만들었거나 대신 관리한 상금은 일곱 종류에 달한다.

39 윌리엄 레이스(William Leiss)는 그의 저서 『자연의 지배』(The Domination of Nature, 1974)에서, 베이컨의 『새로운 아틀란티스』(the New Atlantis)와 모어의 『유토피아』를 유럽 사상의 두 유토피아 모델로 보았다. 그는 모어가 『새로운 아틀란티스』와 완전히 일치하는 태도를 지니고 있음을 지적하였다. "체계적으로 조직된 과학 연구라는 사상과 정부와 연구 조직이 동맹을 이루어야만 한다는 사상은 베이컨이 세상을 떠난 후 오래지 않아 센세이션을 일으켰다." "그러나 이러한 『새로운

아틀란티스』의 정교하고 아름다운 사유를 매우 존경한 사람조차도 아직 충분히 그리고 구체적으로 베이컨이 기술한 과학기술 진보 관념의 범위를 고찰한 일이 거의 없다. 이러한 간과는 매우 중요한 것인데, 왜냐하면『새로운 아틀란티스』에서 사회 기구와 과학 연구 조직의 관계는 이 글이 시사하는 핵심적인 부분이기 때문이다. 이것이 모어의『유토피아』에 비해 베이컨 사상이 훨씬 더 높은 평가를 받게 된 중요한 원인이었다." 威廉·萊斯, 岳長齡·李建華 譯,『自然的控制』, 重慶出版社, 1993, 56쪽.

40 任鴻雋,「中國科學社社史簡述」,『文史資料選輯』第15輯, 4~5쪽.

41 일반 회원의 기준은 과학을 연구하거나 과학 사업에 종사하며, 본사의 취지에 동의하고 회원 2인의 소개를 받아, 이사회의 선거를 거친 자이다. 영구 회원의 기준은 본회 회원으로 한 번에 혹은 3년 내 분할 납부한 돈이 100위안인 자를 영구 회원으로 한다. 특별 회원의 기준은 본회 회원으로 과학 분야에서 특수한 성적을 거둔 자로 연례 회의에서 과반수의 찬성을 거친 자이다. 준회원의 기준은 중학교 5학년 이상의 학생으로 장래 과학에 종사하고자 하며 …이사회의 선거를 거친 자이다. 찬조 회원의 기준은 본회의 경비를 500원 이상 지원했거나 다른 방면에서 본회를 찬조하고 연례 회의에서 과반수의 찬성을 얻은 자이다. 명예 회원의 기준은 과학 학술 사업에서 특수한 성적을 거두었으며 연례 회의에서 과반수의 찬성을 얻은 자이다.

42 5년마다 발표한 통계에 의하면, 역대 회원의 증가 상황은 다음의 표와 같다.

연도	1914	1919	1924	1929	1934	1939	1944	1949
명수	35	435	648	981	1500	1714	2354	3776

(위의 표는 런훙쥔의『중국과학사의 역사 약술』에 나온다.)

또, 1923년 월간『과학』1923년 1월 20일자에 기고한 런훙쥔의「중국과학사의 과거와 미래」라는 글에 실린 민국 9년 과학사 서기의 보고서에 따르면 회원 통계는 다음과 같다.

표1: 학문 분야별

학과	보통 普通	토목 土木	채광 야금 礦冶	기계 공학 機工	전기 공학 電工	농림 農林	화학 化學	생계 生計	물산 物算	화공 化工	의약 醫藥	생물 生物	합계
명수	150	46	41	39	39	35	32	29	29	27	24	8	503

표2: 소재지별

장소	강소 江蘇	상해 上海	남경 南京	기타 其他	직예 直隸	북경 北京	천진 天津	사천 四川	호북 湖北	복건 福建	강서 江西	하남 河南
명수	108	64	94	13	74	55	19	28	14	6	6	5
장소	하얼빈 哈爾濱	홍콩 香港	광동 廣東	산동 山東	봉천 奉天	운남 雲南	산서 山西	안휘 安徽	호남 湖南	광서 廣西	섬서 陝西	미상 未詳	합계
명수	4	4	4	2	2	1	1	1	1	1	1	5	276
국외	미국	프랑스	일본	영국	스웨덴		싱가포르					합계
명수	201	11	11	2	1		1					227

주: 이 표의 통계 숫자는 확실하지 않은 듯, 어떤 부분은 부분 숫자와 합계의 숫자가 맞지 않는다. 그러나 이를 통해 과학사의 당시 상황의 일단을 엿볼 수 있다.

43 蔡元培, 「爲科學社征集基金啟」(任鴻雋, 「中國科學社史簡述」, 『文史資料選輯』 第15輯, 9쪽) 참조.

44 范源廉, 「爲中國科学社敬告熱心公益諸君」(任鴻雋, 「中國科學社史簡述」, 같은 책, 9~10쪽) 참조.

45 리오타르가 '합법화' 문제를 분석할 때의 다음과 같은 주장은 우리가 과학의 합법화 문제를 이해하는 데 도움이 된다. 그는 민법을 예로 들어 분석했다. "특정 범주의 시민은 특수한 행위를 맡아서 해야만 한다. 합법화는 이러한 하나의 과정으로, 이 과정에서 입법자는 규범으로서의 법률을 반포할 권한을 부여받는다. 다시 과학적 진술을 예로 들면, 그것은 다음과 같은 규칙에 귀속된다. 즉, 과학으로 받아들여지기 위해서는 특정한 조건들을 만족시켜야만 한다는 것이다. 이런 상황하에서, 합법화는 한 과정이며, 이 과정을 통해서 과학 담론을 처리하는 '입법자'는 일정한 조건(일반적으로 이 조건들은 내적 일치성과 실험을 통한 증명이다)을 규정하는 권한을 부여받고, 과학 공동체는 이에 근거하여 어떤 진술이 과학 담론으로 용납될 수 있는지 여부를 결정한다." *The Post-modern Condition*, Translation from the French by Geoff Bennington and Brian Massumi, Manchester University Press, 1984. p.8.

46 초기의 과학 연구는 기본적으로 개인에 의해 진행되었기 때문에, 과학자의 활동과 예술가의 활동 환경은 비슷했다. 그러나 19세기 말부터, 과학자의 작업은 자주 공업과 국가와 관계를 맺게 되었고, 이는 나아가 과학을 사회적 역량의 한 부분으로 만들었다. 브뤼노 라투르(Bruno Latour)의 설명에 따르면, 파스퇴르(Pasteur)가 프랑스에서 유행성 탄저병을 치료할 수 있는 혈청을 만들었다고 발표했을 때, 그의 결론은 과학자의 반복 실험을 통해 합법화된 것이 아니라, 이 결론을 증명할 권력을 지닌 세 개의 기구——과학 공동체, 유제품 가공·생산자, 그리고 국가——에 의해서 합법화된 것이었다. 라투르의 결론은 '사회'가 과학의 과정에 영향을 미치는 것이 아니라, 실험실이 사회 권력의 모델이 된다는 것이다. 푸코의 주제 즉 지식/권력의 관계가 근대 사회의 주요한 특징을 이룬다는 시각에서 보면, 라투르는 이 연관을 과학 진리의 상황으로 보았을 뿐 아니라, 반대로 전통의 제도적 권력은 실험실 속에서 그 힘을 획득하지만 20세기에 실험실은 상품과 사회 권력의 생산자가 되었다고 역설한다. 따라서 그는 과학은 마르크스나 마르크스주의자들이 주장한 것처럼 자본에 기생해 있는 것이 아니라, 자본의 핵심적 형식을 이루며, 이러한 형식은 실험실을 자신의 생산 기지로 삼는다고 강조한다. 과학은 예술(공예)적 특징을 갖고 있지만, 과학의 발견 과정은 이미 자주적 영역과 유사한 그 어떤 것으로부터도 영원히 벗어나 있다. Bruno Latour, *The Pasteurization of France*, trans. Alan Sheridan and John Law(Cambridge, Mass: Harvard University Press, 1988).

47 Jean-Francois Lyotard, *The Post-modern Condition*, 8쪽.

48 1908년(광서 34년)에서 1911년 사이의 3년간, 옌푸는 줄곧 이 직무를 맡았다. 그러나 장스자오(章士釗)에 따르면, "(민국)7년(1918년) 내가 북경대학 교수로 있을 때, 차이(위안페이) 총장이 선생(옌푸)의 명사관(名詞館) 원고 한 부를 나에게 정리하라

고 주었는데, 건성으로 한 거친 해설에 매우 놀랐다. 아마도 선생은 거기서 생계를 해결하려 했을 뿐, 전심을 다하지 않은 듯하다." (王栻, 『嚴復傳』, 上海人民出版社, 1957, 65쪽에서 재인용) 옌푸는 이 직무를 맡고 있던 시기에 다른 직무들도 여럿 겸하고 있었다. 그중에는 자정원(資政院) 의원, 헌정편사관(憲政編査館) 이등자의관(二等咨議官), 탁지부(度支部: 재정부) 청리재정처(淸理財政處) 자의관, 복건성(福建省) 고문관(顧問官) 등이 포함되어 있다. 1910년(선통 2년)에는 해군협도통(海軍協都統)으로 특별 임명되고, 그다음 해에는 또 해군부 일등참모관에 특별 임명되었다. 청말 명사(名詞) 심의관의 설립은 의심할 여지없이 서학의 유입, 교육 체제의 개혁과 관련이 있다. 그러나 전문적인 과학자 단체의 작업이 빠져 있었기 때문에, 이 작업은 여전히 농후한 관료·문인적 성격을 띠고 있었고, 옌푸가 이 작업을 담당한 상술한 상황은 대체로 이 점을 설명해 주고 있다.

49 『과학』 창간호의 예언(例言). 1915년 1월 25일 『과학』 제2권 제7기의 「연기」(緣起)에서도 "명사는 사상 전파의 도구이다. 오늘날 과학의 도입은 명사의 심의 제정 없이는 이룰 길이 없다" "과학 명사는 하루아침에 성립될 수 없고 또 한 사람이나 한 기관에 의해 정해질 수도 없다" "명사 토론회를 설립한 것은 후일 과학계에서 명사를 심의 제정할 것을 예비하기 위한 것이다"라고 하였다. 후센쑤(胡先驌)의 「절강(浙江) 식물 명칭록 증보」(增補浙江植物名錄, 『과학』 7권 9기), 「고금(古今)의 식물 풀이 증명」(說文植物古今證, 『과학』 10권 6~7기)이 모두 그 예증이다.

50 任鴻雋, 「中國科學社社史簡述」, 『文史資料選輯』 第15輯, 21쪽.

51 언어의 기술화 과정은 오늘날 이미 컴퓨터 복제와 번역 기계의 단계에 진입했다. 이 과정의 전제 중 하나가 바로 언어의 기술화다. 혹은, 언어의 기술화가 기술화된 처리의 가능성을 내재적으로 포함하고 있다고도 할 수 있겠다. 하이데거가 말한 것처럼, "인간과 언어의 관계는 변화 속에 놓여 있으며, 이 변화의 결과를 우리는 아직 가능할 수 없다. 이 변화의 과정은 아직 직접적으로 억제할 수가 없다. 어쨌든 변화는 조용히 진행되고 있다." Günter Seubold, 宋祖良 譯, 『海德格爾分析新時代的科技』, 中國社會科學出版社, 1993, 188쪽에서 재인용.

52 任鴻雋, 「中國科學社社史簡述」, 『文史資料選輯』 第15輯, 13쪽.

53 『科學』 創刊號 「例言」, 1915年 1月 25日, 2쪽.

54 위의 글, 1915年 1月 25日, 2쪽

55 귄터 슈볼드(Günter Seubold)는 하이데거의 기술에 대한 사유를 고찰하면서 다음과 같이 풀이했다. "우리가 고찰하는 인간의 전체 존재자에 대한 기술 통치는 직접적으로 어떤 수단도 없이 발생하는 것이 아니라, 기계 기술과 자연과학 등과 같은 통치 도구들을 통해서만 발생할 수 있다. 이러한 수단 중에는 언어도 포함되는데, 언어는 특히 가장 근본적이고 가장 원시적인 '수단'이다. 왜냐하면 언어를 통해서만 인간들이 세계라고 부르는 것을 드러내고 표현할 수 있으며, 기술적 세계는 기술적 언어 속에서만 드러나기 때문이다. 원래 시적인 언어(시적 언어는 사물의 표현을 다양한 방식으로 해결하게 하는데, 주체의 제조라는 의미에서 해결하는 것이 아니라 사물 자체의 존재가 서로 다른 표현 가능성을 갖도록 하는 것이다)를 써서 기술 통치 형식을 만들 수 있다는 것은 상상할 수 없다. 이와 같이 모든 세계는 각각 그것과 서로 대응하는 언어가 있다. 언어는 단순한 반영 기능은 없으나, 그 자체로

당시 세계의 발생에 참여한다." "언어의 이러한 기술화로 인해, 진정으로 풍부한 언어는 위축될 수밖에 없고, 언어의 죽음은 언어의 일체화와 더불어 나타난다. 현실 언어의 생명은 다의성에 있다. 생동하는 단어를 일의적이고 기계적으로 확정된 기호 체계로 바꾸는 경직성은, 언어의 죽음이며 생활의 응고이자 위축이다." Günter Seubold, 『海德格爾分析新時代的科技』, 186~187쪽.

56 후스는 같은 해 7월 2일자 일기에서 스스로 발문을 다음과 같이 적었다. "나는 구두와 부호의 학문에 뜻을 둔 지 오래다. 이 글은 수년간 이 문제에 관해 사유한 결정체로서 일시적인 흥미로 쓴 것이 아니다. 이후의 글에서는 이 규정을 사용하겠다." 胡適, 「四十自述」, 吳福輝 編, 『胡適自傳』, 南京: 江蘇文藝出版社, 1995, 101쪽에서 재인용.

57 「論白話爲維新之本」, 『中外大事匯記』, 廣益書局.

58 중원아오는 당시 청화(淸華)학생 감독처의 괴짜로 기독교도였으며, 선교사와 청년회의 영향을 많이 받았다. 후스에 따르면, 그는 워싱턴의 청화학생 감독처에서 서기를 맡았는데, 직무는 매달 각 지의 학생들에게 그들이 받아야 할 한 달치 돈을 부치는 일이었다. 그는 수표를 보내는 기회를 이용해 사회 개혁에 대해 선전하고자 했다. 그는 선전물을 인쇄하여, 매달의 수표가 든 봉투에 끼워 넣어 유학생에게 보냈다. 내용은 "25세가 되기 전에 장가들지 말자", "한자를 폐지하고 알파벳으로 바꿔 쓰자" 등등이었다. 후스는 당시 중원아오의 견해에 불만을 가졌고 편지를 써서 비판한 적도 있는데, 한문(漢文)을 잘 모르는 그는 중국 문자 개량 문제를 논할 자격이 없다고 질책했다. 胡適, 「四十自述」, 吳福輝 編, 『胡適自傳』, 97~98쪽 참조.

59 같은 책, 98쪽.

60 胡適, 「四十自述」, 같은 책, 99~100쪽. 또, 『留學日記』, 臺北: 商務印書館, 1958, 758~764쪽에도 보인다. 앞에 인용한 구두에 관한 논문은 『과학』 제2권 제2호에 보인다. 후스는 『상시집·자서』(嘗試集·自序)에서 「어떻게 하면 우리나라의 문언문을 가르치기 쉽게 만들까」(如何使吾國文言文易於教授)를 인용하며 언급하고 있는데 거기에는 다음과 같은 말이 있다. "문언문은 절반은 죽은 문자이므로, 살아 있는 문자를 가르치는 방법으로 가르치면 안 된다." "살아 있는 문자란 일상 언어의 문자로, 영어와 불어, 우리나라의 백화 등이 그것이다." 이를 통해 당시의 토론은 기본적으로 일상의 구어를 가지고 서면어를 개조하려고 한 것임을 충분히 알 수 있다.

61 胡適, 「四十自述」, 吳福輝 編, 『胡適自傳』, 102쪽.

62 黃遵憲, 「學術志二·文學」, 『日本國志』 第33卷, 臺北: 文海出版社, 1974年版, 816쪽.

63 『藏暉室札記』 卷十二, 卷十三, 『胡適研究叢錄』, 北京: 三聯書店, 1989, 114~115쪽에서 인용.

64 『科學』 第1卷 第1期 「例言」, 1915년 1월 25일, 1쪽.

65 任鴻雋, 「說中國無科學之原因」, 『科學』 第1卷 第1期, 8쪽.

66 위의 글, 9쪽.

67 任鴻雋, 「何爲科學家」, 『科學』 第4卷 第10期, 1919年 6月 20日, 920, 921쪽. 그 외에 그의 다른 글 「吾國學術思想之未來」 참조. 거기에서 "과학은 정확한 지식의 근원이며, 정확한 지식의 획득은 진실로 교육의 첫 번째 목적이다"라고 했다. 『科學』 第2卷 第12期, 1916年 12月 25日, 1294쪽.

68 Karl Popper, 「科學哲學的主要問題」, 『科學知識進化論』, 三聯書店, 1987, 4쪽.

69 胡明復, 「近世科學的宇宙觀」, 『科學』 第1卷 第3期, 1915年 3月 25日, 255~261쪽.

70 매킨타이어(Alasdair MacIntyre)는 일찍이 18세기 유럽 사상 중에서의 한 중요한
    현상, 즉 경험주의와 자연과학이 한 문화 속에 병존하는 현상을 논증한 바 있다. 경
    험주의의 경험 개념은 17, 18세기의 일종의 문화 창조였다. 이러한 개념은 17세기
    의 인식론의 위기를 해결하기 위해서 창조되었고, 사람들은 그것을 통해 옳은 듯한
    것과 옳은 것, 표상과 현실 간의 균열을 메우고자 했다. 이와는 대조적으로 자연과
    학의 관찰과 실험 개념은 옳은 듯한 것과 옳은 것 사이의 거리를 확대하는 경향이
    있으며, 현상과 실체, 환상과 진실 사이에 새로운 구분 형식을 창조했다. 이 밖에, 경
    험주의자의 개념은 우리의 지식을 구성하는 것과 우리 지식의 기초를 구성하는 기
    본 요소를 구분하는 경향이 있으며, 신념과 이론이 정확한 것으로 증명될 수 있는
    지는 경험의 기본 요소에 대한 판단에 따라 결정된다. 이러한 의미에서 자연과학자
    의 관찰은 기초가 아니다. 따라서 경험주의와 자연과학이 한 문화 속에 병존하는 것
    은 분명 심상치 않다. 왜냐하면 그들은 이 세계를 인식하는 근본적으로 다르며 서로
    용납될 수 없는 두 가지 방법을 대표하기 때문이다. 그러나 18세기에 이 둘은 한 세
    계관 속에 병존할 수 있었을 뿐만 아니라 같은 세계관을 표현할 수 있었다. 이것은
    이러한 세계관이 근본적으로 자체 모순적임을 의미한다. 그러나 이러한 내재적 모
    순의 모호성은 무엇이 부정되어야 하고 무엇이 배척되어야 하는가 하는 문제에서
    의 이 세계관의 일치 정도에 기인한다. 즉, 그들이 공통으로 부정하고 배척한 것은
    많은 부분 아리스토텔레스의 고전 세계관의 모든 방면이었다. A. MacIntyre, *After
    Virtue*(University of Notre Dame Press, 1984), pp.80~81(A. MacIntyre, 龔群·
    戴揚毅 等譯, 『德性之後』, 北京: 中國社會科學出版社, 1995, pp.101~103).【역주】
    이 책은 국내에서 『덕의 상실』(알래스데어 매킨타이어, 이진우 옮김, 문예출판사,
    1997)로 번역·출판되었다.

71 Karl Popper, *The Logic of Scientific Discovery*(London: Hutchinson, 1959);
    Conjectures and Refutations: the Growth of Scientific Knowledge(London:
    Routledge & K. Paul, 1969).【역주】 첫 번째 책은 국내에서 『과학적 발견의 논리』
    (칼 포퍼, 박우석 옮김, 고려원, 1994)로, 두 번째 책은 『추측과 논박』 1, 2(칼 포퍼,
    이한구 옮김, 민음사, 2001)로 번역·출판되었다.

72 전통 귀납주의는, 경험과학은 그들의 이른바 '귀납적 방법'을 사용한다는 사실에 의
    해 특징지을 수 있다고 여긴다. 이러한 관점에 근거하면, 과학적 발견의 논리는 바
    로 귀납 논리, 즉 귀납적 방법의 논리적 분석이 되고, 그 특징은 단칭(單稱)적 언명
    들(때로는 '특칭'特稱적 언명들이라고도 불리는데, 예를 들어 관찰이나 실험 결과에
    대한 기술이 있다)로부터 가설이나 이론과 같은 보편(全稱) 언명들로 넘어가는 것
    이다. 그러나 포퍼는 경험적(관찰 혹은 실험 결과) 기술은 단칭 언명에 불과할 뿐 보
    편 언명일 수는 없다고 생각했다. 사람들은 경험을 통해 보편 언명의 정확성을 알게
    된다고 하지만, 실제로는 사람들은 모종의 방법을 통해 보편 언명의 진리성을 단칭
    언명의 진리성으로 환원할 수 있는데, 이러한 단칭 언명은 경험에 근거하여 진실임
    을 알게 된다. 이것은 보편 언명이 귀납적 추리를 기초로 한다는 것과 같은 말이다.
    포퍼는 이미 참이라고 알고 있는 자연법칙이 존재하는지를 묻는 것은 다른 방식으

로 귀납적 추리가 논리적으로 증명이 되었는지를 묻는 것에 불과하며, 귀납적 추리를 증명할 방식을 찾기를 원한다면 우리는 반드시 먼저 귀납 원리를 확립해야만 한다. 그러나 포퍼의 분석에 따르면, 귀납 원리 자체도 보편 언명이다. 만약 귀납 원리의 진리성이 경험에서 온다고 여긴다면, 귀납 원리의 도입을 야기한 것과 똑같은 문제들이 다시 제기된다. 이 원리를 증명하기 위해서, 우리는 귀납적 추리를 써야 하며, 이러한 귀납적 추리를 증명하기 위해서 우리는 더 고급의 귀납 원리를 가정해야만 하며, 이와 같은 과정이 계속 되풀이될 것이다. 이렇게, 귀납 원리를 경험 위에 세우려는 시도는 실패하고 만다. 포퍼는 "귀납 원리란 우리가 그것에 도움을 받아 귀납적 추리를 논리적으로 용납할 수 있는 형식으로 제시하는 그런 언명일 터이다", "귀납 원리는 토톨로지(동어반복)나 분석적 언명처럼 순수하게 논리적인 진리가 될 수 없다. 실로 순수하게 논리적인 귀납 원리와 같은 것이 있다고 한다면, 귀납의 문제라는 것이 없어져 버리게 될 것이다. 왜냐하면 이 경우 모든 귀납적 추리들은 연역 논리에서의 추리들과 매한가지로 순수하게 논리적이거나 동어반복적인 변형으로 간주되어야 할 것이기 때문이다. 따라서 귀납 원리는 종합적 언명임에 틀림없다. 즉, 그것의 부정이 자기모순적이지 않고 논리적으로 가능한 언명이다. 그래서 왜 그런 원리를 받아들여야만 하는가, 그리고 그것의 수용을 어떻게 합리적 근거로 정당화할 것인가 하는 문제가 제기된다"고 하였다. 『科學發現的邏輯』第一章 참조, 『科學知識進化論』, 16~17쪽.【역주】이 글은 국내에서 『과학적 발견의 논리』(칼 포퍼, 박우석 옮김, 고려원, 1994)로 번역·출판됐으며, 여기에 인용된 부분과 개념들의 번역은 이 책의 29~33쪽을 참고하거나 인용하였음을 밝힌다.

73 "한편으로는 경험과학들, 다른 한편으로는 '형이상학적' 체계들과 아울러 수학과 논리학을 구별할 수 있게 해 줄 기준을 찾는 문제를 필자는 구획의 문제라고 부른다." 위의 글, 22쪽.【역주】앞의 국내 번역서, 39쪽.

74 위의 글, 25~26쪽.【역주】앞의 국내 번역서, 39~42쪽.

75 포퍼는 형이상학이 아무 가치가 없다고 공언하지 않았고, 형이상학을 과학의 진전을 돕는 형이상학과 방해하는 형이상학으로 구분했다. 그는 순수 사변적이고 때로는 심지어 상당히 모호한 사상에 대한 신앙이 없다면 과학적 발견은 불가능하다고 여기는 경향이 있었다. 이러한 신앙은 과학의 관점에서 보면 완전 근거가 없는 것이므로, 그러한 의미에서 '형이상학적'인 것이다. 포퍼는 "나는 과학적 체계에 대해 긍정적인 의미에서 단번에 선정될 수 있어야 한다고 주장하지 않는다. 나는 그것이 이러한 논리적 형식을 갖고, 그것이 부정적인 의미에서 경험적 검사의 힘을 빌려 선정될 수 있기를 요구하는 것이다. 경험적인 과학 체계는 경험에 의해 반박이 가능해야만 한다"라고 했다. 또, "경험적 방법의 특징은 생각할 수 있는 온갖 수단을 다해 검사될 체계가 반증을 수용하게 하는 태도이다. 그것의 목적은 지지할 수 없는 체계의 생명을 구출하려는 것이 아니라, 그와는 정반대로 비교를 통해서 모든 체계를 가장 잔혹한 생존경쟁 속에 놓음으로써, 그중 최적의 것을 선택하려는 것이다." 앞의 글, 28~29쪽.【역주】앞의 국내 번역서, 43쪽, 48쪽, 50쪽.

76 『역사주의의 빈곤』(The Poverty of Historicism), 『열린사회와 그 적들』(The Open Society and Its Enemies) 등의 책에서, 포퍼는 그의 과학적 인식 원칙을 가지고 플라톤, 헤겔, 마르크스와 논쟁을 하는데, 그들을 전체주의 사회사상의 주요한 근원으

로 여긴다. 그의 비판의 핵심은 이 사상가들이 역사와 사회 영역에서 인과율로 사회 변화의 최종 목적을 예측하려고 했고 나아가 자신의 학설을 세계란 무엇인지, 세계의 목표는 무엇인지를 규정하는 원리와 청사진으로 이해하려고 했다는 것이다. 플라톤의 선(善)의 이념, 헤겔의 절대정신, 마르크스의 역사발전론은 모두 가설을 최종 논증으로 삼으려는 경향과 총체적 의의를 파악하려는 시도를 체현한 것이고, 모두 반박할 수 없는 과학이며, 이 모든 것들은 다 그의 반증 관념에 위배되는 것이었다. 그는 유토피아 착상을 사회 실천으로 전환하는 것을 비판하고, 전체주의적인 국가 제도가 일상생활에서의 자유로운 활동을 억압했다고 비난했는데, 분명한 것은 그의 비판적 실재론이 정치적, 도덕적 결과를 이끌어 냈다는 점이다. 그의 열린사회의 개념 또한 그러하다. 포퍼는 그의 과학철학의 오류 가능론(可錯論)에서 출발하여, 민주 제도가 폭력을 쓰지 않고도 개혁을 할 수 있는 유일한 정부 형식이고, 유토피아식의 사회 설계와 달리 완전무결하지 않은 사회 기술이며, 행운을 늘리는 것이 아닌 고통을 줄이는 것을 목표로 하는, 자신의 정치 주장이 틀린 것일 수도 있음을 인정할 수 있는 정치 체제임을 논증한다. 『열린사회와 그 적들』과 하이에크(F. A. Hayek)의 『노예의 길』(The Road to Serfdom), 『과학의 반혁명』(The Counter-Revolution of Science)은 모두 제2차 세계대전 기간인 암흑의 시대에 탄생했으며, 그들의 '이성의 남용'(the abuse of reason)에 대한 비판적 사고는 전후 서양 사상계의 과학주의에 대한 반성의 이론적 원천이 되었다.

77 하이에크의 비교적 협애한 정의에 따르면 과학주의가 기술하는 것은 일종의 완전히 비과학적인 태도인데, 이러한 태도는 과학의 사상, 습관을 완전히 다른 영역에 기계적이고 무비판적으로 사용하며, 그것의 연구 주체를 확인하기도 전에 이 대상을 연구하는 데 가장 적합한 길을 알고 있다고 공언한다. 따라서 과학주의는 과학적 관점과는 상호 대립되는 편견이다(Hayek, *The Counter-Revolution of Science*, Indianapolis: Liberty Press, 1979).

78 그와 하이에크의 공통점은 이성에 대해 의심하는 태도, 즉 이성이란 틀릴 수 있다고 믿는 것뿐이다. 이러한 의미에서 실증주의적인 관점에서뿐 아니라 포퍼의 반증주의가 과학적 구획 기준을 확정할 수 있는지는 의문의 여지가 있다. 그 밖에, Ayer, 『二十世紀哲學』第四章 第三節, 「卡爾·波普論歸納問題」를 참고하기 바란다. 비엔나 학파의 당대 계승자인 에이어(A. J. Ayer)는 실증주의적 측면에서 포퍼의 반증 관념이 귀납 문제를 해결했다는 것에 깊은 회의를 나타낸다. 그는 "만약 이러한 가설이 검증을 통과했다고 해도 더 큰 근거를 획득할 수 없다고 한다면, 우리는 그것들을 무엇 때문에 검증하겠는가? 이는 게임의 규칙을 준수하는 문제이기도 하지만 우리의 신념을 변호하려는 것이기도 하다. 만약 검증의 전 과정도 이러한 변호를 제공할 수 없다면, 이러한 검증은 의미가 없는 것이다", "뿐만 아니라, 귀납 이론이 일상생활 방식에 깊숙이 들어와 있음을 고려할 때, 우리가 귀납적 방식으로 추론을 하는 것이 아니라는 터무니없는 말을 한다면 얼마나 우스꽝스럽게 보이겠는가"라고 하였다. 152~153쪽.

79 Thomas S. Kuhn, 「是發現的邏輯還是研究的心理學?」, Imre Lakatos and Alan Musgrave 編, 周寄中 譯, 『批判與知識的增長』, 華夏出版社, 1987, 19쪽. 【역주】이 책은 국내에서 『현대 과학철학 논쟁』(토마스 쿤·포퍼·라카토스 외, 조승옥·김동

식 옮김, 아르케, 2002)으로 번역·출판되었다.

80 胡明復, 「科學方法論一, 科學方法與精神之大槪及其實用」, 『科學』 月刊 第2卷 第7期, 1916年 7月 25日, 722쪽. 과학과 종교의 관계에 대해서, 후밍푸는 주로 Andrew D. White, *A History of the Warfare of Science with Theology in Christendom*, 1914, Introduction을 참고했다.

81 위의 글, 722쪽.

82 위의 글, 722~723쪽.

83 胡明復, 「科學方法論二, 科學之律例」, 『科學』 月刊, 1916年 9月 25日, 957~963쪽. 이 문장의 참고서적은 K. Pearson, *The Grammar of Science*, 3rd. ed., vol. I, Chs. II, III(London, 1911); W. S. Jevons, *The Principle of Science*, Ch. XXXI(MacMillan, 1887)이다. 피어슨의 저작은 1923년에 '과학과 인생관' 논쟁에서 다시금 인용된다.

84 후밍푸는 "이러한 정신은 …구(舊)미신, 구풍습, 구종교, 구도덕과 서로 격전을 벌이지 않은 날이 없다. 그러나 그 결과 과학 자체가 발전했을 뿐만 아니라, 풍속·도덕·종교가 그로 인해 나날이 순수해졌고, 점차 참된 모습에 가까워졌다"고 하였다. 胡明復, 「科學方法論一, 科學方法與精神之大槪及其實用」, 『科學』 月刊 第2卷 第7期, 1916年 7月 25日, 722~723쪽.

85 胡明復, 「科學方法論一, 科學方法與精神之大槪及其實用」, 『科學』 月刊 第2卷 第7期, 723~724쪽.

86 위의 글, 724쪽.

87 위의 글, 725쪽.

88 위의 글, 725쪽.

89 위의 글, 726~7쪽.

90 위의 글, 724쪽.

91 M. Ginsberg, *On the Diversity of Moral* (London, 1956), p.151.

92 K. R. Popper, *The Open Society and Its Enemies*(London: Routledge and Kegan Paul, 1966), vol.2, pp.98, 91.【역주】 이 책은 국내에서 『열린사회와 그 적들』2(칼 R. 포퍼, 이명현 옮김, 민음사, 1998)로 번역·출판되었다.

93 Madison, par Gary B., "How Individualistic is Methodological Individualism?" 참조. 이 논문은 저자가 학술회의에서 발표한 것으로, 린위성(林毓生) 선생이 이 논문의 인쇄본을 제공해 주었다. 이에 감사드린다. 포퍼와 하이에크의 관계에 대한 나의 이해와 분석은 이 글에서 계발 받은 바가 크다.

94 Hayek, F. A., 『個人主義與經濟秩序』, 賈湛·文跃然 譯, 北京經濟學院出版社, 1989, 6쪽, 15쪽.【역주】 이 책은 국내에서 『개인주의와 경제질서』(프리드리히 하이에크, 박상수 옮김, 자유기업센터, 1998)로 번역·출판되었다.

95 위의 글, 6쪽.

96 문제를 설명하기 위해, 먼저 하이에크의 방법론적 개인주의 이론의 결과를 간단히 설명하겠다. 하이에크의 견해가 주로 겨냥하고 있는 것은 사회에 관한 철저한 집단주의 이론으로, 이 이론은 바로 사회 전체를 스스로 일체를 이루는 것이자 그것을 구성하는 개인의 바깥에 독립된 것으로 이해할 수 있다고 여긴다. 이러한 일종의 방

법론적 개인주의를 통해서, 하이에크는 이성주의자들의 거짓 개인주의에 대해 비난을 가한다. 왜냐하면 이러한 거짓 개인주의 또한 실제로 집단주의(이는 물론 루소와 중농학파를 가리킨다)를 야기할 수 있기 때문이다. 집단주의건 거짓 개인주의건 모두 일종의 이성의 과도한 운용을 의미하며, 하이에크의 중심 논점은 모든 인류, 사물 속에서 발견되는 질서는 개인 활동의 예견할 수 없는 결과이지 인간이 공들여 설계한 결과가 아니며, 자유인의 자발적 연합에 의해 제조된 사물들은 종종 그들 개인의 머리로 전부 이해할 수 있는 것보다 훨씬 위대하다는 것이다. 하이에크는 데카르트, 루소 그리고 프랑스대혁명부터 근대 사회주의자들까지 사회문제를 처리하는 태도를 사회계약 개인주의와 사회제도 '설계' 이론의 발전으로 보고, 그와 대립적인 것은 바로 자발적 사회 산물의 형성을 이해하기 쉽게 하는 데 중점을 둔 이론이라고 보았다. 인간의 이성을 유한하고 착오를 일으킬 수 있는 것으로 가정하고 이로부터 출발하여 정치상의 반사회주의 관점을 취했다는 점에서 하이에크는 포퍼와 중대한 유사점을 지니지만, 그들의 추론 방식은 중요한 차이점을 지니고 있기도 하다. 하이에크는 사회문제에 대해 원자론적으로 분석하기를 단호히 거절한다. 이것은 하이에크가 인류의 이성(Reason)이 이성주의자들이 가정하는 것처럼 특수한 개인에게 존재하는 것이 아니라, 그와는 반대로 이성은 사람과 사람의 교제 혹은 상호작용 속에 존재하며, 어떤 개인의 공헌도 다른 사람의 검증과 교정을 받아야 한다고 굳게 믿었기 때문이다.

97   앞의 글, 15쪽.

98   Hayek, *The Counter-Revolution of Science*, pp.149~150.

99   Hayek, F. A., 『個人主義與經濟秩序』, 16~17쪽, 20~21쪽.

100   하이에크는 철학을 크게 두 가지 유형으로 분류했다. 하나는 구성주의적 이성주의(constructivist rationalism)이고, 다른 하나는 진화론적 이성주의(evolutionary rationalism)이다. 데카르트, 홉스, 루소, 벤담은 구성주의적 이성주의로 언급되고, 애덤 스미스, 버크(Burke), 맨더빌(Mandeville), 토크빌(Tocqueville), 흄(Hume) 등은 진화론적 이성주의라고 한다. 그의 견해에 따르면 구성주의적 이성주의는 연역 추론을 인류 사회에 응용할 수 있다고 믿는 철학 학파다. 그것은 사회와 언어, 법률이 인간에 의해 창조된 것이기 때문에, 인간이 이러한 인류 생활의 이성 설계에 따라서 이 제도들을 재구성할 수 있고, 심지어는 그들을 철저히 바꿀 수 있다고 믿는다. 사회주의 사상은 바로 이러한 전통의 논리적 결과이다. 진화론적 이성주의는 사회와 언어, 법률이 일종의 진화의 방식으로 발전해 온 것이지, 어떤 사람의 설계에 의해 나온 것이 아니기 때문에, 연역 추리가 암시하는 어떤 방식으로도 재구성할 수 없다고 믿는다. 하이에크 본인은 이 전통에 속한다. C. M. Hoy, 劉鋒 譯, 『自由主義政治哲學』(A Philosophy of Individual Freedom), 三聯書店, 1992, 5~6쪽.

101   MacIntyre, 『德性之後』(After Virtue, p.35), 46쪽.

102   Max Horkheimer, *Eclipse of Reason*(New York, 1974), pp.81~82.

103   「發刊詞」, 『科學』 月刊 第1卷 第1期, 1915年 1月 25日, 5~6, 7쪽.

104   楊銓, 「戰爭與科學」, 『科學』 月刊 第1卷 第4期, 1915年 4月 25日, 356~357쪽.

105   唐鉞, 「科學與德行」, 『科學』 月刊 第3卷 第4期, 1917年 4月 25日, 404쪽.

106   위의 글, 405~6쪽.

107 위의 글, 407쪽.

108 위의 글, 409쪽.

109 위의 글, 410쪽.

110 任鴻雋, 「說"合理的"意思」(1919), 『科學』月刊 第5卷 第1期, 1919年 12月 10日, 3쪽.

111 黃昌谷, 「科學與知行」, 『科學』月刊 第5卷 第10期, 1920年 10月 10日, 960쪽. 그가 지행합일(知行合一)의 문제에서 출발해 과학 문제를 토론하는 것은, 한편으로는 지행(知行) 개념의 전통적 함의를 바꾸었고, 다른 한편으로는 중국 사상가의 자연에 대한 이해가 여전히 깊은 주체론적 색채를 띠고 있음을 보여 주었다. 이는 왕양명(王陽明)을 인용할 때 가장 잘 드러난다. 만약 우리가 이러한 자연관과 돌바크(Paul Thiry baron d'Holbach)의 『자연의 체계』(The System of Nature)의 무신론과 유물주의를 비교한다면, 문제는 더욱 분명해진다. 『자연의 체계』에서 모든 합목적성, 모든 자연 질서는 인류의 심령 속 현상에 불과하다. 자연 자체는 원자 운동의 필연성만 알 뿐, 그 속에는 목적이나 규범의 가치 규정에 의존함이 없다. 자연은 규율에 부합한다는 이 원칙은 우리가 보기에 무목적적 혹은 비합목적성의, 무규칙적인 혹은 비정상적인 사물 속에 존재하며 동시에 우리가 우리의 의도나 습관에 부합한다고 판단하고 우리가 합목적적이라고 동의하는 사물 속에도 존재한다. 이 둘에는 똑같은 논리적 엄밀성이 작용하고 있다. 지혜로운 자는 자연의 냉혹함과 무정함을 자신의 것으로 바꿔야 하며, 그는 마땅히 모든 목적 개념의 상대성을, 진정한 규범과 질서가 없음을 꿰뚫어 봐야 한다(Windelband, 『哲學史敎程』下卷, 北京: 商務印書館, 1993, 679~680쪽 참조). 이렇게 적나라한 자연주의는 지행 범주에 기초를 제공할 수 없는데, 이는 지행 범주가 우주와 도덕의 목적을 미리 설정하고 있기 때문이다. 지행합일의 과학 개념 중에서, 일종의 자연에 대한 탐구로서 과학 행위는 합목적적인 행위이다. 이러한 목적은 우주 질서가 제공하는 것이며, 도덕 행위에 필수적인 것이다.

112 黃昌谷, 「科學與知行」, 『科學』月刊 第5卷 第10期, 1920年 10月 10日, 960, 961쪽.

113 위의 글, 961~2쪽.

114 위의 글, 967쪽.

115 楊銓, 「戰爭與科學」, 『科學』月刊 第1卷 第4期, 1915年 4月 25日, 357쪽.

116 何魯, 「科學與和平」, 『科學』月刊 第5卷 第2期, 1920年 1月 10日, 123~124쪽.

117 何魯, 「科學與和平」(續), 『科學』月刊 第5卷 第4期, 1920年 4月 10日, 328쪽.

118 Haggery, M. E., 楊銓 譯, 「科學與共和」, 『科學』月刊 第2卷 第2期, 1916年 2月 25日, 143~144쪽, 151쪽, 152쪽, 153쪽.

119 培蕾博士, 過探先 抄譯, 「永久農業與共和」, 『科學』月刊 第4卷 第8期, 1919年 4月 20日, 720쪽.

120 위의 글, 717~724쪽.

121 「發刊詞」, 『科學』月刊 第1卷 第1期, 1915年 1月 25日, 3쪽.

122 위의 글, 5쪽, 7쪽.

123 黃昌谷, 「科學與知行」, 『科學』月刊 第5卷 第10期, 1920年 10月 10日, 962쪽.

124 위의 글.

125 王璡, 「中國之科學思想」, 『科學』月刊 第7卷 第10期, 1922年 10月 20日, 1022~1023쪽.

126 黃昌谷, 「科學與知行」, 『科學』月刊 第5卷 第10期, 1920年 10月 10日, 965쪽.

127 任鴻雋, 「科學與敎育」, 『科學』月刊 第1卷 第12期, 1915年 12月 25日, 1343, 1347, 1349, 1352, 1344쪽.

128 위의 글, 1344쪽.

129 佛, 「非"科學萬能"」, 『科學』月刊 第5卷 第8期, 1920年 8月 10日, 852쪽.

130 楊銓, 「托爾斯泰與科學」, 『科學』月刊 第5卷 第5期, 1920年 5月 10日, 427쪽.

131 위의 글, 427, 428쪽.

132 위의 글, 428, 429쪽.

133 위의 글, 429쪽.

134 위의 글, 430쪽.

135 위의 글, 433쪽.

136 위의 글, 434쪽.

137 위의 글, 434쪽.

138 위의 글, 434쪽.

139 위의 글, 434쪽.

140 위의 글, 435~36쪽.

141 위의 글, 436쪽.

142 楊銓, 「科學的人生觀」, 『科學』月刊 第6卷 第11期, 1921年 11月 20日, 1111~1119쪽.

143 위의 글, 1112~13쪽.

144 위의 글, 1119쪽.

145 위의 글, 1115, 1116쪽.

146 錢崇樹, 「天然新義」: "경미한 차이가 오랜 시간을 거쳐 유전될 수는 없다고 생각된다. 즉 유전되는 것 역시 사소한 것이 쌓이고 쌓인다고 해서 새로운 종을 낳을 수 없다. 사물은 각기 성질을 지닌다. 예를 들어 꽃의 색과 향은 모두 그것의 향과 색의 성질을 바탕으로 한다. …성질은 또한 종에 따라 다르다." 『科學』月刊 1915年 7月 25日, 785쪽. 그 밖에, 바오사오유(鮑少游)는 제4권 제4기, 1918年 12月 10日, 367~368쪽에 번역하여 실은 「인류의 화학 성분을 논함」(論人類之化學的成分)이라는 글에서, 화학의 측면에서 생물진화론에 대해 문제를 제기했다. 그는 "그렇지만 생물진화론이 과연 인류의 선조를 발견할 수 있는가? 정확히 말하면, 생물진화론자의 권능은 인류와 유인원이 동일한 선조에게서 나왔다고 단정할 수 있을 뿐이다. …요약하면, 인류의 선조를 설명하고 탐색하는 연구는 마땅히 생물진화론자의 손을 떠나서, 달리 연구법을 찾아야 한다." "인류 최초의 선조는 단지 원소이다. 그러므로 오늘날 묘책이 있어 인류의 선조를 탐색해 낼 수 있다면 생리화학에 근거하여 인류가 도대체 어떤 원소로 조성됐는가를 연구해야 한다. …이 글은 단지 인류의 화학 성분을 고찰함으로써 인류 선조의 문제를 해결하고자 하는 것이다."

147 胡先驌, 「達爾文天然學說今日之位置」, 『科學』月刊 第1卷 第10期, 1915年 10月 25日, 1161~1162쪽. 주의할 점은, 1923년 '과학과 현학' 논쟁에서, 드리쉬는 현학

파가 인용한 주요 사상 자원 중 하나였다는 점이다.

148 위의 글.

149 胡先驌, 「達爾文天然學說今日之位置—美國斯丹福(Stanford)大學昆蟲教授開洛格(Kellogg)造論」, 『科學』月刊 第2卷 第7期, 1916年 7月 25日, 780~81쪽.

150 錢天鶴 譯, 「天然新論」, 『科學』月刊 1919年 11月 1日, 1209~1214쪽. 이 글은 미국의 유전학보(遺傳學報) 1917년 1월호에서 번역한 것이다. 글의 첫머리에 "진화는 진보이고 발달이며 분석이다. 수십 년 전에 이미 그 학설이 있었으며, 근세 과학의 새로운 산물은 아니다. 그러나 옛날에는 공상적이고 철학적인 것에 속했으나, 지금은 점차 이론적이고 실험적이 되었을 뿐이다"라고 적혀 있다. 힐레르(Geffroy St Hilaire), 라마르크(Lamark), 네겔리(Nägeli), 베이트슨(William Bateson), 다윈(Darwin), 월리스(Wallace), 그리고 모건(Thomas Hunt Morgan) 등의 각종 학설을 분석한 후, 글의 마지막 결론은 다음과 같다. "상술한 것을 종합하면 다음과 같은 결론을 얻을 수 있다. 동식물에 변이가 있는 것은 생식질에 변이가 있기 때문이다. 생식질에 변이가 있는 것은 지니고 있는 유전성이 다르기 때문이다. 유전성이 있는 곳은 생식세포 내의 염색사(染質線)이다. 그러므로 염색사가 실제적인 각 유전성의 발상지이다."

151 胡適, 「先秦諸子進化論」, 『科學』月刊 第3卷 第1期, 1917年 1月 25日, 40~41쪽.

152 唐鉞, 「科學與德行」, 『科學』月刊 第3卷 第4期, 1917年 4月 25日, 409쪽.

153 佛(분명 양취안일 것이다), 「科學與反科學」, 『科學』月刊 第9卷 第1期, 1924年 1月 20日, 1~2쪽. 이 글은 사론(社論)이라는 이름으로 발표된 것이다. 같은 호에 발표된 또 다른 사설인 「과학과 교육」(科學與教育)(융永이라고 서명되었는데, 아마도 런훙쥔 같다)이 있는데, 이 또한 '과학과 현학 논쟁'에서의 문제를 겨냥하여 발표한 것이다.

154 任鴻雋, 「吾國學術思想之未來」, 『科學』月刊 第2卷 第12期, 1916年 12月 25日, 1289~1296쪽.

155 任鴻雋, 「科學與近世文化」, 『科學』月刊 第7卷 第7期, 1922年 7月 20日, 629~630쪽. 이 글은 작자가 1922년 중국과학사 춘계 강연에서 한 첫 번째 강연으로, 이때 '과학과 현학 논쟁'은 아직 제기되지 않았으나 '과학과 현학 논쟁'에서 언급된 각종 문제들은 이미 '5·4' 신문화운동 이래 전 문화계의 주요 의제의 일부분이었다.

156 위의 글, 638~639쪽.

157 Maynard M. Metcalf, 任鴻雋 譯, 「科學與近世文明」, 『科學』月刊 第4卷 第4期, 1918年 12月 10日, 307~312쪽. 이 글은 미국의 『과학월간』(The Scientific Monthly) 5월호에 처음 발표되었다.

158 위의 글, 308쪽.

159 위의 글, 309쪽.

160 위의 글, 310쪽.

161 위의 글, 310쪽.

162 위의 글, 312쪽.

163 趙元任, 「心理學與物質科學之區別」, 『科學』月刊 第1卷 第1期, 1915年 1月 25日, 14~21쪽.

164　秉志,「生物學與社會學之關係」,『科學』月刊 第6卷 第10期, 1921年 10月 20日, 977쪽.

165　Wells, 王璡 譯,「哲學與科學」,『科學』月刊 第6卷 第4期, 1921年 4月 20日, 357쪽.

166　위의 글, 358쪽.

167　J. Arthur Thomson, *An Introduction to Science*(Chapter IV), 唐鉞 譯,「科學的 分類」(上),『科學』月刊 第2卷 第8期, 1916年 8月 25日, 835~849쪽.

168　Thomson, *An Introduction to Science*, 唐鉞 譯,「科學的分類」(下),『科學』月刊 第2卷 第9期, 1916年 9月 25日, 964~977쪽.

169　唐鉞 譯,「科學的分類」(下),『科學』月刊 第2卷 第9期, 973쪽.

170　위의 글, 973쪽.

171　앞의 글, 974쪽.

172　Max Horkheimer and Theodor W. Adorno, *Dialectic of Enlightenment*(New York: Seabury Press, 1972), pp.81~82.

제12장　과학담론공동체로서 신문화운동

1　Ernst Cassirer,『啓蒙哲學』, 濟南: 山東人民出版社, 1988, 5쪽

2　'태도의 동일성'이라는 개념으로 '5·4' 신문화운동의 특징을 묘사한 것은「豫言與 危機: 中國現代史上中的"五四"啓蒙運動」(『文學評論』, 1989년, 3~4기에 게재)에 서 제기한 것이다. 이 개념의 함의와 활용에 관해서는 졸저,『無地彷徨: "五四"及其 回聲』, 杭州: 浙江文藝出版社, 1994, 3~50쪽 참조.

3　胡適,『胡適文存』卷四, 上海: 亞東圖書館, 1022~1023쪽.

4　이 운동과 관련된 내재적 모순과 자기 해체에 관해서는 여기서 자세히 논할 수 없으 므로,「豫言與危機: 中國現代史上中的"五四"啓蒙運動」을 참조.

5　Joseph Ben-David, *The Scientist's Role in Society*, Englewood Cliffs, N. J.: Prentice Hall, 1971, chapters 6~9 참조.

6　류반눙(劉半農), 첸쉬안퉁(錢玄同)이 연출한 유명한 짜고 치기(곧 왕징쉬안王敬軒 편지와 답장)가 사회적 반향을 일으킨 뒤, 천두슈는 즉시 "학리를 토론하는 자유는 곧 신성한 자유이다"라고 옹호하였다(『答崇拜王敬軒者』, 1918. 6. 15,『新青年』4 권 6호). 1919년 3월 천두슈는 또「關于北京大學的謠言」이라는 글을 써서 대학 체 제 내에 있는 신문화 진영 인물의 특수한 처지를 밝혔다.

7　陳獨秀,「敬告青年」,『新青年』제1권 제1호.

8　陳獨秀,「近代西洋敎育」,『新青年』제3권 제5호.

9　陳獨秀,「聖言與學術」,『新青年』제5권 제2호.

10　陳獨秀,「科學與神聖」,『獨秀文存』, 安徽人民出版社, 1987, 551쪽. 유사한 논의는 「今日之敎育方針」(1915. 10. 15.),「人類眞義」(1918. 2. 15.)에서도 확인할 수 있으 며, 앞글에서는 '현실'의 개념으로 '생'의 개념을 대체하였다.

11　陳獨秀,「答葉挺」(1917. 2. 1.),『新青年』제2권 제6호.「再論孔敎問題」(1917. 1.

　　　1.), 『新靑年』 제2권 제5호.

12　「今日之敎育方針」, 『新靑年』 제1권 제2호.

13　「科學與人生觀序」, 『新靑年』(季刊) 제2기.

14　「科學與人生觀」과 「答適之」(1923. 12. 9.), 『科學與人生觀』, 上海: 亞東圖書館, 1923 참조.

15　陳獨秀, 「再論孔敎問題」, 『新靑年』 제2권 제5호.

16　陳獨秀, 「克林德碑」, 『新靑年』 제5권 제5호.

17　陳獨秀, 「當代二大科學家之思想」, 『新靑年』 제2권 제1호.

18　陳獨秀, 「憲法與孔敎」(1916. 11. 1.), 『新靑年』 제2권 제3호.

19　陳獨秀, 「駁康有爲致總統總理書」, 『新靑年』 제2권 제2호.

20　陳獨秀, 「憲法與孔敎」, 『新靑年』 제2권 제3호.

21　같은 글.

22　陳獨秀, 「孔敎之道與現代生活」(1916. 12. 1.), 『新靑年』 제2권 제4호.

23　陳獨秀, 「袁世凱復活」(1916. 12. 1.), 『新靑年』 제2권 제4호.

24　陳獨秀, 「再論孔敎問題」, 『新靑年』 제2권 제5호.

25　같은 글.

26　陳獨秀, 「一九一六年」(1916. 1. 15.), 『新靑年』 제1권 제5호.

27　陳獨秀, 「吾人最後之覺悟」, 『新靑年』 제1권 제6호.

28　위의 글.

29　傅斯年, 「人生問題發端」, 『新潮』 제1권 제1호.

30　陳大齊, 「辟靈學」, 『新靑年』 제4권 제5호.

31　魯迅, 「破惡聲論」, 『魯迅全集』 제8권, 北京: 人民文學出版社, 1982, 27~29쪽.

32　陳獨秀, 「學術與國粹」, 『新靑年』 제4권 제4호.

33　陳獨秀, 「學術獨立」, 『新靑年』 제5권 제1호.

34　『新靑年』 제4권 제4호.

35　Jean-Jacques Rousseau, 『西方哲學史』 下冊, 商務印書館, 1976, 46쪽.

36　胡適, 「科學與人生觀·序」, 『胡適文存』 제2집 권2, 上海: 亞東圖書館, 1924, 27쪽.

37　상세한 내용은 후스가 1906년에 『旬報』에 발표한 소설 『眞如島』 참조.

38　「胡適的自傳」(口述史), 『胡適硏究資料』, 北京: 十月文藝出版社, 1989, 325쪽.

39　胡適, 「讀梁漱溟先生的東西文化及其哲學」, 『胡適文存』 제2집 권2, 上海: 亞東圖書館, 81쪽.

40　胡適, 「淸代學者的治學方法」, 『胡適文存』 권2, 208쪽(주: 『호적문존』에서 문집의 호수를 표기하지 않고 단지 권수만 밝힌 것은 일반적으로 모두 제1집임).

41　「胡適的自傳」(口述史), 『胡適硏究資料』, 325~326쪽.

42　위의 글, 327쪽.

43　胡適, 「幾個反理學的思想家」, 『胡適文存』 제3집 권2, 112~113쪽.

44　胡適, 「讀梁漱溟先生的'東西文化及其哲學'」, 『胡適文存』 제2집 권2, 81쪽.

45　胡適, 「淸代學者的治學方法」, 『胡適文存』 권2, 215~216쪽.

46　위의 글, 220~221쪽.

47　위의 글, 242쪽.

48　胡適,「實驗主義」,『胡適文存』권2, 120쪽.

49　위의 글, 116쪽.

50　胡適,「杜威先生與中國」,『胡適文存』권2, 201쪽.

51　胡適,「治學的方法與材料」,『胡適文存』제3집 권2, 188쪽.

52　같은 글.

53　胡適,「實驗主義」,『胡適文存』권2, 98~102쪽.

54　Imre Lakatos,『科學研究綱領方法論』, 上海譯文出版社, 1987, 16쪽.

55　胡適,「五十年來之世界哲學」,『胡適文存』제2집 권2, 250~257쪽.

56　胡適,「淸代學者的治學方法」,『胡適文存』제3집 권2, 188쪽.

57　위의 글, 230쪽.

58　같은 글.

59　胡適, 위의 글, 206쪽.

60　王鑒平, 胡偉希,『傳播與超越』, 學林出版社, 1989, 120쪽. 이 책은 중국에서의 실
　　증주의의 영향에 대해 상세히 분석하고 있다. 필자의 견해로는, 근대 사상가 중 과
　　학적 방법에서의 수학의 역할에 대해 깊이 논한 인물은 리스천(李石岑)이다.『李石
　　岑論文集』제1집, 商務印書館, 1924 참조.

61　『胡適哲學思想資料選』(下), 108쪽.

62　胡適,「實驗主義」,『胡適文存』권2, 126~127쪽.

63　위의 글.

64　胡適,「治學的方法與材料」,『胡適文存』제3집 권2, 197쪽.

65　위의 글, 201쪽.

66　胡適,「幾個反理學的思想家」,『胡適文存』제3집 권2, 133쪽. 梁啓超,「中國近三百
　　年學術史」또한 안리학파인 안원(顔元)과 이공(李塨)에 대해 '실증실용주의'(實證
　　實用主義)라고 단언하고, 그 정신은 온전히 '근대적'이라고 여겼다.

67　胡適,「杜威先生與中國」,『胡適文存』권2, 200~201쪽.

68　胡適,「五十年來之世界哲學」,『胡適文存』제2집 권2, 257~258쪽.

69　위의 글, 262쪽.

70　杜威,『哲學的改造』, 北京: 商務印書館, 1962, 78, 85쪽.

71　「兼愛下」,『墨子』.

72　王陽明,「答顧東橋書」,『傳習錄』.

73　胡適,「自序」,『胡適文存』제3집.

74　『胡適硏究資料』, 244쪽.

75　후술하는 하이데거의 관점은 우리가 후스의 문학과 언어 연구의 의의를 이해하는
　　데 도움을 준다. 하이데거는 "언어학은 각 민족 문학을 해석의 대상으로 삼는다. 문
　　학적 텍스트상의 것들은 모두 언어로 표현되는 것이다. 언어학이 언어를 연구할 때,
　　그것은 그것의 가공에 대해서는 대상의 측면에 의거한다. 이러한 측면은 어법, 사원
　　학(詞源學), 비교언어사, 문체학과 시학에 의해 확정된다. Günter Seubold, 宋祖良
　　譯,『海德格爾分析新時代的科技』, 中國社會科學出版社, 1993, 190쪽에서 인용.

76　Günter Seubold, 宋祖良 譯,『海德格爾分析新時代的科技』, 中國社會科學出版
　　社, 1993, 190쪽.

77 胡適,「新思潮的意義」,『胡適文存』권4, 162~163쪽.

78 胡適,「整理國故與打鬼」,『胡適文存』제3집 권2, 211~212쪽.

79 하이데거의 관점은, 역사학적 상상은 필연적으로 사원학의 검증을 "원시 자료의 발견, 정리, 확증, 충분한 활용, 보관과 해석 등의 전체 과정"으로써 요구한다는 것이다. 귄터 슈볼드(Günter Seubold)는 역사 연구에서 원시 자료의 존재는 단지 다음과 같은 상황, 즉 원시 자료 자체가 역사 해석의 기초 위에서 확증될 수 있을 때, 비로소 해석에 있어서 사용할 수 있다고 풀이하였다. …이 방식을 통해, 역사 문헌적 대상으로 간주될 수 있는 가능성, 일반적으로 말하면, '역사'적 대상으로 간주될 수 있는 가능성, 그 모두는 과학에서 내재적으로 한정된다. 따라서 역사학은 점차 내재적, 자기 순환적 활동이 된다. 이러한 활동을 통해, "바로 존재자에 대한 운용의 우선적 지위를 보장하였다." Günter Seubold, 宋祖良 譯,『海德格爾分析新時代的科技』, 中國社會科學出版社, 1993, 183쪽.

80 胡適,「論國故學」,『胡適文存』제3집 권2, 286~287쪽.

81 위의 글.

82 胡適,「問題與主義」,『胡適文存』권2, 147~148쪽.

83 위의 글, 152~153쪽.

84 위의 글, 196~197쪽.

85 胡適,「新思潮的意義」,『胡適文存』권4, 164쪽.

86 胡適,「科學與人生觀·序」,『胡適文存』제2집 권2, 23쪽.

87 위의 글, 15쪽.

88 위의 글, 27~28쪽.

89 胡適,「幾個反理學的思想家」,『胡適文存』제3집 권2, 155쪽.

90 위의 글, 152쪽.

91 위의 글, 153쪽.

92 위의 글, 158쪽.

93 胡適,「實驗主義」,『胡適文存』제3집 권2, 88쪽.

94 胡適,「科學與人生觀·序」,『胡適文存』제2집 권2, 27~28쪽.

95 『胡適研究資料』, 269쪽.

96 장제스(蔣介石)의「吳敬恒先生百年誕辰頌詞」참조. 이 글에서는 쑨원이 일찍이 우즈후이를 '혁명의 성인'이라 일컬었다고 언급하고 있다. 張文伯,『吳稚暉先生傳記』(上冊), 臺北: 傳記文學社, 1969, 1~6쪽.

97 후스는「幾個反理學的思想家」에서 우즈후이를 고염무, 안원, 대진과 함께 거론하면서 "가장 역사적 안목을 갖춘" "반이학 사상가"라고 일컬었다.『胡適文存』제3집 권2.

98 Alfred Forke,『中國哲學史』, 漢堡, 1938년 독일어판, 646쪽(郭穎頤,『中國現代思想中的唯科學主義』, 南京: 江蘇人民出版社, 1989, 27쪽에서 인용).

99 吳稚暉,「箴洋八股化之理學」,『吳稚暉先生全集』제6권, 上海, 1927, 39쪽(이후로는『全集』이라 칭함).

100 胡適,「科學與人生觀·胡序」, 上海: 亞東圖書館, 1923.

101 吳稚暉,「一個新信仰的宇宙觀及人生觀」,『全集』제4권, 8쪽.

102 吳稚暉,「科學周報編輯話·一」,『全集』제1권, 11~12쪽.

103 吳稚暉,「科學與人生」,『全集』제1권, 3쪽.

104 吳稚暉,「中國之社會敎育應兼兩大責任」,『全集』제5권, 28쪽.

105 吳稚暉,「科學周報發刊語」,『全集』제1권, 10쪽.

106 吳稚暉,「補救中國文字之方法若何」,『全集』제3권, 50쪽.

107 吳稚暉,「一個新信仰的宇宙觀及人生觀」,『全集』제4권, 138쪽.

108 吳稚暉,「書神州日報'東學西漸篇'後」,『全集』제2권, 99쪽.

109 「新世紀之革命」,『新世紀』제1호, 1907. 6. 22.

110 民,「普及革命」,『新世紀』제15호, 1907. 9. 28.

111 吳稚暉,「皇帝」,『全集』제7권, 1쪽.

112 吳稚暉,「無政府主義以敎育爲革命說」,『全集』제8권, 72쪽.

113 위의 글, 74쪽.

114 吳稚暉,「書神州日報'東學西漸篇'後」,『全集』제2권, 101쪽.

115 眞,「祖宗革命」,『新世紀』제2호, 1907. 6. 29.

116 革新之一人,「續革命之原理」(眞 譯),『新世紀』제23호, 1907. 11. 23.

117 吳稚暉,「宗敎問題」,『全集』제6권, 19~20쪽.

118 民,「普及革命」을 참조. 이 글은『新世紀』제15, 17, 18, 19호에 연재되었음. 1907.
    9월~11월.

119 吳稚暉,「評鞠普君男女雜交說」,『全集』제8권, 19쪽. 이 밖에 혼인과 가정 혁파에
    대한 관점이 매우 명확하게 표현된『신세기』의「혁명원리속편」(續革命原理)에서도
    혼인과 가정 혁파 "역시 사회 혁명의 일부"라고 여겼다.

120 醒,「萬國新語」,『新世紀』제6호, 1907. 7. 27.

121 「萬國新語之進步」,「續萬國新語之進步」,『新世紀』제35, 36호.

122 吳稚暉,「書神州日報'東學西漸篇'後」,『全集』제2권, 99쪽.

123 吳稚暉,「補救中國的方法若何」,『全集』제3권, 50쪽.

124 吳稚暉,「書神州日報'東學西漸篇'後」,『全集』제2권, 99쪽.

125 吳稚暉,「補救中國的方法若何」,『全集』제3권, 36쪽.

126 위의 글, 23쪽.

127 眞,「進化與革命」,『新世紀』제21호, 1907. 11. 2.

128 자신의 종교적 비판을 종교와 차별화하기 위하여, 우즈후이는 의식적으로 종교와
    신앙—특히 비종교적 신앙을 구분하고, "종교라는 개념의 경우, 가장 좋기로는 엄
    격히 신을 대상으로 삼는 것에 국한해야 한다. …만약 많은 무신론적 신앙을 종교학
    에 포함시키면 학자들이 공인할지라도 분명히 종교가들이 싫어할 것이다"라고 말
    하였다.「一個新信仰的宇宙觀及人生觀」,『全集』제4권, 12쪽.

129 吳稚暉,「與友人論物理世界及不可思議書」,『全集』제4권, 1쪽.

130 郭潁頤,『中國現代思想中的唯科學主義』, 南京: 江蘇人民出版社, 1989, 33, 39쪽.

131 R. G. Collingwood,『自然的觀念』, 吳國盛 等譯, 北京: 華夏出版社, 1990, 15쪽.

132 吳稚暉,「一個新信仰的宇宙觀及人生觀」,『全集』제4권, 37쪽.

133 이 두 가지 우주관의 명명에 관해서는, R. G. Collingwood의『自然的觀念』을 참조.

134 R. G. Collingwood 著, 吳國盛等 譯,『自然的觀念』, 北京: 華夏出版社, 1990, 13

쪽.

135 吳稚暉,「一個新信仰的宇宙觀及人生觀」,『全集』제4권, 13쪽.

136 위의 글, 17~19쪽.

137 吳稚暉,「一個新信仰的宇宙觀及人生觀」,『全集』제4권, 26~27쪽.

138 위의 글, 31~33쪽.

139 R. G. Collingwood,『自然的觀念』, 吳國盛 等譯, 北京: 華夏出版社, 1990, 149쪽.

140 吳稚暉,「書神州日報'東學西漸篇'後」,『全集』제2권, 69쪽.

141 吳稚暉,「一個新信仰的宇宙觀及人生觀」,『全集』제4권, 39쪽.

142 위의 글, 127, 132쪽.

143 吳稚暉,「補救中國文字之方法若何」,『全集』제3권, 47쪽.

144 위의 글, 50쪽.

145 吳稚暉,「科學周報編輯話·十」,『全集』제1권, 70쪽.

146 吳稚暉,「書排滿平議後」,『全集』제1권, 70쪽.

147 吳稚暉,「一個新信仰的宇宙觀及人生觀」,『全集』제4권, 61쪽.

148 위의 글, 40~41쪽.

149 위의 글, 22쪽.

150 위의 글, 32~33쪽.

151 위의 글, 41쪽.

152 위의 글, 44~47쪽.

153 위의 글, 43~47쪽.

154 위의 글, 95~96쪽.

155 胡適,「科學與人生觀·序」,『科學與人生觀』, 上海: 亞東圖書館, 1923, 26~29쪽.

156 吳稚暉,「一個新信仰的宇宙觀及人生觀」,『全集』제4권, 106~128쪽.

157 R. G. Collingwood,『自然的觀念』의 서두, 제1부분의 1, 2, 3장을 참조.

158 R. G. Collingwood,『自然的觀念』의 서두, 제2부분의 1, 2, 3장, 그리고 R. Hooykaas, 錢福庭, 丘仲輝, 許列民 譯,『宗敎與現代科學的興起』, 成都: 四川人民出版社, 1991, 제1장을 참조.

159 R. G. Collingwood,『自然的觀念』, 5쪽.

160 위의 글, 17쪽.

161 후스는 훗날 이 글의 제목을「幾個反理學的思想家」로 바꾸고『胡適文存』제3집 제2권, 154쪽에 수록하였다.

162 胡適,「幾個反理學的思想家」,『胡適文存』제3집 제2권, 155쪽.

163 위의 글, 138쪽.

164 吳稚暉,「一個新信仰的宇宙觀及人生觀」,『全集』제4권, 120쪽.

165 위의 글, 121쪽.

166 吳稚暉,「箴洋八股化之理學」,『科學與人生觀』(下).

167 胡適,「幾個反理學的思想家」,『胡適文存』제3집 제2권, 168쪽;. 吳稚暉,「一個新信仰的宇宙觀及人生觀」,『全集』제4권, 15쪽.

168 胡適,『胡適文存』제3집 제2권, 112쪽.

169 李澤厚,『中國古代思想史論』, 226쪽.

제13장 동서문화 논쟁과 지식/도덕 이원론의 기원

1 馬克斯·韋伯 著, 于曉·陳維綱 譯,『新敎倫理與資本主義精神』, 北京: 三聯書店, 1987, 4쪽.

2 베버의 논점과 그것의 보편주의와의 관계를 논하면서, 하버마스는 다음과 같이 지적하였다. "보편주의적 입장은 '인류 문명'의 다원주의와 그 역사 표상의 불일치를 반드시 거부해야 하는 것은 아니다. 하지만 그것은 이런 생활 형식의 다양성이 단지 문화 내용에 국한된다고 인식하고, 또 모든 문화가 오직 그것이 일정한 '의식 자각'과 '승화'에 도달하려 한다면, 반드시 세계에 대한 근대 이해의 특정한 형식 특징을 함께 공유한다고 생각한다. 따라서 보편주의가 사전에 설정하는 것은 근대 생활 형식이 필요로 하는 구조적 특징과 관련이 있다." Jürgen Habermas, *The Theory of Communicative Action*, vol. I , trans. Thomas McCarthy, Boston: Beacon Press, 1984, p.180.

3 앞의 책, pp. 154~155.

4 마르크스든 베버든 자본주의에 대한 그들의 연구와 묘사는 모두 유럽 역사에서 벗어나지 않았다. 그들의 자본주의 개념에 근거해 본다면, 당대 '자본주의'는 이미 자본주의가 아니다.

5 Jürgen Habermas, *The Theory of Communicative Action*, vol. I, p. 176.

6 졸고,「賽先生在中國的命運: 中國近現代思想中的科學槪念及其使用」,『學人』第1輯, 南京: 江蘇文藝出版社, 1992.

7 梁啓超,「關于玄學科學論戰之"戰時國際公法"」,『科學與人生觀』(上), 上海: 亞東圖書館, 1923.

8 Jean-Franscois Lyotard, *The Postmodern Condition: A Report on Knowledge*, Minneapolis: the University of Minnesota Press, 1989, p.23.

9 앞의 책, p. 29.

10 제임슨(Fredric Jameson)은 리오타르의 합법성 위기의 주제에 대해 논하면서 다음과 같이 말했다. "…더욱 과학적인 시대의 특징 가운데 하나, 가장 두드러진 자본주의 자체는 곧 과학 혹은 실증주의와 유관한 추상적, 질적, 또는 논리 및 인지 절차의 지식을 대면했을 때, 서사 혹은 고사와 같은 지식의 주장이 곧 상대적으로 퇴각하기 시작한다는 것이다. 이 에피소드는 다시 한 번『포스트모던의 조건』의 주장을 복잡하게 만들었다. 왜냐하면 그것은 자신을 그것이 진단하려고 한 바의 상황의 한 가지 징후―마치 그것이 텍스트에서 다른 어떤 발전을 열거하는 것 같이―로 변화시켰고, 그것 자신의 서사 논법으로의 회귀는 자신 또한 낡은 인식의 그리고 인식론적 과학 세계관의 합법성 위기의 좋은 예임을 명확히 드러냈기 때문이다. 리오타르는 분명히 과학 분석 중 새로운 발견, 즉 과학 실험이 많은 작은 서사 혹은 제작한 고사와 비슷하다는 것을 보여 주었다. 또 다른 방면에서 역설적인 것은, 본질상 '진리'에 관한 서사 관점의 부흥, 그리고 현존 사회 체계 속 도처에서 활동하는 작은 서사 단위의 활력이 이런 문제를 수반한다는 것이다. 즉 서사 기능은 보편적으로 보다 더 지구화되고 전반적인 '위기'를 겪게 된다. 왜냐하면 우리가 보기에 구(舊)의 합법성의 위대한 서사가 과학 연구 중에서 이미 작용을 하지 못하기 때문이다.―이 또한

그것이 다른 방면에서도 더 이상 작용(우리들이 정치 혹은 역사 목적론을 더 이상 믿지 못하고, 역사—민족국가, 무산계급, 정당, 서구—의 위대한 '추동자'와 '주체'를 믿지 못하는 것처럼)하지 못함을 의미한다. 좀 더 분석한다면, 이 명확한 모순은 해결할 수 있지만, 리오타르는 현재의 텍스트에서 거의 이렇게 하기를 원하지 않는다. 이 진일보한 분석은 바로 위대한 서사의 소멸을 단언하는 것이 아니라, 이전과 같은 그 잠재 활동을, 우리 현재의 상황에서 하나의 '사고'와 행동 방식으로서의 그들 무의식 결과의 지속을 단언한다." Fredric Jameson, "Forword," *The Postmodern Condition*, pp. xi~xii.

11 陳崧, 「"五四前後東西文化問題論戰文選"前言」, 『五四前後東西文化問題論戰文選』, 北京: 中國社會科學出版社, 1985, 1쪽.

12 서학(西學)이 중국에 근원을 두고 있다는 설에 관해서는 『주판이무시말』(籌辦夷務始末; 同治 46. 45a, 臺北: 文海出版社, 4449쪽)을 참조. 옌푸(嚴復)는 「세계 변화의 급박함을 논함」(論世變之亟)에서 "중국과 서양의 이치"(中西事理)를 비교하여 말하기를, "중국과 서구의 사물의 이치를 논함에 있어, 가장 다르고 결코 합치할 수 없는 것은 중국인이 고(古)를 좋아하고 금(今)을 홀시하는 반면에, 서구인은 금(今)에 힘써 고(古)를 이긴다는 점이다. 중국인은 안정적인 통치와 혼란이 번갈아 나타나고, 성쇠가 반복되는 것을 하늘과 인간사의 자연적인 이치로 삼는 반면, 서양인은 날로 끊임없이 나아가 한번 성하면 다시 쇠락하지 않고, 일단 다스려지면 다시 혼란에 빠지지 않는 것을 학술과 정치 교화의 극치로 삼는…", 「嚴復集」第1冊, 1쪽.

13 陳獨秀, 「法蘭西人與近世文明」, 『青年雜誌』 제1권 제1호.

14 汪叔潛, 「新舊問題」, 『青年雜誌』 제1권 제1호.

15 위의 글.

16 陳獨秀, 「東西民族根本思想的差異」, 『青年雜誌』 제1권 제4호.

17 李大釗, 「東西文明根本之差異」, 『言治』 季刊 第3冊. 량수밍은 리다자오의 문장을 평할 때 단도직입으로 리다자오는 "두 문화의 조화"를 암시하고 있지만, 오히려 "눈앞(현실)에 닥친 제목을 미래의 사업으로 간주한다." 그리고 그는 "동양 문명의 단점이 대략 몇 가지가 있는데, 첫 번째가 바로 '염세적 인생관이 우주 진화의 원리에 부적합하다'고 하여 일찍이 인도 문명의 길을 일소해 버렸다. 또 리다자오가 반드시 정지(靜止)적인 정신을 근본적으로 없애야 한다고 주장하고 나서, 동양 문명을 바로 '정(精)적 문명' 네 글자로 해석하였으니, 이는 동양 문명을 근본적으로 없애려 하는 것과 무슨 차이가 있는가? 리다자오는 '동서 문명이 서로 장단점이 있으니 함부로 우열을 따져서는 안 된다'라고 하는데 어찌 상투적이지 않는가?… 이전부터 유신(維新)을 외치는 이들의 머리는 중국과 서양의 장점을 취하여 합하고(中西合璧), 모순이 통하지 않으며(矛盾不通), 동방화가 수용되었다. 지금의 신사상가들은 서구화를 잘 알고 있어서—이것은 또한 문제가 점차 문화의 연고를 묻는 탓이다—그들의 주장은 일관되고 철저하니, 어찌 동방의 길을 받아들일 수 있겠는가?"라고 말한다. 이제 잠시 량수밍의 가치 판단과 문화 입장을 논하지 않고, 리다자오의 동서 문명론에 대한 그의 실제적 내함을 깊이 개괄해 보자. 「"東西文化及其哲學"導言」, 『梁漱溟全集』 第1卷, 濟南: 山東人民出版社, 1989, 258~259쪽.

18 李大釗, 「東西文明根本之差異」, 『言治』 季刊 第3冊.

19 위의 글.

20 위의 글.

21 陳獨秀, 「隨感錄」, 『新靑年』 第4卷 第4號. 흥미로운 것은 천두슈가 서학을 끌어오기 위해 "성현을 존중하지 말고"(勿尊聖), "옛것을 존중하지 말고"(勿尊古), "나라를 존중하지 말고"(勿尊國)의 학술 "삼계"(三戒)를 주창함과 동시에 첸즈슈(錢智修)가 반대 방향에서 똑같이 "학술을 학술의 목적으로 삼는" 시각을 제출했다는 점이다. 그가 겨냥한 것은 신문화 운동이 신학(新學)을 제창할 때의 공리주의 경향인데, 이런 공리주의 경향은 응용을 학술의 목적으로 삼고, 통속주의와 평범주의를 학술의 형식으로, 다수의 의견과 향수를 학술의 표준으로, 권위와 영도적인 인재를 배척함을 학술의 특징으로 삼고, 구미 추수를 학술의 방향을 삼는 등의 "다섯 가지 일"(五事)로 귀결된다. 저자의 결론은 "또 오직 국가의 힘으로만 소수의 학인이 사회의 구속에서 벗어나 여유롭게 치학(治學)을 하게끔 할 수 있을 뿐이다." 錢智修, 「功利主義與學術」, 『東方雜誌』 제15권 제6호. 첸즈슈는 젊었을 때 상해 복단공학(復旦公學)을 졸업하고 상무인서관(商務印書館) 편역소(編譯所)에서 일했는데, 1920년 두야취안이 『東方雜誌』 주편을 사퇴하자, 첸즈슈가 10여 년간 주편을 맡았다. 첸즈슈의 관점에 대해 천두슈는 「質問"東方雜誌"記者─"東方雜誌"與復辟問題」라는 글에서 신랄할 비판을 가했는데, 공리주의를 초월하는 관점은 "동방잡지" 파의 서술 속에서 문화 변혁을 반대하는 구실일 뿐이기 때문이었다.

22 有賀長雄, 『觀弈閑評』, 1913년 8월 校印, 1~2쪽.

23 「有賀顧問之憲法討論及總統月旦」(『憲法新聞』 第8기), 「古德諾擬中華民國憲法草案」(『憲法新聞』 제13기), 「古顧問之憲法談」(『憲法新聞』 제12기) 등 참조.

24 傖父, 「靜的文明與動的文明」, 『東方雜誌』 제13권 제10호.

25 傖父, 「靜的文明與動的文明」, 『東方雜誌』 제14권 제4호.

26 傖父, 「靜的文明與動的文明」, 『東方雜誌』 제14권 제4호. 두야취안이 정신과 물질, 도덕과 경제를 다른 문명 유형과 영역으로 나눈 관점은 중요한 변화이다. 그의 초기 글에서는 이와 달리 우주에 대한 총체적인 이해를 보여 주었다. 1905년 『東方雜誌』 제2권 제4호에 발표된 「물질진화론」(物質進化論)에서 "우주 간의 사물은 …세 가지로 나눌 수 있는데, 물질과 생명 그리고 심령이다. 총괄해서 현상이라고 한다." "모든 학술은 과목이 아주 복잡하지만 모두 이것으로 통합할 수 있다. 어째서인가? 배움이란 객관적으로 말해 우주에 본래 존재하는 진리와 법칙(定理定法)에 대해 연구하고 발명하여 세상에 응용하는 것이다. 주관적으로 말한다면 감지한 바로부터 연역과 귀납으로 나아가는 것을 말한다. 우주 간에 이 세 가지 외에 다른 현상은 없다. 소위 진리와 법칙이 이 현상 속에 있고, 감지하는 것은 또한 이 현상을 감지할 따름이다. 그런 까닭에 세 가지 상(象)은 모든 학술의 근원이다. 그 직접 연구하고 기재하는 것이 물리학(화학, 박물학을 포함하여), 생리학(생물학을 포함해), 심리학이다. 이 세 과를 근거로 삼고 그 재료를 응용함으로써 또 여러 공예·항해·기계의 학이 있고, 의약·위생·농림·목축의 학이 있고, 윤리·논리·종교·교육·정법·경제의 학문이 있다. 또 세 과를 통합하여 현상의 실체를 연구하는 것으로 철학이 있다."

27 傖父, 「戰後東西文明之調和」, 『東方雜誌』 제14권 제4호.

28 위의 글.

29   졸고, 「韋伯與中國的現代性問題」, 『學人』 제6집, 江蘇文藝出版社, 1994 참고.

30   杜亞泉, 「新舊時代之折中」, 『東方雜誌』 제16권 제9호.

31   위의 글.

32   위의 글.

33   Michel Foucault, "What is Enlightenment?" in The Foucault Reader, ed. Paul Rabinow(New York: Pantheon Books, 1984), p.39.

34   蔣夢麟, 「新舊與調和」, 『晨報』, 1919년 10월 13, 14일.

35   장멍린의 관점은 두야취안의 비판을 받았는데, 그는 1919년 11월 『東方雜誌』 제16권 제11호에 발표한 「신사상이란 무엇인가」(何謂新思想)라는 글에서 "태도는 사상이 아니고, 사상은 태도가 아니다. 사상이 태도라고 하는 것은 사슴을 말이라고 하는 것과 같다"라고 말했다. 두야취안은 태도를 감정의 표현으로 또 사상은 이지의 표현으로 간주했는데, 그래서 태도와 사상의 구별은 감정과 이지의 이원론으로 나뉜다. 그는 중서(中西)의 각종 사상, 예를 들어 민주적 경제 사상, 호조적 진화 사상, 공산적 사회주의 혹은 국가적 사회주의 등을 열거하고, 그들이 "신사상"의 깃발을 내걸지 않았다고 지적하며 다음과 같이 말하였다, "신사상의 기치를 내세우는 사람들의 소위 신사상이란 앞에서 말한 여러 가지 종류에 속하지 않는다. 그들의 유일한 주장은 모든 옛 관습을 타도하는 것이다. 이런 주장은 신사상의 정의와 서로 잘 부합하지 않는다. 신사상은 이성에 의거하지만 저것은 감성에 의지한다."

36   章行嚴, 「新時代之青年」, 『東方雜誌』 제16권, 제11호.

37   위의 글.

38   위의 글.

39   위의 글.

40   위의 글.

41   위의 글.

42   張東蓀, 「突變與漸變」, 『時事新報』, 1919년 10월 1일.

43   李大釗, 「物質變動與道德變動」, 『新潮』 제2권 제2호.

44   위의 글.

45   리다자오의 다른 논문 「경제적 측면에서 중국 근대 사상의 변동 원인을 해석함」(由經濟上解釋中國近代思想變動的原因)은 근대 역사의 변화로부터 동서 문명의 문제를 해석한다. 그는 동서 문명의 정적 문명과 동적 문명의 이분법을 계승하는 한편 근대 자본주의의 확장이 유발한 전 지구화 과정이 이미 원래의 동양 사회의 경제 형태를 변화시켰고, 그래서 전통 경제 구조에 맞는 공자 윤리 또한 효력을 상실했다고 지적했다. 이것은 실제로 이미 자본주의 시대에 원래의 동서 문명의 이원론이 성립할 수 없음을 암시한 것이다, 『新青年』 제7권 제2호, 1920년 1월.

46   신구 조화론에 대한 천두슈의 비판은 그의 「조화론과 구도덕」(調和論與舊道德)에서 보인다. 이 글에서 그는 도덕의 쇠락은 동서양 공히 존재한다고 보고, 동서 이원론으로 도덕과 과학의 이원론을 해석하는 것을 반대했다. 그가 지적한 공동 방향은 사유제를 버리고 근본적으로 사회 도덕의 부패를 개조하는 것인데, 이는 도덕의 부패가 동서양 공통된 사유제의 산물이기 때문이라고 보았기 때문이다. 『新青年』 제7권 제1호.

47   梁啓超,『歐游心影錄』"歐游中之一般觀察及一般感想"上篇"大戰前後之歐洲",
      『專集』(第5冊 23), 2~4쪽, 4~18쪽.

48   위의 글.

49   량치차오는 "이상 서술한 몇 개 학파는 모두 금세기 초 이미 맹아를 드러냈으나, 완
      성되지 않고 보급되지 않다가 세계대전을 만났다. 전쟁 중에 사람들이 모두 전쟁에
      대응하느라 바빠 사상계의 저술은 실로 미미했고, 그래서 아직까지 이렇다 할 진보
      는 없으며, 장차 크게 성과를 이루어, 칸트, 헤겔, 다윈 등 선배들의 학설과 동등한
      권위를 갖고 사람들의 마음을 변화시킬 수 있을지는 감히 말할 수 없다. 하지만 유
      럽인들이 이 심한 타격을 겪은 후 다수 사람들의 인생관이 충격을 받아 변화하고 장
      래 반드시 이런 노선에서 하나의 새로운 국면을 열 것인데, 이것은 내가 감히 단언
      할 수 있는 바이다." 위의 글, 18쪽.

50   梁啓超,『歐游心影錄』"歐游中之一般觀察及一般感想"下篇"中國人之自覺",『專
      集』(第5冊 23), 21~24쪽, 32~34쪽, 25~27쪽, 27~28쪽, 35쪽, 35쪽, 36쪽, 37~38
      쪽.

51   위의 글, 32~34쪽.

52   위의 글, 25~27쪽.

53   위의 글, 27~28쪽.

54   위의 글, 35쪽.

55   위의 글, 35쪽.

56   위의 글, 36쪽.

57   위의 글, 37~38쪽.

58   Guy S. Alitto, *The Last Confucian: Liang Shu-ming and the Chinese Dilemma
      of Modernity*(University of California Press, 1986); 中譯本 王宗昱, 黃建中 譯,
      『最後的儒家-梁漱溟與中國現代化的兩難』, 南京: 江蘇人民出版社, 1993, 제4, 5
      장.

59   梁漱溟,「"東西文化及其哲學"導言」,『梁漱溟全集』제1권, 濟南: 山東人民出版社,
      1989, 256쪽, 261쪽, 256쪽.

60   위의 글, 261쪽.

61   위의 글, 256쪽.

62   梁漱溟,「"東西文化及其哲學"導言」,『梁漱溟全集』제1권, 338쪽. 량수밍은 특별
      히 천두슈처럼 "만약 서구화를 채용한다면 근본적으로 동방화를 배척하지 않으면
      안 된다"라는 말이 맞으며 "극히 통쾌하다"고 지적했다. 서구화에 관해 량수밍은 다
      시 한 번 "내가 보기에 서구화는 두 가지 특장이 있는데, 모든 서구화의 특장은 여기
      에 있다. 나는 이 두 가지에 대해 완전히 인정한다. 따라서 나의 동방화 제창은 서구
      화를 거부하는 수구적인 태도와는 다르다. 소위 두 가지는 무엇인가? 하나는 과학적
      방법이고, 또 하나는 인간 개성의 신장, 사회성 발달이다. 전자는 서구 학술의 특별
      한 정신이고, 후자는 서구 사회의 특별한 정신이다." 위의 글, 349쪽.

63   앞의 책, 376쪽. 다른 곳에서 그는 또 "우주는 하나가 아니라 많은 사정(事情)이고,
      항구적 존재가 아니라 계속 연이어 지는 것이라고 우리는 오랫동안 말했다. 우주는
      단지 계속 이어지는 것이고, 또 계속 이어지는 것이 없는 것이 계속 이어지는 것은

항상된 것이 아니다. 우주는 바로 항상된 것이 아니며, 더욱이 티끌만큼의 다른 것은 없다. 그래서 우리는 항상적이지 않은 것의 밖에서 우주를 구하고, 정(情)은 끊어진 길에 안주한다." 앞의 책, 432쪽. 량수밍의 불교 우주론은 분명히 베르그손에게 계발을 받아 발전된 것이며, 『동서문화와 그 철학』의 제4장에서 특별히 베르그손의 시각을 소개했다. "우주의 본체는 고정된 고요한 본체가 아니라 '생명'이며, '연이어지는 것'이다. 우주 현상이 생활 속에서 나타나는 것은, 감각과 이지에 의해 인식되는 유사한 고요한 본체이다. 본체를 인식하려면 감각과 이지에 의해서는 불가능하고, 생활상의 직관에 의해서만 가능하다. 직관할 때 즉 생활할 때 하나로 혼융되고, 주관과 객관이 없어 절대라고 부를 수 있다"라고 말했다. 앞의 책, 406쪽.

64 앞의 책, 353쪽.

65 량수밍은 특별히 "문화와 문명은 다르다. 이른바 문명은 우리 생활 속의 성과물이다—예를 들어 중국이 만든 기명(器皿)과 중국의 정치 제도 등은 모두 중국 문명의 일부분이다. 생활 속에서 우직하게 만든 제작물은 문명이며 생활상 추상적인 방법이 문화다. 그러나 문화와 문명 또한 한 사물의 두 측면이다. 마치 정치 제도가 한 민족의 제작물을 문명이라 하는 것처럼, 또 민족 생활의 방법을 문화라고 할 수 있다"라고 말했다. 앞의 책, 380쪽.

66 앞의 책, 353쪽.

67 앞의 책, 383쪽.

68 량수밍은 "반드시 하나의 객관적인 공통 인식을 요구하는 확실한 지식은 바로 과학적 정신이다. 이런 객관적이고 확실한 규범을 완전히 무시하고 오로지 천재를 숭상하려는 것이 바로 예술의 정신이다. 대체로 서구에서는 예술 또한 과학화이고, 동양에서는 과학 역시 예술화이다.", "서구의 문명은 과학에서 성취되고, 동양은 예술식의 성취이다"라고 말했다. 앞의 책, 355쪽.

69 앞의 책, 359쪽. 다른 곳에서 그는 또 "서구인이 과학의 길로 나가자, 곧 모든 일이 과학적으로 변화하였다. 처음에는 단지 자연계에 관계되었으나, 그 후에 갖가지 인간의 일에도 관련되었다. 위로는 국가의 중대한 정치에서 아래로는 사회의 번쇄한 문제까지 모두 전문적 학문이 있게 되고, 지난 일에 대한 연구가 있게 되었다. 그는 결국 객관적으로 공인된 지식, 원인과 결과가 명확한 도리, 충분히 의지할 만한 규칙을 추구하지, 절대 개인적 총명과 지혜에 기대어 임시로 함부로 부딪히지 않는다. 그래서 과학적 방법으로 똑같이 모두 학문을 조직한다"라고 말했다. 앞의 책, 355쪽.

70 앞의 책, 359쪽, 359쪽, 349쪽, 355쪽.

71 앞의 책, 359쪽.

72 앞의 책, 349쪽.

73 앞의 책, 355쪽.

74 량수밍은 "나는 서구화 및 다른 문명과 접촉하는 데에서 중국이 완전히 외계와 문을 닫고 소통하지 않는다면, 바로 다시 300년, 500년, 천 년이 되어도 결단코 이런 함선, 기차, 비행기, 과학 방법과 '데모크라시' 정신을 생산할 수 없다고 단언할 수 있다. 이 말이 의미하는 것은 다음과 같다. 즉 중국인은 서구인이 걸어온 노선과 다르다. 늦게 출발했기 때문에 다른 사람들에 비해 몇 십 리 정도 느리다. 만약 동일한 노선에서 조금 다른 길로 다른 방향으로 간다면, 얼마나 오래 갔든 서구인이 도달한

지점까지 갈 수 없을 것이다! … 중국인은 서구인과 다른 노선 태도를 갖고 있는데, 바로 중국인이 취한 것은 첫 번째 앞을 향한 전진을 요구하는 노선 태도가 아니다. …즉 소위 인류 생활의 두 번째 노선 태도이다." 앞의 책, 392~393쪽.

75　이 장의 서두에서 량수밍은 그가 요구하는 것은 사상 문제라고 설명한다. 하지만 그는 "사상은 바로 지식에서 더 나아간 것으로, 사상을 관찰할 때는 먼저 그 방법을 살펴야 하기에 우리는 먼저 지식에 대한 연구가 필요하다"라고 말하였다. 또 자신의 유식학적 지식론에 근거해, 량수밍은 지식의 구성은 곧 "현량"(現量) "비량"(比量) "비량"(非量)에서 말미암으며, "이 세 가지는 심리 방면의 세 가지 작용으로, 모든 지식은 이 세 가지 작용에서 이루어진다"고 보았다. 그러나 량수밍의 이 세 가지에 대한 해석은 분명히 근대 서구의 지식론을 참조하고 있다. 예를 들어, 그는 '현량'을 감각(Sensation)으로 해석하고, '비량'을 '이지'('심리 방면에서 지식을 구성해 가는 하나의 작용')로 해석하였으며, '비량'을 '직관'으로 해석했다. 량수밍에 의하면 '이상에서 말한 것은 지식을 구성하는 세 가지 도구이다. 모든 지식은 이 세 가지 작용으로 구성된다. 각종 지식이 세 가지 작용의 성분을 포함하고 있는 경중(輕重)이 다를지라도, 이 세 가지 작용을 구비하지 않으면 안 되며, 하나라도 빠지면 성공할 수 없다." 이렇게 세 가지 다른 인식 유형은 모두 '지식' 속에 통섭된다. 앞의 책, 395~401쪽.

76　량수밍이 자신의 지식 분류에 근거해 제공한 문명 대조표 참조. 앞의 책, 396쪽.

77　앞의 책, 403쪽.

78　앞의 책, 414쪽.

79　량수밍은 『인도철학개론』(印度哲學槪論) 제3편 제3장에서 지식의 한계 효용 문제에 대해 강연할 때 이미 상세한 분석을 하였으며 『동서문화와 그 철학』에서도 또 이에 대해 설명했다. 앞의 책, 414쪽.

80　예를 들어, 량수밍이 종교 문제를 논할 때, "이른바 종교는 모두 지식을 초월하는 것으로서 감정의 안위(安慰)와 격려를 도모하는 것"이라고 보고, 종교와 지식(과학 지식)을 서로 다른 영역으로 분화시켰다. 하지만 그는 바로 헤겔 및 오이겐과 자신의 관점은 다르다고 밝혔는데, 헤겔의 일원교(一元敎), 오이겐의 정신 생활은 "모두 종교의 모습을 변화시키려고 한 것"지만 자신은 "종교의 본질-본래 모습"을 추구하려고 했다는 것이다. "그런 설법은 모두 자기 의사를 가지고 말한 것으로, 우리는 순수하게 객관적 사실을 재료로 삼고 종합적으로 연구한 것이며, 그 방법은 원래 다르다. 방법이 다른 까닭은 우리는 단지 종교의 진상을 알고자 했지만 그들은 종교를 열려고 했기 때문이다. 대체적인 뜻은 종교 진상을 아는 데 있는 것으로, 우리의 주장은 대체로 의문이 없었다." 량수밍은 그의 종교관과 (실증주의적) 과학 방법의 관계를 설명하지 않았지만, 내재적 연관은 뚜렷하다. 앞의 책, 417~418쪽.

81　량수밍은 『동서문화와 그 철학』 제5장의 서두에서 "우리가 미래 문화를 얘기하는 것은 결코 미래 세계가 응당 모종의 문화를 이용해야 한다고 주장하려는 것이 아니라, 단지 현재의 상황이 어떤 방면으로 전개되고 있는지를 밝히려는 것이다. 완전히 객관적인 사실을 취해서 보는 것으로, 결코 안에 주관적인 의견은 조금도 없다. 개인적 생각은 무효다. 우리가 객관적인 관찰에서 얻은 바, 현재 전 세계를 이끄는 서구 문화는 이미 현저한 변화를 드러내고 있고, 미래 세계의 문화는 거의 예측하기

어렵지 않다고 본다." 앞의 책, 488쪽.

82 앞의 책, 485~487쪽 참조. 량수밍은 해석하기를 서양이 자연, 종교, 사회, 예술을 대하는 태도가 이지적 그리고 과학적이지만, 이지를 추동하고 활동하는 것은 오히려 '직관'이라고 했다. 중국이 자연, 사회와 예술을 대하는 태도는 직관적이지만, 직관은 본능과 다르며, 극히 조숙하고 고도의 문화에서 생산된다. "성인-천재에 의해 이지로써 직관을 운용하는 생활은 오히려 그 결과가 단지 높지도 낮지도 않은, 혼돈스러워 구분하기 어려운 생활과 문화를 이루었다." 량수밍의 소위 인도적 길이 가리키는 것은 불교이지, 다른 인도 문화가 아니다. 그 핵심은 "이지와 직관을 아주 배척하고—그것들은 이른바 비비량(比非量)이다. …그래서 잠시 인도 생활을 이지로 현량을 운용한다."

83 앞의 책, 444~445쪽.

84 앞의 책, 454~455쪽.

85 앞의 책, 496쪽.

86 앞의 책, 504쪽.

87 후식민주의 이론의 시각에서 이 현상은 주체와 타자의 틀에 놓고서 해석할 수 있는데, 량수밍 등의 사상과 노력 또한 중국 문화를 '타자화'하려는 노력으로 해석할 수 있다. 그러나 우리가 중국 근대 맥락의 복잡성을 충분히 고려한다면, 이런 사상과 노력이 서구 문화에 대한 반응일 뿐만 아니라, 또 모든 근대 문화에 대한 반응, 이미 근대화 과정에 점차 휘말려 버린 중국 근대성 문제에 대한 반응임을 발견할 것이다.

88 1995년 12월 31일 미국 『워싱턴 포스트』는 14개의 '천년의 최고'를 열거했는데, 위에서 인용한 구절은 '천년의 최고' 가운데 세 번째 '최대의 풍자'였다. 열거된 것은 분명히 근대 이성주의의 입장에서 본능, 신앙과 정감을 거대한 역량의 출현으로서 간주했다. 하지만 장기적인 역사적 시간에서 보면 적어도 유럽 사상의 발전 과정에서 이러한 전환 자체는 의심할 바 없이 매우 중대하고 심각한 역사 현상이다. 『參考消息』 1996년 1월 5일의 법신사(法新社) 보도를 인용했고, 중문 제목은 「칭기즈칸, 이름이 명단 맨 윗자리에 오르다」(成吉思汗名列榜首)이다.

제14장 지식의 분화, 교육 제도 개혁, 그리고 심성지학

1 "우리나라가 개항을 한 이래로 물질적으로는 견고한 군함과 뛰어난 대포를 정책의 중심으로 삼고 정신적으로는 과학 만능을 신앙으로 삼았는데, 시대적 추세를 살펴보건대 또한 사물의 발전이 극에 이르면 반드시 반대 방향으로 돌아가게(物極必返) 마련이다." 張君勱, 「再論人生觀與科學並答丁在君」, 『人生觀之論戰』(上), 泰東圖書局, 中華民國 12年 12月, 67쪽.

2 본문에서 중점적으로 논하고자 하는 장쥔마이의 사상과 관련된 것은 근대 신유학이 문화적 자주성과 개인적 자주성을 목표로 한다는 점이다. 예를 들어 허린(賀麟)이 『문화와 인생』(文化與人生)에서 발표했던 「유가 사상의 전개」(儒家思想之開展)의 구절을 보면 다음과 같이 말한다. "개인으로 보자면 개인이 자유롭고 자주적이며 이성이 있고 정신이 있으면, 그는 곧 자기 인격의 주체가 될 수 있고 중외 고금을 도

구로 하여 그 본성을 발휘하고 그 인격을 확장시킬 수 있다. 민족으로 보자면 만약 중화민족이 자유롭고 자주적이고 이성과 정신이 있는 민족이며 선인의 유산을 충분히 계승하여 문화 위기에 대처할 수 있는 민족이라면, 서양 문화를 유가화〔儒化〕하고 중국화〔華化〕하는 것도 가능하다. 만약 중화민족이 유가 사상 혹은 민족 정신을 주체로 삼아 서양 문화를 유가화하고 중국화할 수 없다면, 중국은 장차 문화적 자주권을 잃어버릴 것이며 문화적 식민지로 전락할 것이다." 羅義俊 編, 『評新儒家』, 上海: 上海人民出版社, 1989, 33쪽.

3 張君勱, 「再論人生觀與科學並答丁在君」(中), 『人生觀之論戰』(上), 64~65쪽.

4 張君勱, 「再論人生觀與科學並答丁在君」(下), 『人生觀之論戰』(上), 79쪽.

5 위의 글, 79~80쪽.

6 張君勱, 「再論人生觀與科學並答丁在君」, 『人生觀之論戰』(上), 29쪽.

7 같은 글.

8 Wilhelm Windelband, 『哲學史敎程』下卷, 北京: 商務印書館, 1993, 688~689쪽.

9 張君勱, 「再論人生觀與科學並答丁在君」(中), 『人生觀之論戰』(上), 44~45쪽.

10 위의 글, 53~54쪽. 장쥔마이는 분명히 영국과 독일의 사상을 조화시키고자 했다. 그러나 그의 조화의 기반은 여전히 칸트의 '순수이성'과 '실천이성'의 이원론, 혹은 '인과율'과 '자유'의 이원론에 있다. 이른바 "직관이 있으나 개념이 없으면 맹목이며, 개념이 있으나 직관이 없으면 공허하다." 따라서 장쥔마이는 "이후 진실로 칸트의 설에 기반하길 희망한다. 칸트 학설을 영국과 독일의 철학, 윤리학, 생물학, 교육학에 적용하면 발명하는 바가 있어 학술계에 새로운 공헌을 할 수 있을 것이다." 같은 글, 55쪽.

11 뤄즈시는 지적하기를, 딩원장의 지식 계보 속에 제임스가 들어 있지 않은 까닭은 제임스가 딩원장처럼 그렇게 현학을 말살하거나 경멸하지 않는다고 여겼기 때문이다. 장쥔마이의 지식 계보 속에 베르그손이 포함되지 않은 까닭은 장쥔마이의 논조에는 오이겐과 드리셰가 베르그손보다도 중요하게 여겨지고 있기 때문이다. 그는 또 지적하길 위의 표의 내용이 딩원장과 장쥔마이가 상술한 각 서양 사상가의 대표라고 말하는 것이 아니다. 왜냐하면 이들 사상가 사이의 관계는 매우 복잡하기 때문이다라고 하였다. 羅志希, 『科學與玄學』, 上海: 商務印書館, 1927, 5~6쪽.

12 張君勱, 「科學之平價」, 『人生觀之論戰』(上), 103~104쪽.

13 張君勱, 「人生觀」, 『人生觀之論戰』(上), 9쪽.

14 위의 글, 11~12쪽.

15 張君勱, 「再論人生觀與科學並答丁在君」(上), 『人生觀之論戰』(上), 35쪽.

16 장쥔마이의 주체에 관한 사상에는 장빙린의 『제물론석』(齊物論釋)과 불학(佛學) 저작 속에서 있는 '편재'(遍在) 개념이 결여되어 있다. 장빙린의 사상 속에서 개체는 결코 인간만을 가리키지 않으며 물(物)도 가리킨다. 그리하여 개체와 본체 사이에는 일종의 대화적 관계가 유지되며, 개체의 자주성은 '물'이 지닌 자주성도 포함한다. "존재자는 새로운 시대의 인간을 위해 자신을 규정한다. 인간이 유일하게 자기가 주체이자 기초라는 것을 깨닫는 것은 바로 본체론적 자주가 없으면 다시 그와 대립할 수 있기 때문이다. 이 과정을 통해서 비로소 인간은 존재자를 조종하고 통치할 수 있다." Günter Seubold, 宋祖良 譯, 『海德格尔分析新时代的技術』, 中國社會科學

出版社, 1993, 194쪽.

17 Wilhelm Windelband, 『哲學史敎程』 下卷, 北京: 商務印書館, 1993, 859쪽.

18 앞의 책, 859쪽.

19 앞의 책, 878~879쪽.

20 앞의 책, 878~879쪽.

21 월러스틴 등은 서양의 학술 제도를 조사하는 과정에서 심리학 연구는 기본적으로 사회 영역이 아니라 의학 영역에 넣어야 한다고 지적하였다. 이는 심리학의 합법성이 그것과 자연과학의 관계의 긴밀한 정도에 의해 결정됨을 의미한다. 게다가 실증주의자는 콩트와 동일한 전제("눈은 자신을 볼 수 없다")에 기초하여 심리학을 이 방향으로 이끌었다. 오직 생리학 내지 화학에 기초한 심리학이어야 과학적 정당성을 갖는다. 이러한 이유로 심리학자들은 사회과학을 '초월'하고자 애쓰며 심리학을 하나의 '생물'과학으로 바꾸었다. 그 결과 절대 다수의 대학에서 심리학은 모두 사회과학과에서 자연과학과로 그 진지를 옮겼다. 물론 일부 심리학자들은 사회 속의 개체를 분석하는 데 치중하지만, 사회심리학은 충분한 제도화 자율성을 성공적으로 확립하지 못하고 심리학에 의해 주변부로 밀려나 많은 상황 속에서 사회학의 한 분과로 흡수되어 간신히 생존하고 있다. Immanuel Wallerstein, 『開放社會科學』, 牛津大學出版社, 1996, 23~24쪽. 【역주】 국내에서는 이매뉴얼 월러스틴, 『사회과학으로부터의 탈피』(창비, 1994)로 번역·출판되었다.

22 張君勱, 「人生觀之論戰序」, 『人生觀之論戰』(上), 2쪽.

23 위의 글, 2~3쪽.

24 위의 글, 3쪽.

25 위의 글, 4쪽: 丁文江, 「玄學與科學-評張君勱的<人生觀>」, 『人生觀之論戰』(中), 11쪽.

26 張君勱, 「人生觀之論戰序」, 『人生觀之論戰』(上), 4쪽.

27 위의 글, 5쪽.

28 Bertrand Russell, 『西方哲學史』 下卷, 商務印書館, 1976, 369쪽. 【역주】 국내에서는 버틀런드 러셀, 서상복 옮김, 『러셀 서양철학사』(을유문화사, 2009)로 번역·출판되었다.

29 William James, "The Function of Cognition," *Pragmatism and The Meaning of Truth*, Cambridge: Harvard University Press, 1975, pp. 179~198. 【역주】 국내에서는 윌리엄 제임스, 정해창 옮김, 『실용주의』(아카넷, 2008)로 번역·출판되었다.

30 그러나 윌리엄 제임스의 철저한 경험주의 특징은 "단지 원시적 소재 혹은 재료만 있고" 세계의 모든 것이 그것으로 구성된다고 본다. 이러한 소재는 그가 말하는 "순수경험"이며 인식 작용은 바로 순수경험의 두 부분 사이의 특별한 관계이다. 주객의 관계는 그것으로부터 도출된 관계이다. "나는 경험이 결코 이러한 내재적 이중성을 지니지 않는다고 믿는다." 경험의 이미 정해진, 나뉘지 않은 부분은 이러한 관계 속에서는 인식자이고 저러한 관계 속에서는 인식되는 사물이다. 제임스 자신의 말을 따르면 "각 경험을 연결시키는 관계 자체도 반드시 경험적 관계여야 하며, 어떠한 종류의 이른바 경험적 관계도 반드시 그 체계 속의 기타 어떤 것과 마찬가지로 '실재적'으로 여겨져야 한다." 일반적인 경험주의자는 이러한 사실을 고려하지 않고 사물

의 각종 연결을 지워 버리고 사물의 분리를 강조하는 경향이 있다. 버클리, 흄, 제임스 밀, 존 스튜어트 밀 모두 이와 같다. 그 결과 자연적으로 이성주의자는 초경험적 통일자, 실체, 이지적 범주와 역량, 혹은 자아를 덧붙임으로써 각종 불연관성을 교정하고자 애썼다. 윌리엄 제임스에 의하면 만약 경험주의가 철저하여 각종 사물에 대해 연결 혹은 분리에 상관없이 차별 없이 대하고 모든 사물을 그 표면 가치에 따라 대하게 되면, 이러한 인위적인 교정을 초래하지는 않을 것이다. 윌리엄 제임스의 이러한 "철저한 경험주의"는 루소에게는 종교적, 과학적 양면성을 가진 것이지만, 딩원장과 장쥔마이가 보기에는 각각 반종교적인 것과 반과학적인 것으로 구분된다. 또한 윌리엄 제임스가 존 스튜어트 밀을 언급할 때, 그는 "물리의 사물과 자아 양자를 불연속적인 일련의 가능성들에 의해 구성된 것이라고 말하고, 연상과 욕망론에서 전체의 경험을 일반적으로 파편화시킨 것, 이는 모두 내가 위에서 말한 의미의 예증이라고 할 수 있다"고 하였다. William James, 龐景仁 譯, 『徹底的經驗主義』, 上海: 上海人民出版社, 1987, 22~23쪽.

31 James P. Chaplin and T.S. Keawiec, *Systems and Theories of Psychology*, 4th ed.(Nework: Holt, Rinehart and Winstpn, 1979), 15쪽; 中譯本 林方 譯, 『心理學的體系化理論』, 北京: 商務印書館, 1989, 34쪽.

32 앞의 책, 15~16쪽; 中譯本, 34쪽.

33 앞의 책, 23쪽; 中譯本, 23쪽.

34 唐鉞, 「心理現象與因果律」, 『人生觀之論戰』(中), 93쪽. 인과율에 관한 탕웨의 토론에는 어떤 새로운 의미도 없다. 그러나 그가 칸트의 선험 범주를 언급할 때 한 말은 본문에서 논한 바와 내재적인 연계가 있다. 그는 "무인론자(나는 편의상 심리 현상은 인과율의 지배를 받지 않는다고 주장하는 사람을 무인론자라고 칭하겠다. 다음 문장도 마찬가지다)는 반드시 칸트의 주장을 인용하여 인과율은 이성 가운데 고유한 것이며 경험의 범주에 앞선다고 말한다. …칸트는 모든 현상은 인과 범주의 지배를 받으며 심리 현상도 당연히 제외될 수 없다고 말한다. 왜냐하면 칸트는 본체는 경험할 수 없으며 경험된 바는 모두 현상이라고 주장하기 때문이다. 심리 현상은 경험 내의 사건이며 당연히 본체가 아니다."

35 唐鉞, 「心理現象與因果律」, 『人生觀之論戰』(中), 97쪽.

36 위의 글, 105쪽.

37 지식과 의지의 관계도 지식과 인생관의 관계로 기술된다. 왜냐하면 인생관은 자유와 직관으로 논증되기 때문이다. 따라서 인과율에 대한 논증은 "인생관은 지식에 따라 변한다"고 설명해야 한다. 탕웨는 "예를 들어 코페르니쿠스 지동설과 훗날 인류와 원숭이가 같은 조상이라는 다윈의 설 이후 세계 인류의 인생관에 커다란 변동이 일어났다. 이는 의심할 수 없는 역사적 사실이다. 만약 인생관이 직관적이고 인과율이 없는 것이라면 어째서 자연계의 지식에 따라 변화하겠는가?" 唐鉞, 「心理現象與因果律」, 『人生觀之論戰』(中), 103~104쪽.

38 위의 글, 85~86쪽.

39 량치차오는 말하기를, "정감이 표출되는 방향은 많다. 그 안에 최소한 두 가지는 확실히 신비성을 띠고 있는데 바로 '사랑'과 '미'(美)이다. '과학 제국'의 판도와 권위가 어느 정도까지 확대되든 간에 이 '사랑'과 '미'는 그들이 '위로는 천자를 섬기지 않고

아래로 제후와 벗하지 않는' 신분을 영원히 유지할 것이다". 량치차오는 표면적으로
는 이를 작은 부분일 뿐이라고 말하면서도, 인류 생활의 대부분을 신비한 애정·신
앙·주의와 각종의 정서로 귀결시켰다. 량치차오에 있어서 과학과 미, 사랑 등의 영
역의 대립은 이성과 정감의 이원 대립에서 기인한다. 위의 글, 89~90쪽.

40 탕웨는 보충하여 다음과 같이 말한다. "이러한 기점은 바로 이른바 '소여
성'(giveness)이다. '소여성' 자체는 분석할 수 없을 뿐만 아니라 분석할 필요도 없
다. 우리가 분석해야 하는 것은 하나의 '소여'(datum)와 다른 '소여'(datum)의 관
계이며, 바로 다른 기타 '소여'가 있어야 이 '소여'도 비로소 발생할 수 있다. '소여'
의 본체를 분석하려는 것은 무의미한 문제로 그것은 마치 흰색이 왜 흰색인가라고
묻는 것과 같다. 혹은 최초 이전에 또 다른 최초가 있는지 묻는 것과 같다." 위의 글,
111쪽.

41 위의 글, 115쪽.

42 張君勱,「人生觀之論戰序」,『人生觀之論戰』(上), 5쪽.

43 밀은 말한다. "인간의 과학을 보면 천문학 영역에서 이미 실현된 정확한 표준을 구
비하지 못하고 있다. 그러나 지금의 조석학(潮汐學)이나 이전의 천문학과 같은 과
학처럼 될 수 없는 어떠한 이유도 없다. 당초 천문학도 단지 주요한 현상을 파악한
것뿐이며 각종 섭동(攝動) 현상에 대해 무능했다." John Stuart Mill, *A System of
Logic: Ratiocinative and inductive*. vol.8, Collected Works of John Stuart Mill,
Toronto: University of Toronto Press, 1974, pp. 864.

44 張君勱,「人生觀之論戰序」,『人生觀之論戰』(上), 6~7쪽.

45 위의 글, 8~9쪽.

46 후스의 '과학적 인생관'에 겨냥하여 장쥔마이는 다음과 같이 말한다. "과학의 대원
칙은 원인이 있으면 반드시 결과가 있다는 것이다. 그것은 인과의 추구로 끝맺는
다. 따라서 이 세계는 모든 것이 갖추어져 있다고 보고 이 모든 것이 갖추어진 데
에서 그 인과의 발생을 추구한다. 바꾸어 말하면, 각각의 사물은 폐쇄적인 시스템
(Closed system)인 것이다. 이 법칙을 물질에 적용시켜 그 본(本)을 공간의 체(體)
로 삼기 때문에, 천문, 물리, 화학의 법칙은 이로 인하여 발견되는 것이다. 반면에 인
생의 모든 동력은 생의 충동이며, 심리로 말하면 시시각각 변하는 자각성이다. 또한
시간으로 말하면 끊임없는 지속이다. 이와 같기 때문에 그것을 폐쇄적 시스템으로
개조하는 것은 절대 불가능하다." 張君勱,「人生觀之論戰序」,『人生觀之論戰』(上),
11쪽.

47 Auguste Comte,『實證政治體系』第4卷, 附錄「對科學和科學家的哲學研究」
(1825年), 161쪽: Raymond Aron 著, 葛智强 等譯,『社會學主要思潮』, 上海: 上海
譯文出版社, 1988, 1쪽.

48 Lewis A. Coser 著, 石人 譯,『社會學思想名家』, 北京: 中國社會科學出版社,
1990, 1~2쪽.【역주】국내에서는 루이스 코저 지음, 신용하·박명규 옮김,『사회사상
사』(한길사, 2018)로 번역·출판되었다.

49 Auguste Comte, Harriet Martineau trans. *The Positive Philosophy of Auguste
Comte*, vol.2, G. Bell & sons, 1896, pp215. Lewis A Coser,『社會學思想名家』, 3
쪽에서 인용.

50 콩트는 다음과 같이 말했다. "사회현상이 각종 영구한 자연법칙을 따르지 않고서는 질서와 화해를 실현할 수 없으며, 이러한 법칙은 각 단계에서 확실하게 사회 행동의 한도와 성질을 규정한다는 것을 우리는 깨닫게 된다." *The Positive Philosophy of Auguste Comte*, vol.2, pp 216.; 『社會學思想名家』, 3쪽.

51 콩트가 생각하기에 일단 사람들이 인류의 일을 이끄는 데 있어서 과학의 권위적 지위를 인정하면, 그들은 "권리를 자유롭게 연구하거나 혹은 어떠한 구속도 없는 도덕 자유의 신조"에 대한 허황된 요구를 포기할 것이다. 오직 과학 방법론의 엄격한 제약을 따르고 과학 근거를 존중하고자 하는 사람만이 인류의 일들을 지도하는 데 있어 발언권을 누릴 수 있다. 개인 의견의 자유는 천문학이나 물리학에서는 어떠한 의의도 없다. 장차 이러한 자유는 사회과학에서도 마찬가지로 부적합할 것이다. 과학 연구는 효과 없는, 어떠한 구속도 받지 않는 유토피아주의를 엄격하게 제약할 필요가 있다. 『社會學思想名家』, 4쪽.

52 장쥔마이는 마르크스와 밀, 콩트의 서로 다른 차이를 지적하였지만, 주로 "마르크스는 두 사람과 마찬가지로 19세기 중엽의 색채를 벗어나지 못했다. 즉 사회 진화에 일정한 법칙이 있으며 과학 방법에 의해 적용될 수 있다는 것이다. 마르크스는 스스로 그것을 과학적 사회주의라고 칭하고 로버트 오언 등의 유토피아 이상과 구분하였으며 경제상의 진화를 정반합의 유물사관의 원칙에 따라 추정하여 자본주의의 붕괴는 불가피한 것"이라고 말하였다. 張君勱, 「人生觀之論戰序」, 『人生觀之論戰』(上), 6쪽.

53 Lewis A. Coser, 『社會學思想名家』第1章: Raymond Aron, 『社會學主要思潮』, 第2章.

54 물질생활과 인간의 의식의 관계에 대하여 마르크스는 다음과 같이 정확하게 기술하고 있다. "사람들은 자기 생활의 사회 생산 가운데 일정하고 필연적이며 그들의 의지로 바꿀 수 없는 관계를 발생시킨다. 즉 그들의 물질 생산력의 일정한 발전 단계와 서로 상응하는 생산관계를 말이다. 이러한 생산관계의 총화는 사회의 경제 구조를 구성하고 법률적, 정치적 상층 구조는 바로 그 경제 구조 위에 수립되며 사회 이데올로기는 그것과 서로 상응하는 현실 기초를 갖는다. 물질생활의 생산 방식은 전체 사회생활, 정치 생활, 정신생활의 과정을 제약한다. 인간의 의식이 인간의 존재를 결정하는 것이 아니라 인간의 사회 존재가 인간의 의식을 결정한다." 『馬克斯恩格斯全集』第3卷, 人民出版社, 1965, 8쪽.

55 『馬克斯恩格斯全集』第3卷, 人民出版社, 1965, 52쪽.

56 陳獨秀, 「科學與人生觀·序」, 『科學與人生觀』(上), 上海亞東圖書館, 1923, 5쪽.

57 張君勱, 「人生觀之論戰·序」, 『人生觀之論戰』(上), 7쪽.

58 장쥔마이는 "오늘날 살펴보면 유럽의 경우 자본주의의 성숙은 영국이 러시아보다 우위인데 노농혁명은 어째서 영국이 아닌 러시아에서 일어났을까? 러시아와 독일을 비교해 보면 자본주의의 성숙은 독일이 우세한데, 어째서 독일의 혁명의 성과가 러시아보다 뒤질까? 또한 러시아의 경우 사유재산의 폐지가 2년이 못 되어 개인의 토지소유권 매매를 허용하여 외국 은행과 외국 자본가를 불러들이게 되니 이처럼 이랬다저랬다 하는 형국은 또한 과학적 사회주의 논저들 가운데 어떠한 법칙을 따르는 것인지 모르겠다."라고 말한다. 張君勱, 「人生觀之論戰·序」, 『人生觀之論戰』

(上), 6쪽.

59 이 아홉 가지 인생관 문제와 그 상이한 경향은 다음과 같다. 1. 나와 나의 친족의 관계: a 대가족주의 b 소가족주의, 2. 나와 나의 이성(異性)의 관계: a 남존여비 b 남녀평등 c 자유 혼인 d 전제 혼인, 3. 나와 나의 재산 관계: a 사유재산제 b 공유재산제, 4. 나의 사회제도에 대한 태도: a 보수주의 b 유신주의 5. 내부 정신과 외부 물질의 관계 a 물질문명 b 정신문명, 6. 나와 내가 속한 전체와의 관계: a 개인주의 b 사회주의(일명 상호부조주의), 7. 아와 타의 총체 관계: a 위아주의(爲我主義) b 이타주의, 8. 나의 세계에 대한 희망: a 비관주의 b 낙관주의, 9. 나의 세계 배후의 조물주의 존재에 대한 믿음: a 유신론 b 무신론 c 일신론 d 다신론 e 개신론(個神論) f 범신론. 張君勵, 「人生觀」, 『人生觀之論戰』(上), 2~3쪽.

60 張君勵, 「人生觀」, 『人生觀之論戰』(上), 4~8쪽.

61 위의 글, 8~9쪽.

62 丁文江, 「玄學與科學−評張君勵的"人生觀"」, 『人生觀之論戰』(中), 3쪽.

63 위의 글, 6쪽.

64 위의 글, 6~7쪽.

65 위의 글, 7~8쪽.

66 위의 글, 8~9쪽.

67 분트의 이른바 확실한 과학은 수학, 물리학, 화학과 생물학을 포괄하며, 정신과학은 심리학, 문자학, 역사학, 사회학, 법률학, 경제학을 포괄한다. 張君勵, 「再論人生觀與科學並答丁在君」(上), 『人生觀之論戰』(上), 18쪽.

68 위의 글, 19쪽.

69 "18세기 이래로 물리학의 방법을 생물의 현상에 적용하고자 했던 흐름이 있었는데, 라이엘(Lyell, 1797~1875)의 지질학, 라마르크의 동물학이 그것이다. 다윈의 『종의 기원』이라는 책이 출판 된 이후에는 각국이 이를 따르게 되었다. 딩원장의 말에 따르면 생물학의 진화론이 모두 해결되었다. 하지만 과연 해결되는가? 미해결인가?" 위의 글, 21쪽.

70 위의 글, 23쪽.

71 위의 글, 24쪽.

72 위의 글, 27~28쪽.

73 예를 들어 그는 밀의 말을 인용하여 다음과 같이 말한다. "나의 『경제원리』의 목적은 앞 사람들과 마찬가지로 가정의 상태에서 각종 원인이 작용하는 과학을 이해하는 것이다. 하지만 그들과 다른 것은 이러한 상태를 불변으로 보지 않았다는 점이다. 경제학이 개괄하는 것은 자연계의 결과에서 생겨난 것이 아니라 사회의 제도에서 생겨나기 때문에 일시적인 것이며 사회의 진보에 따라 변천한다." 그는 정치학을 예로 들어 "어찌 경제만이겠는가 정치도 또한 그렇다. 근래 뒤기(Duguit), 라스키(Laski), 콜(Cole)은 국가주권설을 반대하고 사회직무(Function, service)설로 그것을 대신하고자 하는데 이 설 이후로 치자와 피치자의 관계가 일변하게 되었다. 의회의 선거는 지역을 기준으로 하지 않고 직업을 기준으로 하니 또한 일변한 것이다. 독자가 생각해 보라, 과학이라는 근본 관념이 하루아침에 이처럼 쉽게 변화하면 과학이라 할 수 있겠는가?" 위의 글, 30~31쪽.

74 위의 글, 32~33쪽; E. J. Urwick, *Philosophy of Social Progress*, London: Methuen & co, 1920.

75 張君勱,「再論人生觀與科學並答丁在君」(上),『人生觀之論戰』(上), 40쪽.

76 위의 글, 41쪽.

77 張君勱,「再論人生觀與科學並答丁在君」(中),『人生觀之論戰』(上), 46쪽.

78 위의 글, 48쪽.

79 위의 글, 48쪽.

80 위의 글, 50쪽.

81 위의 글, 53~54쪽.

82 위의 글, 56쪽.

83 張君勱,「人生觀之論戰序」,『人生觀之論戰』(上), 15쪽.

84 장쥔마이의 스승 량치차오는 1896년 장지동(張之洞)에게 올리는 상소에서 서원(書院)의 교과 과정을 바꿀 것을 건의했다. "일본의 변법(變法)은 학교를 가장 우선으로 했으며 일본의 학교는 정치를 가장 중요시했다"고 제출했다. 나아가 정치학원(政治學院)의 취지에 따라 경학, 사학, 지학(地學), 산학(算學)의 과정을 개설하여 시무를 모든 배움의 목적으로 삼을 것을 건의하였다(梁啓超,「上張南皮張尙書論改書院課程書」, 舒新城,『中國近代敎育史資料』下冊, 北京人民敎育出版社, 1961, 934~935쪽;『中國近代敎育大事記』, 上海敎育出版社, 1981, 74쪽.). 또한 1897년 귀주(貴州) 학정(學政) 옌슈(嚴修)가 과거 시험 중 전문적인 경제과를 둘 것을 주청했다. 하나는 세거(歲擧)이며 하나는 특과(特科)이다. 특과를 먼저 뽑고 다음으로 세거를 시행한다. 특과의 내용은 "천하 여러 나라의 병폐와 이익을 두루 익히고, 중외 교섭 사건을 잘 알며, 산학, 역학을 전문적으로 익히고, 격치, 제조에서 새로운 법을 만들고 …조사와 측량, 제도에 능하도록 한다"고 하여, 내정(內政)·외교(外交)·이재(理財)·경무(經武)·격물(格物)·고공(考工)의 여섯 가지로 나누었다. 이러한 초기 분과에서 경제, 정치 등 영역의 지위는 사회, 정치의 수요와 분명히 관계가 있다. 總理衙門 禮部,「會奏遵議貴州學政嚴修請說經濟特科疏」, 舒新城,『近代中國敎育史料』第4冊, 81~85쪽;『中國近代敎育大事記』, 80쪽.

85 張君勱,「再論人生觀與科學並答丁在君」(下),『人生觀之論戰』(上), 69쪽.

86 위의 글, 69쪽.

87 어떤 의미에서 '합리화'의 개념을 사용하며 왜 이 개념을 사용하는지 설명하면 다음과 같다. 베버의 합리화 개념과 신교 윤리의 관계를 참고하여, 나는 여기서 본 주제와 관계가 명확하지 않은 문제, 즉 청말 교육 제도의 합리화 실천과 기독교의 관계에 대해 언급하고자 한다. 일찍이 1896년 중화교육회(中華敎育會)는 제2차 대회를 개최했다. 주석 반신문(潘愼文)은「교육회와 중국 전체 교육의 관계」의 강연을 통해 다음과 같이 주장하였다. "기독교 교육가 협회로서 우리는 우리의 능력 범위 안에서 각종 방법으로 이 국가의 교육 개혁 운동을 제어해야 하며 또한 이것을 순수한 기독교의 이익에 부합하게 해야 한다." 대회는 그의 뜻에 근거하여 '교육개혁위원회'를 조직했으며, 중국이 어떻게 '합리'적인 교육 제도를 수립할 것인가를 연구했다.『中華敎育雜誌』第17卷 第7號, 1896, 345~348쪽.

88 張君勱,「再論人生觀與科學並答丁在君」(下),『人生觀之論戰』(上), 70쪽.

89 같은 글.

90 같은 글.

91 하버마스가 서양의 사회사상 가운데 사회 합리화 논제를 분석할 때는 먼저 콩도르세(Condorcet)의 『인류 정신 진보의 역사적 묘사 개요』(Sketch for a Historical Picture of the Progress of the Human Mind)를 분석했다. 그는 이 책 가운데에서 자연의 수학, 과학은 합리성의 모델을 제공하며 뉴턴 물리학은 바로 이러한 모델의 핵심이자 자연을 연구하는 진정한 방법이라고 하였다. 콩도르세가 주목했던 것은 과학의 "문화적 의의"인데, 그것은 방법상으로 보장된 이론 지식의 확장이 인류의 정신과 전체 생활의 문화 맥락의 발전에 어떠한 영향을 끼쳤는가이다. 하버마스는 콩도르세가 근대 과학사의 모델을 가지고 인류 역사를 이해했으며 또한 인류 역사를 합리화 과정으로 이해했다고 말한다. Jürgen Habermas, *The Theory of Communication Action*, trans. Thomas MaCarthy, vol.1, Boston: Beacon Press, 1984, pp. 145~146. 【역주】국내에서는 위르겐 하버마스, 장춘익 옮김, 『의사소통행위이론』 1.2(나남출판사, 2006)로 번역·출판되었다.

92 이러한 방면에서——합리화 과정에 대해 비관적인 관점을 견지하면서 또 합리화의 관점으로 역사를 고찰하려한다는 점에서, 장쥔마이는 베버와 유사한 점이 있다. 하버마스는 베버의 이성주의(Rationalism)를 논할 때 다음과 같이 말했다. "역사철학에서 과학과 기술은 일종의 합리화의 모델이다. 베버는 결코 그것들의 범례의 특징을 부정하지 않았다. 하지만 진보 개념으로서의 그 모델에 대해 말하자면, 과학과 기술은 반드시 계몽과 실증주의의 의미에서 평가해야 한다. 즉 그것의 특징화된 문제 해결의 체계는 종의 역사에 대해 중요한 영향을 끼쳤다. 19세기 말 자본주의 문화 비평은——니체 및 동시대인의 생활철학이 가장 영향력 있는 대표일 것이다——바로 이러한 형이상학을 대체하는 재평가를 가리킨다. 베버는 또한 과학문명에 대해 비관적인 평가를 내렸다. 그는 윤리 가치의 방향에서 출발하여 그가 근대 사회에서 관찰한 합리화 과정에 대해 깊이 회의하면서 그의 합리화 이론 속에서 과학과 기술은 그것의 범례의 특징을 상실했다고 하였다. 베버의 연구는 목적, 즉 합리 행위의 체계화된 도덕 실천의 기초 방면에 집중되어 있다." Jürgen Habermas, *The Theory of Communication Action*, trans. Thomas MaCarthy, vol.1, Boston: Beacon Press, 1984, p.155.

93 장쥔마이는 다음과 같이 말한다. "19세기 초 과학에 대한 신앙은 전성기를 맞이하였는데 헉슬리 등은 종교가와 대항하면서 자연과학을 학교 교육의 교과목에 포함시킬 것을 요구하였다. 지금은 그것을 시행하여 짧게는 수십 년, 길게는 백 년이 되었는데 장단점은 매우 명확하다. 자연현상을 상세히 분류하고 그 질서를 추구하며, 망원경으로 하늘을 관찰하고 현미경으로 미생물을 관찰하면서 …교육을 충분히 다한다고 할 수 있는가? 이는 적용할 수 없는 것일 뿐만 아니라(교육상 윤리가 없을 수 없다. 즉 교육은 자연과학으로 범위를 한정할 수 있는 바의 것이 아니라는 것에 대한 명확한 증거이다) 이후 논할 바도 없다." 張君勱, 「再論人生觀與科學並答丁在君」(下), 『人生觀之論戰』(上), 74쪽.

94 張君勱, 「再論人生觀與科學並答丁在君」(下), 『人生觀之論戰』(上), 73쪽.

95 위의 글, 73쪽.

96   위의 글, 73쪽.

97   위의 글, 74쪽.

98   위의 글, 74쪽.

99   위의 글, 74쪽.

100   위의 글, 75쪽.

101   주의할 것은 장쥔마이의 자유의지에 대한 호소는 사회 역사 속의 혁명 현상에 대한 관찰을 포함하고 있으며, 그는 혁명을 자유의지의 산물로 간주하고 역사 규율을 벗어난 예증으로 간주하다는 점이다. 예를 들어 "자유의지의 교의를 말하면 세계의 사회혁명당이 이미 그것을 행하였고 큰 효력이 나타났다. 독일, 러시아 두 제국의 전복은 모두 이러한 교육이 한 것이다." 위의 글, 75쪽.

102   위의 글, 77쪽.

103   Matthew Arnold, *Culture and Anarchy*, edited with an introduction by J. Dover Wilson, Cambridge: Cambridge University press, 1959, p.134.

104   「1912年 1月 19日 教育部公布 普通教育暫行辦法通令」, 「1912年 1月 19日 教育部公布 普通教育暫行課程標準」, 朱有瓛 主編, 『中國近代學制史料』 第3輯 上冊, 1~6쪽.

105   「1912我一: 臨時教育會議日記」, 朱有瓛 主編, 『中國近代學制史料』 第3輯 上冊, 8~9쪽.

106   위의 글, 12쪽.

107   「1915年 1月 遠世凱: 特定教育綱要」, 朱有瓛 主編, 『中國近代學制史料』 第3輯 上冊, 44쪽.

108   '강요'는 다음과 같이 말하고 있다. "중국 보통교육은 일본의 단일 학제를 본떠 소학에는 한 종류만이 있다. 단지 글자 배우기를 추구하는 평민 자제와 뜻을 가진 사족(士族)의 자제가 같은 교육을 받는 것은 인정상 부합하지 않아 실제 교육에서 여전히 장애가 많다. …이에 프랑스, 독일의 학제를 참고해 소학을 두 종류로 나눈다. 초등학교 …그리고 예비학교이다." 위의 글, 45쪽.

109   『教育雜誌』 第11卷 第5號, 陳學恂 主編·高奇 分卷主編, 『中國教育史研究·現代分卷』, 上海: 華東師範大學出版社, 1994, 7쪽.

110   任鴻隽, 「科學與教育」, 『科學』 第1卷 第12期.

111   蔣蒙麟, 「世界大戰後吾國教育之重點」, 『教育雜誌』 第10卷 第10號.

112   任鴻隽, 「科學與教育」, 『科學』 第1卷 第12期.

113   陳學恂 主編·高奇 分卷主編, 『中國教育史研究·現代分卷』, 上海: 華東師範大學出版社, 1994, 10쪽.

114   蔡元培, 「就任北京大學校長之演說」, 『蔡元培全集』, 中華書局, 1959, 23쪽.

115   이 교육 제도 개혁에 관해서는 많은 교육사 관련 전문 서적에서 이미 상세하게 소개하고 있다. 본문은 주로 『中國教育史研究·現代分卷』(陳學恂 主編·高奇 分卷主編, 上海: 華東師範大學出版社, 1994)에 의거하였다.

116   陳學恂 主編·高奇 分卷主編, 『中國教育史研究·現代分卷』, 上海: 華東師範大學出版社, 1994, 19~20쪽. 이 방면의 상황은 다음과 같다. 1922년 1월, 쉬신청(舒新城)이 『교육잡지』에 「중학학제문제」(中學學制問題)를 발표. 타오싱즈(陶行之)가

『신교육』에「신학제 초안에 대해 취해야 할 우리의 태도」(我們對於新學制草案應持之態度)를 발표. 1922년 2월, 적지 않은 교육계 인사들이『교육과 직업』(敎育與職業) 잡지에 신학제 초안의 직업 교육에 관한 의견을 발표. 6월『교육잡지』는 "학제과정연구 전문호"를 출판하여, 과정 학제 개혁의 문장 30여 편을 발표하고, 리스천(李石岑), 황옌페이(黃炎培), 좡치(庄启), 위즈이(俞子夷), 쉬신청, 우옌인(吳硏因), 저우위퉁(周予同) 등의 문장을 게재하였다. 7월 중화교육개진사가 제남(齊南)에서 제1차 학제 개혁의 문제를 토론하였다. 이러한 토론은 전국교육회연합회가 제정한 학제 초안에 대해 문제점을 제기하는 것 외에도 학제 개혁에 대한 그들의 주장을 적극적으로 개진하였다. 타오싱즈는 학제 제정에 대해 이렇게 말하였다. "과학적 방법 태도를 가지고 사회, 개인의 수요 능력을 고찰하고, 각종 생활, 사업에서 필요불가결한 기초를 준비하며 적합하게 학제를 개정한다. 외국의 경험의 경우 적합하다면 그것을 취하고 불필요하다면 피한다. 본국 이전의 경험이 적합하다면 보존한다. 그렇지 않다면 버린다. 버리고 취하는 것은 오직 적합한가 아닌가일 뿐 신구의 문제가 아니다. 이렇게하면 독창적 학제를 만들 수 있다. 국정에 적합하고 개성에 적합하고 사업, 학문 수요에 적합한 학제를 말이다." 陶行知,「我們對於新學制草案應持之態度」,『陶行知全集』第1卷, 湖南敎育出版社, 1985, 191쪽.

117 이러한 학제 시스템은 7개 항의 표준에 근거하여 제정되었다. 1. 사회 진화의 수요에 적합, 2. 평민 교육 정신의 발양, 3. 개성 발전의 도모, 4. 국민 경제력에 주의, 5. 생활 교육에 주의, 6. 교육 보급의 용이함, 7. 다양한 각 지방으로 확산 가능성. 陳學恂 主編·高奇 分卷主編,『中國敎育史硏究·現代分卷』, 上海: 華東師範大學出版社, 1994, 21쪽.

118 임술학제의 구체적 내용은 陳學恂 主編·高奇 分卷主編,『中國敎育史硏究·現代分卷』, 上海: 華東師範大學出版社, 1994, 24쪽 참조.

119 이하 각 자료는 모두 陳學恂 主編·高奇 分卷主編,『中國敎育史硏究·現代分卷』, 上海: 華東師範大學出版社, 1994의 제1장 참조.

120 Ian Hunter,「充當一種志業的人格」, 香港嶺南學院飜譯系文化/社會硏究譯叢編委會編,『學科·知識·勸力』, 牛津大學出版社, 1996, 133~134쪽.

121 S. Rothbalt, Tradition and Change in English Liberal Education: An Essay in History and Culture, London: Faber&Faber, 1976, p.26.

122 Ian Hunter,「充當一種志業的人格」,『學科·知識·勸力』, p.136.

123 하버마스는 베버의 이론이 일련의 상대주의의 가정을 내포하고 있다고 보았다. 만약 베버가 문화적 특수성 가운데 서구 이성주의의 특수성을 찾는 것이 아니라 근대 자본주의 상황하의 이성화 과정의 선택 모델 속에서 이러한 특수성을 찾는 것이라면, 이러한 상대주의의 선입견은 존재하지 않는다. 베버 자신도 합리화 개념의 특수성을 언급했는데, 그는 "상술한 사례는 특수하게 구성된 서구 문화의 '이성주의' 문제이다. 현재 이러한 개념을 가지고 다양한 사물들이 이해되고 있다. …예를 들어 신비한 내성의 '합리화'는 생활의 다른 시각에서 보면 그것은 일종의 특별한 '합리적이지 않은' 행위이다. 경제 생활, 기술, 과학 연구, 교육, 전쟁, 법률 처리와 행정적 합리화도 완전히 같다. 나아가 이러한 영역의 각각은 매우 상이한 최종 관점과 결과에서 보면 합리적인데 또 다른 관점에서 보면 '합리적이지 않다.' 따라서 상이한 특

징의 합리화는 각종 문화 및 그 생활의 각 방면에 존재한다. 문화 역사의 각도에서 이러한 합리화의 차이를 구분하는 것은 바로 어느 영역, 어느 방향에서 합리화하는 것인가를 구분하는 것이다. 이것은 바로 우리가 어째서 서구 이성주의의 특수성 및 근대 서구 이성주의의 특수성을 먼저 역사적으로 연구하고 해석해야 하는가이기도 하다." J. Habermas, *The Theory of Communication Action*, vol.1, p.181.

124 Max Weber, "The Social Psychology of the World Religions," From *Max Weber: Essay in Sociology*, eds. Gerth and Mils, New York: Oxford University, 1946, p.293.

125 독일어 Zweckrational은 "instrumentally rational"로 번역된다. Max Weber, *Economy and Society: An Outline of Interpretive Sociology*, G. Roth and C. Wittich eds., vol.1, Berkeley: University of California Press, 1978, p.26.

126 Max Weber, *Economy and Society: An Outline of Interpretive Sociology*, G. Roth and C. Wittich eds., vol.1, Berkeley: University of California Press, 1978, p.65.

127 J. Habermas, *The Theory of Communication Action*, vol.1, p.169.

128 張君勱, 「中國現代化與儒家思想復興」, 程文熙 編, 王禹九 譯, 『中西印哲學文集』 (上), 臺灣學生書局, 1981, 581쪽.

129 張君勱, 「學術方法上之管見―與留法北京大學同學諸君和別之詞」, 『中西印哲學文集』(上), 148쪽.

130 Habermas, *The Philosophysical Discourse of Modernity*, trans. Frederick Lawrence, Cambridge: The MIT Press, 1987, p.83.

131 張君勱, 「再論人生觀與科學並答丁在君」(下), 『人生觀之論戰』(上), 80쪽.

132 위의 글, 84쪽.

133 위의 글, 83쪽.

134 위의 글, 83쪽.

135 위의 글, 83~84쪽.

136 위의 글, 84쪽.

137 장쥔마이는 몸과 마음을 바르게 닦고 자신을 바르게 할 것을 제창하면서 다음과 같이 말하였다. "치국을 말하자면 부국강병의 바람은 반드시 버려야 할 바이며, 오직 일국의 균등과 편안함을 추구해야 한다. 나는 오직 이 뜻을 품고 있기 때문에 오늘날 과학의 교육과 상공 정책이 불만스러우며 바꾸어야 한다고 본다. 그러나 오늘날 인류는 이 세 가지 그물(국가주의, 상공 정책, 자연계의 지식 등 근대 서양 문명의 세 가지 특징-인용자 주) 속에 있으니 어찌 간단히 '내적 생활'의 제창만으로 그것을 전환시킬 수 있겠는가? 따라서 쇄국 농업의 시대에 '나에게 구한다'는 설로 일국의 풍속과 정치를 바로잡고자 하는 것은 쉽지 않다. 오늘날 개국 공상의 시대에 이러한 설은 더더욱 받아들이기 어렵다. 그러나 나는 세 가지 그물이 인류의 전도에 막대한 위험이라는 것을 확신하며, 내적 생활의 수양을 적극 제창할 수밖에 없다. 그리하여 한학과 송학의 득실 문제를 제기하는 것이다." 張君勱, 「再論人生觀與科學並答丁在君」(下), 『人生觀之論戰』(上), 85쪽.

138 장하오(張灝)는 20년대 중국 사상의 논쟁을 논하면서 일찍이 신유가와 실증파(즉

고사변파)의 충돌에 대해 해석했는데, 그 역시 이 두 파의 토론은 청대 한학과 송학의 오래된 논쟁을 상기시키는 것이라고 지적했다. "한학·송학 논쟁의 핵심은 바로 공자 학설과 중국 문화의 유산의 진로를 이해하는 데 있어서 견해가 다르다는 점에 있다. 한학은 객관적·경험적·고거적 진로에 서 있으며, 송학은 주관적·의리적 진로에 서 있다. '5·4' 이후의 논쟁 양쪽은 한학·송학 논쟁의 계승 여부에 대하여 개의하지 않는다. 논쟁의 상대가 자주 스스로 청대 박학가를 자처하면, 상대적으로 신유가는 오히려 송명 이학의 의리의 관점에 선 근대의 투사로 자처한다. 사실 이 두 차례의 논쟁 사이에는 어떠한 계승 관계가 없다. '5·4' 이후의 논쟁은 당대 사상 위기의 맥락에서 발생했으며, 한학·송학 논쟁은 곧 전통 속 내재 발전의 결과이다. 외국의 영향은 결코 한학·송학 논쟁에는 미치지 않는다. 그러나 오히려 가장 기본적인 방면에서 신유가 및 그 상대방에 영향을 미쳤다. …신유가의 반과학주의의 원천은 서양의 충격에 있는데, 그것은 같은 기원이 전통의 영향에 있는 것과 같다. 신유가가 전통을 긍정하게 되는 것은 서양과의 접촉과 전통 철학의 탐구에서 연원한다." 張灝, 「新儒家與當代中國的思想危機」, 羅義俊 編, 『評新儒家』, 上海人民出版社, 1989, 55쪽.

139 張君勱, 「再論人生觀與科學並答丁在君」(下), 『人生觀之論戰』(上), 84~85쪽.

140 위의 글, 85쪽.

141 위의 글, 86쪽.

142

〔표1〕

유럽 유물파의 말	한학가의 말
베이컨- 사실의 수집 로크- 모든 의식은 경험에서 나온다. 공리주의자- 인생에 유익한 의식이 진리이다. 벤담- 우주의 두 주재자는 쾌락과 고통이다. 쾌락은 선이고 고통은 악이다. 영미학자의 연혁을 사용하는 방법. 흄- 경험의 왕래는 끊이지 않으며 그리하여 습관상의 신앙이 있다.	왕인지(王引之)- 두루 찾고 검토한다(遍爲搜討). 고정림(顧亭林)- 많이 배우며 안다(多學而識). 완원(阮元)- 학자는 실사구시하며 헛된 말로 리를 궁구하지 않는다. 고정림(顧亭林)- 문은 현실의 업무에 관여하지 않으며 모든 것을 하지 않는다(文之不關於…當世之務者, 一切不爲). 대동원(戴東原)- 인의예지는 이른바 욕망의 밖에서 구하지 않으며, 혈기와 심지(心知)를 떠나지 않는다. 장학성(章學誠)- 육경은 모두 사(史)이다. 완원(阮元)- 리는 반드시 예에서 나오며 또한 리는 예로써 행하는 것을 따른다.

〔표2〕

유럽 유심파의 말	공맹에서 송명 이학가에 이르는 말
칸트는 인간의 이성을 둘로 나누었다–지식 방면에는 순수이성이 있으며 선천 종합 판단을 할 수 있다. 인생에서는 실천이성이 있으며 자발적으로 행동할 수 있다. 칸트- 의지의 법칙에 관하여 만약 해야 할 때 할 수밖에 없는 것이 정언명령이다. 칸트- 윤리의 특색은 자주적이며 의무 개념이다.	맹자- 사람이 배우지 않고 능히 할 수 있는 것은 양능(良能)이다. 생각하지 않고도 알 수 있는 것은 양지(良知)이다. 인의예지는 밖에서 나를 단련하는 것이 아니라 나에게 고유한 것이다. 맹자- 순이 깊은 산에 있을 때… 좋은 말을 듣고 좋은 행동을 보게 되면 장강과 황하가 흐르가듯 선한 곳으로 나아감에 그것을 막을 길이 없다. 공자- 인을 이루는 것은 자기에서 할 뿐 남에게서

유심파는 심(心)의 실재를 말한다.
베르그손- 창조 가능의 장소는 자각성의 표현이다.
베르그손- 본체는 즉 변화이다.
오이겐- 인생은 물질과 정신의 사이에 있으며 정신이 물질을 넘는 것을 귀중하게 여긴다.

구하는가? 또한 옛날 학자는 자기 수양을 위해 했는데, 오늘날의 학자는 남의 평가를 위해서 한다. 또한 군자는 의(義)를 구하고 소인은 이(利)를 탐한다.

이학사(理學史)에서 큰 논쟁이 있었는데,
공자- 오직 천하에 지극히 성실한 자여야만… 능히 만물의 성을 다할 수 있으며, 천지가 만물을 화육시키는 것을 도울 것이다(唯天下至誠… 能盡物之性 則可以贊天地之化育).
공자- 역을 볼 수 없으면 건곤이 혹 거의 쉬리라(易不可見 則乾坤或幾乎息矣).
공자-자신을 이기고 예를 행하면 인이 된다(克己復禮爲仁).
공자-군자가 종일토록 힘쓰고 저녁까지 두려워하면 위태로우나 허물이 없다(君子終日乾乾夕惕若厲无咎)

이상은, 「再論人生觀與科學並答丁在君」(下), 『人生觀之論戰』(上), 86~88쪽 참조.

143 張君勱, 「再論人生觀與科學並答丁在君」(下), 『人生觀之論戰』(上), 91쪽.

144 위의 글, 89쪽 인용.

145 위의 글, 92쪽.

146 위의 글, 92~93쪽.

147 위의 글, 93쪽.

148 1957년 미국에서 있던 장쥔마이의 건의로 탕쥔이(唐君毅)가 기초하고 여러 차례 토의를 거쳐 머우쭝싼(牟宗三), 쉬푸관(徐復觀), 장쥔마이, 탕쥔이 4명이 1958년 1월 『민주평론』(民主評論)과 『재생』(再生) 잡지에 저명한 선언을 동시에 발표하였다. 즉 「중국 문화를 위한 세계인에게 알리는 선언─중국 학술 연구 및 중국 문화와 세계 문화의 전도에 관한 우리의 공동의 인식」 또는 「중국 문화와 세계」라고 명하였다. 이 선언은 당대 신유가의 중요한 문건으로 여겨지며, 장쥔마이도 량수밍, 슝스리와 함께 후세 신유가들에 의해 근대 신유가의 제1대 스승이 되었다. 근대 신유가 연구 가운데 '과학과 인생관' 논쟁도 자연히 "당대 신유가의 기원"으로 이해되고 있다(林安梧, 『當代新儒家述評』 「評新儒家」, 143쪽, 羅義俊 編 上海人民出版社, 1989). 하지만 만약 신유가를 하나의 학파로 본다면, 나는 또한 위잉스의 관점에 동의한다. 즉 "신유가는 탕쥔이, 머우쭝싼, 쉬푸관 세 사람을 대표로 하며… 장쥔마이 선생과 그들 세 명의 사상에는 큰 차이가 있다." 余英時, 「從傳統邁人現代的思想努力」, 앞의 책, 193쪽 참고.

제15장 공리 세계관과 그 자아 해체

1 사실적 진리와 가치적 진리가 확연히 구분될 수 있는가에 대해서는 보다 많은 검토가 필요한 문제이다. 이러한 이분법의 보편화는 근대 서구 사상의 발전과 밀접한 연관이 있다. 나는 본서의 몇몇 장절에서 중국 사상의 원리를 설명하였는데, 그

가운데 하나가 바로 가치와 사실은 구분될 수 없다는 우주관이다. 이 우주관이 발생한 동력은 하이에크가 말한 과학주의 인식 방법과는 결코 직접적인 연관이 없다. 도덕 지식과 자연 지식의 명확한 구분은 특수한 종교적 맥락 속에서 이루어졌으며, 베이컨은 인류가 자연을 통제하는 관념을 설명할 때 종교와 과학을 공동의 노력, 즉 에덴동산에서 추방되어 받은 상처에 대한 보상이라고 하였다. "인간은 타락으로 인해 동시에 그의 결백한 상태와 창조물에 대한 통제를 상실했다. 그러나 이 두 방면의 상실은 이 현세적 삶 속에서 전자는 종교와 신앙을 통해, 후자는 기술과 과학을 통해 부분적으로 회복될 수 있다."(*The New Organon*, in *The Works of Francis Bacon*, eds. J. Spedding, R. L. Ellis, and D. D. Heath, vol. IV, London: Longman, 1862~74, pp.247~248.) 윌리엄 레이스는 이에 대해 다음과 같이 해석하고 있다: 이러한 설명의 후속 부분은 두 가지 전제가 있다. 우선 원죄가 야기하는 서로 다른 결과의 두 개의 선결적 구분 즉 도덕적 결백의 상실과 통제의 상실이 하나이고, 다른 하나는 두 개의 서로 다른 체계(종교와 과학)가 수반하는 죄악을 없애는 데 이용될 수 있다는 언명 그것이다. 이러한 구분에 의거하여 베이컨은 과학의 진보를 통해 자연을 통제하는 관념이 상제의 계획에 방해가 되지 않는다고 믿었다. 아니 오히려 이러한 어려운 과정을 통해 "너의 이마의 땀이 너의 입속에 빵을 넣는다"라는 신의 뜻이 실현된다고 보았다. 그러나 베이컨은 사회가 과학 발전을 촉진시키는 것을 반대하는 이면에는 인간이 자연의 질서를 어지럽힘으로써 상제의 분노를 살지도 모른다는 공포가 있다고 보고, 과학 연구의 결백을 특히 강조하였다. 베이컨은 말하기를 "선과 악을 판단하는 것은 도덕 지식의 야심만만하고 망상적인 요구이다. 결국 인간이 상제를 배신할 수 있고 아울러 자기를 위해 법규를 만들 수 있다는 것은 인간을 유혹하는 형식이자 방식이다."("Preface to The Great Instauration", *Works*, IV, p. 20.) 이렇게 가치 문제는 '과학적' 지식 영역 밖의 독립된 과제가 되었으며, 자연 지식과 도덕 지식의 구분은 점차 근대 사상의 기본 원칙이 되었고, 나아가 사실과 가치의 구분이 이루어졌다. 베이컨은 타락에 대한 해석과 그의 상관된 견해 즉 자연 운행에 대한 지식은 상제의 계획에 대한 우리의 인식을 높일 수 없다는 관점을 통해 이러한 구분을 하였다. 자연은 곧 장인이 제작한 제품처럼 제작자의 형상뿐만 아니라 그의 능력과 기교도 표현한다. 베이컨의 설명 속에는 일종의 이원적 관계가 잠재되어 있다. 즉 그에 따르면 자연을 통제하는 합법성─즉 기술과 과학의 "도덕적 결백"으로, 이것에 의해 자연에 대한 통제는 완성된다─은 신이 부여한 인간과 자연의 관계에 근거한다. 다시 말해 베이컨은 인간의 타락 전의 상태에 호소하여 자연에 대한 인간 통제를 정당화하였다. 다른 한편 그는 기술과 과학을 통해 지구에 대한 통치를 회복하는 것은 결백 상태를 재건하는 데 아무런 도움이 되지 않는다고 본다. 왜냐하면 그것은 종교 영역의 도덕 지식과 신앙 문제와 완전히 다르기 때문이다. 그러나 라이스는 신의 유산을 회복하는 것이 왜 도덕 진보의 결과가 아니라 단지 과학 진보의 결과여야 하는가라고 묻는다. William Leiss, *The Domination of Nature*, Montreal & Kingston: McGill-Queen's University Press, 1994, p. 52.

2 제롬 라베츠(J. Ravetz)는 이른바 과학적 '이데올로기', 즉 과학자와 비과학자 모두 공유하고 있는 과학 개념을 개괄하면서 이 이데올로기는 세 가지 요소가 있다고 보았다. 즉 산업에 대해 중요한 의의를 지니고 있는 기술로서의 과학, 그 자체 가치를

지니고 있는 지식 형식으로서의 과학, 그리고 독단적 태도를 벗어나기 위한 수단으로서의 과학. William Leiss, 岳長齡, 李建華 譯, 『自然的控制』(*The Domination of Nature*, Beacon Press, 1974), 重慶出版社, 1993, 4쪽. 중문 번역본과 필자가 사용하는 영문본은 다르다. 중문 번역본상의 서문은 후에 출판된 판본에는 없다. 따라서 본문에서 서문을 인용하는 것은 모두 중문 번역본이고, 나머지는 모두 1994년도 영문본이다.

3 양무운동을 통해 서구식 학당이 설립되었지만, 군사와 실업을 중심으로 세워진 학당은 완전히 과거 제도 밖에 존재하였다. 즉 심각한 위기로 인해 청 왕조 정부는 서구의 과학기술과 군사 지식을 배우기 시작했지만, '체'와 '용'은 여전히 교육 제도의 형식에 의해 고정화되었다. 무술변법 시기에 귀주(貴州) 학정(學政)이었던 옌슈(嚴修)는 일찍이 광서제에게, 새로운 정무에 능한 인재를 발탁하기 위해 팔고문 중심의 과거 시험을 치르는 보통 진사과 외에 별도의 진사과인 경제특과를 두어, 내정, 외교, 경제[理財], 군사, 공정 등에 능한 인사는 모두 이미 모 지위에 임명되었던 아니든 과거의 박학홍사과(博學鴻詞科)의 예처럼 대관들이 추천을 하고, 추천된 자는 곧 시험을 통해 선발된 후 그 지위와 출로를 보통 진사과와 동일하게 대우하는 내용을 건의한 적이 있다. 그는 또 이러한 시험은 곧바로 실시하되, "이후에는 10년에 1회 혹은 20년에 1회 황제의 지시에 따라 부정기적으로 실시"하자고 주장하였다. 광서제는 이 건의를 받아들였지만(광서 24년 정월, 즉 1898년 2월), 애석하게도 시험이 실시되기 전에 무술정변이 발발하였다. 『淸德宗實錄』卷四一四, 4~5쪽, "中國近代史資料叢刊", 『戊戌變法』第二冊, 神州國光社, 9쪽 참조.

4 방언, 근대 언어와 민족주의의 관계에 대해서는 졸고, 「地方形式、方言土語與抗日戰爭時期"民族形式"的論爭」, 『學人』第十輯, 江蘇文藝出版社, 1996, 271~312쪽; Wang Hui, "Local Forms, Vernacular Dialects and The War of Resistance against Japan: The 'National Forms' Debate"(part 1~ part 2), *The UTS Review* 4. no.1 (May 1998), pp. 25~41, *The UTS Review* 4. no.2 (November 1998), pp. 27~56 참조.

5 푸코는 고전 지식에는 인간이 존재하지 않으며, 우리가 인간을 발견하는 곳에 존재하는 것은 사물 질서를 표현하는 담론의 권력이거나 혹은 사물 질서를 표현하는 단어[詞語] 질서의 권력이라고 보았다. 이러한 예리한 관찰은 우리에게 적잖은 시사를 준다. David Macey, *The Lives of Michel Foucault*, London: Hutchinson, 1993, p.170 참조.

6 청말 시기, '군', '사회'와 '국가' 범주의 도입은 인간은 국민이라는, 인간에 대한 새로운 정의를 낳았다. 그리고 20세기 30년대 이후의 지식 활동에서 '인간'의 현실 관계에 대한 이러한 이해는 계급 개념을 바탕으로 하고 있다. 만약 근대 제도 설계가 '인간'의 분화 관계에 대한 이해와 밀접히 연관되어 있다면, 근대 혁명의 도덕 기초는 '인간'을 재구성하는 현실의 완전함 위에 세워진 것이다.

7 나의 이러한 견해와 관련하여 매킨타이어가 유럽 맥락에서 베버의 세계관과 니체주의에 대해 서술한 것은 참조할 만하다. 매킨타이어에 따르면 니체의 비이성주의와 마르크스의 관료 통치에 대한 비판은 모두 베버 세계관의 전제였고, 도덕 계보에 대한 니체의 폭로, 마르크스의 혁명 이론은 결국 모두 베버로 대표되는 근대성의 전

제의 한 부분이다. 나는 근대 신유학 및 그 선구자의 근대 사회에 대한 도덕적 비판도 이와 같다고 본다. 그들의 이론은 마르크스주의 혁명 이론처럼 모두 새롭게 합리적 사회를 건설하는 데 유익하다. 매킨타이어는 다음과 같이 말하고 있다. "(내가 이미 지적한 바와 같이) 근대는 이미 그 자신을 베버의 사상이 주도하는 것으로 표현한다. 그리고 또 주목할 것은 니체의 중심 논제는 베버의 중심 사상 범주를 전제로 한다는 것이다. 따라서 니체의 예언식의 비이성주의(그를 비이성적이라고 말하는 까닭은 그의 문제가 자연 해결되지 않았고 또 그의 해답도 이성을 부정하기 때문이다)는 여전히 우리 문화의 베버식 관리 방식 내에 고유한 것으로 남아 있다. 어느 시대이든 이 시대의 관료 정치 문화의 영향을 깊이 받은 사람은 그들 자신이 무엇이고 무엇을 하고 있는가라는 이 문제에 있어서 다른 그 무엇을 찾다가 마지막으로 그 도덕 기초에 생각이 미칠 때, 항상 그 은폐된 니체식 전제를 발견한다. 그리하여 자신 있게 이렇게 예언할 수 있을 것이다. 즉 이 극히 문제적인 관료 정치가 관리하는 근대 사회의 배경 조건하에서 바로 예언식 비이성주의의 사회운동을 주기적으로 구현하게 될 것인데, 니체의 사상은 이러한 비이성주의의 선구이다. 사실상 근대 마르크스주의가 실제로는 베버식이라 할 수 있다면, 우리는 우익의 예언식 비이성주의를 예측할 수 있을 뿐만 아니라 좌익의 예언식 비이성주의를 예측할 수 있다. 60년대 학생의 급진주의는 대부분이 바로 이런 비이성주의였다." MacIntyre, *After Virtue*, p.114, 중역본, 143~144쪽.

8   P. Bourdieu, 包亞明 譯, 『文化資本與社會煉金術』, 上海: 上海人民出版社, 1997, 135~136쪽.

9   량치차오의 반성적 사고는 '5·4' 이후에 절정에 달했지만, 여기서 나는 그의 반성을 시간적 순서에 의거하여 '5·4'의 범주에 넣지 않고, 사상 형태에 입각하여 그를 청말 사상의 연속으로 간주하고자 한다.

10   Alexandre Koyre, *From the Closed World to the Infinite Universe*, Baltimore: Johns Hopkins University Press, 1957, p. 276.

11   Hannah Arendt, *The Human Condition: A Study of the Central Dilemmas Facing Modern Man*, Garden City & New York: Doubleday Anchor Books, 1959, pp. 38~39.

12   그는 말하기를 "국가가 개화될수록 분업은 더욱 세밀해지는데, 학문, 정치와 같이 지대한 일이 어찌 분화되지 않을 수 있겠는가"라고 하였다. 嚴復, 「論治學與治事宜分二途」, 『嚴復集』 第1冊, 北京: 中華書局, 1986, 89쪽.

13   편폭의 제한으로 나는 밀의 『군기권계론』(群己權界論)(John Stuart Mill, *On Liberty*. 1859-역자)과 스미스의 『원부』(原富)(Adam Smith, *An Inquiry into the Nature and Causes of the Wealth of Nations*, 1776-역자)에 대한 옌푸의 번역과 주석(다른 기회에 이에 대해 집중적으로 논하겠다)을 상세히 분석할 수 없다. 인간의 자유와 권리를 정의하고, 간섭받지 않는 시장 모델을 기획하는 것은 모두 당시 '사회' 건설의 일부분이었다. 청말 사상 연구에서 이른바 '국가 건설'(nation-state building) 문제를 종종 다루고 있지만, 사회 건설(society building), 시장 건설(market building)과 개인 만들기(individual building) 문제에 대한 연구는 드물다. 따라서 근대 중국 문제의 총체성을 간과했을 뿐만 아니라 근대 각종 사회 이

론의 기본 모델과 역사간의 복잡한 관계도 주목받지 못했다. 아렌트는 다음과 같이 말하고 있다. "정연하고 획일적인 행위는 통계학 규정에 부합한다. 따라서 또한 과학적 정확성을 지닌 예견에도 적합하다. 따라서 그것은 '이익의 자연적 조화'라는 자유주의 가설(그것은 '고전' 경제학의 기초이다)에 따라 해석할 수 없다. '공산주의 신화'를 끌어들인 것은 마르크스가 아니라 자유경제학자이다. 그들은 전체사회는 단일한 공동 이익을 가지고 있으며, '보이지 않는 손'을 통해 인간 행위를 지도함으로써, 그들 상호간의 충돌하는 이익을 조화시킨다고 가정한다."(*The Human Condition*, p.40.) 이것은 통계학 법칙이 이후 사회에서 점점 중요한 역할을 맡게 될 것이라는 것을 의미한다.

14 Michel Foucault, *Discipline and Punish: The Birth of the Prison*, trans. Alan Sheridan, New York: Vintage Books, 1977, p. 194.

15 졸고,「個人觀念的起源與中國的現代認同」,『中國社會科學季刊』總第9輯(1994年 秋季號) 참조.

16 근대 학회의 설립은 민간이 주도한 것처럼 보이지만 실제로는 국가 체제와 관계가 밀접하다. 이것은 관학과 사학의 전통적 관계와 큰 차이가 없다. 장빙린은 이러한 관계를 반대하고 학회는 단지 민간이 설립해야 함을 강조하였다. 章太炎,「論學會 有大益於黃人亟宜保護」,『章太炎政論選集』, 北京: 中華書局, 1977, 12~13쪽.

17 「與王鶴鳴書」,『章太炎全集』卷4, 上海: 上海人民出版社, 1985, 152~153쪽.

18 湯志鈞,『章太炎年譜長編』, 北京: 中華書局, 1979年, 793쪽.

19 황종희는 다음과 같이 말하였다. "학교란 과거 시험을 놓고 벌이는 치열한 경쟁, 그리고 부귀영화의 꿈을 불태우는 곳이 되었고, 마침내 조정의 세력과 이익 관계의 여하에 따라 그 본령이 변하고 말았다. 그러나 선비들 가운데 재능과 학문이 있는 자 가운데 스스로 초야에서 벗어나기도 했지만 처음에는 학교에 관여하지 않았는데, …이에 학교는 곧 서원으로 변모하게 되었다. 그르다고 하면 조정은 반드시 옳다고 하면서 찬양하고, 옳다고 하면 조정은 그르다고 하면서 비난하였다. 거짓 학문이라 하여 금하거나 서원을 철폐하는 등 조정의 권세로 서원과 겨뤄 이기고자 하였다."(所謂學校者, 科舉囂爭, 富貴薰心, 亦遂以朝廷之勢利一變其本領, 而士之有 才能學術者, 且往往自拔於草野之間, 於學校初無與也. …於是學校變而爲書院. 有所非也, 則朝廷必以爲是而榮之; 有所是也, 則朝廷必以爲非而辱之. 僞學之禁, 書院之毁, 必欲以朝廷之權, 與之爭勝) 黃宗羲,「明夷待訪錄·學校」,『黃宗羲全集』 第1冊, 10~11쪽.

20 木山英雄,「'文學復古'與'文學革命'」,『學人』第10輯, 江蘇: 江蘇文藝出版社, 1996, 239~269쪽.

21 章太炎,「規新世紀」,『民報』第24號.

22 Joseph Ben-David, *The scientist's role in Society*(Englewood Cliffs, N.J: prentice Hall, 1971), p. 180.

23 딜타이(Wilhelm Dilthey)와 신칸트주의의 서남학파 이래, 역사과학과 자연과학이 원칙상 서로 다른 방법을 채택하고 있는 것은 이미 관습화되었다. 딜타이는 자연과학 특유의 인과적 '해석' 방법을 역사, 인문과학 특유의 직관적 '이해' 방법과 구분하였으며, W. 빈델반트와 H. 리케르트는 더욱 급진적으로 실재를 두 개의 서로 다른

부분으로 나누었다. 칸트학파는 자연을 법칙이 지배하는 사물의 존재로 이해하였는데, 자연과학의 '합법칙적' 성격은 바로 이러한 관점에 부응한다. 한편 역사는 가치 지배를 받고, 기본적으로 연관이 없으며, 단지 '개별적'인 많은 사실들의 집합으로 구성되는바, 단지 묘사적인 "개별 성격의 묘사" 방법을 통해서만 이러한 사실들을 이해할 수 있다고 간주되기 때문에, 역사는 모든 이성 분석의 피안에 존재하는 것이 된다. Alfred Schmidt, *Der Begriff der Natur in der Lehre von Marx*, Frankfrut a. M.: Europäische Verlagsanstalt, 1962(『馬克思的自然概念』, 商務印書館, 1988, 41~42쪽).

24 사상의 이론적 토대라는 측면에서 보면, 콩트의 사회학 사상은 중국의 과학 개념의 형성에 영향을 주었지만, 스펜서의 사회학처럼 중국 사상에 직접적으로 영향을 미치지는 않았다. 호프스태터(Richard Hofstadter)에 의하면, 스펜서는 바로 '방임적 개인주의'와 고전 경제 정통 관념을 지닌 철학자이다. Richard Hofstadter, *Social Darwinism in American Thought, 1860~1915*, Boston, 1955(Benjamin Schwartz 著, 葉鳳美 譯, 『尋求富强: 嚴復與西方』, 江蘇人民出版社, 1989, 53쪽).

25 개념의 측면에서 보면, 근대 중국 사상 가운데 과학 개념은 자연, 도덕, 정치 세 측면의 내용을 포함하고 있다. 어휘 변화에서도 격치(및 천리) 개념과 과학(및 공리) 개념의 역사적 관계가 드러나지만. 과학 개념은 격치 개념을 지양하는 과정에서 출현하였을 뿐만 아니라 이학 세계관의 체계적 특징을 보유하고 있기도 하다. 따라서 이과학 개념과 science의 관계는 자구적 번역의 대응 관계처럼 그렇게 간단하지 않다. 그러나 과학 개념의 운용 과정에서 보여 주는 특징은 단지 전통 사상 방식의 기능으로 귀결시킬 수 없을 뿐만 아니라 또 근대 중국의 세계관 전환과 사회구조의 변화 속에 놓고 이해할 필요가 있다.

26 『국부론』의 원제는 *An Inquiry into the Nature and Causes of the Wealth of Nations*인데, 애덤 스미스는 그 중 한 장의 제목을 "How the Commerce of the Towns Contributed to the Improvement of the Country"로 정하였다. Benjamin Schwartz, *In Search of Wealth and Power: Yen Fu and the West*, Cambridge, MA: Harvard University Press, 1964, p.117(中譯本 『尋求富强: 嚴復 與西方』, 109쪽) 참조.

27 F. A. Hayek, *The Constitution of Liberty*, Chicago: The University of Chicago Press, 1960, p.54.

28 하이에크는 이러한 자생자발적 질서를 중앙 지령식과 서로 대립시켰는데, 그의 이론의 이러한 점이 바로 일부 추종자들이 시장과 계획 이원론에 입각하여 사회현상을 해석하도록 한 주요 원인이다. 그러나 하이에크 본인의 문장을 자세히 보면, 그는 여전히 "자생자발적 질서"를 사회 업무 내부에 숨겨진 질서로 간주하고 있지, 자생자발적 질서를 "사회 업무" 자체와 동일시하고 있지 않음을 알 수 있다. Hayek, "Kinds of rationalism", In *Studies in philosophy, politics and economics*, London: Routledge & Kegan Paul, 1967, p. 71.

29 예를 들어 로체 3세(George C. Roche III)는 다음과 같이 말했다. "우리는 하이에크의 통찰 덕분에 현재 자유와 사회조직의 밀접한 관계 및 자유와 법치의 밀접한 관계를 인식할 수 있게 된 것에 대해 매우 감사해야 한다. …'자생자발적 질서' 개념

은 하이에크의 위대한 발견이자 그 법학과 경제학의 근본 원리이다. 이러한 발견은 애덤 스미스 및 그의 '보이지 않는 손'의 비유에까지 추소할 수 있는 것으로, '시장' 은 인류 사회 내의 회전 물체(gyroscope)이고, 그것은 부단히 자생자발적 질서를 산출한다." "The Relevance of Friedrich A. Hayek", in *Essays on Hayek*, ed., F. Machlup, Routledge & Kegan Paul, 1977, p.10. 鄧正来, 「知與無知的知識觀─哈耶克社会理論的再研究」, 『自由與秩序:哈耶克社会理論的研究』, 江西教育出版社, 1998, 76쪽.

30 Alasdair MacIntyre, *After Virtue: A Study in Moral Theory*, University of Notre Dame Press, 1984.

31 Thomas McCarthy, "Translator's Introduction", in Jurgen Habermas, *Legitimation Crisis*(Boston: Beacon Press, 1975), p.x.(이하 같음)

32 1987년 퍼스(Charlotte Furth)의 박사논문 『丁文江─科學與中國的新文化』(Ting Wen-Jiang, Harvard, 1970)의 중역본이 호남과학기술출판사(湖南科學技術出版社)에서 1989년에 출판되고, 1989년 궈잉이의 저작 『中國現代思想中的唯科學主義』(*Scientism in Chinese Thought 1900~1950*, New Haven: Yale University Press, 1965)가 강소인민출판사(江蘇人民出版社)에서 출판되었다. 특히 후자는 직접 과학주의 범주를 제기하고, 중국 근대 사상의 과학관 및 그것의 다른 영역에서의 운용에 대해 체계적인 비판을 했을 뿐만 아니라 근대 중국 사상에 일정한 영향을 미쳤다.

33 예를 들어 하이에크는, 18세기 이래 이성의 점진적 남용에 관한 일반적 서술은 결국 전체주의하의 이성의 쇠퇴에 관한 토론을 유발하게 되는데, 후자가 가리키는 것은 바로 파시즘과 공산주의라고 말하였다. 이는 그의 『과학의 반혁명』과 『노예로의 길』이라는 두 저서의 내재적 연관을 간단하게 잘 보여 주고 있다. *The Counter-revolution of Science*, Indianapolis: Liberty Press, 1979, p.11.(이하 같음)

34 F.A. Hayek, *The Road to Serfdom*, London: Routledge & K. Paul, 1976.

35 F.A. Hayek, *Individualism and Economic Order*, Chicago: University of Chicago Press, 1969.

36 야스퍼스의 다음과 같은 주장이 대표적인 예이다. "우리는 우리 앞의 두 종류의 경향을 볼 수 있다. 만약 우리가 명확하게 행동한다면 우리는 항상 둘 중 하나를 선택하여 우리 결정의 근거로 삼아야 한다. 즉 우리가 자유로운 선택 가운데서 각종 다양한 운명을 대면하든지 아니면 정신과 인성이 파멸됨에 따라 인간이 총체적으로 계획하는 세계를 대면하든지. 전자의 경우 각종 역량이 서로 영향을 미치는 여러 기회 가운데서 우리는 선택할 수 있는데, 비록 그것들이 빈번히 많은 오류를 야기할지라도 항상 그들을 바로잡을 기회는 존재한다." Karl Jaspers, *The Origin And Goal of History*, New Haven: Yale University Press, 1953(魏楚雄, 俞新天 譯, 『歷史的起源與目標』, 華夏出版社, 1989, 205쪽).

37 매킨타이어는 일찍이 마르쿠제가 하이데거와 젠틸레(Gentile) 등 극히 예외적인 두 인물에만 근거하여 단정하였다고 비판하면서 다음과 같이 지적하였다. 비엔나학파 철학자들은 급진주의자와 사회주의자로 모두 나치에 반대한다. 현상학자의 정치 기록도 역시 양호하다. 이 논리에 의하면 유럽이든 중국이든 전체주의에 대한 비판은

항상 마르크스주의 사상 형식을 채택해 왔다. 그렇다면 상술한 인물이 유럽 사상의 이성주의 전통을 전체주의의 기원으로 간주하고자 하는 관점도 마찬가지로 의문이 남는다. Alasdair Macintyre, *Marcuse*, New York: The Viking Press, 1970 참조.

38　Paul Feyerabend, 蘭征 譯, 『自由社會中的科學』(Science in a Free Society, London: Venso/NLB, 1982), 上海譯文出版社, 1990, (이하 상동) 77~78쪽. 인용 문에서 언급한 "문제 B"는 과학에 관한 어떤 토론에서도 생길 수 있는 두 문제 중의 하나이다. 두 문제는 다음과 같다. (A) 과학이란 무엇인가?—과학은 어떻게 진행되는가? 그 결과는 무엇인가? 그 기준, 절차, 결과는 다른 영역의 기준, 절차, 결과와 어떻게 다른가? (B) 과학의 진정한 위대한 점은 어디에 있는가?—과학은 무엇 때문에 기타 형식의 존재보다 우월하며 다른 기준을 사용하고 다른 결과를 얻는가? 무엇 때문에 근대 과학은 아리스토텔레스파의 과학보다 우월하거나 호피족의 우주론보다 우월한가? 파이어아벤트는 특히 "문제 B"에 대답할 때 우리는 과학적 기준으로 과학과 다른 학과를 판정해서는 안 된다고 지적하였다. 우리가 문제 B에 대답하고자 할 때 고려할 것은 바로 이러한 기준이기 때문에, 우린 그것들을 판정의 기초로 삼을 수 없다. 앞의 책, 75쪽.

39　Bruno Latour and Steve Woolgar, *Laboratory Life: The Social Construction of Scientific Facts*, Beverly Hills and London: Sage Publications, 1979, p.32.

40　이는 각각 라투르의 두 저작의 부제인데, 하나는 『실험실 생활』(Laboratory Life)이고 다른 하나는 『행동하는 과학』(Science in Action, Cambridge Massachusets: Hevard University Press, 1987)이다. 그의 『프랑스의 저온살균법』(The Pasteurization of France, Cambridge, Massachusets: Hevard University Press, 1988)도 마찬가지로 '과학인류학' 방법을 따랐다.

41　라투르와 울가는 『실험실 생활』이라는 책에서 과학 사실의 구성 과정을 고찰하기 위해 과학에 익숙하지 않은 사람들이 세운 실험실의 일반 조직을 소개하였고(Chapter 2), 실험실의 부분적인 성과의 역사가 어떻게 '질문을 용납하지 않는' 사실(a 'hard' fact)의 안정성을 해석하는 데 이용되는지를 제시하였으며(Chapter 3), 사실이 구성될 수 있는 거시 과정의 일부분 및 사실이란 단어의 패러독스를 분석하였고(Chapter 4), 실험실 안의 성원들이 어떻게 그들의 사업과 구체적 작업을 위해 의의를 획득하는지 관찰하였다(Chapter 5).

42　페미니스트는 다음과 같이 단언한다. "경험주의의 교조적인 말과 정반대로, 같은 유의 분석 범주를 사용하여 과학과 사회를 이해하는 것은 마찬가지로 유효하다. …물리와 화학에서 일반적으로 생기는 신념에 대해, 우리는 마땅히 인류학, 사회학, 심리학, 경제학, 정치학과 사학 탐구 중에 생기는 신념을 해석하는 똑같은 방법으로 해석해야 한다." 이는 두 단계를 포함한다. 과학 지식을 탈자연화(denaturalizing)시키고, 탈자연화 진행에 토대가 되는 기타 사학, 비판 이론과 정신분석적 방법을 확인한다. 페미니스트는 물리학의 모범적 지위를 비판하고, 물리학에 비해 '비판적이고 자성적인 사회과학'이 기타 과학을 위해 더욱 적당한 연구 모델을 제공할 수 있다고 공언하였다. Sandra Harding, *The Science Question in Feminism*, Ithaca: Cornell University Press, 1986, p.92, p.44. David R. Shunvay & Ellen Messer-Davidow, "Disciplinarity: An Introduction," *Poetics Today* 12, no.

2(Summer 1991), pp. 201~225.

43 하이에크의 사상 변화에 관해서는 덩정라이(鄧正來)의 『自由與秩序: 哈耶克社會理論的研究』, 105~106쪽 참조. 그는 개념 측면에서 하이에크의 변화를 관찰하고, 이러한 변화는 '무지'(無知)라는 개념을 도입했기 때문에 초래된 것으로 여겼다. 이는 '분리된 개인 지식관'으로부터 '무지'라는 의미의 '암묵적인 지식'(tacit knowledge)관으로의 전환이다. "예컨대 '지식', '의견'(opinions), '신념'(beliefs), '이념'(ideas) 등의 술어가 '무지'(ignorance), '필연적 무지'(necessary ignorance), '불가피한 무지'(inevitable ignorance) 등의 개념으로 대체되기 시작했다." 『과학의 반혁명』에서 저자의 용어는 대체로 지식, 의견, 신념과 이념 등의 개념에 머물렀지만, 이러한 개념들은 바로 하이에크가 이후에 논증하는 '필연적 무지'라는 개념의 전제이다.

44 하이에크의 『노예로의 길』, 『개인주의와 경제 질서』, 『자유 질서 원리』의 중문본이 잇따라 출판되었지만, 과학주의 이론과 관련된 저작은 지금까지 아직 중문으로 번역되지 않았다. 그러나 많은 독자가 이들 저작 사이에 존재하고 있는 상호 호응 관계로부터, 완전히 다 읽기도 전에 이미 이 저작의 간단명료한 결론을 받아들였다. 예를 들어 『개인주의와 경제 질서』의 제1장 제3절에서, 하이에크는 영국 사상가의 '진정한 개인주의'를 프랑스 데카르트학파의 개인주의와 대비시켜 다음과 같이 말하였다. "만약 우리가 데카르트, 루소 및 프랑스 대혁명에서 여전히 풍부한 특징을 지닌 공학자들이 사회문제를 처리하는 태도까지, 이러한 사회계약 개인주의 혹은 사회제도 '설계' 이론의 발전을 거슬러 올라가 살피는 것은 분명 흥미있는 일이다." 이 단락의 주석에서 그는 자신이 *Economica*(1942)에 발표한 논문 「과학주의와 사회 연구」("Scientism and the Study of Society")를 언급하였다. 뒤의 단락에서 그는 또 다음과 같이 지적하였다. "사회 설계 이론은 반드시 이러한 결론을 도출한다. 즉 사회 과정이 인류 이성의 통제를 받기만 한다면 인류의 목표를 위해 복무할 수 있기 때문에 이는 직접적으로 사회주의를 초래한다." 『과학의 반혁명』의 비교적 깊이 있는 부분에 대해서는 아직 연구하고 분석한 사람이 없다. 나는 여기서 궈잉이의 저작을 분석 대상으로 삼는 것이 아니라 하이에크의 저작을 분석 대상으로 삼았는데, 이는 비교적 정확하게 과학주의와 관련된 이론을 개괄하기 위해서이며, 다른 한편으로는 하이에크가 20세기 80년대 및 오늘날 중국의 지식계에 중요한 영향을 끼쳤기 때문이다. 1989년 이후 급진주의 및 영국 자유주의와 관련한 토론의 이론적 자원 중 하나는 바로 하이에크의 자유주의이다. 설명하자면 이 책에서 하이에크가 계획경제와 사회제도 문제를 직접적으로 연구하지 않았지만, 사회과학 중의 과학주의에 대한 그의 연구는 명확하게 사회주의, 전제주의와 계획경제에 대한 사고를 함축하고 있다. 내가 말하는 '과학주의 해석 모델'은 엄격하게 하이에크의 이론을 지칭하는 것이 아니라, 이 이론에 근거하여 중국 역사를 해석하고 있는 사상사와 사회사 모델이다. 하이에크의 이론에 비해 중국 연구 영역에서 '과학주의'와 관련된 토론은 아직 마땅한 사상의 심도에 이르지 못했기 때문에 우리는 하이에크의 이론과 이러한 서술 사이에 등호를 그을 수 없지만, 이론 측면에서 문제에 대한 나의 관점을 밝히기 위해 하이에크의 이론을 직접 서술하는 것이 문제를 더욱 명료화시킬 수 있다.

45 Hayek, 賈湛·文躍然 譯,『個人主義與經濟秩序』, 北京: 北京經濟學院出版社, 1989, 75쪽. 고전경제학에 대한 하이에크의 비판은 핵심을 찌르고 있다고 할 수 있지만, 그의 실증주의에 대한 검토는 여전히 자연과 사회의 이원론을 바탕으로 하고 있다. 내 생각에 문제는 바로 이러한 자연과 사회의 분화 자체가 응당 검토해야 할 대상이라는 데 있다. 왜냐하면 자연이 과학의 대상으로 변하여 단지 주체와 객체의 이원 관계 속에서만 자신을 드러낼 수 있을 때 자연의 성질은 근본적인 변화가 발생하기 때문이다. 과학기술 시대의 흥기는 사람들의 자연에 대한 이해의 변화와 밀접하게 연관되어 있다. 과학주의 논법이 지키는 것은 바로 이러한 자연과 사회 이원론이다.

46 Hayek,『個人主義與經濟秩序』, 76~77쪽.

47 하이에크는 후에 마이클 폴라니의『개인지식』(Personal Knowledge)의 영향을 받아『감각질서』(The Sensory Order, London: Routledge & Kegan Paul, 1952)에서 인간의 심지(心智) 자체는 일종의 사회와 문화 구성의 산물이라고 인정하면서 지식은 실질적으로 실천적인 지식이라고 여겼다. 그러나 설사 이렇더라도 그는 여전히 지식사회학 개념을 거부하였는데, 기왕에 인간의 심지가 사회와 문화 구성의 산물로, 그것으로 하여금 분류하도록 하는 규칙들로부터 스스로를 분리할 수 없다면, 심지 또한 그 자체의 운용을 충분히 이해할 수 없기 때문이다(鄧正來,『自由與秩序: 哈耶克社會理論的研究』, 108~114쪽 참조).『과학의 반혁명』의 만하임(karl Mannheim)의 지식사회학에 대한 비평은 상술한 사상의 전주곡이라 말할 수 있다.

48 Hayek, New Studies in Philosophy, Politics, Economics and the History of Ideas(Routledge & kegan Paul, 1978), pp.4~5. 하이에크의 자연과 인위 이원론에 관한 분석은 鄧正來,『社會秩序規則二元觀—哈耶克法律理論的研究』(미출판 원고), 3~4쪽 참조.

49 앞의 책, p.96. 번역문은 鄧正來,『社會秩序規則二元觀』(미출판 원고), 6쪽에서 인용.

50 Hayek, The Counter-Revolution of Science, pp.23~24.

51 전통적 사상 방법은 줄곧 인간의 관점과 견해에 대한 연구에 주력해 왔다. 이는 당시의 주요 학과가 신학이거나 법률이었기 때문이며, 사람들이 보편적으로 사물의 이념은 초월적인 실재를 포함하고 있고 이념에 대한 연구를 통해서만 비로소 진정으로 사물의 특질에 접근할 수 있다고 믿었을 뿐 아니라 사람들은 늘 자신의 형상으로 외부 세계를 해석하기 때문에, 외부 세계에 대한 흥미는 항상 심령에 대한 해석으로 전환하였기 때문이다. 앞의 책, pp. 28~29.

52 앞의 책, pp.38~39. 근대 과학의 주요 임무는 체계적인 실험을 통해 개념을 부단히 수정하고 재구성하는 것이며, 목적은 보편적으로 적용 가능한 규칙을 얻는 것이다. 이 과정에서 일상 경험, 감각, 개념과 관찰은 반드시 외부 세계에 대해 분류하고 질서를 부여하는 새로운 방법에 자리를 양보해야 한다.

53 하이에크는 '외부 세계'가 과학 방법의 관점에서 어떻게 변화했는지를 분석하지 않았기 때문에, 후설처럼 이 과학에 의해 재구성된 '외부 세계'와 일상 생활 세계의 관계를 분석하지 않았다. 그에게 문제는 과학자가 구축한 경관이 어느 정도 사실에 부합하는가가 아니라, 그가 세운 또 다른 세계가 어떻게 개체를 이 세계의 일부분으로 변화시켰는가 하는 점이다. 중요한 것은 개념 및 분류법이 혼란스럽고 무질서

한 감각과 지각 재료를 하나의 연결 구조로 조직하여 정확한 지식의 경험 형식을 만들었다는 점이다. 이러한 견해는 본래 '통제'에 대한 반성을 낳을 수 있을지도 모른다. 예컨대 호르크하이머는 일찍이 다음과 같이 지적하였다. "공리적인 자아 한계와 상관없이 그것은 자신을 객관적 그리고 필연적인 것으로 구성한다. 그것은 사상을 하나의 사물, 도구로 바꾼다—이것이 바로 그 스스로 그것에 대한 명명(命名)이다." '사유의 연역 형식'은 등급과 강압을 반영하며 처음으로 명확하게 지식 구조의 사회적 특성을 제시하였다. "추리 논리에서 발전된 사유의 보편성—개념 영역에 대한 통제—은 현실의 통제 토대 위에 수립되어 있다." 논리 범주는 보편의 특수에 대한 권력을 가정하는데, 이 측면에서 그것은 '사회와 철저한 통제의 통일성'을 증명하였으며 즉 인류 사회에서 개인이 전체의 보편적 존재에 복종함을 증명하였다 (Max Horkheimer and Theodor W. Adorno, *Dialectic of Enlightenment*, trans, John Cumming, New York: The Continuum Publishing Company, 1972, p.25, pp.20~29). 그러나 하이에크는 인식론의 측면에서 '이성' 문제 토론을 고수하여 과학 방법론의 반성에서 과학 관련 사회 이론으로 발전할 가능성을 끊어 놓았다.

54 하이에크는 사회과학의 대상을 해석할 때 다음과 같이 말하였다. "일정 정도 인간은 고정적인 이미지를 지니고 있는데, 생각할 수 있고 이해될 수 있는 사람으로서의 전체 존재의 이미지는 비슷하다. 과학이 문자 방식으로 그 일을 완성하고 인간의 지력(智力)의 작용 과정에서 해석되지 않은 경미한 잔여를 남기기 전에, 우리 심령의 사실이 반드시 유지해야 하는 것은 해석되어야만 하는 수치이다. 뿐만 아니라 이러한 수치, 이러한 정신현상이 이끄는 인류 행위의 해석은 반드시 그 위에 기초해야 한다. 여기서 일부 과학자가 직접 처리할 수 없는 문제가 나타난다. 명확하지 않은 것은 과학이 줄곧 사용하는 특수한 방법이 이러한 문제에 적용되는가 여부이다. 문제는 인간의 외부 세계에 대한 이미지가 사실과 얼마나 동떨어져 있는가의 문제가 아니라 그의 행위, 그가 지니는 관점과 개념의 지배로 인간은 어떻게 또 다른 사람이 그 속의 일부분인 세계를 건설하는가이다. '사람들이 지니는 관점과 개념'은 단순히 그들의 외부 자연에 관한 지식을 지칭하는 것이 아니다. 우리가 가리키는 것은 그들 자신, 타인, 외부 세계와 관련한 모든, 즉 그들의 행위를 결정하는 모든 것이며 과학 자체의 지식과 신념을 포괄한다. 이것이 바로 사회 연구와 도덕과학이 그들을 소환하는 영역이다." Hayek, *The Counter-Revolution of Science*, p. 39.; Hayek, "Scientism and the Study of Society: Part 1", *Economica* 9 (August 1942), pp. 277~78.

55 예컨대 인간의 노동 도구는 간단히 객관적 사실로 정의될 수 없으며, 그것은 인간이 그것을 어떻게 다루느냐에 달렸다. '도구'의 도구다운 속성은 행동하는 인간이 정의를 내리는 가운데 드러난다. '도구'의 물리적 특성은 사회과학 연구의 대상을 구성할 수 없다.

56 사회과학이 연구하는 것은 인간의 역사이다. 따라서 사회과학 이론이 서술하는 유효성은 바로 그것이 인간의 역사에 대한 서술이라는 점에 있다. 만약 우리가 관찰하는 대상이 우리와 비슷한 심령을 지니고 있지 않다면, 이러한 역사 연구는 자연과학과 구별되지 않는다. 우리가 인간의 지표를 논할 때, 우리는 늘 모종의 익숙한 정신 범주의 존재를 암시한다. 데모크리토스의 말이 맞다. 인간은 모든 인간에 의해 이해

된다. Hayek, *The Counter-Revolution of Science*, pp. 138~139.

57 Hayek, 鄧正來 譯,『自由秩序原理』, 北京: 三聯書店, 1998, 19~20쪽.

58 이는 블로어(David Bloor)의『지식과 사회 이미지』(Knowledge and Social Image, London: Routledge, 1976) 중의 말로, 라투르와 울가의 저서『실험실 생활』의 서두에 나온다. *Laboratory Life*, p.7 참조.

59 하이에크의 '필연적인 무지'에 대한 해석은 그의 후기 사회 이론에 집중되어 있지만, 그의 초기 저작 중 개인 지식의 한계와 관련된 연구에서 우리는 이미 이 '무지'의 지식관으로 통하는 길을 발견할 수 있다. Hayek, 劉載鋒·張來擧 譯,『致命的自負』, 北京: 東方出版社, 1991, 124쪽;『自由秩序原理』, 19쪽.

60 하이에크의 이러한 관념은 표면적으로 순수경험론적 환원주의와 충돌하는 것처럼 보이지만, 자세히 분석해 보면 내재적인 상관성을 지니고 있다. 환원주의에 내재한 논리는 이해를 위해 실재하며, 우리는 반드시 실재(實在)를 그것의 나눌 수 있는 가장 작은 성분으로 환원시켜야 한다. 이에 하이에크는 사회 관념 중에서 개인 행위 개념을 분리하여 강조하였다. 그들의 집체성 관념에 대한 배척은 완전히 일치한다. 그들의 집체성 관념에 대한 배척이 사회계약 이론에 대한 부정으로 발전하는 논리 또한 일치한다. 예를 들어 벤담은 말하기를, 편의를 위해 사람들은 동일한 명칭 아래 많은 사물들을 관련시키지만 엄밀히 말해 이런 명칭들은 다만 '허구'일 뿐이라는 것이다. 일부 허구 관념은 유용하여 우리가 편리하게 동일한 종류에 속하는 많은 사물들, 예컨대 재산, 사회 혹은 국가 등을 묘사할 수 있게 하지만, 기타 허구들은 오해를 초래하기 쉽다. 그것들은 본래 사물의 명칭이 아니지만, 사람들은 통상적으로 이런 방식으로 그것들을 사용해 왔다. 이러한 개념들은 책임, 권리, 의무, 영예, 공동체 등을 포함한다. 만약 우리가 그것들을 독립 자주적인 사물을 대표하는 명칭으로 삼아 사용한다면, 그것들은 위험한 명사가 될 것이다. 각각의 개체는 기본적으로 그들 자신의 이익을 추구하는 데서 출발하기 때문에, 하나의 공동체는 그 구성원들의 이익 외에 그 밖의 다른 이익이 있을 리 없다. 벤담이 보기에, 일단 우리가 이렇게 일부 허구 관념의 본질을 이해할 수 있으면, 대부분의 사회문제는 순리적으로 해결될 수 있을 것이다. 만약 일련의 개념이 분석 속에서 그것들의 요소로 '분해'될 수 있다면, 우리는 최종적으로 정치윤리학의 이성 어휘표를 제정하고 그 기초 위에서 탄탄한 '사상 구조'를 확립할 수 있을 것이다. 나는 여기서 의도치 않게 하이에크와 벤담 철학을 한데 뒤섞어 거론했지만, 하이에크는 벤담이 설계한 처녀지에 적합한 법률 절차를 절대 찬성할 리 없으며, 또한 벤담 사상 중의 권위주의와 간섭주의를 찬성할 리 없다. 왜냐하면 벤담은 입으로는 스미스와 리카도의 자유주의 경제 이론을 찬성하지만, 그는 국가가 또 다른 방식으로 경제 생활에 관여하기를 바라기 때문이다. 예를 들어 그는 잉글랜드 은행의 국유화를 바라고 정부 기구가 교육과 연구를 통제하기를 바라며 정부가 가격을 확정하고 최저 노동 수입을 보장하기를 원했다. William Thomas, 李河 譯,『穆勒』(Mill, Oxford University Press, 1985), 中國社會科學出版社, 1992, 11~12, 28쪽 참조.

61 이와 비교하여 과학주의 방법론은 정반대이다. 과학주의 방법론은 개인 행위를 결정하는 주관 개념으로부터 출발하려 하지 않았기 때문에 그것이 애써 피하고자 하는 오류를 낳았다. 즉 그러한 집체를 사실로 보았지만, 그 집체는 추상화 혹은 일반

화의 이론적 결과에 불과할 뿐이다. 과학주의자는 조직의 구체적 형식에 초연하여 존재하는 추상적인 사회 생산능력은 없으며, 사회 영역의 유일한 사실은 바로 구체적인 인간 존재이고 그들이 구체적 목적을 위해 행동할 뿐만 아니라 행동 수단과 관련된 구체적 지식을 갖고 있다는 것을 이해하지 못한다.

62 Herbert Marcuse, *One-Dimensional Man*, Boston: Beacon Press, 1964, p.5.

63 MacIntyre, *Marcuse*, New York: The Viking Press, 1970(중역본 鄧一誕 譯,『馬爾庫塞』, 中國社會科學出版社, 1992, 82쪽).

64 하이에크에 따르면, 객관주의적 과학 이론의 잠재적인 의미는 과학이 이미 우리에게 다음과 같은 사실을 알렸다는 점이다. 즉 모든 사물은 최종적으로 에너지가 될 수 있고, 인간도 이에 따라 응당 그의 계획에 의거하여 각종 일을 처리해야 하는데, 그들이 지닌 구체적 용도에 근거하는 것이 아니라 이 사물들을 추상적인 에너지의 호환 단위로 삼아 처리해야 한다. 이외에도 더 보편적인 예는 사회적 제품의 생산 및 그 수량의 '객관적' 가능성이 사회적 제품을 물리적 사물로 보는 것을 가능하게 한다는 것이다. 사회적 제품은 종종 전체 사회의 가설적인 '사회 능력'의 수량 예측으로 표현된다. 인간의 객관적인 수요에 관한 설명 또한 비슷한 성질을 지닌다. 거기에서 '객관적'은 다만 일종의 명목일 뿐, 그것이 실제로 전달하는 것은 사람들이 마땅히 무엇을 원해야 하는가에 관한 개인적인 관점이다. *The Counter-Revolution of science*, pp. 91~92.

65 '객관주의'는 다음과 같은 사실을 인정하지 않는다. 즉 개념, 이념 등과 같은 정신 실체뿐 아니라 모든 정신현상, 감각과 이미지는 모두 대뇌에서 진행되는 분류 활동으로 간주될 수 있을 따름이다. 우리가 관찰하는 속성은 객체의 특성이 아니라 외부 자극에 대해 분류하고 조직하는 방법에 의거한다. '객관주의적' 방법은 자연과학과 마찬가지로 인류 행위를 '사실적' 영역으로 바라본다(chaper 5, Ibid., pp.77~92.). 하이에크는 후설의 객관주의 비판을 비평할 때 말하기를, "후설은 비록 과학적 객관주의식 자아 이해를 비판했지만, 또 다른 객관주의의 제약을 받았다. 이 객관주의는 통상적으로 전통적인 이론 개념에 부속된다." 바꿔 말하면 후설의 실증주의 비판은 지식과 인류 흥미의 관련을 은폐하고 있다(哈貝馬斯,「知識與人類興味: 一個概觀」, 黃瑞祺,『現代批判社會學』, 臺北; 巨流圖書公司, 1985, 251쪽에 수록). 사회과학의 '객관주의'에 대한 하이에크의 비판은 이유가 있지만, 만약 이러한 비판이 자연과학의 '객관주의'에 대한 견해로 이끈다면, 마찬가지로 지식과 인류 흥미의 관련을 은폐한다.

66 바꿔 말하면 '집체주의' 방법은 대상의 내부로부터, 대상을 구성하는 요소(개인 태도의 지식)로부터 출발하여 사회를 이해하는 것이 아니라 외부에서 직접적으로 사회 전체를 관찰하는 것이다. Chaper 6, 앞의 책, pp.93~110.

67 하이에크의 해석에 따르면, 역사주의를 과학주의의 산물로 보는 것은 다소 의아스럽다. 왜냐하면 일반적으로 사람들은 역사주의를 사회현상을 처리할 때 마땅히 준수해야 하고 자연과학 모델과 다른 대립적인 방법으로 간주하기 때문이다. 그러나 그는 역사주의를 여전히 과학주의의 전형적인 형태로 바라본다. 하이에크는 신과 구 두 종류의 역사주의를 다음과 같이 분석하였다. 구역사주의는 역사학자의 임무를 과학자의 임무와 대비시켜 역사의 이론과학 가능성을 인정하지 않는다. 그에 반

하여 신역사주의는 역사를 사회현상으로 통하는 이론과학의 유일한 길로 간주한다. 그러나 두 역사주의의 극단적 형식은 매우 유사하다. 그것들은 모두 역사학자의 역사 방법이 과학주의로 향한 역사주의의 과도기를 위한 가능성을 창조하였으며, 이러한 역사주의는 역사학을 일종의 '과학', 일종의 사회현상의 유일한 과학으로 되게 힘쓰기 때문이다. 그러나 하이에크는 여전히 에드먼드 버크(Edmund Burke)와 애덤 스미스(Adam Smith)를 대표로 하는 역사학파에 동정을 표시하였다. 그들은 사회체제를 의도적인 설계의 결과로 보는 것에 반대하여, 그것을 예측하지 못한 많은 개인의 고립된 행위의 결과로 보고 구조주의 이론의 운용을 암시하였다. Chaper 7, 앞의 책, pp.111~140.

68 하이에크는 다음과 같이 말하였다. 역사주의는 역사학자들이 창조한 것이 아니라 전문화된 사회과학자들, 특히 그들의 학과 이론으로 통하는 경험적 통로를 찾고자 갈망하는 경제학자들이 창조한 것이다. 그들에게 역사학은 사회과학과 관련된 원천이 되었고, 그것은 역사이면서 또한 우리가 얻기를 바라는 사회 관련 이론 지식, 예컨대 역사 발전 법칙, 단계, 제도 등을 산출해 낼 수 있는 것이다.

69 헤겔, 콩트, 특히 마르크스에서 베르너 좀바르트(Werner Sombart), 오스발트 슈펭글러(Oswald Spengler)에 이르기까지 모두 하이에크가 말한 역사주의의 대표이다. 그는 비평하기를, 이러한 이론들을 통해 특히 마르크스주의, 과학주의를 통해 이처럼 광범위한 영향력을 획득함으로써, 많은 마르크스주의 적들도 그 이론 개념에 의거하여 문제를 사고하였다.

70 하이에크는 지식사회학 방법을 날카롭게 비판하면서 지식사회학은 내부가 아닌 외부에서 세계를 관찰한다고 보았다. 그는 만하임의 이론을 겨냥하여, 우리가 현재 지식의 형성 조건과 결정 요소를 안다면 그것은 더 이상 우리 현재의 지식이 아니라고 말하였다. 우리가 우리의 지식을 해석할 수 있다고 표명하는 것은 바로 우리가 아는 것보다 더 많이 알고 있음을 말한다. Hayek, *The Counter-Revolution of science*, p.159.

71 하이에크는 비록 방법론적 집체주의와 정치 집체주의의 논리적 구별을 인정했지만, 이 양자간의 연대 관계를 확신하였다. 방법론적 집체주의가 없으면, 정치 집체주의도 그 지식 토대를 잃게 될 것이다. 만약 의식적인 개인 이성이 사회와 인성의 모든 목표와 지식을 장악할 수 있다는 것을 믿지 않는다면, 이 목표들과 관련하여 의식적인 성향에 의해 얻어질 수 있는 신념은 토대를 잃을 것이다. 지속적으로 이러한 목표를 추구한다면 반드시 이러한 제도를 낳을 것이며, 그 속에서 모든 사회 구성원들은 단일한 지도적 심령의 단순한 도구가 되고, 모든 자발적인 사회 역량도 이에 따라 없어질 것이다. 이것이 바로 하이에크가 말한 과학문명 시대의 위기이다. 앞의 책, pp.161~162.

72 하이에크가 가장 반대하는 관점은 가격 협력 메커니즘 자체를 인류가 공들여 설계한 결과로 바라보는 것이다. 왜냐하면 가격 체계는 인류가 우연히 발견한, 이해하지 못하지만 이용할 줄 아는 체계이기 때문이다. Hayek, 賈湛·文躍然 等譯, 『個人主義與經濟秩序』, 北京: 北京經濟學院出版, 1989, 81쪽.

73 Hayek, 『個人主義與經濟秩序』, 79~80쪽.

74 앞의 책, 83쪽.

75 하이에크는 노동 분업이 가격 체계의 작용에서 기원한다고 여기는데, 이는 이론상 근거가 있다. 그러나 그의 오류는 그가 이 모든 것을 한 가지 방법으로 귀결시키고 교류의 역사 과정으로 귀결시키지 않는다는 점이다. 앞의 책, 83쪽 참조.

76 랜달(John Herman Randall)은 아리스토텔레스와 근대 이론을 비교할 때, 전자의 인식 중점은 사물의 '왜'이고 후자는 세계를 개혁하는 방법에 대한 연구로서 주로 '어떻게'를 묻는다는 것을 발견했다. John H. Randall, *Aristotle*, N.Y: Columbia University Press, 1960, pp.2~3. 실제로 많은 학자가 일찍이 말하기를, 고대인의 자연에 대한 연구는 필연적으로 자연을 정복하는 기술 동기와 관련되는 것이 아니며, 과학과 기술의 이러한 관계는 단지 근대에서 비로소 출현한 것이다라고 하였다.

77 Werner Hisenberg, *Physics and Philosophy*, trans. A..j. Pomernats, London; Hutchinson, 1958, pp.196~197; *The Physicist's Conception of Nature*. N.Y; Harper and Row, 1962, p.24.

78 Jean Ladrière, 『科學和技術對文化的挑戰』, 北京; 商務印書館, 1997, 2쪽.

79 간단한 비평은 늘 공정하지 못하다. 하이에크가 과학 세계에서 '자연'의 도구적 특징을 지적한 것은 매우 심도 있는 견해이다. 예를 들어 그는 다음과 같이 말하였다. "과학에 대해 말하자면 인간의 업종이 이미 만들어 낸, 그의 일상생활의 세계 그림 및 그의 지각과 개념을 충분히 이끌어 주지만, 이는 연구의 객체가 아니라 완벽을 기다리는 아직 완미하지 못한 도구이다. 과학은 과학과 인간의 관계에 흥미를 갖지 않고 이러한 방식에 대해 흥미를 갖지 않으며, 이러한 방식 속에서 현존의 세계관이 사람의 행동을 지도한다. 그것은 오히려 일종의 관계이거나 이러한 관계를 바꾸는 지속적인 과정이다. 과학자가 객관 사실을 연구한다고 강조하여 말할 때, 그의 의도는 인간이 사고하고 종사하는 세계 속의 사물을 독립적으로 연구하고자 함이다. 그에게 사람들이 지닌 외부 세계 경관은 늘 극복해야 할 단계이다."(*The Counter-Revolution of science*, pp.38~39.) 내가 다만 여기서 말하는 바는 하이에크가 "외부 세계 경관은 늘 극복해야 할 단계다"라고 말할 때, 이어서 이 '극복' 과정의 사회성을 분석하지 않았으며 그의 이른바 도구도 통제 개념과 직접적으로 연관되지 않았다는 점이다. 요컨대 하이에크의 이론에서 과학과 기술을 필수적으로 연결시키는 설명이 부족하다는 것이다.

80 이 문제에 관해 타일스(Mary Tiles)와 오버디크(Hans Oberdiek)가 출판한 신서 『기술문화 속의 삶』(Living in a Technological Culture: Human Tools and Human Values, London and New York: Routledge, 1995)은 주목할 만한 논의를 보여 주고 있다. 그들은 기술을 간단히 응용과학으로 간주하길 거부하였다. 그들은 묻는다. "우리는 종종 기술의 시대에 살고 있다고 말한다. 이 말은 도대체 무엇을 의미하는가? 기술이라는 개념은 무슨 함의를 지니는가? '기술의 문화' 속에서 생활한다는 것은 무엇을 의미하는가?"(p.9 참조) 기술과 과학은 본래 연계된 것은 아니며, 기술을 일종의 응용과학 혹은 과학의 응용으로 간주하는 것은 단지 근대적인 시각일 뿐이다. 이러한 의미에서 과학과 기술의 임시적인 연계는 바로 일종의 '기술의 문화'를 창조하였으며, 이러한 '기술의 문화'는 근대 문화를 이전의 문화와 구별 지었다.

81 이는 루카치가 『역사와 계급 의식』에서 밝힌 저명한 관점이다. 루카치는 다음과 같이 말하였다. "자본주의 사회 속의 인간은 그 자신(계급으로서)이 창조한 현실을 마

주하는데, 이 현실은 그에게 소외된 자연현상일 것이다. …이러한 개념은 근본적으로 부르주아계급이 그와 세계의 관계 속에서 자신을 이해하는 데 있으며, 그리하여 이 단어는 다층적인 의미를 포함한다. 우리는 이미 칸트가 명확히 해석한 바에 주의를 기울였지만, 케플러, 갈릴레이 이래 이미 통제되는 '규율 체계의 총화'로서의 자연 개념은 본질적으로 바뀌지 않았다. 이 개념이 자본주의 경제 구조 속에서 생겨났다는 것은 이미 반복적으로 증명된 바이다. 이 개념과 병행해서 발전한 것으로 또 다른 자연 개념이 있다. 그것은 완전히 다른 함의를 지니는데, 가치 개념이 바로 첫 번째 자연 개념과 완전히 다르다."(György Lukács 著, 張西平 譯, 『歷史和階級意識』, 重慶出版社, 152쪽.) 그러나 이 관점의 더욱 경전적인 해석자는 마르크스이다. 마르크스는 『독일 이데올로기』에서 다음과 같이 말하였다. "우리는 유일한 과학 즉 역사과학만을 알 뿐이다. 역사는 두 측면에서 고찰할 수 있고 그것을 자연사와 인류사로 나눌 수 있지만, 그 두 측면은 밀접하게 관련되어 있다. 사람이 존재하기만 한다면, 자연사와 인류사는 피차 상호 제약한다."(『馬克斯恩格斯全集』第3卷, 人民出版社, 1965, 20쪽.) 마르크스에게 자연계와 인류의 대립은 의식의 구조이며, 이러한 이데올로기의 구조는 역사 속에서 인간의 자연에 대한 생산적 관계를 배제하였다.

82   인간이 자연으로부터 분화되어 나왔다는 것은 인류 형성의 필수적인 첫 걸음으로 간주된다. 따라서 원시 시대부터 인간과 자연 사이에 모종의 대립이 존재하지만, 이 대립은 자본주의 시대처럼 전체적인 성질을 띠지는 않는다. 고대 사회의 신화, 무술(巫術) 세계관은 일종의 특수한 방식으로 인간과 자연의 관계를 표현했다. 과학은 일상생활 세계와 완전히 다른 개념 체계를 수립하였고, 이후에 와서야 이 체계와 생활 세계의 관계가 비로소 진정으로 분리되었다.

83   윌리엄 레이스의 다음과 같은 논의는 매우 설득력이 있다. 기술 능력 수준은 일정한 역사 시기에 사회 충돌이 장차 취하게 될 형식을 규정하는 중요한 한 요소이다. 이 것이 바로 왜 '인간의 자연 정복' 혹은 '인간의 자연 지배'를 논하는 것이 터무니없는 것인가의 이유이다. 이러한 일이 가정하는 주체는 존재하지 않는다. 여기서 '인간'은 일종의 추상적인 것으로, 그것이 이러한 방식으로 사용될 때 한 가지 사실을 은폐하였다. 즉 인간과 인간의 현실 폭력 투쟁 속에서 기술 도구는 부분적인 작용을 발휘한다는 점이다. 인간의 개념 속에 내재되어 있는 보편성—하나의 전체로서 인류는 평화로운 사회질서 속에서 연합하여 자유로운 조건하에서 그것의 생존 관념을 최종적으로 결정한다—은 아직 실현되지 않았다. Leiss, *The Domination of Nature*, pp.121~122.

84   아래 인용문은 하이에크가 방법론적 측면에서 추상적 주체로서의 '인간' 혹은 '우리'(자연의 대립물)를 구성하는 방식을 전형적으로 설명해 주고 있다. 그는 다음과 같이 말하였다. "그러나 이러한 사실의 결과는 무엇인가—사람들은 지각과 개념을 통해 세계 및 그 상호 관계를 이해하는데, 이러한 지각과 개념은 모든 대상에게 완전히 똑같은 정신 구조 속에서 구성되는가? 이러한 활동의 네트워크에 대해 우리는 무엇을 말할 수 있는가?"—이 네트워크 속에서 인간은 그들이 지닌 이러한 지식에 의해 지도받으며, 항상 인간에게 있어서 이 네트워크의 절대 부분은 공통적이다. 비록 과학은 모든 시기에 인간이 점유한 외부 세계의 경관을 수정하기에 바쁘고, 과학에게 이러한 경관은 항상 임시적이지만, 다음과 같은 사실은 특정한 사건의 거대

한 원인과 결과의 현실로서 결코 바뀌지 않는다. 즉 사람은 확정적인 경관을 지니며, 우리가 생각하고 이해할 수 있다고 여기는 모든 존재의 경관은 일정 정도 비슷하다." *The Counter-Revolution of science*, p.39.

85　자연과 사회의 "이러한 분리는 인류 사회와 마찬가지로 오래되었지만, 단지 근대 서구 사회에서만 비로소 인류 행위를 지도하는 자각 원칙의 지위로 승격되었다." William Leiss, 『自然的控制』, 5쪽.

86　하이에크는 자연과학 영역을 인간의 이성 통제를 받는 영역으로 보고 사회 영역을 마땅히 '자연적' 혹은 '개인주의적' 영역으로, 즉 자연적인 교류 행위를 통해 자유로운 사회를 형성한다고 본다. 그러나 스스로 통제할 수 없는 사회는 또한 자신의 자연에 대한 끊임없는 쟁탈을 통제할 수 없다. 프랑크푸르트 학파가 보기에 자연에 대한 통제는 인간의 이성에 의해 좌우되지만, 자본주의 사회에서 그 자신의 생활 과정을 지배당하기 때문에 그 이성은 비이성적이고 신비하며 숙명적인 성질을 띤다. 호르크하이머는 자본주의가 생산한 무정부 상태를 다음과 같이 표현하였다. "이 과정은 자각적인 의지의 통제하에서 완성된 것이 아니라, 일종의 자연스러운 과정으로 실현된다. 일상생활은 맹목적, 우연적, 단편적인 형식으로써 각 개인, 각종 공업, 각 국가의 혼란으로 무질서한 활동 속에서 만들어진다."(『唯物主義和道德』, 『社會研究雜誌』 제2권 제2책, 라이프치히, 1933, 167쪽. A. Schmidt, 『馬克思的自然概念』, 商務印書館, 1988, 33쪽에서 재인용) 따라서 핵심 문제는 자연과 사회의 관계가 아니라 사회 생산 방식이다. 슈미트는 "사회에 의해 조직되지 않은 자연에 대한 통제는 어떠하든 고도로 발전하며 여전히 자연에 종속된다"라고 말하였다. 이 견해는 마르크스가 지금까지 인류 사회의 역사를 '자연사의 과정'으로 보는 것과 밀접하게 연관된다. 마르크스는 "경제학 법칙은 모든 …무계획적인 생산 속에서 인간이 그것들에 대해 지배력을 지니지 않는 객관적 법칙으로서 자연 형태로 인간들과 대립한다."(『反杜林論』, 위의 책에서 재인용, 35쪽) 슈미트는 다음과 같이 해석하였다. "마르크스는 '사회 경제 형태의 발전'을 일종의 '자연스러운 역사 과정'으로 보았는데, 이는 그가 엄격한 필연성으로 역사 과정을 바라보고 선험적인 구성 혹은 심리적인 해석 원리와 무관하다는 것을 의미한다. 그는 개인의 활동 방식을 객관적인 과정의 각종 기능으로 이해하였으며, 지금까지의 역사 속에서 개인은 줄곧 자유로운 주체로서가 아니라 '경제 범주의 인격화'로서 출현했다."(위의 책, 36쪽.)

87　鄧正來, 『社會秩序規則二元觀』(未刊稿), 3쪽.

88　Hayek, 賈湛·文躍然 譯, 『個人主義與經濟秩序』, 北京: 北京經濟學院出版社, 1989, 80~81쪽.

89　Chapter 12 "Birth of the Liberal Creed," Chapter 13 "Birth of the Liberal Creed (Continued): Class Interest and Social Change," Karl Polanyi, *The Great Transformation: The Political and Economic Originsof Our Time*, Boston: Beacon Press, 1957, pp.135~162 참조.

90　羅峪平, 「人民幣怎样跨世紀—訪中國銀行國際金融研究所所長陶禮明」, 『三聯生活周刊』 1998年 第2期(1998年 1月 30日), 總第56期, 21쪽.

91　Hayek, 『個人主義與經濟秩序』, 北京: 北京經濟學院出版社, 1989, 74쪽.

92　하이에크는 세 가지 측면에서 계획을 논하였다. "…중앙 계획, 즉 통일적인 계획

에 근거하여 전체 경제 체계를 관리한다. 경쟁은 많은 단독 개인이 수립한 분산적인 계획을 가리킨다. 이 양자 사이에 위치하는 것이 조직적인 공업 계획인데, 이러한 계획을 많은 사람이 거론하지만 일단 목격하면 극소수의 사람들이 좋아한다. 그것이 바로 독점이다." Hayek, 『個人主義與經濟秩序』, 北京: 北京經濟學院出版社, 1989, 76쪽.

93　따라서 하이에크가 생각하기에 중앙 계획, 개인 계획과 조직 계획의 우열은 "바로 서로 다른 종류의 지식의 중요성에 있다. 즉 특정 개인이 지배하는 지식이 중요한가? 합당하게 선발된 것으로 간주되는 전문가의 권위 기구가 파악한 지식이 더 중요한가?" 그가 강조하는 것은 물론 개인의 지식의 중요성이다. 이러한 지식은 "특정한 시간과 공간에 관한 지식으로 불리는데, 그것들은 일반적인 의미에서 심지어 과학적 지식으로 칭해질 수 없다. 그러나 바로 이러한 측면에서 매 개인마다 실제로 모든 기타 사람에게 어떤 우세함을 지니고 있기 때문에, 매 개인마다 이용할 수 있는 유일무이한 정보를 장악하며 이 정보에 기반한 책략은 오직 매 개개인들이 결정하거나 그가 적극적으로 결정에 참여해야만 이러한 정보가 활용될 수 있다." Hayek, 『個人主義與經濟秩序』, 北京: 北京經濟學院出版社, 1989, 76~77쪽.

94　許寶強, 「反市場的資本主義」, 『香港社會科學學報』, 第八期, 1997年 秋季號, 79쪽 참조. 그는 이 글에서 다음과 같이 지적하였다. "이 두 가지 경제학설(즉 자유주의와 마르크스주의)은 모두 현실적 자본주의를 이상적 '자유시장'과 등치시키는 가설을 받아들였다. 분석 틀에 있어서 그것들은 뿌리가 같다. 이는 왜 '분석적 마르크스주의'(Analytical Marxism)가 주류 경제학에서 발전한 분석 도구, 예컨대 일반 균형 모델(General Equilibrium Model)과 이성적인 선택(Rational Choice)을 쉽게 채택하면서 동시에 (주로 결론에서) 주류 경제학을 엄격하게 비판할 수 있는지를 설명해 준다(Roemer, 1988; Gintis and Bowles, 1990 참조). 쉬바오창(許寶強)의 주장은 명확하게 다음과 같은 자료의 영향을 받았다. John E. Roemer, *Free to Lose: An Introduction to Marxist Economic Philosophy*, Cambridge,Mass: HarvardUniversityPress,1988; Herbert Gintis and Samue Bowles, *Democracy and Capitalism: Property, Community, and the Contraditctions of Modern Social Thought*, London: Routledge & K. Paul, 1986.

95　앞의 책, 178쪽.

96　하이에크는 애덤 스미스가 '경제인'의 가설에 책임이 없다고 여기고, 이 개념은 '사회심리학자들'의 스미스에 대한 오독이라고 지적하였다. 그러나 동시에 그도 이러한 오해에는 역사적 원인이 있음을 인정하였다. 즉 19세기 고전경제학자 특히 존 스튜어트 밀과 허버트 스펜서가 받은 프랑스와 영국 전통의 영향은 거의 똑같이 많았다. "따라서 모든 진정한 개인주의를 완전히 위배한 개념과 가설은 이미 개인주의 이론의 기본 핵심으로 간주되었다." 하이에크의 '경제인' 개념 비판은 그의 "진정한 반이성주의적인 개인주의와 거짓된, 이성주의적인 개인주의 간의" 명확한 구분에서 기원한다. 그는 '경제인' 개념이 본래 진정한 개인주의를 완전히 위배한 개념과 가설이라고 여겼다. 그는 다음과 같이 지적하였다. '경제인'은 많은 범속한 경제학자들이 "엄격한 이성 행위 가설 및 그릇된 이성주의 심리학에 근거하여 얻어 낸 것이기 때문에, 이러한 결론들에 아주 큰 결함이 있다. 그러나 실제로 애덤 스미스 및

그 신도들이 근본적으로 이 가정을 만들지는 않았다. …스미스는 인류가 가장 좋은 상황에 처했을 때 잠시 얻을 수 있는 성공에는 관심을 기울이지 않았고, 그가 관심을 갖는 것은 개인이 처한 상황이 가장 나쁠 때 가능한 그가 나쁜 일을 하는 기회를 감소시켜야 하는 문제였다. 스미스 및 그 동시대 사람들이 제창한 개인주의의 주요 가치는 그것이 나쁜 사람이 할 수 있는 파괴를 최소화시키는 제도라는 데에 있다. 그러나 이 점을 언급하는 이는 극히 적다." Hayek, 『個人主義與經濟秩序』, 北京: 北京經濟學院出版社, 1989, 11~13쪽.

97   Karl Polanyi, *The Livelihood of Man*, ed. Harry W. Pearson, NewYork: Academic Press, 1977, pp. 5~56. 중국 농촌에 관한 토론은 황쫑즈의 관련 저작을 참조. 예컨대 『華北的小農經濟與社會變遷』, 香港: 牛津大學出版社, 1994; 『中國研究的規範認識危機』, 香港: 牛津大學出版社, 1994; 『長江三角洲小農家庭與鄕村發展』, 北京: 中華書局, 1992 등. 이외에도 『讀書』 1996년 10기 중의 「鄕土中國的當代圖景」 참조. 그중 중국 서북 농촌에 대한 논의에서 언급한 바가 바로 이 문제이다.

98   Arendt, *The Human Condition*, 여기서 류펑(劉鋒)의 번역문을 채택하였다. 汪暉·陳燕穀 主編, 『文化與公共性』, 北京: 三聯書店, 1998, 74~75쪽.

99   David Hamilton, "Adam Smith and the Moral Economy of the Classroom," *Journal of Curriculum Studies* 12(1980), pp. 281~298.

100   K. W. Hoskin and R. H. Macve, "Accounting as Discipline: The Overlooked Supplement," in *Knowledges: Historical and Critical Studies*, eds. Ellen Messer-Davidow et al, Charlottesville: University of Virginia, 1993, pp. 25~53. 위 문장의 중국본 제목은 「會計學: 一門學科規訓」이다. 『學科·知識·權力』, 85쪽 참조. 이외에 같은 책에 수록된 Keith W. Hoskin의 「敎育與學科規訓制度的源起」("Education and the Genesis of Disciplinarity: The University Reversal, Knowledge: Historical and Critical Studies in Disciplinarity")에서도 해밀턴의 연구 성과를 인용·설명하고 있다. 앞의 책, 23~55쪽.

101   앞의 책, pp. 85~86.

102   Immanuel Wallerstein, *The Capitalist World-Economy: Essays*, Cambridge & New York: Cambridge University Press, 1979, p.134.

103   Perry Anderson, 郭方 譯, 『絕對主義國家的系譜』(Lineage of the Absolutist State), 上海: 上海人民出版社, 2001, 21쪽.

104   Karl Polanyi, *The Great Transformation*(Boston: Beacon Press, 1957), p.55. 블록(Fred Block)과 소머스(Margaret R. Somers)는 폴라니의 관점에 기초하여 다음과 같이 주장하였다. 즉 전국적인 시장의 형성은 단지 모종의 건국 방략의 부산물일 뿐이다. 그리고 이러한 책략 속에서 경제 발전은 국가의 기초로 간주되었다. 하지만 전국적인 시장이 출현했을지라도 시장사회를 충분히 발전시키기에는 여전히 역부족이었다. 시장사회의 충분한 발전은 다른 방면의 변혁, 즉 토지, 화폐와 노동력의 상품화라는 다른 변화가 있어야 했다. 黃樹民·石佳音·廖立文 譯, 『巨變: 當代政治·經濟的起源』, 遠流出版事業股份有限公司, 1989, 3~52쪽. 이외에도 Perry Anderson, *Lineages of the Absolutist State*, London: New Left Books,

1974; John Merrington, "Town and Country in the Transition to Capitalism," *New Left Review* 93(Sep.-Oct.1975), pp.71~72 참조.

105 노동력이라는 상품이 임의로 축적되고 제한 없이 사용되거나 혹은 사용되지 않으면, 이는 그 상품의 소유자인 인류 개인에게 영향을 미치게 된다. 노동력을 처리하는 과정에서 시장 제도는 불가피하게 개인의 생리적, 심리적 그리고 도덕적인 특질들을 처리하게 된다. 문화 제도의 보호막을 벗겨 내면, 인류도 이러한 사회 폭로의 영향하에 소실되고 말 것이다. 그리고 그들은 죄악과 시비의 전도, 범죄, 기아 등 사회 혼란의 희생자가 되어 사망하고 말 것이다. 자연적인 탈변은 그들의 원소가 되고, 거리와 풍경은 훼손될 것이다. 또 하천은 오염되고 군사적 안전은 파괴되며 식품과 원료의 생산력도 약화될 것이다. 결국 시장의 조절을 받는 구매력으로 인해 일부 기업들은 주기적으로 도산하게 될 것이다. Polanyi, *The Great Transformation*, p.73. 참조.

106 앞의 책, p.76. 폴라니는 시장사회의 기본 모순에 대해 다음과 같이 지적하였다. "그 중의 하나는 경제자유주의의 원칙으로서, 그 목적은 자기 조절의 시장을 건립하려는 것이며, 상업 계급의 지지를 받고 아울러 상당 정도 자유방임주의와 자유무역을 수단으로 삼고 있다. 또 다른 원칙은 사회 보호 원칙인데, 그 목적은 인류, 자연 및 생산 조직을 보호하는 것이며, 시장 제도의 피해자들의 직접적인 지지를 받고 있다. 이들은 완전하지는 않지만 주로 노동 계급과 지주 계급으로 구성되며, 그들은 보호적인 입법, 제한적인 공회(公會), 그리고 기타 간섭 도구를 수단으로 사용한다." Polanyi, *The Great Transformation*, p.132.

107 하마시타 다케시(濱下武志)는 아편 무역의 과정에 대해 새로운 분석을 하였다. 그는 영국, 인도와 중국 간의 다변적인 무역에서의 영국 상인의 역할을 특별히 지적하고 다음과 같은 결론을 내리고 있다. "이로부터 보건대, '자유무역'이라는 주장은 결코 영국 근대 산업 자본가 계층이 독점하는 명사가 아니라, 지방 무역 상인이 자기 이익을 실현할 때 사용하는 유행적인 구호이기도 하다." 朱蔭貴, 歐陽菲 譯, 『近代中國的國際契機─朝貢貿易體系與近代亞洲經濟圈』, 北京: 中國社會科學出版社, 1999, 11~12쪽.

108 Fred L. Block, *Post industrial Possiblilities─A Critique of Economic Discourse*, Berkeley & Oxford: University of California Press, 1990, pp. 5~59. 許寶强, 「反市場的資本主義」, 『香港社會科學學報』 第8期, 1997, 秋季號 참조.

109 예를 들어 미국의 국영 부문은 19세기 중엽까지도 여전히 보잘것없었지만, 20세기 중반에 이르러서는 전국 임금 지출 총액의 11.7%를 점하였다. 다른 서구 복지국가의 상황은 더욱 명확하다. 대기업 집단은 항상 내부 자원을 조달하여 시장 교역을 대신하고 아울러 단기간의 손실을 감수하면서까지 독점력을 확대시키고 있다. 그들의 운영 논리는 시장 경쟁 법칙에 의거하지 않는 것은 물론 심지어 반시장적이라고 할 수 있다(許寶强, 「反市場的資本主義」, 『香港社會科學學報』, 第8期, 1996年 秋季號, 180쪽 참조). 하버마스는 『합법성의 위기』에서 대체로 비슷한 관찰을 보여 주고 있는데, 그는 합법성의 시각에서 반시장적 자본주의가 야기하는 전면적인 사회 위기를 설명하고 있다.

110 Fernand Braudel, 楊起 譯, 『資本主義的動力』, 北京: 三聯書店, 1997, 76쪽.

111 앞의 책, 10쪽, 43쪽.

112 Polanyi, *The Great Transformation*, pp. 137~139.

113 바이로흐(Paul Bairoch)에 의하면 유럽은 19세기와 20세기의 200년 동안 단지 1/4 기간 즉 1860년에서 1892년 및 1970년 이후만 대외 무역이 상대적으로 자유로운 시기였다. 그리고 그 외의 3/4 기간 및 16세기에서 18세기의 '중상주의' 황금 시기는 보호무역주의가 명확히 우세했다. 미국의 상황은 더욱 두드러진다. 스무트-홀리 관세법(Smooth-Hawley Tariff Act) 실시 이후인 1932년 미국의 평균 관세율은 59%까지 증가하였다. 비록 이후 관세율은 부단히 하락하였지만, "수출자율규제"(voluntary export restraint), "다자간 섬유협정"(multifiber agreement), "생산품 표준화 요구 조건"(product standardization requirements)과 같은 일련의 비관세 보호 조치들이 끊임없이 등장하였다. 許寶强, 『反市場的資本主義』, 182쪽 참조.

114 Polanyi, *The Great Transformation*, p.59. 후기의 장거리 무역은 당연히 일정한 이익 추구의 성질을 지닐 수밖에 없었지만, 중심과 주변의 의존 관계에서 내부 시장의 발전은 여전히 매우 더디게 진행되었다.

115 브로델은 불평등을 오늘날까지 인류 사회의 기본 특징으로 간주한다. "왜냐하면 인간은 사회적 동물이고, 인간은 일정 정도 사회 집단의 피해자이기 때문이다. 또 불평등이 없고 등급 질서가 없다면 집단도 존재할 수 없다. 경제 불평등은 사회 불평등의 필연적인 결과이다." Braudel, 顧良·張慧君 譯, 『資本主義論叢』, 北京: 中央編譯出版社, 1997, 9쪽.

116 브로델이 '시장경제'와 '자본주의'라는 두 개념을 사용하는 목적은 이 두 영역을 구분하기 위해서이다. "거듭 말하지만, 이 두 종류의 활동—시장경제와 자본주의—은 18세기까지도 여전히 세력이 미미했다. 인류 행동의 주요 부분은 물질생활의 광대한 범주 속에 포함되고 함몰되었다. 만약 시장경제가 확대 중에 있고, 이미 광활한 영역을 점유하였으며 상당한 성과를 획득했다면, 그것은 오히려 강도(두께-역자)를 결여하고 있다. 나는 정확하지는 않지만 유럽의 구제도하의 현실을 '자본주의'라고 부르고자 한다. 그것은 빛나고 훌륭하지만 협소하다. 그것은 또 경제 생활의 전체를 포괄하지는 못하며 독자적이고 자신을 보급하는 생산 방식을 창출하지도 못했다.—증명할 수 있는 법률은 예외로 한다—이러한 자본주의는 일반적으로 사람들에 의해 상업자본주의라고 불린다. 그것은 또 시장경제가 불가피한 선결 조건일지라도, 전혀 전체 시장경제를 장악하거나 좌우할 수 없었다. 그러나 다른 한편에서 보면 자본주의가 국내, 국제, 세계 범위 내에서 맡은 역할은 이미 명확하다." 여기서 그가 말하는 시장경제와 자본주의를 이해하려면, 우리는 그것을 '물질생활'이라는 범주와의 관계 속에 놓고 고찰해야만 한다. Braudel, 『資本主義的動力』, 北京: 三聯書店, 1997, 29쪽. 25~26쪽.

117 Paul Bairoch, *Economics and World History-Myths and Paradoxes*, Chicago: The University of Chicago Press, 1993, pp.41~42, 172~173.

118 Stavrianos, L. S. 遲越·王紅生 譯, 『全球分裂』 上册, 商務印書館, 1995, 17쪽.

119 그는 예를 들어 말하기를, 주대(周代)는 토지로써 그 자제들을 제후로 봉했다. 즉 자신의 자제를 그 영토의 군주이자 지주로 삼았다. 그리고 제후는 다시 그 토지를 자

신의 자제에게 분배하였고, 그 자제는 또 서민에게 재분배하여 경작하게 하였다. 서민은 토지를 소유할 수 없었다. 그래서 단지 정치적, 경제적 주인의 농노가 될 수밖에 없었다고 하였다. 馮友蘭, 『中國哲學史』, 上海: 商務印書館, 1934, 32~33쪽.

120 Polanyi, *The Great Transformation*, p.71.

121 앞의 책, pp.135~150.

122 Arendt, *The Human Condition*, Garden & New York: Doubleday Anchor Books, 1959, pp.59~60.

123 中村哲, 「中國前近代史理論의 重構」, 武漢大學中國三至九世紀研究所 編, 『中國前近代史理論國際學術研討會論文集』, 武漢: 湖北人民出版社, 1997, 9쪽.

124 그는 다음과 같이 말하고 있다. "3대 아시아 공업 상품(방직 제품, 금속 제품, 도자기)은 전체 인도양 지역에서 대량 무역이 이루어졌으며, 심지어 지중해에까지 팔려 나갔다. 상인은 원거리 시장과 지방 생산 사이에서 중요한 연계 작용을 하였다. 그러나 상인과 장인 간에 존재하는 대단히 특수한 사회적, 경제적 관계는 마르크스가 규정한 봉건 생산 방식에서 전자본주의 생산 방식으로의 이행이라는 불가피한 3단계 이론으로 귀납시킬 수 없다." 喬杜裏, 「1800年以前亞洲的商業資本和工業生產」, 布羅代爾 編, 顧良·張慧君 譯, 『資本主義論叢』, 中央編譯出版社, 1997, 18~19쪽.

125 Braudel, 『資本主義的動力』, 84쪽.

126 앞의 책, 85쪽.

127 Immanuel Wallerstein, *The Modern World-System*, New York: Academic Press, 1974.

128 J. Habermas, *Communication and the Evolution of Society*, trans. Thomas McCarthy, Boston: Beacon Press,1979, p.190.

129 레자이(Mostafa Rejai)는 왈쩌(Herbert Waltzer), 알란(Alan), 엥겔(Engel) 등과의 공동 저서에서 다음과 같이 말하고 있다. "식민지 민족주의의 기본 목표는 제국주의의 통치를 종결시키고, 자신의 영토에 다른 주권 국가와 평등한 지위를 지닌 국족(formative nationalism)을 수립하는 것이다."(Engel 等著, 張明貴 譯, 『意識形態與現代政治』, 臺北: 桂冠圖書股份有限公司, 1985, 51쪽.) 그러나 그를 비롯한 수많은 식민지 인민의 민족주의 연구자들은 식민지 민족주의의 폭력적 경향에 더욱 주목하고(예를 들어 그들은 프란츠 파농Frantz Fanon이 말한 "식민지 인민은 폭력을 통해 그 자유를 발견하고 아울러 폭력을 통해 자유를 찾는다"는 선언에 주목한다), 식민지가 외부 세력에 저항하는 과정에서 보여 주는 제도적 창신 및 그 동력 문제에 대해서는 오히려 심도 있는 설명을 보여 주지 못하고 있다.

130 翦伯贊 等編, 『戊戌變法』第2冊, 上海: 上海人民出版社, 1957, 145쪽.

131 蕭公權 著, 汪榮祖 譯, 『康有爲思想研究』, 聯經出版事業公司, 1988, 285쪽.

132 앞의 책, 319쪽.

133 황종희의 『명이대방록』 중의 「전제」(田制) 1~3편(『黃宗羲全集』第一冊, 浙江古籍出版社, 1985, 22~35쪽) 참조.

134 Habermas, *Communication and the Evolution of Society*, p.182.

135 이 문제는 지나치게 단순화시키는 그런 이론적 모델에 대해 제기하는 것이지, 모종

의 경제와 정치 이론의 합법성을 논증하기 위한 것이 아니다. 주목할 것은 세계 체제의 분석은 경제 관계의 분석에 집중하여, 이러한 세계 관계를 기초로 한 국가 이론에 대해서는 상세한 설명을 하고 있지 않다는 점이다. 근년 경제 발전에서의 동아시아 국가의 역할에 대한 분석에서도 효율이라는 각도 즉 자본주의 경제를 조직하고 발전시키는 측면에서 분석하고 있다. 그리고 나아가 소련, 동유럽과 중국 등 사회주의 국가의 국가 실천을 해석할 이론을 어떻게 수립할 것인가에 대해서는 여전히 미해결 문제로 남아 있다.

136 Lukács, 張西平 譯,『歷史和階級意識―馬克思主義辯證法研究』, 重慶出版社, 1989, 247쪽.

137 앞의 책, 63쪽. 그는 또 다음과 같이 지적하였다. 그러한 사회에서 상업의 역할은 매우 미약하고, 사회 각 부분의 자치 정도는 더 높다(농촌의 공사公社처럼). 그렇지 않으면 조합의 경제 활동과 생산 과정에서 전혀 작용을 하지 못할 것이다. 이러한 상황에서 이미 조직된 통일체로서 국가는 사회의 현실 생활에서 매우 공고하지 못한 지지 역할을 계속 유지하고 있다. 사회의 일부분은 단지 완전히 국가의 운명에 의존하지 않는 그러한 '자연' 속에서 생활한다. 이러한 견해는 마르크스의 관점과 일치한다. 마르크스는 다음과 같이 말하였다. "이러한 자급자족적인 공사(公社)는 동일한 형식에 따라 부단히 자신을 재생산한다. 그것들이 우연히 파괴되더라도 동일한 지점에서 동일한 명칭으로 재조직될 것이다. 이러한 공사의 간단한 생산 집단은 다음과 같은 비밀을 열 수 있는 열쇠를 제공한다. 즉 아시아 각국은 부단히 와해되고 부단히 재건되며 왕조도 자주 교체된다. 그러나 이와 정반대로 아시아 사회는 변화가 없다. 이러한 사회의 기본 경제 요소의 구조는 정치 영역의 폭풍에 의한 영향을 받지 않는다."『馬克思恩格斯全集』第23卷, 北京: 人民出版社, 1956, 396~397쪽.

138 Habermas, *Legitimation Crisis*, trans. Thomas MCarthy, Boston: Beacon Press, 1975.

139 하이에크의 개인주의가 외부의 강제적 간섭이 없는 개인 간의 이성을 강조한 반면, 하버마스는 "소통 행위" 연구에 집중하였다. 그들은 모두 사회과학 중 실증주의를 과학주의 방법론의 근원으로 간주하였다. 예를 들어 하버마스는 다음과 같이 말하고 있다. "역사―해석 과학도 자연과학의 모델에 따라 과학주의 의식을 구성할 수 있다. 뿐만 아니라 심지어는 구전되어 온 과학 사상도 이상적인 공통 인식 가운데 하나의 사실적 우주를 한데 모을 수 있다. 인문과학(역사―해석 과학)이 이해라는 방식을 통해 그 사실을 파악하고, 또 보편적인 법칙의 발견에 별로 관심이 없기는 하지만, 인문과학과 경험―분석 과학 사이에는 공통적인 방법 의식이 존재한다. 즉 양자는 모두 이론 관점을 통해 구조화된 현실(혹은 현실 구조)을 묘사한다. 역사주의는 이미 과학의 실증주의가 되어 버렸다." Habermas,『知識與人類興趣: 一個概觀』. 이에 대한 중문본은 황루이치(黃瑞祺)의『現代批判社會學』(臺北: 巨流圖書公司, 1985, 247~248쪽) 참조. 내가 인용한 위의 번역문은 차오웨이둥(曹衛東)이 독일 원문을 참고하여 교정을 한 것으로 황루이치의 번역문과는 중요한 차이점이 있다.

140 시장경제의 '자연법칙' 관념은 통제에 반대한다. 왜냐하면 이러한 법칙은 인위적인 것이 아니라 자연적인 것으로 여겨지고 있기 때문이다. 하지만 자본주의 경제의 위기로 인해 이러한 신념은 붕괴되었으며 아울러 관리(管理)형 자본주의(즉 국가가

시장에 대해 광범위하게 조절하고 통제하는 자본주의)가 널리 받아들여졌다. 윌리엄 레이스는 이러한 시장경제의 '자연법칙'을 고대 자연주의의 유산으로 보고 있다. 그러나 자연주의 행위 모델의 사회적 기초를 파괴한 것은 바로 자본주의 자체였다. 고전적 자연주의에서는 사회 등급을 자연적 질서로 간주하였지만, 자본주의는 개인의 완전한 평등이라는 관념과, 자연과 사회의 대립이라는 관념을 발전시켰는데, 바로 사회와 '자연'의 분리로 인해 사회 소통에 대한 제한이 완화되고 생산력도 급속하게 발전할 수 있게 되었다. 이것이 바로 자연 발전에 대한 통제가 기본적인 사회 이데올로기로 변화하게 된 역사적 배경이다. Leiss, *The Domination of Nature*, p.182.

141 동아시아 경제의 비약적 발전에 대한 논의는 이에 대한 주석이라고 볼 수 있다. 일반적으로 동아시아 경제의 기적에 대한 해석은 대부분 문화론과 제도론이라는 두 부류로 나눌 수 있다. 문화론자는 베버 명제에 대한 재해석으로서, 그들이 강조하는 것은 유가 문화의 근대화에 대한 적극적 역할이다. 이에 비해 제도론자는 유가 문화권 대부분의 발전상의 차이에 주목하고 제도상의 특징이 동아시아 경제에 미친 영향을 강조한다. 중국을 예로 들면, 70년대 말부터 국가가 개혁개방 정책을 실시하고, 대대적으로 기존의 제도와 정책을 변화시켜 경제 방면에서 놀라운 변화를 이루었다. 이러한 상황은 단지 제도상의 특징이라는 범주에서만 해석이 가능하다. 경제 과정에서의 국가의 역할은 매우 복잡하다. 이에 관한 논의는 龐建國,「"國家"在東亞經濟轉化中的角色」, 蘇耀昌, 趙永佳,「綜論當前關於東亞發展的幾種觀點」, 羅金義·章偉 編,『奇跡背後: 解構東亞現代化』,牛津大學出版社, 1997, 25~56, 1~24쪽 참조.

142 Marx,『資本論』第三卷, 北京: 人民出版社, 1963, 800쪽. 엥겔스는 더 나아가 사회주의 조건하에서 인간은 장차 처음으로 "자연의 진정한 주인이 되며, 그에 따라 그들은 자신의 사회화 과정에서 주인이 된다"고 단언하였다. Frederick Engels, *Anti-Dühring*, Moscow: Foreign Languages Publishing House, 1954, p.392.

143 Leiss, *The Domination of Nature*, p.85.

144 매킨타이어는 다음과 같이 말한 적이 있다. "계획적인 사상, 중앙 권력의 유효한 사상은 공교롭게도 계획이 결국 아무런 효과가 없는(효과가 극히 미약한) 역사 시기에 지배적인 지위를 점한다. 우리 시대의 가장 인상적인 정치 상황은 정부가 어쩔 수 없이 수용한 많은 정책들이 우연적인 것이라는 점이다. 이러한 우연적인 성질은 여러 가지 통제할 수 없는 사건들이 복합적으로 작용하여 형성된다. 비록 통치자들이 이러한 사건을 계획 사상의 결과인 것처럼 주장하고 있지만, 실제로는 그들의 주관적인 희망의 산물이다." 매킨타이어는 나아가 이렇게 지적한다. 바로 선진 산업사회가 불연속적이고 부조화적이기 때문에 비기술적 요소가 중요한 동인으로 작용할 수 있다. 정치 전통, 문화 제도, 정책 결정 행위는 모두 예기치 않게 과거의 비교적 통일된 사회에서보다 더 큰 영향을 낳는다. 이러한 요소들로 인해 여러 선진 산업사회는 제각각의 방향으로 변화할 수도 있다. MacIntyre,『馬爾庫塞』, 中國社會科學出版社, 1992, 92~93쪽.

145 Stanley Aronowitz, *Science as Power*, Minneapolis: University of Minnesota Press, 1988, p.viii.

146 중요한 것은 자본주의 사회관계의 보편화든 아니면 전 지구적 차원에서 각종 문화와 제도에 대한 과학기술의 침투이든, 그것들로 인해 오늘날 자본주의가 날로 자신이 발생한 역사로부터 이탈하고 있으며, 아울러 자신의 형식을 획득하였다는 점이다. 전 세계 자본주의의 이러한 반역사적 특징과 과학기술의 형식화 특징은 내재적으로 연관되어 있다.

147 Jaspers, 『歷史的起源與目標』, 73쪽.

148 Aronowitz, *Science as Power*, p.34.

149 앞의 책, p.34.

150 앞의 책, p.9.

151 Foucault, 嚴鋒 譯, 「關於權力的地理學」, 『權力的眼睛―福柯訪談話錄』, 上海人民出版社, 1997, 202~203쪽.

역자 후기

　왕후이의 『근대중국사상의 흥기』는 중국의 주요 사상가들과 그들의 사상 자원을 중심으로 '중국'의 의미와 그 근대성의 의미를 탐색하는 책이다. 상권 제1부 '리理와 물物', 제2부 '제국帝國과 국가國家'에서는 서구의 '제국–국가 이원론'을 비판하면서 19세기 말 이전까지의 유가 사상을 중심으로 서구와는 달랐던 중국의 '제국'과 그 전통 사상·담론들의 계보를 추적하고 있다. 하권의 제1부 '공리와 반공리', 제2부 '과학담론공동체'에서는 1894년 청일전쟁 이후 '과분'瓜分의 위기에 처한 중국의 지식인들이 시대적 조류에 대응하기 위해 서구 근대 사상 문화와의 전면적인 접촉과 수용을 통해 어떻게 새로운 시각으로 '중국'의 의미를 재구성하고, 새로운 지식 권력이 사회 문화적인 규범화와 제도화를 통해 중국의 근대성을 형성해 갔는지를 분석하고 있다.

　하권 제1부 '공리와 반공리'에서는 특히 청일전쟁에서 신해혁명 사이의 청말 중국 사상계를 주도한 세 명의 사상가, 즉 옌푸嚴復, 량치차오梁啓超, 장빙린章炳麟을 중심으로 이들이 서구 근대 사상 자원을 수용함과 동시에 전통 사상 자원을 재해석함으로써 사회 변혁을 위하여 군체와 개체 개념을 둘러싼 이념과 제도의 합법화를 위해 유가 중심의 천리天理 세계관으로부터 공리公理 세계관으로 전환해 가던 과도기적 상황을 기술하고 있다. 그리고 하권 제2부 '과학담론공동체'에서는 유럽 제국주의와 자본주의의 전 세계적 확장으로, 중국이 위기에 처한 청말 이래 중국의 사회와 국가를 건설하기 위한 새로운 사상적, 세계관적 기초로서 과학 관념을 중심으로 한 공리 세계관이 출현하게 된 역사적 의의와 그것이 근대 중국의 사회와 지식, 사유의 기본 틀로 확립되어 가는 과정, 즉 천리 세계관이 공리 세계관으로 대체되어 가는 과정을 사상, 지식, 제도, 국가의 상호 관계 속에서 분석하고 있다.

천리 세계관에서 공리 세계관으로의 전환은 단순히 세계관의 전환만을 의미하지 않는다. 세계관의 사회 문화적 기초, 제도와 규범, 관습의 종합적인 변화를 의미하며, 근대 시기에는 궁극적으로 천하 체제에서 민족국가 체제로의 변화를 의미한다. 왕후이는 19세기 말에 이르러 이전까지 중국의 도덕적 실천, 문화적 정체성, 정치적 합법성의 핵심 개념을 구성하고 있던, 도덕/정치 공동체의 보편적 가치관으로서 천리 세계관과 그에 의존한 제국 질서가 위기에 직면하여 해체되고 대신 공리/과학 세계관과 그에 상응하는 민족국가 모델로 대체되었다고 보고 있다. 이러한 역사적 전환에 대한 인식은 중국 근대 역사와 사상 연구에서 보편적인 것으로 새로운 것은 아니다. 또한 국가나 사회의 근대적 전환에서 과학 관념이나 과학적 세계관의 중요한 역할과 지위는 중국만이 아니라 보편적으로 관찰되는 특징일 뿐만 아니라 중국 근대 사상에서는 과학주의라는 개념으로 사상적 특징을 설명하는 바와 같이 특히 강조되어 왔다.

왕후이가 상권의 도론에서도 지적한 바와 같이 공리 개념은 유럽의 근대 인식론의 대두와 밀접한 관계가 있을 뿐만 아니라 근대적 사회관과 인간관, 그리고 근대 과학과 정신과학의 방법론적 전제이자 바탕을 이루고 있다. 원자론적인 개인주의 관념이나 인간 중심 사상을 기저로 한 유럽의 근대 인식론적 원칙이 자연의 원칙만이 아니라 이성적이고 성찰적인 모든 존재물에 대해 유효하고 규정력을 지닌 공정하고 이성에 적합한 도덕 원칙을 발견하고자 하였다면, 유사한 인식론적 전환이 청말 중국에서도 발생하였으며, 이후 중국의 근대는 바로 이러한 새로운 인식론에 기반한 세계관의 전개와 분화 과정이었다.

번역을 통해 진화론과 사회학, 그리고 논리학이라는 서구 근대 사상의 핵심을 끌어들여 공리적 세계관을 구축한 옌푸로부터, 과학·지식·이성과 도덕·정치·종교의 조화를 통해 근대적 공리를 내재화하고자 했던 량치차오, 그리고 불교 사상에 기반을 둔 무아無我적 개체 관념을 통해 근대의 자기중심적 주체와 사회(群) 공리에 대한 반근대적 해체를 시도한 장빙린에 이르기까지, 하권 제1부에서 살펴보고 있는 신해혁명 무렵까지는 중국 전통 사상 자원과 서구 근대 사상 관념들이 상호 길항하고 절합하면서 중국의 근대적 공리 세계관의 맹아를 형성해 나갔던 시기였다. 그 이후 5·4 신문화운동과 동서문화 논쟁을 거치는 동안 중서 사상 간의 모순과 길항은 이어졌지만, 결국 근대 중국 사상 지형에서의 주된 흐름은 과학 담론이 내재화된 하나의 새로운 공리 세계를 구축해 가는 과정이었다.

왕후이는 바로 공리 세계관과 과학 관념이 중국의 근대 사상을 형성한 토대이고, 현재까지도 중국 사상의 근대성 문제의 핵심에 자리 잡고 있다고 보고 있으며, 그 지식 계보를 탐색함으로써 중국 근대성 문제를 반성할 수 있는 사상 자원을 발굴할 수 있다고 보고 있다. 즉 중국 근대 시기 과학 관념의 특징과 전개, 분화를 단서로 중국 근대 세계관의 형성과 근대 사회의 제도적 실천의 관계에 착목하여 중국 근대 도덕 관념과 정치 관념이 근대 과학관에 뿌리를 두고 있음을 분석하고 있다.

왕후이가 청말 이후 과학 관념에 기반한 공리적 세계관을 중심으로 중국 근대 사상의 전개 과정을 서술한 또 다른 이유는 80년대 이후 중국 학계의 과학주의에 대한 비판에서 보여 주듯이, 그것이 현대 중국에 대한 이해를 둘러싼 핵심 문제로 부상했기 때문이었다. 근대적인 과학 관념을 중심으로 한 공리 세계관이 중국 근대의 전개 과정에 미친 영향과 결과에 대해 80년대 이후 중국 및 해외의 중국 학자들은 대체로 비판적으로 바라본다. 그들은 청말 이후 중국에서 공리 세계관의 패권적 역할을 '과학주의'라고 비판한다. 여기서 말하는 과학주의는 본질적으로 다른 과학의 영역과 사회의 영역을 구분하지 않고, 자연에 대한 접근 방식을 사회에 적용하는 방법론적 오용을 지칭한다. 즉 실증주의와 과학 방법의 대상을 자연에 국한하지 않고 인류 사회 전체로 전환하는 오류를 범했다는 것이다. 80년대 이후 중국 지식계 일부에서의 과학주의에 대한 거부와 비판에 대해, 왕후이는 그들의 목적이 과학 중심 공리적 세계관을 비판하기 위해서라기보다 중국 사회주의 국가의 통치 모델에 대한 비판을 통해 자유주의 시장경제 체제를 옹호하기 위한 것이라고 보고 있다. 즉 자유주의 시장경제 체제를 주장하기 위해, 현재 중국의 통치 모델을 청말 이래 과학주의에 기초하여 사회의 다양성과 주체성을 부정하는 일원론적 전체주의의 산물로서 비판하고 있다는 것이다. 이에 대해 왕후이는 과학주의가 중국 근대를 형성한 중심 이념인가의 여부가 문제의 초점이 아니라, 19세기 말 이래 중국에서 과학주의가 지배적인 역할을 하게 된 이유, 그리고 그 역사적 맥락과 사회적 조건이 무엇인지를 물어야 한다고 보고 있다. 바로 이 점이 19세기 말 중국의 근대적 변화에 대한 접근 방식과 관련하여, 왕후이의 시각이 기존의 연구 시각과 다른 점이자 본 저서가 중국 근대에 대한 독특한 경관과 인식을 보여 주는 점이다.

천리와 공리는 모두 '리'理를 기본 지향이자 특성으로 하는 데서도 알 수 있듯이, 도덕과 정치를 모종의 합리성을 기반으로 체계적으로 구축하고자 한다. 그 합리성은 보편적 가치로서 현재적인 통치 질서에 합법성 논거를 제공하는가 하면, 사회를 비판하고 지배 계급에 저항하여 새로운 질서를 확립하기 위한 합법성의 근거이자 도의적 목표로 기능하기도 한다. 그렇다고 천리와 공리가 시대를 초월하여 명확히 정의를 확정할 수 있는 개념은 아니다. 그것은 역사 전개 과정 즉 정치, 윤리, 경제 등 일상 행동 속에서 드러나는 상태로서, 사람들이 시시각각 직면하고 선택하거나 결정해야 하는 실제이다. 따라서 이러한 천리적 세계관과 공리적 세계관에 대한 논의는 곧 시기별 중국 정체성의 특징과 그 진화 과정 및 합법성에 관한 연구와 다름없다.

청말 시기부터 5·4운동 시기는 천리 세계관이 더 이상 중국 정체성에 합법적인 근거를 제공해 줄 수 없게 됨에 따라, 과학적 세계관이 대두되어 새로운 공리 세계관이 확립된 시기이다. 이때 대두된 공리 세계관의 특징은 천리 세계관과 비교하여 다음과 같은 특징을 지닌다.

첫째, 천리 세계관이 예제禮制 질서를 자연적이고 합리적인 질서로 삼고 이학에 기반을 두고 있었다면, 공리 세계관은 천리 세계관의 보편적 규범으로서의 가치를 부정하고, 실증주의적인 과학 관념에 바탕을 둔 원자론과 개인주의를 핵심으로 새롭게 공리를 구성하여 정치·도덕·인식 과정 전반에 걸친 개혁 활동에 합리성과 합법성을 제공하고자 하였다. 즉 천리에서 공리로의 전환은 단순히 세계 관념과 관점의 변화를 가리키는 것이 아니라 제도의 변혁을 둘러싼 담론 투쟁이었다.

둘째, 천리 세계관이 삼대三代를 이상으로 삼고, 삼대의 도통道統이 단절되었다는 인식하에 개인의 도덕적 정치적 실천을 통해 도통의 계보를 재건하는 것을 목표로 삼고, 그러한 역사적 과정을 자연적인 변화(즉 시세時勢이자 이세理勢)로 간주하였다면, 공리 세계관은 미래 지향적인 목적론적이고 직선적인 진화론적 역사의식을 바탕으로 삼고 있다. 공리 세계관에서 보면 '중국'은 지리적 공간을 중심으로 접근하기보다 시간 축에 놓고 '중국'을 시간과 그에 따른 문명론의 시각으로 접근할 때 비로소 그 의미를 파악할 수 있게 된다. 중국에서 서구적인 역사학은 물론 한 국가와 그 문명을 신/구, 근대/전통, 진보/낙후를 구분하는 핵심 논거는 바로 과학 관념의 공리 세계관이었다.

그럼 청말 이후 중국에서 공리 세계관이 어떻게 지배적인 지식 권력이 되었는가? 왕후이는 중국에서 과학적 공리 세계관의 등장은 순수 지식적 맥락보다는 민족이라는 관념의 부상과 그 위기의식에 의해 촉발되었다고 보고 있다. 민족의 위기 극복을 위해 변혁이 요구되었고, 그러한 변혁의 추구에 합법성과 적합한 방법을 제공한 것이 바로 과학이었다는 것이다. 이는 청말 과학 간행물들이 과학의 의미를 정치, 문명, 문화, 사회, 국가라는 '계몽'의 틀 속에서 파악하는 태도와 서사 방식에서 잘 보여 준다. 민족 관념과 그 위기 극복을 위한 민족국가의 건립과 부강은 과학 지식의 합리성을 보장하는 근거였다. 왜냐하면 새로운 국제 질서 속에서 중국 민족이 존립하기 위해서는 경제적, 군사적으로 부강이 요구되었고, 이를 구현할 수 있는 국가는 전통적인 제국이 아니라 민족국가였다. 그리고 민족국가를 건립하기 위해서는 제국의 합법성을 구성하던 원리를 해체할 수 있는 새로운 윤리와 사회 구성을 위한 원리, 즉 개인을 각종 혈연과 지연 등 전통적인 공동체 관계로부터 추상적인 법률 주체로 전환시킬 필요가 제기되었는데, 왕후이는 이를 위한 사상적 토대를 제공한 것이 바로 실증주의와 원자론이었다고 보고 있다.

민족국가 건설과 과학의 지식 헤게모니 수립은 상호 의존적이고 동시적이었다. 따라서 민족국가 건설이 본격적인 실천 형태로 구현되기 이전, 청말 과학 관념의 공리 세계관은 천리 세계관의 논리 구조 속에서 그 합리성을 주장하기도 했다. 예를 들어 옌푸가 물경천택과 적자생존의 진화 법칙을 당대唐代의 "서로 이기려 경쟁하고 서로 쓰임이 된다"는 '천론'天論과 연계하여 해석하거나 과학적 방법을 격물치지의 논리로 이해한 바와 같이 초기 과학적 세계관의 대두는 천리 세계관과의 조화를 추구하기도 하였다. 뿐만 아니라 공리 세계관이 초기에 자연적 대상은 물론 인간 사회의 규범이나 제도조차도 자연적 과정이나 진화의 결과로 인식하는 등, 자연과 인간사회를 하나의 통일적인 규범 질서 속에서 파악하고자 한 것도 한편으로는 천리 세계관의 논리 구조를 따른 결과이기도 하였다.

공리 세계관이 중국에서 합법성과 지식 헤게모니를 장악하게 된 것은 신해혁명 이후였다. 당시 일군의 지식인은 사람들이 사용하는 일상 언어와는 다른 과학 언어를 사용하며 천리 세계관과 그 사회적 토대를 비판했는데, 그들은 과학 언어로 과학과 인생관, 진화론, 지식 분류는 물론 과학과 무관한 사회, 정치, 문화 문제를 논하면서 천리 우주관

비판과 반전통 비판 사상에 자연주의적 전제를 제공하였다. 5·4 전후 시기 중국에 출현한 이러한 사상, 문화 운동에 참여한 집단을 왕후이는 '과학담론공동체'라고 명명하였다. 그들은 과학적이거나 준과학적인 언어를 운용하고 과학적인 공리화의 권위를 이용하여 사회 문화 활동에 종사하는 집단이다. 하권의 제2부는 바로 이러한 과학담론공동체를 중심으로 과학이 어떻게 현대적인 지식 생산과 문화 교육 체계의 본보기가 되고, 지식 생산과 문화 교육이 어떻게 상호 연계되어 형성하는지, 그리고 그것이 사회 분화와 국가 이성의 기초 확립과 어떤 관련을 맺고 있는지를 분석한다.

과학의 합리성은 단순히 국가의 필요나 현대 국가에서 과학이 지닌 중요성에 의해 부여되는 것이 아니라 그 내재적인 원리가 사회의 여러 방면의 제도로 구현되는 과정을 통해 획득된다. 그중에서 가장 중요한 것이 바로 지식의 권위와 체계이다. 즉 과학은 지식이 갖추어야 할 전문성을 나타내는 본보기가 되었고, 이를 위해 지식을 새롭게 분류하는 체계를 형성하였는데, 근대적인 학제와 분과 학문 체제가 그 대표적인 형식이 되었다. 그리고 지식의 합리적 분화는 더 나아가 전체 사회의 합리적 설계와 행동 강령이 되었다.

그러나 과학의 전문성과 지식 분류 체계는 모든 지식을 망라하고 있지만, 지식을 과학, 특히 실증성을 기준으로 분류하는 과정은 역설적으로 공리 세계관의 자기 와해를 위한 조건을 창출하는 과정이 된다. 객관적인 인식 대상과 객관적 방법을 사용하는 실증적 방법을 기준으로 지식을 평가하고 분류하면, 과학은 과학 이외의 분야, 예를 들어 문화 분야 등에서는 과학 운용 범위를 제한해야 한다는 주장에 직면하게 된다. 중국의 '과학과 현학'의 인생관 논쟁에서 '과학 세계관'과 '과학 인생관'을 거부하는 사람들은 오히려 지식의 구분이라는 명목으로 정신의 자주성을 주장하고 과학담론공동체가 주도한 과학의 공리 세계관을 비판하였다. 즉 공리 세계관에 비판적인 사람들은 물론 과학적인 학술 논리와 언어의 헤게모니를 벗어날 수는 없었지만, 경제 규칙·

정치 권리·과학 실천의 범주로는 해석할 수 없는 도덕·심미·무의식 등 분야에 대한 정의의 필요성에서 주장의 논거를 발견했다. 즉 20세기 초 중국의 지식 체계의 분화는 실증주의에 입각한 과학 지식의 주도로 시작되었지만, 그 완결은 그러한 과학 지식에 대한 비판을 통해 정신, 심리 분야가 독립성을 주장함으로써 이루어졌다.

중국에서의 공리 세계관의 확립과 와해 과정에서 왕후이가 주목하는 또 하나의 특징은 과학적 공리 세계관에 대한 비판을 낳은 지식 분화가 과학의 그 결과에 대한 반성에서만 비롯된 것이 아니라는 점이다. 동서문화 논쟁에서 보여 주는 바와 같이, 근대 중국에서의 지식 분화는 지식 체계의 논리 이외에 민족주의적 문화 시각에 입각한 문화 충돌도 중요한 역할을 하였다. 동서문화 논쟁에 참여한 사람들은 이원론 논리에 입각하여, 한편으로는 과학·지식·이성·공리·서양·동적 문명·물질문명을, 다른 한편으로는 도덕·정신·직관·심미·동양·중국·정적 문명·정신문명을 대조시켰다. 이러한 문명 분류법을 보다 객관적이고 중립적인 지식 분류의 형식으로 바꾼 것이 바로 과학과 현학의 논쟁이었다. 따라서 왕후이는 중국 근대 역사에서 지식 영역 분화의 직접적인 동인은 문화의 충돌이며, 과학과 현학 논쟁에도 문화 충돌의 함의가 내포되어 있다고 보고 있다. 나아가 중국 언어 환경에서 과학과 근대성에 대한 반성은 청말 중국이 직면했던 문화 충돌에 대한 반성이자 중국 문화와 서양 문화의 관계에 대한 반성이고, 이것이 지니는 의미는 바로 민족 주체성을 전제로 한 "주체성 전환"이라고 평가하고 있다.

왕후이에 의하면 중국 근대 사상에서 주체적 전환은 객관적 세계(자연과 사회)에 대한 인식에서 개체의 내적 세계에 대한 성찰로의 전환으로서, 일종의 문화적 전환이다. 서구 근대성에 대한 반성을 계기로 중국 문화의 가치와 의미를 재발견하는 것이다. 량수밍梁漱溟의 "의욕"이나 장쥔마이張君勵의 "인생관" 문제는 모두 민족 주체성을 전제로 한 민족주의적 논의의 성격을 지니고 있는데, 이와 같은 방식의 지식 분류와 문명론에 입각한 주체적 전환은 현대 중국에 이르러서도 아직 완성된 바가 없다.

이와 같이 중국 근대 형성에서 과학은 그 결과의 긍정과 부정을 떠나서 중심축을 형성했을 뿐만 아니라 중국 근대 지식 체계와 사회 구성의 기본 원리가 되었다. 그리고 이와 같이 과학 또는 과학적 공리 세계관이 근대 중국의 형성에서 핵심적인 역할을 했던 데에는 당시 중국이 처한 국내외의 복잡한 역사적 맥락이 자리 잡고 있다. 새로운 윤리관과 사회 구성 원리를 위한 천리 세계관에 대한 비판의 필요성, 민족국가의 건립과 부강의 필요성이 과학을 공리로 한 세계관을 출현하게 하였고, 이를 배경으로 과학은 교육과 사회 영역에서 지식 생산과 지식 체계의 분류 모델이 되었으며, 사회 활동과 국가 운영의 사상적 토대가 되었다. 그러나 과학적 공리주의는 자신을 모델로 한 지식 분류로 처음 내세운 자연과 사회를 망라하는 보편적 원리에서 벗어난 이른바 비실증적인 분야에 의해 도전을 받게 되었을 뿐만 아니라, 민족의 존립과 부강을 위해 호출되었던 과학은 오히려 민족 주체성의 확립을 위해 그 가치가 비판적 대상이 되는 역설적인 상황에 처하기도 하였다. 이와 같이 특정한 상황에서 과학의 모순적이고 역설적인 지위와 역할을 간단히 과학주의로 평가하고, 이를 국가사회주의의 지적 토대로서 비판하며 자유주의를 주장하는 것은 역사를 지나치게 단순화하는 것이라고 왕후이는 비판하고 있다. 특히 왕후이는 80년대 이후 중국 내 자유주의가 과학주의와 사회주의를 연계해 비판한 하이에크의 주장과 자연과 사회, 국가와 사회, 시장과 계획의 이원론에 입각해 중국의 국가사회주의를 과학주의와 연계해 비판하는 것에 대해, 이는 하이에크 주장에 대한 부분적 오독일 뿐만 아니라 각 시대의 사상과 주장을 구체적 맥락에서 추상화한 비역사적 태도라고 비판하고 있다.

이처럼 『근대중국사상의 흥기』 하권에서의 논의와 분석 가운데에는 1990년대 중국 내 자유주의 계열의 사상가들과 대립각을 세우던 신좌파의 거두로서, 서구 중심주의적인 담론과 언어로부터 벗어나서 새로운 언어와 방법론들을 중국 사상 자원으로부터 찾아내 근대 시기 중국의 사상 계보를 재조명하고, 탈근대적 대안을 모색하고자 하였던 왕후이의 고민들이 고스란히 녹아 있다. 그런 측면에서 보자면 그런 문제들의 뿌리이자 중서 사상 대립의 핵심이라 할 수 있는 '리와 물'의 문제, 그리고 서구 중심의 근대 세계 체제와 국제 질서의 근간이 되는 제국/민족국가 이원론의 문제를 중심 논제로 삼고 있는 『근대중국사상의 흥기』 상권의 문제의식은 오히려 이 하권으로부터 비롯되었다고 할 수도 있을 것이다.

비록 그 저작으로부터 20년 가까운 시간이 흘러 시세와 상황이 변함에 따라 그 의미와 맥락 해석의 지평이 달라지기도 하였고, 또한 그 세부적인 주장과 해석들에서는 여전히 논의해야 할 쟁점과 문제들이 적지 않기는 하지만, 오랜 기간 동안 축적되어 온 중국의 다양한 사상 자원과 계보들을 추적하고 재해석하면서 서구 중심의 근대 사상과 지식 담론이 만들어 낸 핵심적 문제와 한계들을 넘어서는 새로운 대안과 방법론들을 탐색하고자 한 왕후이의 놀라운 박학과 일이관지의 뚝심은 중국은 물론 동아시아 사상계에서 타의 추종을 불허한다고 하겠다. 그리고 『근대중국사상의 흥기』 하권의 논의들은 중서 사상 담론이 절합하며 전변하는 과정을 엄밀히 추적·분석하는 역작으로서 손색이 없다. 남은 것은 엄밀한 검증과 치열한 논쟁을 통해 이 거산을 넘어 새로운 사상의 지평을 열고자 하는 우리의 노력밖에 없는 것 같다.

2024년 7월
윤영도, 차태근

김소영 11장 번역

이화여자대학교를 졸업하고 연세대학교에서 석사, 중국 상하이대학교에서 박사학위를 받았으며, 현재 연세대학교 중국연구원에 연구교수로 재직 중이다. 역서로는 『가까이 살피고 멀리 바라보기: 왕샤오밍 문화연구』(공역), 『상하이학과 문화연구: 비판과 개입』(공역) 등이 있으며, 논문으로는 「중국 당대문학사 시기별 차이 일별」, 「1950년대 중국작가협회와 당대 '작가' 初探」, 「중국 당대 문학출판 제도의 성립과 변화」 등이 있다. 최근에는 중국의 당대 문학 생산 메커니즘을 파악하려는 공부의 일환으로 문학 비평과 이를 둘러싼 기제를 연구하고 있다.

백광준 12장 번역

서울대학교 중어중문학과 박사과정을 수료하고, 중국 난징대학 중문과에서 청대淸代 후기 동성과後期桐城派 연구로 박사학위를 받았다. 현재 서울시립대 중국어문화학과 교수이다. 논문으로 「黎庶昌의 서양 서술과 여행의 발견―《西洋雜誌》를 중심으로」, 「園林과 公園의 사이에서―19세기 중국인의 公園 유람」 등이 있고, 저서로는 『동서양의 경계에서 중국을 읽다』(공저), 역서로는 『동성과 산문집』, 『20세기 초 반청 혁명운동 자료선』(공역), 『만유수록漫遊隨錄 역주』(공역) 등이 있다. 현재 명·청대 문인 및 그 문화와 더불어 근대 시기 동서 교류에 관심을 두고 연구를 진행하고 있다.

서광덕 13장 번역

연세대학교 중어중문학과를 졸업하고 동대학원에서 박사학위를 받았으며, 현재 국립부경대학교 인문사회과학연구소에서 HK교수로 재직 중이다. 저서로는 『루쉰과 동아시아 근대』, 『중국 현대문학과의 만남』(공저), 『동북아해역과 인문학』(공저) 등이 있고, 역서로는 『루쉰』, 『일본과 아시아』(공역), 『중국의 충격』(공역), 『수사라는 사상』(공역), 『아시아의 표해록』(공역) 등이 있으며, 『루쉰전집』(전20권) 번역에 참여했다. 해역 네트워크의 시각에서 근대 동아시아에서의 사람과 문화 교류에 대한 연구를 진행하고 있다.

천진 14장 번역

연세대학교 중어중문학과를 졸업하고 동대학원에서 박사학위를 받았다. 현재 서울대학교 중어중문학과에 재직 중이다. 저서로 『중국 근대의 풍경』(공저)이 있고, 역서로 『루쉰전집 16: 서신 4』(공역), 『루쉰전집 12』(공역), 『이미지와 사회』(공역) 등이 있다. 논문으로는 「질